BÜRGERTUM
Beiträge zur europäischen Gesellschaftsgeschichte

Band 5

V&R

BÜRGERTUM

Beiträge zur europäischen Gesellschaftsgeschichte

Herausgegeben von
Wolfgang Mager, Klaus Schreiner
Klaus Tenfelde und Hans-Ulrich Wehler
Redaktion: Paul Nolte

Band 5

Vandenhoeck & Ruprecht
in Göttingen

Bürgerliche Modernisierungskrise und historische Sinnbildung

Kulturgeschichte bei Droysen, Burckhardt und Max Weber

von

Friedrich Jaeger

Vandenhoeck & Ruprecht
in Göttingen

Die Deutsche Bibliothek– CIP-Einheitsaufnahme

Jaeger, Friedrich:
Bürgerliche Modernisierungskrise und historische Sinnbildung: Kulturgeschichte
bei Droysen, Burckhardt und Max Weber / von Friedrich Jaeger. –
Göttingen: Vandenhoeck und Ruprecht, 1994
(Bürgertum; Bd. 5)
Zugl.: Bielefeld, Univ., Diss., 1992
ISBN 3-525-35670-6
NE: GT

Diese Arbeit ist im Sonderforschungsbereich 177
»Sozialgeschichte des neuzeitlichen Bürgertums« an der Universität Bielefeld
enstanden und wurde auf seine Veranlassung unter Verwendung der ihm von der
Deutschen Forschungsgemeinschaft zur Verfügung gestellten Mittel gedruckt.

Außerdem wurde die Arbeit von der Heinrich Otto und Margarete Meisner-
Stiftung im Stifterverband für die Deutsche Wissenschaft unterstützt.

Satz: Schwarz auf Weiß GmbH., Magdeburg
Druck und Bindung: Gulde-Druck, Tübingen

Inhalt

1994

Dem Andenken meiner Schwester
Ute Jaeger
(24.12.1960 - 15.5.1991)

und meines Vaters
Karl-Heinz Jaeger
(1.2.1924 - 21.8.1989)

Vorwort

Die vorliegende Arbeit ist die weitgehend unveränderte Fassung meiner Dissertation, die im Januar 1992 von der Fakultät für Geschichtswissenschaft und Philosophie an der Universität Bielefeld angenommen worden ist. Die inhaltliche Arbeit am Manuskript wurde im Dezember 1991 abgeschlossen.

Zunächst möchte ich mich bei allen bedanken, die diese Arbeit durch ihre Unterstützung möglich gemacht haben:

Herr Professor Dr. Jörn Rüsen hat mich noch in Bochumer Zeit zu dieser Untersuchung angeregt. Seine persönliche Ausstrahlung als akademischer Lehrer hat mein Interesse an geschichtstheoretischen und kulturhistorischen Fragen geweckt und sein Werk und Denken haben die Konzeption der vorliegenden Arbeit von Anfang an nachhaltig geprägt. Dafür danke ich ihm herzlich.

Die an der Bochumer Ruhr-Universität begonnene und zunächst von der Graduiertenförderung des Landes Nordrhein-Westfalen materiell unterstützte Arbeit ist an der Bielefelder Universität weitergeführt worden und dort durch das Graduiertenkolleg »Sozialgeschichte von Gruppen, Schichten, Klassen und Eliten« sowie durch den Sonderforschungsbereich »Sozialgeschichte des neuzeitlichen Bürgertums: Deutschland im internationalen Vergleich« gefördert worden.

Herrn Professor Dr. Hans-Ulrich Wehler danke ich für seine sorgfältige Lektüre des Manuskripts, die zu zahlreichen Verbesserungen geführt hat, und für seine Unterstützung bei der Publikation einiger Ergebnisse des Weber-Kapitels. Sein Interesse an meiner Arbeit hat mir die große Offenheit der neueren Gesellschaftsgeschichte gegenüber kulturhistorischen und -theoretischen Fragestellungen gezeigt.

Mit Britta Jünemann und Matthias Horwitz konnte ich das Manuskript auf eine für mich ergiebige und gewinnbringende Weise diskutieren und Horst Walter Blanke sowie Thomas Sandkühler haben mich in den Jahren der Fertigstellung dieser Arbeit oftmals freundschaftlich unterstützt. Ihnen allen danke ich für ihre Hilfe.

Meiner Frau und meinen Kindern danke ich schließlich für die stimulierende Atmosphäre der Ruhe und Unruhe, in der diese Arbeit entstehen konnte, für die Entlastung und die Freiräume, die sie mir gewährten und für die Bereitschaft, die mit einer solchen Arbeit für alle verbundene Belastung mitzutragen.

Dortmund, im März 1993

I. Einleitung:
Fragestellung, Methode und Forschungsstand

1. Entwicklung der Fragestellung

Im Mittelpunkt der folgenden Untersuchung steht die Frage, ob sich im Kontext der gegenwärtigen Geschichtswissenschaft noch diejenigen geschichtlichen Erfahrungen, normativen Kriterien und theoretischen Intentionen auf den Begriff bringen lassen, die im Rahmen des klassischen Historismus mithilfe der geschichtstheoretischen Fundamentalkategorie des »Geistes« zum Ausdruck und auf ihren theoretischen Begriff gebracht worden sind. Mit dieser Kategorie spielte die Geschichtswissenschaft des 19. Jahrhunderts auf den Intentionalitätscharakter und die Handlungsstruktur eines durch den Menschen bewirkten und vollzogenen geschichtlichen Wandels an. Besitzt dieses überlieferte Theorieelement des Historismus für das historische Denken der Gegenwart noch eine benennbare Bedeutung, oder aber handelt es sich bei ihm um das tote Relikt einer im Zuge innerwissenschaftlicher Modernisierungsprozesse überwundenen Stufe der historischen Forschung und Theoriebildung?

Die gegenwärtig heftig ausgetragene Kontroverse um die neueren hermeneutischen Strömungen der Geschichtswissenschaft und um die Notwendigkeit bzw. Fragwürdigkeit ihres »cultural turn« dreht sich zum großen Teil um diese Frage nach der Übersetzungsfähigkeit der ehemaligen Kategorie des Geistes in das Begriffsgerüst einer modernen historischen Forschung. Diese Kontroverse legt es nahe, den »Geist« des Historismus keineswegs für ein totes Relikt zu halten, sondern als ein lebendiges Erbe zu verstehen, zumindest jedoch als ein Problem zu begreifen, das die aktuellen Fragen der Geschichtswissenschaft nach der Bedeutung der menschlichen Subjektivität in dem Prozeß geschichtlichen Wandels noch zu strukturieren vermag.[1]

Ganz in diesem Sinne soll hier das historistische Theorieelement des Geistes als ein zwar sanierungsbedürftiger, aber immerhin modernisierungsfähiger Faktor der historischen Forschung vorgestellt werden, indem die Entwicklung der Kulturgeschichte seit der Krise des Historismus in der zweiten Hälfte des 19. Jahrhunderts als ein Prozeß seiner Modernisierung interpretiert wird. Der Versuch einer Rekonstruktion von Kulturgeschichte konzentriert sich dabei auf drei theoriegeschichtliche Skizzen zu anerkannten ›Meisterdenkern‹ der Geschichts- und historischen Kulturtheorie: zu Johann Gustav Droysen, Jacob Burckhardt und Max Weber. Die drei Skizzen werden zusammengehalten durch ein systematisches Interesse an der Frage nach der heuristischen Innovationsträchtigkeit, der theoretischen Begründungsfähigkeit und der methodisch-forschungspraktischen Realisierbarkeit von Kulturgeschichte.

Am Beispiel Droysens als dem reflektiertesten Vertreter des Historismus soll das argumentative Umfeld abgesteckt werden, in dem der Begriff des Geistes entstanden ist und wo er seine erfahrungsstrukturierende Wirksamkeit entfaltet hat.

Burckhardt fungiert im Rahmen dieser Untersuchung als die wichtigste Übergangsfigur in der Theorieentwicklung des 19. Jahrhunderts vom Historismus zur Kulturgeschichte. Für sein historiographisches und geschichtstheoretisches Werk ist die begriffliche Hegemonie der Kulturkategorie kennzeichnend geworden. Mit ihrer Hilfe hat Burckhardt erstmals versucht, die seine Gegenwart bestimmenden Modernisierungserfahrungen intellektuell zu organisieren und das geschichtliche Phänomen einer vom Historismus als »Geist« in umfassender Weise qualifizierten intentionalen Grundstruktur der menschlichen Lebensführung dem historischen Verständnis auf eine grundsätzlich neue Weise zu erschließen.

Das Werk Webers schließlich wird hier als der vorläufige und inspirierende Höhepunkt einer heuristischen, methodischen und theoretischen Selbstexplikation der Kulturgeschichte innerhalb einer langen Transformationsepoche des Historismus verstanden, von dem her sich Perspektiven einer Vermittlung der gegenwärtigen Kontroversen zwischen Gesellschafts- und Kulturgeschichte ergeben.

Im Zusammenhang dieser Arbeit soll der Historismus nicht im umfassenden Sinn eines Wissenschaftsparadigmas thematisiert werden, das in den zwanziger Jahren des 19. Jahrhunderts entstanden ist, sich in der Folge zu zahlreichen unterschiedlichen Strömungen ausdifferenzierte und die Geschichtswissenschaft bis weit ins 20. Jahrhundert international dominierte, bevor es im Zuge innerwissenschaftlicher Modernisierungsprozesse des historischen Denkens allmählich durch andere Geschichtskonzeptionen abgelöst wurde. Vielmehr wird hier der Historismus am Beispiel Droysens und Burckhardts als eine Ausprägung der historischen Forschung rekonstruiert, die sich selbst und ihren Gegenstand – die »Geschichte« – im wesentlichen von der Kategorie des »Geistes« her verstanden und begründet hat. Für die Analysezwecke dieser Arbeit ist es wesentlich (und hinreichend), den Historismus als eine »verstehende Geisteswissenschaft« zu definieren. Was das bedeutet und in welchem wissenschafts- und theoriegeschichtlichen Zusammenhang der Historismus mit der Tradition der Kulturgeschichte steht, ist der Gegenstand der folgenden Untersuchung.[2]

Dabei soll der Modernisierungsprozeß des historischen Denkens, in dem der »Geist« des Historismus mit einem eindeutigen und im Verlauf der Untersuchung noch näher zu bestimmenden Komplexitäts- und Reflexionsgewinn, aber auch unter geschichtstheoretischen Verlusten als »Kultur« in den theoretischen Interpretationsrahmen der Wissenschaft zurückkehrt, im wesentlichen auf dem Hintergrund einer in Droysens »Historik« existierenden bereichs- und funktionstheoretischen Ausdifferenzierung des Geistbegriffs erfolgen, die zugleich das Umfeld derjenigen Theorieprobleme absteckt, vor denen die Kategorie der Kultur steht.

Droysen entfaltet in seiner Historik das kulturelle Leistungsspektrum des menschlichen Geistes im Sinne einer wandlungsmächtigen Triebkraft des geschichtlichen Fortschritts einerseits und einer erfahrungsorganisierenden Kategorie des historischen Denkens andererseits im wesentlichen unter drei Gesichtspunkten:

1. Als »Geist« begreift er zunächst die intentionale Grundstruktur des menschlichen Handelns, also den ganzen Komplex kulturell artikulierter und daher auch hermeneutisch verstehbarer Handlungsmotive und Willensbestimmungen, aus denen sich die Geschichtlichkeit des menschlichen Lebens als eines handelnd vollzogenen überhaupt erst herleitet.

2. Darüberhinaus erstreckt sich die den Menschen zur Geschichte qualifizierende Geistigkeit für Droysen auch auf das normative Feld intersubjektiver Regulative der geschichtlichen Lebenspraxis. Normen und Geschichte bedingen und begründen sich wechselseitig. Erst in dieser Dialektik wird die Geschichte zu einer Geschichte des menschlichen Geistes.

3. Schließlich ermöglicht der von Droysen pointierte Zusammenhang zwischen Geist und Geschichte die Qualifizierung der historischen Erkenntnis zur Hermeneutik. »Wahrheit« und »Sinn« werden als kognitive Resultate des historischen Denkens möglich, weil die Geschichte selber als ein intentional vorangetriebener, normativ regulierter und sinnhaft vollzogener Prozeß des menschlichen Geistes auf diese Kriterien und Voraussetzungen ihrer Verstehbarkeit immer schon verweist.

Die historistische Kategorie des Geistes reklamiert die Intentionen, Normen und Sinnvorstellungen des Menschen in ihrer Bedeutung und Wirkungsmächtigkeit für die Geschichtlichkeit seiner Lebensführung; sie benennt und akzentuiert den erheblichen Stellenwert der menschlichen Subjektivität im und für den Prozeß des geschichtlichen Wandels und erkennt in diesem engen Zusammenhang zwischen Geist und Geschichte die spezifische Signatur der menschlichen Freiheit. Entsprechend verrät der theoriegeschichtliche Aufstieg der Kulturkategorie das Aufkommen zunehmender Zweifel an diesem vom Historismus unterstellten wechselseitigen Konstitutionsverhältnis zwischen Geist, Geschichte und menschlicher Freiheit. Gleichzeitig dokumentiert aber die Genese des Kulturbegriffs die Notwendigkeit, den inneren Zusammenhang dieser Faktoren nicht einfach zu leugnen, sondern angesichts neuer geschichtlicher Erfahrungen von Modernität auf eine andere Art als bisher zu begreifen. »Kulturgeschichte« ist dann die Art und Weise, die schwierig gewordene Behauptung der menschlichen Freiheit im Prozeß der Geschichte theoretisch und empirisch so zu verstehen, daß die Fortsetzung dieser Geschichte der menschlichen Freiheit auch in Gegenwart und Zukunft möglich bleibt.

Die Untersuchung der drei herausragenden Vertreter der Geschichts- und Kulturtheorie, in deren Werk sich die Theorieentwicklung vom Historismus zur Kulturgeschichte exemplarisch niedergeschlagen hat, erfolgt im wesentlichen unter drei Fragestellungen, die sich aus Droysens geschichtstheoretischer Positionierung des Geistbegriffs ergeben:

1. Das Werk von Droysen, Burckhardt und Weber wird zunächst daraufhin befragt, inwiefern es die zeitgeschichtlichen Erfahrungen einer fundamentalen Modernisierungskrise der bürgerlichen Gesellschaft auf der theoretischen Basisebene ihrer jeweiligen historischen Anthropologie verarbeitet hat – und damit auf derjenigen Begründungsebene, auf der sich die Frage nach der Bedeutung der menschlichen Subjektivität für den Prozeß der Geschichte stellt und wo zugleich die hier interessierenden geschichts- und kulturtheoretischen Umorientierungen eingeleitet worden sind.

An der Genese der Kulturgeschichte kann abgelesen werden, wie eine ausgeprägte empirische Erfahrungsoffenheit und Sensibilität für die dominierenden Problemlagen der sich modernisierenden bürgerlichen Gesellschaft dazu geführt haben, die Frage nach der geschichtlichen Bedeutung intentionaler Handlungsmotive des Menschen auf eine andere Weise zu stellen, als es der Historismus Droysens auf der theoretischen Grundlage der Geistkategorie getan hat.

Burckhardt hat diese Neubestimmung des Geistes als einer handlungsmotivierenden Triebkraft des geschichtlichen Wandels im Rahmen seiner Lehre von den drei Potenzen und den sechs Bedingtheiten, die den Kern seiner Geschichtstheorie bildet, theoretisch vorgenommen und in seinen einzelnen Werken zur europäischen Kulturentwicklung auch empirisch realisiert.

Webers »Beitrag ... zur Veranschaulichung der Art, in der überhaupt die ›Ideen‹ in der Geschichte wirksam werden«,[3] findet sich vor allem in seiner Religionssoziologie. Aus ihr läßt sich eine umfassende Funktionstypologie der Kultur herausfiltern, in der es Weber um eine zeitgemäße Antwort auf die Frage nach dem systematischen Stellenwert der menschlichen Intentionalität im Prozeß der Geschichte geht.

2. Auf einer weiteren Analyseebene geht es darum, den jeweiligen Stellenwert der geschichtlichen Erfahrung und den Beitrag des historischen Wissens für die Begründung handlungsleitender Normen zu ermitteln. Droysens Originalität besteht in diesem Punkt darin, in der Auseinandersetzung mit den herrschenden rechts- und moralphilosophischen Strömungen seiner Zeit die Überzeugung von einer notwendigen und theoretisch auch im einzelnen explizierbaren »historischen« Vermittlung von Normativität und Geschichte und von einer unverzichtbaren Rolle des historischen Denkens bei der Begründung von Normen theoretisch begründet zu haben.

Burckhardts Begründungsweise ist demgegenüber eine ganz andere: Er entwickelt den internen Zusammenhang von Normen und Geschichte eher implizit auf dem Wege einer universalgeschichtlich angelegten Rekonstruktion des normativen Gehalts der europäischen Kultur selber.

Webers Position wird sich in dieser Frage nach der Vermittlungsfähigkeit von historischer Erfahrung und praktischer Vernunft als die am wenigsten geschichtliche erweisen, da sie ganz bewußt eine konsequente Enthistorisierung des Normenbewußtseins betreibt. Die Geschichte besitzt für Weber keinen relevanten Stellenwert mehr für die Normierung gegenwärtiger Praxis; aus ihr lassen sich keine gehaltvollen Kriterien der menschlichen Identitätsbildung mehr ableiten.

Es ist zu fragen, inwieweit die Ursachen für die normative Verunsicherung und Destabilisierung, welche die kulturgeschichtliche Wendung des Historismus bereits von Anfang an, seit Burckhardt also, begleitet und belastet haben, im Verzicht auf die von Droysen noch bewußt und sorgfältig erbrachte Theorieleistung zu suchen sind, die normativen Kriterien der Gegenwart aus dem Blickwinkel einer in der geschichtlichen Selbstrealisation des Geistes zugleich möglich und wirklich werdenden Freiheit zu generieren, um so die eigene Lebenspraxis am Leitbild dieser zugleich vergangenheitsstrukturierenden, gegenwartsprägenden und zukunftsfähigen geschichtlichen Norm der menschlichen Freiheit orientieren zu können.

3. Schließlich soll untersucht werden, wie sich der geschichtliche Erfahrungsdruck der Modernisierungskrise der bürgerlichen Gesellschaft auf die Formen, Methoden und Theorien der historischen Sinnbildung ausgewirkt hat. In diesem Zusammenhang wird auch danach gefragt, unter welchen Gesichtspunkten die Kulturgeschichte als die Weiterentwicklung derjenigen historischen Hermeneutik gelten kann, die dem Historismus insgesamt zugrundelag und die hier am Beispiel von Droysens Historik im einzelnen entwickelt werden soll. Diese gründete in der Überzeugung, daß die hermeneutische Erkennbarkeit der geschichtlichen Wirklichkeit in der Sinnbestimmtheit einer menschlichen Lebensführung begründet liegt, deren innere Systematik von Droysen im Rahmen einer Theorie der sittlichen Mächte als dem »Geist« der bürgerlichen Gesellschaft umfassend herausgearbeitet worden ist. Seine Hermeneutik setzt, als Bedingung der Möglichkeit historischer Sinnbildung, eine lebensweltliche Handlungsstruktur der geschichtlichen Realität voraus, für die absichtsvolle und sinnorientierte Interaktionsformen des Menschen prägend sind und die erst in dieser lebensweltlichen Fundierung historisch »verstanden« werden können.

Kulturgeschichte beginnt bei Burckhardt mit der zunehmenden Erosion dieses lebensweltlichen Fundaments der historischen Hermeneutik und als Einsicht in den strukturellen Zwangscharakter von Staat, Kapitalismus und bürgerlicher Gesellschaft. Im Rahmen seiner Geschichtstheorie und seiner Universalgeschichte der europäischen Kulturentwicklung stellt er sich der Notwendigkeit, den Geist als die Freiheit und Sinnbestimmtheit der menschlichen Lebensführung am Leitfaden der Kulturkategorie auf eine, wie die Untersuchung zeigen möchte, grundsätzlich neue Weise historisch zu denken.

Im Umfeld gleichartiger Modernisierungserfahrungen hat Weber seine Theorie der »Kulturwissenschaft« entwickelt und im Rahmen seiner Religionssoziologie in den Versuch einer historischen Phänomenologie kultureller Wertsphären münden lassen, die zusammengenommen das Untersuchungsfeld und das Themenspektrum der Kulturgeschichte abstecken können.

Damit sind die Fragestellungen und Interessen, von denen sich diese Untersuchung leiten läßt, in ihren wesentlichen Zügen umrissen. Sie ist der Versuch einer theoriegeschichtlichen Rekonstruktion von Kulturgeschichte, der erkenntnispragmatisch dort ansetzt, wo sich geschichts- und kulturtheoretisch reflektierte Formen ihrer Einlösung finden: bei Droysen, Burckhardt und Weber.

Abschließend ist noch auf den innerdisziplinären Kontext hinzuweisen, in dem diese Untersuchung entstanden ist und aus dem sie ihre wesentlichen Anregungen erhalten hat: Sie versteht sich als ein wissenschaftshistorischer Beitrag zu einer Historik, in deren Mittelpunkt die Theoriefrage nach dem internen lebensweltlichen Zusammenhang zwischen Kultur und Geschichte steht.[4]

Die grob umrissene Fragestellung dieser Arbeit soll im folgenden zu den wichtigsten Ergebnissen in Beziehung gesetzt werden, die von der Forschung zu den drei Klassikern der Kulturgeschichte bisher erarbeitet worden sind:

1. Anknüpfungspunkte ergeben sich zunächst zu den Forschungsarbeiten, in denen die geschichts- bzw. kulturtheoretischen Konzeptionen, aber auch die anthropologischen Vorstellungen Droysens, Burckhardts und Webers im Zusammenhang mit ihren Gegenwartserfahrungen einer tiefgreifenden Modernisierungskrise der bürgerlichen Gesellschaft untersucht worden sind und damit der von ihnen theoretisch entworfene Zusammenhang zwischen Theorie und Praxis rekonstruiert werden konnte.

2. Weitere Bezugspunkte dieser Arbeit stellen die Forschungsleistungen zu den betreffenden Autoren dar, in denen die praktischen – politischen und ethischen – Implikationen ihres Denkens in ihrem Zusammenhang mit ihrer theoretisch-anthropologischen Grundkonzeption der geschichtlichen Realität herausgearbeitet worden sind.

3. Schließlich sind hier all diejenigen Arbeiten wichtig, in denen untersucht worden ist, unter welchen Gesichtspunkten und mit welchen begrifflichen Mitteln Droysen, Burckhardt und Weber Geschichte als einen Sinnprozeß verstanden haben und historisches Denken entsprechend als ein kulturelles Medium der historischen Sinnbildung – als »Kulturgeschichte« im weitesten Sinne – konzipieren konnten.

Im folgenden ist eine Rekonstruktion der forschungs- und rezeptionsgeschichtlichen Basis dieser Arbeit beabsichtigt und ihr in einer konzentrierten Form vorgeschaltet. Diese gesondert vorgenommene Analyse der Forschungsliteratur erweist sich als notwendig, weil hier keine neuen, bisher unbekannten Quellenbestände präsentiert werden können und sollen, von denen sich neue Erkenntnisse zum Werk Droysens, Burckhardts und Webers ergeben könnten. Stattdessen wird vom empirischen Boden weitgehend bekannter und ausgewerteter Materialien aus operiert.

Diesen wendet sich die vorliegende Arbeit allerdings unter neuen Gesichtspunkten zu. Sie vermag daher ihren Anspruch auf Erkenntnisfortschritt allenfalls mit dem Verweis auf den potentiellen Innovationswert ihrer Fragestellungen einzulösen und zu legitimieren.

Aus diesem Grunde soll die oben in ihren Grundzügen bereits entwickelte Fragestellung in einer zwar nicht erschöpfenden, aber doch vergleichsweise differenzierten Auseinandersetzung und aus einem dreifachen Interesse mit dem bereits erarbeiteten Wissensstand zu Droysen, Burckhardt und Weber konfrontiert werden. Dabei sollen

– erstens die Forschungsprobleme und -positionen herausgearbeitet werden, an denen diese Arbeit anknüpft und denen sie wichtige Anregungen verdankt,

– zweitens die Aspekte gekennzeichnet werden, unter denen sie darüber hinauszugehen und einen innovativen Forschungsbeitrag zu leisten versucht,

– drittens der innere Aufbau der einzelnen Kapitel begründet und der Gang der Argumentation im einzelnen entwickelt werden.

2. Droysens »Historik« im Spiegel der Forschung

Die Forschungsliteratur zu Droysen hat sich in den letzten Jahren vor allem auf drei Problemaspekte konzentriert:

1. Das Hauptaugenmerk galt zum einen dem von ihm selbst sorgfältig herausgearbeiteten Vermittlungsverhältnis zwischen Theorie und Praxis. Das Forschungsinteresse zielte auf den engen Zusammenhang, den Droysen, ein theoretisch reflektierter und zugleich politisch engagierter Zeitgenosse der bürgerlichen Gesellschaft, zwischen den geschichtlichen Erfahrungen und Erwartungen der Gegenwart und der geschichtstheoretischen Kategorisierung der geschichtlichen Vergangenheit gesehen und auf hohem intellektuellen Niveau entfaltet hat. Dieser untrennbare Zusammenhang zwischen Gegenwart, Vergangenheit und Zukunft in Droysens Historiographie und Historik ist von Rüsen betont worden: »Droysens Geschichtstheorie stand vor der Aufgabe, Geschichtswissenschaft und Politik miteinander legitim, d.h. ineinander passend, zu verschränken, und sie sah ihre Lösung darin, historisches Erkennen und geschichtliche Wirklichkeit an dem Punkt zu vereinen, wo Subjekt und Objekt der Geschichtswissenschaften ineinander übergehen: an der Front gegenwärtig geschehender, in Erinnerung und Vorausschau lebendiger Geschichte.«[5]

Rüsen hat den lebenspraktischen Impuls der Geschichtstheorie Droysens zu einer historischen Vermittlung von Gegenwart und Geschichte deutlich gemacht, indem er dessen historiographisches und geschichtstheoretisches Werk als einen an der »Pathologie des gegenwärtigen geschichtlichen Lebens« anknüpfenden Therapieversuch der bürgerlichen Gesellschaft expliziert hat.[6]

Die Frage nach den lebenspraktischen Wurzeln historischen Denkens ist von Kohlstrunk weiterverfolgt worden, indem sie die in Droysens Historik ausgearbeitete Systematik der sittlichen Mächte als eine Theorie der bürgerlichen Gesellschaft und als »ein entscheidendes Medium für die Orientierung der bildungsbürgerlichen Kreise« rekonstruiert hat. Die Historik dokumentiere in dieser Hinsicht »das abstrakte Konzentrat jenes realen Bewußtseins, das die moderne ›bürgerliche Gesellschaft‹ von sich besitzt«.[7]

Den entscheidenden Mangel dieser auf die Gegenwart berechneten Selbstverständigung Droysens erkennt Kohlstrunk allerdings in der weitgehenden Enthistorisierung und idealistischen Überhöhung der modernen bürgerlichen Gesellschaft zu einem System sittlicher Mächte, aufgrund derer Droysens historische Verortung der bürgerlichen Gesellschaft an einer folgenschweren Abstraktion von ihrer gesellschaftlichen Wirklichkeit und der Notwendigkeit ihrer geschichtlichen Weiterentwicklung kranke.[8]

Auch Whites Interpretation von Droysens Historik läßt diese als einen wichtigen Beitrag zur geschichtlichen Standortbestimmung der bürgerlichen Gesellschaft verständlich werden, indem er sie mithilfe diskursanalytischer Rekonstruktionsverfahren im intellektuellen Milieu der bürgerlichen Gesellschaft des 19. Jahrhunderts verortet.[9]

Als das wesentlichste Motiv der Historik rekonstruiert White Droysens Willen zu einer geschichtstheoretischen Reflexion der Historie als einer bürgerlichen Selbstdarstellungspraxis auf die durch sie geleistete, sozial domestizierende und zugleich praktisch orientierende Ideologieproduktion: »Übersetzt in die Begrifflichkeit aktueller theoretischer Diskussionen könnte man sagen, Droysen zeigt, wie eine bestimmte Art von ›Schreibaktivität‹, in diesem Falle das Schreiben von Historie, eine bestimmte Art von Lesersubjekt hervorbringt, das sich mit dem moralischen Universum identifiziert, welches im ›Gesetz‹ einer Gesellschaft, die politisch als Nationalstaat und wirtschaftlich als Teil eines internationalen Produktions- und Tauschsystems organisiert ist, verkörpert ist.«[10]

2. Auf der Grundlage dieser herausgearbeiteten Bezüge zwischen Lebenspraxis und historischem Denken läßt sich auch die normative und rechtsphilosophische Dimension in Droysens Geschichtstheorie genauer rekonstruieren. Der Zusammenhang zwischen Ethik und Geschichte, den Droysen in seiner Theorie der sittlichen Mächte entfaltet hat, bildete bisher einen weiteren Schwerpunkt der Droysen-Forschung.

In diesem Problemkomplex ist etwa die Arbeit Birtschs anzusiedeln, dem es um die Bedeutung der Nation im historischen Denken und politischen Handeln Droysens geht. Birtschs Untersuchung ist hier von besonderem Interesse, weil er die politische Ethik Droysens in systematischem Zusammenhang mit dessen Geschichtsschreibung untersucht und daher ebenfalls einen wichtigen Beitrag zur Beantwortung der Frage leistet, wie historisches und politisches Denken bei Droysen wechselseitig aufeinander verweisen.[11]

Droysens Systematik sittlicher Mächte, die ihrer sowohl empirischen wie

ethischen Anlage gemäß nicht nur die praktischen Grundlagen und bestimmenden lebensweltlichen Elemente der bürgerlichen Gesellschaft expliziert, sondern zugleich die normativ relevanten Kriterien ihrer Legitimität
bestimmt,[12] mündet in eine geschichtliche Entwicklungstheorie der menschlichen Freiheit, die in großer Nähe zu Hegels geschichtsphilosophisch ausge-
arbeitetem und rechtsphilosophisch wirksam gewordenem Entwurf der Gegenwart als einem Reich der geschichtlich durchgesetzten menschlichen Freiheit
steht.

Rüsen hat jedoch in seiner Interpretation von Droysens Begriff der geschichtlichen Vernunft zugleich den Punkt sichtbar gemacht, an dem Droysen
über Hegels Geschichtsphilosophie und die dort erarbeitete Konzeption von
Geschichte als sittlicher Macht hinausgeht, um die in ihrem normativen
Freiheitsanspruch uneingelöste Zukunftsdimension der Gegenwart und der in
ihr fortzusetzenden Kontinuität der menschlichen Freiheit als eine zentrale
Dimension der Geschichtstheorie zur Geltung zu bringen.[13]

Demgegenüber betont Kohlstrunk in ihrer detaillierten Untersuchung des
»Systematik«-Kapitels in Droysens Historik, daß diese ursprüngliche Zukunftsorientierung der Geschichtstheorie aufgrund theorieinterner Inkonsistenzen
schließlich wieder verschüttet worden ist.[14] Sie führt die auch bei Droysen
noch vorhandene falsche Ontologisierung des bürgerlichen Status quo auf eine
nicht mit hinreichender Konsequenz vollzogene Enthegelianisierung seines
Denkens zurück, die dazu geführt habe, daß die hermeneutisch-methodische
Innovationsträchtigkeit der Historik durch den in die »Systematik« hinüberge-
schleppten Ballast der idealistischen Geschichtsphilosophie nicht voll zum
Tragen kommen konnte.[15]

3. Einen dritten Forschungsschwerpunkt bildet schließlich die Frage nach
den methodischen und theoretischen Grundlagen der historischen Hermeneutik Droysens.

Unter eingeschränkt methodologischen Gesichtspunkten ist hier etwa an
die Arbeit Spielers zu denken, der Droysens Historik vor allem im Hinblick auf
die dort entwickelte Methodenkonzeption der historischen Forschung untersucht.[16] Neben diesen methodologischen Aspekten im engeren Sinne geht es
Spieler jedoch auch um Droysens hermeneutische Gesamtkonzeption und um
die verschiedenen Bedeutungsebenen seines Verstehensbegriffs, wobei er die
Hermeneutik jedoch im wesentlichen auf ein Methodenkonzept der historischen Forschung reduziert und nicht im umfassenderen Sinne eines Theorie-
instruments der historischen Sinnbildung in den Blick bringt.[17]

In Anlehnung an Theodor Schieders Charakterisierung des Verstehens als
»Grundelement der menschlichen Existenz« erkennt Spieler zwar, daß mit der
Hermeneutik Grundprobleme der historischen Anthropologie berührt werden,[18] jedoch vermag er aufgrund seiner Beschränkung auf methodologische
Fragen die grundlegende geschichtstheoretische Relevanz der Hermeneutik
für das historisch-anthropologische Denken Droysens gerade dort nicht angemessen zur Kenntnis zu nehmen, wo die Geschichte in ihrem Wissenschafts-

charakter berührt wird: »Dieser eher anthropologischen Fragestellung ... ge-
bührt unser Interesse und unsere Aufmerksamkeit; nur ist damit nicht diejenige
Problematik berührt, die durch die Frage nach der Eigenart und Besonderheit
der historiographischen Methode als einer wissenschaftlichen Methode aufgeworfen ist.«[19]

Gerade unter diesem Gesichtspunkt stellt die Studie von Gil zu Droysens
Historik einen weiterführenden Beitrag zu dessen Hermeneutik-Konzeption
dar, indem sie die handlungstheoretischen Grundlagen und Implikationen von
Droysens genuin hermeneutischer Konzeptualisierung der geschichtlichen
Wirklichkeit herausarbeitet.[20] Ausgehend von den handlungstheoretischen
Schwächen der Gegenwartsphilosophie will Gil mithilfe einer Rekonstruktion
von Droysens unrestringiertem Handlungsbegriff einen Beitrag zur Erneuerung
hermeneutischen Denkens leisten, das die Komplexität der menschlichen
Handlungsvollzüge im Prozeß des geschichtlichen Wandels zu erfassen ver-
mag.[21]

Gils Forschungsbeitrag besitzt gegenüber Spielers Untersuchung den Vorteil, daß er Droysens Wissenschaftslehre des historischen Denkens im Zusammenhang mit seiner geschichtlichen Theorie des menschlichen Handelns
expliziert und damit der dreifachen Bedeutung der Hermeneutik im Sinne
einer wissenschaftstheoretischen Grundlegung der Geschichtswissenschaft, einer Methodenlehre der historischen Forschung und einer materialen Geschichtsphilosophie gerecht wird.[22]

Für eine dritte Gruppe von Forschungsarbeiten ist schließlich die Applikation der historischen Hermeneutik Droysens auf die gegenwärtigen Probleme
der narrativen Geschichtstheorie kennzeichnend geworden.

Baumgartner hat erstmalig auf die große Bedeutung Droysens für die
Geschichte der Geschichtstheorie aufmerksam gemacht, indem er gezeigt hat,
daß sich bei Droysen mit dem Aufstieg des Begriffs der »Kontinuität« zur
zentralen Kategorie der Historik »ein neues Konzept von Geschichtsphilosophie« abzeichnet, das auch noch die geschichtstheoretische Situation der
Gegenwart weithin prägt.[23] Die überragende theoriegeschichtliche Bedeutung
von Droysens Konzept der historischen Hermeneutik sieht Baumgartner in
einer weiterführenden, wenn auch noch nicht konsequent genug vollzogenen
Wendung von einer geschichtsphilosophischen zu einer kritisch-transzen-
dentalphilosophischen Theorieposition gegeben, deren wesentlicher Mangel
allerdings in der bleibenden Unsicherheit bestehe, »ob der Begriff der Kontinuität ... die Stelle eines objektiven Prinzips des historischen Gegenstandes
oder nur die Stelle einer heuristischen Idee repräsentiert. Kritisch muß daher
zu Droysens Konzeption von Kontinuität gesagt werden, daß metaphysische
und transzendentale Aspekte in der Rekonstruktion des historischen Wissens
durcheinanderlaufen und weder der eine noch der andere Versuch einer
Rekonstruktion als zureichend erscheinen kann.«[24]

Trotz dieser philosophisch ungeklärten Konstellation disparater Theorieelemente beginnt für Baumgartner mit Droysens Wendung von einer metaphy-

sischen zu einer transzendentalen Grundlegung des Kontinuitätsbegriffs die
moderne Geschichtstheorie, die über lebensphilosophische, transzendentalphilosophische, hermeneutische, phänomenologische und dialektische Refle-
xionsstufen in der Gegenwart zur Einsicht in die narrative Struktur des
historischen Wissens geführt habe. Und diese Einsicht war nur auf dem Boden
des erstmals von Droysen in die geschichtstheoretische Diskussion eingebrachten Begriffs der Kontinuität zu gewinnen: »So erscheint Droysens Kontinuitätsbegriff sachlich wie methodologisch als der wirksame Ursprung einer weit
ausholenden philosophischen Reflexion des Problems der Geschichte.«[25]

Baumgartner begreift Droysens Schwanken zwischen einer kritizistischen
und einer geschichtsontologischen Grundlage der Geschichtstheorie als Verrat
an der reinen Lehre eines kritischen Konstruktivismus und plaziert ihn daher in
einer epistemologisch zwar weiterführenden, aber dennoch äußerst fragwürdi-
gen Mittelstellung zwischen Hegel und Rickert. Jedoch läßt sich die bei
Droysen zu beobachtende geschichtstheoretische Integration und wechselseitige Überlagerung von erkenntniskritischen, methodologischen und geschichtsphilosophischen Elementen auch – wie vor allem Kohlstrunk und Rüsen
gezeigt haben – als Ergebnis einer von ihm in vorbildlicher Weise geleisteten
Fundierung des historischen Denkens vor dem Problemhorizont der gegenwärtigen Geschichte selber verstehen. Die Einheit von erkenntnistheoretischer
Selbstreflexivität, forschungsbezogenem Methodenbewußtsein und materialer
Geschichtsphilosophie wird dann als ein gelungener Versuch zu einer systematischen Vermittlung von Theorie und Praxis, von Geschichte, Wissenschaft und
Gegenwart, von Subjekt und Objekt der historischen Erfahrung verstehbar.[26]

Der von Baumgartner erstmalig unternommene Versuch, Droysens Historik vor der Folie der aktuellen narrativen Transformation der Geschichtstheorie
neu zu lesen und gleichzeitig für diese Wendung fruchtbar zu machen, rückte
zwangsläufig Droysens »Topik«, seine Typologie historiographischer Darstellungsformen, in den Mittelpunkt des Interesses.

Die damit einsetzende Verschiebung des Rezeptionsinteresses ist von Schiffer fortgesetzt und zugleich umgekehrt worden.[27] Schiffer untersucht nicht
mehr wie Baumgartner Droysens zweifellos wichtigen Beitrag für die erkennt-
niskritische bzw. transzendentalphilosophische Wende der Geschichtstheorie.
Vielmehr interpretiert er mit den von der pragmatischen Erzähltheorie in der
Tradition Dantos entwickelten Instrumenten zur Analyse von Historiographie
– ihrer narrativen Struktur und ihrer auf die praxisrelevante Kommunikation
mit dem Leser funktional ausgerichteten Erzählintentionen – Droysens Theorie der historischen Darstellungsformen und deren geschichtsphilosophische
Prämissen (zunächst anhand der »Historik« und dann am historiographischen
Beispiel seiner »Vorlesungen über die Freiheitskriege«).[28]

Auch Rüsens Interpretation von Droysens Typologie der historischen
Darstellungsformen steht in diesem rezeptionsgeschichtlichen Kontext. Er
rückt die von Droysen erkannte pragmatische Bedeutung der Darstellung für
den Prozeß der historischen Sinnbildung und deren jeweils unterschiedliche

Funktionen für die historiographische Realisation von Bildungsabsichten in den Vordergrund: »Der Leitfaden der Droysenschen Typologie der Geschichtsschreibung ist die immanente Didaktik der historischen Forschung. Sie entfaltet diese Didaktik als systematische Ordnung von Wirkungschancen, die die historische Erkenntnis durch ihren Forschungsbezug erhält, und sie befähigt dadurch den Forscher, zu einem Geschichtsschreiber zu werden, der diese Chancen bewußt nutzen kann.«[29]

Am Leitfaden des hier unter drei Gesichtspunkten rekonstruierten Forschungszusammenhangs[30] lassen sich die Fragestellungen und Erkenntnisabsichten dieser Untersuchung nun leicht verorten:

1. Das vor allem von Kohlstrunk, Rüsen und White akzentuierte Vermittlungsverhältnis zwischen Droysens theoretischer Kategorisierung der geschichtlichen Entwicklung, seiner Gegenwartserfahrung der bürgerlichen Gesellschaft und seiner Zukunftsvorstellung der menschlichen Freiheit soll auf eine bestimmte Konstellation historisch-anthropologischer Fundamentalkategorien zurückgeführt werden, die den Erfahrungs- und Erwartungshorizont von Geschichte im Sinne eines Prozesses der menschlichen Selbstrealisation überhaupt abstecken und vorausbestimmen.[31] Die Entscheidung darüber, was im Prozeß der menschlichen Geschichte in der Vergangenheit geschehen sein kann, in der Gegenwart geschieht und für die Zukunft erwartet werden darf, fällt auf dieser Ebene der historischen Anthropologie, wo es um die elementaren Grundbegriffe und Verstehensmöglichkeiten des Geschichtlichen oder »der« Geschichte als einer Totalität des Menschlichen geht.[32]

In einer Anlehnung an Kant lassen sich historische Anthropologien auch als eine Antwort auf die Frage verstehen: »Es gibt Geschichte; wie ist sie möglich?« Denn sie identifizieren den potentiellen Geschehensbereich nicht nur des geschichtlich Wirklichen, sondern auch den des geschichtlich überhaupt Möglichen, indem sie durch ihre anthropologische Grundqualifizierung des menschlichen Daseins im ganzen zugleich die kulturellen und begrifflichen Muster der geschichtlichen Selbstwahrnehmung der Gegenwart, ihrer wirklichen Herkunft und ihrer möglichen Zukunft definieren.

Das oberste Sinnkriterium der menschlichen Existenz, das ihre innere Geschichtlichkeit überhaupt erst in Gang gesetzt hatte und zugleich den Problemhorizont gegenwärtigen Handelns absteckte, stellte für Droysen, wie für den Historismus insgesamt, das Phänomen der menschlichen Freiheit dar. Die geschichtstheoretische Bedeutung dieses historisch-anthropologischen Fundamentalbegriffs bestand in Droysens Historik darin, Freiheit nicht zu einer ungeschichtlich beschworenen Wesensnatur des Menschen naturalisieren bzw. existentialisieren zu müssen, sondern zu einer geistigen Triebkraft seiner Lebensführung historisieren zu können, die Geschichte zu einer Totalität des menschlichen Geistes und der durch ihn geschichtlich positivierten und objektivierten Kultur synthetisiert.

2. Anknüpfend an Birtschs, Kohlstrunks und Rüsens Analyse der dezidiert »ethischen« Dimension des historischen Denkens, welches bei Droysen in

einem anspruchsvollen Sinne auch der normativen Selbstklärung der bürgerlichen Gesellschaft diente, soll in einem weiteren Argumentationsschritt Droysens Position innerhalb der zeitgenössischen Diskussionslage näher herausgearbeitet werden, in der die normen-, rechts- und praxisphilosophische Dimension der bürgerlichen Gesellschaft – ihr »moralisches Gesetz« – identifiziert worden ist.[33]

Diese Diskussionslage ist – auch für Droysen selbst – im wesentlichen durch die Positionen Kants, der »Historischen Rechtsschule« und Hegels bestimmt worden. In eingehender Abgrenzung von diesen verschiedenen Positionen der bürgerlichen Rechts- und Moralphilosophie wird der von Droysen gesehene Zusammenhang zwischen Ethik und Geschichte sowie seine Vorstellung einer spezifisch »historischen« Begründung von Handlungsnormen bestimmt werden können.

3. Schließlich steht die Frage nach der Struktur und dem inneren Aufbau von Droysens Theorieprogramm der historischen Hermeneutik im Mittelpunkt dieser Untersuchung. In den oben erwähnten Arbeiten von Spieler, Gil, Baumgartner, Schiffer und Rüsen sind die handlungstheoretischen, methodologischen und darstellungs- bzw. sinnbildungstheoretischen Implikationen der Hermeneutik – allerdings in der Regel unter weitgehender Beschränkung auf jeweils einen dieser Aspekte – bestimmt worden.

Hier nun sollen diese drei Ebenen des historischen Verstehens in ihren inneren argumentativen Zusammenhang gerückt werden, so daß Droysens Historik als ein in sich konsistentes hermeneutisches Theorie- und Methodenprogramm der historischen Forschung sichtbar wird. Es soll gezeigt werden, wie und warum sich Droysens handlungstheoretische Konstruktion der geschichtlichen Wirklichkeit, seine Methode des »forschenden Verstehens« und seine darstellungstypologische Theorie der historischen Sinnbildung wechselseitig fordern und zu einer untrennbaren Einheit der historischen Hermeneutik zusammenfügen lassen.[34]

3. Forschungsbeiträge zur theoriegeschichtlichen Sonderstellung Burckhardts

Auch die Forschungsliteratur zu Burckhardt läßt sich in ihren für die vorliegende Untersuchung wesentlichen Strömungen unter drei Gesichtspunkten klassifizieren:[35]

1. Bei einer ersten Reihe von Untersuchungen stand die offensichtliche Sonderstellung Burckhardts in der Geschichte des Historismus und des historischen Denkens überhaupt im Mittelpunkt des Forschungsinteresses.

– Zum einen handelt es sich um historiographiegeschichtliche Vergleiche Burckhardts mit den klassischen Vertretern des deutschen Historismus. Derartige Vergleiche sind in der Vergangenheit vor allem angestellt worden, als das historistische Wissenschaftsparadigma in seiner aus dem 19. Jahrhundert tra-

dierten Form als zunehmend defizitär erfahren wurde und alle Versuche seiner
Erneuerung daher gezwungen waren, nach rezipierbaren Alternativpositionen
Ausschau zu halten.

Seit Meineckes Versuch einer theoretischen Neubesinnung des historischen
Denkens nach der katastrophischen Erfahrung des Nationalsozialismus galt
Burckhardt anerkanntermaßen als der mit Abstand wichtigste Bürge für die
lohnende Erneuerung und zugleich Fortsetzung eines in die Jahre gekommenen Historismus. In dieser Zeit wurde Burckhardts Kunst- und Kulturgeschichte
zu einem willkommenen bildungsbürgerlichen Trost in schlechten Zeiten und
Burckhardt selbst zum strahlenden Leitbild für die Überwindung eines dürftig
gewordenen fachwissenschaftlichen Positivismus erhoben.[36]

Auch die monumentale und den großen Bürger und Gelehrten Basels
verklärende Biographie von Kaegi, in der die Entstehungsgeschichte und die
lebensweltlichen Bezüge der Schriften Burckhardts in- und extensiv ausge-
leuchtet werden, entstammt diesem rezeptionsgeschichtlichen Kontext.[37] Direkt im Anschluß an den Zweiten Weltkrieg begonnen, präsentiert sie das
idealisierte Glanzbild eines weisen Humanisten und echten Vertreters von
Bildungsbürgerlichkeit in der Zeit ihres Verfalls, das als Kontrastfolie der
eigenen Gegenwart und ihrer Genese fungiert, letztlich aber nur unter Nichtbe-
rücksichtigung wesentlicher Elemente seines politischen Denkens aufrechtzu-
erhalten ist, die Burckhardt in den Dunstkreis desjenigen Geschehens rücken,
gegen das er als angeblicher Zeuge bester bürgerlicher Traditionen aufgeboten
wird.

Schieder hat in den frühen sechziger Jahren das von Meinecke formulierte
und aus den lebensweltlichen Krisenerfahrungen der frühen Nachkriegszeit
gespeiste Interesse an Burckhardt aufgegriffen, indem er in einer forschungsge-
schichtlich bedeutsam gewordenen Arbeit die geschichtstheoretisch begründete Krisentheorie Burckhardts herausgearbeitet hat.[38]

– Andere Versuche einer historiographie- und theoriegeschichtlichen Standortbestimmung Burckhardts widmen sich dem persönlichen und sachlichen
Verhältnis zwischen Burckhardt und Nietzsche.

Der Bedeutung Nietzsches für Burckhardt wurde ein besonderes Interesse
beigemessen, da mit der zweiten von Nietzsches »Unzeitgemäßen Betrachtungen« die Historismus-Kritik der zweiten Hälfte des 19. Jahrhunderts eingesetzt
hatte und sich von daher unmittelbare Zusammenhänge mit Burckhardts Au-
ßenseiterposition innerhalb des etablierten Historismus zu ergeben schienen.[39]

– Schließlich läßt sich auch Hardtwigs Burckhardt-Studie noch in diesem
rezeptionsgeschichtlichen Zusammenhang ansiedeln, denn auch sie ist durch
das methodische Prinzip gekennzeichnet, Burckhardts Konzeption von Kulturgeschichte in die Geistes- und Theoriegeschichte des Historismus insgesamt
einzurücken und die anthropologischen, ontologischen, methodischen und
zeitbedingten Grundlagen seines historischen Denkens im Vergleich mit den
führenden Vertretern des Historismus zu entfalten.[40]

Von großer Bedeutung für die hier vorliegende Untersuchung ist jedoch vor allem, daß Hardtwig in den letzten Jahren seinen Vergleich Burckhardts mit anderen Strömungen des historischen Denkens auch auf Max Weber ausgeweitet hat.[41]

Mit aktuellem Bezug auf die gegenwärtige Situation der Geschichtstheorie ist von Rüsen die Frage nach der historiographiegeschichtlichen Stellung Burckhardts schließlich aufgegriffen worden, indem er auf die systematische Nähe Burckhardts zu der sich gegenwärtig andeutenden »postmodernen« Transformation des historischen Denkens und zu der in ihrem Gefolge erneuerten Kulturkritik aufmerksam gemacht hat.[42]

2. In einer Reihe weiterer Forschungsarbeiten ist mithilfe eines systematischen Zugriffs auf Burckhardts Kulturbegriff seine Theorie- und Methodenkonzeption der Kulturgeschichte näher herausgearbeitet worden.

In dieser Hinsicht sind bereits frühzeitig wichtige Forschungsbeiträge durch Löwith geleistet worden, indem dieser das methodische, theoretische und thematische Profil von Burckhardts Kulturgeschichte sowohl anhand der »Weltgeschichtlichen Betrachtungen« als auch in Auseinandersetzung mit den empirischen Erträgen von Burckhardts historiographischem Gesamtwerk umrissen hat.[43]

Auch in den Arbeiten Rüsens steht die Kategorie der »Kultur« im Mittelpunkt des Forschungsinteresses, denn einzig von ihr her könne das um die Frage kreisende Gesamtwerk Burckhardts erschlossen werden, »wie Kultur sich tradiert, wie tradierte Kultur angeeignet werden kann, wie sich Kultur erneuert und schließlich wie sich ihrem zeitlichen Ursprung überzeitliche Ursprünglichkeit nehmen läßt.«[44]

Eine weitere Untersuchung der Geschichts- und Kulturtheorie Burckhardts findet sich noch in der von der Forschung zu Unrecht unbeachtet gebliebenen Dissertation Ritzenhofens, die in einer weitgespannten, das Gesamtwerk einbeziehenden Argumentation Burckhardts Ästhetik, sein Theorie- und Methodenkonzept der Kulturgeschichte, seine historische Anthropologie und seine auf die Gegenwart gemünzten Zeitdiagnosen untersucht.[45]

Ein im Zusammenhang mit Burckhardts Konzept von Kulturgeschichte oftmals erörtertes Problem ist schließlich noch die von ihm intendierte und partiell auch vollzogene Ästhetisierung des historischen Denkens, die allerdings zugleich die Frage nach dem problematischen und nur schwierig zu definierenden Status der Kunst im Horizont der Kultur aufwirft.[46]

3. In einem dritten Strang der Burckhardt-Forschung ist schließlich der von Löwith bereits in Angriff genommene Versuch einer systematischen Rekonstruktion der kulturhistorischen Schriften fortgesetzt und weitergeführt worden.

Rüsen hat am Leitfaden des Kulturbegriffs einen Überblick über das theoretische und empirische Gesamtwerk gegeben und damit zugleich zeigen können, wie sich Burckhardts Kulturgeschichte als eine innere Einheit von geschichtstheoretischen Motiven und ihrer historiographischen Konkretion realisiert.[47]

Flaig hat vor einigen Jahren eine umfassende Interpretation von Burckhardts »Griechischer Kulturgeschichte« vorgelegt, deren Verdienst darin besteht, am Beispiel dieses großen Alterswerks die enge Verzahnung, ja die innere
Einheit von Historiographie und Geschichtstheorie bei Burckhardt deutlich
herausgearbeitet zu haben. Damit ist eine neue Stufe der Burckhardt-Forschung erreicht worden: die Entschlüsselung seines geschichtstheoretischen
bzw. anthropologischen Systems und der Axiome seiner kulturkritischen
Gegenwarts- und Zeitdiagnostik auf dem Boden einer genauen Rekonstruktion
der historiographischen Texte selber.[48]

Flaigs Arbeit stellt unter zahlreichen Gesichtspunkten eine Herausforderung
der Burckhardt-Forschung dar, die im Fortgang der Arbeit im einzelnen
bezeichnet werden. Auf eine Herausforderung grundsätzlicher Natur muß
allerdings schon jetzt näher eingegangen werden, da sie den in dieser Untersuchung zugrundegelegten Begriff der Kultur im ganzen betrifft.

Flaig nimmt die Auseinandersetzung mit Burckhardt zum Anlaß, an einer
Geschichtstheorie Kritik zu üben, welche die Praxisbedeutung und Orientie-
rungsfunktion des historischen Wissens von seinem Beitrag zur kulturellen
Sinn- und Identitätsbildung her begründet.[49]

Im Gegensatz zu einer geschichtstheoretischen und -didaktischen Begründung der Bildungsfunktionen des historischen Denkens beabsichtigt Flaig, »aus
den zerlegten Trümmern des Burckhardtschen Werkes ... eine unvollendete
Gestalt der Theorie zu retten«.[50] Flaig expliziert zwar nicht im einzelnen die
von ihm ins Spiel gebrachte »unvollendete« Theoriegestalt und didaktische
Aufgabe eines historischen Denkens, das sich der vindizierten Aufgabe kultureller Sinn- und Identitätsbildung entledigt hat (die verstreuten und sachlich
unzusammenhängenden Hinweise auf Theorieelemente französischer Provenienz leisten dies bei weitem nicht); er deutet jedoch die Richtung seines
Arguments an: »Gerade dann, wenn die fremde Kultur ›uns etwas zu sagen‹
hat, verpassen wir ihre Differenz. Ebenso verhält es sich mit den vielen
Vergangenheiten. Dort, wo ihr ›Sinn‹ sich nicht erschließt, kann, gewährleistet
durch Anschauung, Empfänglichkeit für ihre schweigende Sprache in Kraft
treten.«[51]

Daß Flaig der Kulturgeschichte die Kompetenz zu einer historischen
Erfahrung und Explikation von geschichtlicher bzw. kultureller »Differenz«
abspricht und für eine undeutlich bleibende Theoriegestalt des historischen
Denkens reservieren möchte, zeigt, daß er den potentiellen Beitrag der Kulturgeschichte zu der historiographischen Aufgabe, das Bestehen interkultureller
Differenzen nicht nur heuristisch, theoretisch und methodisch zu berücksichtigen, sondern sogar zu akzentuieren und scharf herauszuarbeiten, unter-
schätzt.

Ziel des Burckhardt-Kapitels in der vorliegenden Arbeit ist es daher, gerade
die eminente Bedeutung von Fremdheitserfahrungen für die historische Konstitution kultureller Identität und kollektiver Sinnstrukturen herauszuarbeiten.
Burckhardts Kulturgeschichte erweist sich unter diesem Gesichtspunkt gerade-

zu als ein methodisches Mittel zum Zweck einer gesteigerten Wahrnehmungsfähigkeit kultureller Differenz und geschichtlicher Vielfalt, die eine Identität – sei
es die einer Person oder die eines Kollektivs – nicht verhindert, sondern auf
dem Boden einer historiographischen Kommunikation zwischen den Kulturen zuallererst ermöglicht.

Auch was Burckhardt betrifft, lassen sich nun in Anlehnung an die drei
genannten Schwerpunkte der bisherigen Forschung die Fragestellungen dieser
Arbeit entwickeln:

1. Zunächst soll Burckhardts Theoriekonzeption der Kulturgeschichte
rekonstruiert werden,[52] um die Ursachen seiner Ausnahme-, wenn nicht gar
seiner theoriegeschichtlichen Schlüsselstellung in der Entwicklung des Historismus deutlich zu machen, die von Meinecke, Kaegi, Schieder, Rüsen und
Hardtwig erkannt und in ihrer historiographiegeschichtlichen Tragweite herausgearbeitet worden ist.

Burckhardt hat mit seiner Transformation der Geist- zur Kulturkategorie
das Erbe des Historismus aufgegriffen, ihm zugleich aber eine neue und
weiterführende Richtung gewiesen. Indem er in der folgenden Untersuchung
in der Mitte der Theorieentwicklung der Kulturgeschichte zwischen Droysen
und Weber plaziert wird, kann sein spezifischer Beitrag zum Modernisierungsprozeß des historischen Denkens im Ausgang des klassischen Historismus
kontrastreicher herausgearbeitet werden, als es ohne diese Vergleichsperspektive
nach beiden Seiten hin möglich wäre.

2. In den beiden systematisch angelegten Rahmenkapiteln des Burckhardt-
Abschnitts, die seinen Kulturbegriff und die Kulturbedeutung des historischen
Denkens behandeln, geht es in Auseinandersetzung mit den unter dem zweiten
Gesichtspunkt angeführten Forschungsbeiträgen von Löwith, Rüsen, Ritzenhofen, Flaig, Hardtwig u.a. zu Burckhardts Kulturbegriff und zu der von ihm
eingeleiteten Ästhetisierung des Historischen um den eigentlichen Theo-
riekern seiner Kulturgeschichte. Zu den in diesem Zusammenhang noch
weitgehend ungeklärten Problemen gehört sowohl die für Burckhardts Konzept von Kulturgeschichte äußerst wichtige Frage nach dem Verhältnis zwischen Kultur und Kunst,[53] als auch die Frage nach dem genuinen Beitrag des
historischen Denkens für die Kontinuität der europäischen Kultur.[54]

3. Auch der dritte der oben rekonstruierten Forschungstrends: die von
Löwith, Flaig und Rüsen begonnene Konfrontation der Theorie der Kulturgeschichte mit den Ergebnissen ihrer historiographischen Konkretion, soll hier
aufgegriffen und weiterverfolgt werden.

In den drei Kapiteln zur »Griechischen Kulturgeschichte«, zur »Kultur der
Renaissance in Italien« und zur »Geschichte des Revolutionszeitalters« soll das
historiographische Grundmuster von Burckhardts Universalgeschichte der
europäischen Kultur expliziert und auf seinen kultur- und modernisierungstheoretischen Gehalt hin untersucht werden.[55] Auf diesem Wege könnte die
Frage beantwortet werden, wie Burckhardt die in den »Weltgeschichtlichen
Betrachtungen« und den »Historischen Fragmenten« systematisch formulier-

ten geschichtstheoretischen Motive historiographisch realisiert hat und welche historische Kontinuitätsvorstellung der europäischen Kultur im Zentrum von Burckhardts Kulturgeschichte steht.

Ziel ist es, die Schlüsselstellung Burckhardts in der Theoriegeschichte des Historismus deutlich werden zu lassen und zu zeigen, wie die theoretischen Grundprobleme des Historismus auch noch den Modernisierungsprozeß des historischen Denkens geprägt haben und – wie das Beispiel Webers nahelegen soll – heute noch von einer geradezu brennenden Aktualität sind.

4. Die ewige Jugendlichkeit des Klassikers: Positionen und Entwicklungstrends der Weber-Forschung

Unweigerlich gehört es zum ehrwürdigen Status eines Klassikers, die nachlebenden Forschergenerationen zum Studium seiner Werke und zu immer neuen Deutungen seiner Persönlichkeit anzuregen. Weber ist zweifellos einer dieser Klassiker, was zu einer in den letzten Jahrzehnten beispiellosen Forschungsintensität geführt hat. Webers Werk darf daher in der bisher publizierten Form als bekannt und ausgiebig erforscht gelten. Das Repertoire an möglichen Deutungen scheint trotz aller neu auftauchenden Nuancen durchgespielt, die einschlägigen Zitate und Texte sind geläufig, die verschiedenen Positionen der Weber-Forschung in der Regel gut begründet und ausgearbeitet.

Andererseits ist noch nicht vollends und allein für den Insiderkreis der Herausgeber und Bearbeiter absehbar, inwieweit die gegenwärtig fortschreitende Max Weber-Gesamtausgabe durch die Publikation bisher unbekannten Materials und auf dem Boden einer tieferen Einsicht in den zeitlichen und systematischen Entstehungskontext der Schriften Webers völlig neue Perspektiven ihrer Deutung eröffnen könnte.

Das alles legt die verbreitete Hoffnung nahe, einzig aus dem gewachsenen und weiterhin wachsenden Wissen über die Person und die Entstehungsgeschichte der Texte neue Interpretationsperspektiven generieren zu können. Der neueste Strang der Weber-Forschung widmet sich ganz in diesem Sinne der Biographie von Werk und Person.

Tenbruck hat vor einigen Jahren mit dem Versuch einer entstehungsgeschichtlichen Rekonstruktion der Religionssoziologie einen Anfang gemacht. In Auseinandersetzung mit Bendix' »Intellectual Portrait« hat er damit einen wichtigen Beitrag zu einer »Entschlüsselung des Werks auf der Ebene der Texte« geleistet.[56]

In den letzten Jahren ist oftmals die dringende Notwendigkeit einer neuen Weber-Biographie betont worden, die in der Lage sei, Marianne Webers »Lebensbild« zu ersetzen.[57] Zweifellos wird die Aufgabe einer biographischen Verortung Webers – seiner Person und seines Werks – im politischen und intellektuellen Netzwerk seiner Zeit in den nächsten Jahren einen Schwerpunkt der Forschung bilden, vor allem dann, wenn im Zuge der Weber-Gesamtausgabe die biographisch relevanten Materialien zugänglich gemacht werden.

Schluchter hat gar zuletzt die These vertreten, daß Webers Werk in seinen zentralen Intentionen nur auf dem Wege seiner Historisierung angemessen entschlüsselt werden könne.[58] Entsprechend mehren sich gegenwärtig die hier nicht im einzelnen zu erwähnenden Studien zur Biographie von Werk und Person sowie zur Rezeptionsgeschichte.[59]

Das bisher wichtigste Zwischenergebnis dieser Bemühungen, in dem sich die Produktivität des auch von Hennis mit Blick auf Weber empfohlenen Ansatzes verrät, »einen gelehrten Autor aus seiner ›historischen Situation‹ heraus zu verstehen«,[60] dürfte der gruppenbiographisch angelegte Sammelband »Max Weber und seine Zeitgenossen« bilden, der das zeitgeschichtliche und intellektuelle Milieu erschließt, das Weber umgab.[61] Indem er es grundsätzlich erlaubt, Weber besser als bisher in dem geistig-politischen Kontext seiner Zeit zu plazieren, bietet es im Kontext dieser Arbeit wertvolle Hinweise, »Kultur« als ein prosperierendes intellektuelles Problemfeld jener Epoche in einer Vielzahl unterschiedlicher Bezüge auszumachen.[62]

Bei dem nun folgenden Versuch, einen Überblick über die ganze Bandbreite der miteinander konkurrierenden und einander ergänzenden Rekonstruktionsversuche von Webers Werk zu geben, empfiehlt es sich, von vornherein die eingangs erörterte Fragestellungen dieser Arbeit sehr genau zu berücksichtigen. Wenn überhaupt, legitimiert sich die vorliegende Untersuchung angesichts der Fülle der bereits existierenden Weber-Interpretationen aus der Absicht, sein Werk für die Suche nach einer neuen, zeitgemäßen Theorie der Kulturgeschichte fruchtbar zu machen. Das erfordert jedoch, Weber »bewußt einseitig« und unter dem Gesichtspunkt des kulturtheoretischen und -historischen Gebrauchswerts seiner Schriften zu betrachten und das heißt: zu fragen, inwieweit aus ihnen heuristische, methodische und theoretische Hinweise für die Entwicklung einer modernen Kulturgeschichte gewonnen werden können.[63]

Zwar stand Weber bisher nicht gerade als Ur- und Gründungsvater der Kulturgeschichte im Blickfeld der Forschung, gleichwohl gibt es vielfältige Anknüpfungsmöglichkeiten an die bisherigen Rezeptionstraditionen, die hier in insgesamt vier unterschiedliche Positionen ausdifferenziert werden sollen.[64]

1. Im Zusammenhang dieser Arbeit, die sich Weber ja gerade als einer wichtigen Figur in der Geschichte des historischen Denkens zuwendet, sind vor allem diejenigen Forschungsbeiträge relevant, in denen die historisch und modernisierungstheoretisch interessanten Aspekte des Weberschen Werks herausgearbeitet worden sind. Weber gewinnt in diesen Untersuchungen oftmals die Bedeutung eines überragenden Theoretikers der modernen Welt, dem es in einer bisher einzigartigen Weise gelungen sei, die Erkenntnis der Gegenwart auf die historische Einsicht in ihre Genese zu verpflichten.

An erster Stelle seien hier die verschiedenen, Webers dezidiert »historisches« Erkenntnisinteresse immer im Blick bewahrenden Arbeiten Mommsens genannt, für den »die große geistige Kraft seines soziologischen Werks nicht zuletzt darauf beruht, daß es nicht allein mit historischem Wissen gesättigt ist und auf umfassenden vergleichenden Untersuchungen der verschiedensten Gesellschaften beruht, sondern zugleich durchgängig von einer bestimmten universalhistorischen Perspektive getragen wird.«[65]

Mommsen hat die »geschichtsphilosophische Grundkonzeption« Webers am Leitfaden des Charisma-Begriffes herausgearbeitet. Das eigentliche Thema von Webers universalgeschichtlichem Denken sei der schicksalvolle Kampf zwischen dem an spezifisch außeralltäglichen Werten orientierten Individuum, das als Träger charismatischer Qualitäten die im eigentlichen Sinne geschichtlich produktive Kraft sei, und den Mächten rationaler Disziplinierung. Daß Mommsen in diesem Zusammenhang erstmalig den enormen Einfluß Nietzsches auf Webers Betonung des charismatischen, wertsetzenden und daher auch ›großen‹ Individuums akzentuiert hat, war eine Konsequenz des dezidiert politischen und politiktheoretischen Ausgangspunkts seiner Weber-Interpretation.[66]

Indem hier jedoch Webers Begriff der »Kultur« in den Mittelpunkt und damit derjenige des Charisma (zu dem sich der des Führers, des Kampfes und des Willens zur Macht komplementär verhält) in den Hintergrund rückt, ist diese Untersuchung auch ein Beitrag zu einer notwendigen Entnietzscheanisierung Webers. Der Kulturbegriff besitzt im Werk Webers, so lautet die These, einen wesentlich fundamentaleren Stellenwert als der auf das ›große‹ Individuum zielende des Charisma.

Letzterer impliziert zwar eine für die Analyse politischer Zusammenhänge notwendige Zuspitzung und Spezifizierung des Kulturbegriffs; da es hier aber nicht vornehmlich um Webers Theorie des Politischen geht, bietet der von ihm selbst bereits umfassender eingeführte Theoriebegriff der Kultur einen für die hier verfolgten Zwecke besseren Zugang zu seinem Werk.

Indem hier Webers Begriff der Kultur in den Mittelpunkt der Untersuchung gestellt wird, ergibt sich eine Fülle von Anknüpfungspunkten an die in dieselbe Richtung weisende Arbeit Scaffs, der am Beispiel von »Weber's Science of Culture« das geistige Milieu jener Epoche – der bürgerlichen Moderne – erschließt und damit einen vielversprechenden Neuanfang der Weber-Forschung markiert: »Thus, the central theme of these essays is found in the problem of culture, and especially modern culture and the ›science of culture‹ Weber proposed for coming to terms with our world.«[67]

In zahlreichen anderen Arbeiten ist der systematische Zeitkern deutlich herausgearbeitet worden, den Webers im wesentlichen religionssoziologisch angelegte und durchgeführte Theorie des okzidentalen Rationalismus enthält und der zugleich ihre Interpretation als eine historisch informierte Theorie der Moderne nahelegt.

Der Beitrag dieser modernisierungstheoretischen Reflexionen des Weberschen Werks für die vorliegende Untersuchung besteht darin, daß der analytische Wert der Kategorie »Kultur« für eine dezidiert »historische« Rekonstruktion neuzeitlicher Modernisierungsprozesse deutlich herausgearbeitet werden kann. Webers Modernisierungstheorie soll hier als eine solche historische Theorie der modernen Kultur präzisiert werden. Es handelt sich bei ihr um ein Interpretationskonzept von Modernität, in dessen Zentrum die Kategorie der Kultur steht.

Dabei ist des öfteren Webers Symbiose von Modernisierungstheorie und Kulturkritik betont worden, die es erlaube, sich auch noch gegenüber den geschichtlichen Erfahrungen einer Dialektik der Aufklärung einen aufgeklärten Kopf zu bewahren. Diese eindeutigen Vorteile seines Theorieangebots für eine Analyse typischer Krisenkonstellationen der modernen Gesellschaft sind von Habermas deutlich herausgearbeitet worden. Er versteht Webers historische Theorie der okzidentalen Rationalisierung als »den aussichtsreichsten Ansatz für die Erklärung der Sozialpathologien, die im Gefolge der kapitalistischen Modernisierung auftreten«.[68]

Auch Peukerts Interesse an Weber zielt vornehmlich auf dessen »Diagnose der Moderne«. Sein Interpretationsansatz erlaubt es, das Werk Webers innerhalb des kulturkritischen Milieus der Jahrhundertwende präzise zu verorten.[69]

Eine weitere Variante des modernisierungstheoretischen Zugangs repräsentieren die zahlreichen Forschungsarbeiten Schluchters, der Webers Werk im Hinblick auf seinen »evolutionstheoretischen Status« und auf »eine gehaltvolle empirisch-historisch angelegte Rationalisierungstheorie« hin untersucht, um dann mit ihrer Hilfe den geschichtlichen Übergang zur Moderne entwicklungsgeschichtlich und kausalanalytisch erklären zu können.[70]

Schluchters Interpretation der Weberschen Soziologie als einer Gesellschaftsgeschichte des Okzidents mit evolutionstheoretischem Aussagewert zeigte sich einerseits durch Tenbrucks systematischen Zugriff auf »Das Werk Max Webers« als auch durch die seinerzeit vieldiskutierte, forschungspraktisch allerdings folgenlos gebliebene Kontroverse zwischen Luhmann und Habermas über das Verhältnis zwischen Evolutionstheorie und Geschichte inspiriert.[71]

Auf die Initiative Schluchters geht die bisher umfassendste Rekonstruktion des modernisierungstheoretischen Potentials von Webers Religionssoziologie zurück.[72] Dieses Projekt zeichnet sich vor allem dadurch aus, daß es der kulturgeschichtlichen Intention Webers systematisch Rechnung trägt, die Sonderentwicklung der europäischen Kultur, soweit sie durch religiöse Weltbildfaktoren geprägt wurde, vor der universalgeschichtlichen Folie der übrigen Weltreligionen und ihrer ethischen Auswirkungen auf die menschliche Lebensführung zu rekonstruieren.[73]

In den neueren, im engeren Sinne soziologischen Weber-Interpretationen transformiert sich die in seinem Werk aufgeworfene Modernisierungsproblematik weitgehend zum Problem der Rationalität sozialen Handelns. Weil die geschichtliche Dimension der gesellschaftlichen Rationalisierung dabei in der Regel nicht thematisiert wird, können diese Forschungsbeiträge hier weitgehend unberücksichtigt bleiben.[74]

Eigens erwähnt werden sollen hier jedoch zwei Vertreter einer soziologischen Weber-Deutung, da sich ihr Zugriff unter vielen Gesichtspunkten mit der Themenstellung dieser Arbeit berührt: Einerseits handelt es sich um Arnason, für dessen bei Weber anknüpfenden Versuch einer »antireduktionistischen« Interpretation der modernen Gesellschaft ebenfalls »der Kulturbegriff ... das verborgene Zentrum der Weberschen Soziologie darstellt«.[75]

Außerdem handelt es sich um Kalberg, der »einen erschöpfenden Überblick über Webers Gebrauch der Termini ›Rationalität‹ und ›Rationalisierung‹ geben« und »auf der rein begrifflichen Ebene Webers Vision von der Vielfältigkeit von Rationalisierungsprozessen, die sich auf allen Ebenen soziokultureller Prozesse miteinander verbinden und gegeneinander kämpfen«, rekonstruieren möchte.[76]

2. Bei einem weiteren Zweig der Weber-Forschung dominiert weniger das Interesse an einer dezidiert historischen Erklärung gesellschaftlicher Modernisierungsprozesse im Anschluß an Weber, als vielmehr ein anthropologisierender Zugriff auf sein Werk.

In den ersten Interpretationen Webers aus den späten zwanziger und frühen dreißiger Jahren hatte bereits einmal Webers »Idee des Menschen« im Mittelpunkt des Forschungsinteresses gestanden.[77]

Weitere Hinweise auf Webers in der Religionssoziologie existierende »moderne Anthropologie« stammten von Tenbruck.[78] Er sieht Webers Anthropologie in der Einleitung zur »Wirtschaftsethik der Weltreligionen« in Form einer Theodizee des Glücks und des Leides angelegt. Als die anthropologische Dauerproblematik, an der sich Webers Interesse entzündet und sich sein Werk abarbeitet, begreift Tenbruck die universalgeschichtliche Dialektik von Sinnlosigkeitserfahrungen und den verschiedenen Formen realitätsüberschießender kultureller Sinnbildung, oder wie er selber sagt: zwischen Erfahrungen des Leidens und der »Suche nach Charisma«.[79]

Hennis hat diese anthropologisierende Deutungsperspektive in den letzten Jahren in einer innovativen und einflußreich gewordenen Weise aufgegriffen und mithilfe einer minutiösen Rekonstruktion der »Kritiken und Antikritiken« zum Protestantismus-Aufsatz – freilich erst »nach langem dramatischem Suchen«[80] – dahingehend zugespitzt, die »Entwicklung des Menschentums« sei das eigentliche Thema Webers gewesen.[81]

Obwohl Hennis sichtlich Wert auf die Originalität und Vorbildlosigkeit seiner Weber-Interpretation legt, ist die Wendung zur Kategorie der »Lebensführung« – insbesondere zur rational-methodischen Lebensführung – von Mommsen und Tenbruck bereits auf vielfältige Weise vorweggenommen worden.[82]

Seine betont anthropologisierende Weber-Deutung steht bei Hennis in einer klaren Gegnerschaft zu den oben als »modernisierungstheoretisch« charakterisierten Interpretationsrichtungen; es handelt sich bei diesen beiden Positionen um eindeutig miteinander konkurrierende Trends der Weber-Forschung.[83]

Die Bedeutung aller bisher in dieser Rubrik anthropologisierender Deutungen angeführten Untersuchungen für die vorliegende Arbeit besteht darin, daß sie mit Recht den Blick auf Webers systematisches Interesse an der Analyse von kulturellen – vor allem religiösen – Reglementierungen der menschlichen »Lebensführung« lenken und von hier aus Webers Gesamtwerk erschließen. Hennis hat dies in einer allerdings überpointierten Weise zum Ausdruck gebracht: »Webers ›Programm‹ bezieht sich also nur und auf nichts anderes als auf weitere Faktoren der Entwicklung der ›Lebensführung‹.«[84]

Allerdings weist Hennis auch auf Webers Begriff des »Habitus« im Sinne eines kulturell spezifizierten Stils der menschlichen Lebensreglementierung hin.[85] Damit ist die Dimension einer notwendigen und die menschliche Lebensführung insgesamt kennzeichnenden Vermittlung von Theorie – oder in Webers Terminologie: »Geist« – und Praxis angedeutet, die in dieser Untersuchung als »Kultur« rekonstruiert werden soll. Diese wird hier als ein geistiges Regulativ der menschlichen Lebenswelt insgesamt verstanden, welches sich auf allen Feldern des gesellschaftlichen Lebens in ganz unterschiedlichen Funktionszusammenhängen zur Geltung bringt. Ein solches Verständnis von Kultur ist angeregt durch die in sich durchaus heterogene anthropologisierende Weber-Forschung, insoweit sie auf den untrennbaren, wahrhaft ›dialektischen‹ Zusammenhang zwischen Geist und Lebensführung hinweist, den Hennis bei Weber mit dem Begriff des Habitus zum Ausdruck gebracht sieht.

Hennis unternimmt außerdem den Versuch, das von ihm akzentuierte anthropologische Motiv Webers mit dessen Interesse zusammenzubringen, die Gegenwart gerade aus der Genese ihrer Modernität zu verstehen: »Wir fassen zusammen: Worum war es Weber ›zentral‹ in der berühmtesten seiner Untersuchungen gegangen? Um nichts anderes als um die auf dem Weg über historisch-differenzielle Untersuchung vorzunehmende Erfassung der Heraufkunft des modernen Menschen – nein!: des ›Menschentums‹!«[86]

Fraglich ist aber, ob ihm dies gelungen ist, oder ob sich hinter seiner menschentümelnden Terminologie nicht vielmehr eine Abstraktion von dem dezidiert historischen, d.h. auf das Aufklärungsbedürfnis der Gegenwart zielenden Charakter der Religionssoziologie Webers verbirgt.

Das anthropologische Interesse Webers an »Lebensführung« hat sich – so die hier zugrundliegende Hypothese – vor allem in der Frage nach der geschichtlichen Bedeutung ihrer kulturellen Regulative und nach deren Transformation in den Prozessen gesellschaftlicher Modernisierung realisiert.

Daher soll in dieser Untersuchung der Begriff der Kultur, der sowohl den des »Menschen« wie den der »Lebensführung« spezifiziert und zugleich an heuristischem, methodischem und theoretischem Nutzen übertrifft, im Sinne einer dezidiert historischen bzw. modernisierungstheoretischen Kategorie stark gemacht werden.

Das impliziert zugleich eine deutliche Modifikation der durch Hennis vollzogenen anthropologischen Wendung der Weber-Forschung; denn der bereits erwähnte Zeitkern und die historische Dimension der Kulturanalysen Webers, die durch die modernisierungstheoretische Rezeption seines Werks überzeugend herausgearbeitet worden ist, besitzt bei Hennis an keiner Stelle eine systematische Bedeutung.[87] Darin besteht, bei aller Inspiration, die zweifellos von seiner Arbeit ausgeht, der eigentliche Reduktionismus der darin enthaltenen These, daß »das ganze Werk im Kern von einer anthropologischen Absicht getragen wird.«[88]

Hennis überzieht deutlich das Konto seines anthropologisierenden Zugriffs; Weber ist im wesentlichen nicht auf »anthropologisch-charakterologische Erkenntnis« aus, was nicht heißt, daß seinem Werk keine historische Anthropologie zugrundeläge. Sie besitzt aber einem noch fundamentaleren kulturwissenschaftlichen und -historischen Interesse an Erkenntnis der spezifischen »Kulturbedeutung« geschichtlicher Phänomene gegenüber eine rein dienende und explikative Funktion.[89]

Dieses Interesse ist in unzweideutiger Form dem Objektivitätsaufsatz zu entnehmen, in dem Weber in einer sonst kaum wieder erreichten Dichte sein wissenschafts- und erkenntnistheoretisches Selbstverständnis programmatisch formuliert hat. Nicht zufällig folgt im Anschluß an seine bekannte Äußerung, daß die Sozialwissenschaft, die er betreiben wolle, eine »Wirklichkeitswissenschaft« sei, die in sich geschlossenste wissenschaftstheoretische Passage, die es in seinem Gesamtwerk gibt. Und diese Passage, in der Weber die theoretischen Grundlagen seiner wissenschaftlichen Arbeit formuliert, ist um den Begriff der »Kultur« bzw. den der »historischen Kulturwissenschaft« zentriert, und die Tatsache, »daß wir Kulturmenschen sind, begabt mit der Fähigkeit und dem Willen, bewußt zur Welt Stellung zu nehmen und ihr einen Sinn zu verleihen« ist für Weber deren »transzendentale Voraussetzung«.[90]

Weber deklariert »Kultur« zu derjenigen transzendentalen Gattungssubjektivität des Menschen, an der sich das Verstehen der Kulturwissenschaft entzündet. Bevor »Menschentum« überhaupt zu einem Thema anthropologischen Erkenntnisstrebens werden kann, muß es bereits kulturell vorqualifiziert sein. Daraus folgt zwangsläufig, daß »Kultur« bzw. die geistigen Grundlagen der menschlichen Lebensführung für Weber ein ursprünglicheres und fundamentaleres Erkenntnismotiv darstellen, als das von Hennis in den Vordergrund gerückte Abstraktum »Menschentum«, mit dem er den wesentlich historisch-hermeneutischen Charakter der Kulturwissenschaften unterläuft.

Die Kulturproblematik der Zeit ist nicht allein, wie Hennis meint, die geschichtliche Erfahrungsgrundlage und der hermeneutische Ausgangspunkt für Webers eigentliches Thema: die Frage nach dem »Schicksal des Menschentums«. Sie ist dies auch, aber außerdem kennzeichnet der Begriff der Kultur das Thema Webers selbst als ein durch und durch geschichtliches Problemfeld der menschlichen Lebensführung, das durch eine vereinseitigende Anthropologisierung verstellt wird.[91]

Für Weber gab es keinen anderen wirklich erkenntnisträchtigen Zugang zum Menschen und zu seiner existentiellen Daseinsverfassung, die er »Lebensführung« nannte, als durch das Nadelöhr ihrer kulturwissenschaftlichen und -historischen Erkenntnis.

3. Ein weiterer für diese Untersuchung wichtig gewordener Zweig der Weber-Forschung stellen diejenigen Arbeiten dar, in denen Webers Theorie der politischen Herrschaft untersucht worden ist. Von besonderem Interesse sind in diesem Zusammenhang die zahlreichen Forschungen zu Webers Begriff der Legitimität, da vor allem in ihnen die kulturell relevanten Aspekte der politischen Herrschaft berührt werden.[92]

Zuletzt ist Webers Theorie der politischen Legitimität von Lübbe im Rahmen ihres Vergleichs mit den rechtstheoretischen Positionen Kelsens, Habermas' und Luhmanns untersucht worden.[93] Lübbe versucht angesichts des bei Weber offensichtlich prekären Verhältnisses zwischen (formaler) Legalität und (materialer) Legitimität zu zeigen, »daß das, was Weber im Vergleich zu diesen Positionen als mangelnde Eindeutigkeit angekreidet wird, seinen Grund nicht in Inkonsistenzen, sondern in einem höheren Grad der begrifflichen Differenzierung hat.«[94]

Damit ist von der Autorin eine in der Tat zentrale Dauerproblematik der bisherigen Weber-Hermeneutik präzise benannt, ohne daß im Zuge ihrer Abgrenzung Webers vom Rechtspositivismus Kelsens, von der Diskursethik Habermas' und von der Rechtssoziologie Luhmanns hinreichend deutlich würde, auf welchen Theorieelementen die Begründungsstärke und der erhöhte Differenzierungsgrad seiner Position zum Verhältnis zwischen Legalität und Legitimität im einzelnen beruhen.[95]

Bereits Mommsen hatte sich in seiner Untersuchung zur Haltung Webers gegenüber politischen Fragen dem Problem gestellt, wie der Zusammenhang zwischen politischer Macht und kulturell definierten Legitimitätskriterien bei Weber beschaffen sei. Einerseits warnte er in diesem Zusammenhang davor, in Weber etwa einen Vertreter machiavellistischer Gesinnungslosigkeit zu sehen: »Es ist ... gänzlich verfehlt, in Weber einen ›Realpolitiker‹ in jenem negativen Sinne zu sehen, der bloß unter Gesichtspunkten der Staatsräson und des Erfolges an sich selbst genommen, nicht aber aus letzten ethischen und kulturellen Wertüberzeugungen heraus handelt.«[96]

Der betont »kämpferische« (Mommsen) bzw. »voluntaristische« (Hennis) Charakter von Webers eigentümlicher Variante des Liberalismus resultiert daraus, daß Politik für Weber keine allein am realpolitischen Erfolg, sondern auch an kulturell definierten Werten und Idealen orientierte menschliche Lebensordnung sein dürfe.[97] Doch gerade dieser Zusammenhang zwischen Macht und Kultur bleibt bei Weber weitgehend ungeklärt; die Frage nach den letzten Werten, die seiner unverhohlenen Prämierung politisch-nationaler Machtentfaltung zugrundeliegen, hat Weber niemals hinreichend geklärt. Insofern gilt das Urteil Mommsens: »Max Weber selbst hat die Bezüge, die sein eigenes nationales Denken zu seinen Kulturidealen besaß, nie eigentlich aufzuhellen sich bemüht.«[98]

Um genau diesen Zusammenhang geht es im Rahmen der vorliegenden Arbeit: Der kulturtheoretische Hintergrund von Webers um die Begriffe der Nation und der plebiszitären Führerdemokratie zentriertem Politikverständnis soll anhand der Frage nach den praxisphilosophischen und ethischen Überzeugungen Webers, die seiner Grundkonzeption des Politischen noch voraus- und zugrundeliegen, näher beleuchtet werden.

4. Wenn auch die bereits angedeutete Frage nach dem Verhältnis zwischen Webers Konzept von Kulturwissenschaft und der etwa zur gleichen Zeit entstehenden Hermeneutik der Lebenswelt bisher noch weitgehend ungeklärt ist, so existiert doch eine Fülle von Untersuchungen, in denen das heuristische, methodische und theoretische Profil der »Kulturwissenschaft« im Mittelpunkt des Forschungsinteresses steht.

Tenbruck hat vor einigen Jahren erneut die Wissenschaftslehre als den »Hauptschlüssel zu Webers Werk« ins Zentrum des Forschungsinteresses gerückt.[99] Ihr Wert bestehe vor allem darin, daß Webers dort vorgenommene Klärung des wissenschaftstheoretischen und methodologischen Status der »Wirklichkeitswissenschaft« zugleich Licht auf die in der Religionssoziologie und in »Wirtschaft und Gesellschaft« geleistete sachliche Arbeit werfe. Erst auf dem Boden eines angemessenen Verständnisses der »Wirklichkeitswissenschaft« könne auch die Frage nach dem Bauplan und der Einheit des Gesamtwerks umfassend geklärt werden.[100]

In dieselbe Richtung zielt das gegenwärtig steigende Interesse an Webers Konzept der »Kulturwissenschaft«, das die intellektuelle Antwort Webers auf die schwierige Situation der menschlichen Lebensführung in der modernen Gesellschaft darstellt und in dieser Funktion auch hier herausgearbeitet werden soll.[101]

Die vielfältigen universalhistorischen, heuristischen, methodologischen und theoretischen Anregungen, die Webers Programm der »Kulturwissenschaft« speziell für Historiker bereithält, werden in einem von Kocka herausgegebenen Sammelband facettenreich herausgearbeitet. Die einzelnen Beiträge des Bandes berühren sich an zahlreichen Punkten mit dem Ziel dieser Untersuchung, Webers Konzeption von Kulturgeschichte in ihren kulturtheoretischen, universalgeschichtlichen und methodologischen Bezügen zu bestimmen.[102]

Wichtig für die Klärung von Webers Programm der Kulturwissenschaft sind auch die theoriegeschichtlichen und erkenntniskritischen Beiträge zu den neukantianischen Wurzeln und begrifflichen Grundlagen seiner Soziologie, da sie einen, wenn auch in der Regel überschätzten Beitrag dazu leisten, das wissenschaftstheoretische Milieu zu rekonstruieren, aus dem es geistesgeschichtlich hervorgegangen ist.[103]

Ihre Relevanz erhalten all diese Rekonstruktionsversuche der Wissenschaftslehre für die vorliegende Untersuchung, insofern in ihnen die Frage nach der Kulturbedeutung der Kulturwissenschaft aufgeworfen ist.

Abschließend soll auch im Hinblick auf das Weber-Kapitel dieser Arbeit versucht werden, in Konfrontation mit der nun zumindest skizzenhaft rekonstruierten Forschungssituation die zugrundeliegenden Fragestellungen noch einmal zu präzisieren, ihre Anknüpfungsmöglichkeiten an erarbeitetes Wissen aufzuzeigen und deutlich zu machen, wo der potentielle Erkenntnisfortschritt des hier gemachten Versuchs liegt, Webers Werk aus dem Interesse an »Kulturgeschichte« neu zu lesen:

1. Zunächst gilt es, den in der Forschung aufgebauten, letztlich aber nur scheinbaren Gegensatz zwischen einer modernisierungstheoretischen und einer anthropologischen Interpretation Webers zu überwinden.

Mithilfe einer kulturanthropologisch verfahrenden Analyse soll die geschichtliche Bedeutung der »Ideen« im Werk Webers als eine Summe kultureller Funktionen des menschlichen Geistes herausgearbeitet werden, durch die menschliche Lebensführung überhaupt erst ein »ethisches« Phänomen wird. Auf diesem Wege kann Webers Kategorie der »Lebensführung« in einem Bezugsgeflecht geschichtlicher Transformationsprozesse der modernen Kultur situiert werden.[104]

Seine anthropologische Fundierung des Kulturbegriffs hat es Weber gestattet – so lautet die zugrundegelegte Arbeitshypothese –, direkt ins Zentrum der Lebens- und Orientierungsprobleme des modernen ›Menschentums‹ zu gelangen. Sein Werk stellt in Form einer ausgearbeiteten Theorie der modernen Kultur eine analytisch auf die eigene Gegenwart hin ausgelegte und auf die in ihr auftretenden kulturellen Krisenphänomene projizierte Basiskategorisierung der geschichtlichen Erfahrung dar, mit deren Hilfe er nicht nur die ›existentielle‹ Gefährdung des modernen Menschen in seiner kulturellen Daseinsverfassung dramaturgisch inszeniert,[105] sondern auch die intellektuellen Aufgaben und Funktionen der von ihm anthropologisch fundierten und unmittelbar lebenspraktisch verpflichteten »Kulturwissenschaft« zu entfalten vermag.[106]

Es ist also nicht übertrieben zu sagen, daß es ihm gerade der kulturanthropologische Fundamentalismus seiner Argumentation erlaubt, die Gegenwartserfahrung in ihrer geschichtlichen Konkretheit und drängenden Aktualität zu erfassen: als eine gesellschaftliche Praxis der menschlichen Lebensführung, in der Menschsein überhaupt – als ›Kultur‹ – auf dem Spiel steht.

2. In einem weiteren Argumentationsschritt soll genauer herausgearbeitet werden, wie Weber die menschliche Lebensführung als ein dezidiert »ethisches« Problem der kulturellen Daseinsrealisation bestimmt hat. Zu diesem Zweck soll der Begriff der »Persönlichkeit« untersucht werden, der bei Weber die kulturspezifischen Charaktermerkmale der menschlichen Lebensführung kennzeichnet. Eine »Persönlichkeit« ist für ihn die höchste Realisationsweise, ja das Paradigma von Kulturmenschlichkeit überhaupt. Sie zeichnet sich dadurch aus, Leben und Handeln aus einem Horizont sinngesättigter kultureller Wertideen generieren und sich zu den normativen Maximen seiner Lebensführung souverän entscheiden zu können.[107]

Dabei könnte diese Arbeit, ohne sich selber auf die Untersuchungsebene von Webers politischem Denken zu begeben, zugleich einen Beitrag dazu leisten, die kulturtheoretischen Grundlagen seines am Paradigma des Kampfes orientierten politischen Denkens und seines »seltsam« voluntaristischen Liberalismus (Hennis), auf deren fehlende Explikation und Begründung Mommsen bereits vor einigen Jahren hingewiesen hatte, ein Stück weit offenzulegen.[108]

3. Schließlich sollen noch in Anknüpfung an die in der Forschung bisher geleistete Rekonstruktion von Webers Konzept der Kulturwissenschaft deren theoretische und methodische Grundlagen im Zusammenhang mit denjenigen Zeiterfahrungen von Modernität herausgearbeitet werden, die Weber in seiner Religionssoziologie dargelegt hat und deren eigentlichen Problemkern bilden. Als das zentrale Thema von Webers Wissenschaftslehre erweist sich die Frage nach der Kulturbedeutung des modernen Intellektualismus und nach seinen theoretischen und praktischen Konsequenzen für die menschliche Lebensführung der Gegenwart.[109]

Akzeptiert man schließlich die These, daß die Wissenschaft für Weber in dem doppelten Sinne ein geschichtliches Problem darstellte, daß sie die kulturellen Entstehungsbedingungen und die Genese der eigenen Gegenwart – des Zeitalters der Moderne – zugleich determiniert und zu klären hat, liegt die Vermutung nahe, daß im Zentrum von Webers Kulturwissenschaft eine im wesentlichen religionssoziologisch realisierte Konzeption von Kulturgeschichte steht, die das »Kulturmenschentum« der Gegenwart im Spiegel seines Gewordenseins und seines geschichtlichen Erbes über sich selber aufzuklären versucht. Diese Theorie und Empirie der Kulturgeschichte gilt es abschließend herauszuarbeiten.[110]

II. Zur theoriegeschichtlichen Ausgangslage der Kulturgeschichte: Geistbegriff und Historismus bei Johann Gustav Droysen

Unter drei Gesichtspunkten soll zuerst Droysens Geschichtstheorie interpretiert werden, die hier für die Geschichtstheorie des klassischen Historismus insgesamt steht:

1. In einem ersten Schritt werden die wichtigsten Elemente seiner historischen Anthropologie untersucht, durch die die allgemeinen Voraussetzungen und Grundlagen der Geschichtlichkeit des Menschen definiert werden. Das Format dieser historischen Anthropologie entscheidet darüber, unter welchen Gesichtspunkten Geschichte überhaupt als ein bedeutsamer und sinnvoller Prozeß verstanden werden kann. Erst unter Berücksichtigung seiner historischen Anthropologie wird deutlich, warum und inwieweit Droysen die Geschichte als ein Vernunftgeschehen und einen Fortschritt der menschlichen Freiheit verstehen konnte, dem der Historiker nur erkennend nachgeht.[1] Die Entscheidung für das Verständnis von Geschichte als Freiheitsgeschehen fällt auf dieser Ebene der historischen Anthropologie.

2. In einem weiteren Schritt sollen die praktischen Funktionen und normativen Konsequenzen dieser Bestimmung der Geschichte als werdender Freiheit des Menschen herausgearbeitet werden. Welche Kulturfunktionen übernimmt das am Freiheitsgedanken normativ orientierte Geschichtsbewußtsein für Droysen auf dem weiten Feld der »praktischen Gemeinsamkeiten«, und welchen argumentativen Beitrag leistet das historische Denken für die Wahrheits- und Begründungsfähigkeit des normativen Leitkriteriums »Freiheit«? Zur Diskussion stehen in diesem Abschnitt die Funktionen des Geschichtsbewußtseins für die Normenrationalität der bürgerlichen Gesellschaft.

3. In einem letzten Schritt geht es schließlich um die Sinnfunktionen des historischen Denkens, mithin um die Bedeutung, die ihm der Historismus für die Verarbeitung gesellschaftlicher Sinnprobleme beigemessen hat. Droysen hat diesen Beitrag des Geschichtsbewußtseins für die Prozesse lebensweltlicher Sinnbildung in einen engen Zusammenhang gestellt mit der Wahrheitsfähigkeit der historischen Erkenntnis. Welchen spezifischen Gewinn bedeutet diese › wahre‹ Erkenntnis für die notwendige Sinnorientierung der menschlichen Lebensführung? Welche Aufgaben und Funktionen übernimmt das historische Denken im Kontext der »idealen Gemeinsamkeiten«, also inmitten derjenigen Kulturdiskurse, die nach dem Sinn und der Wahrheit menschlicher Lebensformen fragen?

1. Die historistische Anthropologie der Freiheit

Wenn die von Max Weber geäußerte Vermutung zutrifft, daß die »Fähigkeit des Erstaunens über den Gang der Welt ... Voraussetzung der Möglichkeit des Fragens nach ihrem Sinn« sei,[2] läßt sich als Ausgangsimpuls des Historismus dessen erstaunte Frage verstehen, weshalb der Mensch und die von ihm geschaffene Welt im Gegensatz zum Kreislaufgeschehen der Natur eine Geschichte im Sinne eines dynamischen und qualitativen Wandels habe. Droysens ausgesprochen reflektierte Antwort auf diese Frage enthält unter drei Gesichtspunkten eine Begründung dieses Sachverhalts in Form einer kulturanthropologischen Argumentation: Der Mensch ist befähigt zur Geschichte, ja er besitzt Geschichte im Sinne seines »Gattungsbegriffs«,[3] der ihn in seinen wesentlichen Eigenschaften und Qualifikationen definiert:

– weil seine Lebensführung durch die Permanenz intentionaler Handlungsantriebe gekennzeichnet ist,

– weil er sich in Form instrumentellen Handelns die – natürliche und menschliche – ›Welt‹ als Objekt seiner Bedürfnisse aneignet,

– weil er die aus diesen anthropologisch verankerten Triebkräften seines Handelns resultierenden Konsequenzen auf eine ihm eigentümliche Weise geistig zu verarbeiten, zu steuern, zu sichern, zu rationalisieren, oder – wie Droysen selbst es nannte – zu »versittlichen« vermag. Diese Versittlichung des Handelns geschieht für Droysen, indem der Mensch historisch denkt, indem er also ein Geschichtsbewußtsein ausbildet, welches ihm erlaubt, sich seiner Identität reflexiv zu vergewissern und sich innerhalb seiner Handlungsvollzüge über deren Bedingungen und Konsequenzen zu orientieren.

Ein zukunftsorientierter Veränderungs- und Handlungswille, eine instrumentell inspirierte Aneignungskapazität von Welt sowie schließlich die Fähigkeit, den aus diesen beiden Faktoren resultierenden historischen Wandlungscharakter von Realität zu erkennen und als erkannten für weiteres Handeln in Rechnung zu stellen – mit anderen Worten: die Kompetenz, aus Erfahrungen ›lernen‹ zu können – markieren für Droysen das transzendentale und anthropologische Bezugsfeld, innerhalb dessen sich der Mensch als Gattungswesen gebiert und weiterbildet. Diese drei Elemente der historischen Anthropologie kandidieren für ein Verständnis von Geschichte als Fortschritt der menschlichen Freiheit, der sich als Willensprozeß, als Arbeitsprozeß und als Lernprozeß vollzieht.[4]

a) Die geschichtliche Triebkraft des Geistes und die Utopiefähigkeit des menschlichen Willens

Ein erster wesentlicher Faktor für die historische Anthropologie Droysens ist die prinzipielle Zukunftsorientierung des menschlichen Geistes. Der Historismus wurzelte anfangs in erheblichem Maße in der idealistischen Geschichtsphilosophie; er besaß die Überzeugung, daß die Geschichte als ein Prozeß der menschlichen Selbstrealisation durch die Dynamik geistiger Antriebe und Handlungsmotivationen des Menschen hervorgetrieben wird. Bereits der junge Droysen teilte die historistische Überzeugung, daß der menschliche »Geist« und der unbedingt dazugehörende Realisierungswille dieses Geistes das eigentliche Bewegungszentrum der Geschichte seien. Geschichte ist dann in ihrer eigentlichen Substanz das Werden dieses menschlichen Geistes: »Denn so ist es im Leben der Menschheit; naturgegeben wie sie ist, wird sie sofort erfaßt von der treibenden Unruhe des mitgeborenen Geistes; von Anbeginn ist da ein Hader für ewig, ein Ringen ohne Rast, ein endloser Antäuskampf.«[5]

Droysen interpretierte es als das Verdienst der idealistischen Geschichtsphilosophie seit Kant, die philosophischen Voraussetzungen für eine Vermittlung von Geist und Geschichte geschaffen zu haben und damit die Geschichte als Ausdruck eines prinzipiell gegenwartstranszendierenden Vernunftgebrauchs, eines »Fortschreitens von Gedanken zu Gedanken, in dem der wahre Pragmatismus der Geschichte, die hindurchgehende Kontinuität der geschichtlichen Arbeit liegt«, verständlich gemacht zu haben.[6]

Kant hatte erstmals den freien menschlichen Willen als geschichtliche Triebkraft sowie als Bedingung der Möglichkeit von Geschichte im Sinne eines Freiheits- und Vernunftgeschehens begriffen und damit der Geschichtsphilosophie einen neuen wirkungsvollen Bezug zur gesellschaftlichen Praxis verliehen.[7] Kants Bedeutung gipfelte für Droysen darin, daß er in seiner Kritik der praktischen Vernunft mit der dort begründeten Tatsache des freien »ich will« eine »sich als Realität erweisende Idealität«, eine wirkungsmächtige geistige Tiefenstruktur der menschlichen Identität angesprochen hatte, die weder in ihren geschichtlichen, noch in ihrer geschichtsphilosophischen Bedeutung bisher angemessen herausgearbeitet und bestimmt worden war.[8]

Glanz und Elend der Geschichtsphilosophie Hegels bestanden für Droysen darin, auf der einen Seite diesen kantisch erschlossenen Ausgangspunkt der Geschichtsphilosophie bei der Freiheit des menschlichen Willens als einer geistigen Triebkraft der Geschichte nicht mehr allein in ihrem transzendentalen, sondern in ihrem empirischen Realitätscharakter bestätigt und damit die Vernunft als Wesen und Inhalt der Geschichte aufgewiesen zu haben.[9] Auf der anderen Seite hat Hegel jedoch mit der These von der – aufgrund dieser Selbsterkenntnis des Geistes in der Gegenwart vernünftig an ihr Ende gelangten Geschichte – utopischen Stoßrichtung des kantischen Arguments den kritischen Stachel genommen und die zukunfterschließende Kraft des

menschlichen Willens dementiert zugunsten eines restaurativen Sich-Einrich-
tens innerhalb des etablierten politischen und sozialen Systems seiner Gegenwart.[10]

Droysens Geschichtstheorie knüpft an diese Traditionen der idealistischen
Geschichtsphilosophie an, versteht sich jedoch gleichzeitig als Versuch zur
Überwindung ihrer Grenzen. Ihr liegt die Frage zugrunde, »*wie* der Mensch
geschichtlich *arbeitet*«.[11] Diese Frage motivierte Droysen zu einer Theorie der
geschichtlichen Bewegung im ganzen, einer ständig weitertreibenden Dialektik des Fortschritts, welche die Geschichte als einen Prozeß qualitativen
Wandels begreift, bei dem der Generierung ständig neuer Bedürfnisse und
kultureller Ideen aus der freien Subjektivität des Menschen die Rolle der
dynamischen und bewegenden Triebkraft zufällt: »Diese Bewegung vollzieht
sich immer wieder in der gleichen Formel: daß aus den Zuständlichkeiten, wie
sie geworden sind, sich mit der Empfindung ihrer Mängel und ihres Druckes
die Vorstellung entwickelt, daß da vieles ist, was nicht so sein sollte, daß es
anders, besser werden muß, das ideale Gegenbild also, der Gedanke, der
verwirklicht werden, nach dem das, was ist, reformiert, ein neues Besseres
geschaffen werden muß. Und dies ersehnte Neue bewegt und treibt die
Herzen, steigert die Ungeduld, es erreicht zu sehen.«[12]

Erst aufgrund dieser dialektischen Strukturbeziehung zwischen zukunfts-
orientierten und unmittelbar handlungsmotivierenden Vorentwürfen von Realität und einer durch sie erst möglich werdenden fortschreitenden Positivierung
utopischer Ideen gewinnt Geschichte bei Droysen den Charakter eines hermeneutisch verstehbaren Handlungsprozesses, der durch die Intentionen und
Willensakte der gesellschaftlichen Individuen seine Dynamik erlangt. Daher
kann Droysen die Geschichte auch uneingeschränkt die »sittliche Welt« nennen; sie stellt die »werdende Summe« der freien menschlichen Selbstidentität
dar, die sich herstellt in der geschichtlichen, d.h. jeweils möglichen Übereinstimmung von Gedanken und Sein, von kulturell artikulierter Intentionalität
und realgeschichtlich bedingter Existenz: »Soweit wir menschlicherweise sehen und beobachten können, hat nur die Menschenwelt diese Signatur der
fortschreitenden Entwicklung der sich in sich steigernden Kontinuität. Denn
... in allen diesen menschlichen Bereichen erkennen wir als die bewegende
Ursache die Willenskräfte. Und der Wille ist gerichtet auf ein Etwas, das erst
entstehen soll, auf eine Hervorbringung oder Veränderung, die zuerst nur ideell
in uns existiert, d.h. noch nicht existiert, bis sie zur Tat geworden ist, also daß
jeder solcher Willensakt gleichsam auf die Zukunft geht und das Gegenwärtige
und Vergangene zu seiner Voraussetzung hat, darauf gerichtet, dem Gedanken
ein Sein entsprechend zu machen, in welchem er seine Wirklichkeit und
Wahrheit hat, das Sein diesem Gedanken gemäß umzuprägen und neu zu
gestalten, so daß es in ihm wahr wird. Denn wahr ist der Gedanke, dem ein Sein
entspricht und wahr ein Sein, wenn es dem Gedanken entspricht. ... Das ist es,
was die Menschenwelt zur sittlichen Welt macht. Das Wesen der sittlichen Welt
ist der Wille und das Wollen, das individuell, also frei wie es ist, ... ein stetes

Fortschreiten sein soll. ... Die Bewegung dieser sittlichen Welt fassen wir also zusammen als Geschichte.«[13]

Das Werk Droysens repräsentiert eine Epoche des Historismus, in der die enge Beziehung zwischen lebendigem Willen und verwissenschaftlichter Vernunft noch nicht zerbrochen war. Der schöpferische Handlungswille des Menschen war hier noch konsequenter Ausdruck menschlicher Vernunftfähigkeit, und umgekehrt stellte die in der Wissenschaft nur in ihrer reinsten Form existierende Vernunft einen unverzichtbaren Beitrag zur Realisierung der utopischen Ziele des menschlichen Willens dar. Deshalb konnte Droysen auch noch darauf beharren, daß der »Logos« der alleinige und umfassende »Zweckbegriff« der menschlichen, d.h. der sittlichen und geschichtlichen Welt sei. Die Vernunft repräsentierte noch die Einheit, in der sich die reflexive Kraft des wissenschaftlichen Denkens und die schöpferische Kraft des lebensweltlichen Handelns trafen.[14]

Diese Einheit einer Theorie und Praxis gleichermaßen umgreifenden Vernunft zerbrach freilich in dem theoriegeschichtlich bedeutsamen Moment, als die bürgerliche Kulturkritik und der wissenschaftstheoretisch am Vorbild des naturwissenschaftlichen Gesetzeswissens orientierte Positivismus seit der Mitte des 19. Jahrhunderts jeweils eines dieser Momente des Ganzen der Vernunft unter Ideologieverdacht stellten. Damit zerbrach die Einheit der Vernunft im Dualismus von Rationalität und Leben.

Bereits die erste Generation der bürgerlichen Kulturkritik – Schopenhauer, Burckhardt und Nietzsche – spaltete die Einheit der Vernunft auf in die an instrumentellem Wissen interessierte und an das Medium der positiven Wissenschaft gebundene Rationalität einerseits, und in die einzig noch schöpferische und lebenspendende Irrationalität des wertenden Willens andererseits. Der entstehende Positivismus reduzierte demgegenüber die schöpferische Kraft der irrational verankerten Werte auf die Restbestände eines dumpfen Lebens, die in der zunehmenden Helligkeit wissenschaftsspezifischer Rationalität zergehen mußte.

Was hatte diesen Positionen gegenüber jedoch dem Historismus noch die Überzeugung gegeben, in derjenigen utopischen Willensnatur des Menschen, die ihm seine dynamische Lebendigkeit und forttreibende Geschichtlichkeit verschafft, jenes Vernunftmoment verkörpert zu sehen, welches später von der bürgerlichen Kulturkritik und dem wissenschaftlichen Positivismus gleichermaßen geleugnet werden sollte? Denn für Droysen etwa stand es noch völlig außer Frage, daß die Freisetzung überschießender Handlungsenergien und lebensweltlich verankerter Motivationen des Menschen nur eine sittliche, d.h. eine in sich vernünftige Welt zur Folge haben werde: »Seine eigene menschliche, sittliche Welt baut er sich nach dem Wesen, das in ihm ist, oder richtiger, nicht *ist*, sondern rastlos wird und werden will, und es ist des Menschen und der Menschheit Eigenstes, ihr rechtes Leben, daß diese sittliche Welt eine werdende ist, von kleinsten Anfängen rastlos fortschreitend, wachsend, sich zugleich vertiefend und erweiternd, nicht etwa traurige Reste eines verlorenen Paradieses, sondern ein Arbeiten, das, je weiter es schreitet, desto höhere Ziele erkennt, und mit den höheren Zielen größere Kraft und Sehnsucht gewinnt."[15]

Das zentrale Vernunftmoment des menschlichen Lebens und Handelns lag für Droysen darin begründet, daß es über allgemeine Zielorientierungen verfügt, die er an anderer Stelle auch »Ideen« nennt.

Bei diesen Ideen handelt es sich um handlungsmotivierende Kriterien und Ziele, denen die menschliche Lebensführung unterstehen muß, wenn und solange sie überhaupt Sinnansprüche stellt und verstehbar sein soll. Ideen machen Geschichte zuallererst interpretierbar, in ihnen ist das Moment von Intentionalität und Sinn verkörpert, welches menschliches Handeln zu einem sittlichen und damit geschichtlichen werden läßt: »In diesem Verhalten der Ideen, so dünkt mich, liegt die Notwendigkeit der unablässigen Bewegung, des unablässigen Ringens in der Geschichte; sähe man in derselben nichts als das rastlose Durcheinandertaumeln von Interessen, Leidenschaften, Bedingungen, so wäre es nicht der Mühe wert, sich mit den Dingen zu beschäftigen; man hätte des Lärmens und Taumelns in der Gegenwart genug, ... Der Reiz der historischen Betrachtung, und näher, der Interpretation der Ideen ist, daß man dies unablässige Arbeiten und Gären verstehen und würdigen lernt."[16]

Ideen präsentieren innerhalb des Historismus die Geschichte aus der Perspektive einer intentionalen und subjektiven Innenseite, in der die »Geschäfte« der Vergangenheit die Eigenschaft einer unbegriffenen Objektivität und strukturellen Notwendigkeit einbüßen. Sie verlieren ihren Status einer zwanghaften Natur und nehmen stattdessen sittliche Züge an. Die Vergangenheit gewinnt insgesamt den Charakter eines durch Menschen vollzogenen und deshalb auch hermeneutisch zurechnungsfähigen Handlungszusammenhangs, dessen wesentliche Merkmale Freiheit und Verantwortlichkeit des Menschen für die von ihm betriebene Geschichte sind.

b) Die Geschichte als Arbeitsprozeß

Wie verträgt sich jedoch diese historistische Vorstellung eines hermeneutisch verstehbaren Handlungscharakters der geschichtlichen Entwicklung mit der auch dem Historismus präsenten Erfahrung, daß die Geschichte keineswegs bruchlos in Intentionalität und Handeln aufgeht? Auch Droysen weiß um die objektive Macht struktureller, nichtintentionaler Faktoren des geschichtlichen Wandels: »Denn alles Handeln ist eine Tätigkeit unter *gegebenen* Umständen, d.h. Bedingungen, hemmenden und fördernden.«[17] Geschichte gehorcht nicht – zumindest nicht allein oder auch nur zum größeren Teil – der Logik des menschlichen Willens, sondern ebenso der Macht objektiver Umstände und struktureller Bedingungsfaktoren des Handelns.

Allerdings beharrte Droysen darauf, es bei diesem zweifellos notwendigen Eingeständnis der Existenz des Unbegriffenen in der Geschichte nicht einfach bewenden zu lassen, sondern diese Erfahrung geschichtlicher Zwänge als

Herausforderung zur wissenschaftlichen Erkenntnisarbeit, als eine Aufforderung zu historischem Denken anzunehmen. Droysen bietet die »Interpretation
der Bedingungen« als das methodische Mittel an, um die strukturellen und
materiellen Faktoren des geschichtlichen Wandels so zu deuten, daß sie das
Unbegriffene an ihnen, ihren Naturstatus, verlieren zugunsten eines Schimmers von »Menschengeist und Menschenhand«,[18] und das dazu notwendige
methodische Mittel ist ihre Historisierung: »Es kann die Zeit nicht mehr fern
sein, wo man sich gedrungen fühlen wird, diese Dinge vom geschichtlichen
Gesichtspunkt zu betrachten und damit erst ihres ganzen Inhalts mächtig zu
werden.«[19] Strukturgeschichte im Sinne einer Interpretation der Bedingungen
erweist sich daher für Droysen als notwendiger Bestandteil einer historischen
Hermeneutik, die aus einer methodisch angeleiteten Interpretation der materiellen Voraussetzungen des geschichtlichen Wandels den Funken einer auf die
Zukunft gerichteten menschlichen Handlungsbereitschaft und Handlungsfä-
higkeit schlägt und damit den Menschen zugleich in die Verantwortung für die
Konsequenzen seiner Freiheit nimmt.

Um aber überhaupt erst die hermeneutische Möglichkeit einer Humani-
sierung materieller Bedingungen im Zuge ihrer Historisierung wahrnehmen
zu können und damit die dem historischen Denken gewährte Chance zu
nutzen, ihnen das Unbegriffene zu nehmen, indem man sie zu Handlungszu-
sammenhängen und Freiheitsspielräumen umdeutet, muß bereits auf der Ebene
der historischen Anthropologie gewährleistet sein, daß die Objektivität struktureller Bedingungen der menschlichen Lebenspraxis in hermeneutisch ver-
stehbare Handlungszusammenhänge begrifflich übersetzt werden kann. In den
anthropologischen Grundlagen der menschlichen Subjektivität müssen die
Voraussetzungen und verantwortlichen Mechanismen dafür namhaft gemacht
werden können, daß sich aus menschlichem Handeln überhaupt erst Bedingungen struktureller Art zu entbinden pflegen. Droysen nennt diese anthropologisch verankerte Bedingung der Möglichkeit einer Verselbständigung von
Systemen, die dann – einmal entstanden – als entfremdete und nicht mehr an
Sinnzuschreibungen gebundene Faktoren die Lebensführung des Menschen
objektiv determinieren: »Arbeit«.[20]

Arbeit besitzt in Droysens historischer Anthropologie einen ganz zentralen
Stellenwert, indem sie den eigentlichen Kern der Geschichtlichkeit des menschlichen Lebens kennzeichnet, denn »nur arbeitend und in rastloser Tätigkeit
erfaßt er [der Mensch] ... sein Wesen.«[21] Als Arbeit begreift Droysen dabei nicht
allein die Handlungsrationalität der rein an ökonomischen Interessen orientierten Praxis des Menschen, sondern die Handlungslogik all derjenigen
Lebensbereiche, die er »praktische Gemeinsamkeiten« nennt. Diese sind für ihn
der *»eigentliche Tummelplatz des geschichtlichen Kampfes*, wo in jedem Augenblick die ganze Härte der Selbstsucht, der Leidenschaften, der Interessen auf
dem Plan und an ihrer Stelle ist.«[22] Die fundamentale Triebfeder von Arbeit ist
ein anthropologisch verankertes Aneignungsinteresse des Menschen an einer zu
Eigentum umzuschaffenden Welt und an materieller, politischer und sozialer

Macht. Ihr Inhalt ist der Kampf um die zur Befriedigung egoistischer Bedürfnisse und Interessen erforderlichen Ressourcen. Ihr problemerzeugender Mechanismus schließlich, der ihr erst ihre ungeheure historische Produktivität
verleiht, ist eine in ihr notwendigerweise angelegte Permanenz von Interessenkollisionen: »Denn in dem Wesen der Persönlichkeit liegt es, zunächst sich
und alles auf sich zu beziehen; der erste Ausdruck der Freiheit ist der Egoismus, der Drang des Habens und Genießens. Und indem sich in jedem der
gleiche Drang wiederholt mit derselben Berechtigung, indem jeder in der
Fülle seiner Selbstsucht doch an Mitteln beschränkt, durch Raum und Zeit
gefesselt ist, indem jeder in jedem Augenblick durch eben sein Bedürfnis, zu
haben und zu genießen, auf die ganze Unendlichkeit des Außer-ihm-Seins
angewiesen ist, so entwickelt sich die Gegenseitigkeit, die Konkurrenz, die
unendliche Steigerung der Arbeit, um zu genießen, und des Sich-Versagens,
um zu haben.«[23]

Hier deutet sich bereits an, welchen funktionalen Stellenwert Droysen der
durch die Eigeninteressen des Menschen hervorgerufenen Steigerung zweckrationalen Handelns im Zuge des Aufstiegs der bürgerlichen Gesellschaft und
des modernen Staates sowie der damit verbundenen Unterwerfung immer
weiterer Bereiche der menschlichen Lebensführung unter die Integrationsme-
chanismen von Arbeit und zentralisierter Herrschaft zubilligte. Er unterstellte
nicht allein, daß die in seiner Gegenwart in Gestalt der »sozialen Frage« sich
verschärfenden Gefahren des industriellen Fortschritts auf dem Boden »sittlicher Mächte« geschlichtet werden könnten, sondern er war sogar der Überzeugung, daß sich der Fortschritt der Freiheit in der Potenzierung der instrumentellen Verfügungsgewalt des Menschen über seine innere und äußere Natur
unmittelbar vollzog. Deshalb nannte er »Arbeit« auch einen »der großen
Faktoren in dem Ganzen des sittlichen Weltplanes«;[24] sie war für ihn die
notwendige materielle Basis der menschlichen Freiheit und darüberhinaus eine
notwendige Bedingung des Fortschreitens der bürgerlichen Kultur.[25]

Welche Eigenschaften machten jedoch aus der Sicht Droysens die menschliche Arbeit zu einer List der Vernunft, das heißt zum geschichtlichen Vollzug
der menschlichen Freiheit, in dem sich jenseits aller sozial depravierenden
Begleiterscheinungen ein über diese hinausweisender Sinn vollzieht? Auf diese
Frage hat Droysen eine zweifache Antwort gegeben.

Zum einen teilte Droysen diejenige Überzeugung, die seit der Kon-
stitutionsphase der bürgerlichen Sozialtheorie zu ihrem argumentativen Kern
gehörte: daß nämlich ein völlig unbestreitbares und unproblematisches, ein
»absolutes Zueignungsrecht des Menschen auf alle Sachen« bestehe,[26] auf
dessen Boden sich der Mensch als Gattungswesen gründet. Die Freiheit des
Menschen ist ein Reflex gesteigerter Zugriffsmöglichkeiten auf eine rein
äußerlich bleibende Natur, die im Vollzug von Arbeit zu Eigentum umge-
schaffen wird: »Das sittliche Moment darin ist ... , daß die Persönlichkeit, um
sich zu erfüllen, eine Sphäre ihres Willens schaffen und haben muß, in der sie
unbedingt schaltet, die sie als Sache behandeln kann; denn ohne diese Sphäre

ihres Willens würde sie selbst aufhören, zu bestimmen, und nur bestimmt werden, selbst Sache werden.«[27]

Aus Droysen spricht noch ein völlig ungebrochenes Verhältnis zu denjenigen Modernisierungs- und Entzauberungsprozessen, die seine Gegenwart elementar prägten.[28] Fernab von allen modernisierungstheoretischen Bedenken der bürgerlichen Kulturkritik seit Jacob Burckhardt findet sich bei ihm noch eine beinahe euphorische Orientierung des Freiheitsbegriffs am normativen Maßstab des technischen Fortschritts sowie einer prinzipiell steigerungsfähigen Verfügungsgewalt des Menschen über die innere und äußere Natur – auch wenn sich bei ihm bereits das Bewußtsein andeutet, daß sich aus der bürgerlich geprägten Variante der gesellschaftlichen Rationalisierung kulturelle Sinnprobleme ergeben könnten: »Es gilt, die Welt zu überwinden. Es gilt … forschend und gestaltend, nützend und begreifend alle Weiten und Tiefen zu umspannen, alle Massen und Fernen zu durchdringen, dies Ich, den Keim Göttlichkeit in uns, nach seiner unendlichen Kraftmöglichkeit zu entwickeln. … Welch ein Anblick, diese Wunderkraft des Menschengeistes arbeiten zu sehen …, aber den Sabbat der Ruhe bringt sie ihm nicht; sie kann uns jene stille Zuversicht des Glaubens, jenen tieferen, nie versiegenden Lebensborn nimmermehr versagen noch ersetzen wollen.«[29]

Allerdings erschöpft sich für Droysen die praktische Rationalität von Bürgerlichkeit nicht in einer auf Arbeit zugeschnittenen Lebensführung, sondern erstreckt sich auch auf die normativen Regulative dieser Arbeits- und Herrschaftsverhältnisse. Der Mensch ist für Droysen zu einer Ausbildung sittlicher Mächte fähig, die auf je eigentümliche Weise seine um gesellschaftliche Arbeit kristallisierte Lebensführung sozial integrieren. Arbeit treibt gleichsam aus sich selbst die gesellschaftlichen, rechtlichen und politischen Instanzen ihrer Selbstdisziplinierung hervor, innerhalb derer sich die aus den Prozessen menschlicher Arbeit resultierenden Widersprüche aufheben und versöhnen lassen.

Das Funktionieren dieser sittlichen Mächte beschreibt Droysen am Beispiel der bürgerlichen Gesellschaft. Sie sichern die Interessen der egoistisch handelnden und miteinander konkurrierenden Subjekte ab und gleichen sie im Rahmen der politischen und rechtlichen Institutionen des bürgerlichen Staates in einer Weise aus, daß die notwendigen Bedingungen gesellschaftlicher Solidarität und Intersubjektivität gewahrt bleiben, ohne daß das Prinzip des Besitzindividualismus dabei angetastet würde. Sittliche Mächte stiften für Droysen gewissermaßen eine »Gegenseitigkeit, in der die Persönlichkeiten sich bewahren, aber ihre Willenssphäre, die Sachen, dazu verwendet wird, das gegenseitige Bestimmen und Bestimmtwerden auszugleichen. Der Zweck dieser Gemeinsamkeit aber ist das … immer erneute und hergestellte Gefühl der in ihrer Willenssphäre gewissen und befriedigten Persönlichkeit.«[30]

Hier findet sich jedoch der Punkt, an dem Droysens Theorie sittlicher Mächte zu einer Ideologie der bürgerlichen Gesellschaft wird, insofern sie die durch den Prozeß der menschlichen Arbeit hervorgerufenen Widersprüche systematisch unterbelichtet und sie stattdessen mit dem Hinweis auf die Versöhnungsleistungen von Staat, Recht und bürgerlicher Gesellschaft glättet. Politisch und sozial ist für ihn die Gegenwart der Zustand einer vollendeten Sittlichkeit und einer institutionell garantierten Freiheit des Menschen.[31]

Die Gegenwartstheorie Droysens verrät einen eklatanten Mangel an Sensibilität für die destruktiven Folgen bürgerlich geprägter Modernisierungsprozesse, die dann später sowohl von der bürgerlichen Kulturkritik als auch von der marxistisch inspirierten Kritik der auf dem Prinzip des Besitzindividualismus basierenden bürgerlichen Gesellschaft nachgeholt worden ist. Von Droysen wurde demgegenüber weder der als »soziale Frage« hier nur grob umrissene Komplex gesellschaftlicher Antagonismen als ein Problem für die Realisierung der menschlichen Freiheit erkannt, noch die von der bürgerlichen Kulturkritik thematisierten Gefahren einer Monopolisierung der politischen Macht innerhalb bürokratisch organisierter Herrschaftssysteme: »Auch die Administration nenne ich. Es ist eine der unglücklichsten Vorstellungen, die freilich sehr im Gange ist, zu meinen, es sei mit der Freiheit um so viel schlechter geworden, als die Organisation der Macht gewachsen sei.«[32]

c) Das Geschichtsbewußtsein als Kulturbedingung der menschlichen Freiheit

Das Geschichtsbewußtsein ist schließlich der dritte Baustein in Droysens historischer Anthropologie, der die Freiheit des Menschen begründet und ermöglicht. Sein Stellenwert wird klar, wenn man sich Droysens Begriff der Geschichte in der ganzen Bandbreite seiner Bedeutungen vergegenwärtigt.[33]

In einer ersten Bedeutungsvariante bestimmt Droysen »Geschichte« als eine rein formale Anschauungsweise apriori, als eine transzendentale Kategorie, mithilfe derer »wir uns die Summe aller Erscheinungen zerlegen und ordnen können.«[34] In dieser erkenntnistheoretischen Bestimmung ist Geschichte für Droysen im wesentlichen eine spezifische Art der Organisation von Erfahrungen: Die Wirklichkeit wird als eine Aufeinanderfolge von Geschehnissen, als ein Gewordensein und weiteres Werden begriffen.

Darüberhinaus bestimmt Droysen »Geschichte« jedoch auch als einen objektiven Geschehensprozeß, dessen Seinscharakter evident ist. In dieser zweiten Bedeutungsvariante stellt Geschichte eine sich zu immer neuen institutionellen Formen steigernde Kontinuität der menschlichen Selbstrealisation im Vollzug gesellschaftlich organisierter Arbeit dar: Sie »ist eine Kontinuität, in der jedes Frühere sich erweitert und ergänzt durch das spätere ..., eine Kontinuität, in der die ganze Reihe durchlebter Gestaltungen sich zu fortschreitenden Ergebnissen summiert und jede der durchlebten Gestaltungen als ein Moment der werdenden Summe erscheint. In diesem rastlosen Nacheinander, in dieser sich in sich steigernden Kontinuität gewinnt die allgemeine Anschauung Zeit ihren diskreten Inhalt, den einer unendlichen Folgenreihe fortschreitenden Werdens. Die Gesamtheit der sich uns so darstellenden Erscheinungen des Werdens und Fortschreitens fassen wir auf als Geschichte.«[35]

Obwohl Droysen bereits dieser Ebene der menschlichen »Geschäfte« das Attribut des Geschichtlichen verleiht, verrät die seine Historik überhaupt erst konstituierende Frage, »wie ... aus den Geschäften Geschichte wird«,[36] die Überzeugung, daß unter Geschichte im eigentlichen Sinne allein die Bewußtseinsleistung des historischen Denkens zu verstehen sei, in welcher der Mensch sein Leben und Handeln im Medium der Erinnerung reflektiert: Der Mensch »umleuchtet seine Gegenwart mit einer Welt von Erinnerungen, nicht beliebigen, willkürlichen, sondern solchen, die die Entfaltung, die Ausdeutung dessen sind, was er um sich her und in sich als Ergebnis der Vergangenheiten hat; er hat diese Momente zunächst unmittelbar, ohne Reflexion, ohne Bewußtsein, er hat sie, als habe er sie nicht, erst indem er sie betrachtet und zum Bewußtsein bringt, erkennt er, was er an ihnen hat, nämlich das Verständnis seiner selbst und seiner zunächst unmittelbaren Bedingtheit und Bestimmtheit.«[37]

Was Droysen in seiner Historik hauptsächlich interessiert, ist diese Bedeutung von Geschichte im Sinne des »gewußten Geschehens« und vor allem die Kulturleistung und der Rationalitätsgewinn, die das anthropologisch verankerte Phänomen des menschlichen Geschichtsbewußtseins erbringt. Droysen nennt sie »Bildung«, und er versteht darunter die Kompetenz des Menschen, die Ausbildung von Identität in der kritischen Auseinandersetzung mit der historischen Erfahrung zu vollziehen. Bildung bedeutet, daß der Mensch »mit Bewußtsein in der Geschichte und die Geschichte in seinem Bewußtsein lebt, eben dadurch erhebt er sich über die bloß kreatürliche zu der geistigen und sittlichen Existenz, die den Menschen über die Monotonie der übrigen Schöpfung stellt, ihn gleichsam aus dem Raum in die Zeit, aus der Natur in die Geschichte erhebt ... Die Bildung ist durch und durch historischer Natur, und der Inhalt der Geschichte ist die rastlos werdende humanitas, die fortschreitende Bildung.«[38]

Bildung verweist für Droysen zunächst auf eine Subjektivität des Menschen in der zeitlichen Verlängerung, auf die Chance zu einer Horizonterweiterung, in der das »punktuelle«, an den jeweiligen Augenblick gekettete Ich seine Gegenwart transzendiert zugunsten einer in die Vergangenheit wie in die Zukunft ausgreifenden Kontinuitätsvorstellung, in die eingebettet sich ein tieferer Sinn menschlichen Lebens offenbart. Historische Bildung ist für Droysen gewissermaßen der privilegierte Weg, »das dürftige und einsame Hier und Jetzt unseres ephemeren Daseins unermeßlich zu erweitern, zu bereichern, zu steigern. In dem Maße als wir selbst – ich meine die arbeitenden Menschengeschlechter – höher steigen, erweitert sich der Horizont, den wir überschauen ... die Weite unseres Horizonts ist ziemlich genau das Maß der von uns erreichten Höhe; und in demselben Maße hat sich der Kreis der Mittel, der Bedingungen, der Aufgaben unseres Daseins erweitert. Die Geschichte gibt uns das Bewußtsein dessen, was wir sind und haben.«[39]

Bildung stellt als elementare Kulturleistung des historischen Denkens für

Droysen jedoch nicht allein die geschichtliche Tieferlegung menschlicher Subjektivierungsprozesse dar, sondern ermöglicht auch eine Rationalisierung intersubjektiver Verständigungsprozesse im Geflecht der sittlichen Mächte. Eine Koordinierung sozialer Verhältnisse allein durch die Macht materieller Interessen werde, davon war Droysen überzeugt, den Menschen auf die Stufe seiner bloßen Kreatürlichkeit zurückwerfen, da Interessen von sich aus über keinerlei Regulative verfügen, die ihnen strukturell zueigene Konfliktträchtigkeit abzubauen. Allein das Geschichtsbewußtsein war für Droysen dazu in der Lage, im Modus der Erinnerung und Traditionsbildung (oder auch der Traditionskritik) dasjenige Maß an Intersubjektivität und Solidarität bereitzustellen, welches überhaupt erst eine erfolgversprechende und konfliktfeste, weil »sittlich« reglementierte Verfolgung von Interessen ermöglicht. Erinnerungen stiften »ein Band zwischen den Seelen, die sich in ihnen begegnen. Keine menschliche Gemeinschaft ist ohne sie; jede hat in ihrem Gewordensein, ihrer Geschichte das Bild ihres gewordenen Seins, gleichsam die Erklärung und das Bewußtsein über sich selbst, – ein Gemeinbesitz der Beteiligten, der ihre Gemeinschaft um so fester und inniger macht, je reicher er ist.«[40]

Geschichte in diesem Sinne eines Inhalts von Geschichtsbewußtsein, eines »gewußten Geschehens«, verweist auf diejenigen kulturellen Lernprozesse, die, anknüpfend an das jeweils erreichte Niveau der menschlichen Lebenspraxis, immer neue und bewußtere Dimensionen menschlicher Identität erschließen lassen. Die Stärke dieser Kategorisierung von Geschichte zu einem in sich unendlichen Lernprozeß besteht darin, daß sie es gestattet, Abschied zu nehmen von derjenigen statischen Anthropologie, die das kulturelle Selbstverständnis der Neuzeit bis dahin weitgehend dominiert und belastet hatte.

In ihrer zumeist naturrechtlichen Unterstellung einer konstant bleibenden, selbst überhistorischen Natur des Menschen als ewiger Grundlage des historischen Wandels und der daraus zwangsläufig resultierenden Überzeugung von einem feststehenden Ziel und einer teleologischen Struktur der Geschichte ist diese letztlich um ihre geschichtliche Dimension gebracht. In ihr kann sich nichts wirklich Neues und Unvorhergesehenes vollziehen; in ihrem Vollzug steht sie immer schon unter dem Verdikt ihres Endes.

Die geschichtliche Dimension der Geschichte und des Geschichtsbewußtseins arbeitet Droysen demgegenüber in Form einer Dialektik des historischen Lernens heraus, in der sich die menschliche Natur zu einem in sich variablen und veränderungsfähigen Wechselverhältnis von Erfahrungsaneignung und Selbstrealisation historisiert. Dieser Gedanke einer Geschichte als Lernprozeß ist die eigentliche Geburtsstunde der historischen Anthropologie: »Man könnte sich wohl denken, daß das Tier die Summe der Sensationen, die es empfängt, nach einem *fertigen Typus* aufnimmt und reflektiert; der Mensch, indem er jeden Eindruck zu den früheren *sammelt*, faßt jeden neuen Eindruck in einem schon reicheren Spiegel auf, er *lernt*, er ist ein innerlich nicht Fertiges, sondern ein unendlich Werdendes, die typische Grundform seiner Erscheinung ist damit näher bestimmt, daß sein Wesen noch nicht ist, was es zu werden hat, und daß er werdend erst innewird, was er zu sein streben muß. ... Die Selbsterzeugung seines Wesens ist seine Bestimmung und seine Arbeit.«[41]

Zurück zur Ausgangsfrage nach den spezifischen Rationalisierungsfunktionen des Geschichtsbewußtseins, des dritten Bausteins innerhalb Droysens historischer Anthropologie: Diese läßt sich nun so beantworten, daß das historische Denken – und zwar auch in seiner wissenschaftlichen, d.h. theoretisch und methodisch reflektierten Form – der menschlichen Lebenspraxis kein exklusives, nur ihm eigenes Vernunftmoment hinzufügt, sondern daß es nur die dort immer schon existierende Vernunft aufgreift und auf »ihren tiefer erfaßten Begriff« bringt. Allerdings geschieht das so, daß ein spezifischer Lerneffekt daraus entspringt: Historisches Denken macht aus Erfahrung klug, indem es einen »Vorrat von Ideen, Vorstellungen, gleichsam Denkformen« bereitstellt, die der Handelnde »in den Schmelztiegel seines eigenen Urteils tun muß, um es zu läutern.«[42]

Diesen engen Zusammenhang zwischen historischem Wissen und lebensweltlicher Praxis hat Droysen auch im Blick, wenn er meint, daß »unser geschichtliches Forschen und Wissen selbst ein Abbild und Beispiel des Fortschreitens«[43] sei, das die geschichtliche Lebenspraxis durch die Triebkraft zukunftsfähiger Handlungsmotive und Ideen sowie in den Prozessen gesellschaftlich organisierter Arbeit vollzieht. Das Geschichtsbewußtsein ist für Droysen also Geist vom Geist einer Lebenspraxis, die sich als geschichtlicher Vernunftprozeß realisiert. Die in diesem Prozeß wirklich werdende Vernunft nennt Droysen »Freiheit«: »Wenn es eine Geschichte geben soll von allgemeinem Interesse, eine Geschichte, welche mit Recht *die* Geschichte genannt werden soll, so ist es diejenige, in der sich jenes generelle Ich in seinem Werden zeigt. Es ist das Werden und die Geschichte des Menschengeistes nicht nach der Mannigfaltigkeit seiner sittlichen Formungen, sondern nach der Einheit der formenden Kraft, nach der Idee der Freiheit. ... Die Freiheit ist die Idee, ist der Zweckbegriff des Menschen und der Menschheit; ihr Dasein ist, diese Idee in rastlosem Fortschreiten zu erarbeiten und arbeitend zu erkennen und erkennend zu vertiefen.«[44]

Damit ist das Umfeld von Droysens historischer Anthropologie angedeutet, aus dem heraus er die »Idee der Menschheit« als diejenige Freiheit begriffen hat, zu der er sich zugleich in der historischen Forschung als einzig erkenntnisermöglichender Perspektive bekannt hat, denn »in diesem allgemeinen Ich denkt und forscht auch der Historiker.«[45]

Die Menschheit als dieses »allgemeine Ich« in jeweils geschichlich konkretisierter Gestalt war für Droysen einer Geschichte der Freiheit mächtig, weil und solange sie eine Konstanz gegenwartstranszendierender Handlungsmotive auszeichnet, sie sich arbeitend der Welt bemächtigt und zugleich diesen Bemächtigungsvorgang sittlich reglementiert und steuert, und schließlich die Ausbildung von Identität an das Lernpotential der historischen Erfahrung koppelt. Droysen stellte sich die Einheit dieser drei freiheitsverbürgenden Faktoren der menschlichen Lebensführung als ein Verhältnis wechselseitiger

Befruchtung und Ergänzung vor, in dem »mit dem größeren geschichtlichen Bewußtsein die strömende Kraft des geschichtlichen Lebens wächst und umgekehrt.«[46]

2. Der Beitrag der Geschichte zur Begründung von Normen: Droysens Auseinandersetzung mit der zeitgenössischen Rechts- und Moralphilosophie

Der Historismus wurde und wird noch heute häufig identifiziert mit dem weltfremden Forschungspositivismus des späten 19. Jahrhunderts, der sich fernab von allen drängenden Orientierungsproblemen der Gegenwart dem Dunkel der Vergangenheit zuwendet, um das Licht der Gegenwart niemals wieder zu erblicken. Es war eine zentrale Absicht aller Krisentheorien des Historismus, die Weltfremdheit der historischen Forschung jener Zeit ins Rampenlicht ihrer Kritik zu stellen: »Ganze Menschenleben werden dem bloßen Anhäufen und Durchstöbern immer neuer Stoffmassen geopfert, mit dem Erfolg, daß immer weitere Probleme auftauchen, immer neue Stoffmassen herausgebracht werden, die immer wieder die gleiche Bearbeitung um ihrer selbst willen verlangen. Hier wird die Vergangenheit zum Moloch, der die Lebenden mit allen Möglichkeiten wirklichen fruchtbaren Schaffens verschlingt. Der wahre Forscher gibt sich mit Inbrunst und mit dem Gefühl, pflichtmäßig zu handeln, diesem Dienst an der Geschichte um der Geschichte willen hin: l'histoire pour l'histoire.«[47]

Obwohl diese Diagnose aufgrund ihrer Orientierung an dem Zerrbild des Historismus, welches seine späten Verfallsformen abgeben, zweifellos den Alltag der historischen Forschung jener Zeit weitgehend trifft, übersieht sie, daß einer der wesentlichsten Impulse zur Entstehung des Historismus gerade darin bestanden hatte, eine Antwort zu geben auf die praktischen Orientierungsbedürfnisse und -defizite des sich zu Beginn des 19. Jahrhunderts als Klasse allmählich ausdifferenzierenden Bürgertums. Der Historismus war der Einbruch der Geschichte in die Domäne der modernen Praxis- und Normentheorie. Die praktische Frage, was angesichts der Herausforderung der Gegenwart zu tun sei, oder auch die Frage nach der Möglichkeit einer Begründung verallgemeinerungsfähiger, überzeugungsstarker und konfliktfester Handlungsnormen ließen sich seither nicht mehr ohne die Berücksichtigung der historischen Erfahrung beantworten.

Droysen sah sich bei dem Problem einer historischen Begründung von Normen mit einer Diskussionslage konfrontiert, die im wesentlichen abgesteckt wurde durch die Positionen Kants, Hegels und der Historischen Rechtsschule. Droysens Interesse zielte darauf, nicht abseits, sondern auf der Grundlage dieser aufklärerischen, spekulativen und traditionalistischen Varianten der Rechts- und Moraltheorie eine spezifisch historische Weise der Begründung von

Normen zu entwickeln, die den zeitgenössischen Gegensatz von Emanzipation und Restauration überwinden und die praktische Aufgabe einer Vermittlung von Tradition und Zukunft, also die geschichtliche Versöhnung der in sich entfremdeten Gegenwart leisten könnte: »Denn allein eine wahrhaft historische Ansicht der Gegenwart, ihrer Aufgabe, ihrer Mittel, ihrer Schranken wird imstande sein, die traurige Zerrüttung unserer staatlichen und sozialen Verhältnisse auszuheilen und die rechten Wege zu einer froheren Zukunft anzubahnen.«[48]

Im folgenden geht es daher um eine Antwort auf die Frage, wie es Droysen in der Auseinandersetzung mit den dominierenden praxistheoretischen Positionen seiner Zeit gelungen ist, Normen des menschlichen Handelns auf historischem Wege zu begründen. Doch zunächst ist es notwendig, am Beispiel der Moralphilosophie Kants denjenigen Angelpunkt aller modernen Normenbegründung zu bestimmen, hinter den für Droysen keine Rechts- und Moraltheorie zurückfallen durfte, wenn sie einen gegenwartsorientierenden Anspruch erheben wollte: das spezifisch moderne Prinzip freier, autonomer Subjektivität.

a) Die Ungeschichtlichkeit der Moralphilosophie Kants

Die eigentliche moralphilosophische Leistung Kants bestand für Droysen darin, die säkulare Erfahrung eines beschleunigten Wandels von Staat und Gesellschaft, die Dynamisierung des geschichtlichen Fortschritts als eine Herausforderung der Praxisphilosophie erkannt, angenommen und sie gleichzeitig auf dem Wege einer Enttraditionalisierung und Entpartikularisierung normativer Begründungsstrategien verarbeitet zu haben. Die seine Gegenwart bestimmende Dynamisierung des Zeitbewußtseins sowie die historische Erweiterung des Erfahrungshorizontes hatten für Kant die bruchlose Tradierung einer aristotelisch orientierten Praxis- und Normenphilosophie unmöglich gemacht. Ihr Rückgriff auf die jeweils eingelebten und gesellschaftlich anerkannten Gewohnheiten und Traditionen partikularer Lebenswelten sowie auf die in »Sitten« geronnenen Formen der politischen Klugheit konnte innerhalb einer sich rapide modernisierenden Gesellschaft eine ausreichende Stabilität intersubjektiv verbindlicher Überzeugungen nicht mehr umstandslos gewährleisten.[49] Kant sieht die Moderne angesichts der zerbrochenen Evidenz normativer Überlieferungen vor die Aufgabe gestellt, die moralischen Grundlagen der gesellschaftlichen Beziehungen und Lebensführung aus sich selbst zu schöpfen und kulturell zu begründen. Die historische Vorbildlosigkeit der modernen Welt nötigt ihn zu einem Neuanfang der Moralphilosophie. Die Instanz, auf die er dabei rekurriert, ist das Prinzip der freien und autonomen Subjektivität des Menschen. In diesem Rückgriff Kants auf die subjektive Freiheitsnatur des Menschen zum Zwecke der Begründung von Normen besteht auch für Droysen »das große Resultat der Kantischen Lehre, der Mittelpunkt ihrer Macht.«[50]

Die Moralphilosophie Kants nimmt ihren Ausgang von dem Faktum der Autonomie des menschlichen Willens, die für ihn den »Grund der Würde der menschlichen und jeder vernünftigen Natur« darstellt.[51] Seine Autonomie erst erhebt den Menschen aus der Welt der vernunftlosen Natur, in der er selbst ›Sache‹ ist, zu einem vernünftigen Wesen, welches sich selbst zum Handeln zu bestimmen vermag, das sich also frei weiß, Zwecke zu setzen und zu realisieren: »Der Wille ist eine Art von Kausalität lebender Wesen, so fern sie vernünftig sind, und Freiheit würde diejenige Eigenschaft dieser Kausalität sein, da sie unabhängig von fremden sie bestimmenden Ursachen wirkend sein kann; so wie Naturnotwendigkeit die Eigenschaft der Kausalität aller vernunftlosen Wesen, durch den Einfluß fremder Ursachen zur Tätigkeit bestimmt zu werden.«[52]

Freiheit im Sinne der Unabhängigkeit des Menschen von fremden Bestimmungen definiert diesen als Zweck an sich selbst; darauf ruht die moralphilosophische Bedeutung des Subjektivitätsprinzips. Der Mensch wird damit zu dem Wesen, dem apriori grundlegende Freiheitsrechte zugestanden werden müssen, die zu respektieren jeder verpflichtet ist, will er seine eigene Freiheits- und Vernunftnatur nicht dementieren und einen pragmatischen Selbstwiderspruch der menschlichen Subjektivität riskieren. »Freiheit« meint für Kant grundsätzlich ein intersubjektives »Verhältnis vernünftiger Wesen zu einander«,[53] ein Verhältnis wechselseitiger Anerkennung, das seine fraglose Evidenz schöpft aus dem Faktum der Vernunft als einer Autonomie des Willens.

Freiheit ist als der Zweckbegriff des Menschen und als notwendige Voraussetzung einer unverfehlten Existenz des Menschen für Kant absolut verpflichtend – »kategorisch« – gebunden an das Prinzip, eben diese Freiheit allen Menschen als Vernunftwesen zuzugestehen: »Der Grund dieses Prinzips ist: die vernünftige Natur existiert als Zweck an sich selbst. So stellt sich notwendig der Mensch sein eigenes Dasein vor; so fern ist es also ein subjektives Prinzip menschlicher Handlungen. So stellt sich aber auch jedes andere vernünftige Wesen sein Dasein, zufolge eben desselben Vernunftgrundes, der auch für mich gilt, vor; also ist es zugleich ein objektives Prinzip, woraus, als einem obersten praktischen Grunde, alle Gesetze des Willens müssen abgeleitet werden können. Der praktische Imperativ wird also folgender sein: Handle so, daß du die Menschheit, sowohl in deiner Person, als in der Person eines jeden andern, jederzeit zugleich als Zweck, niemals bloß als Mittel brauchest.«[54]

Obwohl für Droysen mit dem Aufstieg des Prinzips freier Subjektivität zur Grundlage des moralphilosophischen Denkens ein universelles moralisches Legitimationskriterium gewonnen war, das der Klärung und Rechtfertigung von Normen dienen kann, existieren im Innern der Moralphilosophie Kants zahlreiche sperrige Elemente, die mit Droysens Interesse an einer spezifisch historischen Begründung von Normen nur schwer zu vereinbaren waren. Droysen selbst hat dies deutlich gesehen und seine Bedenken dahingehend zum Ausdruck gebracht, daß die Aufklärung, als deren »Hochgipfel« er die Praxisphilosophie Kants ansah, »einen tiefen Riß in die Gesellschaft« gebracht habe.[55]

Die Aufklärung mündet im Problem einer Entzweiung von ›moralischer‹ Subjektivität und ›sittlichen‹ Lebensformen: »Es war eine ungeheure geistige Bewegung, die sich schnell nach allen Seiten hin ergoß; die Stellung des historisch Gewordenen, des positiv Gegebenen, des faktisch Gültigen war verwandelt, in seinen Wurzeln wurde es angegriffen; die Wissenschaft hatte den Archimedespunkt gefunden, die Welt aus ihren Angeln zu heben; das ›Warum‹, mit dem man jedem Geltenden oder Seienden gegenübertrat, zwang es, sich vor dem denkenden Bewußtsein zu rechtfertigen. Es baute sich eine ganz neue Welt der Wissenschaft, der Erkenntnis, eine Gedankenwelt auf, in der erst der Geist sich in adäquater Weise zu fühlen schien. Die Doktrin eilte hoch hinaus über die Wirklichkeiten, machte gegen sie die Forderung, ihr nachzuringen; sie fühlte sich in ihrem vollen Recht, sich mit ihrer vollen Energie auf diese Irrationalitäten des Seienden, Geltenden, Hergebrachten zu werfen, ihre Widersprüche und Unvernünftigkeiten aufzuweisen, sie völlig zu destruieren.«[56]

Die aufklärerische Konfrontation tradierter Lebensformen mit dem Legitimationsprinzip der freien, moralischen Subjektivität schwächt den Geltungsanspruch und die Orientierungskraft ersterer erheblich. Für Droysen etablierte sich mit der Abwanderung gesellschaftlicher Lebensformen in das Reich der ›bloßen‹ Sittlichkeit jener Zwiespalt, der den Entfremdungserscheinungen seiner Gegenwart zugrundelag. Dieser »Riß« war in dem Vernunftbegriff Kants sowie in der Architektonik seiner Moralphilosophie unübersehbar angelegt. An ihrem Beispiel lassen sich daher auch die Konfliktfelder verdeutlichen, die sich zwischen einer moralischen und einer historischen Begründung praktischer Normen auftun: Die Differenzen entzünden sich am universalistischen, am formalistischen sowie am imperativischen Charakter der Moralphilosophie Kants.[57]

1. Die praktische Philosophie Kants erhebt einen streng universalistischen Anspruch; sie läßt sich leiten von dem Interesse an der »Aufsuchung und Festsetzung des obersten Prinzips der Moralität«,[58] welches den Charakter einer absoluten Verpflichtung besitzt und letztlich begründet ist in der Einheit der einen und alleinigen Vernunft. Nur folgerichtig ist es, daß Kant konsequent von den historisch-sittlichen Bezügen abstrahiert, in denen sich Moral im Prozeß der menschlichen Vergesellschaftung jeweils empirisch realisiert. Einen systematischen Stellenwert für die Bestimmung und Modifikation moralischer Universalien besitzt Geschichte nicht, da sie gerade den Universalitätsanspruch moralischer Prinzipien zugunsten der historischen Partikularität ihrer Verwirklichung verwässern würde: »Empirische Prinzipien taugen überall nicht dazu, um moralische Gesetze darauf zu gründen. Denn die Allgemeinheit, mit der sie für alle vernünftigen Wesen ohne Unterschied gelten sollen, die unbedingte praktische Notwendigkeit, die ihnen dadurch auferlegt wird, fällt weg, wenn der Grund derselben von der besonderen Einrichtung der menschlichen Natur, oder den zufälligen Umständen hergenommen wird,

darin sie gesetzt ist.«[59] Eine »Herablassung zu Volksbegriffen«,[60] die Verwässerung moralischer Universalien durch eine Orientierung an der Sittlichkeit partikularer Lebenswelten ist für Kant allein dann statthaft, wenn vorher bereits die Geltung der aus den Prinzipien der Vernunft philosophisch entnommenen moralischen Universalien anerkannt ist.

Bei diesem verspäteten und von vornherein asymmetrischen Zusammentreffen von moralischer Theorie und sittlicher Praxis hat sich aber das Verhältnis, in dem diese beiden Instanzen menschlicher Handlungsnormierung zueinander stehen, einseitig zugunsten der Theorie verschoben. Diese besitzt bei Kant durchaus nicht allein den Charakter einer legitimen reflexiven Distanzierung von den Verhaltenszumutungen einer routinisierten Alltagspraxis im Rekurs auf übergeordnete moralische Prinzipien, welche dann als Kriterien zur Rechtfertigung oder Kritik geltender Normen angewendet werden können, sondern den weitaus anspruchsvolleren – und gleichzeitig weniger unschuldigen – Anspruch einer verbindlichen Tugendlehre, ohne die es »unmöglich sei, die Sitten auf ihre echte Prinzipien zu gründen und dadurch reine moralische Gesinnung zu bewirken und zum höchsten Weltbesten den Gemütern einzupfropfen.«[61]

2. Die Geschichtsferne der Moralphilosophie Kants setzt sich fort, indem er sich gezwungen sieht, den starken Universalitätsanspruch des Moralgesetzes mit einer formalistischen Abstraktion von allen Inhalten normativ relevanter Fragen und historisch gehaltvoller Erfahrungen zu erkaufen. Moralische Begriffe besitzen bei Kant gerade wegen des von ihnen erhobenen Universalitätsanspruchs keinerlei mögliche Erfahrungsgrundlage, sondern sie sind eine Idee der »reinen« praktischen Vernunft und als solche immun gegenüber historisch-empirischen Erfahrungsbeständen: »Dieses Prinzip der Menschheit und jeder vernünftigen Natur überhaupt, als Zwecks an sich selbst ... ist nicht aus der Erfahrung entlehnt, erstlich, wegen seiner Allgemeinheit, da es auf alle vernünftige Wesen überhaupt geht, worüber etwas zu bestimmen keine Erfahrung zureicht; zweitens, weil darin die Menschheit nicht als Zweck der Menschen (subjektiv), d.i. als Gegenstand, den man sich von selbst wirklich zum Zwecke macht, sondern als objektiver Zweck, der, wir mögen Zwecke haben, welche wir wollen, als Gesetz die oberste einschränkende Bedingung aller subjektiven Zwecke ausmachen soll, vorgestellt wird, mithin aus reiner Vernunft entspringen muß.«[62] Moral versteht Kant als ein Ensemble formaler Vernunftkriterien des praktischen Handelns, die erfüllt sein müssen, wenn es als Handeln Wahrheitsansprüche stellt. Die konkreten, in realgeschichtlichen Lebenswelten wirksamen Handlungsregeln und -zwecke sinken demgegenüber zum Bereich einer minderen praktischen Vernunft herab.

3. Der Formalismus, der die Moralphilosophie Kants kennzeichnet, läßt eine unüberbrückbare Kluft entstehen zwischen den zwar universalistischen, aber nur formal zu bestimmenden Gesetzen der reinen praktischen Vernunft ei-

nerseits und den empirisch geltenden Handlungsmaximen der historischen Handlungsakteure andererseits, zwischen intelligiblem und empirischem Ich, zwischen Vernunft und Wirklichkeit. In diesen Differenzen wird für Kant der Mensch zum »Bürger zweier Welten«, zu einem mit sich und in sich selbst entfremdeten Wesen, welches den Preis für seine Vernunft und Freiheit in Form seiner »Unabhängigkeit von den bestimmten Ursachen der Sinnenwelt« zu entrichten hat.[63] Genau diesem Entfremdungscharakter des Menschen als einem moralischen Wesen entspricht die Sollensstruktur des kantischen Moralgesetzes, dem es »nicht darum zu tun ist, Gründe anzunehmen, von dem, was geschieht, sondern Gesetze von dem, was geschehen soll, ob es gleich niemals geschieht, d.i. objektiv-praktische Gesetze.«[64]

Der imperativische Charakter der kantischen Philosophie resultiert aus der strukturellen Erfahrung einer Divergenz zwischen den Prinzipien der Vernunft und den Realitäten des geschichtlichen Lebens, zwischen dem Sollen des kategorischen Imperativs und den handlungsleitenden Maximen der empirischen Subjekte. Der absolute Nötigungscharakter des kategorischen Imperativs zeugt von der tiefen »Unheiligkeit« der menschlichen Natur, weil dem objektiven Vernunftgebot der Moral kein subjektiver Vernunftwille des Menschen korrespondiert. Kant steht ratlos vor dem Phänomen der »Ohnmacht« der reinen praktischen Vernunft; es gelingt ihm nicht, dasjenige Vermögen der Vernunft namhaft zu machen, welches bewirkt, »ein Gefühl der Lust oder des Wohlgefallens an der Erfüllung der Pflicht einzuflößen, mithin eine Kausalität derselben, die Sinnlichkeit ihren Prinzipien gemäß zu bestimmen.«[65]

Kant hat unübersehbare Schwierigkeiten damit, die unreine Vernunft der historischen Wirklichkeit mit den aus dem Subjektivitätsprinzip quellenden Geboten der Moralphilosophie so zu vermitteln, daß sich deren Adressaten auch in ihr als historische Subjekte wiederzufinden vermögen, ohne gleichzeitig von ihrer Subjektspezifik – ihrer »Sinnlichkeit« – Abschied nehmen zu müssen, um Vernunft zu erlangen. Kant hat deshalb das Problem, »wie reine Vernunft praktisch sein könne«,[66] wie also Moral den Sprung in die Wirklichkeit schafft, nicht lösen können,[67] sondern hat es als unlösbar und als unüberschreitbare Grenze des Denkens hingestellt: »Hier ist nun die oberste Grenze aller moralischen Nachforschung; welche aber zu bestimmen auch schon darum von großer Wichtigkeit ist, damit die Vernunft nicht einerseits in der Sinnenwelt, auf eine den Sitten schädliche Art, nach der obersten Bewegursache und einem begreiflichen aber empirischen Interesse herumsuche, anderer Seits aber, damit sie auch nicht in dem für sie leeren Raum transzendenter Begriffe unter dem Namen der intelligiblen Welt, kraftlos ihre Flügel schwinge, ohne von der Stelle zu kommen, und sich unter Hirngespinsten verliere.«[68]

Der Exkurs zur Moralphilosophie Kants, die für Droysen ein wesentlicher Bezugspunkt seiner Bemühungen um eine spezifisch historische Weise der Begründung von Normen war, sollte zweierlei bezwecken: Zum einen sollte die Bedeutung herausgearbeitet werden, die seit Kant der »Archimedespunkt«

der Moderne, das Prinzip freier Subjektivität, für jede Form der praktischen Philosophie (auch für diejenige Droysens) hatte. Zum anderen sollten die Grenzen der Moralphilosophie angedeutet werden, die Droysens spezifisch historischer Ansatz zu überwinden trachtete. Dessen argumentative Struktur läßt sich nun anhand der Schwierigkeiten der Position Kants folgendermaßen bestimmen:

1. Der normative Universalismus des aufklärerischen Freiheits- und Subjektivitätskriteriums muß gegenüber der historischen Individualität partikularer Lebenswelten in einer Weise zur Geltung gebracht werden, daß sich die notwendige Universalität der menschlichen Freiheits- und Vernunftnatur und die ebenso notwendige Individualität ihrer historischen Realisierung nicht wechselseitig ausschließen, sondern fordern. Die Einheit der Vernunft muß so gedacht werden können, daß sie die Vielfalt ihrer geschichtlichen Formen nicht aus-, sondern einschließt.[69]

2. Es muß gezeigt werden können, daß der strenge Formalismus der Moralphilosophie, die ›Reinheit‹ und die Inhaltsleere der praktischen Vernunft in der Konfrontation mit konkreten Erfahrungen des geschichtlichen Wandels zur historischen Wirklichkeit erlöst werden kann.

3. Schließlich muß auch die im Sollenscharakter der reinen praktischen Vernunft angelegte und dort unaufhebbare Entzweiung des Menschen mit sich selbst als einem zugleich intelligiblen und historischen Wesen, welche besagt, daß der Mensch niemals wird und werden kann, was er werden soll, zur Vorstellung einer wirklichkeitsprägenden Macht des Utopischen umgedeutet werden.[70] Die Freiheitserfahrungen wie die Freiheitsdefizite der Vergangenheit müssen als ein unabgegoltenes, aber realisierungsfähiges Versprechen der Zukunft gedeutet werden können, um gegenwärtiges Handeln normativ zu orientieren.

Wie Droysen dieses Programm einer historischen Begründung von Normen einzulösen versucht hat, soll anhand seiner Auseinandersetzung mit der Historischen Rechtsschule und mit der Rechtsphilosophie Hegels untersucht werden.

b) Droysens Kritik am normativen Traditionalismus der Historischen Rechtsschule

Auch im folgenden wird an dem methodischen Vorgehen festgehalten, die Ethik Droysens durch einen Vergleich mit anderen Strömungen der Moralphilosophie jener Zeit herauszuarbeiten. Daher soll im folgenden zunächst die Antwort der Historischen Rechtsschule auf die normentheoretischen Herausforderungen der Aufklärung angedeutet werden.

Die Historische Rechtsschule entstand als eine epochenspezifische Begleiterscheinung des aufkommenden Historismus, welche die vernunftrechtlichen, am Autonomieprinzip orientierten Grundlagen der aufklärerischen Normentheorie in einer prinzipiellen Weise revidierte. Sie holte die von Kant aus dem Horizont der praktischen Philosophie verbannte Geschichte in das Moralbewußtsein der Gegenwart zurück, und in dieser Wendung zur Geschichte als einer wesentlichen Instanz bei der Klärung praktischer Fragen bestand für Droysen ihr eigentlicher Wert.

Die enge geistige Verwandtschaft der Historischen Rechtsschule mit der parallel zu ihr erfolgenden Aufklärungskritik der Romantik oder der Revolutionskritik Edmund Burkes zeugt dabei von ihrer grundsätzlich gegenaufklärerischen Stoßrichtung, in der für Droysen ihre eigentliche politische Qualität im Sinn einer Komplizenschaft mit dem System der Restauration bestand. Dieses restaurative Moment der Historischen Rechtsschule sah Droysen in ihrem Argument begründet, daß der Rationalismus der Aufklärung zu einer von sich selbst entfremdeten Gegenwart geführt habe. In diesem Rationalismus der Aufklärung verkörpert sich nach Ansicht der Historischen Rechtsschule die »Tendenz, die, für Sitte, Recht, Staat, Religion gleich verderblich, an die Stelle ruhiger Weiterbildung revolutionäre Ideen, die Ungeduld rationaler Forderungen und abstrakter Theorien, die Frevellust des destruierenden Verstandes, die Frechheit allgemeiner Menschenrechte treten lasse, alles Ehrwürdige und Herkömmliche, alle wohlerworbenen Rechte, alle wohltätigen und durch die Treue uralter Gewohnheiten geheiligten Unterschiede mißachtend und freventlich zerstörend.«[71]

Die Entstehung der Historischen Rechtsschule ist Bestandteil des zu Beginn des 19. Jahrhunderts erfolgenden Aufstiegs eines bürgerlich-konservativen Denkstils. Dieser versteht sich als ein Kompensationsprogramm gegenüber den Orientierungsproblemen einer sich rapide modernisierenden Gegenwart und setzt als Heilmittel auf das in die Tradition der Vergangenheit eingelassene Sinnpotential der menschlichen Lebensführung. Allerdings ist diese zeitgeschichtliche Erscheinung des bürgerlichen Konservativismus nicht gleichzusetzen mit einem einfachen Traditionalismus, der den Fehler begeht, den normativen Gehalt der Vergangenheit angesichts der Erfahrungen des zeitlichen Wandels ungeschmälert retten zu wollen.

Die Historische Rechtsschule reflektiert stattdessen durchaus die Tatsache einer die Moderne insgesamt kennzeichnenden Zeitbeschleunigung, die alle Überlieferungsbestände der menschlichen Lebensführung dazu zwingt, sich diesem Wandel anzupassen, d.h. sich selbst geschichtlich zu wandeln, um Bestand zu haben und ihren Traditionscharakter bewahren zu können.[72]

Friedrich Karl von Savigny hat als einer ihrer Gründerväter dieses Grundsatzprogramm der Historischen Rechtsschule in enger geistiger Verwandtschaft zu seinem Berliner Kollegen Leopold von Ranke deutlich ausgesprochen: »Die geschichtliche Schule nimmt an, der Stoff des Rechts sei durch die gesamte Vergangenheit der Nation gegeben, doch nicht durch Willkür, so daß er zufällig dieser oder ein anderer sein könnte, sondern aus dem innersten Wesen der Nation selbst und ihrer Geschichte selbst hervorgegangen. Die besonnene Tätigkeit jedes Zeitalters aber müsse darauf gerichtet werden, diesen mit innerer Notwendigkeit gegebenen Stoff zu durchschauen, zu verjüngen und frisch zuerhalten.«[73]

Die Stärke der Historischen Rechtsschule gegenüber der Moralphilosophie Kants besteht darin, daß sie die inhaltliche Leere formaler Prinzipien in der Konfrontation mit der historischen Wirklichkeit überwindet. Sie ermöglicht der Gegenwart eine ungemein horizonterweiternde Erfahrungsoffenheit für die kulturelle Vielfalt, Individualität und den universellen Wandlungscharakter menschlicher Normen, birgt aber auch von Anfang an die Gefahr eines Werteskeptizismus in sich, der den Anspruch auf die Wahrheitsfähigkeit praktischer Fragen relativistisch preisgibt.

Droysens Einwände gegenüber der Historischen Rechtsschule setzen genau an dieser Gefahr eines unbegrenzten Relativismus an. Für ihn resultiert dieser Relativismus aus einer zweifachen Ungeschichtlichkeit ihrer Argumentation:

Die Historisierung des Normenbewußtseins durch die Historische Rechtsschule ist für Droysen noch nicht historisch genug, da sie zum einen die Geschichtlichkeit von Normen auf ihren Vergangenheitsbezug begrenzt. Normen sind nicht mehr Kriterien einer Gegenwartspraxis, welche diese Praxis zugleich nach Maßgabe überlieferter und geltender Traditionen und im zukunftsgerichteten Interesse an der Weiterführung geschichtlich werdender Freiheit reglementieren. Die Historische Rechtsschule stellt Normen stattdessen einseitig unter die Autorität der Vergangenheit und übersieht dabei, »daß die Geschichte nicht etwa bis gestern reicht, sondern im Heute schaffend das Morgen vorbildet.«[74] Dieser Mangel an Geschichtlichkeit infolge des Abschneidens ihrer Zukunftsdimension läßt die Historische Rechtsschule hilflos vor der Aufgabe stehen, die normative Orientierungslosigkeit der Gegenwart zu überwinden, da eine traditionalistische Vergangenheitsorientierung nicht dazu in der Lage ist, die Wunden zu heilen, die der Prozeß einer entfesselten Modernisierung ständig neu schlägt.

Einen zweiten Mangel an innerer Historizität entdeckt Droysen bei der Historischen Rechtsschule in ihrer aus einem bestimmten politischen Interesse heraus motivierten selektiven Ausschöpfung des gesamten Potentials der historischen Erfahrung. In ihrer Weigerung, den Wahrheitsanspruch von Aufklärung und Revolution als für das Selbstverständnis der Gegenwart wesentlichen Aspekt der historischen Überlieferung anzuerkennen, legt die Historische Rechtsschule, die doch gerade mit dem Anspruch angetreten war, den rationalistisch ausgedörrten Boden der Gegenwart auf dem Wege einer historischen Erinnerung an die normativen Traditionen der Überlieferung neu zu befruchten, selbst den Grundstein für eine Geschichtslosigkeit der Gegenwart, die ihre kulturellen Orientierungsbedürfnisse unbefriedigt zurückläßt: »Der sogenannten historischen Ansicht gegenüber ist zunächst geltend zu machen, daß eben jene rationelle, unhistorische Weise recht eigentlich ein Resultat tiefer historischer Zusammenhänge ist und damit das volle Recht hat, ebensogut wie jedes andere Glied in der Kontinuität der Geschichte als historisch anerkannt und in seiner relativen Geltung belassen zu werden. Hat die sogenannte historische Ansicht kein höheres Kriterium, als das des fait accompli, als das einer durchgesetzten faktischen Geltung, so kann sie konsequenterweise keine Art von Instanz gegen die Phase von Entwicklungen geltend machen, welche sie verdammt. Es ist eine Gedankenlosigkeit, sich auf die Autorität historischen Rechtes zu berufen, ohne zugleich das Recht der Geschichte anerkennen zu wollen.«[75]

Hier deutet sich an, in welche Richtung Droysens Überlegungen zu einer Begründung von Normen durch Geschichte gingen: in die Richtung der Vermittlung eines »höheren Kriteriums« mit dem »Recht der Geschichte«, in der Freiheit und Autonomie des Menschen zu normativen Kriterien der historischen Erfahrungsaneignung werden und Geschichte zum Zwecke der Realisierung menschlicher Freiheit erschlossen werden kann. Diese Absicht Droysens verweist auf Hegel, dessen philosophische Interessen ebenfalls in die Richtung einer Vermittlung von Norm und Geschichte zur sittlichen Welt gingen: »Die Sittlichkeit ist die Idee der Freiheit, als das lebendige Gute, das in dem Selbstbewußtsein sein Wissen, Wollen und durch dessen Handeln seine Wirklichkeit, so wie dieses an dem sittlichen Sein seine an und für sich seiende Grundlage und bewegenden Zweck hat, – der zur vorhandenen Welt und zur Natur des Selbstbewußtseins gewordene Begriff der Freiheit.«[76]

c) Die Bedeutung von Hegels rechtsphilosophischer Wendung zur Geschichte als sittlicher Macht

Hegels Begriff der Sittlichkeit ist von der Moralphilosophie Kants, genauer: durch die Erhebung autonomer Subjektivität und Freiheit des Menschen zum universellen normativen Kriterium praktischer Fragen inspiriert. Als »Sittlichkeit« versteht Hegel eine postkonventionelle Stufe des moralischen Bewußtseins, auf der die Grenzen lokaler und traditionalistischer Polis-Ethiken in Richtung verallgemeinerungsfähiger Prinzipien von Intersubjektivität überwunden sind, die es als eine geschichtlich etablierte »Vernunft der Sache ... dem Gefühle nicht verstattet, sich an der eigenen Partikularität zu wärmen.«[77]

Andererseits wendet sich Hegel ebenso gegen diejenige Welt- und Geschichtslosigkeit der praktischen Philosophie, die er in der konsequenten Jenseitigkeit der Moralgesetze bei Kant grundsätzlich angelegt sah: »Die sittliche Welt dagegen, der Staat, sie, die Vernunft, wie sie sich im Elemente des Selbstbewußtseins verwirklicht, soll nicht des Glücks genießen, daß es die Vernunft ist, welche in der Tat in diesem Elemente sich zur Kraft und Gewalt gebracht habe, darin behaupte und innewohne. Das geistige Universum soll vielmehr dem Zufall und der Willkür preisgegeben, es soll gottverlassen sein, so daß nach diesem Atheismus der sittlichen Welt das Wahre sich außer ihr befinde.«[78]

Hegel entdeckt in der Aufklärungsphilosophie Kants eine intellektuelle

Komplizenschaft mit der entfremdeten Gegenwart,[79] in der sich das Prinzip der Subjektivität als überlastet erweist mit der Aufgabe, als eigentliche Triebkraft der Moderne den Entfremdungscharakter des technischen Fortschritts aufzuheben und die modernen Lebensformen auf dem Boden intersubjektiv anerkannter Normen und Sinnüberzeugungen kulturell zu stabilisieren.[80]

Das vom »moralischen Standpunkte« aus betonte Prinzip der menschlichen Autonomie stellt für Hegel nur eine notwendige, keinesfalls aber eine hinreichende Bedingung menschlicher Identitätsbildung dar. Sie ist ein Moment des Ganzen, das erst auf der Grundlage historisch gewachsener Lebensformen und Beziehungen ein wirksames Regulativ praktischer Fragen sein kann. Daher ist für Hegel auch »der moralische Standpunkt ... der Durchgangspunkt zur Sittlichkeit.«[81]

Hegel transformiert in der Erhebung der »Sittlichkeit« zur Zentralkategorie seiner praktischen Philosophie die Ethik, die noch bei Kant den Charakter einer Sitten- und Tugendlehre besaß, d.h. einer »Lehre von den Pflichten, die nicht unter äußeren Gesetzen stehen«,[82] zu einer »Philosophie des Rechts«. Er erhebt den normativen Gehalt der geschichtlichen Lebensformen seiner Gegenwart zu einer bedeutenden Instanz bei der philosophischen Klärung praktischer Fragen.

Obgleich dieser systematische Neuanfang Hegels den Versuch macht, das aufklärerische Prinzip der autonomen Subjektivität mit dem historischen Sinn einer gesellschaftlich positivierten Realität zu vermitteln, mündet er letztlich in einer politischen Theorie der Moderne, in der der Primat der substantiellen Sittlichkeit des Staates vor den Bedürfnissen der demokratisch freigelassenen und autonomisierten Individuen erneut fest verankert ist.

Hegel unterstellt denjenigen Subsystemen der modernen Gesellschaft, in die hinein sich die errungene Autonomie des Menschen realgeschichtlich entäußert, die prinzipielle Unfähigkeit, sich aus sich selbst heraus institutionell zu stabilisieren. Insbesondere im System der bürgerlichen Gesellschaft sieht Hegel die Gefahr einer Destruktion der modernen Subjektivität durch sich selbst unmittelbar angelegt: »Die Besonderheit für sich, ... als sich nach allen Seiten auslassende Befriedigung ihrer Bedürfnisse, zufälliger Willkür und subjektiven Beliebens, zerstört in ihren Genüssen sich selbst und ihren substantiellen Begriff; ... Die bürgerliche Gesellschaft bietet ... das Schauspiel ebenso der Ausschweifung, des Elends und des beiden gemeinschaftlichen physischen und sittlichen Verderbens dar.«[83]

In die durch die Gesellschaft geschlagene Bresche einer normativen Unbehaustheit der Moderne, dem Tummelplatz egoistisch freigesetzter Privatleute, springt nun bei Hegel der Staat als diejenige sittliche Instanz, die einzig noch die autonomen Subjekte vor wechselseitiger Vernichtung im Kontext ihrer instrumentellen Besonderung zu bewahren vermag. Indem Hegel den Staat als Garanten der menschlichen Freiheit und praktischen Vernunft deutet, verliert seine ursprüngliche Diagnose der Gegenwart als einer Zeit der Entfremdung den kritischen Stachel, dem sie doch zunächst sich verdankte.

»Sittlichkeit« als Signalwort eines Gegenwartsverständnisses, welches gleichermaßen jenseits aller Positivität und reiner Pflicht die geschichtliche Wirklichkeit der praktischen Vernunft zu erfassen beanspruchte, mündet schließlich in einer Theorie des starken Staates, deren Positivismus offen zutage tritt: »Die Sittlichkeit ist überhaupt das Objektive der Freiheit. ... Die hier vorkommenden Willensbestimmungen sind das, was wir früher Pflichten nannten, die wesentlichen Verhältnisse.«[84]

Der Staat wird bei Hegel zum sittlichen Asyl der ehemals mit sich und ihrer Welt entzweiten autonomen Persönlichkeit; im Staat wissen sich die Subjekte im Einklang mit der zugleich normativen und geschichtlichen Tendenz einer Ausweitung menschlicher Freiheitsspielräume.

Hegels philosophische Leistung war es, die normativen Bildungs- und Integrationsprozesse der modernen Individuen so zu denken, daß die auftretenden Spannungen zwischen dem Prinzip freier Subjektivität und der geschichtlich institutionalisierten Sittlichkeit der Lebenswelt entkrampft werden konnten, und daher die Freiheit des Menschen nicht allein als möglich unterstellt, sondern als wirklich erfahren werden kann: »Die Erziehung des Individui ist nun, daß sein eigenes Inneres der vorhandenen Welt gemäß wird. Das Individuum wird auf solche Weise nicht beschränkt, sondern vielmehr befreit. Was ich bin, mein wesentlicher Wille, ist nicht ein anderes, zu dem ich mich verhalte. – Der Mensch findet sich nur eingezwängt, bedrängt, insofern er in seiner Besonderheit steht, er ein besonderes Sollen und Mögen hat, das, was ihn drückt, ist seine eigene Subjektivität. Indem er sich als Sittliches verhält, so befreit er sich. Das sittliche Zusammenleben der Menschen ist deren Befreiung; sie kommen darin zur Anschauung ihrer selbst.«[85]

In der Vermittlung der Moralität freier Subjekte mit der Sittlichkeit des modernen Staates beschwört jedoch die Philosophie der praktischen Vernunft ihr eigenes Ende herauf. Sind erst einmal Moral und Sittlichkeit im Rahmen der modernen Institutionen staatlicher Herrschaft in Einklang miteinander gebracht, stellen sich genau die Fragen nicht mehr, die vormals zur Praxis- und Moralphilosophie genötigt haben. Das Problem einer tragfähigen Normenorientierung des menschlichen Handelns ist gelöst.

So wie sich die normentheoretische Position Droysens bereits in ihrer Kontrastierung mit denjenigen Kants und der Historischen Rechtsschule allmählich entwickeln ließ, gewinnt sie auch in ihrem Unterschied zu derjenigen Hegels noch einmal deutlichere Konturen. Die Beziehung Droysens zur Rechtsphilosophie Hegels war zutiefst zwiespältig: Droysen folgte Hegel in seiner Wendung von der Moralität zur Sittlichkeit als Fundamentalkategorie der Praxisphilosophie, und wie bei Hegel verbirgt sich auch bei Droysen in dieser Wendung ein prinzipiell antirevolutionäres Moment. Der Verweis auf eine in der politischen und rechtlichen Wirklichkeit geschichtlich aufgespeicherte, hier immer schon existierende praktische Vernunft war als der Versuch angelegt, die im bürgerlichen Revolutionszeitalter freigewordenen demokratischen Energien erneut politisch einzufangen und zu domestizieren. Der angestrebte »starke Institutionalismus«[86] bildete das politische Widerlager gegenüber einer Tendenz des öffentlichen »Dreinredens« politisch mündiger und autonomer Handlungssubjekte.[87] Er war ein Instrument für das ›Schließen‹ der Revolution und für die Zähmung der rapiden Prozesse gesellschaftlicher Modernisierung.

Bei dem Versuch einer Versöhnung der subjektiven Freiheit der gesellschaftlich organisierten Privatleute mit der objektiven Sittlichkeit politischer Institutionen fiel die Gewichtsverteilung bei Droysen, wie innerhalb des entstehenden Historismus insgesamt, eindeutig zugunsten letzterer aus. Dieser Umstand macht den Historismus von vornherein zu einem konservativen Element im Kräftespiel der politischen Theorien und Bewegungen seit Beginn des 19. Jahrhunderts. Andererseits war der Historismus Droysens bereits zu sehr historisch aufgeklärt, um noch einer Dogmatisierung der Gegenwart in Hegelscher Manier verfallen und das Wort reden zu können.

Droysens Einwände gegenüber Hegels politischer Theorie der Moderne entzünden sich daher an dem Phänomen, daß dieser »das anfängliche Problem einer Selbstvergewisserung der Moderne nicht nur löst, sondern zu gut löst.«[88]

Die auf das normative Selbstverständnis der Gegenwart abzielenden Fragen der praktischen Philosophie nach den Legitimationskriterien des menschlichen Handelns setzen eine Geschichtlichkeit der Realität voraus, angesichts derer die institutionell bereits verkörperten und abgesicherten Normen der substantiellen Sittlichkeit grundsätzlich nicht hinreichen, um praktische Fragen befriedigend zu beantworten und zukunftsfähige Identitäten erfolgreich und situationsgerecht zu orientieren.[89]

Droysens über Hegel hinausweisende Bedeutung besteht darin, gegen die unterstellte Identität von Gegenwart und vollendeter praktischer Vernunft und die damit um ihre Zukunft gebrachte Geschichte der Freiheit das Argument geltend gemacht zu haben, daß ein angemesseneres Verständnis von Geschichte als sittlicher Macht es erfordert, die Gegenwart als sittlich und unsittlich zugleich, als Ort einer erreichten und einer fortsetzungsfähigen Realisierung der menschlichen Freiheit zu denken.

Die geschichtliche Positivität der Freiheit und die ebenfalls geschichtliche Negativität ihres Ausbleibens müssen im Medium des historischen Denkens immer wieder neu vermittelt werden, um den normativen Zukunftshorizont der menschlichen Lebensführung für immer neue empirische Realisationen der Freiheit offenhalten zu können. Freiheit im Sinn einer Versöhnung von subjektiver Autonomie und objektiver Integration in Staat und Gesellschaft wird zu einem tragfähigen normativen Kriterium des historischen Denkens erst unter Betonung der Notwendigkeit ihrer Fortsetzung. Die Permanenz des Ausbleibens menschlicher Freiheit macht sie zum ewig unabgeschlossenen Thema und zur Daueraufgabe des historischen Denkens: »Das wesentliche in der ethischen Welt ist, daß sie ein stetes Wollen und Sollen, ein stetes Werden ist; nur darum ist sie ethisch, weil sie auf jedem Punkt in Bewegung ist, in der Bewegung, fortschreitend Geistiges, Ewiges so in das Irdische hineinzubilden, das Irdische, Endliche so zu vergeistigen und zu verklären. ... Es ist ganz richtig, daß die einzelnen Gebiete, die in den Kreis der historischen Betrachtung fallen, je ihre besondere sittliche Sphäre, ihre ... praktische Seite haben. Aber als wesentlich werdende fallen sie in den Bereich der geschichtlichen Betrachtung, indem sie ihre Wahrheit in dem steten Werden und Wachsen haben, und damit ist die historische Erkenntnis das Medium, durch welches und in welchem sie nach ihrem sittlichen Moment verstanden werden.«[90]

3. Die Hermeneutik als Theoriekonzept der historischen Sinnbildung

Der Hermeneutik-Begriff Droysens stellt nicht in erster Linie einen Methoden-, sondern vielmehr einen Theoriebegriff dar, der den Umriß des historistischen Wissenschaftsparadigmas im ganzen absteckt. Seine Schlüsselstellung zeigt sich innerhalb der Geschichtstheorie Droysens vor allem unter drei Gesichtspunkten, die abschließend noch diskutiert werden sollen. Die historische Hermeneutik konstituiert den Historismus als ein unverwechselbares Theorieprogramm, indem sie:

a) ein handlungstheoretisches Verständnis der historischen Wirklichkeit ermöglicht,

b) den Wahrheitsanspruch des historischen Denkens und der wissenschaftlichen Forschung begründet und legitimiert,

c) den Gegenwartsbezug und die Sinnbildungsfunktionen des Geschichtsbewußtseins expliziert.

a) Ein handlungstheoretischer Begriff der Geschichte

Ein hermeneutisches Verständnis des historischen Wandels ist in Droysens Historik bereits auf der Ebene der historischen Anthropologie unmittelbar angelegt, indem dort Geschichte den Charakter einer fortschreitenden Realisierung des menschlichen Willens und der Freiheit erhält.[91] Die historische Hermeneutik läßt die Geschichte in der Triebkraft menschlicher Handlungsmotive wurzeln und aus ihnen resultieren. Geschichte wird so zum Beweis für diejenige »formgebende Kraft des Menschenwesens«,[92] die in der Autonomie des menschlichen Willens zum Ausdruck kommt. Geschichte im Sinne eines hermeneutisch verstehbaren Prozesses verweist auf die Innerlichkeit des menschlichen Handelns und auf die das Geschehen verursachenden und vorantreibenden Intentionen der empirischen Akteure. Geschichte wird auf den menschlichen »Geist« zurückgeführt und zugleich als dessen zeitlicher Vollzug gedeutet: »Diese formende Kraft gilt es aus ihren Äußerungen zu erkennen und zu erfassen, sie aus diesen, wie viele oder wenige uns denn vorliegen, zu rekonstruieren. Diese Ausdrücke gilt es auf das zurückzuführen, was sich in ihnen hat

ausdrücken wollen. Es gilt, sie zu verstehen. Damit haben wir das bezeichnende Wort. Unsere Methode ist forschend zu verstehen.«[93]

Die anthropologische Qualifikation des Menschen zum bewußten und
verantwortlichen Handlungssubjekt läßt die historische Erkenntnis notwendigerweise zur Hermeneutik werden, da diese in ihrer Orientierung an verstehbaren, d.h. aus Absichten erklärbaren Geschehensprozessen einzig in der Lage
ist, die geist- und zielbestimmte Struktur des geschichtlichen Lebens ohne
Verkürzungen und Verstellungen zu begreifen: »Wenn wir sagen, daß alle
Gestaltungen und Wechsel in der sittlichen Welt sich durch Willensakte vollziehen, so scheint uns gerade das Persönlichste und Eigenste des Menschen als das
Wesentlichste für die geschichtliche Betrachtung gelten zu müssen.«[94]

In der historischen Hermeneutik kommt für Droysen ein anthropologischer,
d.h. im Wesen der menschlichen Subjektivität transzendental verankerter Impuls zur Geltung: das Bedürfnis des Menschen, Subjekt zu sein, welches sich auf
der Grundlage seiner Willensnatur selbst zum Handeln bestimmt und damit
über die Masse fremdbestimmter Objekte erhebt. Hier artikuliert sich ein
ursprüngliches Freiheitsbedürfnis des Menschen, denn Verstehen ist für Droysen die Deutung der Geschichte vom Standpunkt der werdenden Freiheit, und
eben diese Perspektive verschafft ihr eine theoretische und methodische Eigen-
ständigkeit gegenüber dem »Erklären« als dem methodischen Versuch nachzuweisen, »daß, was ist, so sein *muß*, was war, so werden *mußte*.«[95]

Demgegenüber geht die historische Hermeneutik den empirischen Spuren
der Freiheit des Menschen in der Geschichte nach, ihr obliegt im Gegensatz zur
erklärenden Deutung der Geschichte als Notwendigkeit und Zwang die
Aufgabe, »für die Bewegungen und Wirkungen der menschlichen Freiheit, der
persönlichen Eigenartigkeit, wie groß oder klein man sie denn anschlagen mag,
Wege der Erforschung, der Verifizierung, des Verständnisses zu suchen.«[96]

Indem sich der Mensch in der hermeneutischen Aufhebung des Entfrem-
dungs- und Strukturcharakters der Geschichte zugunsten eines historischen
Sinn- und Handlungszusammenhangs als Subjekt erfährt und behauptet, erfüllt
sich hier sein Bedürfnis, nicht mehr willenloses Opfer objektiver Bedingungen
zu sein, sondern sich in der hermeneutischen Erkenntnis dieser objektiven
Bestimmungen seines Lebens gleichzeitig von ihnen zu emanzipieren. Hermeneutisches Wissen ist somit für Droysen ein Mittel zur Realisierung des Zwecks
autonomer Subjekte, sich im Medium der historischen Erkenntnis gegenüber
der Erfahrung strukturellen Zwangs ihrer Freiheitsnatur zu vergewissern und
diese zu steigern. Der Mensch bringt sich im hermeneutischen Wissen in
Übereinstimmung mit seinem wirklichen Wesen, wird Totalität und lebt erst so
sein ›wahres‹ Leben: »Allen Wirklichkeiten, der äußeren Welt, den gleichgear-
teten Wesen, seinem eigenen Dasein in Raum und Zeit gegenüber hat das Ich
nur erst dann die Ruhe des Bei-sich-Seins, wenn es alle jene wandelnden und
wankenden Erscheinungen als peripherisch auf sich bezogen, als von sich aus
bestimmt, als Erscheinungen eines ihm selbst wesentlichen und gewissen
Inhaltes erfaßt. Und sie so fassend erhebt sich das endliche Ich über seine

Endlichkeit zu der Empfindung, der Gewißheit einer Totalität, die die Wahrheit ist.«[97]

Etwas hermeneutisch zu verstehen bedeutet, es durch menschliches Wollen und Handeln bewirkt anzusehen. Andererseits ist Geschichte im Sinne eines Handlungsprozesses immer schon auf hermeneutisches Verstehen hin zugerichtet, sie ist in sich selbst bereits prinzipiell hermeneutisch vorstrukturiert. Das historische Verstehen bedeutet demnach für Droysen, letztlich alle Erscheinungen des geschichtlichen Lebens der Menschheit – ökonomische, politische und soziale Phänomene gleichermaßen – in der Form ihrer Historisierung zu Momenten einer universellen Kulturleistung zu transformieren, sie als geschichtliche Realisierung einer die Menschheit in ihrer Gesamtheit kennzeichnenden Freiheit und Sittlichkeit interpretierbar zu machen.

Das »Verstehen« erhebt bei Droysen den Anspruch, als methodisches und theoretisches Prinzip des historischen Denkens zugleich die Strukturen der empirischen Wirklichkeit selbst in ihrem eigentlichen Kern zu treffen und in sich die Einheit von Geschichte als Handlungs- und Erkenntnisprozess, von Subjekt und Objekt der historischen Erfahrung zu dokumentieren: »Das Verstehen ist das vollkommenste Erkennen, das uns menschlicherweise möglich ist. ... Das Verstehen ist der menschlichste Akt des menschlichen Wesens, und alles wahrhaft menschliche Tun ruht im Verständnis, sucht Verständnis, findet Verständnis. Das Verstehen ist das innigste Band zwischen den Menschen und die Basis alles sittlichen Seins.«[98]

Dieser ursprünglich auf Wilhelm von Humboldt zurückgehende hermeneutische Gedanke einer notwendig zu unterstellenden Einheit des Subjekts und Objekts der historischen Erfahrung, einer Identität des Verstehenden und des Verstandenen, des Erkennenden und des Handelnden besitzt einen zentralen Stellenwert in der Theoriekonzeption Droysens, denn er ermöglicht eine Begründung sowohl des Bildungsanspruchs, als auch des Wahrheitsanspruchs des historischen Denkens:[99]

Seine Bildungsfunktion und seine handlungsorientierende Kraft kann das historische Denken letztlich erst dann entfalten, wenn plausibel gemacht werden kann, daß diejenigen Erfahrungen der Vergangenheit, welche historisch erinnert werden, kein »wirres und totes Nichts« sind, sondern zu einem »Ausdruck derselben Mächte, die unser eigenstes Leben und Sein, unser Gewissen erfüllen« verlebendigt werden können.[100] Geschichte ist dann als ein Vorgang zu begreifen, innerhalb dessen sich Vergangenheit, Gegenwart und Zukunft zu einer zeitlichen Einheit und Kontinuität vernetzen, in der die Menschheit sich als dasjenige Makrosubjekt realisiert, dessen geschichtlicher Teil man selbst noch ist. Das historische Denken wird dann in der Erkenntnis überwundener Stufen und Vorleistungen der menschlichen Arbeit zur Selbsterkenntnis und in dieser Eigenschaft unmittelbar praxisrelevant.

Darüber hinaus erlaubt die Vorstellung einer Einheit von historischem Erkennen und geschichtlichem Handeln aber auch, den Anspruch auf Wahrheit hermeneutisch zu begründen. Geschichte wird als die permanente Fortentwicklung eines einzigen Gattungssubjekts denkbar, das sich zwar in eine empirisch erfahrbare Besonderheit historischer Individuen hinein partikularisiert, das aber dennoch aufgrund eines inneren Verhältnisses dieser Individuen zueinander »von ihrem eigenen Mittelpunkt aus zusammenzuschauen« ist.[101] Und die Einheit der Menschheit in der Vielheit ihrer Individuen hermeneutisch »zusammenzudenken« bedeutet für Droysen, die Notwendigkeit der vielen individuellen »Mittelpunkte« anzuerkennen, ohne gleichzeitig all diejenigen Kriterien der historischen Wahrheit zugunsten dieser notwendigen Individualitätsanerkennung zu leugnen, die in der Einheit der Menschheit als Gattungssubjekt begründet sind.

Diese Einheit von Subjekt und Objekt der historischen Erfahrung, die dem historischen Denken seinen Bildungs- und seinen Wahrheitsanspruch garantiert, nennt Droysen »Kontinuität«, die damit zur wichtigsten Fundamentalkategorie der historischen Hermeneutik wird: »Die Gestaltungen und Bewegungen der sittlichen Welt, auf welche die historische Empirie sich wendet, sind uns ... darum faßbar und in höherem Grade zugänglich als die der natürlichen Welt, weil wir sie wahrnehmend nicht bloß Zeichen empfangen, sondern Ausdrücke und Abdrücke desselben Zeichensystems, mit dem wir selbst arbeiten. Diese Kongenialität, diese Gleichheit in den Zeichen und den Registern, in denen wir die sinnlichen Wahrnehmungen auffassen, in den Reflexen und Widerklängen, mit denen das Ich sich nach draußen äußert, ist allen Menschen gemein und das dem Menschengeschlecht Eigentümliche. Und darum ist, was die Menschen allerorten und aller Zeiten wahrnehmend, denkend und sprechend, wollend, handelnd und schaffend getan haben, ein Ganzes, eine Kontinuität.«[102]

Droysen begreift das historische Verstehen als das »kongeniale Zusammenklingen unseres Geistes mit dem Geist, der in den Formen der Wirklichkeit sich ausspricht.«[103] Der Historiker rationalisiert nur diese universelle menschliche Verstehensleistung, welche die Voraussetzung und der Boden des geschichtlichen Lebens überhaupt ist, auf eine spezifische, nämlich theoretisch und methodisch sensibilisierte Weise. Forschendes Verstehen ist damit in einem besonderen Maße am Kriterium der Wahrheit orientiert.

Andererseits ist das Verstehen bereits auf der lebensweltlichen Ebene, welche der Forschung vorgelagert ist, am Kriterium der Wahrheit ausgerichtet. Verstehen heißt, Fremdheitserfahrungen in ihrem überlieferten Wahrheitsanspruch in einer Weise anzuerkennen, daß die gleichzeitig erhobenen Wahrheitsansprüche der Selbsterfahrung, also die Subjektivität des Verstehenden, nicht negiert werden, sondern daß beide, Selbst- und Fremderfahrungen, zu spezifischen und jeweils individuellen Ausprägungen eines einzigen historischen Wahrheitsgeschehens vermittelt werden.

In diesen Vermittlungsleistungen des Verstehens wird Selbstidentität gebunden an das Bewußtsein ihres Gewordenseins aus den fremden Vorformen, den anderen Seiten des eigenen Selbst, denen in dieser Eigenschaft grundsätzliche Anerkennung gezollt werden muß. Der Mensch, will er wirklich verstehen, »muß das Flüstern der Geister vernehmen, er muß in der Tiefe der Seele die Besaitung haben, welche sofort schwingt und klingt, wenn durch die erkannten Wirklichkeiten her, ihn eine Gestalt der Wahrheit berührt; und er muß ahnen, daß, was in ihm klingt, ein leiser Widerklang ist von der Wahrheit der Wahrheiten.«[104]

In der damit angedeuteten Universalisierung von Anerkennungsleistungen seitens der historischen Hermeneutik Droysens liegt zweifellos eines ihrer schwierigsten Probleme im Hinblick auf die Wahrheitsfrage: Kann die Hermeneutik jenseits einer grundsätzlich notwendigen Anerkennung des Überlieferten der Traditionskritik überhaupt noch einen irgendwie systematischen Stellenwert einräumen? Können die Wahrheitsansprüche der Tradition innerhermeneutisch gegebenenfalls auch abgewiesen werden?[105] Diese Fragen verweisen auf die Objektivitätsansprüche und Begründungsleistungen der Wissenschaft als einer kritischen Instanz im Hinblick auf die Frage nach der historischen Wahrheit zwischen Anerkennung und Kritik der Überlieferung. Wie läßt sich für Droysen auf dem Boden der hermeneutischen Grundüberzeugung von der als Kontinuität zu begreifenden Identität von Subjekt und Objekt der historischen Erfahrung der kritische Anspruch der Geschichtswissenschaft auf Wahrheit begründen?

b) Der Wahrheitsanspruch der historischen Forschung

Die historische Hermeneutik steht bei Droysen in systematischer Nähe zu einem handlungstheoretischen Begriff der Geschichte; beide erfordern und bedingen sich wechselseitig. Nur in der Einheit von Verstehen und Handeln wird für Droysen Geschichte überhaupt als ein Prozeß denkbar, der sich über der Entwicklung einzelner Individuen – oder besser: gerade in ihr – als geschichtliche Totalität, als eine Kontinuität der Gattung vollzieht. Diese Kontinuität, die Droysen »die Wahrheit« nennt, ist zugleich »die« Geschichte oder die Geschichte der Freiheit. Freiheit kann jedoch als ein historischer Zweckbegriff des Menschen nur dann überzeugend gedacht werden, wenn die Freiheitsintention, die sich in der Verstehensleistung der Erkenntnissubjekte äußert, ihren Anhaltspunkt in wirklichen, empirischen Begebenheiten und Geschichtsprozessen findet und umgekehrt: wenn der Prozeß der Realisation menschlicher Freiheit in Form seines historischen Verstehens gesichert und fortgesetzt wird.

Freiheit muß jenseits ihrer Subjektivierung zu einem objektivitätslosen und inhaltsfernen Erkenntnismotiv und gleichzeitig jenseits ihrer Objektivierung zu einem subjektivitätslosen und gesetzesförmigen Geschehen als eine – wie auch immer fragile und gefährdete – historische Tendenz und konkrete Chance der menschlichen Lebensführung begriffen werden können, die es auf der Grundlage ihrer historischen Vergegenwärtigung fortzusetzen gilt.

In diesem dialektischen Zusammenhang von Freiheit im Sinne eines her-

meneutisch erschließbaren »Gedankens« und eines empirisch erfahrbaren »Seins«
hat Droysen seinen Begriff der Wissenschaft und ihres historischen Wahrheitsanspruchs entfaltet: »Das Wesen der Wissenschaft ist, daß sie Wahrheit sucht
und gewinnt. Und, wie früher gesagt, ein Sein, auf das sich unser Gedanke
richtet, heißt uns wahr, wenn es mit dem Gedanken übereinstimmt, und wahr
heißt uns der Gedanke, welcher ein Sein faßt und darstellt, wie es in seinem
Wesen ist. Die Wahrheit des Seins hat an dem Gedanken, die Wahrheit des
Gedankens an dem Sein ihre Kontrolle.«[106]

Wissenschaftliche Forschung ist die Denkform, in der sich der hermeneutische Begriff der Wahrheit als eine Vermittlung von Gedanke und Sein
realisiert, indem sie den heuristischen Gedanken der menschlichen Freiheit,
den Droysen »nur erst eine Möglichkeit, einen Schimmer in unserer Seele, eine
Hoffnung« nennt,[107] als eine geschichtliche Tendenz und eine empirische
Erfahrung zu verifizieren und zu stärken sucht.

Wie muß historische Forschung aber im einzelnen, als Disziplin, beschaffen
sein, um derartige hermeneutische Wahrheitsansprüche überhaupt einlösen zu
können; und was geschieht andererseits mit der historischen Wahrheit, wenn sie
wissenschaftlich wird? Worin besteht der spezifische Beitrag der Wissenschaft
zur Realisierung und Steigerung menschlicher Freiheitschancen?

1. Als ein hervorstechendes Merkmal der Wissenschaft bemerkt Droysen, daß
sie das Bedürfnis des Menschen, sich als freies Ich, d.h. als ein im Medium seiner
Freiheit mit sich selbst identisches, nicht zwischen eigentlicher Bestimmung
und empirischer Wirklichkeit entzweites Wesen zu realisieren, im Zuge einer
Theoretisierung der historischen Erfahrung zu befriedigen und zu erfüllen
sucht. Historische Theorie als eine Systematisierung der geschichtlichen Erfahrung zu einem allgemeinen und expliziten Interpretationsrahmen, zu einem
»Gerüste der Spezialgeschichten«, dient diesem ursprünglichen Freiheitsimpuls
des Menschen.

Historische Wahrheit entsteht für Droysen genau in dem Moment, wenn
von den empirischen Besonderheiten und »Richtigkeiten« zur Totalität, zu
einer theoretisch entworfenen Einheitsvorstellung aller möglichen historischen Erfahrung fortgeschritten wird: »Unser Verstehen ist überhaupt zunächst
auf ein einzelnes gewandt. Aber dies einzelne ist Ausdruck einer Totalität, die
uns in diesem einzelnen wie in einem Beispiel verständlich wird; und wir
verstehen sie in dem Maß, als wir aus diesen peripherischen Einzelheiten den
bestimmenden Mittelpunkt der Totalität zu gewinnen vermögen. Als Einzelheiten könnten wir sie nur in ihrer Richtigkeit erfassen; zur Totalität
fortschreitend finden wir ihre Wahrheit.«[108]

Wissenschaft zu treiben bedeutet, die Empirie der historischen Erfahrung
auf eine aus den anthropologischen Strukturmerkmalen von Subjektivität
abgeleitete, theoretisch explizierbare »höhere Zweckbestimmung« des Menschen zu projizieren, die sich als »Freiheit« begreifen läßt.[109]

Historische Theorie ist daher die systematische Explikation von Bedingungen und Erscheinungen der menschlichen Freiheit, sie bezieht konkrete Erfahrungen auf den Parameter dieser Freiheit und ermöglicht in dieser wechselseitigen Kontrastierung von Besonderem und Allgemeinem ein histo- risches Verstehen, welches »ein Denken aus dem Besonderen, ein Zurückschließen auf das im Besonderen ausgedrückte Allgemeine, auf das im Morphologischen ausgedrückte Geistige« ist.[110]

Droysens Wahrheitsbegriff ist ein konsequent hermeneutischer: Wahrheit entsteht allein innerhalb einer geschichtlichen Dialektik von Subjekt und Objekt der historischen Erfahrung, in der das ›An-Sich‹ der kulturellen Selbstrealisierung des menschlichen Geistes zum ›Für-Sich‹ der historischen Erkenntnis menschlicher Freiheit aus dem praktischen Interesse angeeignet wird, in dieser Aneignung – oder besser: in diesem »Verstehen« – eine lebens- weltlich äußerst relevante Orientierungsleistung des menschlichen Handelns zu erbringen.

Historisches Denken wird wahr, wenn es theoriegeleitet, d.h. am norma- tiven Sinnkriterium der menschlichen Freiheit orientiert ist. Droysens Sy- stematik sittlicher Mächte und Gemeinsamkeiten beansprucht, eben diese »theoretische« Freiheit des Menschen als ein normatives Prinzip der geschicht- lichen Wirklichkeit zu entwickeln: im Sinn einer Theorie der historisch errungenen sittlichen Bedingungen und innergesellschaftlich institutionalisier- ten Garantien der Freiheitsnatur des Menschen. Theorie ist deren systematischer Entwurf, in gewisser Weise ihre Utopie, die zugleich normativ, realitätsbezogen und visionär ist. In ihr haben sich Erfahrung und Wunsch zur Möglichkeit, eben zu einem Schimmer der Wirklichkeit in den Hoffnungen der menschli- chen Seele miteinander auf eine spezifisch historisch orientierende Weise vermengt.

In dieser Vermittlungsleistung der Theorie wird historische Erkenntnis wahr. Historische Totalität ist für Droysen genau dieses eigentümliche Span- nungsverhältnis zwischen Vergangenheit, Gegenwart und Zukunft der Ge- schichte der menschlichen Freiheit, welches die historische Theorie als eine selbst geschichtliche Totalitätskonzeption des prinzipiell ›unfertigen‹ Men- schen expliziert. In der Theorie »wird die Summe der Sensationen zu einer Totalität vereinigt, welche in der vereinigenden Kraft, in dem Ich, ihre Stelle, ihr Organ, ihr eigentümliches Dasein hat. Das ist die typische Grundform, die dem Menschen gegeben ist; er ist nach seinem innersten Wesen Totalität und doch ein unfertiges Ganzes, er ist Unendlichkeit und doch von der Endlichkeit umschränkt und ein Teil von ihr; in die Schranken von Raum und Zeit gestellt, ist er stete Aufhebung dieser Schranken, er *ist* nicht Totalität und Unendlichkeit so, daß er es wäre, sondern indem er in jedem Augenblick es zu werden fortfährt: nicht in der Ruhe des Erreichten, sondern in der steten Arbeit des Erreichens.«[111]

2. Damit ist bereits ein weiterer Aspekt der spezifisch wissenschaftlichen Einlösung von Wahrheitsansprüchen des historischen Denkens angesprochen.

Er besteht für Droysen darin, daß Wahrheit sich im Modus der Wissenschaft selber auf eine nachdrückliche Weise historisiert. Wissenschaft als gleichzeitig theorie- und empiriegeleitete Klärungsinstanz der historischen Wahrheit, als eine Methode, »welche, obschon empirisch, sich in den Ideen bewegt«,[112] impliziert die Abweisung aller Absolutheitsansprüche auf endgültige Wahrheit, seien sie religiösen, philosophischen, wissenschaftlichen oder politischen Ursprungs.

Stattdessen bleibt historische Wahrheit als das normative Kriterium der wissenschaftlichen Erkenntnis ein stets unabgegoltenes, prinzipiell niemals endgültig positivierbares Versprechen der Zukunft, welches gleichwohl realitätsfähig ist, insofern historische Erkenntnis den einzig möglichen und erfolgversprechenden Weg zur Wahrheit darstellt. Einzig in dieser Spannung zwischen fortwährender Realisierung und fortwährendem Ausbleiben ist Wahrheit, und damit menschliche Freiheit als ihre inhaltliche Konkretion, plausibel zu denken.

Wissenschaft transformiert Wahrheit für Droysen daher zu einem Mechanismus ständiger Wahrheitssuche: »Die historische Wahrheit ... ist nicht die absolute Wahrheit; das historisch Wahre ist nur ein Relatives, die Wahrheit, wie sie bisher verwirklicht und erkannt ist, die Wahrheit in den Wirklichkeiten, deren Werden und Bewegung nicht mit dem Heut und Hier geendet ist. Je tiefer wir die historische Wahrheit erkennen, desto mehr erkennen wir, daß für uns die höchste darstellbare Gestalt derselben das Suchen nach der Wahrheit ist, das rastlose Suchen, ein immer tieferes Verstehen; so nähern wir uns mehr und mehr dem Quell alles Verständnisses, der Wahrheit der Wahrheiten.«[113]

Dieser Aspekt seines Wissenschaftsbegriffs, Wahrheit als ein notwendig auf Erkenntnisfortschritt und Wandel verwiesenes Resultat des historischen Denkens anzuerkennen, läßt sich aber auch gegenüber Droysens eigener Systematik sittlicher Mächte geltend machen, welche ständig droht, zu einem »Legitimationsideologem des status quo« zu werden, das heißt zu einer theoretischen Verabsolutierung derjenigen Etappe des historischen Fortschritts der Freiheit des Menschen, die in der bürgerlichen Gesellschaft des 19. Jahrhunderts erreicht war.[114] In Droysens Theorie der menschlichen Freiheit, wie sie in seiner Systematik sittlicher Mächte zum Ausdruck kommt, tauchen genau diejenigen nationalen, politischen und sozialen Schranken des bürgerlichen Freiheitsbegriffs wieder auf, die für die Geschichte des 19. Jahrhunderts insgesamt kennzeichnend waren.

Gleichwohl läßt sich dem Historismus Droysens gegenüber jeder Mystifizierung der Gegenwart zum Stadium realisierter Vernunft das Argument entnehmen, die theoretische Konstruktion der geschichtlichen Wirklichkeit und Freiheit des Menschen angesichts des ständigen Wandels empirischer Lebensformen aus prinzipiellen Erfahrungsgründen offen und revisionsfähig zu halten. Gemessen am Reflexionsniveau seiner Historik artikuliert sich in seiner Theorie der bürgerlichen Gesellschaft eine Ontologisierung der Gegenwart wider besseres Wissen.

Diese Ambivalenz, die im Innern der Geschichtstheorie Droysens im Sinne einer Systematik sittlicher Mächte existiert, kommt etwa an folgender Stelle zum Ausdruck:»Denn auch der Staat ist erst in fortschreitenden Entwicklungen zu höheren Organisationen, zu der selbständigen Entfaltung der Momente, die in ihm liegen, zu seinem Begriff gelangt, zu seinem Begriff so weit, wie wir ihn denn jetzt erkannt zu haben glauben.«[115]

3. Den Prozeß der wissenschaftlichen Wahrheitssuche nennt Droysen »Forschung«, und diese läßt sich vor allem dadurch näher kennzeichnen, daß in ihr die Regeln der historischen Methode gelten. Die »Methode« ist somit für Droysen das dritte Standbein wissenschaftlicher Wahrheitsansprüche. Dasjenige Element, welches die historische Erkenntnis im Sinne des »forschenden Verstehens« zur Wahrheit qualifiziert, ist dieses methodische Moment an ihr, nämlich eine besonders ausgeprägte Reflexivität im Gebrauch der Mittel der historischen Erfahrungsaneignung. Wissenschaft bedeutet daher, »das, was wir historisch denkend und forschend zu tun haben und was fort und fort instinktmäßig getan wird, im Bewußtsein der Mittel und Zwecke zu tun.«[116]
Im Zuge dieser gegenüber den lebensweltlichen Formen des Geschichtsbewußtseins enorm gesteigerten methodischen Selbstreflexivität der Wissenschaft rationalisiert sich historische Erkenntnis auf zweifache Weise:
Erstens setzt sich die Wissenschaft aufgrund eines inneren Impulses von selbst einem ständigen methodischen Innovations- und Differenzierungsdruck aus, um den ständig wechselnden und immer komplexer werdenden Erfahrungen derjenigen Realität, die jeweils zur Erkenntnis ansteht – der Gegenwart, die in die Vergangenheit hinein verfremdet wird – gerecht werden zu können.
Wissenschaft besitzt für Droysen keineswegs einen feststehenden Kanon geltender hermeneutischer Forschungsregeln, sondern vielmehr den Charakter einer ständigen Innovation und Neuorientierung des Methodenbewußtseins. Wissenschaft besitzt die Aufgabe einer Integration vielfältiger und miteinander konkurrierender Methoden, um die Aufklärungsbedürfnisse der Gegenwartspraxis angemessen befriedigen zu können: »Methoden gilt es zu finden. Es bedarf deren andere für andere Aufgaben, und oft zur Lösung einer Aufgabe einer Kombination von mehreren derselben. ... Seit die Einsicht erwacht ist, daß man ... jedes menschliche Schaffen, alle Gestaltungen der sittlichen Welt historisch erforschen kann, erforschen muß, um das, was ist, zu verstehen aus dem, wie es geworden ist, – seitdem treten Forderungen sehr anderer Art an unsere Wissenschaft heran.«[117]
Zweitens leistet sich die Wissenschaft in Form der Historik als einer »Wissenschaftslehre der Geschichte«[118] eine innerdisziplinäre Instanz zum Zwecke der Selbstklärung ihrer eigenen methodischen Struktur. Die Historik stellt eine wissenschaftsspezifische Reflexionsleistung dar, die
– die Einheit des forschenden Verstehens ausdifferenziert zu den einzelnen Forschungsprozeduren und -etappen der Heuristik, Kritik und Interpretation,
– die gegenüber den konkurrierenden Methodenbegriffen anderer Wissen-

schaftszweige die »Autonomie unserer Wissenschaft«[119] und ihre methodische
Eigenart geltend macht,
   – die schließlich dieVielzahl der historischen Methoden und dieVariabilität
ihrer Aufgaben und Funktionen auf die Einheit ihrer inneren, hermeneutischen Qualität verweist: »Alle ... Methoden, die in dem Bereich der historischen Studien in Anwendung kommen, bewegen sich innerhalb derselben
Peripherie, haben denselben bestimmenden Mittelpunkt. Sie in ihrem gemeinsamen Gedanken zusammenzufassen, ihr System, ihre Theorie zu entwickeln
und so, nicht die Gesetze der Geschichte, wohl aber die Gesetze des historischen Forschens und Wissens festzustellen, das ist die Aufgabe der Historik.«[120]

4. Ein weiterer Aspekt, unter dem Droysen schließlich die Wissenschaft als
einen wesentlichen Beitrag zur historischen Wahrheitsfindung und damit zur
Ermöglichung der menschlichen Freiheit diskutiert, ist der ihr eigentümliche
reflexive Modus der Traditionsaneignung, ihre Fähigkeit, im kritischen Ausbruch aus dem Dunstkreis der Überlieferung Traditionen als einen notwendigen Bestandteil der menschlichen Identität zu erneuern und lebendig zu
erhalten.
   Diese Leistung der Wissenschaft zu kritischer Distanz gegenüber den
Anerkennungszwängen der Überlieferung und zur Innovation von kulturell
und normativ verbindlichen Verhaltensmustern ist für Droysen sowohl auf
soziokultureller wie auf ontogenetischer Stufe ein zuverlässiger Indikator für
die Existenz einer postkonventionellen, auf prinzipiellen Zweifel gegründeten
Identität des Menschen: »Es ist in der Entwicklung des einzelnen wie der
Völker ein bedeutsamer Schritt weiter, wenn die Reflexion, der Zweifel an
dem so Geglaubten rege wird.«[121]
   Die Entstehung der modernen Wissenschaft ist der kulturelle Schritt, mit
dem der Zweifel zur Methode wird; denn die Wissenschaft ist die institutionalisierte und systematisch gesteigerte Kritik der normierenden Determinationskraft vonTraditionen nach Maßgabe des Kriteriums menschlicher Freiheit,
in der die Unterwerfungsgebote der Überlieferung zu kulturellen Sinn- und
historischen Orientierungsangeboten entschärft und damit in ihremVerbind-
lichkeitsanspruch herabgestuft werden.Wissenschaft beginnt damit, daß Traditionen in ihrem Geltungscharakter sowohl bestätigt, abgewiesen und modifiziert,
aber auch erneuert werden können: »Es muß das erste sein, das, was wir bis
dahin gehabt und geglaubt, in Frage zu stellen, um es prüfend und begründend
neu und sicher zu erwerben.«[122]
   Eine enttraditionalisierte, postkonventionelle Stufe der menschlichen Identität setzt voraus, daß die kulturelle Tradition kritisch auf die Anforderungen
und Orientierungsbedürfnisse der Gegenwartspraxis hin bezogen werden
kann. DieWissenschaft ist die kulturelle Instanz, die genau dieses leistet.Was sie
dabei jedoch vollbringt, ist kein kritisches Zerstörungswerk, das eine ihrer
Traditionen enteignete Lebenspraxis hinterläßt. Stattdessen ermöglicht sie

überhaupt erst, daß eine zur reinen Tradition verstummte Geschichte erneut verlebendigt und zum Sprechen gebracht werden kann. Wissenschaft ist »ein Lockermachen und Auseinanderlegen dieses unscheinbaren Materials nach der ganzen Fülle seiner Momente, der zahllosen Fäden, die sich zu einem Knoten verschürzt haben, das durch die Kunst der Interpretation gleichsam wieder rege wird und Sprache gewinnt.«[123]

Es existiert eine kulturelle Dialektik von Traditionskritik und Traditions-erneuerung, innerhalb derer sich Wissenschaft als Orientierungsfaktor der menschlichen Lebensführung zur Geltung bringt. Geltende Traditionen besitzen für Droysen jenseits ihrer notwendigen kollektiven gesellschaftlichen Erinnerungsfunktionen gleichzeitig enorme Verdrängungsfunktionen: Sie leben von dem Vergessen alternativer Erfahrungsbestände der Vergangenheit, die in den Prozessen der kulturellen Identitätsbildung nicht aktualisiert werden.

Geltende Traditionen dokumentieren in sich zugleich eine Ermöglichung und Verhinderung von historischer Orientierung. Wissenschaft stellt ihnen gegenüber genau diejenige Instanz dar, die es in Form einer systematischen Traditionskritik erlaubt, auf der Grundlage der Gegenwartserfahrungen, die gerade nicht traditional abgestützt sind, prinzipiell neue Fragen an die Vergangenheit zu adressieren. Geschichte als Wissenschaft knüpft vornehmlich an den spezifischen Verunsicherungserfahrungen der menschlichen Identität und Lebenspraxis an, an den Problemen, die durch geltende Traditionen nicht mehr oder noch nicht umstandslos entschärft sind, an den offenen Wunden gesellschaftlicher Modernisierungsprozesse. Den hier akut werdenden Orientierungsdefiziten nimmt sie in der Spiegelung an den Beständen der historischen Erfahrung ihre Traditionslosigkeit. Insofern ist die Wissenschaft für Droysen zugleich Traditionskritik und Neuvergewisserung von Traditionen nach Maßgabe aktueller Bedürfnisse der Gegenwartspraxis an historischer Orientierung: »Wir dürfen sagen, das Wesen der Forschung ist, in dem Punkt der Gegenwart, den sie erfaßt, die erloschenen Züge, die latenten Spuren wieder aufleben, einen Lichtkegel in die Nacht der Vergessenheit rückwärts strahlen zu lassen.«[124]

Damit sind die Rationalisierungsleistungen der historischen Wissenschaft im Sinne des forschenden Verstehens im wesentlichen skizziert, aufgrund derer sie für Droysen legitimerweise Wahrheitsansprüche stellt und stellen darf:

1. aufgrund ihres internen Bezuges auf historische Theorie im Sinne einer Totalitätskonzeption von Realität und einer Explikation der Bedingungen menschlicher Freiheit,

2. aufgrund einer konsequenten Historisierung des Wahrheitsbegriffs selbst,

3. aufgrund ihrer Orientierung an einem erweiterungs- und ausbaufähigen Ensemble von historischen Methoden als Instrumenten der Wahrheitsfindung und -begründung,

4. schließlich aufgrund ihrer Eigenschaft einer kritischen Instanz im Kon-

fliktfeld zwischen den Überlieferungs- und Anerkennungsgeboten der Tradition und den Freiheits- und Orientierungsbedürfnissen der Gegenwart.

Die im letzten Punkt bereits angedeuteten Funktionen der historischen Hermeneutik für die Befriedigung gesellschaftlicher Orientierungsbedürfnisse und damit für die Einbettung der menschlichen Lebensführung in ein Geflecht kultureller Sinnvorstellungen sollen das Thema des letzten Abschnitts sein: Hier geht es um das Problem, wie die historische Hermeneutik in ihrer Eigenschaft als Wissenschaft die Bildungs- und Sinnfunktionen des Geschichtsbewußtseins im einzelnen einzulösen vermag.

c) Die Sinnfunktionen des historischen Denkens

Anläßlich der Diskussion von Droysens historischer Anthropologie hatte sich bereits herausgestellt, daß er das Geschichtsbewußtsein als ein wichtiges Element im Prozeß der menschlichen Identitätsbildung und zugleich als ein unverzichtbares Mittel zur Befriedigung menschlicher Sinnbedürfnisse interpretiert. Die Interpretationsleistungen des historischen Denkens setzen an denjenigen handlungs- und absichtsfernen Nebenfolgen menschlicher Arbeit an, die vom Menschen als eine Welt der Entfremdung, als »Taumel der Atome, als das hämische Trugspiel des Zufalls« erfahren werden.[125]

Droysen denkt sich diesen Taumel der Gegenwart als den Stachel einer Erfahrung, der zur Kulturleistung des historischen Denkens treibt; denn das historische Denken ist der Versuch, kulturelle Orientierungsprobleme in übergreifende Sinnvorstellungen einzubetten. Das Ziel des Geschichtsbewußtseins ist es, den Struktur- und Systemcharakter der Gegenwart im Medium einer Steigerung menschlicher Handlungs- und Deutungsfähigkeit aufzuheben. Die wissenschaftliche Forschung ist für Droysen das beste Mittel, dieses transzendentale Bedürfnis des Menschen nach kulturellem Sinn aufzugreifen und zu befriedigen. Angesichts des Sinndefizits seiner Gegenwart erwartet er Abhilfe allein dadurch, daß »wir ... forschen und nichts als forschen.«[126]

Droysen hatte die Fähigkeit des Geschichtsbewußtseins zur Erarbeitung von Sinnvorstellungen und zur »Bildung« zunächst darin begründet gesehen, daß es ermöglicht, die an den Moment der jeweiligen Gegenwart gekettete Identität des Menschen in Richtung auf Vergangenheit und Zukunft zu bereichern und zu erweitern: »Diese Leere rückwärts erfüllt sich das Ich mit den Vorstellungen dessen, was war, mit Erinnerungen, in denen ihm das Vergangene unvergangen ist; und die Leere vorwärts füllt es sich mit den Hoffnungen und Plänen, den Vorstellungen von dem, was es wollend verwirklichen will oder von anderen verwirklicht zu sehen erwartet.«[127]

Sinn entsteht erst auf dem Boden der menschlichen Fähigkeit und Bereitschaft, die eigene Existenz zu historisieren, sie gleichermaßen als ein Gewordensein und als ein immer noch weiter Werdendes zu verstehen, sie in eine geschichtliche Kontinuität von Entwicklung integrieren zu können, in der sich ein spezifisch gerichteter Sinn immer schon realisiert, dessen verantwortlicher Akteur man selbst als Subjekt und als Mitglied sittlicher Gemeinschaften ist. Bildung und Sinn ergeben sich aus der Eigenschaft des historischen Denkens, im erinnernden Nachleben und Verstehen des Gewordenseins und der inneren Fülle der Gegenwart »unsere Gedankenwelt zu bereichern und zu steigern.«[128]

Erst in diesem Gebildetsein wird ein menschliches Handeln möglich, das dem Fortschreiten der Geschichte entspricht und den in ihr bereits verkörperten Sinn weiterführt in Richtung der menschlichen Freiheit. Die wichtigste Aufgabe des Geschichtsbewußtseins besteht für Droysen entsprechend darin, daß der Mensch sich in seinem Ich und in seinem »Zweckbegriff« sinnhaft erfaßt und auf der Grundlage dieser Selbsterkenntnis »die Idee der Freiheit« weiterführt.[129]

Worin besteht jedoch für Droysen die spezifisch wissenschaftliche Einlösung und Realisierung der Sinnfunktionen des historischen Denkens? Was leistet die Wissenschaft im Hinblick auf die Bildung und Bereitstellung kultureller Sinnvorstellungen? Diese Frage läßt sich nicht ohne weiteres mit dem Verweis auf die Wahrheitsgarantie der historischen Methode beantworten, denn diese steigert zwar die Objektivität der historischen Forschung, nicht aber automatisch im selben Ausmaß ihre Sinnträchtigkeit und damit ihre Fähigkeit, die lebensweltlichen Orientierungsbedürfnisse ihrer Adressaten und Rezipienten auch wirklich zu befriedigen.[130]

Darüber, ob die Wissenschaft die relevanten Orientierungsleistungen erbringt und sich als ein wesentlicher Faktor im Konzert der kulturellen Sinndiskurse ihrer Zeit geltend zu machen vermag, entscheidet für Droysen nicht allein, ja sogar nur zum geringeren Teil ihre methodische Rationalität, als vielmehr ihre darüber hinausgehende Fähigkeit, ihre methodisch gewonnenen Erkenntnisse in sinnträchtige und damit erst kulturell orientierende Darstellungen zu kleiden. Die Historik stellt für ihn daher auch eine notwendige darstellungstheoretische Reflexion dieser allgemeinen Formen der historischen Rede dar, in denen historische Erkenntnis zu einem historischen Sinnzusammenhang ausgearbeitet wird. Sie untersucht historisches Wissen in seinen Orientierungseigenschaften für seine Rezipienten, indem sie die verschiedenen Formen der Präsentation dieses Wissens im einzelnen ausdifferenziert und auf ihre Sinnchancen, das heißt auf die in ihnen jeweils auftauchenden Verflechtungen von Geschichte und Gegenwart hin analysiert.

Droysens Polemik gegen alle diejenigen Traditionen der Historik, die unter darstellungstheoretischem Aspekt die Historie auf eine Kunstlehre und damit auf ihre besonders ausgeprägte Fähigkeit, Erkenntnis in schöne Worte zu kleiden, beschränkten, zeugt davon, daß er keineswegs unter »Darstellung die unglückliche Idee von künstlerischen Reizen« versteht.[131] Stattdessen erkennt er der historischen Präsentation im Sinne eines integralen Bestandteils wissenschaftlicher Erkenntnisprozesse eine große Bedeutung für die Konstitution historischer Sinnvorstellungen zu. Die Darstellungstheorie Droysens ist in der Gestalt der »Topik« eine Reflexion auf das Sinnpotential der Wissenschaft; sie klärt die wissenschaftsspezifischen Vollzüge, in denen methodisch gewonnenes historisches Wissen in Form allgemeiner Darstellungsschemata zu einem relevanten Orientierungsfaktor der Lebenswelt wird. Erst im Medium historischer Darstellungen vergewissert sich die Wissenschaft ihrer lebenspraktischen Bedeutung. Dementsprechend interpretierte es Droysen als Indiz einer mangelnden Selbstreflexivität der Wissenschaft, daß es zu seiner Zeit noch keine darstellungstheoretische Explikation des spezifischen Sinngehalts des historischen Wissens sowie der lebensweltlichen Aufklärungsfunktionen des Geschichtsbewußtseins gab; für ihn war klar, daß »sich die Unentwickeltheit des Bewußtseins über unsere Wissenschaft darin zeigt, daß nicht einmal die durchaus verschiedenartigen Gattungen der Darstellung als solche bezeichnet sind.«[132]

Zu welchen Formen der historischen Sinnbildung ist Wissenschaft jedoch im einzelnen in ihrer Darstellung historischer Zusammenhänge und Entwicklungen fähig? Welche Orientierungsfunktionen realisieren sich jeweils im Zusammenhang der untersuchenden, der erzählenden, der didaktischen und der diskussiven Darstellungsvariante des historischen Wissens, die Droysen bekanntlich in dem Topik-Kapitel seiner »Historik« unterscheidet und typologisch voneinander abgrenzt?

Er interpretiert die verschiedenen Typen der historischen Darstellung als alternative Modi, in denen Geschichte und Gegenwart wechselseitig aufeinander verweisen und Bezug nehmen. Präsentationsformen von historischem Wissen unterscheiden sich vornehmlich in ihren Vollzügen der historischen Sinnbildung; es handelt sich um verschiedene Möglichkeiten, in denen Geschichte als praxisrelevantes Orientierungswissen in der Gegenwart virulent wird. Sie befriedigen auf eine jeweils spezifische Weise die Aufklärungsbedürfnisse ihrer Subjekte und befähigen den Historiker zugleich, auf diese Sinnbedürfnisse historiographisch angemessen zu reagieren.[133] Diese Tatsache hat Droysen im Blick, wenn er davon spricht, daß die jeweiligen Aufgaben und Sinnfunktionen des historischen Wissens die einzelnen Formen der historischen Darstellung ergeben, weshalb diese sich auch dementsprechend »nur nach den Zwecken unterscheiden«,[134] das heißt nach den spezifischen Sinnbedürfnissen, die ihnen jeweils zugrundeliegen und die sie befriedigen sollen. Die vier von ihm idealtypisch zugespitzten Formen der historischen Darstellung stecken bei Droysen in ihrer Summe die lebensweltliche Funktion und die Orientierungskapazität des historischen Denkens überhaupt ab, realisieren jedoch in ihrer jeweiligen Eigenart durchaus unterschiedliche, im ganzen vier Sinnbildungszwecke der Geschichtswissenschaft:[135]

1. Eine »*untersuchende Darstellung*« geht davon aus, daß die Wissenschaft in ihrer Eigenschaft als kritische Forschung immer schon eine sprudelnde Sinnquelle der Lebenswelt darstellt, so daß sie sich zu Recht der Notwendigkeit enthoben fühlen mag, ihren Bildungsanspruch, das heißt den Zusammenhang zwischen ihren Erkenntnissen und den kulturellen Orientierungsbedürfnissen, mit denen sie lebensweltlich konfrontiert wird, systematisch zu explizieren. Als ein

»Bild unserer Arbeit um die Dinge« weiß sie sich unmittelbar bildungsmächtig und respektgebietend.[136]

DieVorherrschaft untersuchender Darstellungsformen signalisiert daher die innerwissenschaftliche Dominanz einer positivistisch eingefahrenen und unhinterfragt als sinnvoll geltenden Wissenschaftspraxis: Das Sinnpotential der Wissenschaft liegt hier auf der Hand und leuchtet ein, ohne daß diese ständig neu und umständlich ihren Bildungsanspruch zu begründen und zu rechtfertigen hätte. Die enge Forschungsnähe und der Methodenbezug der untersuchenden Darstellung reichen aus, um den Sinn dieser Wissensform evident und transparent werden zu lassen. Die Tatsache, daß in ihr kritisch geforscht und empirisch richtiges Wissen produziert wird, legitimiert die erfolgreich institutionalisierte Wissenschaft als ein notwendiges Element der modernen Kultur.Wissenschaft wird in dem Moment zu einem relevanten Orientierungssystem, wenn Sinn und kulturelle Orientierung auf empirisch-kritische Forschung verpflichtet werden, und die Überzeugungsstärke der untersuchenden Darstellung zehrt noch von dem unvergangenen Erbe dieses Moments. Die Historie konfrontiert im Modus untersuchender Darstellungen die Lebenspraxis mit dem Ansinnen, sich – ›gefälligst‹, d.h. ohne daß weitere Begründungen für die Autorität der Wissenschaft notwendig wären – ihrer Erkenntnisse als Orientierungshilfe zu bedienen, weil dieses den Anforderungen, Strukturprinzipien und der Realität einer verwissenschaftlichten Zivilisation entspreche und deshalb auch nicht weiter legitimiert zu werden brauche.[137]

Droysen war als ein selbstbewußter Vertreter der sich im 19. Jahrhundert zunehmend professionalisierenden Historiker-Elite einerseits Positivist genug, um in der von ihm und seinen Kollegen betriebenen »mühsame[n] Arbeit unter der Erde«[138] ein hinreichend tragfähiges Fundament für die Bildung kulturellen Sinns entstehen zu sehen. Dieser fachlich betriebenen kritischen Forschung jenseits ihres offensichtlichen »Nutzens« einen auch nur irgendwie gearteten »Nachteil« für die gesellschaftlichen Prozesse kultureller Sinnbildung unterstellen und anlasten zu wollen, war für ihn noch ein völlig absurder Gedanke – im Gegensatz zur späteren Wissenschaftstheorie der in der Tradition Nietzsches stehenden bürgerlichen Kulturkritik. Andererseits sah er freilich das kulturelle Sinnpotential derWissenschaft in ihrer positivistisch unterstellten Selbstevidenz auch noch nicht erschöpft.

2. Ein weitergehender Sinn des historischen Wissens entbindet sich für Droysen im Modus der »erzählenden Darstellung«, die eine Wendung »zu den Sachen« vollzieht.

In Erzählungen spiegelt sich nicht mehr wie in Untersuchungen der Prozeß der historischen Erkenntnis, sondern der Prozeß des geschichtlichen Geschehens selbst. Daher läßt sich eine Erzählung auch als eine »Mimesis des Werdens« verstehen.[139] Eine erzählende Darstellung geht davon aus, daß die mimetische Reproduktion eines historischen Verlaufsgeschehens selbst schon eine Bildungsfunktion besitzt, indem sie ihren Rezipienten ermöglicht, sich diesen Prozeß als unmittelbar sinnstiftende Tradition kulturell anzueignen. Geschichte besitzt als Tradition ein Orientierungspotential, das selbstevident ist und deshalb auch nicht mehr eigens reflektiert oder legitimiert werden muß, sondern das sich im Akt seiner nacherzählenden Erinnerung von selber aktiviert und von den Adressaten dieser Erzählungen anerkannt und als »Bildungsgut« dankbar aufgenommen wird.

Im Erzählen einer Geschichte entsteht gleichsam von selbst ein orientierender Sinn; dieser hat sich im Inhalt der erzählten Geschichte materialisiert. Das Werden dessen, was die Wissenschaft erzählend darstellt, ist apriori sinngesättigt, denn der Sinn liegt hier in der »historischen Wahrheit der Dinge« selbst[140] und »diese Wahrheit in ihrem Werden darzustellen ist die Aufgabe der erzählenden Darstellung.«[141] Erzählungen ordnen die Wissenschaft dem Überlieferungsgebot der Tradition unter, sie funktionalisieren sie zum erinnernden Vollzug eines in der Geschichte selbst bereits vollständig manifestierten Sinns. Der Historiker wird zum Sprachrohr dieses vergangenen und in seiner Vergangenheit zugleich noch gegenwärtigen Sinns, zu einem bloß ausführenden Organ der gesellschaftlichen Traditionsvergewisserung, bei der die Tradition in ihrem Wahrheitsanspruch prinzipiell anerkannt wird, »denn ihre Wahrheit ist es, die er suchte und die er darlegen will.«[142]

Erzählungen stellen für Droysen das unverzichtbare Mittel einer Identitätsvergewisserung durch Traditionsaneignung dar, sie präsentieren den Subjekten des Geschichtsbewußtseins ein traditional abgestütztes Bild ihres eigenen Selbst und bilden damit eine wesentliche Voraussetzung für die Stabilität sozialer und politischer Beziehungen im Kontext einer sich modernisierenden Gesellschaft: »Die Historie hat eine große patriotische Pflicht zu leisten, die, dem Volk, dem Staat das Bild seiner selbst zu geben.«[143]

Erst diese Leistung des Geschichtsbewußtseins macht eine funktionsfähige kollektive Identität möglich. Wenn sich dieses Interesse an Identität mit sich selbst und der eigenen Herkunft in Erzählungen realisiert, wird Geschichte wahrheitsfähig und sinnträchtig zugleich. In der traditionalen Vergewisserung eines bewußt eingenommenen, subjektiven Standpunktes transformiert und steigert sich nämlich die noch relativ sinnarme »eunuchische Objektivität« untersuchender Darstellungen zum potenten Sinngehalt orientierungsfähiger Erzählungen, deren »gewisse Einseitigkeit« gerade ihren Bildungsanspruch legitimiert und begründet.[144]

3. Im »*didaktischen*« Darstellungsmodus der Geschichtswissenschaft realisiert sich für Droysen ein nochmals in dreifacher Weise gesteigertes Sinnpotential des historischen Denkens.[145]

Die didaktische Darstellung sieht sich erstens genötigt, ihren Bildungsanspruch systematisch zu explizieren. Sie wird »didaktisch«, indem sie sich der Theoriefrage stellt: »Warum ist es wichtig, sich über das Vergangene zu belehren?«[146]

Allein das Auftreten dieser Frage signalisiert bereits, daß Geschichte ihre fraglose Selbstevidenz – sowohl als Ergebnis der Forschung wie als Geltungsanspruch der Tradition – verloren hat. Ihr Bildungsanspruch muß eigens reflektiert und begründet werden. Die didaktische Darstellung basiert auf der Einsicht, daß weder eine kognitive Rezeption und Aneignung historischen Forschungswissens, noch eine Aktualisierung und bruchlose Fortsetzung von Traditionen hinreichen, um menschliche Lebensführung zeitgemäß und zukunftsfähig zu orientieren. In der didaktischen Darstellung verliert die Tradition ihren Vorbildcharakter gegenüber einer Gegenwart, welche die Möglichkeit historischer Aufklärung in ihrer ganzen Bandbreite nutzt und sich über ihre individuelle Besonderheit und Begrenztheit erhebt, indem sie sich dazu entschließt, nicht nur die partikulare Vergangenheit ihrer selbst, sondern »die ganze Fülle der Vergangenheit zur Aufklärung unserer Gegenwart und zu deren tieferem Verständnis zu verwenden.«[147]

Die »didaktische« Überwindung des erzählerischen Traditionalismus sieht Droysen dabei an eine geschichtliche Konstellation der Gegenwart gebunden, in der Entfremdungserfahrungen überhand nehmen. Diese versperren dann den Zugang zu einer umstandslosen Aneignung der Vergangenheit, denn das Leiden der Gegenwart signalisiert ja gerade, daß die Lebensführung und die gesellschaftliche Praxis ihrer Subjekte tradital entsichert sind und ein verbindlich orientierendes kulturelles Selbstverständnis zugunsten der Erfahrung einer strukturellen Irrationalität und Kontingenz der Welt zerbrochen ist. Die Möglichkeit einer Rückgewinnung kultureller Vertrautheit mit den Grundlagen und Bedingungen der eigenen Lebenspraxis und eine Stabilisierung von Identität im Rückgriff auf die Überlieferungen der Vergangenheit muß dann aber als prinzipiell aussichtslos erscheinen, da auf der Basis funktionsfähiger traditionalistischer Weltbilder eine Verunsicherungserfahrung überhaupt nicht gemacht werden kann.

Nur die didaktische Darstellung kann für Droysen auf eine überzeugende Weise beanspruchen, dem aus Traditionsverlust resultierenden Leidensdruck der Moderne abzuhelfen, indem sie den historischen Horizont durch neue – eben nichttraditionale – Erfahrungsbestände bereichert und befruchtet: »Wo man die Unruhe und Plage einer steten und harten Friktion hat, da ist sie ein kostbares Zeichen geistiger Freiheit und Bewegung.«[148]

Zweitens wird die Gegenwart im didaktischen Darstellungsmodus prinzipiell transitorisch und damit grundsätzlich auf den Wandel ihrer selbst verwiesen. Sie wird nicht allein aus ihrem Gewordensein, sondern in ihrem Werden verstehbar als »eine fortschreitende Gestaltung der sittlichen Welt«.[149]

Bildung heißt hier, Geschichte als rastlose Entwicklung von ständig Neuem begreifen zu lernen; sie ist zur Zukunft hin geöffnet. Didaktische Darstellungen lösen diesen Bildungsanspruch einer zur Permanenz des Werdens historisierten Geschichte ein, indem sie die ständige Transformierbarkeit und Vorläufigkeit ihrer selbst zum Prinzip der eigenen Darstellung machen, ihnen ist es also »wesentlich ..., in sich selber das Moment weiteren Fortschreitens zu tragen.«[150]

Didaktische Darstellungen besitzen für Droysen ihre Stärke und ihre Über-legenheit gerade darin, daß sie die Hermetik und Verbindlichkeit subjektiver Standpunkte überwinden und systematisch zerbrechen, zumindest jedoch reflexiv schwächen. Menschliche Identität wird in ihnen durch Historisierung selbstkritisch und diskursiv, wenn man Diskursivität als die kulturelle Bereit-schaft versteht, die eigene Identität in ihrer ursprünglichen Fraglosigkeit infragezustellen (und infragestellen zu lassen). Die menschliche Identität wird im Medium didaktischer Darstellungen sogar auf eine bestimmte Weise provi-sorisch und instabil. Der Mensch erfährt sich hier als ein wandlungsfähiges Subjekt, das seinen bestimmten Standpunkt im historischen Vergleich, in der Konfrontation mit alternativen Standpunkten relativiert und zugleich erwei-tert. Den Standpunkt, den didaktische Darstellungen nahelegen, nennt Droy-sen daher in Absetzung von dem »menschlich-parteilichen« der Erzählung, welcher sich aus dem Geltendmachen und der Bewußtwerdung der eigenen Tradition ergab: »übermenschlich«,[151] da er dazu nötigt, die Partikularität des eigenen Standpunktes im Hinblick auf das Kriterium des ›Ganzen‹, der Kontinuität der Menschheit zu transzendieren: »Für die erzählende Form fanden wir als die gebotene Notwendigkeit die Beschränkung auf den Bereich *eines* Gedankens oder Gedankenkomplexes, den fest innegehaltenen Stand-punkt. *Hier* [in der didaktischen Darstellungsform] ist nicht der *einzelne* Gedanke und sein Bereich zu befassen, sondern ... daß die Totalität dargelegt, daß der einzelne Gedanke als wesentlich auf das Ganze bezüglich und als dessen integrierender Teil gefaßt werde. ... Jedes noch so umfassende Einzelne gilt nur im Ganzen und für das Ganze.«[152]

Drittens erfordert die Wissenschaft demzufolge auf der Ebene der didaktischen Präsentationsformen eine Entpartikularisierung des eigenen historischen Stand-ortes durch seine Vermittlung mit dem Kriterium »Menschheit« als Bezugs-punkt der Darstellung. Die didaktisch gewordene Wissenschaft ermöglicht eine Entkoppelung der historischen Identität von der Exklusivität der eigenen Tradition und von dem in ihr lagernden Nachahmungszwang: »Nicht die *einzelnen* Vorbilder, sondern der ganze hohe ethische Zug der Geschichte soll uns durchwehen und uns mitreißen; dieser Typus des Wesentlichen, Entschei-denden, Gewaltigen, diese Macht der *großen* Gesichtspunkte, der großen Motive und Kräfte, das ist es, was die Geschichte der Seele bildend zuführt. Sie erhebt sich damit über ihre kleine und kleinliche Besonderheit, sie lernt groß zu fühlen und aus dem Ich der Menschheit zu denken.«[153]

Eine didaktische Darstellung erlangt ihre standpunkt- und horizontüber-schreitende Kraft genau dann, wenn sie sich am Sinnkriterium »Menschheit« orientiert und damit tendenziell die Universalgeschichte zum darstellerischen Prinzip des historischen Denkens erhebt.

In welcher Form hat Droysen jedoch diese »weltgeschichtliche Auffassung« der didaktischen Darstellung allein noch für realisierungsfähig gehalten?

Das wesentliche Merkmal der didaktischen Darstellung ist für Droysen ihre explizit theoretische Struktur. Wie oben bereits angedeutet, hat sich Droysen die spezifisch wissenschaftliche Überwindung partikularer Standpunkte und »Richtigkeiten« zugunsten der Wahrheit einer am universalen Kriterium menschlicher Freiheit orientierten Geschichte als das Ergebnis einer ausgeprägten Theoretisierung des historischen Denkens gedacht. Historische Theorie integriert die Besonderheit und Bestimmtheit der historischen Überlieferung zu einer Totalitätsvorstellung, zum Gedanken einer geschichtlichen Kontinuität der menschlichen Freiheit. Von dieser Vorstellung einer Kontinuität der Freiheit als einem verallgemeinerungsfähigen Sinnkriterium partikularer Prozesse erlangen diese erst ihre »didaktische« Bedeutung, ihren jeweils spezifischen Bildungswert als individuelle Beiträge zum Realisierungsprozeß menschlicher Freiheit. Ihre theoretische Struktur verpflichtet die didaktische Darstellung auf das Kriterium dieser Freiheit, des allgemeinsten Substrats aller wirklich »weltgeschichtlichen Gedanken«, an denen sich die didaktischen Präsentationen universalgeschichtlicher Entwicklungen orientieren. Die zugleich systematische und historische Darlegung dieser weltgeschichtlichen »Gedanken und ihrer Bewegung wäre die Form, die gestellte Aufgabe zu lösen«,[154] nämlich Universalgeschichte zu schreiben und damit das Geschichtsbewußtsein am theoretisch explizierbaren und legitimationsfähigen Sinnkriterium der menschlichen Freiheit zu orientieren.

Es läßt sich abschließend relativ leicht ausmachen, worin Droysen und mit ihm der Historismus insgesamt den »weltgeschichtlichen Gedanken« verkörpert sahen, der als Ausdruck und Triebfeder menschlichen Freiheitsstrebens den eigenen, didaktischen Darstellungen der Geschichte zugrundelag: In den politischen Prozessen der bürgerlichen Nationalstaatsbildung sah Droysen ein Sinnpotential verkörpert, auf welches eine moderne Historiographie rekurrieren mußte, wenn sie in der Gegenwart orientierungsfähige Geschichte schreiben wollte.[155] Für ihn stellte die Nation noch diejenige kulturelle Identitätsformation dar, in der sich das universelle Sinnkriterium der menschlichen Freiheit geschichtlich realisiert. Die Vielfalt der Nationen ergibt in ihrer Summe die Einheit des Menschen und seiner ihm eigentümlichen Freiheitsnatur.

4. Mit der »diskussiven Darstellungsweise« rundet sich schließlich Droysens Typologie der historischen Sinnbildungsleistungen der Wissenschaft ab. Wie sind die historischen Sinnvorstellungen im einzelnen beschaffen, die sich in der Wissenschaft »diskussiv« realisieren?

Die Aufgabe und der Wert einer diskussiven Darstellung bestehen für Droysen darin, daß sich die Wissenschaft in ihnen politisiert. Sie greift auf diesem Wege in den politischen Streit der verschiedenen Standpunkte und

Tagesinteressen ein, betritt den Markt der öffentlichen Meinung und besinnt sich auf ihre Aufgabe der politischen Pädagogik und Parteinahme. In der historischen Diskussion schwingt sich die Geschichtswissenschaft zur Urteilshilfe und Entscheidungsinstanz praktischer Fragen auf, ja sie wird in ihrer »Verwendung der historischen Ergebnisse auf den gegebenen Fall« selber eminent politisch.[156] Ihre Aufgabe nennt Droysen deshalb auch »ohne weiteres die politische Propädeutik«,[157] denn sie gibt den Handelnden eine Antwort auf die Frage: »Wie sollen sie ihre Entschließungen fassen?«[158] Historie wird zur wissenschaftlichen Politikberatung.

Die diskussive Darstellung bezieht ihre Fragestellungen, ihre Plausibilität und ihre Relevanz aus den aktuellen Problemen der Lebenspraxis und bringt im Interesse ihrer Lösung das Erfahrungspotential ein, das die Geschichte bereitstellt. Sinnbildung bedeutet hier, daß die Gegenwart infolge ihrer Konfrontation mit dem Erfahrungsschatz der Geschichte instandgesetzt wird, ihr eigenes in die Zukunft gerichtetes Handeln mit der historischen Überlieferung in Übereinstimmung zu bringen und damit Geschichte bruchlos, als eine »Kontinuität«, weiterzuführen.

Damit wird auch verständlich, warum Droysen die diskussiven Sinnbildungsleistungen der Wissenschaft angewiesen sah auf die theoretischen Vorarbeiten der didaktischen Darstellung. In dieser ging es um eine Antwort auf die Frage nach dem Inhalt derjenigen historischen Kontinuität, die in der Gegenwart handelnderweise fortgesetzt werden soll. Eine historische Diskussion von Gegenwartsproblemen ist daher für Droysen nur »gleichsam die praktische Anwendung dessen, was wir in der didaktischen Darstellung gewonnen hatten«[159] – die historische Theorie der menschlichen Freiheit. Anhand der Prinzipien der didaktischen Darstellungsform hatte Droysen begründet, worin der wahre Inhalt der von der Gegenwart weiterzuführenden Kontinuität der Geschichte besteht: in der Idee der Freiheit. Die diskussive Darstellung gibt entsprechend eine Antwort auf die Frage, wie jeweils politisch gehandelt werden muß, um diese Kontinuität der Freiheit über den Wandel der Zeit zu retten, politisch zu institutionalisieren und erfolgversprechend fortzusetzen. Die Sinnfunktion einer historischen Diskussion besteht darin, daß »man in jedem Moment in dem Bewußtsein und nach der Anleitung dieser Kontinuität sich entschließe und handle, damit man die Dinge nach dem erkannten Gang und Sinn ihres Werdens weiterführe.«[160] Wissenschaft macht genau dann Sinn, wenn es ihr gelingt, die geschichtliche Idee der menschlichen Freiheit als Orientierungsfaktor, Richtpunkt und Entscheidungskriterium des politischen Handelns in den Auseinandersetzungen der Gegenwart zu installieren, so daß mit ihrer Hilfe praktische Vernunft wirklich wird.[161]

Für Droysen wurde, das zeigt seine vielbändige Geschichte der preußischen Politik, in der zweiten Hälfte des 19. Jahrhunderts die unter Preußens Führung hergestellte Einheit des Deutschen Reiches diejenige politische Erfahrung, für die es sich, wollte man als Historiker überhaupt noch Wahrheitsansprüche stellen und dem geschichtlichen Wahrheitskriterum der menschlichen Freiheit treu bleiben, historiographisch und politisch einzusetzen galt. In der Geschichte Preußens verdichtete sich für ihn der jeweilige Sinngehalt der untersuchenden, der erzählenden, der didaktischen und der diskussiven Darstellungsform zu einer historischen Identität mit unbezweifelbarem Wahrheits- und Geltungsanspruch.

Die Bildungsfunktionen, die Droysen der historischen Wissenschaft zuerkannt hat, sind damit dargelegt: Die Wissenschaft verkörpert im Rahmen ihrer empiristischen, traditionalistischen, theoretischen und politischen Präsentationsform jeweils ein unterschiedliches Sinnpotential des historischen Denkens. Erst in ihrer Summe bringen sie die Kulturleistungen des Geschichtsbewußtseins zum Ausdruck:

– Im positivistischen Milieu der untersuchenden Darstellung entsteht Sinn, indem Wissenschaft den Prozeß der lebenspraktischen Orientierung an das Prinzip der empirischen Richtigkeit derjenigen historischen Erfahrungen bindet, die diese Orientierung leisten sollen.

– Der Traditionalismus der erzählenden Darstellung ermöglicht Sinn, indem Wissenschaft den kulturellen Vorgang der menschlichen Identitätsbildung vor dem Horizont einer die Individuen immer schon als Tradition objektiv und zugleich normativ präformierenden Vergangenheit erfolgen läßt.

– Die Theoretisierungsleistung der didaktischen Darstellung macht Sinn, indem sie die Gegenwart zum notwendigen Baustein und Beitrag einer fortwährenden Kontinuität und weitertreibenden Realisierung der menschlichen Freiheit historisiert.

– In der diskussiven Darstellung politischer Gegenwartsprobleme schließlich wird ein Sinnpotential frei, wenn Wissenschaft sich zu einer selbst eminent politischen Instanz zu inthronisieren vermag, die glaubhaft begründen kann, daß und warum eine Orientierung des politischen Handelns am Prinzip der Freiheit eine zur Zukunft hin geöffnete historische Identität des Menschen ermöglicht.[162]

Damit sind die in der Einleitung angedeuteten Funktionsmerkmale der historistischen Kategorie des Geistes in der Geschichtstheorie Droysens dargelegt worden. Sie hat in der »Historik« einen äußerst elaborierten und umfassenden Ausdruck erfahren, indem Droysen den Begriff des Geistes dazu verwandte, die Grundzüge seiner historischen Anthropologie, seiner spezifisch historischen Begründung von Handlungsnormen und seines Theoriekonzepts der historischen Hermeneutik zu explizieren.

Im nächsten Kapitel geht es um die Antwort, die Jacob Burckhardt auf diese Theorieprobleme des Historismus und des historischen Denkens insgesamt gegeben hat. Im Zentrum seines Werks steht die Kategorie der »Kultur«.

III. Die Bedeutung Jacob Burckhardts
für die Transformation des Historismus
zur Kulturgeschichte

1. Die geschichtstheoretische Relevanz der Kulturkategorie
in Burckhardts historischer Anthropologie

Wie später Max Weber mit seinem in der Wissenschaftslehre theoretisch entworfenen und in der Religionssoziologie empirisch ausgeführten Konzept der
»Kulturwissenschaft« hat Jacob Burckhardt die Modifikation des Historismus
unter der Leitkategorie der Kultur vorgenommen. Die »Kulturgeschichte« dokumentiert den von ihm favorisierten Ausweg aus der seit den siebziger Jahren
manifest gewordenen Krise des historistischen Verständnisses von Geschichte
und Geschichtswissenschaft. In welcher Bedeutung hat Burckhardt jedoch den
für seine Historiographie maßgeblichen Begriff der Kultur verwandt, welche
geschichtlichen Funktionen maß er ihr in den Prozessen des menschlichen
Lebens zu, und welche heuristischen, methodischen und theoretischen Aufgaben besaß sie schließlich für die Organisation des historischen Wissens?

Letztlich lassen sich derartige Fragen nach den Gründen für die überragende Bedeutung der Kultur im Werk Jacob Burckhardts nur unter Berücksichtigung seiner historischen Anthropologie beantworten, die er vor allem in seinen
»Weltgeschichtlichen Betrachtungen« und in der dort entwickelten Theorie
der drei Potenzen und der sechs Bedingtheiten des geschichtlichen Wandels im
einzelnen entwickelt hat.[1]

a) Das prekäre Verhältnis zwischen Freiheit, Kultur und Geschichte

Das wesentlichste Merkmal der Anthropologie Burckhardts, von dem sich fast
alle übrigen Bestimmungen ableiten lassen, besteht darin, daß sie den Menschen von seiner Geistnatur her qualifiziert. Der Geist stellt den Menschen in
die prinzipielle Spannung zwischen Tradition und Fortschritt, in die Dialektik
von beharrungskräftiger gesellschaftlicher Immanenz und transzendierender
Geschichte. Aus dieser Spannung speist sich die Geschichtlichkeit des menschlichen Lebens: »Und nun das große durchgehende Hauptphänomen: Es
entsteht eine geschichtliche Macht von höchster momentaner Berechtigung;
irdische Lebensformen aller Art: Verfassungen, bevorrechtete Stände, eine tief
mit dem ganzen Zeitlichen verflochtene Religion, ein großer Besitzstand, eine

vollständige gesellschaftliche Sitte, eine bestimmte Rechtsanschauung entwikkeln sich daraus oder hängen sich daran und halten sich mit der Zeit für Stützen dieser Macht, ja für allein mögliche Träger der sittlichen Kräfte der Zeit. Allein der Geist ist ein Wühler und arbeitet weiter. Freilich widerstreben diese Lebensformen einer Änderung, aber der Bruch, sei es durch Revolution oder durch allmähliche Verwesung, der Sturz von Moralen und Religionen, der vermeintliche Untergang, ja Weltuntergang kommt doch. Inzwischen aber baut der Geist etwas Neues, dessen äußeres Gehäuse mit der Zeit dasselbe Schicksal erleiden wird. ... Die Wirkung des Hauptphänomens ist das geschichtliche Leben, wie es tausendgestaltig, komplex, unter allen möglichen Verkappungen, frei und unfrei daherwogt.«[2]

Die Geschichte im Sinne eines permanenten Wandels aller Lebensartikulationen und -umstände des Menschen quillt aus der kulturellen Sprengkraft des Geistes und seiner überschießenden Bedürfnis- und Triebstruktur, welche dazu führt, daß »alles Geistige, auf welchem Gebiete es auch wahrgenommen werde, eine geschichtliche Seite habe, an welcher es als Wandlung, als Bedingtes, als vorübergehendes Moment erscheint.«[3]

Die Geschichtlichkeit des Menschen sieht Burckhardt anthropologisch begründet in der Permanenz seines zwanghaften Bedürfnisses, ein anderer werden zu wollen, als er war und ist, sie resultiert aus dem »Drang zu periodischer großer Veränderung in dem Menschen.«[4] Geschichte ist das Ergebnis eines ewig unzufriedenen, weil unter der Autorität ruheloser Bedürfnisse und zukunftsorientierter Handlungsintentionen stehenden, ›sehnsüchtigen‹ und ›traumfähigen‹ Menschen, der seine Gegenwart mit der Tatsache ihrer Vorläufigkeit und mit der Notwendigkeit ihrer Transformation zu etwas Neuem konfrontiert. Erfahrungen der jeweils gegenwärtigen Realität sind für Burckhardt insofern prinzipiell skandalös, weil dieser Realität aus geschichtstheoretischen Gründen und kulturhistorischen Erwägungen heraus der Makel der Versagung und damit des Leidens anhaftet. Aus der Dominanz einer realitätstranszendierenden Geistes- und Bedürfnisnatur des Menschen folgt zugleich, daß die Wirklichkeit der Geschichte menschlicherseits gar nicht anders als eine ständige Quelle von Mangelerfahrungen und einer Negation von Intentionalität zu begreifen ist. Burckhardts geschichtstheoretisches Interesse an der Kulturkategorie entzündet sich vor allem an der Tatsache, daß die Kultur als ein innergesellschaftlicher Ausdruck der geschichtlichen Arbeit des menschlichen Geistes gleichzeitig die Ursprünge der geschichtsimmanenten Leidensstruktur des menschlichen Lebens anzeigt und in sich trägt. Als die »Welt des Beweglichen« repräsentiert sie im Konzert der drei Potenzen »etwas wesentlich anderes« als die »beiden stabilen: Staat und Religion«.[5] Dieses wesentlich andere der Kultur ist nun gerade das Moment einer ihr immanenten Geschichtlichkeit, aus der sich der Leidenscharakter des menschlichen Lebens speist. Welche spezifischen Merkmale erheben dabei die Kultur für Burckhardt zur beweglichen, im eigentlichen Sinne geschichtlichen Potenz?

Burckhardt begreift die Kultur zunächst als Ausdruck und Ergebnis einer

»geistig-materiellen« Bedürfnisstruktur des Menschen.[6] Dieses Verständnis von Kultur als einer unmittelbaren Einheit materieller und ideeller Bedingungsfaktoren der menschlichen Lebensführung ist von einer zentralen geschichtstheoretischen Bedeutung. Kultur nimmt eine die Geschichte insgesamt kennzeichnende Dialektik von Immanenz und Transzendenz, von Materialität und Idealität, von wirklicher Tradition und intendiertem Fortschritt in sich hinein und trägt so die strukturelle Spannung zwischen Vergangenheit, Gegenwart und Zukunft in sich selber aus. Und genau darin disponiert die Kultur den Menschen zu seiner ihm eigenen Geschichtlichkeit.

Aus den materiellen Objektivierungen und Entäußerungen des menschlichen Geistes und angesichts eines, mit dieser Selbstrealisierung des Geistes zwangsläufig einhergehenden Verlustes der utopisch überschießenden Bedeutungsgehalte der Kultur an die Wirklichkeit erhebt sich für Burckhardt der Geist als »die Kraft, jedes Zeitliche ideal aufzufassen«[7] im Medium realitätstranszendierender menschlicher Willens- und Bedürfnisartikulationen ständig neu, »und ehe es der Mensch selber weiß, ist ein ganz anderes Bedürfnis in ihm wach als das, womit er seine Arbeit begonnen, und dieses greift und wirkt dann weiter. ... Und endlich ist nicht nötig, für die Entbindung *jedes* Geistigen einen materiellen Anlaß als Basis aufzufinden, obwohl er sich am Ende fände. Wenn der Geist sich einmal seiner selbst bewußt geworden, bildet er von sich aus seine Welt weiter.«[8]

Burckhardt begreift die Kultur insofern als den Befreiungsversuch eines in die Wirklichkeit der Gegenwart verstrickten Menschen zu der in ihm selber liegenden Möglichkeit der Zukunft. Ihre spezifische Aufgabe und Leistung ist das Austragen der Spannung zwischen einer bereits zur objektiven Struktur materialisierten Realität und den bedürfnisgeleiteten Projektionen und Vorentwürfen einer allein geistig erschließbaren und zu eröffnenden Zukunft. Die Kultur wird daher zum Pendelschlag des menschlichen Lebens zwischen Vergangenheit, Gegenwart und Zukunft, durch den der Mensch ein geschichtliches und damit erst ein freies, das heißt seiner eigenen Wandlungsfähigkeit bewußtes und mächtiges Wesen wird. In dieser Bedeutung nennt Burckhardt auch die Kultur »die Welt des Beweglichen, Freien, nicht notwendig Universalen, desjenigen, was keine Zwangsgeltung in Anspruch nimmt.«[9]

Der Ursprungsort dieser kulturell errungenen Freiheit des Menschen, die mit seiner Disposition zum zukunftsoffenen Wandel seiner Welt und seiner selbst zusammenfällt, liegt für Burckhardt in der Permanenz seiner unstillbar transitorischen Bedürfnisnatur begründet. Sie ist es, die den Menschen anthropologisch auszeichnet und ihn zu seiner ihm eigenen Geschichtlichkeit qualifiziert: »Der Mensch ist nicht bloß, was er ist, sondern auch was er sich zum Ideale gesetzt hat, und auch wenn er diesem nicht völlig entspricht, wird durch das bloße Wollen auch ein Teil seines Wesens bezeichnet.«[10]

Diese Überlegung Burckhardts macht auch verständlich, warum er die Befähigung des Menschen zur Kultur, die seine Freiheit überhaupt erst ermöglicht, nicht als ein Glück, sondern geradezu als Ursprungsort menschlichen

Unglücks begriffen hat. Burckhardt erhebt »Unglück« in den Rang einer geschichtstheoretischen Kategorie, welche die anthropologischen Voraussetzungen geschichtlichen Fortschritts markiert, indem sie die Geschichte des Menschen als den Reflex seines verinnerlichten Zwangs verstehen läßt, über sich selbst und über die jeweilige Zuständlichkeit seiner Welt hinaus sein zu müssen, um Mensch bleiben zu können. Damit wird das Unglück zum hervorstechenden Merkmal des Kulturmenschen: »Glück ist gleich der Zufriedenheit mit einem gegebenen Zustande, und der Mensch ist zur Unzufriedenheit geboren; nur kann dieselbe eine größere oder geringere, lebendigere oder latente sein.«[11]

Welches sind aber die realen Manifestationen dieser spezifisch geschichtlichen Kultur, die sich aus der anthropologisch angelegten Bedürfnisdynamik des menschlichen Geistes entbindet? Welche Phänomenologie der Kultur ergibt sich aus Burckhardts historischer Anthropologie, die seiner Geschichtstheorie zugrundeliegt?

Wie bereits angedeutet, erhebt Burckhardt die Kultur zur im eigentlichen Sinne geschichtlichen Potenz, indem sie die Spannung zwischen immanenter und transzendierender Geschichte, zwischen erfahrenem Leiden und intendierter Erlösung, also das dynamische Wechselspiel zwischen geistgesteuerter Bedürfnisartikulation und der durch sie erst eröffneten Chancen materieller Bedürfnisbefriedigung in sich selber austrägt. Kultur wird zur Triebkraft des Fortschritts, indem sie mentale Perspektiven einer Zukunft erschließt, in denen sich dann die materiellen Interessen des Menschen an Aneignung und Veränderung seiner Welt realisieren lassen.[12]

Von hier aus läßt sich auch die Ambivalenz in Burckhardts Kulturbegriff erklären. Hier wird deutlich, warum und inwieweit sich sein Verständnis von Kultur so eigentümlich von dem heutigen unterscheidet. Bekanntlich hat Burckhardt die Religion, die doch in der Gegenwart gewöhnlich zum Kern der menschlichen Deutungskultur gerechnet wird, als eine eigenständige Potenz von der Kultur abgespalten, dafür aber die Ökonomie (in seiner Terminologie: Handel, Erwerb, Verkehr und Technik) ihr zugerechnet, so daß er schließlich mit dem Blick auf den Gegenstandsbereich der Kultur umstandslos erklärt hat: »Ihre äußerliche Gesamtform aber gegenüber von Staat und Religion ist die Gesellschaft im weitesten Sinne.«[13] Kultur im Sinne Burckhardts ist die Einheit der ideellen und der materiellen Selbstreproduktion der menschlichen Gesellschaft. Diese Terminologie, die so verschiedenartige Lebensbereiche wie Kunst und Ökonomie, Moral und Technik gleichermaßen unter die Kategorie der Kultur subsumiert, dokumentiert freilich weniger einen eklatanten Mangel an begrifflicher Trennschärfe, als vielmehr einen großen analytischen Vorzug. Sie gestattet es, Geschichte als einen Prozeß der Kultur zu verstehen, in dem sich die objektiven Strukturen einer gesellschaftlichen Wirklichkeit und die geistigen Projektionen einer zukünftigen Möglichkeit zur Geschichte verschränken, deren prinzipieller Wandlungscharakter als Ausfluß intentionalen, geistgesteuerten Handelns denkbar wird.

Die Potenz der Kultur kennzeichnet den Menschen als ein Handlungssubjekt, das sich nicht nur durch ein reflektiertes Selbstverhältnis, sondern auch noch durch ein kulturell reflektiertes Verhältnis zu den Verhältnissen auszeichnet. Der von ihm unterstellte Primat der Kultur nötigt Burckhardt daher keineswegs zu einem spirituellen Reduktionismus, sondern er gestattet, das Verhältnis zwischen menschlichem Geist und materieller Wirklichkeit als ein wechselseitiges Bedingungsverhältnis zu konzipieren.[14]

Im Gegensatz etwa zur Religion, welche dem Menschen gerade dasjenige repräsentiert, »was er sich nicht selber geben kann«,[15] dokumentiert die Kultur für Burckhardt in und durch sich selber das, was der Mensch sich selber geben kann: die Geschichte im Sinne einer dialektischen Einheit geistig erschlossener und vorentworfener Perspektiven der menschlichen Selbstrealisation und ihrer im Medium des Handelns nachholenden innergesellschaftlichen Einlösung.

Die Kultur holt diejenige Realität der menschlichen Lebensführung, die ursprünglich als eine zwanghafte Objektivität oder rein äußerliche Natur erfahren wird, in den Horizont menschlicher Intentionalität hinein.[16] Sie wird zum Gegenstand kultureller Sinndeutung und tritt damit in die Aktions- und Geltungsbereich des menschlichen Handelns. Daher wird der Prozeß der Kultur für Burckhardt zur Geschichte der menschlichen Freiheit. Seit der Entstehung der griechischen Kultur in ihrem Bruch mit dem Mythus ist der abendländischen Kulturmenschheit das Telos der Freiheit auf den geschichtlichen Leib geschrieben. Die Freiheit der Kultur und die Kultur der Freiheit behaupten gleichermaßen die Subjektivität des Menschen gegenüber der Objektivität der Welt, sie implizieren die Durchsetzung menschlichen Willens gegen naturhaften Zwang. Freiheit und Kultur gründen damit aber zugleich nicht in der »Zufriedenheit«, sondern in der »Unzufriedenheit mit einem gegebenen Zustande« – und genau in diesem Sinne nennt Burckhardt sie auch ein »Unglück«. Die Geschichte der Kultur gewährt für Burckhardt das trostlose Bild einer durch das Leiden ständig sabotierten menschlichen Existenz. Übersetzt in theologische Kategorien – was bei Burckhardt durchaus nicht völlig abwegig wäre – käme die Entstehung der geschichtlichen Reflexionskultur einer Vertreibung des Menschen aus dem Paradies seiner natürlichen Bedürfnis- und Bewußtlosigkeit und aus dem Stand seiner Unschuld gleich; sie wäre der Sündenfall, dem die Strafe des Leidens auf dem Fuße folgt. Als eine Freisetzung des Willens wäre sie ein Akt der Verschwörung gegenüber der Natur, durch den sich der Mensch in gewonnener Autonomie von ihr entzweit.

Eine bemerkenswerte Konsequenz von Burckhardts Freiheits- und Kulturbegriff besteht darin, daß der geschichtliche Aufstieg der abendländischen Freiheit zugleich den geschichtlichen Abstieg der Sinnhaftigkeit der menschlichen Existenz bedeutet. Kulturelle Freiheit und sinnhaftes Glück stehen für Burckhardt in einem diametralen Verhältnis wechselseitiger Negativität zueinander. Ein in seinem Werk immer wieder auftauchender Gedanke lautete, daß »tatsächlich bis jetzt nur die Kultur, nicht aber die menschliche Güte, und am allerwenigsten das Glück sich gesteigert hat. Denn das Glück besteht aus zwei Stücken: der Zustand an sich und der Grad der Zufriedenheit damit.«[17]

Die Kultur als das geschichtliche Hineinholen des Objektiven in den Aktionsbereich freier menschlicher Intentionalität bedeutet für Burckhardt gleichzeitig den Verlust ihrer Sinnqualität, insofern »Sinn« transzendental gebunden bleibt an das Moment seines objektiv unverfügbaren, der Willens- und Vernunftnatur des Menschen nicht anheimgegebenen, sondern ihr prinzipiell äußerlich bleibenden Gehaltes. Die Vorherrschaft der Kultur signalisiert den geschichtlichen Zustand einer systematischen Selbstüberforderung freier Subjektivität, was die kulturelle Generierung tragfähiger Sinnvorstellungen anbelangt.

»Sinn« ist für Burckhardt nicht subjektiv machbar, kein denkbarer Gegenstand menschlicher Rationalisierungs- und Kulturleistungen, sondern behauptet sich als ein Ort des Unbedingten und der objektiven Evidenz, vor der die Subjektivierungskunst und die Freiheitsintentionen der Kultur ihre unübersteigbare Grenze finden. Burckhardt definiert Sinn als eine Hintergrundgewißheit der menschlichen Lebensführung, die dem Kulturmenschen bei Infragestellung ihres Objektivitätscharakters durch den rationalen Zugriff freier Subjektivität und Individualität notwendigerweise in den Händen (bzw. in seinem Kopf) zerrinnt.

Kultur stellt für Burckhardt keinen Prozeß einer diskursiven Konstitution tragfähiger Sinnvorstellungen dar, sondern zehrt von ihnen und hinterläßt schließlich allein noch das Trümmerfeld einer zerredeten Evidenz. Die kulturelle Subjektivierung des Menschen zur freien Persönlichkeit ist für Burckhardt gleichzeitig ein Verlust der objektiven Sinnstruktur seines Lebens, und eine einmal zugunsten von Intentionalität, materieller Interessenorientierung und beanspruchter Handlungskompetenz abgebaute Objektivität des Unbedingten ist allein im Rekurs auf die freigelassene Subjektivität des modernen Menschen nicht regenerierbar.

Daher implizieren für Burckhardt Freiheit und Kultur eine prinzipielle Negation von Sinn, denn Sinn kann auf ein »Glück« des Menschen in Gestalt seiner Versöhnung mit Welt und Leben durch eine Aufhebung des Entzweiungscharakters von Realität nur deshalb verweisen, weil ihm letztlich eine religiöse Qualität zu eigen ist.

Sinn und Glück sind für Burckhardt immer metaphysisch gewährt und gehen daher im kulturellen Kontext gesellschaftlicher Subjektivierungsprozesse und Individuierungsleistungen des Menschen zwangsläufig verloren. In diesem Sinne akzentuiert Burckhardts historische Anthropologie auch den internen Zusammenhang zwischen einem kulturellen Freiheits- und Selbstbewußtsein und der Leidensstruktur des menschlichen Lebens: »*Die Steigerung des Bewußtseins* in der neuern Zeit ist wohl eine Art von geistiger Freiheit, aber zugleich eine Steigerung des Leidens.«[18]

Daher versteht Burckhardt auch die Religion als den letzten Damm des Objektiven gegenüber der geschichtlichen Eskalation einer den modernen

Menschen kennzeichnenden Subjektivitätskultur, die ihn zu einem freien, den Anforderungen einer zweckrationalisierten Gegenwartsgesellschaft gehorchenden Individuum gemacht hat: »Ich weiß wirklich auch nicht mehr, welchen Wert das deutsche Kulturleben für die innere Beglückung des Einzelnen haben kann; ... Wenn der deutsche Geist noch einmal aus seinen innersten und eigensten Kräften gegen diese große Vergewaltigung reagiert, wenn er ihr eine neue Kunst, Poesie und Religion entgegenzustellen im Stande ist, dann sind wir gerettet, wo nicht, nicht. – Ich sage: Religion, denn ohne ein überweltliches Wollen, das den ganzen Macht- und Geldtaumel aufwiegt, geht es nicht.«[19]

Burckhardt kennzeichnet die Religion als Ort eines menschlichen Bewußtseins von Einheit, sinnhafter Totalität und bestimmender Objektivität in einer universell gewordenen Welt des rational Machbaren und in diesem Sinne Freien, denn »der Mensch sucht gar nicht die Freiheit auf diesem Gebiete [der Religion], sondern die Abhängigkeit, welche ihm bekanntlich die katholische Kirche satis superque gewährt.«[20]

Im einzelnen zeichnet Burckhardts Anthropologie den Staat und die Religion als diejenigen Manifestationen naturwüchsigen Strukturzwangs und unbedingter Evidenz aus, an denen die geschichtsträchtige Modifikationsarbeit der Kultur anknüpft: »Sie wirkt unaufhörlich modifizierend und zersetzend auf die beiden stabilen Lebenseinrichtungen ein, – ausgenommen insofern dieselben sie völlig dienstbar gemacht und zu ihren Zwecken eingegrenzt haben. Sonst ist sie die Kritik der beiden, die Uhr, welche die Stunde verrät, da in jenen Form und Sache sich nicht mehr decken. Ferner ist sie derjenige millionengestaltige Prozeß, durch welchen sich das naive und rassenmäßige Tun in reflektiertes Können umwandelt.«[21]

Die Kultur erlangt für Burckhardt ihre eindeutige Sonderstellung innerhalb der Trias der Potenzen aufgrund der von ihr ausgehenden innergesellschaftlichen Rationalisierungsdynamik. Als spezifisch »rational« läßt sie sich dabei insofern kennzeichnen, als sie den Willenscharakter, die Handlungsbereitschaft und die Vernunftnatur des Menschen gegenüber der erfahrenen Macht des Objektiven geltend macht. Ihre Leistung besteht daher in einer von ihr betriebenen Entzauberung der Welt aus einem Interesse des Menschen an Freiheit.[22] Als innergesellschaftlicher Ort und geschichtliche Triebkraft aller sprachlich und symbolisch vermittelten Rationalisierungsprozesse verkörpert die Kultur den genauen Gegenpol zu Staat und Religion als den Manifestationen einer Herrschaft intentionalitätsfremder, geistig unvermittelter Bedingungsfaktoren der menschlichen Lebensführung: entweder des »Bösen« im Sinn einer schicksalhaft erlittenen (oder ausgeübten) Gewalt, oder aber des »Heiligen« im Sinn eines Verhaltensregulativs mit absolut verpflichtendem, weil transzendent begründetem Geltungsanspruch.

Bezogen auf den Komplex staatlicher Herrschaft bedeutet der Rationalisierungsprozeß der Kultur eine geschichtliche Transformation bloß machtgestützter Gewaltsamkeit in den Zustand sittlicher Herrschaft, die sich durch die

Legitimität ihrer Institutionen und Entscheidungsprozesse auszeichnet: »Jede gelungene Gewalttat war böse und ein Unglück und allermindestens ein gefährliches Beispiel. Wenn sie aber Macht begründete, so kam in der Folge die Menschheit heran mit ihrem unermüdlichen Streben, bloße Macht in Ordnung und Gesetzlichkeit umzuwandeln; sie brachte ihre heilen Kräfte herbei und nahm den Gewaltzustand in die Kur.«[23]

Diesen Prozeß einer Versittlichung des Bösen, d.h. des politischen und naturwüchsig-gewaltsamen Austragens von Machtkonflikten nennt Burckhardt: »Kultur«. Ihre Rationalisierungsleistung besteht in einer Reflexion auf anerkennungsfähige Legitimationskriterien der politischen Herrschaft, durch die ein Zustand bloßer »barbarischer« Gewalt zu einem Zustand sittlicher Herrschaft transformiert wird: »Eines wird immerhin von den meisten zugegeben: Das Königsrecht der Kultur zur Eroberung und Knechtung der Barbarei, welche nun blutige innere Kämpfe und scheußliche Gebräuche aufgeben und sich den allgemeinen sittlichen Normen des Kulturstaates fügen müsse.«[24]

Im Bezug auf die Religion forciert der Rationalisierungsprozeß der Kultur die moralische Verinnerlichung der ehemals transzendent begründeten Verhaltensnormen. Im Sinne eines prinzipiengeleiteten moralischen Wesens nimmt der Kulturmensch das Heilige in sich selber hinein und erklärt sich als Träger des Sittengesetzes zum kompetenten und urteilsfähigen Vollstrecker des Guten: »Und nun das neuere Verhältnis des Christentums zur Kultur. Zunächst weist die Kultur in Gestalt von Forschung und Philosophie dem Christentum seine menschliche Entstehung und Bedingtheit nach; sie behandelt die heiligen Schriften wie andere Schriften. ... Neben der rationellen Anschauung von Natur und Geschichte ist die Behauptung eines eximierten Stückes eine Unmöglichkeit. ... Zweitens stellt sich die Moral, so gut sie kann, von der Religion getrennt, auf ihre eigenen Füße. Die Religionen stützen sich in ihren späteren Zeiten gern auf die Moralen als ihre angeblichen Töchter; allein dagegen erhebt sich sowohl theoretisch die Doktrin einer vom Christentum unabhängigen, rein auf die innere Stimme begründeten Sittlichkeit, als auch praktisch die Tatsache, daß im großen und ganzen die heutige Pflichtübung enorm viel mehr vom Ehrgefühl und vom eigentlichen Pflichtgefühl im engeren Sinne, als von der Religion bestimmt wird. ... Überhaupt dringt der moderne Geist auf eine Deutung des ganzen hohen Lebensrätsels unabhängig vom Christentum.«[25]

Dieser Bedeutungsgehalt der Kultur, der sie als die Summe menschlicher Reflexions- und Rationalisierungsleistungen verstehen läßt, in der der Kosmos einer geistig unvermittelten Objektivität zerstört wird, läßt auch die eigentümliche Ambivalenz in der Haltung Burckhardts zum geschichtlichen Phänomen der Kultur verständlich werden. Dieser Zwiespalt kommt beispielsweise darin zum Ausdruck, daß Burckhardt die pathogenen Begleiterscheinungen der gesellschaftlichen Modernisierungsprozesse seiner Zeit nicht etwa aus einem drohenden Verlust von Kultur, sondern aus ihrer universell gewordenen Herrschaft ableitet.[26]

Den Krisencharakter der Gegenwart sah Burckhardt in einer totalgewordenen innerweltlichen Kultur der Freiheit begründet, welche die Substanz der Religion bereits in sich aufgesogen hatte und auch die Prozesse der staatlichen Herrschaft zunehmend zu determinieren begann. Burckhardt bestimmt die gesellschaftlichen Konturen des »Revolutionszeitalters« aus dieser pathogenen Herrschaft der geschichtlichen Kultur über die naturnahen und daher übergeschichtlichen Sphären Staat und Religion: »Der Glaube an unsichtbare, vorzeitliche Grundlagen des Daseins, die politisch-religiöse Mystik ist dahin.«[27]

Der Aufstieg der Kultur zum dominierenden Orientierungsfaktor und Verhaltensregulativ der menschlichen Lebensführung zerstört für Burckhardt zwangsläufig deren geschichtliche Substanz, indem die Existenz des Menschen insgesamt der diskursiven Praxis, den Freiheitsintentionen, dem rationalen Räsonnement und dem reflexiven Vernunftgebrauch freigesetzter Individuen anheimfällt.[28]

In der Kultur stellt sich für Burckhardt der Mensch mithilfe seiner Rationalität auf den Boden der objektiven Bedingungen und der Realität gesellschaftlicher Immanenz − unter Verlust seiner ihn erst zur Geschichte qualifizierenden Transzendierungsbedürfnisse und -fähigkeiten. Indem sich der Kulturmensch, realitäts- und verantwortungsbewußt wie er ist, in die Wirklichkeiten seines Seins verstrickt, erlischt der Ansporn, der ihn bisher geschichtlich unterwegs gehalten hatte. Am Beispiel der politischen Folgen der griechischen Kulturentwicklung hat Burckhardt diese Rationalisierungsdynamik als »eine Überwältigung des Staatswesens durch die reflektierende Kultur« gekennzeichnet, in der die gestalterische Kompetenz des Menschen zur geistigen Produktion utopischer Möglichkeitsspielräume seiner Selbstrealisation, sein »plastisches Vermögen« zur Erschaffung seiner Welt und zur Sinndeutung seiner Existenz verlorengeht zugunsten der Sekundärtugend rationaler Diskursivität: »Was aber die griechischen Demokratien überhaupt betrifft, so wird hier das Staatswesen seines höheren Schimmers durchweg allmählich beraubt und stündlich diskutabel. Es meldet sich die Reflexion, angeblich als Schöpferin neuer politischer Formen, tatsächlich aber als Allzersetzerin, zuerst in Worten, worauf es dann unvermeidlich auch zu Taten kommt. Sie kommt als politische Theorie und nimmt den Staat in die Schule; − sie könnte es nicht, wenn das wahre plastische Vermögen nicht schon tief im Sinken wäre; zugleich aber befördert sie noch dies Sinken und zehrt dasjenige plastische Vermögen, das überhaupt noch vorhanden ist, vollständig auf, wobei es demselben ungefähr wie der Kunst geht, wenn sie der Ästhetik in die Hände fällt.«[29]

Worin aber besteht für Burckhardt dasjenige »plastische Vermögen« des Menschen, welches an eine Sinndimension des Unaussprechlichen und Unbedingten, einer objektiven, nicht rationalisierungsfähigen Evidenz gebunden ist und daher innerhalb des rationalen Kosmos der Kultur notwendigerweise verlorengeht?[30]

Die Kultur im Sinne einer rationalen Orientierungsmacht der menschlichen Lebensführung impliziert für Burckhardt die Anerkennung der normativen

Kraft des Faktischen. Ihr entspricht auf anthropologischer Ebene ein Handlungstyp, dessen Rationalität in der schlichten Anpassung des Menschen an die realen Rahmen- und Erfolgsbedingungen seines somit von äußeren Umständen diktierten Handelns resultiert: »Es liegt im Menschen die stille Voraussetzung, daß jede Macht am Ende rationell verfahren, d.h. die allgemeinen Bedingungen des Daseins auf die Länge anerkennen und zu Ehren bringen müsse.«[31]

Burckhardt konzipiert den Prozeß von Verinnerweltlichung und Rationalisierung, den die Kultur vorantreibt und in sich selber verkörpert, als den Verbrauch eines dem Menschen zunächst eigenen geschichtsträchtigen Potentials.[32] Er begreift sie unter diesem Gesichtspunkt geradezu als ein Verfallssymptom. Einem Interesse an geschichtlichem Fortschritt gegenüber verhält sich dieser Entwicklungstrend der Kultur kontraproduktiv, denn der innergesellschaftliche Aufstieg der Kultur signalisiert hier nur das Ende der Geschichte infolge eines Abflauens der geschichtsträchtigen dialektischen Spannung zwischen real existierender Wirklichkeit und utopisch intendierter Möglichkeit.

Diesem Aspekt der Kulturentwicklung, einem durch sie selbst betriebenen Verlust menschlicher Geschichte in der entstehenden Alleinherrschaft zweckrationaler Handlungstypen, gelten auch die Vorbehalte des Historikers gegenüber einer drohenden Universalisierung der Kultur zur Elementarmacht der menschlichen Daseinsorientierung: »Übrigens ließe sich in betreff der Kultur überhaupt fragen, ob wir berechtigt sind, ihre unbedingte Ausbreitung von irgend einem Stadium aus für wünschbar zu halten.«[33]

Der Zwiespalt in Burckhardts Verhältnis zur Kultur als einer geschichtlichen Triebkraft resultiert aus seinem Wissen darum, daß ihr Aufstieg zum dominanten, an innerweltlichen Gesichtspunkten gebundenen Regulativ der Lebensführung aus zwingenden Gründen einen Verzehr des ihr zunächst eigenen geschichtlichen Potentials beinhaltet. Die Kultur könnte demnach auch gar nicht die notwendigen Bedingungen ihrer eigenen Fortexistenz aus sich selber schöpfen, wenn sie nicht dazu in der Lage wäre, diese geschichtliche Qualität ihrer selbst ständig zu regenerieren. Eine geistig erschöpfte Kultur kann ihrer eigenen Geschichtslosigkeit gewissermaßen die geschichtsträchtige Melodie ihrer geistigen Ursprünge vorspielen, um sich selber zum Tanzen, d.h. in die erneute Bewegung eines bereits kulturell verspielten Fortschritts zu bringen. Wie gezeigt, hat Burckhardt die ursprüngliche Geschichtlichkeit der beweglichen Potenz Kultur aus dem Umstand resultieren sehen, daß sie die den Menschen anthropologisch auszeichnende Spannung zwischen seiner utopisch überschießenden Geistes- und Bedürfnisnatur einerseits und den Realbedingungen seiner innergesellschaftlichen Existenz andererseits in sich selber austrägt. Die Kultur kann den Verlust ihrer immanenten Geschichtlichkeit vermeiden, indem sie selber ein Kulturelement in sich aufnimmt, welches den Kulturmenschen an seine transzendentale Verpflichtung zum »Unglück« und zum Leiden an der Wirklichkeit erinnert und das heißt: ihn auf die unabgegoltenen und nichteingelösten, im Medium unstillbarer anthropologischer Bedürfnisartikulationen gleichwohl utopisch intendierten Möglichkeiten seiner eigenen Selbstrealisation verweist. Eine in die Kultur selbst eingelassene Utopie- und Sehnsuchtsfähigkeit des Menschen ermöglicht für Burckhardt deren geschichtliches Weiterleben trotz eines auf die Kultur selbst zurückgehenden Verbrauchs derjenigen Fortschrittsimpulse, die der Geschichtlichkeit des menschlichen Lebens ursprünglich zugrundelagen.

Dieses Kulturelement, durch das sich die innere Fortschrittsfähigkeit und Transzendierungsqualität der Kultur fortzusetzen vermag und welches durch seine Existenz überhaupt erst die Kontinuität der menschlichen Geschichte ermöglicht und garantiert, ist die Kunst. Aufgrund eben dieser Eigenschaft begreift Burckhardt sie auch »als geschichtliches Phänomen ersten Ranges und als hohe aktive Macht im Leben.«[34]

b) Der kulturinterne Sonderstatus der Kunst

Die Kunst sichert und bewahrt die innere Historizität der menschlichen Kultur für Burckhardt durch eine ihr eigentümliche Fähigkeit zur Transzendierung von gesellschaftlicher Realität. Auf dem Wege einer ästhetischen Verfremdung von Gegenwart öffnet sie den kulturellen Orientierungshorizont des Menschen für ein Anderes, für eine »zweite höhere Erdenwelt«[35] oder ein »zweites Traumdasein.«[36] Sie ermöglicht so erst eine menschliche Identität in der kulturellen Erweiterung und sensibilisiert für die von der Realität selbst versagten, im Medium utopischer Intentionalität gleichwohl existierenden Realisationen der menschlichen Freiheit. Für Burckhardt zeugt die Geschichte der Kunst daher zugleich von dem Versuch des Kulturmenschen, »dieser Welt, wie sie auch sein mochte, mit mächtigen Schöpfungen gegenüberzutreten.«[37] Immer war sie sein lebendiger Protest gegen die Faktizitätszumutungen einer etablierten gesellschaftlichen Wirklichkeit und gerade darin auch eine geschichtliche Triebkraft von eminenter Bedeutung.

Die Kunst kündet von der Kontinuität einer geistigen Überschußproduktion, durch die Geschichte im Sinne eines prinzipiellen Wandels der menschlichen Lebensformen überhaupt erst möglich wird. Allerdings resultiert ihre geschichtliche Qualität für Burckhardt gerade daraus, daß sie als »das Bild des jezuweilen Ewigen in den Völkern«[38] in ihren ästhetischen Produktionen auf eine selbst übergeschichtliche und zeitlose Grundlage des geschichtlichen Wandels, auf ein Ewiges im Zeitlichen, auf eine aller Geschichte enthobene und diese dennoch erst ermöglichende Substanz der menschlichen Natur verweist: »Ganz anders die Künste; sie haben es nicht mit dem auch ohne sie vorhandenen zu tun, ... sondern ein höheres Leben darzustellen, welches ohne sie nicht vorhanden wäre. Sie beruhen auf geheimnisvollen Schwingungen, in welche die Seele versetzt wird. Was sich durch diese Schwingungen entbindet, ist dann nicht mehr individuell und zeitlich, sondern sinnbildlich bedeutungsvoll und unvergänglich. ... Aus Welt, Zeit und Natur sammeln Kunst und

Poesie allgültige, allverständliche Bilder, die das einzig irdisch Bleibende sind, eine zweite ideale Schöpfung, der bestimmten einzelnen Zeitlichkeit enthoben, irdisch-unsterblich, eine Sprache für alle Nationen.«[39]

Die Kunst wird zu einem geschichtlichen Aktivposten des menschlichen Daseins, indem sie eine übergeschichtliche Tiefendimension der Lebensführung anzeigt und aktualisiert. Sie repräsentiert insofern in sich selbst das menschliche Streben nach Unendlichkeit und Versöhnung zwischen Mensch und Welt. Damit ist jedoch genau diejenige Spezifik ihrer Transzendierungsleistungen angesprochen, die sie für Burckhardt in die unmittelbare Nähe zur Religion rückt – historisch wie systematisch.

Historisch gesehen verdankt die Kunst ihren Bezug auf die zeitenthobenen Grundlagen der menschlichen Existenz ihren kultisch-religiösen Ursprüngen: Für Burckhardt »spricht eine Ahnung dafür, daß alles Dichten und aller Geist einst im Dienste des Heiligen gewesen und durch den Tempel hindurchgegangen ist.«[40]

In ihrer reinsten paradigmatischen Form sieht Burckhardt diese ursprünglich mythologische Qualität der Kunst, ihre Symbiose von Schönheit und Ewigkeit, bei Homer als dem eigentlichen Stammvater der europäischen Kultur verwirklicht, weil dieser »das Bewegte eingefaßt [hat] in das Dauernde, das Geschehende in einen Zustand überführt« hat.[41] Seit der Entstehung der griechischen Kunst repräsentiert ihre Geschichte für Burckhardt den Versuch einer Rückkehr des Menschen zur Geschichtslosigkeit des Heiligen und Ewigen, ihr Ursprungsmotiv ist die »Lust an reicherer und großartigerer Verbildlichung der Götter und an der massenhaften Darstellung des Mythus; die Kunst erwachte wie aus einem gesunden Schlaf.«[42]

In diesen ihren sakralen Quellen liegt für Burckhardt die eigentliche Kulturbedeutung der Kunst begründet. Sie ästhetisiert »das Göttliche oder wenigstens das Heilige ... in der ... Gestalt einer erhöhten Menschheit ... , wobei die Kunst zu dem Zweck entsteht, das Wort in der Erzählung des Mythus, der heiligen Geschichte und Legende gleichsam abzulösen. Dies sind ihre größten, dauernden, unerschöpflichen Aufgaben, an welchen sich ihr Maßstab überhaupt ausbildet, wo sie kennen lernt, was sie kann.«[43] Sie erinnert an die mythisch-übergeschichtliche Ausgangskonstellation des geschichtlichen Wandels und wird damit zu einem »Organ der Religion«,[44] welches deren Inhalt ausdrücken und bestimmen hilft.

Unter systematischen Gesichtspunkten entwirft Burckhardts historische Anthropologie ein idealtypisches Schema möglicher Geschichtsprozesse, in welchem die Religion nicht allein als eine notwendige Vorbedingung aller weiteren Kulturentwicklungen fungiert, sondern überhaupt als ein ursprüngliches Entwicklungsferment der Kultur auftritt, das sich in alle weiteren Kulturprozesse hinein entfaltet und ihnen somit den Stempel ihrer sakralen Frühzeit unauslöschlich aufprägt; sie »knickt im entscheidenden geistigen Entwicklungsaugenblick eine Falte in den Geist eines Volkes, die nie mehr

auszuglätten ist.«[45] Die Kunst als ein abgeleitetes Entwicklungselement innerhalb dieser Ausdifferenzierung einer religiös gestifteten Kultur nimmt dieses
religiöse Erbe in sich auf, stellt es äußerlich dar und trägt es ästhetisch weiter als
die »unvermeidliche Form alles dessen, was für den Menschen heilig oder
mächtig ist.«[46]

Die Rollenverteilung innerhalb dieses Vermittlungs- und Wechselverhält-
nisses zwischen Religion und Kunst hat Burckhardt in einer überaus komplexen Weise bestimmt. Einerseits beschränkt sich die der Kunst noch mögliche
Transzendierungsleistung darauf, den Inhalt religiös erschlossener Erlösungs-
wege und Sinnvorstellungen allein zu reproduzieren und im Medium des
ästhetischen Scheins zu veräußerlichen. Am Paradigma der griechischen Kultur
hat Burckhardt diese rein mimetische Funktion der Kunst, in welcher gleichwohl der religiöse Gehalt des Mythus weiterlebt, historisch herausgearbeitet
und exemplifiziert. Er nennt den griechischen Sänger nicht etwa einen Schöpfer, sondern einzig einen »Vermittler alles dessen, was über das tägliche Leben
hinausging.«[47] Die Aufgabe und der Anspruch der griechischen Kunst blieb
darauf begrenzt, in der mimetischen Wiedergabe des Mythus die Statthalterin
des Sakralen im Rationalisierungsprozeß der Kultur zu sein: »Ein im Grunde
für Kunst und Poesie gemeinsames Gesetz ist, daß man das Schaffen im großen
dem Mythus überläßt, der dies einmal übernommen hat, und sich auf die
Wiederholung der trefflichen Typen beschränkt; wir finden bei den Griechen
den Verzicht auf materielles Neuschaffen bei stetem Neuempfinden und Neu-
motivieren des Vorhandenen.«[48]

Der Kunst ist zwar mit Mythus und Religion eine unmittelbar metaphysische Qualität gemeinsam, insofern ihr wie diesen ein realitätstranszen-
dierendes Element zu eigen ist, in dem sich eine Erlösungsintention des
Menschen verkörpert. Kunst und Religion sind, was den Charakter und die
potentielle Reichweite ihrer jeweiligen Kulturleistungen anbetrifft, miteinander vergleichbar, aber keineswegs identisch. Im geschichtlichen Schritt und
Gestaltwandel von der Religion zur Kunst als deren kultureller und säkularer
Erbin verändert sich die Sache selbst, um die es dabei geht. Es treten charakteristische Transformationsverluste auf, welche in der jeweils unterschiedlichen
kulturellen Eigenart von Religion und Kunst ihre Ursache besitzen und auf
ihre jeweils differierende Kulturqualität hindeuten: »Vollends aber ist die Kunst
eine Verräterin, erstens indem sie den Inhalt einer Religion ausschwatzt, d.h.
das Vermögen der tieferen Andacht wegnimmt und ihm Augen und Ohren
substituiert, Gestalten und Hergänge an die Stelle der Gefühle setzt und diese
damit nur momentan steigert, zweitens aber, indem ihr eine hohe und unab-
hängige Eigentümlichkeit innewohnt, vermöge deren sie eigentlich mit Allem
auf Erden nur temporäre Bündnisse schließt und auf Kündigung. Und diese
Bündnisse sind sehr frei; denn sie läßt sich von der religiösen oder anderen
Aufgaben nur anregen, bringt aber das Wesentliche aus geheimnisvollem
eigenem Lebensgrunde hervor.«[49]

Worin besteht aber für Burckhardt dieser spezifische »Lebensgrund« der

Kunst im Unterschied zu Religion und Mythus, deren vermittelndes Organ sie doch geschichtlich geworden ist – und auch sein will?

Auf diese Frage hat Burckhardt eine klare und eindeutige Antwort gegeben: Die Kunst kann die ihr angesonnene kulturelle Versöhnung von Religion und Mythus nicht selbst erbringen, sondern sieht sich darauf zurückgeworfen, diese Traditionen menschlichen Erlösungsglaubens mit den ihr zur Verfügung stehenden darstellerischen Mitteln in Erinnerung zu rufen oder aber gerade das Ausbleiben von Versöhnung im Modus einer ästhetischen Artikulation von Leidenserfahrungen negativ zu umkreisen. In diesem Falle zeugt dann die Geschichte der Kunst von einer Kontinuität menschlicher Trauerarbeit über eine sich angesichts des Endes religiöser Versöhnungsleistungen auftuende Kluft der Hoffnungslosigkeit zwischen der Realität des geschichtlichen Leidens und der Utopie des Erlöstseins.

Das Klagen der Kunst, die doch selber ein Element der Kultur darstellt, über das Leiden des Menschen an dieser seiner Kultur und der ihr eigenen Rationalität dokumentiert ein in sich gebrochenes und entzweites Welt- und Selbstverhältnis des Kulturmenschen. Burckhardt hat im Künstler den »größten Erläuterer und Zeugen seiner Zeit und Nation« erkannt.[50] Er wird dazu aber gerade als Träger eines Widerspruchsgeistes gegen die Realität, als Exponent von Unzeitgemäßheit in einer zweckrationalisierten Welt, der angesichts seiner ästhetischen Offenbarungsgabe »nicht blind der Welt der Absichten verfallen« ist,[51] sondern in seinen Kunstwerken dem Dargestellten einen höheren Sinn vindiziert, der auf ein ideales Anderes der zweckrationalisierten Realität selbst verweist.

Das spezifische Kulturelement, welches aller großen Kunst zu eigen ist, entsteht für Burckhardt in der Konfrontation des Realhistorischen mit der Welt einer quasi mythischen Transzendenz. Sein bevorzugtes Beispiel für diese Transzendierungsqualität der Kunst, aus der sie ihren Anspruch auf eine ästhetische Erlösung der Welt erst schöpft, war die Rückkehr eines rationalistisch aufgegebenen Lebens in der visionären Fähigkeit Rubens' zur Verfremdung des Realen in der Irrealität der Kunst: »Rubens nahm die mythologischen und allegorischen Figuren fröhlich unter das gewaltige Heer seiner Gestalten auf und mischte sie unter die historischen, als ob dies gar nicht anders sein könnte. ... Was nun geschieht, geschieht deutlich; über das Wollen bleibt nie ein Zweifel; die wildesten Ereignisse gruppieren sich so, daß sie als Massen ruhig wirken! Jede Bewegung hat den natürlichsten Gang; dazu bewundern wir überall das reichste, individuelle Leben, die Harmonie und Kraft des Kolorites und die Ströme von Licht. Seine Eigenschaft war: jedem, auch dem schwermöglichsten Vorgang diejenige Seite abzugewinnen, von welcher aus sich derselbe in lauter Leben und Feuer verwandeln ließ.«[52]

Während sich für Burckhardt im Mythus Mensch und Welt, Subjekt und Objekt, Intentionalität und Wirklichkeit noch im Zustand einer ursprünglichen Einheit befinden, so daß hier »Alles [ist], als ob man es so wollte«,[53] künden Kultur und Geschichte von einer tragischen Dialektik des Ausbleibens vonVersöhnung zugunsten einer sich steigernden Selbstentfremdung des Menschen im Prozeß der Kultur. Burckhardt begreift die Entstehung der griechischen Kultur sowie den von ihr betriebenen »Bruch mit dem Mythus«[54] zugunsten rationaler Diskursivität und Reflexivität als einen weltgeschichtlich folgenreichen Entschluß des Kulturmenschen zum Unglück und zur Entzweiung seiner selbst, zumVerlust seines mythisch gewährten Glücks im Sinne einer Einheit von Mensch und Welt. Die Gewährung derartiger Einheit ist das Privileg einer Existenz des Menschen aus der Substanz des Mythus, denn allein hier »vereinigt sich ... sehr vieles.«[55]

Seit den griechischen Ursprüngen der okzidentalen Kultur und Rationalität ist daher der Geschichte ein unbedingter Leidenscharakter eingeschrieben und der Mensch seinem Unglück unumgänglich preisgegeben, so daß Burckhardt sich dazu veranlaßt sieht, »Unglück« und eben nicht das »Glück« zur relevanten geschichtstheoretischen Kategorie zu erheben.[56]

Mit der Entstehung der griechischen Kultur wird eine sich ausbreitende Verzweiflung zum Grundmuster der menschlichen Existenz und Geschichte zu einer strukturellen Divergenz zwischen intendierter Erlösung und erfahrenem Leiden; der von Burckhardt herausgehobene »pathologische« Charakter der Kulturgeschichte besitzt hier seinen Ursprung. Zugleich steigt die Kunst zu demjenigen Medium auf, in dem der Kulturmensch das Unglück seiner geschichtlichen Existenz am eigenen Leibe erfährt und von seinem Leiden ästhetisch Kunde gibt.[57] Allein hier noch, in der mimetischen Erinnerung an ehemals religiöse Erlösungsüberzeugungen, vor deren Folie sich dieVersagung der Kultur nur um so deutlicher abzeichnet und dadurch menschliches Leiden auf das äußerste gesteigert wird, gibt es für Burckhardt »große«, d.h. durch die Erfahrung radikaler Negativität und Entzweiung in sich selber gebrochene Transzendierungsleistungen der Kunst: »Die Poesie hat ihre Höhepunkte: ... – wenn sie dem Menschen Geheimnisse offenbart, die in ihm liegen, und von welchen er ohne sie nur ein dumpfes Gefühl hätte, – wenn sie mit ihm eine wundervolle Sprache redet, wobei ihm zumute ist, als müßte dies einst in einem bessern Dasein die seinige gewesen sein, – wenn sie vergangene Leiden und Freuden Einzelner aus allen Völkern und Zeiten zum unvergänglichen Kunstwerk verklärt, ..., damit das Leiden des Spätgeborenen, der diese Gesänge hört, sich daran läutere und sich in ein hohes Ganzes, in das Leiden derWelt, aufgenommen fühle, was sie alles kann, weil im Dichter selber schon nur das Leiden die hohen Eigenschaften weckt, – und vollends, wenn sie die Stimmungen wiedergibt, welche über das Leiden und Freuen hinausgehen, wenn sie das Gebiet desjenigen Religiösen betritt, welches den tiefsten Grund jeder Religion und Erkenntnis ausmacht: die Überwindung des Irdischen.«[58] Die Rationalität der Kultur läßt sich für Burckhardt einzig gebrochen durch die ästhetische Melancholie der Kunst ertragen. Die Kunst verweist als ein selber zur Kultur gehöriges Phänomen auf einen Bruch des Kulturmenschen mit den ihn anthropologisch erst zum Menschen qualifizierenden Grundlagen seiner Existenz. Insofern pointiert sie den dialektischen Zusammenhang zwischen einer im Medium seiner kulturellen Rationalität wirklich werdenden Freiheit des Menschen und seiner sich ausbreitenden Selbstentfremdung.

Dieser prekäre und nirgends restlos geklärte Sonderstatus der Kunst im Geflecht der drei Potenzen äußert sich in Burckhardts Werk unter anderem darin, daß es ihm zeitlebens nicht gelungen ist, Kultur- und Kunstgeschichte in einer theoretisch befriedigenden Form zusammenzubringen und zu integrieren, obwohl er doch seine ureigenste Aufgabe gerade dort gesehen hatte, »wo Kunst- und Kulturgeschichte sich berühren.«[59] Diese Schwierigkeit schlägt bis in die geschichtstheoretische Grundlegung seiner Position in den »Weltgeschichtlichen Betrachtungen« durch, wo er sich dazu entschließt, den drei Kapiteln zu den drei Potenzen Staat, Religion und Kultur ein viertes unter dem Titel »Zur geschichtlichen Betrachtung der Poesie« hinzuzufügen.[60]

Es handelt sich bei Burckhardts historischer Anthropologie letztlich nicht um drei, sondern um vier Potenzen (und entsprechend auch um zwölf Bedingtheiten), wobei der eigentümliche Stellenwert der Potenz »Kunst« daraus resultiert, daß sie den Rationalitäts- und Freiheitscharakter der Kultur selbst noch einmal im Medium einer kontrafaktisch-unzeitgemäßen Vernunft kulturell bricht.[61] Der ästhetische Eigensinn der Kunst bringt sie in eine systematische Divergenz zur Kultur: »Allein ich sehe die Entstehung und Vollendung eines Kunstwerkes im Geist und durch die Hand des Meisters als eine Sache an, welche von seinem sonstigen Wissen und Denken wohl berührt aber nicht wesentlich bedingt werde sondern aus einer andern Quelle emporsteige.«[62]

Innerhalb der Kunst als einem Phänomen der Kultur lebt für Burckhardt ein Rest religiöser Ewigkeitsvorstellungen und Erlösungshoffnungen fort; durch sie wandern Elemente des ehemals Transzendenten in den Kosmos einer innerweltlich gewordenen Kultur ein. Burckhardt scheint mit dem Gedanken einer Kulturreligion zu spielen, insofern er die Kunst als die eschatologienahe Brechung einer profanisierten Kultur interpretiert. Sie wird zur Restgestalt einer religiösen Heilssoteriologie, die als eine selber irdische Gegenwelt des Irdischen die tradierte religiöse Funktion des ›Trostes‹ übernimmt.[63]

Die Kunst verweist als Bestandteil einer zwischen gesellschaftlichem Leiden und ästhetischer Versöhnung hilflos schwankenden Kultur auf eine Transzendierungskraft des menschlichen Geistes, welche die geschichtliche Dynamik des menschlichen Lebens ursprünglich entfesselt hatte, sich dann aber im Verlauf dieser freigesetzten Geschichtlichkeit des Menschen und in der universell gewordenen Herrschaft einer säkularisierten Kultur verbraucht hat. Die Geschichte produziert daher aus sich selbst ihr eigenes Ende, und allein die ästhetischen Klagelieder der Kunst über das Schicksal seiner Geschichtslosigkeit, das der Mensch der Kultur an sich selber erfährt, erinnern noch an das Erlösungsmotiv, aus dem Geschichte erwuchs.

Auf der biographischen Ebene ist dieser systematische Bezug zwischen Religion und Kunst als ihrem Erbe in Burckhardts Briefen ständig präsent. Burckhardt begriff sein Verhältnis zum Christentum seit dem Moment, als er

die »theologische Rumpelkammer« seiner Jugend verließ,[64] als ein rein historisches. Die christliche Religion hatte für ihn jeden privilegierten Zugang zur
Idee der Erlösung verloren und mußte daher durch andersartige Heilswege
eines selbstschöpferischen Kulturmenschentums ersetzt werden: »Das Christentum ist für unseren Standpunkt in die Reihe der rein menschlichen
Geschichtsepochen eingetreten; es hat die Völker sittlich groß gezogen und
ihnen endlich die Kraft und Selbständigkeit verliehen, sich nicht mehr mit
Gott, sondern mit dem eignen Innern versöhnen zu können. In welcher
Denkform die germanischen und romanischen Völker sich vielleicht einst
wieder einem persönlichen Gott nähern werden, wird die Zeit lehren.«[65]

Diese persönliche Gegenwartserfahrung vom Ende des Christentums als
einer überzeugenden Sinntradition und als Artikulationsform eines überlieferten Erlösungsversprechens bedeutete für Burckhardt einen einschneidenden
Kulturbruch mit der Folge weitgehender Orientierungslosigkeit.[66] Aus dieser
Erfahrung einer in ihrer Sinnsubstanz erschütterten Gegenwartskultur erwuchs Burckhardts Glaube an die »heilende Kraft« der Kunst[67] sowie an eine
die Zerrissenheit des modernen Menschen vergegenwärtigende Kulturgeschichte, welche die einzelnen Transzendierungsleistungen des menschlichen
Geistes historisch erinnert und ihren Verlust innerhalb des geschichtlichen
Aufstiegs einer zweckrationalisierten Kultur zur Darstellung bringt.

2. Die griechische Kultur als Ursprung
der europäischen Geschichte

Burckhardts Werk ist der Versuch einer Universalgeschichte der europäischen
Kultur, die sich an ihren wichtigsten Weichenstellungen, Knotenpunkten und
Zäsuren orientiert, an denen aus einer alten, kulturell erschöpften Kulturepo-
che eine neue entsteht. »Die Zeit Constantins des Großen« oder »Die Kultur
der Renaissance in Italien« sind die prominenten Beispiele für Burckhardts
Vorliebe für diejenigen »Themata, die rittlings auf der Grenzscheide«[68] zwi-
schen zwei Kulturzeitaltern weltgeschichtliche Umbrüche der menschlichen
Lebensführung markieren.

Dieses spezifische Forschungsinteresse liegt auch seiner »Griechischen Kulturgeschichte« zugrunde, wobei Burckhardt die besondere Bedeutung der
griechischen Kultur darin gegeben sieht, daß hier durch den geschichtlichen
Ursprung der menschlichen Freiheit gleichzeitig das früheste Paradigma der
okzidentalen Kultur entsteht. Dieses seither in die Geschichte eingelassene
Kulturmoment der menschlichen Freiheit bedeutet für Burckhardt einen
qualitativen geschichtlichen Sprung, insofern hier das Prinzip entsteht, dem
alle weiteren Entwicklungsschritte der europäischen Kultur gefolgt sind und
welches daher trotz aller Brüche eine »Kontinuität der Weltentwicklung«
möglich gemacht hat.[69]

Indem der Europäer sich in der Geschichtsgestalt des freien Griechen erstmalig aus der naturhaften und barbarischen Hülle intentionalitätsfremder Bedingungsfaktoren seiner Lebensführung zu emanzipieren begann, war ein Kulturstandard erreicht, der in der Folge nicht mehr unterschritten werden konnte, ohne zugleich die elementaren Bedingungen des Humanen überhaupt zu negieren: »Die große weltgeschichtliche Stellung des griechischen Geistes zwischen Orient und Okzident muß klar gemacht werden. Was sie taten und litten, das taten und litten sie frei und anders als alle frühern Völker. Sie erscheinen original und spontan und bewußt da, wo bei allen andern ein mehr oder weniger dumpfes Müssen herrscht. ... In allem Geistigen haben sie Grenzen erreicht, hinter welchen die Menschheit, wenigstens in der Anerkennung und Aneignung, nicht mehr zurückbleiben darf, auch wo sie die Griechen im Können nicht mehr erreicht. Daran liegt es, daß überhaupt dies Volk aller Nachwelt sein Studium aufzuerlegen vermocht hat. Wer sich dem entziehen will, bleibt einfach zurück.«[70]

Diese paradigmabildende Qualität der griechischen Kulturepoche als dem geschichtlichen Ursprungsort der menschlichen Freiheit bedingt den besonderen historiographischen Stellenwert der »Griechischen Kulturgeschichte«. Indem Burckhardt hier die kulturelle Logik entstehen sieht, der in der Folge alle weiteren Entwicklungsschritte der abendländischen Geschichte gehorchen, verweist sie in ihrer historischen Eigenart zugleich auf ein typisches und konstantes Merkmal der europäischen Kulturmenschlichkeit überhaupt: »Für die geschichtliche Betrachtung ... kann der Wert eines solchen einzigen Paradigmas nicht hoch genug geschätzt werden, ... Es handelt sich nicht um eine phantastische Vorliebe, welche sich nach einem idealisierten Athen sehnt, sondern um eine Stätte, wo die Erkenntnis reichlicher strömt als sonst, um einen Schlüssel, der hernach auch noch andere Türen öffnet, um eine Existenz, wo sich das Menschliche vielseitiger äußert.«[71] Am geschichtlichen Vorbild der griechischen Kultur läßt sich für Burckhardt eine Vorstellung von den charakterologischen Eigenschaften und anthropologischen Dispositionen des abendländischen Menschen und damit der Weltgeschichte Europas insgesamt gewinnen. Die individuelle Eigenart ihres griechischen Ursprungs wird deshalb zum »Zeugenverhör über das Allgemeine«[72] der europäischen und damit der weltgeschichtlichen Kulturkontinuität: »Wir lernen hier den ewigen Griechen kennen, wir lernen eine Gestalt kennen, anstatt eines einzelnen Faktors.«[73]

Werkgeschichtlich stellt Burckhardts »Griechische Kulturgeschichte« den Versuch einer empirischen Bestätigung seiner historischen Anthropologie dar, die er zur gleichen Zeit in seinen »Weltgeschichtlichen Betrachtungen« entworfen hatte,[74] denn der innere Aufbau des ersten Bandes entspricht genau der Architektonik seiner Lehre von den drei Potenzen. Burckhardt läßt hier die Dynamik der griechischen Kulturentwicklung, die er in den drei folgenden Bänden historisch im einzelnen verfolgt, aus einer bestimmten Konstellation zwischen Religion und Staat, zwischen Mythus und Polis resultieren.

a) Die Kulturbedeutung des Mythus

Burckhardt versteht den Mythus als den ersten wesentlichen Faktor innerhalb dieser griechischen Ausgangskonstellation der abendländischen Kulturentwicklung: »Der große, alles griechische Denken, Schauen und Fühlen umflutende Mythus, der wahre geistige Okeanos dieser Welt«[75] wird für Burckhardt zur alles überragenden Macht der menschlichen Lebensführung, indem er in sich die sinnhaften Grundlagen der Kultur repräsentiert, aus denen erst die Tendenz zur Freiheit, Subjektivität und Rationalität des Menschen erwachsen ist.[76] Diese Grundlagen beginnen jedoch bereits auf dem Boden der griechischen Kultur infolge einer geschichtlich entfesselten Rationalisierungsdynamik verlorenzugehen, so daß sie schließlich nur mehr eine Dimension der menschlichen Lebensführung darstellen, »welche der ganzen neuern Welt völlig fremd ist.«[77]

Aus diesem Grunde repräsentiert der Mythus als eine ursprüngliche Form menschlicher Sinnvorstellungen für Burckhardt auch die wahrhafte Jugendlichkeit der europäischen Kultur, denn »seine volle und glänzende Herrschaft übte er in der Blütezeit der Griechen, ja man könnte sagen, daß letztere ungefähr so lange auf ihrer Höhe bleibt, bis die Abwendung vom Mythus beginnt. Mit ihrem Mythus hatten sie ihre Jugend verteidigt.«[78]

Aufgrund der Ursprünglichkeit der abendländischen Kultur im Mythus wird »Sinn« für Burckhardt zum normativen Kriterium ihrer weitergehenden Entwicklung, die er als eine kulturell vorangetriebene Emanzipation des Menschen vom Ursprungsmythus begreift. Der Mythus und das »Glück«,[79] das er gewährt, definieren erst an ihrem geschichtlichen Ausgangspunkt das kulturelle Anspruchsniveau und die Standards der okzidentalen Kultur.

Wie hat Burckhardt jedoch diese im Medium mythischen Glücks ursprünglich gegebene metaphysische Sinnstruktur des abendländischen Menschen im einzelnen qualifiziert?

1. Burckhardt sieht die kulturelle Herrschaft des griechischen Mythus vor allem gebunden an seine Fähigkeit zur Artikulation einer überzeugenden Totalitätsvorstellung. Der Mythus in der äußerlichen Gestalt des Epos begründet und bestimmt Menschsein geistig in der untrennbaren Einheit von Mensch und Natur, von Subjektivität und Objektivität, von Individuum und Gemeinschaft, von Immanenz und Transzendenz, von subjektiver Freiheit und objektivem Sinn.[80] Er präsentiert dem Griechen »sein eigenes Wesen, nur in erhöhtem Ausdruck, und dazu das Bild des Weltganzen: Olymp, Erde und Unterwelt in mächtigem Zusammenhang. Ein dringenderes Bedürfnis ist die Poesie auf Erden nie wieder gewesen; denn nur die Sänger wissen Auskunft über dies alles und vervollständigen diese Auskunft von Geschlecht zu Geschlecht.«[81]

Neben dieser Projektionsleistung einer kosmologischen Totalität, die das »Zusammendenken«[82] von Mensch, Welt und Gott, der klassischen Trias der Metaphysik, ermöglicht, betont Burckhardt noch die sozialen Vergemeinschaftungsfunktionen des Mythus im Sinne der menschlichen Freiheit. Er bestimmt den Mythus als Ergebnis eines freien, kreativen und spontanen, in priesterlicher Unbehütetheit vor sich gehenden geistigen Schaffens der Volksphantasie: »Was man Glauben nennt, war bei den Griechen notwendig von ganz anderer Art als bei den Völkern mit Theologie und heiligen Urkunden, wo eine wörtliche Verpflichtung herrscht, das Göttliche so und nicht anders aufzufassen. Bei den Griechen war es viel mehr ein Schauen; das Dasein der Götter stand fest, aber ihr ganzes Tun und Leben war ein überaus freies Produkt des schauenden Geistes, und weil derselbe in jener idealen Welt völlig heimisch war, konnte er nicht irre gehen, auch indem er unbefangen weiter dichtete.«[83]

Das dem Mythus eigene Freiheitsmoment resultiert für Burckhardt aus einer einzigartigen Symbiose von Religion und Kunst, in der der ursprüngliche Zwangscharakter des Objektiven der Religion durch die freie Kulturleistung seiner epischen Ästhetisierung gebrochen wird, ohne dabei gleichzeitig seine Sinnqualität einzubüßen. Der griechische Mythus stellt für Burckhardt den im weltgeschichtlichen Maßstab einzigartigen Durchbruch einer vollendeten Kunstreligion dar, einer Symbiose von begrifflicher Vorstellung und reiner Anschauung, in der sich die Totalität von Welt und Zeit in der Absolutheit der griechischen Kunst manifestiert.[84]

Damit erst wird im Mythus die Einheit von Kultur und Religion bzw. von subjektiver Freiheit und objektivem Sinn auf eine einmalige und geschichtlich nie wieder erreichte Weise möglich. Diese geistige Bestimmung der Freiheitsnatur des Menschen im Einklang mit der Objektivität der Natur und der Götter macht die universalhistorisch einzigartige Qualität des Mythus aus, die später keinem Denken der menschlichen Freiheit mehr gelungen ist: »Wir wollen zugeben: Die wahre, unerreichbare Größe des Griechen ist sein Mythus; etwas wie seine Philosophie hätten Neuere auch zustande gebracht, den Mythus nicht.«[85]

Eine weitere für Burckhardt geschichtlich einzigartige Folge dieser untrennbaren Einheit von kultureller Freiheit und mythischem Sinn besteht darin, daß sich die aus dem Geiste des Mythus geborene subjektive Freiheit des Individuums nicht als ein sittlichkeitssprengendes Element, sondern als ein für die Gesellschaft allein konsensfähiges Integrationselement erweist. Die in der Freiheit des Mythus möglich werdende Freiheit des Menschen im Sinne eines autonomisierten Subjekts zerstört nicht die sittlichen Grundlagen des griechischen Gemeinwesens, sondern schafft überhaupt erst angesichts einer politischen Tagesrealität tödlicher Divergenzen ein kulturell gesteigertes und mit sich selber versöhntes Griechenland: »Aber ein Konsensus wie bei den Griechen wird sich anderswo nicht finden; nur hier scheint die ganze Nation mit einem selbstverständlichen Eifer auf den Mythus eingegangen zu sein und ihn homogen ausgebildet zu haben; ein so großes Gesamtbild ... bietet nur ihr Mythus.«[86]

2. Während Burckhardt eine erste Kulturleistung des Mythus darin gesehen hat, daß er eine Totalitätsvorstellung von Mensch, Welt und Gott präsentiert, in

der sich Freiheit und Sinn, Subjektivität und Objektivität zu zwei Seiten eines
einzigen kulturmenschlichen Lebenszusammenhangs zusammenschließen, erwähnt er als dessen zweite wesentliche Kulturleistung die Integration der
Zeitdimensionen Vergangenheit, Gegenwart und Zukunft zu einer Kontinuität
des Unvergänglichen, in der die Bedeutung der Geschichte im Sinne des
zeitlichen Wandels »so viel als null« zählt.[87]

Der Mythus transformiert geschichtliche Zeit zur Ewigkeit und bettet
damit die Endlichkeit des Menschen und den prinzipiellen Wandel seines
Lebens in die Unendlichkeit einer zeitübergreifenden Dauer ein: »Allen
jugendlichen Völkern gewährt die Mythenpoesie die Möglichkeit, im Dauernden, Konstanten, in dem verklärten Bilde der Nation selbst zu leben, ganz
besonders aber verdankten die Griechen dieses Leben ihrem Homer.«[88]

Der Mythus wird für Burckhardt zum höchsten Vorbild menschlicher
Sinnkonstitution, indem er Menschsein nicht nur in einer Totalität der Welt,
sondern auch in einer Totalität der Zeit kulturell so verankert, daß in ihm
Freiheit als Einheit von Subjektivität und Objektivität nicht nur möglich,
sondern wirklich wird. Der Mythus im Sinne eines Bereichs realisierter
Intentionalität, in dem »Alles [ist], als ob man es so wollte«,[89] dokumentiert in
seiner ihm eigentümlichen Geschichtslosigkeit den Zustand einer vollendeten
Versöhnung des Menschen mit der Zeitlichkeit und Endlichkeit seiner Existenz. Der Beginn der Geschichte kennzeichnet dann entsprechend das Ende
dieser in sich selber ruhenden mythischen Selbstidentität des Menschen zugunsten einer strukturellen Herrschaft von Entzweiung, Endlichkeit und Negativität.[90]

Die okzidentale Kulturentwicklung setzt ein im »Bruch mit dem Mythus«
zugunsten einer Historisierung des menschlichen Zeitbewußtseins, und sie
›kostet‹ für Burckhardt die ehemals mythische Fähigkeit zu einer Transzendierung des Zeitlichen, denn diese Fähigkeit geht in der rationalen Trostlosigkeit
einer weltimmanent gewordenen, historisierten und entmythisierten Geschichtlichkeit verloren: »Das zuhörende Volk glaubte gewiß jedesmal, was es hörte,
und sehnte sich nur nach mehrerem. In diesem großen Idealbilde seines
eigenen, dauernden Seins genoß es gewissermaßen lauter Ewigungen, während wir heute von lauter Zeitungen umgeben sind.«[91]

Die Entstehung der geschichtlichen Welt aus der vorzeitlichen und übergeschichtlichen des Mythus, der sie doch gleichwohl erst möglich gemacht hat,
ist für Burckhardt der eigentliche Ursprungsort der okzidentalen Kultur und
damit gleichzeitig die schicksalsvolle Verstrickung des Kulturmenschen in ein
mit der Kultur und der Geschichte der Freiheit sich zwangsläufig steigerndes
Unglück. Diese eigentümliche Dialektik zwischen intentionalitätsgesteuerter
Kultur und der Permanenz menschlichen Unglücks rührt daher, daß der
subjektivierte Mensch der Kultur in seiner Entmythisierung zum freien Individuum sich selbst die kulturelle Last einer Handlungs- und Sinnbildungsverant-
wortlichkeit auflädt, der er sich für Burckhardt letztlich nicht mehr gewachsen
zeigt.

Kultur wird daher zum Zustand einer systematischen Überforderung der autonomisierten menschlichen Subjektivität, aus der ein Universalismus der Verzweiflung und des Leidens quillt.

An diesem Punkt der Argumentation bietet sich die Gelegenheit, die grundsätzlichen Unterschiede zwischen Burckhardts und Droysens Interpretation der griechischen Kultur zu kennzeichnen.

Droysen hat in dem Bruch mit der Autochthonie des mythischen Weltverhältnisses, den die griechische Aufklärung in Gestalt der Sophistik vollzog, wie Burckhardt die Heraufkunft einer Epoche entzweiter Totalität gesehen, in der sich der Mythus als kultureller und die Polis als politischer Garant der sinnhaften Einheit menschlicher Lebensführung im Widerstreit subjektiver Interessen und um den Preis tiefster Verzweiflung auflöst.[92]

Im Gegensatz zu Burckhardt hat Droysen jedoch die zur Verzweiflung treibende Negativität dieser Kulturepoche als eine notwendige Durchgangsstufe in der Geschichte der Freiheit gedeutet, die mit dem Ausgang des Menschen aus der mythischen Ursprünglichkeit der Natur die sittliche Aufgabe des vernünftig zu sich selbst gekommenen Geistes geworden ist. Der teleologisch in die Zukunft hinein überschießende Bedeutungsgehalt der menschlichen Freiheit wird für Droysen durch die geschichtlichen Erfahrungen des Leidens hindurch zum einzig denkbaren Sinnprinzip der Geschichte, angesichts dessen die Gegenwart aufgerufen ist, diesem aus der Vergangenheit überlieferten Telos der Zukunft den geschichtlichen Weg zu ebnen. Der durch das Christentum aus dem vor- und übergeschichtlichen Jenseits mythisch-religiöser Weltauffassung in die geschichtliche Welt gekommene Gedanke einer erfüllten Zeit, der aller Gegenwart – auch der verzweifeltsten – einen Schimmer der Hoffnung verleiht und zugleich eine praktische Aufgabe in der Kontinuität der werdenden und alle Negativität transzendierenden Freiheit zuweist, ist für Droysens Interpretation der griechischen Kultur und ihres Bruchs mit den vorgeschichtlichen Grundlagen des menschlichen Lebens unmittelbar leitend geworden.[93]

Anders Burckhardt, der dem menschlichen Leiden nicht mehr diesen geschichtsphilosophisch gerechtfertigten Bedeutungsgehalt innerhalb einer geschichtlichen Dialektik des Fortschritts der menschlichen Freiheit zuzubilligen vermag: Die positive Teleologie der Freiheit gerät bei ihm zu einer negativen Dialektik des Leidens, welches angesichts seiner offensichtlichen Erlösungsunfähigkeit durch keine geschichtsphilosophische Subtilität mehr gerechtfertigt werden kann. Der geschichtliche ›Sinn‹ des Negativen ist dahin; in ihm steckt nicht mehr die teleologische Verheißung, die notwendige Kehrseite künftiger Freiheit zu sein, sondern allein noch die unheilvolle Ankündigung der permanenten Reproduktion menschlichen Leidens auf gesteigerter Stufe.

Der Freiheitsgewinn der Kultur ist infolge ihres Bruchs mit dem Mythus erkauft mit einem Sinnverlust des menschlichen Lebens, über den letztlich nur der mit ihm gepaarte Aufstieg der Kunst zu derjenigen Instanz hinwegtrösten kann, welche die Sinnlosigkeit des entmythisierten Seins des Kulturmenschen durch den melancholischen Reiz einer ästhetischen Trauerarbeit verschönt. Burckhardts Vorstellung ist die, daß die Entstehung der Kunst den Verlust des Mythus anzeigt und daß ›Sinn‹ seither – wenn überhaupt – nur noch als ein ästhetischer zu haben sei.[94] Darin ruht seit ihrem griechischen Ursprung aus dem Ende des Mythus das metaphysische Geheimnis der Kunst: »Allein der gewaltige innere Bildtrieb, der allen Geist in Formen auszudrücken gezwungen ist, und der die griechische Kunst beseelt ... bleibt uns hier wie für alle großen Kunstzeiten ein Mysterium. Er trat auf, als das Epos ungefähr sein Tagewerk getan hatte.«[95]

b) Der kulturgeschichtliche Stellenwert der griechischen Polis

Der erste Band der »Griechischen Kulturgeschichte« handelt, der Potenzen-lehre Burckhardts entsprechend, von »Staat und Nation« als weiteren struktur-bildenden Ausgangsfaktoren der griechischen Kulturentwicklung. Die in sei-ner historischen Anthropologie entwickelte Vorstellung vom Primat des Politischen vor der Kultur[96] ist auch für Burckhardts Rekonstruktion der griechischen Kulturentwicklung leitend geworden: »Die Macht kann auf Erden einen hohen Beruf haben; vielleicht nur an ihr, auf dem von ihr gesicherten Boden können Kulturen des höchsten Ranges emporwachsen.«[97] Der geistige Kern aller Kultur, das Bewußtsein freier Individualität, entwächst erstmals im geschichtlichen Kontext der Polis einer politischen Binnenmoral, für die Freund-Feind-Schemata bestimmend waren.

Burckhardt sieht das freie Individuum, den eigentlichen Träger nicht nur der griechischen, sondern der okzidentalen Kultur insgesamt, aus einer ge-schichtlichen Konstellation wechselseitiger Vernichtung hervorgehen; die Ein-heit der griechischen Kultur stellt sich her in der politischen Vielheit ihrer Poleis, und zwischen ihnen »waltet ... Feindschaft«.[98] Der Freiheits- und Subjektivierungswille des Menschen ist dort, wo er als eine Kulturmacht geschichtlich wirksam wird, unmittelbar gebunden an das Prinzip einer Nega-tion des Anderen, weil sich »die Individualität, welche von andern unterschie-den sein will«,[99] überhaupt erst in dieser politisch manifestierten Differenz herstellt.

Den geschichtlichen Vorgang menschlicher Individuierung, der seit der griechischen Polis das kulturelle Grundgesetz der europäischen Kulturent-wicklung kennzeichnet, sieht Burckhardt gekoppelt an die Realität eines universellen Kampfes um Macht- und Lebenschancen, der letztlich erst in der Überwindung des Anderen seine Erfüllung erfährt: »Es sind alte Weltgesetze, daß die Kräfte nur im Gegensatz, nur im Ringen gegeneinander sich vollstän-dig entwickeln und bewußt werden, und daß eine stark entwickelte politische Kraft die große Grundbedingung ist für alles äußere und geistige Gedeihen, die unentbehrliche Stütze der nur an ihr emporwachsenden Kultur. In letzterer

Beziehung haben die griechischen Poleis lange Zeit hindurch Großes geleistet.«[100]

Die innerhalb der griechischen Polis geschichtlich in Gang gesetzte Dynamik der Kultur ruht für Burckhardt letztlich auf einer politischen Logik des
Bösen im Sinne wechselseitiger Tötungsversuche. Kultur ist somit gebunden an
eine unmittelbare Gleichzeitigkeit des Ungleichzeitigen, sie existiert neben, ja
basiert auf einer »Summe von Jammer und Blut ... gegenüber vom intensivsten
Leben lauter völlige Zernichtung!«[101] Die griechische und damit zugleich die
gesamteuropäische Kultur erwuchsen für Burckhardt aus einer Urerfahrung des
Bösen im Sinne einer ständigen Bedrohung des eigenen Lebens. Diese Erfahrung treibt das Individuum aus sich hervor und mobilisiert erst die für alle
Kultur notwendigen Subjektivierungskräfte. Die freie Individualität entsteht
im geschichtlichen Kontext von Freund-Feind-Verhältnissen als eine kulturelle
Widerstandsleistung gegen die Tötungsabsichten Anderer.

Der Kulturprozeß menschlicher Subjektivierung speist sich aus der Behauptung von Identität gegenüber dem Vernichtungswillen des Feindes. Seit
der Entstehung der Polis als dem ursprünglichsten Gehäuse der okzidentalen
Kultur werden für Burckhardt daher Kampf und rivalisierende Selbstbehauptung zum Paradigma menschlicher Vergesellschaftung: »Da man einander unter
Hellenen kannte und wußte, daß dem Besiegten nicht nur Unterwerfung unter
eine politisch und kriegerisch stärkere Macht, sondern die völlige Vernichtung
bevorstand, indem der Sieger die ganze Habe rauben, die Feldmark an sich
ziehen, die Einwohner töten oder verkaufen würde, daß also der Untergang
der Polis auch der Untergang aller Einzelnen sein würde, bekam auch die
Gegenwehr den Charakter einer Verteidigung des ganzen allgemeinen und
persönlichen Daseins, ... Alle Gefühle so zahlreicher und so verschiedener
Menschen verwandelten sich in das Eine des Widerstandes.«[102]

Indem Burckhardt den Ursprung von Individualität und Kultur als eine
erzwungene Reaktionsleistung auf äußerste politische Bedrohung konzipiert,
wird verständlich, warum sie für ihn geradezu auf dem Boden der »voll-
ständigste[n] Philosophie der Macht des Stärkeren«[103] entstehen mußte, nämlich bei den Griechen, denen, noch vor der Kultur, »die Herrschaft ... das
Größte« war.[104]

Die Entstehung der Kultur aus der menschlichen Erfahrung äußersten
Bedrohtseins durch das Böse der politischen Herrschaft macht sie für Burckhardt zum Ausgangspunkt jener Universalgeschichte des menschlichen Leidens, die der Fortschritt der Kultur und der Freiheit des Individuums in sich
verkörpert.[105] Die Subjektivität des Menschen nimmt als Trägerin aller weitergehenden Kulturprozesse diesen Makel ihres Ursprungs im Leiden am Bösen in
sich auf und trägt ihn geschichtlich weiter; der Individualität des Menschen ist
seit ihrer Entstehung im Kontext der Polis das Merkmal einer kulturellen
Reaktionsbildung auf Verzweiflungserfahrungen zu eigen. Seither ist die an die
freie Persönlichkeit gebundene Kultur die geschichtliche Manifestation und
zugleich das erwachte Bewußtsein einer Permanenz menschlichen Unglücks:

»Es bliebe nun übrig, ihr sonstiges Glück und Unglück, so weit sie es sich selber bereiteten, zu beurteilen, und hier dürfen wir wohl sagen, daß die Polis, so wie sie sich nach innen und nach außen entwickelte, ihre Menschen mit der Zeit überwiegend unglücklich gemacht haben muß. Sie bildete das Individuum nicht nur zur Persönlichkeit aus, sondern trieb es auf das heftigste vorwärts und verlangte doch völlige Entsagung; ... Man kann daher auf die Anschauung kommen, daß in der ganzen Weltgeschichte kaum eine andere Potenz ihr Leben und Streben so furchtbar teuer bezahlt haben möchte, als die griechische Polis. Denn in gleichem Maße mit der hohen geistigen Entwicklung der Hellenen muß auch die Empfindung für die Leiden gewachsen sein, die sie einander zufügten.«[106]

Der aus den Wirren der Polis und aus dem Widerstand gegen und der kollektiven Verzweiflung über ihre politische Vernichtungspraxis hervorgegangene Individualismus steigt für Burckhardt zur eigentlich geschichtlichen Potenz der griechischen Kultur auf. Die freie Persönlichkeit wird zum Prinzip aller weiteren Entwicklungen, und dieses Prinzip ist es, welches die Griechen einzigartig macht: »Überall erwacht nun die Individualität als solche, und erst damit werden die Griechen ein Volk, das keinem andern gleich sieht.«[107]

Das innergesellschaftliche Phänomen, in dem sich dieses Individualitätsprinzip der griechischen Kultur realgeschichtlich verkörpert und welches zugleich als Triebfeder des geschichtlichen Fortschritts, als die »große Grundkraft alles griechischen Lebens«[108] fungiert, ist für Burckhardt der »Agon«, der als die äußere Hülle aller Subjektivierungsprozesse erst »einen neuen Begriff für das Hellenentum geschaffen hat.«[109]

Unter Agon versteht Burckhardt letztlich die Summe aller kulturellen Formen und Triebkräfte, in denen der menschliche Geist geschichtlich wirksam wird. Es handelt sich um die innergesellschaftliche Manifestation menschlicher Transzendierungskräfte, durch die der Mensch sich selbst und seiner Wirklichkeit den Spiegel des utopisch Möglichen entgegenhält. Der Agon ist insofern das allein im Medium der freien Subjektivität und Kultur zu erwerbende Wissen des Menschen von einem »Kontrast zwischen den Dingen, wie sie sind und wie sie sein sollten oder möchten.«[110]

Dieses im Kontext kultureller Individuierungsprozesse agonal erworbene Wissen eines prinzipiellen Unversöhntseins zwischen Mensch und Welt, zwischen Intentionalität und Realität wird für Burckhardt zum wichtigsten mentalen Ursprungsort aller Geschichtlichkeit des menschlichen Lebens.[111]

Aus Freiheit und Kultur quellen für Burckhardt Unzufriedenheit und damit eine menschliche Unglücksbereitschaft in Permanenz, denn Unglück ist der adäquate Ausdruck der Unzufriedenheit mit einem gegebenem Zustande. Geschichte als ein dynamisch vorangetriebener Wandel aller Aspekte der menschlichen Lebensführung verweist dann gleichzeitig auf eine Existenzweise des Kulturmenschen, deren Triebkraft ein aus der Unzufriedenheit geborener und geschichtlich wirksam werdender Handlungs- und Veränderungswille ist. Entsprechend ist für Burckhardt das bezeichnende Merkmal der Athener der

»leidenschaftliche Gesamtwille, der diese Bevölkerung vorwärts treibt. Ihr wahrer Stimulus ist die ewige Unzufriedenheit, wenn etwas nicht unternommen oder nicht vollständig genug durchgeführt worden ist. Weil man durch Leidenschaft vorwärts getrieben wird, ist man seiner Beschlüsse nicht ganz mächtig; aber man erreicht bisweilen das Unglaubliche.«[112]

c) Die griechischen Ursprünge kulturellen Verfalls

Indem Burckhardt den Agon und damit die Totalität kultureller Freiheitsanstrengungen und autonomer Individuierungsleistungen des Menschen als das spezifische Rationalitätsmerkmal der griechischen Kultur konzipiert, muß er den Verfall dieser Kultur ebenfalls aus dem Prinzip subjektiver Freiheit, bzw. aus einer ihm unmittelbar innewohnenden geschichtlichen Dialektik heraus erklären, um die Einheit seines Geschichtskonzepts bewahren zu können. Der Untergang jeder Kultur muß Geist vom Geiste derjenigen menschlichen Freiheit sein, dem sie zugleich ihre Entstehung verdankt. Wenn die Subjektwerdung des Menschen im zeitlichen Kontext der griechischen Kultur den Beginn der Geschichte anzeigt und damit zugleich das Ende der Natur bedeutet, muß in diese Freiheitsnatur und Subjektqualität des Menschen selbst eine verborgene Verfallslogik eingebaut sein, da Burckhardt doch die Geschichte als einen permanenten Aufstiegs-, Erschöpfungs- und Ablösungsprozeß aufeinanderfolgender Kulturen versteht, dessen ewige Triebkraft die Intentionalität der menschlichen Freiheit ist.

Diese kulturgeschichtliche Dialektik zwischen menschlicher Freiheit und kulturellem Verfall beginnt mit der Entstehung des Individuums im Kontext der griechischen Polis: »Von der späteren Zeit der demokratischen Polis ... wendet sich der Blick bekanntlich gerne ab, es ist aber alles Eine Kette von Ursachen und Wirkungen bis zur gegenseitigen Ausrottung, ... und dieser Krankheitsgeschichte wird sich die Darstellung, sobald sie objektiv verfahren soll, nie entziehen können. Der Prozeß der teils innerlichen, teils gegenseitigen Aufzehrung der Poleis ist ein logischer, aus deren Wesen unvermeidlich hervorgehender; der unbedingte Lebensdrang war in seinen Konsequenzen zur inneren und äußeren Todesursache geworden.«[113]

Der geschichtliche Ort des dialektischen Umschlagens von Freiheit in ihr Gegenteil ist für Burckhardt die Demokratie. Als eine ursprünglich aus der Dynamik freier Individualität hervorgegangene Organisationsform des Politischen beschwört sie das Ende der Kultur herauf, indem sie – als ein die kulturellen Mechanismen freier Individuierung außer Kraft setzender und daher »unechter Agon«[114] – unter dem Banner des freien Individuums den Terror egalitärer Herrschaft betreibt und damit das definitive Ende aller Individualität, Freiheit und Kultur herbeiführt. Die Selbstnegativität der menschlichen Freiheit wird manifest in einer »Demokratie, welche gelegentlich in Tyrannis umschlägt. Der demokratische Staat, in großem Durst nach Freiheit, gerät an unrichtige Schenken und wird weit über das Maß von ungemischtem Weine trunken gemacht.«[115]

Burckhardt hat diesen Verlust freier Kultur in der geschichtlichen Realisation ihrer selbst als einen Utilitarisierungs- und Materialisierungsprozeß menschlicher Handlungsmotive und Antriebsenergien gedeutet. Es handelt sich hierbei um die Transformation einer »Welt ohne Nutzen«, d.h. einer Dominanz geistregulierter und sinnhaft gedeuteter Lebenszusammenhänge in eine Herrschaft zweckrationaler Interessen, in welcher »das Geld ... der Hauptmaßstab der Dinge« wird.[116] Diesen Aufstieg des Geldes und damit einer formalisierten Rationalität zum Regulativ der menschlichen Lebensführung hat Burckhardt als einen Beitrag zum Verlust ihrer Geistnatur und der ihr immanenten Geschichtlichkeit begriffen, als die Entstehung einer mentalen Struktur, bei der »der Geist ganz im Stillen eine Tür nach der andern und zuletzt auch die innerste zuschließt.«[117]

Der Untergang ihrer selbst, den die Kultur aus einer in ihr wirkenden Rationalisierungstendenz heraufbeschwört und betreibt, vollzieht sich für Burckhardt im gesellschaftlichen Aufstieg einer formalisierten Zweckrationalität und einer sie begleitenden Vorherrschaft materieller Interessen. Das Ende jeder Kultur wird durch »das Besserlebenwollen der Massen« herbeigeführt.[118]

Was Burckhardt freilich im Rückgriff auf die Kulturkategorie nicht erklären kann, ist die Herkunft derjenigen geschichtlichen Triebkräfte, die auf dem Boden einer erschöpften Kultur eine neue entstehen lassen können. Diesen Impuls für den geschichtlichen Übergang von einer alten zu einer jugendlichen Kultur kann Burckhardt nur als eine Rückkehr zur ursprünglichen Kulturlosigkeit der Natur denken, welche die notwendigen Bedingungen dafür schafft, daß sich das Prinzip der freien Subjektivität des Menschen über den Bruch der Zeiten und das »Ausleben« einer Kulturepoche hinüberrettet.[119] Die mit einer inneren Notwendigkeit erfolgende Erschöpfung der Kultur durch den einseitigen Aufstieg materieller Interessen und zweckrationaler Orientierungen mündet für Burckhardt in einen »Zustand, da sich die Welt doch wieder nach ›Erfrischung‹ durch noch unverbrauchte Naturkräfte, also nach einer neuen ›Rohheit‹ umsieht.«[120] Der universalgeschichtliche Prozeß der Kultur ruht letztlich auf seiner periodischen Auffrischung durch die allein schöpferische Macht der Natur, die den kulturellen Schutt rationalisierter Lebensformen beiseiteräumt und damit eine neue Runde der menschlichen Kulturentwicklung einläutet. In einem derart naturregulierten Prozeß geschichtlicher Kulturerneuerung »tritt strahlend hervor das Recht der Natur«.[121]

In diesem Verhältnis zwischen der allein schöpferischen Natur und der von ihr abgeleiteten und zehrenden Kultur kommt der Kunst für Burckhardt die besondere Aufgabe zu, den Faden nicht abreißen zu lassen, der den Menschen auch noch angesichts seiner kulturellen Selbstentfremdung mit den Urgründen der Natur verknüpft. In dieser mimetischen Erinnerung an die Natur der Kultur wahrt die Kunst die notwendigen Bedingungen einer geschichtlichen

Erneuerungsfähigkeit des menschlichen Lebens. Der Sonderstatus der Kunst im Gefüge der Kultur resultiert aus ihrer größeren Nähe zur Ursprünglichkeit der Natur, durch die sie ein Ferment kultureller Erneuerung zu werden vermag. Die Kunstwerke zerbrechen und transzendieren für Burckhardt, obwohl sie selber Kulturphänomene darstellen, die Hermetik dieser Kultur in der ästhetischen Rückkehr zu ihren naturgegebenen Grundlagen: »Allmählich vernimmt man dann ihre Stimme: Kommt aus eurer Welt heran zu der unsrigen! Wir deuten euch ein zweites Dasein, soweit ihr des Willens dazu fähig seid! Könnt ihr uns entbehren, desto besser für euch! Aber ... wir waren der Natur noch um Jahrhunderte näher und des Idealen mächtiger als eure Zeit!«[122]

d) Die normativen Vorentscheidungen für die »Weltgeschichte Europas«

Mit den Griechen sieht Burckhardt den universalgeschichtlichen Prozeß der europäischen Kultur beginnen, und als ein wesentliches Merkmal dieses Prozesses hat er die Fähigkeit der Kultur begriffen, sich selber durch periodische Erneuerungen im geschichtlichen Fluß zu halten: »Eine Eigentümlichkeit höherer Kulturen ist ihre Fähigkeit zu Renaissancen. Entweder ein und dasselbe oder ein später gekommenes Volk nimmt mit einer Art von Erbrecht oder mit dem Recht der Bewunderung eine vergangene Kultur teilweise zu der seinigen an.«[123] Geschichte wird in dieser Vorstellung zu einem ewig unabgeschlossenen Bildungsprozeß des Kulturmenschen im dialektischen Wechselspiel zwischen Kultur und Natur. In dieser Dialektik wächst der Natur, die in das geschichtliche Leben entweder in Gestalt einer neuen religiösen Offenbarung oder einer kulturell ungehemmten, »rohen« politischen Herrschaft hineinragt, die Aufgabe zu, eine Kontinuität des Geistes durch die Rückkehr zu seinen lebensspendenden Grundlagen zu ermöglichen.

Die paradigmatische Bedeutung der griechischen Kultur besteht für Burckhardt darin, in der geschichtlichen Gestalt des Hellenismus diesen universellen und grenzenlosen Bildungsprozeß des menschlichen Geistes ermöglicht und eröffnet zu haben: »Der Hellenismus ist das auf die ganze Welt angewandte und von der ganzen Welt in Anspruch genommene Griechentum, das große Mittel der Kontinuität des Geistes zwischen der ältern und der römischen und mittelalterlichen Welt.«[124]

Welche spezifischen Eigenschaften ließen aber die griechische Bildung und Kultur durch den Hellenismus zur Weltkultur und zum Sauerteig einer geschichtlichen Kontinuität werden, durch die »die Zeiten und das Interesse für diese Zeiten« miteinander zusammenhängen?[125] Wie kommt es zu dem »geheimnisvollen, narkotischen Duft der griechischen Bildung«,[126] durch den die Griechen erst die »Vorbilder für alle Zeiten« geworden sind?[127] Welchen Logos sah Burckhardt mit dem freien Individualismus der griechischen Kultur ins historische Leben treten, der über die einzelnen Bildungsstufen und Kulturbrüche der abendländischen Geschichte hinweg als ein mit sich selbst identisch bleibender bis in seine eigene Gegenwart hineinragte?

Die sich seit den Griechen durch alle Kulturepochen hindurchziehende und jeden Verfallsprozeß überdauernde Geistnatur des Menschen hat Burckhardt wie Droysen als die Grenzenlosigkeit einer Lernbereitschaft und Bildungsfähigkeit bestimmt, die ihren geschichtlichen Ursprung in der kulturellen Individuierung des Menschen zum freien Subjekt besitzt. Mit dem Prinzip freier Subjektivität und dem damit ermöglichten »Übergang vom Rassevolk zum Individualismus der Einzelnen«[128] wird Geschichte mehr als die Entäußerung eines einmal anthropologisch angelegten und nicht zu überschreitenden geistigen Potentials. In der Freiheit des Individuums wird Geschichte stattdessen zu einem prinzipiell nicht enden könnenden Fortschrittsgeschehen, zu einem ewig unabgeschlossenen Lernprozeß des Kulturmenschen, in dem Bildung sich nicht als ein bestimmtes Wissen realisiert, sondern eher als die Fähigkeit und der Wille zu prinzipiell jedem Wissen.[129]

Der Individualisierung des Menschen entspricht die Entpartikularisierung seiner Identität und seines Ausgriffs auf das Ganze der menschlichen Welt: »Freilich steht das Individuum fest auf dem Boden seiner besondern Polis, der es hier mehr angehört als so leicht irgendwo sonst. Aber weil im hellenischen Geiste zugleich die Notwendigkeit erwacht ist, über diese Polis hinwegzuschweben, verbindet sich das stärkste Bürgertum mit der frühsten allgemeinen Teilnahme am Weltganzen·«[130]

Im geschichtlichen Vorgang kultureller Individuierung wird bei den Griechen Bildung zum Akt einer tendenziell universalistischen Horizonterweiterung und Identitätstranszendierung, da die Ausbildung freier Subjektivität immer schon an die Wahrnehmung der individuellen Partikularität des eigenen Selbst und damit zugleich unweigerlich an die Erfahrung einer Differenz gegenüber der gleichberechtigten Individualität des Anderen gebunden ist. Mit dieser Erkenntnis einer aus dem Prinzip freier Individualität notwendig sich ergebenden geschichtlichen Vielfalt des Humanen hat der griechische Logos in seinem »offenen Sinn für alles Wissenswerte in der Welt der Erscheinungen am Ende doch das Auge der Welt werden können.«[131]

Dem im weltgeschichtlichen Maßstab äußerst fruchtbaren Boden des griechischen Individualitätsprinzips entwuchs das hermeneutische Verständnis für die prinzipielle Vielfalt individueller Erscheinungsformen des Menschlichen, und aufgrund dieses Wissens von der Einheit des Menschen in der Vielheit seiner kulturellen Formen konnten die Griechen »lernen, ... mit allen Leuten zu verkehren.«[132] Damit spielt Burckhardt auf eine moralisch-praktische Konsequenz des Kulturprinzips freier Subjektivität an, insofern in der Erkenntnis der individuellen Andersartigkeit des Anderen zugleich die normative Aufforderung beschlossen liegt, diese Andersartigkeit als solche prinzipiell anzuerkennen, weil nur in dieser Anerkennung die notwendigen Bedingungen der menschlichen Freiheit – und damit zugleich die unbedingten Voraussetzungen der selbst in Anspruch genommenen Individualität – gesichert werden können: »Indem mit den Poleis eine Menge neuer Mittelpunkte des Lebens geschaffen werden, wird die Vielheit ihrer Staaten und ihrer Kulte zur geistigen Freiheit. Mit dem Gefühl der Zusammengehörigkeit und der freundlichen Ausgleichung verbindet sich hier eben frühe ein Höheres: das Schauen und Erkennen des Andern, Verschiedenen und doch auch Berechtigten, bald nicht bloß innerhalb, sondern auch außerhalb der Gesamtnation, und es wird hierin eine Bestimmung des Menschen erkannt.«[133]

Die griechische Kulturgeschichte war Burckhardts letztes großes Forschungsprojekt, ein Spätwerk, welches in der Form einer Rekonstruktion der kulturellen Entstehungskontexte der Weltgeschichte Europas sein dezidiert universalgeschichtliches Interesse abschließend befriedigte und zugleich einen persönlichen Bildungsweg vollendete,[134] der mit der Erforschung des Endes der griechisch-römischen Antike in der Entstehung des Christentums begonnen hatte.

Burckhardts erstes großes Hauptwerk, »Die Zeit Constantins des Großen«, war 1852 erschienen, nachdem es ihn schon seit den frühen 40er Jahren intensiv beschäftigt hatte.[135] Es beleuchtete die erste große Krisen- und Übergangsepoche der europäischen Kultur und entfaltete bereits den Grundgedanken, der später für Burckhardts Theorie der drei Potenzen und der sechs Bedingtheiten leitend geworden ist: daß die innergesellschaftliche Fortschrittsdialektik der Kultur, in der sich die anthropologischen Antriebsenergien einer »stets unzufriedenen Menschheit«[136] geschichtlich entäußern, immer auf eine bestimmte Konstellation mit Religion und Staat verweisen. Das Zusammenspiel der drei Potenzen hat für Burckhardt erst jenseits aller Umbrüche die Kontinuität der okzidentalen Kultur und damit den universalgeschichtlichen Bildungsprozeß des Menschen möglich gemacht.[137]

Die Chance für eine Erneuerung der Kultur sieht Burckhardt in diesem Frühwerk bereits gebunden an das Aufkommen religiöser, d.h. überweltlicher Heils- und Erlösungsvorstellungen, die einleuchtendere und einfachere Antworten auf die existentiellen Fragen der menschlichen Lebensführung gewähren, Bedingungen, die für Burckhardt das entstehende Christentum jener Zeit auf eine überzeugendere Art erfüllt hat als das Heidentum.[138] Eine wesentliche geschichtstheoretische Vorentscheidung Burckhardts besteht darin, daß er sich weigert, die Entstehungsvoraussetzungen dieser neuen mentalen Produktivkräfte des geschichtlichen Wandels allein aus den objektiven und strukturellen Bedingungen der geschichtlichen Wirklichkeit selber abzuleiten, sondern sie vor allem aus den historisch nur bedingt erklärbaren Subjektivierungsprozessen des Menschen resultieren läßt. Subjektivität versteht Burckhardt dabei als eine geistige Tiefenstruktur der geschichtlichen Realität, die in Form einer an über- und außerweltlichen Heilsgesichtspunkten orientierten Religion (oder aber eines ungebändigten politischen Willens zur Macht) den Fortschritt zu permanent neuen Kulturstufen aus sich entläßt: »Der jammervolle Zustand des Staates und der bürgerlichen Gesellschaft hatte gewiß einen großen Anteil an der Ausbildung dieser Jenseitigkeit, doch erklärt er dieselbe nicht völlig. Aus unerforschlichen Tiefen pflegt solchen neuen Richtungen ihre wesentliche Kraft zu kommen; durch bloße Folgerungen aus vorhergegangenen Zuständen sind sie nicht zu deduzieren.«[139]

Was Burckhardt an der Frühgeschichte des Christentums interessiert, sind vor allem die von ihm ausgehenden Mobilisierungseffekte des menschlichen Handelns, die den Übergang zu einer neuen Kulturstufe der Menschheitsentwicklung erst möglich gemacht haben. Diese Mobilisierungseffekte resultierten für ihn aus der christlichen Eschatologie, die es erlaubte, das Diesseits des menschlichen Lebens an der Jenseitigkeit religiöser Erlösungsvorstellungen zu brechen und aus dieser spezifisch religiösen Verfremdungsleistung der geschichtlichen Welt die politischen Handlungsenergien zu ihrer Veränderung und letztlich zu ihrer kulturellen Überwindung zu generieren.[140]

Damit wird deutlich, daß Burckhardts Theorie des geschichtlichen Wandels der Kultur in einer beeindruckenden Weise von Anfang bis Ende, also vom »Constantin« bis zur »Griechischen Kulturgeschichte« die gleiche geblieben ist und sich durchgängig an den Grundlagen seiner historischen Anthropologie orientierte. Im folgenden soll untersucht werden, ob dieser Befund auch durch die Kulturgeschichte der Renaissance in Italien bestätigt wird.

3. Die Renaissance als Paradigma der modernen Kultur

Wie »Die Zeit Constantins des Großen« den geschichtlichen Übergang von der griechisch-römischen Antike zum christlichen Mittelalter thematisiert, greift Burckhardt in seinem weiteren Hauptwerk »Die Kultur der Renaissance in Italien« eine andere Transformationsepoche der europäischen Kulturentwicklung historiographisch auf: Ihn interessiert hier die Renaissance als diejenige »große Wandelung des europäischen Geistes«,[141] in der sich die menschliche Lebensführung kulturell neu orientiert und sich gleichzeitig die geschichtlichen Umrisse der modernen Gesellschaft bereits herauskristallisieren, so daß jeder Versuch einer historischen Selbstverständigung der Gegenwart dort ansetzen muß, wenn er eine kulturell tragfähige Orientierung über den Veränderungscharakter und die Entwicklungsrichtung des eigenen Zeitalters erbringen will: »In jener Zeit sind wesentlich die Fäden desjenigen Gewebes gesponnen worden, in welchem wir jetzt mitverpflochten sind. Jeder Blick auf die Vergangenheit muß spätestens dort anknüpfen. Aber alles, was damals begonnen wurde, hat große Metastasen erfahren.«[142]

Damit werden die historiographischen Interessen, die Burckhardt zum Studium der italienischen Renaissance führten, grundsätzlich denjenigen vergleichbar, die auch seiner »Griechischen Kulturgeschichte« zugrundeliegen. Während Burckhardt in letzterer die im Kontext der griechischen Kultur sich bereits abzeichnenden Ausgangsbedingungen, Entwicklungstendenzen und Strukturmerkmale der gesamteuropäischen Kultur herauszuarbeiten versucht, dienen seine Studien zur italienischen Renaissance dem Ziel, einerseits die dort angelegte Präformierung einer spezifisch modernen Lebensführung herauszuarbeiten, durch die »der modern italienische Geist ... für den ganzen Okzident maßgebendes Vorbild« geworden ist,[143] sowie andererseits den von der Renaissance geleisteten Versuch einer Vermittlung von Antike, Mittelalter und Neuzeit zu einer Kontinuität der europäischen Kulturentwicklung historisch zu bestimmen.

Die heuristischen und theoretischen Perspektiven, die Burckhardts Interpretation der Frühen Neuzeit als der geschichtlichen Schwelle zur Gegenwart dominieren und dieser eine besondere Kulturbedeutsamkeit zubilligen, lassen sich im Rückgriff auf seine Vorlesungseinleitungen, welche die Textgrundlage der »Historischen Fragmente« bilden, im wesentlichen unter drei Gesichtspunkte bringen:

1. Unter dem Stichwort: »Der Begriff der abendländischen Christenheit wird aufgelöst« erwähnt Burckhardt den Aufstieg des Handelskapitalismus und der europäischen Kolonialexpansion zu einem neuen integrierenden Zentrum der europäischen Geschichte. Er definiert somit die moderne Kultur von Anfang an aus ihrer strukturellen Spannung zur christlichen Religion als der im Mittelalter noch weithin dominierenden Ordnungsmacht der menschlichen Lebensführung. Es »erscheint eine neue Farbe in der Luft: Weltliche Eroberung und Handelsgewinn. Freilich erst in der Folgezeit bildet sich dann die volle moderne Ausbeutung der Welt in Verbindung mit einem neuen Begriff von Arbeit in den europäischen Mutterländern.«[144]

Ebenfalls im Zusammenhang mit der Auflösung tradierter Strukturelemente des mittelalterlichen Europa sieht Burckhardt die im Entstehen begriffene Welt der Moderne durch die Universalisierung eines Rationalitätsmodells geprägt, durch das immer mehr Bereiche der menschlichen Lebensführung in den Bannkreis einer politischen Machtpragmatik geraten – bei gleichzeitigem Verlust der sie geschichtlich tragenden und wertrational legitimierenden Grundlagen. Die daraus resultierende Illegitimität der politischen Herrschaft wird seither zu einem strukturellen Dauerproblem der neuzeitlichen Geschichte.

Burckhardt konzipiert diese Geschichte als einen Konzentrationsprozeß der politischen Macht in den Händen des modernen bürokratisch, d.h. rational organisierten Anstalts- und Nationalstaates: »Die Hauptschöpfung der neuern Geschichte ist der Großstaat, die Lebensform der bedeutendsten Völker.«[145] Dieser übernimmt auf dem kulturellen Boden eines gegenüber dem Feudalstaat »neuen Begriffs der Staatsmacht« immens erweiterte und monopolisierte Herrschafts-, Verwaltungs- und Fürsorgefunktionen nach innen und vertritt in seiner Eigenschaft als Nationalstaat auch neuartige Souveränitätsrechte und Expansionsinteressen nach außen. Aufs ganze gesehen interpretiert Burckhardt die Entstehung der modernen Welt als eine Totalisierung von Herrschaft, in deren Kontext die spezifisch »rationale« Ausübung von Macht zu einem spezifisch neuen Integrationselement des gesellschaftlichen Lebens aufsteigt. Innerhalb dieses Rationalisierungsprozesses »tritt ein neues Lebendiges in die Geschichte: der Staat als berechnete, bewußte Schöpfung, als Kunstwerk.«[146]

2. Eine zweite Weichenstellung der Frühen Neuzeit sieht Burckhardt in der Renaissance erfolgen, indem hier in Form einer neuartigen »Subjektivität des Geistes«[147] ein weiteres spezifisch modernes Kulturmoment der menschlichen Lebensführung entsteht. Die eigentliche Kulturbedeutung der Renaissance resultiert für Burckhardt aus dem Umstand, »daß neben der Kirche, welche bisher (und nicht mehr für lange) das Abendland zusammenhielt, ein neues geistiges Medium entsteht, welches, von Italien her sich ausbreitend, zur Lebensatmosphäre für alle höher gebildeten Europäer wird.«[148] Mit ihr entsteht eine konsequent an innerweltlichen Gesichtspunkten orientierte Kultur, die von autonomisierten, durch das Prinzip freier Subjektivität gekennzeichneten Individuen getragen wird, und die zudem als das »neue Ganze« der modernen Welt das integrierende Zentrum der Gesellschaft repräsentiert.

Allerdings sah Burckhardt in dem Subjektwerdungsprozeß des modernen Individuums in Renaissance und Reformation, wie bereits in der griechischen Kultur, eine folgenreiche Dialektik von Freiheit und Leiden geschichtlich am Werk. Er bestimmt das in der Frühen Neuzeit entstehende Prinzip freier und autonomer Subjektivität einerseits als den geschichtlichen Motor der modernen Kultur, der ihre Rationalisierungsdynamik in Gang setzt und aufrechterhält, zugleich aber auch als Ursache eines sich verschärfenden Leidenscharakters des menschlichen Lebens: »Die Steigerung des Bewußtseins in der neuern Zeit ist wohl eine Art von geistiger Freiheit, aber zugleich eine Steigerung des Leidens. Die Folgen der Reflexion sind dann Postulate, welche ganze Massen in Bewegung bringen können, aber, selbst erfüllt, nur neue Postulate, das heißt neue verzweifelte und verzehrende Kämpfe erzeugen werden.«[149]

Dieses Leiden im Sinne eines Wesensmerkmals neuzeitlicher Modernisierungsprozesse folgt für Burckhardt vor allem aus dem im Zeitalter von Renaissance und Reformation vollzogenen »Bruch mit allem Historischen«.[150] Die aus dem Mittelalter überlieferten, christlichen wie weltlichen Traditionen der europäischen Kultur werden für ihn angesichts einer sich steigernden Wandlungsdynamik der Frühen Neuzeit abgebaut und ihres ursprünglichen Legitimitätscharakters beraubt, ohne daß im Zusammenhang der von Renaissance und Reformation erbrachten geistigen Neuorientierung des modernen Menschen ein anderes strukturbildendes Kriterium von Moralität und Sittlichkeit in Aussicht stünde.

Die historische Bodenlosigkeit der an der Schwelle des modernen Lebens durch das Prinzip freier Subjektivität autonomisierten und verinnerlichten Individuen interpretiert Burckhardt als eine Quelle ihrer ständigen Angst vor den Folgen ihrer moralischen Freisetzung und kulturellen Traditionslosigkeit: »Ihnen graut, weil mit ihrer Neuerung die ganze Ethik aufs hohe Meer hinausgeraten ist.«[151] In seiner »Kultur der Renaissance in Italien« entwirft Burckhardt ganz in diesem Sinne das Bild einer strukturellen Illegitimität der politischen Wirklichkeit des frühmodernen Europa, die trotz oder gerade wegen der Rationalisierung aller Herrschaftsvollzüge nicht den notwendigen praktischen Bedingungen eines sittlichen Gemeinwesens genügt, so daß »das Ganze den Eindruck eines bodenlosen Abgrundes hervorbringt.«[152]

Die Illegitimität der Neuzeit entspringt für ihn den inneren Schranken des Subjektivitätsprinzips und der aus ihm folgenden Selbstbezüglichkeit des modernen Individuums. Dieses erweist sich dem Anspruch gegenüber als überlastet, aus sich selber die normativen Kriterien einer gelingenden Kommunikation vergesellschafteter Individuen zu generieren und für deren praktisch verpflichtende Geltung zu sorgen. Für Burckhardt existiert eine moralische Notstandssituation der modernen Gesellschaft, weil diese aufgrund des ihr zugrundeliegenden Individualisierungsmodells bei dem Versuch scheitert, die praktisch notwendigen Bedingungen ihres eigenen Überlebens sicherzustellen.

3. In einem dritten Argumentationsschritt schließlich macht Burckhardt darauf aufmerksam, daß die Kulturerneuerungsbewegung der Renaissance zugleich eine Kulturerinnerungsbewegung der Antike darstellt und daß sich von diesem historischen Element her ein wesentlicher Teil ihrer vorwärtstreibenden Schubkraft herleitet. Am Beispiel der Renaissance diskutiert Burckhardt den innerkulturellen Stellenwert historischer Identität im Prozeß der gesellschaftlichen Modernisierung.

Diese heuristischen und theoretischen Perspektiven strukturieren im wesentlichen die Modernisierungstheorie Burckhardts, die sich somit als die Antwort auf seine historische Ausgangsfrage rekonstruieren läßt, ob »die Bewegung Europas im ganzen eine steigende oder eine fallende« sei.[153]

In der »Kultur der Renaissance in Italien« rekonstruiert Burckhardt am Leitfaden des sich in dieser Zeit herausbildenden Rationalitätscharakters der modernen Welt die Genese der in seiner eigenen Zeit aufgrund ihrer inneren geistigen Erschöpfung an ihr Ende gelangenden Kulturepoche. Er fragt danach, welche Fortschritts- und Entwicklungsrichtung der neuzeitlichen Geschichte sich bereits an diesem geschichtlichen Ursprungsort der eigenen Gegenwart abzeichnet. Das gegenwärtige Ende der Zukunft trieb Burckhardt zur Erinnerung ihres vergangenen Anfangs. In dieser historischen Verfremdung der eigenen Gegenwart ging es ihm darum, einen klareren Blick für die sie bedrängenden Probleme zu gewinnen.

a) Der Ursprung moderner Rationalität in der Legitimitätskrise
der politischen Herrschaft

Burckhardts historische Theorie der Moderne exponiert ihr Thema – die kulturelle Eigenart der menschlichen Lebensführung unter den geschichtlichen Bedingungen der Neuzeit – am Leitfaden der Rationalisierung des Politischen einerseits und der gleichzeitigen Individualisierung des Menschen andererseits. Seine Kulturgeschichte der Renaissance in Italien beginnt daher bezeichnenderweise mit den beiden Kapiteln »Der Staat als Kunstwerk«

und »Entwicklung des Individuums«. In dieser Strukturierung des geschichtlichen Stoffes ist zugleich die enge Allianz angesprochen, die Burckhardt
zwischen der Entstehung menschlicher Subjektivität und dem Aufstieg der
»Macht« zum strukturbildenden Zentrum moderner Lebensformen sieht. Die
Entstehung des neuzeitlichen Individuums und die Rationalisierung der politischen Herrschaft interpretiert Burckhardt als zwei Kehrseiten eines identischen Modernisierungsprozesses, in dem sich einerseits der Subjektcharakter
des modernen Individuums in die objektive Machtrationalität des Staates
hinein entäußert und damit die Möglichkeit seines Funktionierens überhaupt erst hervorbringt, in dem andererseits diese Realität rationaler Macht-
staatlichkeit die Prozesse menschlicher Subjektwerdung und Individuierung
von Anfang an determiniert. Modernität stellt sich für Burckhardt somit in
einer unmittelbaren Dialektik von Freiheit und Herrschaft her, die auf ein für
die Subjektivität des modernen Menschen konstitutives Machtinteresse verweist.

Das kommt für Burckhardt in der neuzeitlichen Behandlung politischer
Phänomene allein nach Gesichtspunkten objektiver Faktizität – also nach
Gesichtspunkten der »Macht« – deutlich zum Vorschein: »In der Beschaffenheit
dieser Staaten, Republiken wie Tyrannien, liegt nun zwar nicht der einzige aber
der mächtigste Grund der frühzeitigen Ausbildung des Italieners zum modernen Menschen. Daß er der Erstgeborene unter den Söhnen des jetzigen
Europas werden mußte, hängt an diesem Punkte. Im Mittelalter lagen die
beiden Seiten des Bewußtseins – nach der Welt hin und nach dem Innern des
Menschen selbst – wie unter einem gemeinsamen Schleier träumend oder
halbwach. Der Schleier war gewoben aus Glauben, Kindesbefangenheit und
Wahn; durch ihn hindurchgesehen erschienen Welt und Geschichte wunder-
sam gefärbt, der Mensch aber erkannte sich nur als Rasse, Volk, Partei,
Korporation, Familie oder sonst in irgend einer Form des Allgemeinen. In
Italien zuerst verweht dieser Schleier in die Lüfte; es erwacht eine objektive
Betrachtung und Behandlung des Staates und der sämtlichen Dinge dieser Welt
überhaupt; daneben aber erhebt sich mit voller Macht das Subjektive; der
Mensch wird geistiges Individuum und erkennt sich als solches. So hatte sich
einst erhoben der Grieche gegenüber den Barbaren, der individuelle Araber
gegenüber den andern Asiaten als Rassenmenschen. Es wird nicht schwer sein
nachzuweisen, daß die politischen Verhältnisse hieran den stärksten Anteil
hatten.«[154]

Die freie Subjektivität des modernen Menschen kompensiert den Legiti-
mationsabbau tradierter Herrschaftsbeziehungen und schafft stattdessen eine
neue Form staatlicher Herrschaft; von dieser Vorstellung zeugt Burckhardts
Definition des modernen Staates als Kunstprodukt. Die Kategorie der Kunst
verweist in diesem Zusammenhang darauf, daß Staat und Herrschaft zu bewußt
reflektierten Gegenständen menschlichen Handelns werden. Der in der Renaissance erfolgende Aufstieg eines neuen Typus der politischen Herrschaft läßt
»die meisten italienischen Staaten in ihrem Innern Kunstwerke, d.h. bewußte,

von der Reflexion abhängige, auf genau berechneten sichtbaren Grundlagen ruhende Schöpfungen« werden.[155]

Die Stadtrepublik Florenz wird für Burckhardt gerade aufgrund ihrer geschichtlichen Führungsrolle bei der Geburt einer spezifisch modernen Rationalität des Politischen – sowohl seiner Theorie wie seiner Institutionen – »bei weitem die wichtigste Werkstätte des italienischen, ja des modernen europäischen Geistes überhaupt«.[156] Die mit dem Beginn der Neuzeit entstehenden politischen Ordnungen sieht Burckhardt gebunden an die Genese einer Handlungsrationalität, für die rein erfolgspragmatische Zweck-Mittel-Kalkulationen, d.h. »eine völlig objektive Beurteilung und Behandlung der Dinge«[157] ausschlaggebend sind und die von dort auch ihren Anspruch auf Legitimität herleitet – ohne ihn einlösen zu können.

Burckhardt sieht die Genese der modernen Machtrealität unter Legitimitätsgesichtspunkten durch den Umstand gekennzeichnet, daß die Prozesse der politischen Herrschaft bei zunehmender Entfremdung von ihren überlieferten institutionellen Grundlagen und kulturellen Legitimationen zunehmend dem Einfluß- und Interessenbereich derjenigen politischen Institutionen bzw. Handlungssubjekte unterstellt werden, die Träger dieses angedeuteten neuen Typs politischer Zweckrationalität und utilitarischer Moral sind: »Die Zweckmäßigkeit, die Geltung des Individuums und seines Talentes sind hier überall mächtiger als die Gesetze und Bräuche des sonstigen Abendlandes.«[158]

Die Virtuosität eines kühl berechnenden und von legitimatorischen Skrupeln unbeirrten Umgangs mit politischer Macht wird zum wichtigsten Erfolgskriterium bei der Durchsetzung von Herrschaftsansprüchen, die damit zugleich aller Legitimität beraubt werden. Der moderne Appell an die moralische Kompetenz der von den Fesseln überlieferter Legitimitätsvorstellungen entkoppelten, eigenverantwortlichen und autonomisierten Individuen stößt für Burckhardt ins Leere, denn die befreite Subjektivität des modernen Menschen zeigt sich angesichts der Notwendigkeit überfordert, intersubjektiv anerkannte Kriterien menschlicher Lebensformen kulturell zu begründen und institutionell zu verankern: »Die Florentiner sind in manchen großen Dingen Vorbild und frühster Ausdruck der Italiener und der modernen Europäer überhaupt, und so sind sie es auch mannigfach für die Schattenseiten. ... Der große moderne Irrtum, daß man eine Verfassung machen, durch Berechnung der vorhandenen Kräfte und Richtungen neu produzieren könne, taucht zu Florenz in bewegten Zeiten immer wieder auf und auch Macchiavelli ist davon nicht frei gewesen.«[159]

Der individuellen Freiheit des Menschen korrespondiert nicht die Sittlichkeit eines über intersubjektiv verbindliche Normen integrierten Gemeinwesens, sondern die strukturelle Illegitimität eines durch den Willen zur Macht hervorgetriebenen und gesteuerten Zwangszusammenhanges: »In ganz merkwürdiger Mischung liegt Gutes und Böses in den italienischen Staaten des 15. Jahrhunderts durcheinander. ... Grund und Boden der Herrschaft sind und bleiben illegitim und ein Fluch haftet daran und will nicht davon weichen.«[160]

b) Die Individuierung des Menschen als normative
Voraussetzung der modernen Gesellschaft

Die Entstehung des modernen Individuums, ja der modernen Kultur überhaupt erfolgt für Burckhardt auf dem durch die neuzeitliche Rationalität der
politischen Herrschaft bereiteten Boden. Sie entfaltet sich in das gesamte
gesellschaftliche Leben jener Zeit hinein und verursacht die geschichtliche
Dynamik derjenigen Kulturentwicklung, die seit der Renaissance ein kenn-
zeichnendes Merkmal der modernen Welt geworden ist.

Der Prozeß der Ausdifferenzierung und Autonomisierung sämtlicher Sphären der menschlichen Lebensführung erhält von der politischen Artikulation
freier Subjektivität seinen geschichtlichen Impuls. Durch ihn wächst die
Renaissance überhaupt erst zu einer einzigen, in sich konsistenten »Kultur«
zusammen. Die politische Realität der italienischen Stadtrepubliken war »der
Ausbildung des individuellen Charakters günstig«,[161] indem sie auf der mentalen Ebene neuartige, an das Medium einer konsequent zweckrationalen Intentionalität gebundene Erfolgsbedingungen des Handelns definierte.

Burckhardt sieht die Kultur der Renaissance im Aufkommen eines neuen
»allseitigen« Menschentyps entstehen, der sich infolge der Bewußtwerdung
seiner individuellen Freiheitsnatur und autonomen Subjektivität in die rationale Gestaltung seiner Lebensführung hinein kulturell zu entäußern vermag: des
l'uomo universale, »der alles kann, alles wagt und sein Maß in sich selber
trägt.«[162] Die Renaissance ist die eigentliche Menschwerdung des Menschen im
Sinne eines freien, sein Leben konsequent an innerweltlichen Gesichtspunkten
orientierenden Kulturwesens, für das diejenige Selbstzuschreibung gilt, die
Burckhardt als Motto und zutreffende Gesamtbilanzierung des Menschen der
Renaissance bei Leon Battista Alberti findet: »Die Menschen können von sich
aus alles, sobald sie wollen.«[163]

Indem sich hier der Mensch im Medium einer zweckrationalen Berechnung, Orientierung und Gestaltung seines Handelns und seiner Lebensführung als freies Subjekt erfährt und kulturell bestätigt, transformieren
sich die verschiedenen Bereiche seiner kulturellen Existenz zum lebensweltlichen Gesamtkunstwerk. Sie integrieren sich in gewisser Weise zu einer
zweiten, zivilisatorisch angeeigneten Natur, in der die Befreiung des Menschen
vom urwüchsigen Zwang seiner ersten Natur zur geschichtlichen Wirklichkeit drängt. Burckhardt wendet sich der Geschichte der Renaissance unter dem
leitenden Gesichtspunkt zu, wie sich die einmal errungene Individualität des
modernen Menschen kulturell organisiert, wie sich Sprache, Geselligkeit, die
Beziehungen der Geschlechter, der Generationen und gesellschaftlichen Gruppen zueinander, der Alltag und die Privatsphäre, der Krieg, die Mode, das
Verbrechen, der Witz, das Lachen und Weinen, die Rache, das Verhältnis des
Menschen zur Welt und zur inneren und äußeren Natur, die Moral, die Sitte,
die Religion und der Tod in den Rang autonomisierter, unter jeweils eige-

nen Rationalitäts- und Sinnkriterien stehender Kultursphären – »Kunstwerken« also – erheben und so der Mensch im Kontext einer sich ausdifferenzierenden Reflexionskultur sein »eigener freier Bildner und Überwinder« wird.[164]

Die »Kultur der Renaissance in Italien« ist die Geschichte des gesellschaftlichen Aufstiegs der modernen innerweltlichen Kultur zum dominierenden Orientierungsfaktor der menschlichen Lebensführung. Sie beschreibt, auf welchen Wegen sich das aus der politischen Rationalisierungsdynamik jener Epoche hervorgetriebene Individuum im Medium dieser modernen Kultur zum selbstverantwortlichen und freien Schöpfer seiner Welt und seiner selbst entwickelt. Burckhardt konzipiert den mit der Renaissance eingeleiteten Kulturprozeß der modernen Welt im wesentlichen als einen dreifachen Rationalisierungsschub, in dem sich der glänzende Aufstieg der »Welt« zu einem lebendigen Kosmos kultureller Wertsphären vollzieht:

1. Der Begriff der »Kultur« zielt zum einen auf die verschiedenen Prozesse einer Rationalisierung des menschlichen Naturverhältnisses: »Frei von zahllosen Schranken, die anderwärts den Fortschritt hemmten, individuell hoch entwickelt und durch das Altertum geschult, wendet sich der italienische Geist auf die Entdeckung der äußern Welt und wagt sich an deren Darstellung in Wort und Form.«[165]

Unter Kultivierung der Natur versteht Burckhardt dabei erstens den europäischen Ausgriff auf die übrige Welt im Zuge ihrer frühneuzeitlichen Entdeckung und Kolonialisierung, zweitens den Trend zu ihrer naturwissenschaftlichen Objektivierung und drittens die Fähigkeit freier Subjekte zu einer Ästhetisierung ihres Natur- und Weltverhältnisses.

Artikuliert sich die neuzeitlich erworbene Freiheit des Menschen in ihrer Beziehung zur Natur, wird letztere nicht mehr allein als äußerlicher Zwang, als Objekt menschlicher Aneignungsinteressen oder Material einer gesellschaftlichen Produktions- und Reproduktionstätigkeit erfahrbar, sondern als ein Erfahrungsgegenstand der menschlichen Kulturpotenz wird sie auch »schön«. In diesem Sinne nennt Burckhardt »die Italiener ... die frühsten unter den Modernen, welche die Gestalt der Landschaft als etwas mehr oder weniger Schönes wahrgenommen und genossen haben. Diese Fähigkeit ist immer das Resultat langer, komplizierter Kulturprozesse, und ihr Entstehen läßt sich schwer verfolgen, indem ein verhülltes Gefühl dieser Art lange vorhanden sein kann, ehe es sich in Dichtung und Malerei verraten und damit seiner selbst bewußt werden wird.«[166]

Daneben hat Burckhardt das Auftreten kultureller Lernprozesse auch im intellektuellen Selbstverhältnis des Menschen, im objektivierenden Umgang mit seiner inneren Natur angenommen.[167] Die Individuierung des Menschen zum freien Subjekt läßt in der Renaissance neue Möglichkeiten der kulturellen Selbstwahrnehmung möglich werden, ja sie entwächst überhaupt erst dem Nährboden einer gesteigerten Selbstreflexivität und -objektivierung des Kulturmenschen. Freie Subjektivität ist hier zur notwendigen Bedingung menschlicher Selbsterkenntnis geworden, denn einen »entwickelten Sinn für das Individuelle kann überhaupt nur derjenige haben, welcher selbst aus der Rasse herausgetreten und zum Individuum geworden ist.«[168]

2. Kulturelle Rationalisierungsprozesse erstrecken sich für Burckhardt aber auch auf das Gebiet der innergesellschaftlichen Selbstrealisation und -reproduktion. Das Prinzip freier Individualität ermöglicht hier eine folgenreiche Enttraditionalisierung der gesamten Lebenswirklichkeit; die kulturelle Subjektwerdung des modernen Menschen befähigt ihn zu »einem rationellen, nicht ... konventionellen Verhältnis« zur Realität.[169]

Bei den sozialgeschichtlichen Prozessen, die Burckhardt als eine allmähliche Durchdringung der Gesellschaft durch die moderne Kultur im Auge hat, handelt es sich weitgehend um den Abbau der konventionellen und quasinatürlichen Stratifikationsmerkmale der vormodernen Gesellschaft zugunsten des Prinzips freier Individualität. Durch dieses Prinzip transformiert sich die Gesellschaft insgesamt zu einem Aktionsfeld gesteigerter menschlicher Handlungsmöglichkeiten und berechenbarer Erfolgschancen. Der ökonomische Auf- und Abstieg, die öffentlichen Mechanismen der sozialen Statuszuweisung, sowie die habitualisierten Prozesse der innergesellschaftlichen Kommunikation geraten mit zunehmender Tendenz unter den Einfluß bewußten Handelns, sie werden als ›machbar‹ erfahren und somit zum gesellschaftlichen Niederschlag kultureller Kraftakte der freigesetzten und individualisierten Persönlichkeiten: »Je weniger nun die Unterschiede der Geburt einen bestimmten Vorzug verliehen, desto mehr war das Individuum als solches aufgefordert, all seine Vorteile geltend zu machen; desto mehr mußte auch die Geselligkeit sich aus eigener Kraft beschränken und veredeln. Das Auftreten des Einzelnen und die höhere Form der Geselligkeit werden ein freies, bewußtes Kunstwerk.«[170]

Aus einem derartigen kulturhistorischen Blickwinkel rekonstruiert nun Burckhardts Kulturgeschichte der Renaissance alle Aspekte des gesellschaftlichen Lebens der damaligen Zeit. Von modernisierungstheoretischem Interesse ist das, insofern hier deutlich wird, wie sich in der geschichtlichen Entfaltung des politisch hervorgetriebenen Individualitätsprinzips die einzelnen Kulturbereiche der menschlichen Lebensführung in ihrem jeweils spezifischen und autonomen Eigensinn herausdifferenzieren, wie also im Zusammenhang von kulturellen, d.h. an das Medium der Freiheit gebundenen Modernisierungsprozessen die Welt zum gesellschaftlichen Ort einer bewußt reflektierten, unter jeweils unterschiedlichen Rationalitätskriterien stehenden Selbsthervorbringung des Menschen aufsteigt.

Diese kultur- und modernisierungstheoretische Perspektive dominiert Burckhardts Interpretation der Renaissancekultur insgesamt. Ihre innergesellschaftliche Realisierung versteht er als Ausdruck der Transformation einer vorbewußten, konventionell und naturwüchsig organisierten Lebenswelt zu einer über das öffentliche und rationale Räsonnement aller Beteiligten gesteuerten Reflexionskultur. Exemplarisch deutlich wird dies etwa bei seiner Interpretation der sich wandelnden Formen sozialer Vergemeinschaftung: »Das Hauswesen unseres Mittelalters war ein Produkt der herrschenden Volkssitte oder, wenn man will, ein höheres Naturprodukt, beruhend auf den Antrieben der Völkerentwicklung und auf der Einwirkung der Lebensweise je nach Stand und Vermögen. ... Die Renaissance zuerst versucht auch das Hauswesen mit Bewußtsein als ein geordnetes, ja als ein Kunstwerk aufzubauen. Eine sehr entwickelte Ökonomie ... und ein rationeller Hausbau kömmt ihr dabei zu Hilfe, die Hauptsache aber ist eine verständige Reflexion über alle Fragen des Zusammenlebens, der Erziehung, der Einrichtung und Bedienung.«[171]

3. Der dritte und für Burckhardt wesentlichste Rationalisierungseffekt der von der Renaissance geschichtlich eingeleiteten Kulturentwicklung bezieht sich schließlich auf das »Verhältnis der Völker zu den höchsten Dingen, zu Gott, Tugend und Unsterblichkeit«.[172]

Auch auf dem Gebiet von Religion und Moral hat Burckhardt die Modernisierungsmacht der neuzeitlichen Individualitätskultur unter dem Gesichtspunkt herausgearbeitet, welche ethischen oder religiösen Orientierungsmöglichkeiten seiner Lebensführung dem Menschen auf dem geschichtlichen Boden dieser modernen Kultur noch zur Verfügung stehen und wie sie sich mit dem ihr eigentümlichen Rationalitäts- und Subjektivitätsprinzip noch widerspruchsfrei zur Deckung bringen lassen.

Wie die gesamte Kultur der Renaissance entwächst auch das moralische Bewußtsein sowie die Religiosität des modernen Menschen dem »Bösen«, d.h. der strukturellen Illegitimität der politischen Herrschaft, die der Traditionsbruch jener Epoche heraufbeschworen hatte: »Die meisten tatsächlich vorhandenen Mächte waren gewaltsam und illegitim; der zum Bewußtsein geweckte Geist aber war im Suchen nach einem neuen haltbaren Ideal begriffen.«[173] Das zunächst aus dem ungehemmten Willen zur politischen Macht geborene Prinzip der freien Subjektivität steht für Burckhardt nach der Erosion tradierter Formen der Sittlichkeit vor der schwierigen kulturellen Aufgabe, die auch weiterhin erforderlichen normativen Kriterien intersubjektiven Verhaltens aus sich selber zu entwickeln. Die damit eingeleitete Subjektivierung der Moral, die aus der Entstehung des freien Individuums resultiert, mündet dabei für ihn in die neuzeitliche Herrschaft des ethischen Utilitarismus.

Aus der Individualisierung des Menschen folgt auf der Ebene der praktischen Vernunft eine Rationalisierung seines Handelns aus dem Interesse an einer »kalt berechneten«[174] Selbstnutzenmaximierung. Der kulturelle Modernisierungsprozeß des Moralbewußtseins, den die Renaissance in der Subjektivierung des freien Individuums betreibt, mündet für Burckhardt direkt in die normative Entsicherung einer Gesellschaft, die ihre soziale Integration nach dem Verlust ihrer christlichen Evidenzen allein noch durch den Appell an die ethische Einsichts- und Verantwortungsfähigkeit ihrer Mitglieder und deren internalisierte Gewissensorientierungen sicherzustellen vermag. Das Auftreten dieser kulturellen Mechanismen einer ethischen Selbstkontrolle vergesellschafteter Subjekte ist aber nicht nur höchst kontingent, sondern sogar, weil an äußerst fragile moralische Lernprozesse der modernen Gesellschaft gebunden, eher unwahrscheinlich.

Burckhardt ist im Bezug auf die Moderne ethischer Skeptizist, er mißtraut dem kantianischen Chiliasmus, die ethische Stabilisierung der Gesellschaft von den verinnerlichten Moralprizipien und imperativischen Verhaltensregeln ihrer autonomisierten Mitglieder zu erwarten. Dennoch sieht er die moralische Selbstdisziplinierung eines im Zuge kultureller Individuierungsprozesse entfesselten Egoismus als den letzten Damm vor der sittlichen Fragilität der modernen Gesellschaft an: »Immerhin aber fand Italien um den Anfang des 16. Jahrhunderts sich in einer schweren sittlichen Krisis, aus welcher die Bessern kaum einen Ausweg hofften. Beginnen wir damit, die dem Bösen aufs stärkste entgegenwirkende sittliche Kraft namhaft zu machen. Jene hochbegabten Menschen glaubten sie zu erkennen in Gestalt des Ehrgefühls. Es ist die rätselhafte Mischung aus Gewissen und Selbstsucht, welche dem modernen Menschen noch übrig bleibt, auch wenn er durch oder ohne seine Schuld alles übrige, Glauben, Liebe und Hoffnung eingebüßt hat. Dieses Ehrgefühl verträgt sich mit vielem Egoismus und großen Lastern und ist ungeheurer Täuschungen fähig; aber auch alles Edle, das in einer Persönlichkeit übrig geblieben, kann sich daran anschließen und aus diesem Quell neue Kräfte schöpfen. In viel weiterm Sinne, als man gewöhnlich denkt, ist es für die heutigen individuell entwickelten Europäer eine entscheidende Richtschnur des Handelns geworden; auch viele von denjenigen, welche noch außerdem Sitte und Religion treulich festhalten, fassen doch die wichtigsten Entschlüsse unbewußt nach jenem Gefühl.«[175]

Die mit der Renaissance einsetzende Modernisierung der praktischen Vernunft delegiert die Entscheidung über ethisch relevante Fragen an die moralische Kompetenz und an die verinnerlichten Handlungsnormen der kulturell freigesetzten Subjekte. Burckhardt beschreibt diese geschichtliche Transformation praktischer Orientierungen als einen durch die Individuierung des Menschen in Gang gesetzten Rationalisierungsprozeß sowohl des Guten wie des Bösen. Die moderne Welt ist gekennzeichnet durch die grundsätzliche ethische Ambivalenz des Subjektivitätsprinzips, welches zugleich eine »ungeheure Summe von Immoralität«[176] geschichtlich freisetzt, andererseits aber auch neue Chancen für die moralische Integration der Gesellschaft bereithält.

Aufgrund dieser Ambivalenz sieht Burckhardt allerdings, aufs Ganze gesehen, den mit der Renaissance einsetzenden Prozeß der kulturellen Modernisierung Europas durch eine moralische Destabilisierung der Gesellschaft dominiert. Die durch die spezifisch moderne Variante von Individualisierung errungene Freiheit des Menschen präjudiziert ein Handlungsmodell mit moralitäts- und sittlichkeitswidrigen Konsequenzen.

In der unendlichen Selbstbezüglichkeit des freien Subjekts entfesselt sich – und zwar nicht aufgrund einer ethischen Unzurechnungsfähigkeit, sondern aufgrund einer in der inneren Logik des Subjektivitätsprinzips liegenden geschichtlichen Notwendigkeit – eine menschliche Triebnatur, die dem Bösen trotz aller internalisierten moralischen Vorbehalte letztlich näher steht als dem Guten: »Wenn wir uns nun erlauben dürfen, die Hauptzüge des damaligen italienischen Charakters ... zusammenzufassen, so würde sich etwa folgendes ergeben. Der Grundmangel dieses Charakters erscheint zugleich als die Bedingung seiner Größe: der entwickelte Individualismus. ... Gegenüber von allem Objektiven, von Schranken und Gesetzen jeder Art hat er das Gefühl eigener Souveränität und entschließt sich in jedem einzelnen Fall selbständig, je nachdem in seinem Innern Ehrgefühl und Vorteil, kluge Erwägung und Leidenschaft, Entsagung und Rachsucht sich vertragen. Wenn nun die Selbstsucht im weiteren wie im engsten Sinne Wurzel und Hauptstamm alles Bösen ist, so wäre schon deshalb der entwickelte Italiener damals dem Bösen näher gewesen als andere Völker. Aber diese individuelle Entwicklung kam nicht durch seine Schuld über ihn, sondern durch einen weltgeschichtlichen Ratschluß; sie kam auch nicht über ihn allein, sondern wesentlich vermittelst der italienischen Kultur auch über alle andern Völker des Abendlandes und ist seitdem das höhere Medium, in welchem dieselben leben. Sie ist an sich weder gut noch böse, sondern notwendig; innerhalb derselben entwickelt sich ein modernes Gutes und Böses, eine sittliche Zurechnung, welche von der des Mittelalters wesentlich verschieden ist. Der Italiener der Renaissance aber hatte das erste gewaltige Daherwogen dieses neuen Weltalters zu bestehen. Mit seiner Begabung und seinen Leidenschaften ist er für alle Höhen und alle Tiefen dieses Weltalters der kenntlichste, bezeichnendste Repräsentant geworden; neben tiefer Verworfenheit entwickelt sich die edelste Harmonie des Persönlichen und eine glorreiche Kunst, welche das individuelle Leben verherrlichte, wie weder Altertum noch Mittelalter dies wollten oder konnten.«[177]

Die auf dem geschichtlichen Boden einer politischen Rationalisierung möglich gewordene und im Modus der Renaissancekultur errungene individuelle Freiheit des modernen Menschen bedeutet für Burckhardt erstens eine sich steigernde Fähigkeit zur Objektivierung, Aneignung und Ästhetisierung der Natur, zweitens eine Entlastung vom Traditionsüberhang einer sich unreflektiert und naturwüchsig reproduzierenden Gesellschaft, drittens die moralische Transzendierung einer handlungs-, bedürfnis- und autonomiebegrenzenden Sittlichkeit und viertens schließlich eine Subjektivierung der Religion, die den Bruch mit der christlichen Überlieferung zur unmittelbaren Folge hatte sowie die Entstehung neuer religiöser Formen und Gehalte implizierte: »Diese modernen Menschen, die Träger der Bildung des damaligen Italiens, sind religiös geboren wie die Abendländer des Mittelalters, aber ihr mächtiger Individualismus macht sie darin wie in andern Dingen völlig subjektiv, und die Fülle von Reiz, welche die Entdeckung der äußern und der geistigen Welt auf sie ausübt, macht sie überhaupt vorwiegend weltlich. Im übrigen Europa dagegen bleibt die Religion noch länger ein objektiv Gegebenes.«[178]

Die Tatsache, daß Burckhardt angesichts der eindeutigen Weltlichkeit der Renaissancekultur nicht von einem Ende, sondern von einer Transformation

der Religion (zu einer subjektiv verinnerlichten Individualreligion) spricht,
deutet bereits einen wichtigen Aspekt seiner Modernisierungstheorie an. Denn
durch die Diskontinuität und den Bruch der menschlichen Kulturentwicklung
in der Renaissance hindurch läßt sich eine geschichtliche Kontinuität von
Transzendierungsleistungen des menschlichen Geistes verfolgen, die sich in der
Tradition des religiösen Bewußtseins dokumentiert. Und diejenige Weltlichkeit der modernen Kultur, die in den damaligen Prozessen von Entkirchli-
chung und Säkularisierung zum Ausdruck kommt, zeigt für Burckhardt
weniger das Ende dieser menschlichen Transzendierungsarbeit an, als vielmehr
die Tatsache, daß angesichts der tyrannisch gewordenen Orthodoxie der Kirche
als einer institutionalisierten Religion »der europäische Geist noch am Leben
sei.«[179]

Religionskritik wird zum Beweis für die Fortdauer einer inneren Transzendierungskraft des Geistes, die in den Modernisierungs- und Rationalisierungsprozessen der Religion selber geschichtlich zum Ausdruck kommt. Wie sich
die säkularisierte Kultur der modernen Welt und die religiösen Traditionen der
Vergangenheit in Beziehung zueinander setzen werden, hält Burckhardt keineswegs für eine immer schon im Sinne einer konsequenten Weltimmanenz des
Menschen entschiedene Frage, sondern für ein offenes Problem weiterer
Kulturentwicklungen bzw. zukünftiger Rationalisierungs- oder Modernisie-
rungsprozesse – und zwar gleichermaßen der Kultur und der Religion: »Es ist
eine erhabene Notwendigkeit des modernen Geistes, daß er dieselbe [die
Weltlichkeit der Renaissance] gar nicht mehr abschütteln kann, daß er zur
Erforschung der Menschen und der Dinge unwiderstehlich getrieben wird
und dies für seine Bestimmung hält. Wie bald und auf welchen Wegen ihn dies
Forschen zu Gott zurückführen, wie es sich mit der sonstigen Religiosität des
Einzelnen in Verbindung setzen wird, das sind Fragen, welche sich nicht nach
allgemeinen Vorschriften erledigen lassen.«[180]

Woher rührt aber für Burckhardt diese kulturkonstitutive Kontinuität
religiöser Transzendierungsleistungen des Menschen, die auch unter den historischen Bedingungen einer weitgehend innerweltlich orientierten modernen
Kultur noch andauert und ihn dazu veranlaßte, die Frage nach der Tradierungs-
fähigkeit der christlichen Sinntradition noch nicht ganz als erledigt anzusehen?[181]

Burckhardts Kulturgeschichte der Renaissance endet angesichts dieser Frage nicht zufällig mit einem Ausblick auf die seither verbliebenen kulturellen
Deutungsmöglichkeiten des menschlichen Sterbens. Der Tod ist für ihn der
Stachel im Fleisch des Kulturmenschen, der ihn zu immer neuen geistig-
kulturellen Entwürfen seiner Lebensführung treibt und aus dem zugleich die
unterschwellige Dauer des unter den Bedingungen einer weltimmanenten
Kultur obsolet gewordenen religiösen Bewußtseins resultiert. Die Substanz
religiöser Kategorien läßt sich aufgrund der Lebensimmanenz des Sterbens
prinzipiell nicht in die innerweltliche Sphäre der Kultur auflösen oder überführen. Stattdessen erzeugen Welt und Kultur aufgrund des unhintergehbar ins

Leben hineinragenden Todes aus sich selbst und der Erfahrung ihrer Begrenztheit und Erlösungsunfähigkeit heraus die Permanenz ihrer religiösen Selbstüberwindung.

Die geschichtliche Konkretion dieser menschlicherseits notwendigen Selbstüberwindung der Kultur stellt die universalgeschichtliche Kontinuität der
Religion dar, die als eine wesentliche geschichtliche Produktivkraft die menschliche Lebensführung zu immer neuen Kulturentwürfen ihrer selbst dynami-
siert.[182] Für die Renaissance als dem im weltgeschichtlichen Maßstab erstmals
konsequent aus der Perspektive der ›Welt‹ vorgenommenen Kulturentwurf
sieht Burckhardt dieses wechselseitig herausfordernde und geschichtlich produktive Verhältnis zwischen Kultur und Religion noch als gegeben an. Die
Weltoffenheit der Renaissance erzeugt hier von sich aus in der religiösen Frage
nach Tod und Unsterblichkeit die notwendigen Bedingungen eines weiteren,
durch die Existenz menschlicher Sinnprobleme hervorgerufen und strukturierten geschichtlichen Fortschritts der Kultur: »Wenn der Unglaube ... unter
den höher Entwickelten eine so bedeutende Stellung gewann, so hing dies
weiter davon ab, daß die große irdische Aufgabe der Entdeckung und Reproduktion der Welt in Wort und Bild alle Geistes- und Seelenkräfte bis zu
einem hohen Grade für sich in Anspruch nahm. ... Aber überdies erhob sich aus
dieser Forschung und Kunst mit derselben Notwendigkeit ein allgemeiner
Geist des Zweifels und der Frage. ... Dieser Geist des Zweifels aber mußte sich
unvermeidlich und vorzugsweise auf die Frage vom Zustand nach dem Tode
werfen, aus Gründen, welche zu einleuchtend sind, als daß sie genannt zu
werden brauchten.«[183]

Aufgrund der völligen Irrationalität und Kontingenz des menschlichen
Sterbens sieht Burckhardt auch auf dem Boden einer dezidiert postchristlichen
Kultur die Existenzbedingungen von Religion gegeben. Nicht allein dort, wo
das Christentum durch die protestantische Reformation in seinem religiösen
Gehalt erneuert wird, sondern auch dort, wo – wie in der italienischen
Renaissance – seine tradierten Grundlagen und Kategorien insgesamt zur
Disposition stehen, sieht Burckhardt die geschichtliche Kulturbedeutung von
Religion im Sinne eines noch unterhalb seiner christlichen Konkretion ange-
siedelten, anthropologisch noch fundamentaleren metaphysischen Ur- und
Erlösungsbedürfnisses gewahrt.

Als diejenige mentale Form dieses religiösen Bedürfnisses an der Schwelle
zur modernen Welt, die dem Modernisierungsdruck und dem Rationalitätscharakter der Renaissancekultur gleichermaßen gewachsen schien, hat Burckhardt offensichtlich die frühneuzeitliche und die europäische Aufklärung
präludierende Religionsbewegung des Deismus verstanden. Denn dieser hatte
als eine im wesentlichen von Intellektuellenschichten getragene Erneuerungs-
bewegung des religiösen Bewußtseins im Glauben an einen letztlich mit
›Natur‹ identischen, außergeschichtlichen Gott die Fesseln christlicher Traditionen konsequent abgestreift und somit bereits – noch weit schärfer als jede
Reformationsbewegung – die Gestalt einer postkonventionellen Identität des

modernen Menschen geschichtlich umrissen: »Welche Gestalt mußte nun die trotz allem vorhandene starke Religiosität bei den tiefern Naturen annehmen? Es ist der Theismus oder Deismus, wie man will. Den letztern Namen mag diejenige Denkweise führen, welche das Christliche abgestreift hat, ohne einen weitern Ersatz für das Gefühl zu suchen oder zu finden. Theismus aber erkennen wir in der erhöhten positiven Andacht zum göttlichen Wesen, welche das Mittelalter nicht gekannt hatte. Dieselbe schließt das Christentum nicht aus und kann sich jederzeit mit dessen Lehre von der Sünde, Erlösung und Unsterblichkeit verbinden, aber sie ist auch ohne dasselbe in den Gemütern vorhanden.«[184]

Hier wird auch deutlich, warum Burckhardt keine Kulturgeschichte der Reformation, sondern eine Kulturgeschichte der Renaissance geschrieben hat. Denn hier ist in der Geschichtsgestalt des Deismus diejenige religiöse Bewußtseinsstruktur entstanden, die Burckhardt für hinreichend rationalisiert gehalten hat, um als geistiges Fundament der geschichtlich weitergehenden und in die Gegenwart führenden Modernisierungsprozesse zu dienen und auf dem Boden der Moderne die kulturnotwendige Spannung zwischen Weltimmanenz und -transzendenz in sich auszutragen: »Vielleicht reifte hier eine höchste Frucht jener Erkenntnis der Welt und des Menschen, um derentwillen allein schon die Renaissance von Italien die Führerin unseres Weltalters heißen muß.«[185]

Burckhardts Kulturgeschichte der Renaissance sieht die moderne Kultur in der ganzen Vielfalt ihrer verschiedenen Aspekte und Erscheinungsformen dem von ihr in sein geschichtliches Recht gesetzten Prinzip der freien Subjektivität des Menschen entwachsen. Im argumentativen Zusammenhang seiner historischen Anthropologie hatte Burckhardt jedoch geschichtstheoretisch begründet, daß eben dieses Prinzip freier Subjektivität damit überfordert ist, menschliche Lebensführung mit den existentiell notwendigen kulturellen Sinnvorstellungen zu versorgen. Entsprechend müssen sich auch in seiner Kulturgeschichte der Renaissance Hinweise für seine These finden lassen, daß eine kulturelle Freisetzung des Menschen durch Individuierung zugleich pathogene Konsequenzen aus sich entläßt und mit innerer Notwendigkeit zu einer Steigerung des Leidens führt. Dies ist nun in der Tat der Fall.

Am Beispiel der Humanisten als denjenigen Protagonisten der Moderne, deren Lebensführung am konsequentesten diesem Kulturprinzip der freien Subjektivität gehorcht, erläutert Burckhardt die schicksalhafte Verstrickung des modernen autonomisierten Kulturmenschen ins Leiden: »Sie sind die auffallendsten Beispiele und Opfer der entfesselten Subjektivität.«[186] Burckhardt schildert diese humanistischen Intellektuellen an der Schwelle zur Neuzeit als die ersten Vertreter eines typisch modernen Lebensstils. Infolge ihrer Autonomisierung zu freien Individuen sieht er sie zwar den sittlichen Konventionszwängen ihrer Zeit entronnen, zugleich aber auch dem Zwang ausgeliefert, den Sinn und die Normen ihrer Lebensführung aus den Kriterien der eigenen Subjektivität schöpfen zu müssen. Damit sind sie dem Jammer einer »sittlichen

Haltlosigkeit« anheimgegeben und dokumentieren in ihrer lebensweltlichen Existenzweise das Leiden des modernen Subjekts an den Folgen seiner kulturellen Autonomisierung zum freien Individuum; sie »haben mehr freien Willen, mehr losgebundene Subjektivität als sie mit Glück verwerten können.«[187]

c) Kulturerneuerung durch Kulturerinnerung: Die Bedeutung des Geschichtsbewußtseins an der Schwelle der Neuzeit

Burckhardt betont im Hinblick auf die modernisierungsrelevanten Handlungsorientierungen der Subjekte aber noch einen weiteren Aspekt, der in der Entstehungsepoche der Neuzeit kulturell bedeutsam geworden ist. Bei der Frage, wie sich die Transformationsepoche der Renaissance, die das Mittelalter hinter sich läßt und mit der die Neuzeit beginnt, innerpsychisch, in den Köpfen der Individuen vollzogen hat, verweist er mit Nachdruck auf eine deutliche Intensivierung des historischen Denkens. Erst die Historisierung des menschlichen Bewußtseins, die die Renaissance zur »Heimat der geschichtlichen Darstellung im neuern Sinne« werden ließ,[188] hat diejenigen kulturellen Leistungen möglich gemacht, die angesichts der geschichtlichen Erfahrung einer sich radikal verändernden gesellschaftlichen Realität notwendig geworden waren, um die Handlungs- und Deutungsfähigkeit der gesellschaftlichen Individuen sicherzustellen.

Burckhardt hat den beschleunigten Wandel der bürgerlichen Gesellschaft seit der Epoche der Renaissance als eine Herausforderung des historischen Denkens verstanden. Er interpretiert das Aufkommen der italienischen Humanisten als die Entstehung einer intellektuellen, historisch gebildeten Kulturelite, die unter dem Eindruck einer sich transformierenden Gegenwart im Rückgriff auf die Vergangenheit die Zukunft kulturell zu gewinnen trachtete. Als »ein neues Element der bürgerlichen Gesellschaft«[189] personifizieren sie die Kritik an der mittelalterlichen Tradition und setzen »der ganzen wesentlich noch immer geistlichen und von Geistlichen gepflegten Bildung des Mittelalters eine neue Bildung entgegen, die sich vorzüglich an dasjenige hält, was jenseits des Mittelalters liegt.«[190]

Am geschichtlichen Ursprung der modernen Welt steht die Weitung des zeitlichen Orientierungshorizonts durch die historische Verfremdung der eigenen Gegenwart in der Erinnerung an die antike Vergangenheit, um sich situationsadäquat verhalten zu können, denn »das Jahrhundert, welches dem Mittelalter entrann, bedurfte in vielen einzelnen Fragen moralischer und philosophischer Natur einer speziellen Vermittelung zwischen sich und dem Altertum.«[191] Die kulturelle Hegemonie einer Zeit, von der man nicht nur befreit sein wollte, sondern aus deren Bannkreis man realiter, aufgrund der gesellschaftlichen Lebensbedingungen der entstehenden bürgerlichen Gesellschaft bereits weitgehend herausgetreten war, konnte allein dadurch endgültig zerbrochen werden, daß sich die Humanisten als Träger und Protagonisten einer neuen, posttraditionalen Identität gegenüber der fraglosen Evidenz einer überlieferten Realität auf Distanz brachten. Diese Distanz sollte aus der historischen Kontrastierung der Wirklichkeit mit der Fremdheit des als unvergängliches Vorbild geltenden Altertums resultieren.

Die historische Erkenntnis der Vergangenheit galt als eine Möglichkeit, die eigene Gegenwart aus der objektivierenden Einstellung geschichtlich freigesetzter Subjekte zu betrachten und der errungenen Freiheit im Medium der historischen Erkenntnis nicht nur gesellschaftlich, sondern auch kulturell mächtig zu werden: »Das Studium des Altertums allein hat das des Mittelalters möglich gemacht; jenes hat den Geist zuerst an ein objektives geschichtliches Interesse gewöhnt. Allerdings kam hinzu, daß das Mittelalter für das damalige Italien ohnehin vorüber war und daß der Geist es erkennen konnte, weil es nun außer ihm lag.«[192]

Die eigentliche Bedeutung der Humanisten als intellektuellen Vertretern der Renaissancekultur besteht für Burckhardt im wesentlichen darin, daß sie die geschichtliche Partikularität und die kulturelle Restriktivität ihrer Gegenwart durch die Erweiterung und Tieferlegung ihres historischen Orientierungshorizontes zu überwinden suchten. Sie haben die Grenzen ihrer Zeit zugunsten der Grenzenlosigkeit einer geschichtlichen Überlieferung von Kulturmenschlichkeit aufgebrochen, in der diese Gegenwart sich zu einem »wundersamen Weiterklingen eines uralten Saitenspiels« historisiert.[193] Diese historische Vermittlung der Gegenwart mit einer von ihr unterscheidbaren Vergangenheit, die am Entstehungsort der Neuzeit nur durch die Antike repräsentiert werden konnte, hat Burckhardt als notwendige Voraussetzung einer in die Zukunft weitertreibenden Geschichtlichkeit des menschlichen Lebens angesehen. Diese gebiert, auf dem Boden der historischen Überlieferung stehend und sie gleichwohl ständig transzendierend, neue kulturelle Möglichkeiten menschlicher Selbstrealisierung, die allein in dieser Vermittlung zu einer geschichtlichen Kontinuität einen nicht nur notwendigen, sondern auch erstrebenswerten Fortschritt im Sinne eines kulturellen Lernprozesses darstellen.

Von der Warte des historischen Denkens aus besehen stellt der neuzeitliche Prozeß von Modernisierung in seinem Bruch mit der Vergangenheit solange keinen unersetzlichen Verlust tradierter Lebensformen, sondern vielmehr einen geschichtlichen Hinzugewinn der Gegenwart an Zukunft dar, wie er auf dem Boden einer geschichtlich angeeigneten Tradition von Kulturmenschlichkeit erfolgt: »Auf diesem Punkte unserer kulturgeschichtlichen Übersicht angelangt, müssen wir des Altertums gedenken, dessen ›Wiedergeburt‹ in einseitiger Weise zum Gesamtnamen des Zeitraums überhaupt geworden ist. ... Darauf aber müssen wir beharren, als auf einem Hauptsatz dieses Buches, daß nicht sie allein, sondern ihr enges Bündnis mit dem neben ihr vorhandenen italienischen Volksgeist die abendländische Welt bezwungen hat. ... Das Bündnis zwischen zwei weit auseinander liegenden Kulturepochen desselben Volkes erweist sich als ein, weil höchst selbständiges, deshalb auch berechtigtes und fruchtbares. Das übrige Abendland mochte zusehen, wie es den großen, aus

Italien kommenden Antrieb abwehrte oder sich halb oder ganz aneignete; wo letzteres geschah, sollte man sich die Klagen über den frühzeitigen Untergang unserer mittelalterlichen Kulturformen und Vorstellungen ersparen. Hätten sie sich wehren können, so würden sie noch leben. Wenn jene elegischen Gemüter, die sich danach zurücksehnen, nur eine Stunde darin zubringen müßten, sie würden heftig nach moderner Luft begehren. Daß bei großen Prozessen jener Art manche Einzelblüte mit zugrunde geht, ohne in Tradition und Poesie unvergänglich gesichert zu sein, ist gewiß; allein das große Gesamtereignis darf man deshalb nicht ungeschehen wünschen.«[194]

Burckhardt hat es als eines der wesentlichsten Verdienste der Renaissance und der in ihrem Zusammenhang entstehenden freien Subjektivität des Menschen angesehen, die Entschiedenheit und Konsequenz ihres modernisierenden Aufbruchs aus den Fesseln der Vergangenheit verbunden zu haben mit einer Intensivierung der historischen Erinnerung. Dieser mentalitätsgeschichtlich überaus bedeutsame Modernisierungsprozeß hat eine tendenzielle Entpartikularisierung der menschlichen Identität möglich gemacht, die seither ein Wesensmerkmal des modernen Kulturmenschen darstellt. Aufgrund der von ihr geleisteten Universalisierung der menschlichen Identität durch Tieferlegung des historischen Bewußtseins wurde die Renaissance zu einem kulturellen Schmelztiegel aller Zeiten und konnte daher für Buckhardt zu Recht ein »hohes geistiges Interesse« für sich beanspruchen. In ihr wurde die Befähigung zu einer historischen Bildung geboren, die auch in seiner Gegenwart noch die fundamentalste Bedingung der modernen Kultur darstellte.

Seither ist die Kulturleistung der historischen Erinnerung für Burckhardt eine notwendige Bedingung für die Fortschrittsfähigkeit der modernen Gesellschaft, ja sie ist das geistige Fluidum, an das überhaupt jede Form einer kulturellen Erneuerung der menschlichen Lebensführung gebunden ist, weil es in der jeweiligen Gegenwart im vergleichenden und zugleich verfremdenden Rückgriff auf die Vergangenheit die Möglichkeiten und Perspektiven einer wirklich geschichtlichen, d.h. qualitativ anderen Zukunft eröffnet: »Fortwährend und solange unsere jetzige abendländische Bildung sich über den Fluten wird halten können, werden wir eine innere Bereicherung darin finden, die Farben und Gestalten der Vergangenheit in uns aufzunehmen und die geistigen Zustände und Wandelungen der frühern Weltepochen als ein hohes Fördernis unseres eigenen geistigen Bewußtseins zu behandeln; ja das Vergleichenkönnen zwischen verschiedenen Vergangenheiten unter sich und mit der Gegenwart ist eine von den Hauptkräften, welche uns scheiden von dem wirren Treiben des Tages und von der Barbarei, welche überhaupt nicht vergleicht. Und daß in dieser Beziehung die Zeit von 1450 bis 1598 eine der glänzend lehrreichen sei, ist nicht zu leugnen.«[195]

Allerdings hat Burckhardt dem geschichtlichen Phänomen, daß im Kontext des frühneuzeitlichen Humanismus mit der Universalisierungstendenz der historischen Identität die prinzipielle Fortschritts- und Zukunftsfähigkeit der Moderne entsteht, zugleich äußerst ambivalent gegenübergestanden. Denn mit dieser kulturellen Befreiung des Menschen zur Zukunft infolge der Entpartikularisierung seines historischen Bewußtseins entsteht zugleich der Krisencharakter einer Gegenwart, die angesichts einer äußerst dynamisierten Fortschrittsbewegung der Gesellschaft kulturell bodenlos zu werden droht. Die unweigerliche Kehrseite desjenigen Fortschritts, der mit der Renaissance einsetzt, ist die permanente Krisensituation einer in ihrer Entwicklungsgeschwindigkeit beschleunigten Gegenwart, die damit zugleich der Gefahr eines kulturellen Identitätsverlustes ausgesetzt wird: »Es ist noch nicht lange her, daß man die Epoche von 1450 bis 1598 wesentlich in optimistischem Sinne betrachtete und denjenigen ›Fortschritt‹ mit ihr beginnen ließ, in dessen weiterer Ausdehnung und Ausbildung man selber zu leben glaubte. ... Im Hinblick auf die in Aussicht stehenden Krisen des sinkenden 19. Jahrhunderts sind diese angenehmen Räsonnements zu Boden gesunken, und über die Wünschbarkeit der Ereignisse und Entwicklungen seit 1450 in Beziehung auf uns haben wir Ursache, uns behutsamer zu äußern, ja den Begriff der Wünschbarkeit des Vergangenen gänzlich aufzugeben.«[196]

Im folgenden soll im einzelnen herausgearbeitet werden, wie Burckhardt dieses kulturelle Krisenbewußtsein einer historisch verunsicherten Moderne artikuliert und begründet hat.

4. Der kulturgeschichtliche Standort der Gegenwart und die Unzeitgemäßheit der Intellektuellen

Burckhardts Geschichtstheorie und die in seinen Werken vorliegende Universalgeschichte der europäischen Kulturentwicklung sind Resultate einer äußerst reflektierten Wahrnehmung seiner eigenen zeitgeschichtlichen Gegenwart und ihrer Verarbeitung zu einer expliziten Theorie der Moderne. Wie hat Burckhardt aber im einzelnen diese Gegenwart und die sie kennzeichnenden Probleme wahrgenommen, auf die sowohl seine Geschichtstheorie und historische Anthropologie als auch seine Kulturgeschichte europäischer Entwicklungsprozesse die intellektuelle Reaktion darstellten? Hier geht es um eine Antwort auf die doppelte Frage, inwieweit einerseits die heuristische, methodische und theoretische Eigenart seines Werks durch die historische Erfahrung einer ausgeprägten Modernisierungskrise bestimmt wurde, und inwieweit es andererseits der auf die Gegenwart zielenden Verfremdungsabsicht seines historischen Denkens gelang, diesen Krisencharakter seiner Zeit hinreichend zu präzisieren und historiographisch darzustellen. Der damit angesprochene wechselseitige Konstitutionszusammenhang zwischen Gegenwartserfahrung und historischer Erkenntnis soll unter vier Gesichtspunkten diskutiert werden:

1. Zunächst sollen diejenigen Phänomene skizziert werden, die in Burckhardt das Bewußtsein einer geschichtlichen Sonderstellung seiner eigenen Gegenwart weckten und die Dramatik seines Krisenbewußtseins gegenüber einer Moderne hervorriefen, die für ihn im Begriff war, eine »Bewegung werden zu wollen, die im Gegensatz zu aller bekannten Vergangenheit unseres Globus steht.«[197]

2. Burckhardt hat die geschichtliche Signatur seiner Zeit begrifflich als »Revolutionszeitalter« identifiziert.[198] Um seine Deutung der Gegenwart verstehen zu können, sollen daher in einem weiteren Schritt die einzelnen erfahrungsorganisierenden Elemente dieser Theorie der modernen Welt kurz umrissen werden.

3. Darüber hinaus geht es um eine Klärung der politischen Konsequenzen seines Denkens. Burckhardt erweist sich als früher Vertreter einer radikalisierten bürgerlichen Kulturkritik, in deren Ressentiment gegenüber den demokratischen Begleitphänomenen kultureller Modernisierungsprozesse ihrer Zeit sich die zunehmende Gefährdung und der Verlust eines spezifisch bürgerlichen Normenbewußtseins spiegeln.

4. Schließlich soll die von Burckhardt ganz bewußt in Anspruch genommene »Unzeitgemäßheit« seines historischen Denkens als ein intellektueller Habitus rekonstruiert werden, insoweit er die heuristischen Perspektiven seines historischen Denkens geprägt und den theoretisch-methodischen Bezugsrahmen seiner Historiographie strukturiert hat.[199]

a) Die Sonderstellung der Gegenwart in der Kontinuität der europäischen Kulturentwicklung

Angesichts dessen, was kam, zeichnen sich die in den Schriften und Briefen Burckhardts enthaltenen düsteren Gegenwarts- und Zukunftsdiagnosen durch ein erstaunlich hohes Maß an historischer Realitätsnähe aus. Seine Interpretation der modernen Welt entwirft das Szenario einer existentiellen Bedrohung des Menschen und seiner Kultur insgesamt. Sie enthält die in ihrer gedanklichen Konsequenz erschütternde Vision einer dem Unglück preisgegebenen Zukunft des menschlichen Lebens, die sich den normativen Maßstäben der geschichtlichen Überlieferung entzieht, weil die Gegenwart den Boden der kulturellen Tradition Europas bereits verlassen hatte: »Wir ... sind Kinder der Revolution und können und dürfen unsere Mutter nicht verleugnen; wir haben die völlige Demokratie von ihr erhalten. Das Gefühl der Demokratie ist ein wesentlicher Bestandteil unseres Rechtsgefühls. Ist das Glück? Das Glück besteht aus dem Zustand an sich und dem Grad der Zufriedenheit mit diesem Zustand. Das Letztere läßt bei uns zu wünschen übrig: Das Glücksgefühl, das uns beherrscht, ist das Gefühl des Provisorischen, Hinfälligen und Bedrohten. Unsere Zeit charakterisiert die Unsicherheit der Zukunft. Woher kommt das? Sie sehen, wie sich eine große Frage zusammengeballt hat, die die Zukunft in wenig erfreulichem Licht erscheinen läßt. Es kommt die große Daseinsfrage, von welcher wir einige Fäden abwickeln wollen.«[200]

Woher rührte diese existentielle Besorgnis Burckhardts in Anbetracht der kulturellen Signatur seiner Gegenwart? Zweifellos hat er den revolutionären Eintritt in das Zeitalter der Moderne als einen radikalen Kontinuitätsbruch, als eine »vollständige Häutung ihrer ganzen Kultur« begriffen,[201] die eine konsequente geistige Umorientierung notwendig mache. Burckhardt hat den mit dem Jahre 1789 erfolgenden revolutionären Einbruch der Moderne als ein anthropologisch relevantes Ereignis erkannt. Das besondere Gefahrenpotential der Gegenwart resultierte für ihn aus dem Umstand, daß hier die Grundlagen der kulturellen Überlieferung im Ganzen infragegestellt wurden.

Die geschichtliche Besonderheit der Gegenwart besteht seither nicht etwa darin, daß sie eine Bruchstelle in der Abfolge einzelner Kulturen darstellt; das wäre aus dem universalgeschichtlichen Blickwinkel Burckhardts ein eher normaler, ja notwendiger Vorgang, der keinen Anlaß zu existentieller Aufgeregtheit böte. Aber daß mit der Entstehung der modernen Welt die elementaren Bedingungen und Voraussetzungen der menschlichen Geschichtlichkeit überhaupt abgebaut werden, machte sie für ihn zu einem Ereignis von anthropologischer Tragweite.

Diesen Verlust der menschlichen Geschichtsfähigkeit sah Burckhardt in der kulturellen Vermittlungslosigkeit der materiellen Interessenorientierungen seiner Zeit angelegt. Die Moderne sanktioniert in der Stillstellung des menschlichen Geistes die universell gewordene Herrschaft einer zweckrationalisierten Vernunft. In der materialisierten Immanenz des gesellschaftlichen Seins zergehen die kulturellen Transzendierungskräfte des Menschen, die bisher in der Projektion zukünftiger Formen der menschlichen Selbstrealisation Geschichte möglich gemacht hatten. An die Stelle eines geistig vorangetriebenen Lern- und Kulturprozesses tritt für Burckhardt mit dem Beginn der Moderne die quasinatürliche, jedoch in der Logik der modernen Kultur selbst angelegte Eskalation einer materiellen Triebstruktur; Geschichte wird zur Grenzenlosigkeit eines arbeits- und marktförmig organisierten gesellschaftlichen Fortschritts, dessen wesentliches Merkmal »die innere Dürftigkeit des wesentlichen materiellen Ziels«[202] darstellt: »Die Wünsche aber sind weit überwiegend materieller Art, so ideal sie sich gebärden, denn die Weitmeisten verstehen unter Glück nichts anderes; materielle Wünsche aber sind in sich und absolut unstillbar, selbst wenn sie unaufhörlich erfüllt würden, und dann erst recht.«[203]

Burckhardt interpretiert den Prozeß der gesellschaftlichen Modernisierung als Materialisierung und Zweckrationalisierung der menschlichen Handlungsmotive; und er verbindet damit zugleich die Vorstellung vom Ende des »Geistes« im Sinne eines geschichtlich transzendierenden Fortschritts, welcher unter der normativen Autorität einer mit sich selber versöhnten Lebenspraxis Zukunft als das qualitativ Andere der Gegenwart in den kulturellen Orientierungshorizont der menschlichen Lebenspraxis hineinholt.

Im Verlust dieser Spannung zwischen Wirklichkeit und Möglichkeit sieht Burckhardt die Gegenwart auf die »Bahn des rein Tatsächlichen« einschwenken und damit die Kontinuität einer Kultur beenden, deren Geschichtlichkeit gerade daraus resultierte, daß »Zukunft« nicht als eine bloße Extrapolation der Gegenwart, sondern als etwas qualitativ anderes und neues gedacht und geistig vorprojiziert werden konnte. Bereits der junge Burckhardt hatte Geschichte ganz in diesem Sinne als »einen wundersamen Prozeß von Verpuppungen und neuen, ewig neuen Enthüllungen des Geistes« verstanden, der dem Menschen ständig neue Möglichkeiten seiner kulturellen Selbstrealisation gewährt.[204]

Den durch die Materialisierung gesellschaftlicher Interessenlagen betriebenen Verlust dieses transzendierenden Elementes der menschlichen Lebensführung hat Burckhardt unter drei Gesichtspunkten thematisiert:

1. Ästhetisch als das beklagenswerte Ende der »großen«, autonomen und authentischen Kunst, deren geschichtlich überlieferte Größe und Wahrheit gerade darin bestanden hatte, daß sie der Wirklichkeit im Spiegel des schönen Scheins ihre Versagungen vorzuhalten vermochte: »Wenn man doch wieder einmal die Welt auffassen könnte wie Rafael getan hat! Wenn Einer wieder auf Diesem Pfade auf die Dinge zu käme!«[205]

Das Ende der Kunst bestätigt die Herrschaft einer in kultureller Hinsicht nicht mehr geschichtlichen und grenzüberschreitenden, sondern zeit- und weltimmanent gewordenen Lebensführung des Menschen. Das unter den Bedingungen der modernen Gesellschaft drohende Ende der Kunst ist für Burckhardt zugleich der drohende Verlust der inneren Geschichtlichkeit des menschlichen Lebens, insofern mit dieser Kunst das kulturelle Medium eines Eingedenkens des Fremden der eigenen Gegenwart und des Anderen der sie beherrschenden Vernunft verlorengeht. Im Schönen als einem notwendigen Therapeutikum und Korrektiv des Nützlichen wird für Burckhardt Geschichte denkbar als ein ewig in die Offenheit der Zukunft hinein transzendierendes Werden des menschlichen Geistes. Im Traumleben der Kunst wird die Zwanghaftigkeit von Realität kulturell gebrochen und in einer sie verfremdenden Weise auf Distanz gebracht, jedoch ohne gleichzeitig auch ›aufgehoben‹ werden zu können. Doch erweist sich dieser kontrafaktische Realitätssinn der Kunst für Burckhardt als ihre eigentliche Stärke, denn sie erst läßt die Spannung zwischen geschichtlicher Wirklichkeit und geschichtlicher Möglichkeit entstehen, die die bisherige Fortschrittsfähigkeit der menschlichen Kultur im ganzen ausgezeichnet und hervorgerufen hatte.

2. Politisch hat Burckhardt den Aufstieg der materiellen Interessen zum organisierenden Faktor der Herrschaft als das Ende ihrer Legitimität begriffen. Der mit der Französischen Revolution einsetzende Prozeß der innerstaatlichen Demokratisierung setzt für ihn das Prinzip der Partizipation aller an Herrschaft und damit das Prinzip einer universellen Verfügbarkeit der Macht an die Stelle ihrer durch Legitimitätskriterien eingeschränkten Handhabung, die die partikularen Interessen der Individuen in einen sittlichen Kosmos von Herrschaft einbindet. Der Prozeß der politischen Modernisierung impliziert »die Auflö-

sung des Begriffes Autorität in den Köpfen der Sterblichen, worauf man freilich periodisch der bloßen Gewalt anheimfiel.«[206]

Demokratisierung hat für Burckhardt also nicht etwa die Minimierung von Herrschaft, sondern die Maximierung von Machtbeziehungen bei gleichzeitigem Verlust ihrer legitimen Rechtsgrundlagen zur Folge. Als das wesentliche Ergebnis der Revolution versteht Burckhardt unter politischen Gesichtspunkten, daß sich die Prinzipienlosigkeit einer an reinen Machtkalkülen orientierten Herrschaft durchsetzt und »die Parteien ... jetzt nicht mehr um Prinzipien, sondern um Herrschaft in Hader« geraten.[207] Im Verlust der wertrationalen Grundlagen menschlicher Herrschaftsbeziehungen offenbart die Modernisierung des Politischen gleichzeitig die strukturelle »Schwäche der den Krisen gegenüberstehenden Rechtsüberzeugungen«,[208] eine Schwäche, die durch den Abbau einer der politischen Willens- und Interessennatur der Handlungssubjekte nicht anheimgegebenen Grundlage von Autorität hervorgerufen wird.

Indem Burckhardt politische Rationalität mit einer rein zweckrationalen Verfolgung von Machtinteressen identifiziert und die selber wertrationalen, vernunft- oder menschenrechtlichen Grundlagen moderner Herrschaftszusammenhänge geflissentlich übersieht, ist er gezwungen, die Legitimität von Herrschaft in der Rationalitätsferne der von politischer Aufklärung und Revolution gleichermaßen bedrohten »urzeitlichen und unsichtbaren Grundlagen des Daseins«[209] anzusiedeln: »Autorität ist ein mysterium, wie sie entsteht, ist dunkel, wie sie aber verwettet wird, das greifen wir mit Händen.«[210]

Die Legitimität von Herrschaft ist für Burckhardt in ihrer wertrationalen Eigenschaft, Handlungsprinzipien mit überindividuellem und allgemein verbindlichem Geltungsanspruch begründen zu können, Ausdruck einer politischen Transzendierungsleistung. Sie gehört insofern in die Sphäre des »Heiligen«, und daß diese Sphäre eines die konfligierenden Herrschaftsinteressen versöhnenden und das Chaos des Machtkampfes überwölbenden politischen Jenseits der Legitimität in den Prozessen politischer Demokratisierung unversehens abgebaut wird, zählt er zu den kulturell unheilvollsten Begleiterscheinungen der entstehenden Moderne: »Die Revolution überhaupt hat keine von ihr selbstgeschaffene legale Form heilig gehalten. Dies ist ihr schlimmstes Vermächtnis.«[211]

Die wahrhaft metaphysische Leistung politischer Legitimitätsbildung kann nur in einer asketischen Selbstbeschränkung der im Zuge von Demokratisierungsprozessen zu einer rationalen Verfolgung ihrer materiellen Interessenlagen freigesetzten Individuen erbracht werden und nicht im Prozeß ihrer wechselseitigen politischen Interaktion quasi bewußt erzeugt werden. Burckhardt ist in dieser Beziehung antiaufklärerisch genug, um es für unmöglich zu halten, im Rekurs auf das Prinzip freier Subjektivität zu einer »Metaphysik der Sitten« kantianischen Typs zu gelangen. Als regulative Idee einer politisch erlösten Lebenspraxis zehrt Legitimität für Burckhardt dagegen zwingend vom Schimmer einer überweltlichen Evidenz und sie geht genau in dem Moment verloren, in dem sie als ›machbar‹, d.h. zum vollständig realisierbaren Ziel politischer Praxis deklariert wird.

Diese Grenze der politischen Machbarkeit legitimer Strukturen deutet sich für Burckhardt in der Geschichte des modernen Menschenrechtsgedankens seit der Französischen Revolution an: »Diese Menschenrechte waren ein wahres Unglück für die Nation: Sie brachten den Leuten das Unerreichbare als Erreichbares, das sich als künstliche Wohlfahrt der Nation in bestimmte Sätze der Philosophie auflösen liess, und das ging nun eben nicht!«[212]

Burckhardt kann sich politische Freiheit nicht anders als eine Entfesselung materieller Interessen oder als den Durchbruch eines nicht mehr zu bändigenden Willens zur Macht denken. Die politischen Institutionen und Prinzipien der bürgerlichen Öffentlichkeit werden dann konsequent zu Erfüllungsorganen einer menschlichen Triebnatur, deren Aufstieg das Ende aller kulturellen Regulierungen des Politischen zur Folge hat. Die moderne Gesellschaft freier Privatleute wird so als ein reiner Naturprozeß, als ein unregulierbares Dahinwogen menschlicher Leidenschaften und Interessen denkbar; sie wird zum Ort der vollkommensten Herrschaft des »Bösen«.

Überhaupt wähnt Burckhardt hinter den liberaldemokratischen Konstitutionalisierungs- und Legitimierungsversuchen der staatlichen Herrschaft, wie sie im Kontext des modernen Verfassungsstaates unternommen wurden, den Versuch einer Instrumentalisierung des Politischen zugunsten der ökonomischen Interessen der neuentstehenden bürgerlichen Erwerbsklassen. Die modernen Konzeptionen politischer Legitimität verkümmern zum bloßen Schmiermittel für den eigentlichen Motor des gesellschaftlichen Fortschritts: für die materiellen Erwerbsmotive des bürgerlichen Subjekts. Sie sind es, die im politischen Freiheits- und Legitimationsdiskurs des bürgerlichen Verfassungsstaates gesichert und gewährleistet werden sollen – nach oben wie nach unten: »Mit der Steigerung aller Geschäfte ins Große wird nun die Anschauung des Erwerbenden folgende: Einerseits sollte der Staat nur noch Hülle und Garant seiner Interessen und seiner Art Intelligenz sein, welche als selbstverständlicher nunmehriger Hauptzweck der Welt gelten; ja er wünscht, daß sich diese seine Art von Intelligenz vermöge der konstitutionellen Einrichtungen des Staatsruders bemächtige; andererseits hegt er ein tiefes Mißtrauen gegen die Praxis der konstitutionellen Freiheit, insofern selbige doch eher von negativen Kräften möchte ausgebeutet werden.«[213]

3. Allerdings ergab sich für Burckhardt aus der Materialisierung und Verdinglichung der gesellschaftlichen Interessenlagen nicht allein eine Krise der Kunst und des Politischen, sondern auch eine durch die Entstehung der bürgerlichen Öffentlichkeit hervorgerufene Krise der kulturellen Reproduktion der modernen Gesellschaft im ganzen.

Die Entstehung der Moderne sieht Burckhardt auf dem Gebiet der bürgerlichen Kultur durch eine im wesentlichen vom diskursiven Medium der öffentlichen Meinung getragene und vorangetriebene Reflexivität der menschlichen Identitätsbildung begleitet. Es entsteht der Geist einer prinzipiell ansetzenden Kritik und Dauerrevision alles überlieferten, bisher unhinterfragt geltenden Kulturwissens: »Der geistige Reichtum des vorigen Jahrhunderts war ungeheuer; das geistige Leben des 18. Jahrhunderts ist staunenswert bei unparteiischer Betrachtung. Es handelte sich nicht bloß um einen dogmatischen Inhalt wie etwa Freiheit und Staatsknechtschaft, sondern um die Theorie für und wider, um die zunehmende Besprechung der Dinge. Es war nicht der neue Sachinhalt, sondern die neue Beweglichkeit des Geistes, die zuletzt zu der kolossalen allgemeinen Bewegung führte. ... Der Charakter des Jahrhunderts war die rücksichtsloseste Kritik, die ungescheut auftrat, das Zweifeln an allem und jedem.«[214]

Allerdings rechnet Burckhardt nicht damit, daß in den öffentlichen Räsonnements der aufgeklärten und autonomisierten Privatleute eine vom Geist der praktischen Vernunft getragene Lebensführung des Menschen wirklich wird, die auf dem Boden intersubjektiv geteilter und konsensfähiger Überzeugungen die Einheit von politischer Freiheit und kultureller Sinnhaftigkeit herzustellen vermag. Stattdessen sieht er (nicht zufällig in einem Brief an Hermann Schauenburg aus dem Revolutionsjahr 1848) mit der freien Diskursivität der modernen bürgerlichen Gesellschaft das innerkulturelle Chaos einer zerstörten Evidenz entstehen, in der der »Maßstab des materiellen Wohlbefindens« um den Preis einer radikalen Geschichtslosigkeit der modernen Kultur zum schrankenlosen Organisationsprinzip der Lebenspraxis aufsteigt: »Ich kann Dir aber das Gefühl nicht ausdrücken, womit ich der allgemeinen Desorganisation des deutschen Privatlebens zusehe. Alles ist aus den Fugen, alle Schranken ohnmächtig.«[215]

Im Verlassen des geschichtlichen Bodens der kulturellen Überlieferung sieht Burckhardt alle Chancen einer menschlicherseits möglichen Zukunft verspielt. Indem die moderne Gesellschaft freier Individuen in ihren Illusionen menschlicher Autonomie darauf verzichtet, die empirischen Bedingungen und Prozesse ihrer eigenen materiellen Reproduktion in eine geschichtliche Kontinuität geistig-kultureller Regulative der menschlichen Lebensführung einzurücken, ist ihr für Burckhardt genau diejenige Perspektive des geschichtlichen Fortschritts abgeschnitten, die in die Zukunft hinein fortzusetzen die unbedingte Aufgabe nicht allein der jeweils eigenen, sondern einer jeden Gegenwart ist.

Aus dieser Überlegung speist sich das Beharren Burckhardts darauf, daß seine Zeit an einer verhängnisvollen materiellen Verengung des Fortschrittsbegriffs kranke, durch die Geschichte nicht mehr als zukunftsoffener Prozeß einer qualitativen Selbsttranszendierung des Menschen zum Andern seiner selbst bzw. zu alternativen Weisen seiner Selbstrealisierung wahrnehmbar sei, sondern nur noch als eine geschichtliche Reproduktion und lineare Fortsetzung des eigenen Wesens gedacht werden könne.

Burckhardt trifft sich mit Nietzsche in der Ansicht, daß die Gegenwart des bürgerlichen Zeitalters zugleich der Anfang vom Ende der Zukunft zu werden drohe, eine Befürchtung, die Nietzsche in die Beschwörungsformeln seines Zarathustra-Buches gekleidet hatte: »Wehe! Es kommt die Zeit, wo der

Mensch nicht mehr den Pfeil seiner Sehnsucht über den Menschen hinaus-
wirft, und die Sehne seines Bogens verlernt hat zu schwirren!«

Anders als Nietzsche hat Burckhardt jedoch diesen drohenden Verlust der
Zukunft nicht aus einem »Übermaß« an historischer Bildung, sondern aus
einem Mangel an derselben abgeleitet. Die Bedingung der Möglichkeit von
Zukunft hat er nicht an die Existenz neuer Offenbarungs- und Erweckungsbe-
reitschaften mit Prophetieanspruch gebunden gesehen, sondern als ein direktes
Äquivalent einer historischen Erinnerungsfähigkeit des Menschen begriffen,
aus der sich allein die geschichtlichen Perspektiven einer möglichen Zukunft
der modernen Kultur herleiten.[216] Daß diese mögliche Zukunft durch den
Bruch der Gegenwart mit der Kontinuität der europäischen Kulturtradition
und damit im Verlust des historischen Bodens der modernen Gesellschaft
insgesamt verspielt werden könnte, hat Burckhardt als die besondere, von der
Epoche des »Revolutionszeitalters« ausgehende Gefährdung der Kultur verstanden.

b) Burckhardts historische Theorie des Revolutionszeitalters

Burckhardt hat seine Vorlesungen zur »Geschichte des Revolutionszeitalters«
seit dem Wintersemester 1859/60 im regelmäßigen Abstand von zwei Jahren
gehalten, zum letzten Mal im Wintersemester 1881/82.[217] Sie rahmen die
Epoche der deutschen Einigungskriege zeitlich ein und versuchen, die sie
kennzeichnenden Krisenerfahrungen, Systemzwänge und Orientierungsnöte
einzurücken in den historischen Kontext der gesellschaftlichen und politischen
Modernisierungsprozesse seit der unmittelbaren Vorgeschichte der Französischen Revolution: »Im grossen und ganzen wissen wir nicht, woher wir
kommen und wohin wir gehen; die Rätsel unseres Daseins sind schmerzlich
genug, so daß wir doch im Einzelnen nachrechnen dürfen, woher sie kommen, besonders bei einem Jahreswechsel wie dieser einer ist! [1867/68] Denn
seit den zwei Monaten unseres Kollegs hat sich der Militarismus so sehr
gesteigert, ist der Kampf mit dem Erwerb in eine so schreckliche Krisis
getreten, daß wir das Recht haben, noch einmal zurückzublicken, wo die
Anfänge dieser Erschütterung gewesen sind, zu sehen, wo das Schwanken
begonnen hat. Wir dürfen daher schon noch einmal auf den Gang der
Französischen Revolution zurückblicken.«[218]

Aufgrund einer ganzen Reihe von sich kontinuierlich fortsetzenden Struk-
tur- und Entwicklungselementen sah Burckhardt seine eigene Gegenwart
noch unmittelbar mit den revolutionären Ursprüngen der modernen Welt
zusammenhängen. Die geschichtliche Tatsache, »daß ein und derselbe Sturm,
welcher seit 1789 die Menschheit faßte, auch uns weiter trägt«,[219] nötigte ihm
ein dezidiert historisches Urteil ab, das sich den ausbreitenden Krisenerfahrungen und dem für Burckhardt pathologischen Charakter von Modernität
stellte.

Burckhardt versteht unter kulturgeschichtlich relevanten Gesichtspunkten die Moderne

– politisch als Etablierung des zentralisierten, demokratisierten und nationalisierten Machtstaates,

– ökonomisch als Entfesselung von »Erwerb und Verkehr« im Kontext des modernen Kapitalismus,

– sozial als Ausdifferenzierung gesellschaftlicher, durch materielle Interessen koordinierter bzw. sich antagonistisch gegenüberstehender Gruppen und Parteien,

– kulturell schließlich als Entstehung einer autonomen, vom Legitimationszwang des Staates befreiten und vom diskursiven Austausch der Meinungen getragenen bürgerlichen Öffentlichkeit.[220]

Im Mittelpunkt seines historischen Interesses stehen allerdings die kulturellen Folgen der politischen Modernisierung. Versucht man Burckhardts Kulturkritik der Gegenwart in ihrem Zusammenhang zu verstehen, ist vor allem der Aspekt von zentraler Bedeutung, daß er das Wesen des Politischen in der modernen bürgerlichen Gesellschaft als die Permanenz einer revolutionären Situation im Sinne eines fortwährenden Umschlagens von Freiheit in Herrschaft begreift. Das äußerst labile Gleichgewicht zwischen diesen beiden Polen der politischen Herrschaft führt unter den historischen Bedingungen der bürgerlichen Moderne notwendig zu einer totalitären Aufblähung staatlicher Allmacht. Wie in der »Griechischen Kulturgeschichte« und in der »Kulturgeschichte der Renaissance in Italien« resultieren auch die kulturellen Probleme und Herausforderungen der Gegenwart aus einer »großen Krisis des Staatsbegriffs«.[221]

Diese die Moderne insgesamt kennzeichnende Krise des Politischen ist zunächst die Folge einer Entlegitimierung staatlicher Herrschaftsansprüche zugunsten der Freiheitsintentionen autonomisierter Privatleute. Daß sich politische Legitimität seither, ausgehend von den individuell definierten Interessensphären und materiellen Bedürfnisartikulationen dieser frei vergesellschafteten Subjekte, von unten herauf – aus der Souveränität des Volkes – gestaltet und dabei der kritischen Instanz einer aus den Legitimierungszwängen des Staates entlassenen öffentlichen Diskursivität ausgesetzt ist, hat Burckhardt nicht allein als eine politische Destabilisierung der Gesellschaft, sondern auch als Ursache ihrer zunehmenden Vermachtung begriffen. Denn nach dem Verlust der tradierten Formen politischer Legitimität und d.h. immer auch: politischer Machtbegrenzung, steht für Burckhardt einzig noch Macht als letzte Instanz bereit, die konfligierenden Interessen der politisch freigelassenen Individuen normativ und sozialintegrativ zu vernetzen: »Der alte Glaube an eine höhere Machtstellung verschwindet nach und nach. Mit der unsichtbaren Grundlage unseres Daseins ist es gänzlich dahin; was weiter gebaut werden wird, muß auf sichtbaren Grund gebaut werden! Die Völker schaudern vor dem Abgrund, wenn sie sehen, daß die Schranken fallen. ... Die Folgen sind fürchterlich, weil die Prinzipien gewichen sind. Was wirken soll, muß solid fundamentiert sein; mit mystischen, religiösen, poetischen Ideen kommt man nicht mehr weit.«[222]

Über die Frage, wie denn auf dem geschichtlichen Boden der modernen Gesellschaft anstelle der ehemaligen, durch übergeordnete Prinzipien zugleich legitimierten und transzendierten Realität des Politischen noch eine solide Form von Herrschaft errichtet werden kann, hatte Burckhardt niemals den geringsten Zweifel: allein noch im Sinne einer auf der normativen Kraft des Faktischen ruhenden und in ihrem Legitimitätsanspruch auf bloße Legalität zurückgeschraubten Machtausübung.

Die politische Vernunft der bürgerlichen Gesellschaft individuierter Privatleute sieht er entsprechend als die Vernunft der jeweils durchsetzungsfähigsten Individuen an. Unter der Maske der Abschaffung von staatlicher Herrschaft verbirgt sich das Machtinteresse der jeweils Stärkeren, die sich und ihren partikularen Herrschaftsinteressen die intakten Herrschaftsorgane des delegitimierten Staates zu unterstellen wissen:»Von unten herauf wird kein besonderes Recht des Staates mehr anerkannt. Alles ist diskutabel; ja im Grunde verlangt die Reflexion vom Staat beständige Wandelbarkeit der Form nach ihren Launen. Zugleich aber verlangt sie für ihn eine stets größere und umfangreichere Zwangsmacht, damit er ihr ganzes sublimes Programm, das sie periodisch für ihn aufsetzt, verwirklichen könne; sehr unbändige Individuen verlangen dabei die stärkste Bändigung des Individuums unter das Allgemeine.«[223]

Die geschichtliche Umstellung der politischen Legitimität auf das Prinzip der Volkssouveränität begreift Burckhardt als den Verlust ihrer Sittlichkeitsqualität, da die Universalisierung subjektiver Freiheitsrechte der gesellschaftlich interagierenden Individuen nicht mehr auf dem Boden eines objektivierbaren und objektivierten normativen Eiverständnisses erfolgt, sondern ungebremst durch sittliche Erwägungen und moralische Schranken einer Logik egoistischer Interessendurchsetzung folgt, die allein durch bloße, d.h. wertrational nicht weiter begründete und begründbare Macht gesteuert wird.

Damit ist das Krisenbewußtsein Burckhardts gegenüber den politischen Strukturen seiner Gegenwart in seinen Grundzügen umrissen. Sein Mißtrauen gegenüber der Stabilisierungsfähigkeit der modernen Gesellschaft und ebenso die dezidiert antiliberale Stoßrichtung seiner Theorie der Gegenwart entfalten sich allerdings weniger im Rahmen ausführlicher staatstheoretischer und rechtsphilosophischer Reflexionen,[224] als vielmehr in einer dezidiert historischen Interpretation der politisch relevanten Entstehungszusammenhänge und Strukturelemente des Revolutionszeitalters. Diese historische Interpretation Burckhardts stützt sich im wesentlichen auf zwei Argumente:

1. Dem sukzessiven Legitimationsschwund des modernen Nationalstaates entspricht für Burckhardt die ungeheure Steigerung seines Machtumfanges, weil allein noch im Medium der Macht die zentrifugalen Tendenzen der bürgerlichen Gesellschaft aufgefangen werden können. Die Individualisierung des Menschen zum freien Bürger mündet notwendig in die Monopolisierung und Zentralisierung der politischen Herrschaft in den Händen des nationalen

Machtstaates, weil dieser sich als das letzte funktionsfähige Integrationsmedium antagonistischer Interessen erweist: »Überhaupt verlangen Völker und Regierungen, trotz allem Reden von Freiheit, eine unbegrenzte Staatsmacht nach innen.«[225]

Burckhardts Vorstellung von der Moderne als dem Aufstieg einer nicht mehr im Rückgriff auf übergeordnete Prinzipien legitimierten und begrenzten Machtausübung des Staates wird allein schon in seiner Wahl der Rahmenfiguren des Revolutionszeitalters deutlich: Friedrich der Große und Napoleon werden beide als Virtuosen illegitimer, d.h. auf ihre bloße Faktizität gegründeten Herrschaft vorgestellt und repräsentieren zugleich den »Doppelursprung des modernen Staates aus der völligen Machtzentralisation und der Aufklärung«.[226]

Diese Vorstellung einer unheiligen Allianz zwischen aufklärerischem Individualismus und universellem Herrschaftsinteresse bestimmte Burckhardts historisches und politisches Denken von Jugend an und machte bereits die vorrevolutionären Differenzen zwischen ihm und seinen liberalen Jugendfreunden deutlich. In einem Brief an Kinkel äußert Burckhardt diesen antiliberalen Verdacht einer heimlichen Komplizenschaft zwischen Freiheit und Herrschaft: »Die furchtbar gesteigerte Berechtigung des Individuums besteht darin: cogito (ob richtig oder falsch, gilt gleich) ergo regno.«[227]

Der Prozeß der politischen Modernisierung verankert für Burckhardt unter dem Deckmantel aufklärerischer Vernunft und individueller Freiheit – und vermittelt über die freigelassenen Herrschaftsinteressen der Subjekte – das Machtpragma in den kulturellen Grundlagen von Modernität. Macht stellt in diesem Zusammenhang eine gesellschaftsanalytische Kategorie dar; sie umschreibt die leitenden Motive und Funktionsmechanismen menschlichen Handelns.

Allerdings gibt Burckhardt diesem Argument auch eine normative Wendung, indem er zu zeigen versucht, daß sich aus dieser Universalisierung von Macht zum dominierenden und von kulturellen Widerlagern nicht mehr gebremsten Regulativ der menschlichen Lebensführung der pathologische Charakter der Gegenwart herleitet: »Macht ist Macht – ich möchte gerne die Stelle kennen, wo große Macht ohne Mißbrauch wäre!«[228] Mit diesem Bedenken ist bereits der zweite Aspekt von Burckhardts Interpretation der Moderne angesprochen.

2. Burckhardt hat seine Überzeugung, daß die Ausbreitung machtförmig organisierter Bereiche der Gesellschaft die notwendige Kehrseite der Individuierung des modernen Menschen sei, dahingehend zugespitzt, daß dem Kulturprozeß der menschlichen Freiheit die Renaturalisierung der Geschichte entspreche. Mit dem Blick auf das Phänomen der Revolution entwirft er diesen Zusammenhang als eine historische Dialektik von Freiheit und Terror. Mit den Freiheitsbewegungen der modernen bürgerlichen Revolutionen, die für Burckhardt nichts als eine Entbindung materieller Interessen von allen sie kulturell tragenden Grundlagen darstellen, kehrt die Natur in den Kulturprozeß der

Geschichte zurück. In der Pose des bürgerlichen Ideologiekritikers entlarvt Burckhardt das Revolutionszeitalter als Entstehung einer Herrschaft mechanisch-naturhaften Zwangs.

Sprachlich äußert sich dies im inflationären Gebrauch eines naturmetaphorischen Vokabulars bei der Analyse der bürgerlichen Revolution: »Sie hat sich ... selber für die Freiheit gehalten, während sie so elementarisch unfrei war, wie etwa ein Waldbrand.«[229] Das Kennzeichen der Revolution ist ihr konsequenter Bruch mit aller Geschichte und Kultur, und in diesem Bruch der Freiheit mit der geschichtlichen Kontinuität der Kultur wird sie zur totalgewordenen Herrschaft naturwüchsigen Zwangs.

Dieses Motiv bestimmt auch Burckhardts im Jahre 1848 endgültig vollzogenen Bruch mit seinen liberalen Jugendfreunden, die sich damals im Gegensatz zu ihm auf die Seite der Revolution gestellt hatten. An Hermann Schauenburg richtete Burckhardt, ganz unter dem elementaren Eindruck der Revolution von 1848 stehend, den Vorwurf, auf dem von der Revolution bereiteten Boden vollziehe sich der Umschlag von kultureller Freiheit in naturhaften Zwang: »Tut was ihr wollt oder müßt, nur bildet Euch nicht ein, frei zu sein, während die dunkelsten Elementargeister ihr Wesen mit Euch treiben.«[230] Die Revolution als der Versuch der Gegenwart, den welttranszendierenden Traum von der Freiheit des Menschen weltimmanent und damit wahr werden zu lassen, zerstört mit diesem Versuch gleichzeitig auch die geschichtliche Kraft des menschlichen Geistes, die sich gerade aus dem Transzendenz- und Utopiecharakter der menschlichen Bedürfnisnatur speiste.

Wird diese empfindliche Konstellation zwischen dem Geist der Utopie, der Verwirklichung menschlicher Freiheit und dem kulturellen Prozeß der Geschichte zugunsten einer von der Zukunft auf die unmittelbare Gegenwart projizierten Heilserwartung gestört, werden ehemals auf die Zukunft der Geschichte gehende Erlösungshoffnungen als praktisch realisierbar begriffen und die Abschaffung von Herrschaft als möglich unterstellt, erfolgt für Burckhardt der sofortige Umschlag kulturell sublimierter Handlungsmotive in eine materielle Triebstruktur, die als das »wilde verwirrte Freiheitsdrängen« der Revolution sofortige Bedürfnisbefriedigung verlangt und gerade darin kulturellen Fortschritt zugunsten des naturwüchsigen Terrors einer ungeschichtlichen Gegenwart verhindert: »Das Wort Freiheit klingt schön und rund, aber nur der sollte darüber mitreden, der die Sklaverei unter der Brüllmasse, Volk genannt, mit Augen angesehen und in bürgerlichen Unruhen duldend und zuschauend mitgelebt hat. ... Ich weiß zu viel Geschichte, um von diesem Massendespotismus etwas anderes zu erwarten als eine künftige Gewaltherrschaft, womit die Geschichte ein Ende haben wird.«[231] Der voluntaristische Ausbruch der Revolution aus der geschichtlichen Kontinuität der Kultur zerstört zugleich die Bedingungen der Möglichkeit menschlicher Freiheit.

Burckhardt hat die Revolution als eine Eskalation der menschlichen Leidenschaften und Instinkte begriffen, die mit naturwüchsiger Gewalt hervorbrechen: »Den Parisern war nicht mehr zu helfen. Die große Stadt, das Fieber der Aufregung, das in einer solchen Stunde sich der Gemüter bemächtigt, die Masse der Menschen, die alle die Hälse auf einen Punkt hin richten – es war dies ein ganz furchtbares, pathologisches Ereignis, wo einer nicht mehr sein eigener Herr sein konnte. Der allgemeine Verdacht, die Rache, die man haben wollte, die Wut, in die man zuletzt hineingeriet, dann die Ekstase, die folgte, das alles weissagte einen fürchterlichen Ausgang, wies auf neue Gewaltherrschaft, die nicht ausbleiben konnte.«[232]

Den Terror, durch den »der Mord an sich ... das Temperament der Revolution« wird,[233] sieht Burckhardt insgesamt getragen und motiviert vom Geist der Vergeltung. Die Revolution kulminiert in der radikalen Abrechnung mit einer als Unrechtszusammenhang erfahrenen und erlittenen Geschichte. Es war der »Gedanke der Rache, der alles erfüllte«[234] und zum Bruch mit Gegenwart und Vergangenheit trieb, um die Zukunft für sich zu haben.

Allerdings waren für Burckhardt durch den Schnitt, mit dem sich die Revolution von aller geschichtlichen Überlieferung abtrennte, nicht nur alle Chancen zu einer in die Zukunft weitertreibenden Kontinuität der Kultur und Freiheit vertan, sondern auch die Korrektivfunktionen der Tradition außer Kraft gesetzt. Der Wille zur Zukunft und das Freiheits- und Glücksversprechen der Revolution enden mit dem Einbruch des Bösen in die nach dem Abbau aller geschichtlichen Schranken politisch entsicherten bürgerlichen Gesellschaft: »Das Glück fand man doch nicht, weil man die Hölle in sich hatte.«[235]

Auch für Burckhardts politische Theorie der Gegenwart ist der Gedanke entscheidend, daß in dem Moment, in dem die kulturelle Subjektivierung des Menschen zur Freiheit im Sinne eines autonomgewordenen Handlungswillens und einer gestiegenen Gestaltungskompetenz seiner Wirklichkeit führt, die Kulturkontinuität der geschichtlichen Überlieferung zerstört wird und damit zugleich die sinnhaften Grundlagen der menschlichen Existenz verlorengehen. Für den Bereich des Politischen bedeutet dies, daß die im Sinne bürgerlicher Partizipation betriebene Rationalisierung von Herrschaft den notwendigen Verlust ihrer Legitimität impliziert, da politische Legitimität für Burckhardt den Charakter einer unbezweifelbaren Verpflichtung und unbedingten Evidenz besitzt, die den partikularen Handlungsintentionen der Individuen enthoben ist. Vor der Legitimität von Herrschaft endet der Freiheits- und Autonomieanspruch des Menschen, der für Burckhardt an der Kulturaufgabe scheitert, eine Metaphysik der Sitten mit universalistischem Geltungsanspruch und kategorischem Verpflichtungscharakter zu begründen.

c) Politische Implikationen der bürgerlichen Kulturkritik

Burckhardts Geschichtstheorie erkennt dem Phänomen der Krise den Rang einer wichtigen geschichtlichen Produktivkraft zu.[236] Krisen fungieren hier als die weltgeschichtlichen Orte, an denen die dynamisierenden Antriebsenergien des historischen Wandels freiwerden. In den großen krisenhaften Umbrüchen der menschlichen Kulturentwicklung erkennt Burckhardt »Entwicklungskno-ten«,[237] Schaltstellen der geschichtlichen Entwicklung, an denen »die wahre Erneuerung des Lebens ... , d.h. die versöhnende Abschaffung des Alten durch ein wirklich lebendiges Neues« erfolgen kann.[238]

Diesem geschichtstheoretischen »Lobe der Krisen« steht aber Burckhardts gegenwartstheoretische Überzeugung entgegen, daß der spezifische Krisencharakter des Revolutionszeitalters antigeschichtliche Konsequenzen zeige. Die Krise der Gegenwart eröffnet der modernen Kultur nicht die Zukunft ihrer Geschichte, sondern beendet nur die Kontinuität ihrer Vergangenheit. Um zu verstehen, warum Geschichte und Gegenwart auch unter diesem Gesichtspunkt ihres Krisencharakters auseinanderklaffen, warum selbst diejenige Krise der Gegenwart, die ihre Falschheit dokumentiert, die falsche ist, ist ein kurzer Blick auf Burckhardts Theorie der geschichtlichen Krisen notwendig.

Es handelt sich dabei um eine »Sturmlehre«, um eine Theorie der »beschleunigten Prozesse«.[239] Krisen sind für Burckhardt Wendepunkte der geschichtlichen Kulturentwicklung, in denen es zu einer »Verschmelzung einer neuen materiellen Kraft mit einer alten« kommt und in dieser Verschmelzung kulturelle Neuanfänge der menschlichen Lebensführung möglich werden.[240] Die Krisen entfalten ihre Macht freilich allein aus ihrer Nähe zu den Ursprüngen der menschlichen Natur, sie entstehen aus einer im Innern des Menschen ausgetragenen Dialektik von Kultur und Natur. In den geschichtlichen Krisen werden Kulturfortschritte des Menschen inauguriert, indem sie als das »brillante Narrenspiel der Hoffnung«[241] unverbrauchte und zukunftsgerichtete Antriebspotentiale der menschlichen Natur freisetzen, die dann die notwendigen Motive und mentalen Energien bereitstellen, um die Grenzen der bisherigen Kulturstufe überwinden zu können: »Es ist, als müßte die menschliche Natur in solchen Augenblicken ihre ganze Hoffnungsfähigkeit in Bewegung setzen.«[242]

Die geschichtlichen Krisen aktualisieren die notwendigen Triebkräfte einer welt- und zeittranszendierenden Geschichtlichkeit, die den ungeschichtlich gewordenen kulturellen Bodensatz einer überlebten Epoche auflöst. Erst durch periodische Einbrüche des Irrationalen gewinnt die Kultur ihre geschichtliche Qualität; Geschichte wird so zu einer List der Natur. Die abgeleitete, die – wie Nietzsche sagen würde – »kleine« Vernunft der Geschichte und des menschlichen Geistes gründet in der ursprünglicheren, »großen« Vernunft der Natur und des Leibes: »Zum Lobe der Krisen läßt sich nun vor allem sagen: Die Leidenschaft ist die Mutter großer Dinge, d.h. die wirkliche Leidenschaft, die etwas Neues und nicht nur das Umstürzen des Alten will. Ungeahnte Kräfte werden in den Einzelnen und in den Massen wach, und auch der Himmel hat einen andern Ton. ... Die Krisen und selbst ihre Fanatismen sind ... als echte Zeichen des Lebens zu betrachten, die Krisis selbst als eine Aushilfe der Natur, gleich einem Fieber, die Fanatismen als Zeichen, daß man noch Dinge kennt, die man höher als Habe und Leben schätzt. ... Überhaupt geschehen alle geistigen Entwicklungen sprung- und stoßweise, wie im Individuum, so hier in irgend einer Gesamtheit. Die Krisis ist als ein neuer Entwicklungsknoten zu betrachten. Die Krisen räumen auf; zunächst mit einer Menge von Lebensformen, aus welchen das Leben längst entwichen war, und welche sonst mit ihrem historischen Recht nicht aus der Welt wären wegzubringen gewesen.«[243]

Burckhardt erwartet das geschichtliche Aufsprengen der stillgestellten und veralltäglichten Kultur seiner Gegenwart allein im Durchgang durch den großen Jammer einer weltgeschichtlichen Krise. Sein Blick ist fixiert auf den katastrophischen Einbruch des Außeralltäglichen in den assekurierten Alltag seiner Zeit, ein Vorgang, der den Blick auf neue Kulturgehalte lenken und einen neuen Maßstab der menschlichen Lebensführung, eine »unabhängigere Taxation des Irdischen« erlauben werde.[244]

Burckhardt hat die Eigenschaft des Kulturmenschen, Geschichte im Austragen und Bestehen geschichtlicher Krisen zur Zukunft hin offenzuhalten, als eine ›charismatische‹ Gabe und Qualifikation besonders ausgezeichneter Persönlichkeiten betrachtet; sie ist Ausdruck individueller »Größe«, ein Begriff, der mit dem der Krise korreliert, denn »die große Originalität ... muß auf Sturmzeit warten.«[245] Die großen Individuen der Weltgeschichte haben für Burckhardt »zweierlei Funktion: den innern Gehalt der Zeit und Welt ideal zur Anschauung zu bringen und ihn als unvergängliche Kunde auf die Nachwelt zu überliefern.«[246] Es ist die Aufgabe der von der Natur zur Größe bestimmten und prädestinierten Individuen, ihre in die Krise geratene Gegenwart unter Aufbietung der ihnen zur Verfügung stehenden schöpferischen Subjektivität kulturell zu erneuern, sie sind »notwendig, damit die weltgeschichtliche Bewegung sich periodisch und ruckweise frei mache von bloßen abgestorbenen Lebensformen und von reflektierendem Geschwätz.«[247] Sie sind die eigentlichen Garanten für die geschichtliche Produktivität der Krisen sowie für die Kontinuität der Kultur und ihrer Höherentwicklung, denn »sie halten einen hohen Maßstab der Dinge aufrecht, sie helfen zum Wiederaufraffen aus zeitweiliger Erniedrigung.«[248]

Burckhardt entwickelt nun – und das ist zentral – seine Vorstellung von Größe am normativen Leitbild einer sich ästhetisch selbsttranszendierenden menschlichen Subjektivität.[249] Als Vollzugsorgan eines über die Beschränktheit der eigenen, individuellen Willensnatur hinausgehenden Allgemeinen sprengt die große Persönlichkeit den Horizont ihrer Zeit kulturell auf und erhält damit die Möglichkeit einer in die Offenheit der Zukunft hinein weitertreibenden Geschichte.

Dieser in den »Weltgeschichtlichen Betrachtungen« hergestellte Zusammenhang zwischen den geschichtlichen Krisen und dem am Vorbild des Ästhetischen entwickelten Begriff der individuellen Größe besitzt unmittelbare politiktheoretische Konsequenzen für Burckhardts Verständnis der Gegenwart. Der ausgeprägte antiliberale und antidemokratische Affekt seines politischen Denkens speist sich aus der normativen Applikation des am Vorbild ästhetischer Transzendierungsleistungen gewonnenen Begriffs der schöpferischen, ›charismatischen‹ Subjektivität auf die politische Gegenwartspraxis, denn die ästhetische Persönlichkeit wird, wenn man ihre Subjektqualität auf die politische Ebene appliziert, zum Führer. Burckhardts Zeitkritik liegt ein ästhetisierter Begriff des Politischen zugrunde, von dem ausgehend sich die Gegenwart aus ihrem Kontrast zum Vorbild geschichtlicher Größe bestimmt: »Unsern Ausgang nehmen wir von unserm Knirpstum, unserer Zerfahrenheit und Zerstreuung. Größe ist, was wir nicht sind. ... Und dennoch fühlen wir, daß der Begriff unentbehrlich ist, und daß wir ihn uns nicht dürfen nehmen lassen.«[250]

Burckhardt interpretiert die demokratischen Tendenzen seiner Gegenwart als eine aus dem »Besserlebenwollen der Massen« resultierende Dominanz materieller Interessensphären, in der die kulturellen Voraussetzungen einer geschichtlichen Erneuerung der modernen Gesellschaft verlorengehen. Die demokratischen Bestrebungen und Tendenzen seiner Zeit sind für ihn die im weltgeschichtlichen Maßstab bisher schwierigste Probe auf die Zukunftsfähigkeit der Kultur, denn infolge des von der Demokratie betriebenen Verlustes aller welt- und zeittranszendierenden Potenzen des menschlichen Geistes sind zugleich die notwendigen Bedingungen der Zukunft der Geschichte infragegestellt.

Damit sind die geschichtstheoretischen Voraussetzungen der politischen Theorie Burckhardts in ihren wesentlichen Zügen umrissen. Die Kriterien seiner Kritik am bürgerlichen Liberalismus und demokratischen Radikalismus seiner Zeit[251] gewinnt Burckhardt nach Maßgabe einer in seiner Geschichtstheorie angelegten ästhetischen Kategorisierung des Politischen. Die am normativen Leitbild ästhetischer Transzendierungsleistungen der Kunst entwickelte Vorstellung einer freien und schöpferischen Subjektivität des Menschen ist die kulturelle Meßlatte, die er an die politische Gegenwartspraxis anlegt und die ihm dann erlaubt, diese als eine Herrschaft der Mediokrität, als eine »unwiderstehliche Zunahme der Kräfte von unten herauf«[252] zu beschwören: »Mir kommt vor, überall seien die Kräfte von unten im Steigen begriffen, auch da wo sie in den Wahlen noch nicht gesiegt haben. Wir müssen den Kelch des Suffrage universel, fürchte ich, bis auf die Hefe leeren.«[253]

Burckhardt erwartet als unmittelbare Folge der bürgerlichen Freiheitsbewegung sowie der steigenden politischen Willens- und Artikulationsfähigkeit der unterbürgerlichen Schichten einerseits eine Destabilisierung der staatlichen Herrschaft und des Rechts,[254] andererseits den unaufhaltsamen Aufstieg illegitimer Mächte, ein Prozeß, den Burckhardt bereits mit einer allmählichen Militarisierung der bürgerlichen Gesellschaft einsetzen sah: »Für mich ist es schon lange klar, daß die Welt der Alternative zwischen völliger Demokratie und absolutem, rechtlosem Despotismus entgegentreibt, welcher letztere denn freilich nicht mehr von Dynastien betrieben werden möchte, denn diese sind zu weichherzig, sondern von angeblich republikanischen Militärkommandos. Man mag sich nur noch nicht gern eine Welt vorstellen, deren Herrscher von Recht, Wohlergehen, bereichernder Arbeit und Industrie, Kredit etc. völlig abstrahieren und dafür absolut brutal regieren könnten. Solchen Leuten treibt man aber die Welt in die Hände mit der heutigen Konkurrenz um Teilnahme der Massen bei allen Parteifragen.«[255]

Allerdings fällt der von Burckhardt gegenüber den politischen Folgen der bürgerlichen Emanzipation erhobene Vorwurf des Totalitarismus auf ihn selber und auf seinen ästhetisierten Begriff des Politischen zurück. Der Erhebung einer selbstschöpferischen und sich im Medium des Ästhetischen selbsttranszendierenden Subjektivität des Menschen zum normativen Gehalt des Politischen liegt ein theoretischer Kurzschluß mit erheblichen politischen Folgewirkungen zugrunde: Die im Zuge kultureller Modernisierungsprozesse entstandene Autonomie sowohl des Politischen wie des Ästhetischen wird aufgehoben.

Einerseits geht der Kunst der Charakter eines gesellschaftlich notwendigen Scheins verloren, von dem sie doch als autonomgewordene kulturelle Produktivkraft lebt. Wird ihr diese Wirklichkeitsabstinenz zugunsten einer unmittelbaren Applikation auf gesellschaftliche oder politische Praxis genommen, verliert sie nicht nur die ihr wesentliche Traumfähigkeit, sondern wird auch tendenziell terroristisch. Eine an den ästhetischen Idealen und normativen Vorgaben der Kunst orientierte Realität des Politischen ist nicht mehr schön, sondern schrecklich.

Andererseits verändert sich aber auch der moderne Gehalt des Politischen dadurch, daß ihm von Burckhardt ästhetische Kriterien quasi übergestülpt werden. Der politische Diskurs der Moderne und die Intentionen, die durch ihn einmal unter der normativen Leitkategorie der Freiheit auf den Begriff gebracht wurden, werden nicht nur einer nachdenklichen, über die Folgen der Aufklärung selber aufgeklärten Revision unterzogen, sondern vollziehen eine Kehrtwendung. Burckhardt ist davon überzeugt, daß in dem Moment, in dem die geschichtlichen Prozesse einer kulturellen Individuierung des Menschen zum freien Subjekt demokratische Folgen zeigen und somit eine ursprünglich kulturell definierte »Bürgerlichkeit« eine politische Schlagseite gewinnt, die Ausbildung freier Individualität unmöglich wird.

Liberalismus und Demokratie sind für Burckhardt insofern eine politische Selbstvernichtung der bürgerlichen Freiheit, sie stellen das unabwendbare Ende einer zutiefst bürgerlich gedachten Kulturidentität freier Individuen zugunsten einer kollektiven Partizipation politisch vermasster Subjekte am pathologischen Charakter von Modernität dar. Politisch gesehen ist Burckhardt nicht postaufklärerisch im Sinne des frühen Historismus,[256] sondern antiaufklärerisch: Burckhardt ist ein historisch gebildeter Vertreter der Gegenaufklärung.[257]

Die politischen Folgen dieser zweifachen kulturtheoretischen Konfusion auf der Seite Burckhardts sind mit Händen zu greifen. Er träumt den Traum aller autoritären Charaktere von einer politischen Erlösung der Gegenwart durch eine »starke, ernste Herrschaft« der Zukunft.[258] Am Ende des von ihm unterstellten politischen Dunkels im Tunnel der Moderne sieht er das Licht einer kulturellen Versöhnung der Gegenwart durch die naturwüchsige Vitalität und Frische einer »gesunden Barbarei«.[259]

d) Unzeitgemäßheit als intellektueller Habitus

Burckhardt hat seine kulturkritische Einschätzung der Gegenwart nicht in eine explizit politische Theorie oder Praxis der Gegenaufklärung einmünden lassen; stattdessen hat er als Historiker den Gegenwartsbezug seines historischen Denkens grundsätzlich neu durchdacht. Die Einsicht, daß die verschärften Problemlagen seiner Zeit nicht folgenlos für die Arbeit des Historikers sein dürften, sondern im Gegenteil als eine produktive Herausforderung innovativer historischer Erkenntnisarbeit genutzt werden sollten, macht seine herausragende Bedeutung für die zu seiner Zeit allmählich einsetzende Krise und Transformation des Historismus aus.

Burckhardt beantwortete die Kulturkrise seiner Zeit intellektuell mit ihrer Kontrastierung durch die Alteritätserfahrungen der kulturellen Überlieferung und die Transzendierungserfahrungen der Kunst.[260] In der Verfremdung der Gegenwart durch ihre Konfrontation mit der Kontinuität der Kulturentwicklung wollte Burckhardt die Unmittelbarkeit und Hermetik der Krise seiner Zeit überwinden. Das ausgeprägte kulturhistorische Ethos Burckhardts und seine Überzeugung, daß das historische Denken eine gesellschaftlich unverzichtbare Kulturleistung darstelle, rührte aus dem Wissen darum, daß die Geschichtslosigkeit der Gegenwart allein im Modus ihrer ästhetischen und historischen Selbsterkenntnis erneut in die geschichtliche Dynamik der menschlichen Kulturentwicklung gebracht werden könne.

Um diese Kulturleistung einer historischen Kontrastierung der eigenen Gegenwart aber überhaupt erbringen zu können, bedarf es der Distanz, denn sie ist es, welche die notwendige Bedingung kulturhistorischer Erkenntnisfähigkeit sicherstellt. Das historische Denken wahrt seine orientierende Kraft im kulturellen Gefüge der Gegenwart, indem es einen eminent zeitkritischen Impuls in sich aufnimmt. »Unzeitgemäßheit«[261] – und eben nicht »Apolitie«[262] – ist die für diesen intellektuellen Habitus maßgebliche Kategorie. Burckhardt hat sich in seiner ganzen Identität von einer prinzipiellen Außenseiterschaft her definiert: politisch, persönlich und intellektuell.

1. Da für Burckhardt die Krise der Moderne im wesentlichen politisch heraufbeschworen worden war, implizierte diese unzeitgemäße Distanz vor allem, sich als Intellektueller den dominierenden politischen Strömungen jener Zeit entgegenzustellen. Burckhardts politische Identität speist sich im wesentlichen aus Antihaltungen: Sie ist antiliberal,[263] antirevolutionär, antinationalistisch, ja überhaupt antipolitisch: »Tadelt mich in Gottes Namen als einen schlechten Bürger, aber ich habe aller politischen Wirksamkeit auf ewig entsagt.«[264]

Bereits dem jungen Burckhardt steht klar vor Augen, daß es aus der politischen Vernunft- und Heillosigkeit der Gegenwartspraxis nur den Ausweg einer politisch motivierten »Apolitie« geben könne. Das Mittel, das die von der Gegenwart politisch geschlagenen Wunden heilt, darf selbst kein politisches sein, wenn es wirklichen therapeutischen Nutzen haben soll. Hier rächt sich die kulturhistorische und -theoretische Nachlässigkeit Burckhardts, die politischen Tendenzen der bürgerlichen Moderne nicht genauer auf die in ihnen enthaltenen Legitimitätsprinzipien und Möglichkeiten politischer Vernunft hin untersucht, sondern sie stattdessen allein zu einer illegitimen Machtpraxis vereinseitigt zu haben.

Indem Burckhardt politische Herrschaft zu einem Reich der Unvernunft, der Illegitimität und des Bösen verkürzt, bleiben als mögliche Heilswege allein noch die ästhetische Transzendierung und (seitdem Burckhardt sich darüber klar geworden war, diese Kulturleistung einer ästhetischen Versöhnung der Gegenwart nicht selber leisten zu können) die kulturhistorische Verfremdung der Widersprüche einer politisch entzweiten Totalität im Spiegel der europäischen Kultur. Wenn es aus dem politischen Labyrinth der Gegenwart keinen politisch gangbaren Ausweg in eine Zukunft der menschlichen Kultur gibt, steht allein noch die Möglichkeit einer Flucht in die Vergangenheit dieser Kultur offen, in die »Bildung Alteuropas«,[265] als deren höchster Ausdruck dann – aus einer inneren Denknotwendigkeit heraus – die Politikferne der Kunst begriffen werden muß: »Ich fühle wohl, daß ich für meine Person in einem Motus contrarius gegen die Zeit bin. Je tobsüchtiger die äußere Welt sich gebärdet, desto brennender wird meine Sehnsucht nach dem Schönen, das nicht von dieser Welt ist. Leider bin ich nicht Poet genug, um diesen Gegensatz zu überwinden.«[266]

2. Auf der persönlichen Ebene realisiert Burckhardt das beinahe klassisch gewordene Exempel einer unzeitgemäßen Intellektuellenexistenz. Um ihn als ein Unikum der Stadt und insbesondere der Universität Basel rankt sich eine Vielzahl von Anekdoten.[267] Allerdings besitzt die oftmals belächelte Schrulligkeit dieses Gelehrten und die habitualisierte Besonderheit seiner individuellen Lebensführung einen geschichtstheoretisch reflektierten Hintergrund, gewissermaßen einen kulturphilosophischen Kern: Es handelt sich um ein aus dem Geist der innerweltlichen Askese geborenes individuelles Protestverhalten gegen die beherrschenden Tendenzen der Zeit: »Wir .. werden der Welt und ihren Gleisen immer fremder und leben ein Privatleben, welches dem jetzigen Treiben (einstweilen im Stillen) schnurstracks entgegenläuft.«[268] Die Freiheit des Individuums bestimmt sich nach dem Grad seiner Teilnahmslosigkeit am öffentlichen Leben der Gegenwart und äußert sich in der geistigen Unabhängigkeit von den gängigen Vorbildern und Klischees eines zur Philisterei deformierten bürgerlichen Lebensstils.[269]

Burckhardts Kategorie für diese einzig noch freiheitsverbürgende Variante unzeitgemäßen Sozialverhaltens ist die der Einsamkeit: »Eins aber tröstet mich: wer einsam bleibt, der fällt nicht so leicht dieser miserablen Welt in die Klauen, er kann ihr zu jeder Zeit einen Fußtritt geben und ins hohe Meer der Freiheit hinaussteuern.«[270] Freiheit im Sinne Burckhardts ist also eine Freiheit nicht in, sondern von der Gesellschaft seiner Gegenwart. Allerdings ist Burckhardts Habitus nicht der einer ostentativ zur Schau gestellten Antibürgerlichkeit, sondern er verkörpert eher das alte ehrwürdige Ideal des »bios theoreticos«, das selbst und gerade unter dem Schutz einer äußerlich angepaßten, sozial unauffälligen Lebensführung und zugleich aus der bürgerlich asketischen Überzeugung heraus, am wirkungsvollsten »dem Augenblick durch Arbeit zu genügen«,[271] das nötige Maß an geistiger Freiheit und Kritikfähigkeit gewährt.

Diese ›subversive‹ Bürgerlichkeit Burckhardts, die sich hinter seiner einerseits zurückgezogenen und von gesellschaftlichen Konventionen unbelasteten, andererseits aber auch in das bürgerliche Leben jener Zeit integrierten Gelehrtenexistenz verbarg, schuf erst das notwendige Maß einer äußerst reflektierten Sensibilität und Distanz gegenüber den Problemlagen der bürgerlichen Lebensführung, das zur universalgeschichtlichen Rekonstruktion ihrer Genese disponierte und ihn die für das Erbringen dieser Erkenntnisleistung notwendigen Energien mobilisieren ließ. Burckhardts historisches Werk ist motiviert durch ein zutiefst gebrochenes Verhältnis zu den bürgerlichen Lebensformen seiner Zeit; und es ist aus der Überzeugung geschrieben, daß sich die Gegenwart zwar noch unabweisbar aus bürgerlichen Traditionen herleitet, ohne aus dieser Tatsache noch Perspektiven einer möglichen Zukunft generieren zu können.

Der kulturelle Erschöpfungszustand der bürgerlichen Moderne motivierte Burckhardt zu seiner selbst zutiefst bürgerlichen Kulturleistung, historisch sowohl daran zu erinnern, was mit dem Traditionsbruch der Gegenwart auf dem Spiele steht, als auch zu zeigen, daß das drohende Ende der Gegenwart in ihren Anfängen bereits angelegt war. Burckhardts radikale Kulturkritik ist daher auch nicht einfach eine Destruktion seiner bürgerlich geprägten Gegenwart, sondern das mit großem persönlichen Ethos unternommene Plädoyer für die historische Kontinuität der in die Zukunft weiterreichenden bürgerlichen – und das hieß für Burckhardt immer auch: der gesamteuropäischen – Kultur: »Wir können einer besseren Zeit die Früchte der alten zu erhalten suchen.«[272] Dieses nicht kulturzerstörerische, sondern kulturbewahrende und zugleich kulturerneuernde Motiv Burckhardts, sein Versuch, aus einer angestrengten Rekonstruktion der kulturellen Vergangenheit in der Gegenwart den Funken der Zukunft zu schlagen, macht einen wesentlichen Teil seiner Persönlichkeit aus. Hier sah er auch die eigentlich schwierigen kulturellen Aufgaben und Probleme der Gegenwart, denn »es ist sehr leicht: zerstören, und sehr schwer: ersetzen!«[273]

Sein Versuch einer Universalgeschichte der europäischen Kultur war geleitet von dem Interesse, zu dieser Aufgabe einer kulturellen Neuorientierung und Modernisierung der Gegenwart einen genuin historischen Beitrag zu leisten. Dem kulturbewahrenden Motiv seiner Historiographie lag die geschichtstheoretische Einsicht zugrunde, daß das Neue, welches der geschichtliche Fortschritt gebiert, nichts anderes als die Fortsetzung einer geschichtlichen Kulturkontinuität sein könne, wenn ihm denn überhaupt noch kulturelle Eigenschaften zugestanden werden sollen. Das kulturelle Erbe der geschichtlichen Überlieferung als notwendige Bedingung einer kulturellen Erneuerung der Gegenwart zu sichern, hat Burckhardt als eminent praktische Aufgabe seines historischen Denkens begriffen und angenommen. Die Vorstellung einer möglichen Vermittlung von Theorie und Praxis hat er auch angesichts der vorrevolutionären Politisierung seiner Jugendfreunde verteidigt und in einem Brief an Hermann Schauenburg aus dem Jahre 1846 prägnant zusammengefaßt: »Ich glaube in Euern Augen einen stillen Vorwurf zu lesen, weil ich so leichtfertig der südländischen Schwelgerei, als da sind Kunst und Altertum, nachgehe, während die Welt in Geburtswehen liegt ... und die Vorboten des sozialen jüngsten Tages vor der Tür sind. In Gotts Namen! Ändern kann ichs doch nicht und, ehe die allgemeine Barbarei ... hereinbricht, will ich noch ein rechtes Auge voll aristokratischer Bildungsschwelgerei zu mir nehmen, um dereinst, wenn die soziale Revolution sich einen Augenblick ausgetobt hat, bei der unvermeidlichen Restauration tätig sein zu können. ... Ich will retten helfen, so viel meines schwachen Ortes ist. ... Untergehen können wir alle; ich aber will mir wenigstens das Interesse aussuchen, für welches ich untergehen soll, nämlich die Bildung Alteuropas. ... Gewiß wird aus den Stürmen ein neues Dasein auf ganz neuen, das heißt aus Altem und Neuem gemischten Grundlagen hervorgehen. ... Neugestalten helfen, wenn die Krisis vorüber ist, das ist wohl unser beider Bestimmung.«[274]

3. Damit ist Burckhardts Unzeitgemäßheit als eine spezifisch intellektuelle Reaktion auf die ihn beunruhigenden Zeiterfahrungen gekennzeichnet. Die unzeitgemäße Erinnerung an die geschichtliche Kontinuität der kulturellen Überlieferung Europas wird zur Erkenntnischance, indem sie die eigene Zeit durch die Geschichte als das Andere der Gegenwart verfremdet und dadurch reflektierter zur Kenntnis nehmen läßt. Historisches Wissen gewinnt den Status der »Bildung« für Burckhardt genau in dem Maße, in dem es die unmittelbare Evidenz des geistigen Horizontes der Gegenwart infragestellt und aufbricht, denn »nichts ist der höhern Erkenntnis weniger förderlich, nichts wirkt zerstörender auf das wissenschaftliche Leben als die ausschließliche Beschäftigung mit gleichzeitigen Ereignissen.«[275]

Mit der Betonung dieser qualitativen Differenz zwischen Geschichte und Gegenwart ging Burckhardts Distanzierung von denjenigen Strömungen des Historismus einher, welche die Geschichte gerade zur Genese der eigenen Gegenwart erklärten und aus diesem genetischen Zusammenhang politisch relevante Schlüsse zogen.[276] Die Legitimität gegenwärtigen Handelns resultierte für diese Vertreter des Historismus aus ihrem historiographischen Nachweis, daß es die konsequente Fortsetzung einer historischen Tendenz darstelle und daß sich insofern in ihm nicht nur das partikulare Interesse der Gegenwart, sondern der wahre Geist der Geschichte verkörpere.[277] Der Historisierung der Gegenwart entspricht hier zugleich die politische Instrumentalisierung der Geschichte und diese Vermittlung von Geschichte und Gegenwart stellte eine notwendige Voraussetzung der Wahrheit historischer Erkenntnis dar.

Für Burckhardt ist historische Bildung und Wahrheit demgegenüber genau daran gebunden, daß die qualitative Differenz zwischen Vergangenheit und

Gegenwart herausgearbeitet wird, daß also die kulturelle Überlieferung der Vergangenheit nicht zu einer geschichtlichen Warmlaufphase der Gegenwart verkümmert, sondern als das Fremde der Kultur in die Kulturlosigkeit der Gegenwart hineinragt und mit den Interessen dieser Gegenwart überhaupt nicht mehr vermittelt werden kann:»Im Übrigen ist es doch ein wahres Leiden, daß keine Forschung mehr von den bekannten Gegensätzen ungetrübt bleibt. Wenn ich im Kolleg etwa darauf komme, daß jetzt Alles für die großdeutsche oder kleindeutsche, ultramontane oder protestantische oder aufgeklärte etc. Küche eingeschlachtet werde, pflege ich hoffnungsvoll beizufügen, es werde wohl am Ende die Wahrheit, wie Aphrodite aus den Fluten, neugeboren aus diesem Kampf emporsteigen – aber eine sonderliche Zuversicht habe ich in meinem Innern doch nicht. ... Jedenfalls muß man sich in der Geschichte ein paar feste Nester aussuchen, wohin kein politischer Tageszank und kein Gelehrtenstreit dringen kann.«[278]

Mit dem Blick auf den Erwartungs- und Bedürfnishorizont jener Zeit stellte Burckhardt zwar in Rechnung, daß sein unzeitgemäßer Verzicht auf einen direkten Kurzschluß zwischen historischer Erfahrung und politischen Orientierungsbedürfnissen der Gegenwart einen Verlust an gesellschaftlicher Relevanz und Wirksamkeit besitzen könnte, jedoch betrachtete er die politische Praxisabstinenz des historischen Denkens gerade als Bedingung und Garantie ihrer Wahrheitsfähigkeit. Historische Erkenntnis wird wahr, wenn es ihr gelingt, dem unmittelbaren Zugriff der Erkenntnisinteressen der Gegenwartspraxis zu entgehen:»Man fordert jetzt vor allen Dingen in letzter Instanz ein politisches Interesse.Wer es mit der Geschichte ehrlich meint, wird zu einer Geschichte mit Tendenz nie unbedingt Ja sagen können. ... Der Historiker steht in diesem Augenblicke durchweg schief mit dem Publikum, und muß es entweder mit demselben oder mit der Wahrheit verderben.«[279]

Der eigentliche kulturelle Gehalt der geschichtlichen Überlieferung wird für Burckhardt in der Konfrontation mit den Maßstäben und den Interessen der Gegenwart nicht erschlossen, sondern verstellt. Stattdessen kann das historische Denken die ihm eigenen Aufklärungs- und Bildungsfunktionen erst in der angemessenen Wahrnehmung, Anerkennung und Würdigung der Andersartigkeit und Fremdheit der Vergangenheit ausfüllen. Für den jungen Burckhardt bildeten die Reisen nach Italien die enthusiastisch begrüßten Gelegenheiten, diese kulturelle Fremdheit derVergangenheit zu erfahren und aus ihr zugleich die normativen Kriterien seiner Gegenwartskritik zu gewinnen:»Jetzt zum erstenmal geht es so recht con amore ins Altertum. ... Italien hat mir für tausend Dinge einen ganz neuen Maßstab gegeben.«[280]

Unter diesen insgesamt vier Gesichtspunkten hat Burckhardt seine Modernisierungstheorie der Gegenwart als Theorie des Revolutionszeitalters intellektuell realisiert. Abschließend ist zu zeigen, welche heuristischen, methodischen und theoretischen Konsequenzen diese historische Theorie der Moderne für Burckhardts Konzept der Kulturgeschichte hatte und in welchem Sinne

»Kulturgeschichte« als eine besondere Form der historischen Sinnbildung unter dem Zeichen einer Modernisierungskrise der Gegenwart verstanden werden kann.

In den »Historischen Fragmenten« hat Burckhardt einmal auf diesen engen Zusammenhang zwischen dem Wandel der Gegenwartserfahrung und der kulturgeschichtlichen Neuorientierung seines historischen Denkens angespielt: »Wir wissen sogar die Vorzeit sehr viel anders, als die Vorväter sie wußten, indem uns durch das Revolutionszeitalter die Anschauung bewegender geschichtlicher Mächte aufgegangen ist, da wo sie nur handelnde Individuen gekannt hatten. Wir sehen jetzt in der Geschichte aller Zeiten viel mehr groß daherwogende Notwendigkeit und halten die Individuen für bloße Werkzeuge.«[281] Die Intentionalitätsferne der Gegenwart und die bedrückende Herrschaft struktureller Bedingungsfaktoren und Systemzwänge der menschlichen Lebensführung implizierten für Burckhardt ganz offensichtlich die Notwendigkeit einer Transformation des Historismus zur Kulturgeschichte.[282]

Daher soll abschließend die Frage aufgegriffen werden, wie Burckhardt diesen Paradigmawechsel der Geschichtswissenschaft zur Kulturgeschichte im Sinne einer historiographiegeschichtlich wirksam gewordenen Modernisierung des historischen Denkens vollzogen hat und ob es ihm gelungen ist, diejenigen historischen Orientierungsleistungen zu erbringen, die er in seiner Gegenwart infragegestellt sah.[283]

5. Die Brückenfunktion des historischen Denkens für die Kontinuität der europäischen Kultur

Burckhardt hat die Gegenwartserfahrung eines revolutionär beschleunigten Wandels der modernen Gesellschaft als eine intellektuelle Herausforderung zu einer Modernisierung und theoretischen Neubesinnung des historischen Denkens begriffen. Um die Veränderungsdynamik und Entwicklungsrichtung des Revolutionszeitalters verstehen und zugleich angemessen auf die von ihm hervorgerufenen Konsequenzen reagieren zu können, bedurfte es für ihn einer genuin historischen Denkanstrengung, weil allein die Erweiterung des eigenen Zeithorizonts durch die Erfahrungen der Vergangenheit die schwierig gewordene Selbstaufklärung der Gegenwart in angemessener Weise erbringen könne. Die Modernisierung der Gesellschaft machte für Burckhardt zugleich eine Modernisierung ihres historischen Bewußtseins zwingend erforderlich, wenn die Gegenwart ihre Fähigkeit zur kulturellen Selbstorientierung in einer Zeit beschleunigten Wandels erhalten und sichern wollte.

»Kulturgeschichte« wird so zu einer Reaktionsweise auf den kulturellen Modernisierungsdruck der bürgerlichen Gesellschaft: »Vor allem haben die gewaltigen Änderungen seit dem Ende des 18. Jahrhunderts etwas in sich, was zur Betrachtung und Erforschung des Früheren und des Seitherigen gebiete-

risch zwingt ... Eine bewegte Periode wie diese dreiundachtzig Jahre Revolutionszeitalter, wenn sie nicht alle Besinnung verlieren soll, muß sich ein solches
Gegengewicht schaffen. Nur aus der Betrachtung der Vergangenheit gewinnen
wir einen Maßstab der Geschwindigkeit und Kraft der Bewegung, in welcher
wir selber stehen.«[284] Wie Burckhardt diese kulturgeschichtliche Modernisierung des historischen Denkens im Anschluß an die Krise des Historismus
vollzogen hat, soll im folgenden und abschließenden Kapitel unter drei Gesichtspunkten behandelt werden:

1. Zunächst soll der enge Konstitutionszusammenhang angesprochen werden, den Burckhardt zwischen geschichtlicher Kontinuität und Kultur gesehen
hat, von dem ausgehend er die kulturelle Pragmatik, den Bildungsanspruch
und die Funktionsbestimmungen des historischen Denkens abgeleitet hat.

2. Was Burckhardts Konzept von Kulturgeschichte vom Historismus unterscheidet, ist die Antwort auf die Theoriefrage nach dem Konstitutionszusammenhang der Kultur, die der Historismus, ganz im Sinne einer »letzten
Religion der Gebildeten«, im Rückgriff auf christliche Überzeugungen letztlich heilsgeschichtlich begriffen und begründet hatte. Diese Vorstellung von
Geschichte als Theodizee und Ort einer innerweltlich erfahrbaren Versöhnungsfähigkeit des Menschen wird von Burckhardt zwar keineswegs aufgege-
ben, jedoch auf dem Boden der von ihm vollzogenen anthropologischen
Wendung der Geschichtstheorie vollständig anders begründet.[285] Burckhardt
versucht noch im Bruch mit den religiös fundierten Sinntraditionen der
kulturellen Überlieferung im Modus einer sinnschöpferischen Aufladung der
Kultur den theoretischen Anschluß an diese Sinnbildungstraditionen zu wahren.

3. Im Anschluß an diese allgemeinen kulturtheoretischen Voraussetzungen
der Kulturgeschichte können die methodischen Implikationen und heuristischen Konsequenzen der von Burckhardt vollzogenen Kehrtwendung der
Geschichtswissenschaft herausgearbeitet werden. In diesem Zusammenhang
sind auch diejenigen allgemeinen Sinngehalte der europäischen Kulturkontinuität anzusprechen, die Burckhardt nicht allein als unverzichtbare, sondern
sogar als zutiefst »wünschbare« Errungenschaften der Weltgeschichte Europas
seit ihren griechischen Ursprüngen angesehen hat. Angesichts seiner ansonsten
zutiefst skeptischen Taxierung der kulturellen Möglichkeiten bei der Maximierung von Glück und der Minimierung von Leiden hat er, was die geschichtliche Kontinuität der europäischen Kultur angeht, eine große Ausnahme statuiert
und ihre Fortsetzung für unbedingt notwendig erachtet; es bedeutete für
Burckhardt »ein hohes Glück, dieser aktiven Menschheit anzugehören.«[286]
Worin das Glücksmoment besteht, das die Geschichte der europäischen Kultur
gewährt und das Burckhardt bei aller Kritik dieser europäischen Kultur auch in
der Zukunft nicht verlorengehen sehen wollte, gilt es abschließend zu untersuchen.

a) Kontinuität und Kultur: Die lebenspraktische
Funktion des Geschichtsbewußtseins

Kennzeichnend für Burckhardts geschichtstheoretischen und historiographischen Neubeginn ist seine grundsätzliche Gegnerschaft gegenüber allen Varianten geschichtsphilosophischen Denkens, die sich in der Tradition der Aufklärung oder des Idealismus am Begriff des Fortschritts orientierten oder denen
ein im weitesten Sinne teleologisches Geschichtskonzept zugrundelag. Für
Burckhardt handelt es sich bei den verschiedenen Spielarten der modernen
Geschichtsphilosophie geradezu um »Todfeinde der wahren geschichtlichen
Erkenntnis«,[287] da er ihnen eine heimliche Liaison mit den jeweiligen Interessen der Gegenwart unterstellt, in der die spezifisch geschichtliche Dimension
der Geschichte unwiderruflich verlorengeht.[288]

Der Vorwurf Burckhardts an die Adresse der Geschichtsphilosophie (wobei
er zumeist die Aufklärung und Hegel im Auge hat) lautet, daß sie mit ihrer
teleologischen Universalisierung eines partikularen Vernunftideals nicht nur in
der Pose des Siegers wesentliche Erfahrungsbestandteile der Vergangenheit
unterschlägt und daher vom »Ignorieren des stummgemachten Jammers aller
Unterlegenen« lebt,[289] sondern daß mit ihr überhaupt alle kulturellen Sensorien für die Wahrnehmung von Geschichte in der Eigenschaft eines qualitativen
Wandels aller menschlichen Lebensformen verlorengehen. Die Rettung der
Geschichte als Erfahrungsraum einer kulturellen Vielfalt des Menschlichen, als
Chance, die eigene Identität in der Wahrnehmung des Anderen und Fremden
erweitern und transzendieren zu können, erfordert für Burckhardt den unbe-
dingten Abschied von der Geschichtsphilosphie, weil nur dann die Gegenwart
davor bewahrt bleibt, ihre »geschichtlichen Perspektiven ohne weiteres für den
Ratschluß der Weltgeschichte zu halten.«[290]

Erst der Verzicht auf alle Denkmuster teleologischer Provenienz gewährt die
Erkenntnis der geschichtlichen Vielfalt des Menschlichen; erst dann wird
Geschichte zu einem Tableau eigensinniger Lebensformen und Möglichkeiten
der menschlichen Selbstrealisation, die als Angebote zur Erweiterung des
partikularen Horizontes der eigenen Lebensführung genutzt werden können
und aus denen sich zum Zwecke einer Bewältigung der jeweils eigenen
Orientierungsnöte ›lernen‹ läßt.[291] Indem das geschichtsphilosphische Fortschrittsdenken der Aufklärung aus einem Interesse an historischer Selbstklärung heraus die Vergangenheit als Vorstufe der Gegenwart innerhalb einer
geschichtlichen Entwicklungstotalität begreift, begibt sie sich für Burckhardt
des Besten, was die Kulturleistung des historischen Denkens zu bieten hat: der
Chance, aus der Erfahrung des Fremden heraus Zukunftsperspektiven der
eigenen Lebensführung zu generieren.

Wirkliche historische Bildung ist für Burckhardt gebunden an die Fähigkeit
zur kulturellen Selbsttranszendierung der bürgerlichen Gesellschaft im Modus
ihrer Verfremdung in die Geschichte hinein, bei ihr handelt es sich um ein

Erfrischungsbad der Gegenwart im Reich vergangener Kulturformen, um ein freies Spiel des Geistes, in dem die Hermetik einer geschichtlich objektivierten und über materielle Interessen der vergesellschafteten Subjekte gesteuerten Realität aufgesprengt wird: »Wenn die Geschichte uns irgendwie das große und schwere Rätsel des Lebens auch nur geringstenteils soll lösen helfen, so müssen wir wieder aus den Regionen des individuellen und zeitlichen Bangens zurück in eine Gegend, wo unser Blick nicht sofort egoistisch getrübt ist. Vielleicht ergibt sich aus der ruhigeren Betrachtung aus größerer Ferne ein Anfang der wahren Sachlage unseres Erdentreibens.«[292]

Historische Erkenntnis entfaltet ihren Orientierungsnutzen und kulturellen Gebrauchswert für Burckhardt erst dann, wenn man den Irrtum des geschichtsphilosophischen Denkens vermeidet, die jeweilige individuelle Eigenart geschichtlicher Phänomene auf die normative Projektionsfolie der Gegenwart zu bannen und ihnen damit, d.h. durch eine antiuniversalistische Reduktion des Anderen auf Eigenes ihre geschichtliche Qualität zu nehmen. Denn historisches Denken bedeutet gerade nicht die Universalisierung des Partikularen (nämlich der eigenen, der gegenwärtigen Kultur), sondern im Gegenteil die historische Partikularisierung des Universellen.[293]

Burckhardt hat trotz seiner Kritik geschichtsphilosophischer Totalitätskonzeptionen keineswegs auf einen Begriff dieses Universellen verzichtet. Allerdings hat er es nicht mehr als einen auf die eigene Gegenwart teleologisch hin zulaufenden geschichtlichen Entwicklungszusammenhang begriffen, sondern als eine allein anthropologisch faßbare Einheit im Sinne einer universalgeschichtlichen Selbstrealisation des einen und ewig gleichen Menschen.

Die berühmte Stelle, die diesen geschichtstheoretischen Neubeginn Burckhardts auf dem Boden seiner Kritik der Geschichtsphilosophie programmatisch zum Ausdruck bringt, ist bekanntlich die folgende: »*Unser* Ausgangspunkt ist der vom einzigen bleibenden und für uns möglichen Zentrum, vom duldenden, strebenden und handelnden Menschen, wie er ist und immer war und sein wird; daher unsere Betrachtung gewissermaßen pathologisch sein wird. Die Geschichtsphilosophen betrachten das *Vergangene* als Gegensatz und Vorstufe zu uns als Entwickelten; – wir betrachten das *sich Wiederholende, Konstante, Typische* als ein in uns Anklingendes und Verständliches.«[294]

Burckhardts Argument lautet: Die Individualität und Vielfalt des historischen Wandels und damit die spezifisch geschichtliche Qualität der Geschichte kann überhaupt nur wahrgenommen werden, wenn sie auf die Leinwand eines Universellen projiziert wird und sich an den normativen Kriterien dieser individualitätskontrastierenden Universalität abarbeitet. Dieses Universelle des Partikularen darf aber unter keinen Umständen die geschichtliche Partikularität der eigenen Gegenwart sein, da sich sonst die Geschichte zwangsläufig auf das hin verengen würde, dessen Enge zu erweitern und geschichtlich zu transzendieren doch gerade die eigentliche Aufgabe der historischen Erkenntnis ist. Auf dem Boden des geschichtsphilosophischen Bewußtseins befindet sich daher das historische Denken im tragischen Zustand seines transzendentalen Selbstdemen-

tis; es schafft sich im geschichtsphilosophischen und teleologischen Verlust des
Transzendierungscharakters seiner Gegenwart selber ab.

Demgegenüber wird Geschichte in der für sie konstitutiven Eigenschaft
prinzipiellen Wandels erst erkennbar, indem man sie als Attribut eines immer
gleichen Handlungssubjekts begreift, d. h. wenn man die Vielfalt der Geschichte
auf die Einheit des Menschen im Sinne eines von seinem Wesen her grundsätzlich zur Geschichte qualifizierten Wesens zurückführt: Die substantielle Einheit
der geschichtlichen Menschheit resultiert aus der kulturellen Universalität des
menschlichen Geistes. Diese Einsicht in die Notwendigkeit einer selbst un-
und übergeschichtlichen Grundlage der Geschichte, einer Dauer des Menschen im Wandel der Zeit, eines universalistischen Fundaments von Partikularität ist es, die »die chronologisch verfahrende Geschichtsphilosophie nicht
gewährt. Diese legt mehr Gewicht auf die Gegensätze zwischen den aufeinan-
dergefolgten Zeiten und Völkern, wir mehr auf die Identitäten und Verwandt-
schaften; dort handelt es sich mehr um ein Anderswerden, hier um ein
Ähnlichsein. Weit auseinander entlegen zeigt sich dasselbe Phänomen bisweilen
in befremdlich genauer Wiederholung wenigstens dem Kerne nach, wenn auch
unter sehr verschiedenem Kostüm.«[295] Das historische Denken wird für Burckhardt zum Bürge der menschlichen Selbstidentität angesichts einer sich transformierenden Zeit, indem es den Wandel der Geschichte gerade als Ausdruck einer
Kontinuität des Menschen begreift und umgekehrt, indem es die Dauer des
Menschen gerade im Modus seiner geschichtlichen Wandlungsfähigkeit sicher-
gestellt sieht. Daher rückt auch der Begriff der Kontinuität ins Zentrum der
Geschichtstheorie Burckhardts, denn er gestattet es, die Geschichte als eine
Einheit von Wandel und Dauer des Menschen und seines Geistes zu verstehen.[296] Das Bewußtsein von Kontinuität wird bei Burckhardt aus diesem
Grunde auch zu einem wesentlichen Interesse historischen Denkens, denn
»jede einzelne Erkenntnis von Tatsachen hat ... neben ihrem speziellen Werte als
Kunde oder Gedanke aus einem speziellen Reiche noch einen universalen oder
historischen als Kunde einer bestimmten Epoche des wandelbaren Menschengeistes und gibt zugleich, in den richtigen Zusammenhang gebracht, Zeugnis
von der Kontinuität und Unvergänglichkeit dieses Geistes.«[297]

Die Einheit und Universalität des Menschen stellt sich für Burckhardt in der
vielfältigen geschichtlichen Partikularität seiner Lebensformen und Kulturen
her, ist also immer sowohl ein besonderes Allgemeines und ein allgemeines
Besonderes. Indem das historische Denken diese partikulare Universalität als
Kontinuität verständlich macht, leistet es für Burckhardt nichts geringeres als
die Rettung des Menschen im Sinn eines geschichtlichen Wesens angesichts
einer kulturell stillgestellten Gegenwart. Seine eminent praktische Bedeutung
für diese Gegenwart erhält der Begriff der Kontinuität in diesem Zusammenhang dadurch, daß Burckhardt die Fähigkeit zur Artikulation und Behauptung
der menschlichen Selbstidentität direkt mit der Weite und Tiefe des jeweils
aktualisierbaren Bewußtseins geschichtlicher Kontinuität korreliert: »Unser
Geist aber, so unabhängig von allem Gewesenen er sich in Naturwissenschaft

und Technik gebärden möge, findet seine höhere Weihe immer wieder in dem Bewußtsein seines Zusammenhanges mit dem Geist der entferntesten Zeiten und Zivilisationen. Ja er lernt sich selber nur kennen und seine hohe Natur schätzen durch die Vergleichung mit dem, was er, der ewig gleiche, in allen Zeiten gewesen ist.«[298]

Geschichte wird als eine universalhistorische Kontinuität begreifbar, indem Burckhardt die jeweilige Individualität aller menschlichen Lebensformen auf ein einziges und ihnen allen gemeinsam zugrundeliegendes Substrat zurückführt, auf den Geist als den selber unbewegten Beweger allen geschichtlichen Wandels. Durch ihn allein, der sich selber nicht entwickelt oder vervollkommnet, sondern im Gegenteil »schon früh komplett« war,[299] gewinnt Geschichte den Charakter einer Kontinuität menschlicher Transformationsleistungen. Zu einer Totalität wird sie für Burckhardt im Sinne einer »beständige[n] Metempsychose des handelnden und duldenden Menschen durch zahllose Hüllen hindurch. ... Sie ist die Lebensgeschichte und Leidensgeschichte der Menschheit als eines Ganzen.«[300]

Faßt man kurz zusammen, nennt Burckhardt im wesentlichen drei Gründe dafür, daß auch und gerade bei Ablehnung geschichtsphilosophischer Teleologien in der Tradition der Aufklärung Geschichte jenseits der kulturellen Vielfalt menschlicher Lebensartikulationen als eine Einheit und Totalität gedacht werden muß, für die der Begriff der Kontinuität steht:

– Erstens, weil die spezifische Individualität der historischen Individuen nur wahrgenommen und verstanden werden kann, wenn sie als eine spezifische, eben individuelle, geschichtliche Lebensartikulation eines ihm zugrundeliegenden Umfassenden und Allgemeinen gelten kann, das Burckhardt als die geschichtliche Kontinuität der durch die Universalität des Geistes gekennzeichneten Gattung Mensch begriffen hat.

– Zweitens steckt der Kontinuitätsbegriff überhaupt erst den Gegenstandsbereich und das Interessengebiet des historischen Denkens ab. Als grundlegende geschichtstheoretische Kategorie und kulturtheoretische Totalitätsvorstellung spezifiziert er Geschichte zu einem Zusammenhang der Zeitdimensionen Vergangenheit, Gegenwart und Zukunft; Gegenstand des historischen Denkens nennt Burckhardt daher »diejenige Vergangenheit, welche deutlich mit Gegenwart und Zukunft zusammenhängt.«[301]

– Drittens schließlich versteht Burckhardt das Bewußtsein geschichtlicher Kontinuität als eine notwendige geistige Voraussetzung für die Fortsetzung der menschlichen Kulturentwicklung in die prinzipielle Offenheit der Zukunft hinein. Die eigentliche Gefahr der Gegenwartskultur sah Burckhardt darin begründet, daß sie in die Vergangenheitslosigkeit einer Zukunft zu münden drohte, in der die Geschichte aufhören würde, ständig neue kulturelle Formen des Menschseins zu ermöglichen.[302] In der Gegenwart steht die Zukunftsfähigkeit der Kultur auf dem Spiel, und diese Fähigkeit war für Burckhardt nur durch eine Erweiterung des geschichtlichen Kontinuitätsbewußtseins im Medium des historischen Denkens zu erhalten.

Mit diesem letzten Punkt ist zugleich die Ebene der praktischen Kulturfunktionen des Geschichtsbewußtseins angesprochen, die Burckhardt ebenfalls am Leitfaden des Kontinuitätsbegriffs erläutert. Die Bewahrung von
Kontinuität als Wissen um die Totalität der überlieferten Kulturentwicklung
hat er als hauptsächliche Bildungsaufgabe des historischen Denkens und der
mit ihm betrauten Kultureliten begriffen; in diesem Sinne erwähnt er auch
»die spezielle Pflicht des Gebildeten, das Bild von der Kontinuität der Weltentwicklung in sich so vollständig zu ergänzen als möglich.«[303] Zu »unserem
höchsten geistigen Besitz«[304] gehört die Kulturleistung des historischen Denkens, weil es durch seine Transformation der Vergangenheit zu einem Kul-
turkontinuum, das als Geschichte in die Gegenwart hineinreicht und aufgrund seines allein historisch erweisbaren Elements prinzipiellen Wandels aller
Aspekte der menschlichen Lebensführung schon immer auf Zukunft hin
angelegt ist, ermöglicht, die gegebene »Kulturhülle« der jeweiligen Gegenwart
zu durchbrechen. Das Geschichtsbewußtsein ist ein konstitutiver Faktor der
Kulturentwicklung,[305] indem es die Transzendierungskräfte des Menschen
überhaupt erst entbinden läßt und ihre Stoßrichtung durch Ausbildung eines
historischen Kontinuitätsbewußtseins orientiert. Unter Berücksichtigung dieser pragmatischen Konstitutionszusammenhänge des historischen Denkens
wird auch deutlich, warum Burckhardt es als ein Element der menschlichen
Freiheit begriffen hat; es dokumentiert »unsere Freiheit mitten im Bewußtsein
der enormen allgemeinen Gebundenheit und des Stromes der Notwendigkei-
ten«,[306] weil es die zunächst urwüchsige, naturhafte und daher »blinde« Hand-
lungsintentionalität des Menschen kulturell organisiert und im »Bruch mit
dieser Natur vermöge des erwachenden Bewußtseins«[307] in der Weise rationalisiert, daß sie den Wandel, den sie intendiert, auch wirklich vollziehen kann. Was
aber heißt in diesem Zusammenhang rational? Worin liegt für Burckhardt der
spezifische Rationalisierungsbeitrag und die Kulturbedeutung des Geschichtsbewußtseins für die lebensweltlichen Prozesse der menschlichen Identitätsbildung?

Gleich zu Beginn seiner »Weltgeschichtlichen Betrachtungen« hat Burckhardt in einer berühmtgewordenen Formulierung, die entfernt an den von
Droysen hergestellten Zusammenhang zwischen Geschäften und Geschichte
erinnert, zum Bildungsangebot des historischen Denkens grundsätzlich Stellung genommen: »Der Geist muß die Erinnerung an sein Durchleben der
verschiedenen Erdenzeiten in seinen Besitz verwandeln. Was einst Jubel und
Jammer war, muß nun Erkenntnis werden, wie eigentlich auch im Leben des
Einzelnen. Damit erhält der Satz Historia vitae magistra einen höheren und
zugleich bescheideneren Sinn: Wir wollen durch Erfahrung nicht sowohl klug
(für ein andermal) als weise (für immer) werden.«[308]

Diese ewige Weisheit, die das historische Denken und das ihm zur Verfügung stehende Rationalitätspotential für Burckhardt grundsätzlich, also noch
vor allen spezifischen Formen, Methoden, Inhalten und Funktionen auszeichnet, kann sich nur darauf beziehen, daß mit dem Geschichtsbewußtsein

›Lernen‹ überhaupt erst zur Grundform aller Kultur wird. »Weisheit für immer« ist das Privileg einer spezifisch historischen Identität des Menschen; sie ist an die Voraussetzung gebunden, daß »Geschichte« im Sinne einer Kontinuität des Wandels der menschlichen Lebensführung im ganzen als Grundprinzip aller Kultur und alles Denkens über diese Kultur in Rechnung gestellt wird. Weisheit für immer bedeutet also die Fähigkeit zur ständigen Revision aller kulturellen Stellungnahmen, in denen sich die menschliche Identität als eine spezifisch historische herstellt und damit die lernende Transzendierung der Grenzen der Gegenwart in die Grenzenlosigkeit der Zukunft als Grundzug aller Kultur überhaupt erst möglich wird.

Burckhardt erkennt, ausgehend vom Kontinuitätsbegriff, auf der Ebene seiner lebensweltlichen Praxisbedeutung die Selbstidentität des Menschen im Wandel der Zeit als Bildungsaufgabe und -anspruch des historischen Denkens, und er sieht die Einlösung dieses Bildungsanspruchs unmittelbar gebunden an die Bereitschaft zur Entpartikularisierung des eigenen Selbstverständnisses im Bewußtsein von der Einheit und geschichtlichen Kontinuität des Menschen nicht trotz, sondern gerade in der Vielheit seiner Kulturen.

Burckhardt entwickelt die Idee eines notwendigen Universalitätsbezugs des historischen Denkens eingangs seiner »Weltgeschichtlichen Betrachtungen« in dezidierter Absetzung von den nationalstaatlichen Identitätsentwürfen des zeitgenössischen Historismus, die er einer unzulässigen Partikularisierung der historischen Erfahrung verdächtigt. Die normative Folie aller hermeneutischen Ausgangslagen und individuellen Identitätsprojektionen des historischen Denkens müsse demgegenüber das universalgeschichtliche Kontinuum einer menschlichen Kulturentwicklung sein, über der letztlich, als das einzige alles synthetisierende Ganze und als die letzte überhaupt noch denkbare Form von Totalität die Vernunft und die Güte der schöpferischen Natur wacht: »Es gibt aber neben dem blinden Lobpreisen der Heimat eine ganz andere und schwerere Pflicht, nämlich sich auszubilden zum erkennenden Menschen, dem die Wahrheit und die Verwandtschaft mit allem Geistigen über alles geht, und der aus dieser Erkenntnis auch seine wahre Bürgerpflicht würde ermitteln können, wenn sie ihm nicht schon mit seinem Temperament angeboren ist. Vollends im Reiche des Gedankens gehen alle Schlagbäume billig in die Höhe. ... Im geistigen Gebiet muß man einfach nach dem Höheren und Höchsten greifen, das man erreichen kann. Das wahrste Studium der vaterländischen Geschichte wird dasjenige sein, welches die Heimat in Parallele und Zusammenhang mit dem Weltgeschichtlichen und seinen Gesetzen betrachtet, als Teil des großen Weltganzen, bestrahlt von denselben Gestirnen, die auch anderen Zeiten und Völkern geleuchtet haben, und bedroht von denselben Abgründen und einst heimfallend derselben ewigen Nacht und demselben Fortleben in der großen allgemeinen Überlieferung.«[309] Die Geschichte im Sinne eines aus der anthropologisch fundierten Geistigkeit des Menschen hervorgetriebenen Kulturkontinuums gründet für Burckhardt in der einzig wirklichen Universalität der Natur.

Dieses zuletzt angesprochene Problem der Geschichtstheorie, wie das Ganze zu denken sei, ist ein wesentlicher Faktor innerhalb der Herauslösung der Kulturgeschichte aus dem Theoriezusammenhang des Historismus geworden. Sie unterscheidet sich in ihrer Antwort auf die Frage, was die Geschichte, die doch von beiden Formen des historischen Denkens zunächst übereinstimmend als ein im Medium des Geistes vollzogener Kulturprozeß verstanden worden ist, überhaupt erst konstituiert und möglich macht.

b) Geschichte als Versöhnung: Die Kulturgeschichte und das Problem der Theodizee

Historismus und Kulturgeschichte stehen gleichermaßen vor dem Problem, eine theoretische Antwort auf die Frage nach dem Fundierungszusammenhang des weltgeschichtlichen Kontinuums der Kultur geben zu müssen. Infrage steht also, was als Ursprungsprinzip aller Geschichte zugleich der Totalität der Kulturentwicklung einheitsbildend zugrunde- und vorausliegt und inwieweit sich Historismus und Kulturgeschichte im Hinblick auf dieses Problem grundsätzlich voneinander unterscheiden.

Der Historismus hatte das einheitsstiftende Prinzip aller geschichtlichen Kontinuität letztlich religiös gedacht und damit die Geschichte zur Theodizee, zum Beweis vom Dasein Gottes werden lassen.[310] Besonders emphatisch hatte bereits der junge Droysen dieser geschichtstheoretischen Überzeugung Ausdruck verliehen: »Unser Glaube gibt uns den Trost, daß eine Gotteshand uns trägt, daß sie die Geschicke leitet, große wie kleine. Und die Wissenschaft der Geschichte hat keine höhere Aufgabe, als diesen Glauben zu rechtfertigen; darum ist sie Wissenschaft. Sie sieht und findet in jenem wüsten Wellengang eine Richtung, ein Ziel, einen Plan, sie lehrt uns Gottes Wege begreifen und bewundern; sie lehrt uns in deren Verständnis erlauschen, was uns des weiteren zu erhoffen und zu erstreben obliegt.«[311] Diese zutiefst religiöse Dimension des Historismus erfordert keineswegs das später von Weber vielbeschworene »Opfer des Intellekts«, sondern im Gegenteil: sie besagt, daß die historische Intellektualisierung des menschlichen Welt- und Selbstverhältnisses als der einzig noch verbliebene Weg zu Gott begriffen werden kann und muß.

Indem Burckhardts anthropologische Wendung der Geschichtstheorie nicht mehr Gott, sondern den »Menschen, wie er ist und immer war und sein wird« an den Anfang und ins Zentrum des historischen Denkens stellt, verändert sich auch die Vorstellung vom Ganzen der Kultur und Geschichte in nachhaltiger Weise. Das Ende der bis in den Historismus hinein noch weitgehend intakt gebliebenen heilsgeschichtlichen Grundlagen und Gewißheiten des Geschichtsbewußtseins kündigt sich bei ihm in dem Hinweis an, daß die vom Boden einer anthropologisierenden Geschichtstheorie aus operierende Kulturgeschichte »gewissermaßen pathologisch sein wird«.[312]

Die These, daß Burckhardts Denken das definitive Ende der heilsgeschichtlichen Tradition der Geschichtsphilosophie herbeiführe und den Bruch mit ihr selber vollziehe, ist am ausdrücklichsten von Löwith vertreten worden.[313] Sie übersieht aber, daß auch in der Transformation des Historismus zur Kulturgeschichte Reste eines heilsgeschichtlichen Bewußtseins in einer wenn auch gewandelten Form erhalten bleiben: in Gestalt der Erhebung einer quasireligiös aufgeladenen Kultur in den Rang einer irdischen Instanz der Versöhnung und damit einer Adressatin menschlicher Erlösungshoffnungen. Angesichts eines unbestreitbaren menschlichen Leidens an und in der Welt bürdet Burckhardt der Kultur die Aufgabe und Verantwortung auf, in der geschichtlichen Kontinuität ihres Werdens die Möglichkeit einer innerweltlichen Versöhnung des Menschen mit der Tatsache seiner eigenen Existenz zu erweisen. Das geschichtliche Kontinuum der Kultur verweist nicht mehr, wie noch bei Droysen, auf ein Anderes, »Göttliches« jenseits ihrer selbst,[314] ist keine »Widerspiegelung des Wesens Gottes in diesen Endlichkeiten«, sondern nimmt als Sphäre einer innerweltlichen Versöhnung selber Erlösungsqualifikationen an, indem die Sinnhaftigkeit der Welt allein im Modus kultureller Transzendenzerfahrungen noch ihren angemessenen Ausdruck zu erfahren vermag. Burckhardt denkt sich die Entgötterung der Welt als Bedingung für den gleichzeitigen Aufstieg eigenständiger Kultursphären, die die in der Wirklichkeit beschlossenen Sinngehalte unter jeweils autonomen Gesichtspunkten zur Geltung bringen.[315]

Zur wichtigsten Kultursphäre, die das eschatologische Erbe der verlorenen Religion antreten und somit selber ein Element des Transzendenten in sich aufnehmen muß, hat Burckhardt die Kunst erklärt, die als eine ästhetische Überwindung der wirklichen Welt Trost spenden soll: »Oft erlaube ich mir das gefährliche Vergnügen, mich in eine ideale Welt zu flüchten; komme ich dann aus dem siebenten Himmel zurück, so bringe ich immer den Gedanken mit, die ideale Welt mit der wirklichen, oder vielmehr diese mit jener in Einklang zu bringen und kann ich's nicht wirklich, so tröstet mich die Poesie; sie kann, was ich nicht kann.«[316]

Diese kunst- oder kulturreligiöse Inspiriertheit des jungen Burckhardt hat sich bei seiner späteren Hinwendung zur Geschichte in seine Vorstellung von Kulturgeschichte hinübergerettet.[317] Bei ihr handelt es sich um ein am Leitfaden des Ästhetischen entwickeltes Theoriekonzept der historischen Erfahrung, das die geschichtlichen Prozesse der kulturellen Selbsttranszendierung des Menschen in den Mittelpunkt der historischen Erkenntnis stellt und von ihnen her die Vorstellung von Geschichte als Totalität organisiert. Die Geschichte gewinnt dann selber eine innere ästhetische Qualität;[318] sie wird zu einem poetisierbaren bzw. selbst poetischen Prozeß der menschlichen Selbstrealisation, dessen Dynamik durch die geheimnisvolle, im Medium des menschlichen Geistes ausgetragene Dialektik zwischen Immanenz und Transzendenz in Gang gesetzt und gehalten wird: »Die Geschichte ist und bleibt mir Poesie im größten Maßstabe; wohl verstanden, ich betrachte sie nicht ̇etwa romantischphantastisch, was zu nichts taugen würde, sondern als einen wundersamen Prozeß von Verpuppungen und neuen, ewig neuen Enthüllungen des Geistes. An diesem Rande der Welt bleibe ich stehen und strecke meine Arme aus nach dem Urgrund aller Dinge, und darum ist mir die Geschichte lauter Poesie, die durch Anschauung bemeistert werden kann. Ihr Philosophen dagegen geht weiter, Euer System dringt in die Tiefen der Weltgeheimnisse ein, und die Geschichte ist Euch eine Erkenntnisquelle, eine Wissenschaft, weil ihr das primum agens seht oder zu sehen glaubt, wo für mich Geheimnis und Poesie ist.«[319]

Burckhardts am Vorbild und normativen Leitfaden des Ästhetischen orientierter Begriff der Kultur kennzeichnet, indem er die Spannung zwischen geschichtlicher Erfahrung und erhoffter Erlösung vom Leiden in sich selber hineinnimmt, ein Bewußtsein von Totalität, das nicht mehr dem überlieferten Konzept der Heilsgeschichte folgt, ohne das ihr eigentümliche Erlösungsversprechen als ein Element des geschichtstheoretischen Denkens aus dem Blick zu verlieren.[320] Burckhardt denkt sich offensichtlich die Kultur als ein Element des menschlichen Lebens, in dem die Substanz dieses religiösen Erbes des historischen Denkens gespeichert und damit aufgehoben bleibt – wenn auch freilich nicht mehr als Theodizee, sondern in einer entsicherten, dem Leiden und den Kontingenzen der Kulturentwicklung ungeschützt preisgegebenen Form; daher rührt auch der für Burckhardt notwendigerweise »pathologische« Grundzug der Kulturgeschichte.

Damit steht Burckhardts Konzept von Kulturgeschichte in direkter Konkurrenz sowohl zu allen heilsgeschichtlichen Traditionen des Bewußtseins von Totalität, als auch in Gegnerschaft zu einem Denken, dem der Bezug zur Geschichte als Erfahrungsraum eines geistigen Kontinuums weltimmanenter Transzendierungsleistungen des Menschen auf materialistischem Wege abhanden gekommen ist. Diese prekäre Stellung der Kulturgeschichte zwischen und ihr Konkurrenzverhältnis zu dem heilsgeschichtlichen Erbe der christlichen Überlieferung einerseits, sowie zu einem rein innerweltlichen Selbstverständnis der modernen Gesellschaft andererseits ist von Burckhardt immer wieder herausgestellt worden und hat zudem seinem »Geschichtsjubel«,[321] also seiner Überzeugung, der spezifischen Signatur des menschlichen Lebens zwischen Erfahrung des Wirklichen und Hoffnung des Möglichen im Medium des kulturhistorischen Denkens noch am nächsten zu kommen, das notwendige Selbstbewußtsein verliehen.[322]

Das historische Bewußtsein einer geschichtlichen Kontinuität der menschlichen Kulturentwicklung besitzt für Burckhardt die Aufgabe, die menschliche Lebensführung in einer Totalität von Sinnzusammenhängen zu plazieren und dadurch geistig zu orientieren. Damit tritt es an die im Zuge kultureller Modernisierungsprozesse der Gegenwartsgesellschaft freigewordene Stelle ehemals religiöser Heilsgewißheiten. Geschichte wird als eine Totalität der Kultur zur geistigen Ersatzbildung der verlorenen Gottesvorstellung. Ganz in diesem Sinne meint er, die Kulturleistung historischer Kontinuitätsbildung sei »ein wesentliches Interesse unseres Menschendaseins und ein metaphysischer Beweis für die Bedeutung seiner Dauer; denn ob Zusammenhang des Geistigen auch ohne unser Wissen davon vorhanden wäre, in einem Organ, das wir nicht kennen, das wissen wir nicht und können uns jedenfalls keine Vorstellung davon machen, müssen also dringend wünschen, daß das Bewußtsein jenes Zusammenhanges in uns lebe.«[323] Mit Hilfe der kulturgeschichtlichen Rettung einer Totalität von Sinn sieht Burckhardt auch noch die moderne Kultur seiner Gegenwart vom Schimmer desjenigen Überweltlichen zehren, das ehemals den Horizont des menschlichen Lebens als einen in sich geschlossenen Sinnzusammenhang konstituiert und abgesteckt hatte.[324] Eben deshalb repräsentiert für Burckhardt auch einzig die historische Erinnerung an die Kontinuität der Kultur und des menschlichen Geistes das dem Menschen noch mögliche Glück im Elend seiner Lebensführung.[325]

Es gibt aber Anzeichen dafür, daß Burckhardt sein ursprüngliches Zutrauen zur Sinnkapazität der Kultur und ihrer historischen Erinnerung zunehmend in dem Maße verloren hat, in dem er den Krisen- und Entfremdungszusammenhang der modernen Welt sich steigern und verschärfen sah. Indem sich die Kultur angesichts einer geschichtlichen Realität, in der sich wesentliche Teilbereiche der modernen Gesellschaft zu intentionalitätslosen und deutungsfremden Bedingungsfaktoren des Handelns zu verselbständigen und von allen kulturellen Sinnzuschreibungen abzukoppeln drohten, für Burckhardt als zu schwach erwies, die auseinanderdriftenden Elemente der menschlichen Lebensführung in die Einheit eines sie umgreifenden Sinnzusammenhangs zurückzubinden, kehrte die Notwendigkeit, die geschichtliche Totalität als eine Einheit von Mensch und Welt, Subjekt und Objekt dennoch denken zu müssen, unter religiösen Vorzeichen als Problem und Deutungsaufgabe seines Denkens zurück. In dieser kulturellen Notsituation eines unbegriffenen Leidens der Gegenwart ließ sich freilich nicht mehr auf die Überlieferungsbestände der christlichen Religion zurückgreifen, da Burckhardts Totalitätsbegriff der Kultur gerade die zunehmende Fragwürdigkeit der bis in jene Zeit dominierenden christlichen Sinntradition Europas anzeigte.

Hinzu kam jedoch noch ein weiterer Umstand, der Burckhardt einen anderen Ausweg aus der erfahrenen Trostlosigkeit und aus den Sinngrenzen einer innerweltlich gedachten Kultur wies: Wie bereits angedeutet, hat Burckhardt das der Kontinuität der menschlichen Kulturentwicklung noch vorausliegende und sie erst ermöglichende und umgreifende Ganze als Schöpfermacht einer gütigen und lebensspendenden Natur (im spinozistischen Sinne einer »natura naturans«) begriffen. Diese beiden Faktoren zusammengenommen: die Unmöglichkeit einer Rückkehr zum christlichen Konzept der Heilsgeschichte und der Versuch, die Kontinuität der Kultur in das umfassendere Ganze der Natur einzubetten, haben seinen kultur- und geschichtstheoretischen Versuch, Geschichte als Totalität zu denken, in eine innere Affinität zum Mythus gebracht.[326] In der »Griechischen Kulturgeschichte« hatte Burckhardt den Mythus als dasjenige kulturursprüngliche Deutungsmuster herausgearbeitet, das die archaische Einheit von Mensch und Natur als Ausgangskonstellation des menschlichen Aufbruchs in die Geschichte hinein in epischen und ästhetischen Visionen darstellt.[327]

Demgegenüber kann die Geschichte als der geistige Prozeß einer sich kontinuierenden Kultur nicht aus sich selbst heraus diejenigen Vorstellungen einer Einheit von Mensch und Welt generieren, die erforderlich sind, um das Bewußtsein des Nichtidentischen, also die Gegenwartserfahrungen des Leidens, der Zerrissenheit und der gesellschaftlichen Selbstentfremdung des menschlichen Lebens in einem Netz kultureller Sinnvorstellungen erneut abzufangen.

Burckhardt weiß im Gegenteil, daß es sich bei allen dezidiert geschichtlichen Kategorien wie Fortschritt, Entwicklung, Kontinuität und Wandel, die auf verschiedene Weise das heilsgeschichtliche Erbe christlicher Überzeugungen in säkularisiertem Gewande aktualisieren, letztlich nur um Euphemismen der Endlichkeit, des Untergangs und – in einer Wendung zum persönlichen Lebensschicksal des Individuums: des Sterbens und der Nichtigkeit handelt. Geschichte ist dann allein der schockartige Reflex dieses aufkeimenden »pathologischen« Selbstbewußtseins der modernen Kultur: eine Geschichte des Leidens.

Damit steht in direktem Zusammenhang, daß Burckhardt die geschichtsreligiöse Zuversicht des Historismus als eine Ideologie des falschen Trostes destruiert. Zu faulem Zauber, Götzen- und Dämonendienst wird insbesondere der billigste Ausweg aus der christlichen Unbehaustheit verspäteter Bürgerlichkeit: das religiöse Surrogat des Nationalismus.[328]

Die kulturellen Säkularisate religiöser Erlösungsversprechen erweisen sich für Burckhardt als immer fadere Scheinversöhnungen eines modernen Subjekts, das sich im Bewußtsein seines unsicher gewordenen Gnadenstandes immer neuen Tröstern in die Arme wirft.

In dieser kulturellen Notstandssituation der Gegenwart ist Burckhardt konsequent: Wenn das Ende des Heils in der kulturellen Hegemonie des menschlichen Leidens absehbar ist, gilt es einen neuen Anfang zu machen. Im geschichtlichen Dämmerlicht einer hinsichtlich ihrer kulturellen Antriebsenergien und Sinnvorstellungen immer ausgelaugteren bürgerlichen Gesellschaft ist diese nur durch die Erinnerung an den Glanz ihrer kulturellen Ursprünge zu retten und zu erneuern. Und diese Ursprünge liegen für Burckhardt nicht im mythischen Dunkel der Vorzeit, sondern in der strahlenden Helle der griechischen Kunstreligion, die der Mythus erst ermöglicht hat.

Für Burckhardt steht am weltgeschichtlichen Ursprungsort von Kultur und Geschichte der Abschied des Menschen vom archaischen Glück mythischer Weltauffassung. Mit seiner Pointierung der Sinngrenzen der geschichtlichen Kontinuitäts- und Kulturvorstellungen kehrt der Mythus ins gesellschaftliche Bewußtsein der Moderne zurück als eine Form des Denkens von Totalität, das hinter den Anfang des Rationalisierungs- und Anthropomorphisierungsprozesses der menschlichen Sinnbildungsarbeit zurückgeht und erneut die Natur als alleinige Schöpfermacht nicht nur des biologischen, sondern auch des geschichtlichen Lebens inthronisiert, um das Glücksversprechen, von dem die menschliche Kulturentwicklung ihren Ausgang nahm und dann unverrichteter Dinge abgewichen ist, in seinem semantischen Potential überhaupt noch begreifen und formulieren zu können.

Um diese einheits- und sinnstiftende Qualität einer remythologisierten Natur menschlicherseits überhaupt als Quelle von Trost, Glück und Versöhnung wahrnehmen zu können, bedarf es neuer und gegenüber der Erfahrungs- und Rationalitätskultur der Moderne prinzipiell andersgearteter Sensorien: »Man muß mythisch ›schauen‹ lernen.«[329] Dieser nicht mehr historische, sondern ästhetische Akt des mythischen Schauens wäre, im Sinne einer letzten und selbstüberwindenden Befreiung des Menschen aus dem Unglück seiner Kultur und der Qual seiner Geschichtlichkeit, nur erreichbar im Eingedenken an die versöhnungsspendende Macht der Natur und damit gebunden an den Verzicht auf die Kulturleistung des historischen Denkens.

Doch genau dieses Opfer der historischen Vernunft war Burckhardt letztlich doch nicht bereit zu erbringen, weil das Glück der mythischen Kultur- und Geschichtslosigkeit allein erreichbar wäre um den Preis einer barbarischen Regression der europäischen Kultur selber: »Wir werden das Altertum nie los, solange wir nicht wieder Barbaren werden. ... In unserem zweifelhaften und wunderbaren Dasein klammern wir uns unwillkürlich an die Erkenntnis des Menschen als solchen, der Menschheit, der empirischen, wie sie uns im Leben entgegentritt, und der geschichtlich geoffenbarten. Die Anschauung der Natur genügt uns nicht und tröstet nicht und belehrt nicht genug. Und hier dürfen wir uns gegen kein Vergangenes abschließen, keine Lücken lassen, nur das Ganze spricht, in allen Jahrhunderten, die uns Zeugnisse hinterlassen.«[330]

Burckhardt hat ganz offensichtlich sein persönliches intellektuelles Heil nicht in der Flucht in den Mythus gesucht, sondern blieb, was die Individualität seiner Lebensführung angeht, zeitlebens ein Wissenschaftler mit ausgeprägtem Berufsethos. Nicht der Mythus und auch nicht die Kunst, sondern die historische Wissenschaft war und blieb sein »Beruf«.[331] Diese Resistenz und Distanz gegenüber allen Verlockungen und Glücksversprechen des mythischen Denkens (für die er sich zweifellos nicht unempfänglich zeigte – unter anderem deshalb, weil er über den zeitgeschichtlichen Verlust der in der christlichen Überlieferungsgeschichte Europas ausgeprägten erlösungsreligiösen Tiefendimension des menschlichen Lebens nicht einfach zur Tagesordnung übergehen wollte) unterscheidet ihn von einer sich totalisierenden Vernunftkritik im Stile Nietzsches. Anders als dieser endet Burckhardt nicht im Wahnsinn, sondern als ein allseits geachteter und gesellschaftlich integrierter Gelehrter und als gutbürgerlicher Bezieher einer wohldotierten Beamtenpension.

Um zum Kern des Arguments zu kommen: Die Kulturleistung der historischen Erkenntnis und Kontinuitätsbildung scheint es für Burckhardt bei aller offen eingestandenen Faszination durch den Mythus wert gewesen zu sein, auch und gerade unter den spezifischen Kulturbedingungen der Moderne in einer historiographiegeschichtlich beinahe beispiellosen Intensität fortgesetzt

zu werden. Für diese fortgesetzte kulturgeschichtliche Forschungs- und Denkanstrengung muß er gute Gründe gehabt haben, und sei es nur den, durch sie
– angesichts einer von ihm erfahrenen und unterstellten Trostlosigkeit der
kulturellen Moderne – den Fallstricken einer erneuten Mythisierung der
Kultur zu entkommen.

Der späte Burckhardt der »Griechischen Kulturgeschichte« plaziert nicht
zufällig die kulturellen Problemlagen seiner eigenen Gegenwart in der kulturgeschichtlichen Spannung Europas zwischen Mythus und Moderne. Denn erst
indem Burckhardt seinen Sinnlosigkeitsverdacht gegenüber der von den objektiven Strukturbedingungen des gesellschaftlichen Lebens beherrschten und
damit kulturell selbstentfremdeten Moderne historisch durch die universalgeschichtliche Rekonstruktion der Sinnstrukturen Europas seit ihren Anfängen
im griechischen Mythus auflädt und zugleich verfremdet, kann er den kulturellen Zwang der modernen Gesellschaft begründen, auch unter den Bedingungen der Gegenwart auf die alten Sinnprobleme der menschlichen
Lebensführung prinzipiell neue Antworten geben zu müssen – und zwar auf
der ganzen Bandbreite ihrer kulturellen Problemlagen. Der griechische Mythus, von dem Burckhardt selber sagte, daß er ihn vom Historischen abwegig
mache, wäre dann selber ein Element bei der genuin historischen Perspektivierung und Verfremdung der Gegenwart, indem er an den Anfang der Sinnfunktionen und Sinnbildungsleistungen der europäischen Kultur erinnert. Die
»Griechische Kulturgeschichte« selber ist das beste Beispiel dafür, daß Burckhardts Koketterie mit dem Mythus als dem eigentlichen Ursprungsort europäischer Sinnbildungsarbeit herausragende historiographische Leistungen möglich
gemacht und seine historische Forschungsarbeit heuristisch orientiert hat.

Mit seiner Universalgeschichte der europäischen Kulturentwicklung insgesamt insistiert Burckhardt darauf, daß gerade in dem weltgeschichtlichen
Moment, in dem sich die kulturelle Moderne von den im Zuge ihrer Überlieferungsgeschichte herausgebildeten kulturellen (und das heißt immer auch,
trotz der andersartigen Verlautbarungen seiner Potenzenlehre: religiösen) Grundlagen emanzipiert, neue Kulturformen die alten ersetzen müssen, soll der
Gegenwart weiterhin eine Sinn- und Versöhnungsperspektive erhalten bleiben,
die die Verzweiflung über eine von ihm historisch akzentuierte Leidensstruktur
des menschlichen Lebens erträglich macht. Burckhardts Kulturgeschichte zeigt
sich sensibilisiert für die Notwendigkeit einer Modernisierung menschlicher
Sinnstrukturen angesichts des Heraustretens der Gegenwart aus den kulturellen
Sinn- und Seinsgewißheiten der europäischen Überlieferung, die mit dem
Mythus begann.

Das eigentliche geschichtstheoretische und historiographische Problem
besteht jedoch darin, wie in der historischen Erinnerung der kulturell verun-
sicherten Moderne an die Ursprünge und die seither tradierten Leistungen und
Funktionen der europäischen Kultur deren bruchlose Fortsetzung in die
Zukunft hinein möglich wird, denn genau dahingehend hat Burckhardt ja ihre
Aufgabe definiert: »Das betreffende Durcheinander soll für uns aus einer

Konfusion zu einem geistigen Besitz werden; wir wollen darin nicht eine Betrübnis, sondern einen Reichtum finden.«[332] Mit der Frage, wie dieser kulturelle Reichtum der historischen Erfahrung intellektuell zu erwirtschaften ist, kommen wir abschließend zu Burckhardts methodologischer und kulturtheoretischer Begründung seiner Universalgeschichte der europäischen Kultur.

c) Theorie und Methode in Burckhardts Universalgeschichte der europäischen Kultur

Methodisch konzipiert Burckhardt Kulturgeschichte als eine Strukturgeschichte der Mentalitäten. Kurz vor seinem Tode nannte er in einem Brief an Kurt Breysig das, was er unter Kulturgeschichte verstanden wissen wollte, eine »Geschichte der großen Fluida«,[333] derjenigen kollektiven Orientierungen des Menschen, die die verschiedenen Kulturepochen im ganzen jeweils gekennzeichnet und beherrscht haben. Kulturgeschichte ist eine Form der Mentalitätsgeschichte, die die spezifische Signatur einer Zeit aus den allgemeinen Strukturen der menschlichen Subjektivität, aus Handlungsmotiven, Sinnstrukturen, Willensartikulationen der geschichtlichen Akteure deutet, um so »die Geschichte der Welt nach Kräften einer Geschichte des Geistes zu nähern.«[334]

Die beherrschende Bedeutung der Kulturkategorie weist unter methodischen Gesichtspunkten auf eine seit den Anfängen des Historismus ungebrochene Kontinuität der Hermeneutik hin; Geschichte bleibt als Kulturgeschichte ein Verstehen der Wirklichkeit im Rekurs auf geistig-intentionale Triebkräfte und Bedingungsfaktoren des menschlichen Handelns. In der Einleitung des ersten Bandes seiner »Griechischen Kulturgeschichte« hat Burckhardt diesen hermeneutischen Grundzug der Kulturgeschichte hervorgehoben: »Sie geht auf das Innere der vergangenen Menschheit und verkündet, wie diese war, wollte, dachte, schaute und vermochte.«[335] Allerdings hebt sich Burckhardt vom Historismus dadurch ab, daß er diese kulturelle Grundlage der menschlichen Entwicklungsgeschichte als eine »Struktur« des menschlichen Geistes kennzeichnet, die keineswegs voll in Intentionalität aufgeht. Der Mensch der Kultur ist im Medium seines Geistes nicht mehr Herr im eigenen Hause. Der Kulturgeschichte geht es um Aufklärung des Menschen über diese unbewußten Aspekte seiner eigenen Lebensführung, von denen er als intentional Handelnder selbst nichts weiß, sondern die seiner Existenz als unbegriffene Mächte und Bedingungsstrukturen selber noch voraus- und zugrundeliegen.

Burckhardt sucht und findet die strukturellen Bedingungsfaktoren der geschichtlichen Realität des menschlichen Lebens nicht ›über‹, sondern ›in‹ den Köpfen der Menschen selbst – als eine zum objektiven Geist geronnene Kultur. Methodisch erfordert dies die Aufgabe des Historikers, »nach einem Auswege zu suchen, der neben dem geschriebenen Buchstaben vorbeiführt«,[336] mit anderen Worten, nach einer in den Quellen nicht direkt dokumentierten, ja überhaupt nicht dokumentierbaren, eben strukturellen Realität zu forschen, die das gesellschaftliche Leben einer Epoche prägt, ohne daß diese Prägung den empirischen Handlungssubjekten bereits voll bewußt gewesen wäre. Als eine notwendige Konsequenz dieser strukturgeschichtlichen Wendung der Kulturgeschichte erwähnt Burckhardt »die plötzliche Entwertung aller bloßen ›Ereignisse‹ der Vergangenheit«,[337] da ihnen als den letztlich immer bewußten und intendierten geschichtlichen Handlungsvollzügen des Menschen genau diejenige ›kulturstrukturelle‹ Tiefendimension des Geschehens fehlt, um deren Erkenntnis es Burckhardt vor allem geht.

Wenn sich aber diese eigentliche Qualität des geschichtlichen Wandels nicht mehr in der zeitlichen Aufeinanderfolge von intentional herbeigeführten und handelnd vollzogenen Ereignisketten, sondern in der jeweiligen Organisation geistiger ›Kulturstrukturen‹ offenbart, verändert sich auch die historiographische Darstellung der historischen Erkenntnis: Die Strukturgeschichte der menschlichen Kultur bedarf einer »Lossprechung von der bloßen Erzählung, ... wir müssen die Phänomene mehr nach ihrer innern Zusammengehörigkeit gruppieren, in welcher sie Zustände, dauernde Gestaltungen bilden.«[338]

Da der Kulturgeschichte nicht mehr aus dem ereignishaften und in Quellen dokumentierten geschichtlichen Wandel die notwendigen empirischen Informationen zuströmen, die sie in den Sinnzusammenhang einer erzählten Geschichte bringen kann, steht sie vor dem Problem, wie alternativ zu dieser von ihr abgelehnten Möglichkeit (die der Historismus vorbildhaft durchgespielt hatte, indem er die methodisch gewonnenen Quelleninformationen zu einer Geschichte der werdenden Freiheit des Menschen synthetisierte, die in den Ereignisprozessen einer Zunahme politischer Partizipationschancen des Bürgertums historisch deutlich gemacht werden konnte) dasjenige geschichtliche Kontinuum historisch zu begreifen ist, dessen Existenz sie weiterhin voraussetzt. Dieses Ganze der Geschichte konnte für Burckhardt nicht mehr die Geschichte der politischen Freiheit des Menschen sein, weil in diesem Falle die Geschichte der menschlichen Freiheit und die in seiner Theorie des Revolutionszeitalters ja unterstellte Gegenwart der menschlichen Unfreiheit nicht mehr miteinander zu vermitteln gewesen wären, sondern in zwei disparate und miteinander inkompatible Existenzweisen des Menschen auseinanderklaffen würden. Burckhardt scheint sich aber der Theorieaufgabe, eine historische Vorstellung von ›der‹ geschichtlichen Kontinuität ›der‹ Kultur entwickeln zu müssen, bewußt gewesen zu sein, jedenfalls erwähnt er als »die wesentlichste Schwierigkeit der Kulturgeschichte, daß sie ein großes geistiges Kontinuum in einzelne scheinbar oft willkürliche Kategorien zerlegen muß, um es nur irgendwie zur Darstellung zu bringen.«[339] Was aber ist Burckhardts Vorstellung von der Kultur im Sinne eines einzigen großen geistigen Kontinuums, wenn es nicht mehr die Geschichte der im Medium politischer Ereignisketten verifizierbaren menschlichen Freiheit ist?

Wie läßt sich die Geschichte der europäischen Kultur als ein einheitlicher und umfassender Sinnzusammenhang begreifen, der nicht die naturalistische

Wiederkehr des ewig Gleichen ist, sondern der mit dem geschichtlichen Aufbruch der griechischen Kultur aus dem Mythus begann, sich als ein Lernprozeß durch die verschiedenen geschichtlichen Kulturepochen Europas vollzog und in der Gegenwart auf dem geschichtlichen Boden der kulturellen Moderne in die prinzipielle Offenheit der Zukunft hinein weitergeführt werden muß?

Zunächst hat sich der junge Burckhardt diesen geschichtlichen Zusammenhang von Vergangenheit, Gegenwart und Zukunft, noch ganz in der Tradition des Historismus stehend, als werdende Freiheit des Menschen gedacht: »Glaube mir, es erregt mir oft einen ehrfurchtsvollen Schauer, wenn ich in der Vergangenheit die Gegenwart schon deutlich daliegen sehe. Die höchste Bestimmung der Geschichte der Menschheit: die Entwicklung des Geistes zur Freiheit, ist mir leitende Überzeugung geworden, und so kann mein Studium mir nicht untreu werden, kann mich nicht sinken lassen, muß mein guter Genius bleiben mein Lebenlang.«[340] In der Zeit seines frühen deutschnationalen Enthusiasmus versteht Burckhardt die Geschichte noch als einen Prozeß der menschlichen Freiheit, der zu einem, durch die geistige Schubkraft der »Vaterlandsliebe unserer Ahnen« hervorgetriebenen System moderner Nationen führt.[341] In dem Moment jedoch, in dem für Burckhardt der weltanschauliche Funke der Nationalstaatsidee im Sinne eines empirischen Organisationsfaktors der historischen Erfahrung und einer normativen Bezugsgröße überindividueller Identitätsentwürfe erlischt, steht seine Konzeption des historischen Denkens vor dem Problem, wie das die Vielfalt des historisch Individuellen überwölbende Ganze der geschichtlichen Kontinuität alternativ zur Idee werdender Nationalstaaten gedacht werden kann.

Burckhardt steht vor dem Problem, die Freiheit des Menschen nicht mehr im Stile des Historismus mit dem Prozeß der Nationalstaatsbildung unmittelbar korrelieren zu können, da sich der normative Gehalt dieses Prozesses in der Gegenwart bereits verbraucht hatte; die Nation war für Burckhardt nicht mehr Telos politischer und sozialer Vergemeinschaftung. Allerdings mußte dieses ›Wozu‹ der menschlichen Freiheit, der ihr eingeschriebene und sie zugleich überwölbende Zweck auch dann, wenn er nicht mehr durch den Begriff der Nation semantisch abgedeckt und in seinem Sinngehalt angemessen bestimmt werden konnte, gedacht werden, sollten die politischen, sozialen und ökonomischen Freiheitsbestrebungen der bürgerlich-liberalen Moderne nicht im Nichts einer emanzipierten Sinnlosigkeit der menschlichen Lebensführung enden.

Im Angesicht dieser geschichtstheoretischen Problemlage, in der sich die Kategorisierung der historischen Erfahrung menschlicher Freiheit um politische Begriffe als zu eng erwies, die Idee des bürgerlichen Nationalstaates die Aura einer geschichtlichen Erfüllung menschlicher Identitätsprojektionen verloren hatte und stattdessen zu einer falschen institutionellen Besonderung des Allgemeinen der menschlichen Freiheit abgestiegen war, tritt die Kategorie der Kultur mit dem Anspruch auf, ein empiriegesättigter Integrationsbegriff der historischen Erfahrung und zugleich ein brauchbares Synthesekonzept für die verschiedenen Teilbereiche und -prozesse der menschlichen Identitätsbildung zu sein. Daher rührt der tendenziell postpolitische Grundzug der Kulturgeschichte im Sinne Burckhardts: Der Prozeß der politischen Herrschaft verliert die historiographische Dominanz, die er innerhalb des Historismus besessen hatte und wird stattdessen eingerückt in ein Ensemble geschichtlicher Partialprozesse, denen sich Burckhardt mit der historischen Frage nach der jeweiligen Spezifik ihrer Kulturqualität zuwendet.

Mit Burckhardts Schritt vom Historismus zur Kulturgeschichte weitet sich in kognitiver Hinsicht der Gegenstandsbereich und Wahrnehmungshorizont der historischen Erfahrung (1.) und in normativer Hinsicht das Bezugssystem der historischen Identitätsbildung (2.), indem die Kategorie der Kultur nicht mehr nur die im weitesten Sinne politisch relevanten, sondern die innergesellschaftlichen Phänomene in ihrer Gesamtheit anspricht, in denen sich die menschliche Lebensführung geschichtlich realisiert und der Mensch zum Menschen wird.

1. Burckhardts Konzept von Kulturgeschichte liegt unter gegenstandstheoretischen Gesichtspunkten das Interesse an einer universalgeschichtlichen Rekonstruktion menschlicher Sinnstrukturen und geistiger Reaktionsleistungen auf Wirklichkeitserfahrungen zugrunde. Ihre Schwerpunkte liegen dort, wo aufgrund spontaner kultureller Innovationsleistungen des menschlichen Geistes neue Spielräume der menschlichen Existenz erschlossen und damit weitergehende geschichtliche Entwicklungsprozesse ermöglicht und eingeleitet worden sind. Mit dem Historismus teilt Burckhardt die Überzeugung, daß Geschichte überhaupt erst durch diese Kulturkontinuität der menschlichen Geistestätigkeit erzeugt wird und damit grundsätzlich als der Prozeß gekennzeichnet werden kann, in dem der Mensch im Medium intentional gesteuerten und gedeuteten Handelns auf alle objektiven und strukturellen Bedingungen seines Lebens einwirkt und sie dadurch kulturell modifiziert. Im Gegensatz zum Historismus aber sieht Burckhardt diese geschichtliche Spur der menschlichen Kulturarbeit nicht allein in den intentional herbeigeführten Ereignisketten des Politischen, sondern sowohl auf allen Sektoren des gesellschaftlichen Lebens, als auch in den vorbewußten Tiefendimensionen menschlicher Sinnstrukturen wirksam.

Kulturgeschichte wird so zu einer methodisch angeleiteten Suche nach all denjenigen geistig vermittelten Prozessen, in denen es dem Menschen angesichts des naturhaften Zwangs objektiver Bedingungsfaktoren seines Lebens durch die Aufbietung seiner anthropologisch fundierten Kulturkompetenz gelungen ist, Natur zu Sinn zu transformieren und im »Bruch mit dieser Natur vermöge des erwachenden Bewußtseins«[342] erst diejenigen Lernprozesse zu inaugurieren, die in ihrer Gesamtheit den Erfahrungsbereich der Geschichte abstecken. Geschichte als Kultur ist der universalhistorische Prozeß, in dem es dem Menschen gelungen ist (und es gibt sie nur solange, wie dieses weiterhin und immer wieder gelingt), der unbegriffenen Macht des Objektiven und einer zwanghaften Natur Handlungs- und Deutungsfelder abzuringen und damit der normativen Macht des Faktischen gegenüber den Sinngehalt der menschlichen Lebensführung zu behaupten und zu steigern. Für Burckhardt besteht die »erste geschichtliche Tat« des Menschen und damit sein Ausgang aus geschichtsloser Barbarei darin, daß er beginnt, den Zwangscharakter des Objektiven durch die kulturelle Artikulation von Orientierungsbedürfnissen (deren notwendige Kehrseite die Existenz eines unmittelbar an »Kultur« gebundenen Leidensbewußtseins ist) und Sinnvorstellungen abzubauen und in der historischen Aneignung dieser überlieferungsfähigen Kulturprodukte lernen, d.h. den Prozeß der Geschichte auf immer neuen Stufen fortsetzen zu können.

Geschichte wird so als ein kulturell sublimiertes und intentional gesteuertes Anders-Werden-Können des Menschen, als ein Zerbrechen aller jeweils gegebenen Kulturhüllen durch sein eigenes Handeln und dessen Reflexion verständlich: »Die abendländische Entwicklung hat das echteste Zeichen des Lebens: Aus dem Kampf ihrer Gegensätze entwickelt sich wirklich Neues; neue Gegensätze verdrängen die alten; es ist nicht ein bloßes resultatloses, fast identisches Wiederholen von Militär- und Palast- und Dynastierevolutionen wie 700 Jahre lang in Byzanz und noch länger im Islam. Die Menschen werden bei jedem Kampf anders und geben Zeugnis davon; wir schauen in tausend individuelle Seelen hinein und können die Stile des Geistes nach Jahrzehnten datieren, während zugleich das Nationale, das Religiöse, das Lokale und anderes zahllose geistige Nuancen von sich aus hineinbringen. Vergnüglich und genußreich sind diese Dinge in ihrer Zeit nicht gewesen, sondern Kämpfe auf Leben und Tod. Tödlich für Europa ist immer nur Eins erschienen: Erdrückende mechanische Macht, möge sie von einem erobernden Barbarenvolk oder von angesammelten heimischen Machtmitteln im Dienst eines Staates oder im Dienst Einer Tendenz, etwa der heutigen Massen, ausgehen.«[343]

Kulturgeschichte ist für Burckhardt die Rekonstruktion dieser aus der Divergenz zwischen Erfahrung und Erwartung, zwischen der Objektivität der Welt und der Sinnhaftigkeit der Kultur hervorgehenden Lernprozesse des Menschen auf allen Feldern seiner Lebensführung; ihre »leitende Idee ist der Gang der Kultur, die Sukzession der Bildungsstufen bei den verschiedenen Völkern und innerhalb der einzelnen Völker selbst.«[344]

Freilich besitzt Burckhardts Begriff der kulturellen Bildungsprozesse eine gegenstanderschließende und -eingrenzende Bedeutung auch insofern, als er ausschließlich die »große Völkerfamilie des christlichen Abendlandes ... in deren Hände die Zukunft der Welt gelegt« worden ist,[345] als Gegenstand seiner Kulturgeschichte kennzeichnet. Lernen im Sinne eines geschichtlichen Bildungsprozesses ist für Burckhardt somit ein Spezifikum und Privileg der europäischen Kultur, denn »hier allein verwirklichen sich die Postulate des Geistes; hier allein waltet Entwicklung und kein absoluter Untergang, sondern nur Übergang.«[346] Diese geschichtliche Kontinuität der kulturellen Lernprozesse Europas muß in ihren inhaltlichen Bedeutungsgehalten und normativen

Implikationen rekonstruiert werden können, soll sie keine historiographische Fiktion bleiben, sondern angesichts der für Burckhardt unübersehbaren Orientierungs-, Sinn- und Identitätsprobleme der kulturellen Moderne einen relevanten Beitrag zu deren Lösung beisteuern können.

2. Wie aber stellt sich Burckhardt diesem Problem, den praktisch-normativen Gehalt der kulturellen Überlieferungsgeschichte Europas historiographisch zu bestimmen? Wie hat er im Medium seines historischen Denkens die Umrisse einer postnationalen, eben europäischen Identität bestimmt, die stark genug wäre, den Partikularismus fragwürdig gewordener nationaler Bindungen im Rückgriff auf die Idee eines kulturellen Universalismus aufzusprengen und zu transzendieren?

Das Problem, vor dem Burckhardts Historiographie steht, besteht im wesentlichen darin, in der Geschichte Europas diejenigen identitätsbildenden Elemente ausfindig machen zu müssen, die – »wie ein Grundakkord, der immer wieder hindurchtönt«[347] – die europäische Kultur jenseits aller nationalspezifischen Besonderheiten und Identitätsmerkmale im ganzen prägen. Die Modernität dieser Historiographie liegt darin begründet, daß sie erkennt, inwieweit die verschiedenen Projektionen nationaler Identität ihren traditionellen Stellenwert geistiger und handlungsmotivierender Triebkräfte des geschichtlichen Wandels eingebüßt haben, zumindest insoweit es ihre kulturkonstitutive Bedeutung betrifft.[348]

Diesem zeitgeschichtlichen Vorgang einer Transformation der kulturellen Grundlagen und Orientierungen der modernen Gesellschaft sucht sie durch eine Weiterentwicklung und Universalisierung des Bezugssystems der historischen Forschung und Darstellung zu entsprechen. Die große historiographische Bedeutung der Kulturkategorie zeugt von diesem Versuch einer Komplexitätssteigerung des heuristischen Zugriffs auf die historische Vergangenheit zum Zwecke einer gegenüber den tradierten Mustern nationaler Identität höheren Stufe der historischen Wirklichkeitswahrnehmung einerseits und der historischen Identität der eigenen Gegenwart andererseits. Ihre eigentliche, sowohl kognitive als auch normative, Bedeutung liegt für Burckhardt darin begründet, daß mit ihrer Hilfe die spezifische Textur und der Sinngehalt der europäischen Geschichte auf eine neue Weise lesbar gemacht und damit so angeeignet werden kann, daß die Entfremdung der Gegenwart von den Zukunftsversprechen ihrer Vergangenheit entschärft wird. Eine von den geschichtlichen Grundlagen ihrer eigenen Kulturtradition abgespaltene Moderne kann für Burckhardt diese Selbstentfremdung überwinden, indem sie ein geschichtliches Bewußtsein der Kulturtotalität Europas gewinnt, das in der Gegenwart fortgesetzt werden muß und auch fortgesetzt werden kann.

Um dieses, ihren individuellen Kulturerscheinungen immer schon vorausliegende Allgemeine der europäischen Geschichte in seinen Grundlagen entwickeln und verstehen zu können, wendet sich Burckhardt den kulturellen Ursprüngen Europas zu. Die »Griechische Kulturgeschichte« befriedigt das elementare historische Interesse Burckhardts, angesichts der kulturellen Erschöpfung seiner Zeit die Möglichkeit ihrer geistigen Erneuerung aufzuzeigen, indem sie zeigt, wie hier, am Geburtsort der geschichtlichen Kontinuität Europas, der Grundstein ihrer zeitlichen Dauer und der Permanenz kultureller Lernprozesse gelegt wird, in denen sich der Horizont menschlicher Identitäts- entwürfe ständig ausdehnt und neue Sinnstrukturen der Lebensführung er- schlossen werden können.[349] Wenn es einen Prozeß gibt, der die vielen individuellen Erscheinungsformen der europäischen Kultur zu einer geschichtli- chen Totalität zusammenschließt, kann es für Burckhardt nur dieser Prozeß kulturellen Lernens sein, der mit den Griechen und ihrem »objektiven Geist für die ganze Welt«[350] beginnt und der in der historischen Aneignung vergan- gener Realisationsweisen des Humanen eine Zukunft ermöglicht, deren kultu- reller Reichtum an Erfahrungen, Normen und Sinn den aller Vergangenheit potentiell übertrifft: »Ganz sicher aber haben nun die Griechen ein Auge, womit sie die Welt um sich herum als ein Panorama schauen, und objektiven Geist, und das nicht nur für ihr Volkstum, sondern sie führen die Feder für alle Völker. Sie erst können etwas sehen und sich dafür interessieren, ohne es zu besitzen oder auch nur zu begehren; und da sie in lauter einzelne Poleis und diese wieder in Parteien zerfallen, kennen und schildern sie auch einander. Die unparteiische Beschauung fremder Völker und vergangener Zeiten bildet aber einen ewigen Ruhmestitel für sie; denn seit ihnen und durch sie sind alle Kulturvölker genötigt, von allen Völkern und Zeiten Notiz zu nehmen; dieses Allinteresse verdanken wir nur ihnen.«[351]

Die eigene Identität in einem geschichtlichen Gewebe menschlicher Sinn- vorstellungen und vor einem historischen Wissenshorizont gänzlich verschiede- ner Kulturformen suchen und finden zu können, bestimmt Burckhardt als diejenige Kompetenz der europäischen Kultur, die sie geschichtlich zusam- menhält und auszeichnet; und diesen geschichtlich erworbenen kulturellen Reichtum Europas der Gegenwart als Orientierungshilfe und als Identitätsan- gebot zur Verfügung zu stellen, definiert er als die zentrale Aufgabe der Kulturgeschichte: »Diesen Kampf des europäischen Okzidents nicht zu be- klagen, sondern zu betrachten und darzustellen ist die Geschichte da. Von ihrem womöglich hohen und freien Gesichtspunkt aus vernimmt sie die Discordia als concors. Sie soll sich aller vergangenen Kräfte, nicht nur der zufällig einem heutigen Jahrzehnt sympathischen, als eines Reichtums freu- en.«[352]

Dieser objektive Geist für die Wirklichkeit, der für Burckhardt mit der Individuierung des Griechen zum freien Kulturmenschen weltgeschichtlich in Gang kommt, besitzt jedoch nicht allein den Effekt empirischer Wissenszu- wächse, sondern auch eindeutig normative Implikationen: Er stiftet eine universalgeschichtliche Einheit von Theorie und Praxis. Im Kontext der griechischen Kultur entsteht für Burckhardt auch »frühe ein Höheres: das Schauen und Erkennen des Andern, Verschiedenen und doch auch Berechtig- ten, bald nicht bloß innerhalb, sondern auch außerhalb der Gesamtnation, und es wird hierin eine Bestimmung des Menschen erkannt.«[353] Mit der gesteigerten Wahrnehmungsfähigkeit und Erfahrungsoffenheit gegenüber der prinzipiellen, wahrhaft anthropologischen Vielfalt der menschlichen Kultur muß sich – im Sinne einer notwendigen Bedingung der Möglichkeit individueller Freiheit – das normative Prinzip einer bedingungslosen Anerkennung dieser Vielfalt des Humanen verbinden, soll sich die Kultur als ein Lernprozeß freier Subjektivität geschichtlich in die Offenheit der Zukunft hinein fortsetzen können. Die Negation dieser notwendig zuzuerkennenden Freiheit und Individualität des Menschen als den wesentlichen normativen Bestimmungen aller Kultur wäre für Burckhardt nichts weniger als das gleichzeitige Ende der Geschichte und die Rückkehr des Menschen in die Barbarei der Natur.

Mit ihrem Versuch, die Totalität der geschichtlichen Entwicklung Europas als eine Weitung des kulturellen Erfahrungs-, Normen- und Sinnhorizonts der menschlichen Lebensführung zu bestimmen, hat Burckhardts Variante von Kulturgeschichte es erstmals möglich gemacht, den historistischen Kurzschluß eines weitgehend politisch beschränkten Begriffs der menschlichen Freiheit im Rückgriff auf den breiter angelegten Synthesebegriff der Kultur zu überwinden. Freiheit im Sinne eines zugleich empirischen und normativen Richtungskriteriums geschichtlicher Lernprozesse ist von Burckhardt in einem ganzen Spektrum menschlicher Sinnvorstellungen und Identitätsbestimmungen angesiedelt und als deren kulturelles Produkt gedacht worden. Zu diesem Spektrum gehören politische Faktoren auch weiterhin hinzu, insofern nämlich die Legitimität von Herrschaft ein ganz wesentliches Merkmal und Deutungsproblem der Kultur darzustellen pflegt.[354]

Fraglich ist allerdings, ob es auf dem Boden von Burckhardts Theoriekonzept der Kulturgeschichte möglich ist, die geschichtliche Totalität der menschlichen Lebensführung insgesamt als »Kultur« zu denken, oder ob Burckhardt nicht vielmehr aufgrund einer Überforderung seines Kulturbegriffs gezwungen war, dieses Ganze der Geschichte, das also, was Droysen »die Geschichte über den Geschichten« genannt hatte, als Natur zu denken: »Diese Frage zielt ins Zentrum der Burckhardtschen Geschichtskonzeption, denn sie zielt auf die ›Kontinuität der Weltentwicklung‹, die Burckhardt als Kontinuität des Geistes über alle einzelnen Kulturentwicklungen hinweg als obersten Gesichtspunkt des historischen Denkens annahm. Burckhardt beantwortet diese Frage nicht mehr mit der Behauptung, die Geschichte sei ein Prozeß, der einzelne Kulturprozesse als innere Ordnung ihrer zeitlichen Sukzession umgreift. Wo eine solche Vorstellung zu entwickeln wäre, steht bei ihm die Natur als unergründliche Macht kultureller Schöpfungen. Auf sie wird die historische Erinnerung an einzelne kulturelle Prozesse letztinstanzlich verwiesen: Die Kontinuität des sich in Kulturprozessen manifestierenden Geistes über einzelne Kulturentwicklungen hinweg wird nicht mehr geschichtlich, sondern ursprungsmythisch gedacht.«[355]

Burckhardt sieht die geschichtliche Kontinuierungs- und Erneuerungsfähigkeit der Potenz »Kultur« gebunden an kulturschöpferische und sinnträchtige Eruptionen der Natur, die dann, vermittelt durch die für Burckhardt – nimmt man sein Potenzenschema ernst – ursprünglich kulturlosen Potenzen Staat und Religion, Eingang ins geschichtliche Leben der Menschheit findet.[356] Ganz in diesem Sinne erwartet Burckhardt das Aufsprengen seiner kulturell erschöpften Gegenwart allein vom Auftreten einer »neuen Rohheit« als politischer, und von einer neuen Religion als metaphysischer Bedingung weiterer Fortschritts, der erst vom Boden einer erneuten Kulturlosigkeit in neue Kulturformen münden könnte.[357]

Das eigentliche Problem dieser Dialektik von Natur und Kultur liegt darin, daß Burckhardt so tut, als gäbe es noch die Option einer Rückkehr des Menschen in die Kulturlosigkeit der Natur, während sich aus dem Aufbau und der Argumentation seiner eigenen historischen Anthropologie zeigen läßt, daß auch der Prozeß einer Erneuerung von Kultur selber noch als ein Kulturprozeß und damit gar nicht anders als Geschichte gedacht werden kann. Burckhardt wendet sich zwar ausdrücklich gegen jeden Versuch einer geschichtstheoretischen Hierarchisierung der drei Potenzen, gleichwohl läßt sich aus ihrer Beziehung zueinander ein systematischer Primat der Kultur folgern. Sie stellt ein ursprünglicheres Phänomen als Staat und Religion dar und erst ihr erstmaliges Auftreten signalisiert den Beginn der Geschichte als einer Menschwerdung des Menschen, weil mit ihr überhaupt erst die kulturspezifische Divergenz zwischen Bedürfnis- und Befriedigungshorizont und damit die strukturelle Spannung zwischen artikulierten und realisierten Handlungsabsichten als evolutionäre Voraussetzung der geschichtlichen Entwicklung entsteht.

Erst im Zustand der Kultur öffnet sich die Schere zwischen Intentionalität und Versagung, die den Ausgang des Menschen aus dem mythischen Ursprungszusammenhang der Natur anzeigt und unumkehrbar vollzieht – und mit der zugleich der Prozeß des menschlichen Leidens (nämlich an der Existenz dieser Schere, an dem Ausscheren des Menschen aus der Leidenslosigkeit der Natur) beginnt. Erst im Anschluß an die von Burckhardt in dieser Weise geschichtstheoretisch konzipierte Entstehung der Kultur im Sinne einer prinzipiell überschießenden und daher auf ewig unversöhnten und unversöhnbaren Bedürfnisnatur des Menschen, die den Schleier der Natur für immer zerreißt, kann es zu Staat und Religion als den von der Existenz des anthropologisch zum Kulturwesen bestimmten Menschen selber abhängigen Instanzen kommen, denen die politische und religiöse Abarbeitung desjenigen Leidensdrucks obliegt, der aus der kulturkonstitutiven Divergenz zwischen Erwartung und Erfahrung quillt.[358] Die Kultur schafft so überhaupt erst die Voraussetzungen für die Entstehung der beiden übrigen Potenzen; deren für den Prozeß der menschlichen Lebensführung und Vergesellschaftung jeweils relevanter Beitrag – »Gott« und »Macht« also – stellen immer schon Kulturleistungen dar.[359]

Das gilt auch, ja gerade für diejenige Macht, die Burckhardt als »an sich böse« begriffen und der er insofern einen reinen Naturcharakter beigemessen hat. Denn gerade bei dem »Bösen« als einem scheinbar urwüchsigen Willen zur Macht, der für Burckhardt (wie für Nietzsche) wie ein Rettungsanker der

Natur in die kulturelle Überformung des menschlichen Lebens hineinragt, handelt es sich um eine ›hochrationalisierte‹, d.h. kulturell spezifizierte Form der menschlichen Herrschaftsausübung, die in ihrer werthaften Orientierung an dem notwendigerweise kulturell definierten Zweck, Macht im Sinne einer als notwendig erachteten Bedingung optimierter Bedürfnisbefriedigung steigern und akkumulieren zu wollen, in der Natur keineswegs existiert. Als ein Naturwesen könnte der Mensch nicht einmal mehr den Willen zur Macht wollen und durch ihn zur geschichtlichen Tat kultureller Erneuerung schreiten, sondern allein sich still und bescheiden in das Werden und Vergehen der Natur zurückgliedern.

Daß Burckhardts historische Anthropologie mit dem Fehler, den Prozeß »der« Geschichte als eine Dialektik von Kultur und Natur zu denken,[360] ihrem Zeitgeist, nämlich einem naturalistisch aufgeladenen Nationalismus und Imperialismus, einem sozialen Darwinismus sowie einem lebensphilosophisch inspirierten Vitalismus in einer wenn auch hochsublimierten Form anheimfällt, ist letztlich nicht anders als mit seiner sich trotz aller intellektuellen Vorbehalte durchsetzenden Zeitgenossenschaft zu erklären.[361]

Geistesgeschichtlich gesehen steht Burckhardt – wie Nietzsche – am Ende eines Entwicklungsprozesses und einer ideologiekritischen Entlarvungsdynamik des abendländischen Denkens, in denen das christliche Zeitbewußtsein zerfällt und die ›leibende‹ Vernunft der Natur zum allein noch verbliebenen metaphysischen Grund und Einheitsprinzip des menschlichen Lebens aufsteigt.[362]

Einer derjenigen, der sich eine derartige naturalistische Grundlegung der Kulturtheorie aus dem Kopf geschlagen hat, ist Max Weber. Er wußte, daß die Kontinuierungs- und Erneuerungsfähigkeit aller Kultur nicht aus einer ihr gegenüber anthropologisch fundamentaleren und ursprünglicheren Natur abgeleitet werden kann, sondern einzig aus ihr selber generiert werden muß. Der Mensch ist und bleibt ein Mensch der Kultur und wird erst damit ein für sein Handeln verantwortliches, ein ›freies‹ Wesen. Daß menschliche Erfahrungen der Natur immer schon kulturalistisch gedeutet, daß Natur also gar nicht anders wahrgenommen werden kann als im Sinn eines Produkts geschichtlicher Rationalisierungs- und kultureller Lernprozesse und deshalb auch als eine nie versiegende Erneuerungsinstanz und Sinnquelle der menschlichen Lebensführung nicht mehr zur Verfügung stehen kann, wird mit Max Weber eine Herausforderung kulturgeschichtlichen und -theoretischen Denkens. Es gibt keine Möglichkeit einer Deutung geschichtlicher Prozesse, die von dem kulturellen Fundierungszusammenhang der menschlichen Lebensführung abstrahieren könnte; diese Einsicht liegt Webers wissenschaftstheoretischer Programmatik der Kulturwissenschaften zugrunde und macht zudem sein Denken noch ›kulturgeschichtlicher‹ als dasjenige Jacob Burckhardts.[363]

Angesichts einer anthropologischen Nichthintergehbarkeit der Kultur (und damit: des menschlichen Leidens) definiert er als die »transzendentale Voraussetzung jeder *Kulturwissenschaft* ... daß wir Kultur*menschen* sind, begabt mit der

Fähigkeit und dem Willen, bewußt zur Welt *Stellung* zu nehmen und ihr einen *Sinn* zu verleihen.«[364]

Was die Kultur als die dominierende Lebensführungsmacht des modernen Menschen für Burckhardt nicht leisten konnte: eine umfassende Sinnorientierung seiner Existenz, muß sie für Weber, nach dem von ihm als Voraussetzung seines Denkens unterstellten Ende der erlösungsreligiösen Sinntradition des christlichen Europa leisten, soll sich die geschichtliche Kontinuität der Kultur über diesen Bruch der Zeit hinüberretten. Mit Weber sind die Kultur als ein geschichtliches Phänomen der menschlichen Lebensführung und die Kulturwissenschaft als Rationalisierungsorgan des menschlichen Selbstverhältnisses einem enorm gestiegenen Erwartungsdruck ausgesetzt worden.

Nachdem mit Burckhardts Variante von Kulturgeschichte der Beginn einer langandauernden Transformationsepoche des Historismus zu einem kulturgeschichtlichen Paradigma des historischen Denkens rekonstruiert worden ist, soll jetzt am Beispiel Max Webers die Frage nach den Funktionsbestimmungen, den Erfahrungsgrundlagen, den historischen Sinnbildungsleistungen der modernen Kultur und gleichzeitig die Frage nach der heuristischen, methodischen und theoretischen Explikationsfähigkeit der Kulturgeschichte weiterverfolgt werden.

IV. Max Weber und die Entwicklung
der Kulturgeschichte

Im Mittelpunkt dieser Untersuchung zur Stellung Max Webers in der Krise des Historismus steht die geschichtstheoretische Relevanz seines Kulturbegriffs und seiner Kulturkritik der bürgerlichen Moderne. Angeknüpft wird dabei an die in der Einleitung formulierten Fragestellungen, die wie bei den bisherigen Abschnitten zu Droysen und Burckhardt die Gliederungsaspekte der Interpretation abgegeben haben. Unter einer dreifachen Fragestellung wird im folgenden untersucht, welche kulturtheoretische und -historische Antwort Max Weber auf die in der Krisenperiode des Historismus dominierenden Fragen nach den Orientierungsmöglichkeiten des historischen Denkens angesichts der Motivations-, Normen- und Sinnkrise der bürgerlichen Gesellschaft seiner Gegenwart gegeben hat.[1]

1. Weber entwickelt seinen Kulturbegriff und seine historische Vorstellung von der Entwicklung der menschlichen Kultur vor allem in seiner Religionssoziologie.[2] Aus ihr läßt sich Webers historische Anthropologie herausarbeiten, welche wie diejenige Droysens am Begriff und normativen Kriterium der menschlichen Freiheit orientiert ist – allerdings auf dem Boden einer im Sinne Burckhardts wesentlich skeptischeren Beurteilung der Chancen ihrer Realisierung angesichts des universalgeschichtlichen Prozesses von Modernisierung. Webers Interesse gilt der Frage nach dem Schicksal der menschlichen Kultur und Freiheit unter den spezifischen Lebensbedingungen der okzidentalen Rationalisierung. Ein wesentliches Merkmal der Weberschen Diagnose von Modernität besteht in ihrer Einbettung in eine historische Forschungsperspektive, mit deren Hilfe sich rekonstruieren läßt, wie Rationalisierung als ein ursprünglicher Befreiungsprozeß von den Zwängen magisch-deterministischer Weltbilder aus einer inneren, für Weber selber ›tragischen‹ Eigendynamik heraus in einen Prozeß der menschlichen Unfreiheit umschlägt. Webers Werk enthält die These einer Dialektik der Aufklärung, welche darauf hinweist, daß der okzidentale Prozeß gesellschaftlicher »Rationalisierung mit der Notwendigkeit eines Schicksals Irrationalitäten schafft.«[3]

2. Webers Diagnose einer in Gegenwart und Zukunft drohenden Unfreiheit des Menschen innerhalb der selbstgeschaffenen und dann verselbständigten Institutionen und Realitäten des modernen Rationalismus lenkt unweigerlich den Blick auf die Frage nach den noch verbleibenden Möglichkeiten menschlicher Freiheit und Selbstbehauptung. Der Historismus hatte die politischen und gesellschaftlichen Zustände seiner Gegenwart noch als einen Kos-

mos »sittlicher Mächte« begreifen können. Die gesellschaftlichen und politischen Rahmenbedingungen der menschlichen Lebensführung ließen sich noch als Ausdruck des menschlichen Willens und zugleich als Garanten der menschlichen Freiheit begreifen. In der Eigenschaft einer sittlichen Macht präsentierte sich die Geschichte für den Historismus als ein Fortschritt des Menschen hinsichtlich der Selbstbestimmungsmöglichkeiten seines Handelns.

Für Weber war wie für Burckhardt eine derartige Interpretation von Gegenwart und Geschichte bereits systematisch verbaut. Bei ihm ist die innerhalb sittlicher Mächte nicht nur mögliche, sondern wirklich werdende Freiheit zurückgenommen in das Asyl der vereinzelten Persönlichkeit, und dieser innerlichen Freiheit der Individuen korrespondieren auf dem Felde einer unsittlich gewordenen Gegenwartspraxis keine institutionellen Strukturen mehr, die sie gesellschaftlich oder politisch abstützen. Freiheit wird für Weber zu einer heroischen Selbstbehauptung autonomisierter Individuen angesichts einer zunehmenden Zwanghaftigkeit politischer und gesellschaftlicher Rahmenbedingungen ihrer Lebensführung und eines gleichzeitigen Verschwindens intersubjektiv geltender ethischer Orientierungen. Aus dieser geschichtlichen Perspektive heraus lassen sich die praxis- und normentheoretischen Überlegungen Webers rekonstruieren.

3. Schließlich lassen sich auch seine Wissenschaftslehre und seine Vorstellung von den Aufgaben, Leistungen und Grenzen der Kulturwissenschaften in enger Bezugnahme auf die kulturtheoretischen Implikationen seines Werks herausarbeiten. Die Wissenschaftslehre enthält Webers Antwort auf die im Zuge der Entzauberung durch Intellektualisierung auftretenden Sinnprobleme der verwissenschaftlichten Zivilisation. Welche Sinndeutung des menschlichen Lebens- und Weltverhältnisses nach dem Ende der Religion als der überlieferten Antwort auf die Erfahrung existentieller Sinnprobleme noch möglich ist, ist die Frage, die Webers theoretischer und methodologischer Reflexion der Kulturwissenschaften zugrundeliegt. Diese werden für ihn zur spezifisch modernen Chance kultureller Sinnbildung angesichts der schicksalhaften Tatsache einer »immer sinnloser werdenden Kultur«.[4]

1. Rationalität und Freiheit: Zur historischen Anthropologie Webers

Die von Weber an zentralen Stellen seines Werks vorgenommene Diagnose von Modernität gewinnt ihre wirkungsvolle und – schon rein sprachlich – beeindruckende Dramatik aus dem Umstand, daß er in seiner Gegenwart einen Bruch in den anthropologischen Grundlagen der menschlichen Existenz sich vollziehen sah, der ein Überdenken der tradierten Grundlagen der historischen Anthropologie erzwang. Angesichts der sich verschärfenden Kulturprobleme seiner Epoche war für Weber das mit dem Aufstieg des Bürgertums zum ökonomischen, sozialen, kulturellen und politischen Träger neuzeitlicher Modernisierung entstandene und um die Kategorien Fortschritt, Freiheit und Vernunft zentrierte Weltbild in seinen Grundlagen erschüttert – es stand zu einer gründlichen Revision an.

Weber hatte bereits anläßlich seiner Auseinandersetzung mit den Kritikern seines Aufsatzes zur »Protestantischen Ethik« geäußert, ein zentrales Thema seines Werks sei die »*Entwicklung* des Menschentums, welches durch das Zusammentreffen religiös und ökonomisch bedingter Komponenten geschaffen wurde«.[5] Dieses Forschungsmotiv Webers legt es nahe, sein Werk auf den Entwurf einer neuen historischen Anthropologie, auf seine »Idee des Menschen«[6] hin zu befragen und ihn unter diesem Aspekt in einen theoriegeschichtlichen Zusammenhang mit der historischen Anthropologie des Historismus zu stellen. Was ist ihr gegenüber das neuartige Moment der Anthropologie Webers?

Es hatte sich gezeigt, daß anthropologisches Denken innerhalb der Historik Droysens wichtige geschichtstheoretische Begründungsaufgaben übernommen hatte:

a) Es explizierte den freien, in die Zukunft gerichteten Willen des Menschen als gattungsspezifische Voraussetzung von Geschichte im Sinne einer Realisation der menschlichen Freiheit.

b) Es identifizierte ferner den Prozeß der gesellschaftlichen Arbeit und die zweckrationale Interessenorientierung der Lebensführung als eine wichtige Produktivkraft des geschichtlichen Fortschritts, durch die sich Freiheit als Prozeß, Inhalt und Telos der menschlichen Selbstrealisation erst durchzusetzen vermag.

c) Es verwies schließlich auf das Geschichtsbewußtsein als dasjenige kulturelle Reflexionsmedium der Lebenspraxis, das eine Orientierung des Handelns leistet, indem es akute Handlungsvollzüge mit der historischen Erfahrung konfrontiert und in den Kontinuitätszusammenhang der werdenden Freiheit stellt.

Wie bei Droysen existiert auch im Werk Max Webers der geschichtstheoretische Entwurf einer überaus komplexen historischen Anthropologie.[7] Allerdings hat Weber das im Historismus wurzelnde kulturanthropologische Weltbild unter dem Eindruck neuer authentischer Zeiterfahrungen erheblich modifiziert:

a) Weber sieht die dynamischen Prozesse der gesellschaftlichen Rationalisierung einhergehen mit ihrer zunehmenden Verselbständigung von den Ideen, Deutungsmustern und Handlungsmotiven der geschichtlichen Akteure. Die Existenz des modernen Menschen ist für Weber nicht mehr durch Weltbilder und Ideen zu einem »kulturellen Gespinst«[8] vermittelt, sondern zu einem Kosmos zwanghafter gesellschaftlicher Abläufe und Systemstrukturen verselbständigt.

b) Weber ist darüber hinaus nicht mehr bereit, dem Prozeß der gesellschaftlichen Arbeit diejenige »sittliche« Qualität zuzugestehen, die ihm der Historis-

mus noch als einer wichtigen Triebkraft der Freiheit und als einem Vollzugsorgan des geschichtlichen Fortschritts unterstellt hatte.[9] Die an die Dominanz
zweckrationalen Handelns gebundene Lebensführung des Menschen, die im
Zuge neuzeitlicher Modernisierungsprozesse zur beherrschenden wird, läßt
für Weber die Vorstellung einer werdenden Freiheit durch Arbeit ins Leere
laufen. Arbeit und zweckrationales Handeln verweisen für Weber nicht mehr
auf einen kulturell definierten Sinn jenseits ihrer selbst, auf das Telos einer sich
steigernden Kontinuität der Freiheit, zu der sie lediglich ein bloßes Mittel
darstellen. Weber erweist sich unter diesem Aspekt als sensibilisiert für die
epochenspezifische Erscheinung der bürgerlichen Kulturkritik.

c) Dieser von Weber artikulierte Wandel des Zeitbewußtseins verbindet sich
mit einer tiefgreifenden Neubestimmung des Geschichtsbegriffs und der Funktionen des Geschichtsbewußtseins im Sinne einer kulturanthropologischen
Tatsache. Der Historismus hatte noch die Überzeugung besessen, daß sich die
Einheit der Geschichte in der Kontinuität der Freiheit herstelle. Als Geschehen
repräsentierte sie für ihn die objektive, und als Erkenntnis die subjektive Seite
dieser menschlichen Freiheit. Bei Weber zerfällt diese Vorstellung der Einheit
von Geschichte als Geschehen und Erkenntnis in den Dualismus von Chaos
und Kultur. Die Geschichte zerbricht in eine nur noch als Chaos und ›an sich‹
sinnloses Geschick zu begreifende geschichtliche Objektivität und in ein auf
das transzendentale Sinnbedürfnis des Menschen zurückgehendes Erkenntnisinteresse der Kulturwissenschaften, die das objektiv sinnlose Chaos des Lebens
zu einem nur ›gedachten‹ und allein subjektiv bedeutungsvollen Zusammenhang, zu Kultur und Geschichte transformieren.

a) Das Schicksal des Geistes in der Tragödie der Kultur

Eine historische Anthropologie ist als elementarer Baustein der Geschichtstheorie
auf einer Abstraktionsebene angesiedelt, auf der es um ›Menschheit‹ als Ganzes
geht, auf der diejenigen Phänomene der historischen Entwicklung angesprochen werden, die ein universalgeschichtliches Interesse tangieren. Ein derarti-
ges Interesse motivierte das Werk Webers. Bekanntlich hat er die Entstehungs-
und Wirkungsgeschichte des okzidentalen Rationalismus als dasjenige Kultur-
problem seiner Gegenwart identifziert, welches eindeutig universalgeschichtliche Bezüge aufwies und zu Recht ein dementsprechendes Forschungsinteresse
auf sich zu lenken vermochte: »Universalgeschichtliche Probleme wird der
Sohn der modernen europäischen Kulturwelt unvermeidlicher- und berech-
tigterweise unter der Fragestellung behandeln: welche Verkettung von Umständen hat dazu geführt, daß gerade auf dem Boden des Okzidents, und nur
hier, Kulturerscheinungen auftraten, welche doch – wie wenigstens wir uns
gern vorstellen – in einer Entwicklungsrichtung von *universeller* Bedeutung
und Gültigkeit lagen?«[10] Die in dieser Formulierung Webers deutlich werdende Ambivalenz im Hinblick auf die Frage nach der Berechtigung des Uni-

versalitätsanspruchs des okzidentalen Rationalismus, eine Ambivalenz, die es in
der Schwebe läßt, ob die unterstellte Universalität der abendländischen Kultur
eine wirkliche oder aber nur eine eingebildete ist, unterstreicht nur die
Einschätzung Webers, daß sich im Zuge des weltumspannenden Prozesses von
Rationalisierung eine ursprünglich nur partikulare Ausprägung der menschlichen Kultur (unter einer Vielzahl alternativer Formen) durchsetzt, die aufgrund ihrer Durchsetzungsfähigkeit im Wettbewerb der Kulturen und aufgrund
ihres einzigartigen ›Erfolges‹ eine Sonderstellung und universalgeschichliche
Bedeutung besitzt.[11] Worin besteht für Weber diese Einzigartigkeit der okzidentalen Variante gesellschaftlicher Rationalisierung, die deren universalgeschichtlichen Stellenwert begründet? Und welche Eigenschaften machen sie
zum bevorzugten Erkenntnisgegenstand seiner historischen Anthropologie?

Weber hat als eine Besonderheit der abendländischen Rationalität hervorgehoben, daß es auf ihrem Boden zur allmählichen Ausdifferenzierung und
Autonomisierung unterschiedlicher Wert- und Kultursphären der menschlichen Lebensführung gekommen ist, die sich zu jeweils eigenständigen Triebkräften des gesellschaftlichen Fortschritts entwickelten und eine Rationalisierung
menschlichen Handelns unter jeweils eigenen Gesichtspunkten betrieben
haben. In diesem Verselbständigungsprozeß einer innerweltlichen Kultur zerbricht gleichzeitig das einheitsstiftende Dach des religiösen Weltbildes, das seine
Integrationsfunktion zugunsten der spezifisch modernen Konkurrenz einzelner Wertsphären einbüßt. Weber weist insbesondere auf die »schicksalsvollste
Macht« des modernen Lebens, den modernen Kapitalismus, auf den bürokratisch organisierten Anstaltsstaat, auf die neuzeitliche experimentelle Wissenschaft und Technik, auf die moderne, autonome Kunst und schließlich auf das
formalisierte Recht als diejenigen Träger und Triebkräfte gesellschaftlicher
Modernisierungsprozesse hin, welche die Neuzeit als Epoche definieren.[12]

Im folgenden geht es zunächst weniger um die internen Strukturen und
Erscheinungsformen dieser neuzeitlichen Rationalisierungsvorgänge,[13] als viel-
mehr um die allgemeinen geschichtstheoretischen Konsequenzen, die Weber in
Form einer neuartigen Wendung der historischen Anthropologie aus der
Existenz dieser innergesellschaftlichen Ausprägung des modernen Rationalis-
mus gezogen hat. Inwieweit und aufgrund welcher Faktoren ändert sich für
Weber im Zuge des geschichtlichen Phänomens »Rationalisierung« der Charakter
des ihm ausgesetzten »Menschentums«?

Zunächst muß aber noch angedeutet werden, welche Überlegungen und
Erkenntnisinteressen Max Weber dazu veranlaßt haben könnten, die kulturanthropologische Analyse des modernen Rationalismus und seine ökonomischen
und gesellschaftlichen Begleiterscheinungen unter einer explizit religionssoziologischen Fragestellung vorzunehmen.[14] Die Religionssoziologie wird hier
als derjenige Teil seines Werks begriffen, in dem Weber seine universalgeschichtlichen Forschungsinteressen realisiert und zugleich sein kulturanthropologisches
und -theoretisches Konzept entwickelt hat. Warum stellt Weber die Frage nach
dem Rationalitätscharakter der abendländischen Kulturentwicklung auf reli-

gionssoziologische Weise und am Leitfaden einer Universalgeschichte der Wirtschaftsethik der Weltreligionen?

Webers religionssoziologische Untersuchungen variieren ein altes Thema des Historismus, insofern sie »einen Beitrag bilden zur Veranschaulichung der Art, in der überhaupt die ›Ideen‹ in der Geschichte wirksam werden.«[15] Das erklärungsbedürftige Moment des gesellschaftlichen Rationalisierungsprozesses seiner Zeit besteht für Weber darin, daß der »Geist« im Sinne eines zumeist religiös verankerten kulturellen Weltbildes und eines Zentrums zur Generierung menschlicher Handlungsmotive, Normen und Sinnvorstellungen im Zuge der okzidentalen Rationalisierung einem folgenschweren Bedeutungsschwund unterliegt. Die Ursachen und Folgen dieses kulturgeschichtlichen Prozesses eines tendenziellen Verlusts von Religion als dominierender Lebensführungsmacht interessieren ihn und deshalb betreibt er Religionssoziologie. Diese ist der Versuch, »den Einschlag, welchen religiöse Motive in das Gewebe der Entwicklung unserer aus zahllosen historischen Einzelmotiven erwachsenen modernen, spezifisch ›diesseitig‹ gerichteten Kultur geliefert haben, etwas deutlicher zu machen.«[16]

Webers Religionssoziologie enthält zum einen (1.) eine die Weltreligionen miteinander vergleichende Analyse der geschichtlichen Sozialrelevanz von Kultur im Sinne religiöser »Ideen«[17] und zum anderen (2.) eine historische Theorie, die sowohl das tendenzielle Verschwinden von Religion als Instanz zur Reglementierung der Lebenspraxis im Zuge okzidentaler Rationalisierungsvorgänge erklärt und in ihren Auswirkungen auf die Prozesse der kulturellen Identitätsbildung zur Sprache bringt.

Die geschichtstheoretische Neuerung der Weberschen Religionssoziologie besteht im wesentlichen darin, daß sie die geschichtliche Kontinuität von Geist und kulturellen Ideen als Ausdrucksformen der menschlichen Freiheit und als intentionalen Bewegungszentren des geschichtlichen Fortschritts in der Gegenwart infragegestellt sieht und damit den Prozeß von Modernisierung aus der Perspektive einer tendenziellen Verengung von Handlungs- und Deutungsspielräumen der menschlichen Lebensführung historisch zu rekonstruieren erlaubt. Die Bedeutung, die der Historismus den geschichtlichen Manifestationen des menschlichen Geistes noch zugestanden hatte, haben sie für Max Weber verloren, und dieser Verlust von Kultur ist geschichtstheoretisch bedeutsam, weil er Weber zu einer radikalen Transformation der historischen Anthropologie menschlicher Freiheit provoziert.

1. Weber ging davon aus, daß der im Zusammenhang neuzeitlicher Modernisierungs- und Rationalisierungsprozesse entstandene »Typus Mensch« auf eine spezifische Weise »verdiesseitigt« sei, das heißt: religiöser Quellen zum Zwecke einer kulturellen Abstützung seiner Lebensführung nicht mehr bedürfe. Der durch ihn repräsentierte und praktizierte Rationalismus kennzeichnet eine »Art von Lebensführung, welche die Welt bewußt auf die diesseitigen Interessen des *einzelnen Ich* bezieht und von hier aus beurteilt.«[18] Diese konsequent innerweltliche Selbstdefinition des modernen Subjekts war – und

an diesem Umstand entzündete sich das historische Erkenntnismotiv Max Webers – eine Innovationsleistung von unübersehbarer Tragweite. Sie steht als dominante Auslegung des modernen Kulturmenschen in systematischer Spannung zu allen überlieferten Formen der menschlichen Identität, die an Religion gebunden zu sein pflegte im Sinne eines Systems kultureller Prinzipien der Handlungsmotivierung, -orientierung und -reglementierung, einer Instanz also, aus der in der Vergangenheit die »praktischen Antriebe zum Handeln« zu stammen pflegten: »Zu den wichtigsten formenden Elementen der Lebensführung nun gehörten in der Vergangenheit überall die magischen und religiösen Mächte und die am Glauben an sie verankerten ethischen Pflichtvorstellungen.«[19] Daß, warum und mit welchen Folgen das nicht mehr so ist, ist das Problem, dem sich das religionssoziologische, ja das Gesamtwerk Max Webers stellt.

Es ist sinnvoll und notwendig, sich hier zunächst in Erinnerung zu rufen, wie Droysen im Zusammenhang seiner historischen Anthropologie die Kategorie des Geistes entfaltet hatte und dann zu fragen, wie Weber diese verschiedenen Bedeutungsebenen des Geistes mit der Kategorie der Kultur begrifflich neu faßt: Es handelt sich um einen Komplex anthropologisch gegebener, in der geschichtlichen Überlieferung zumeist in religiöse Vorstellungszusammenhänge eingebetteter, zugleich jedoch geschichtlich wandelbarer und utopischer Selbsttranszendierungskräfte des Menschen und seiner Lebensführung. Diese entfalten eine geschichtliche Triebkraft, indem sie menschliches Handeln aus der Perspektive eines Noch-Nicht, nach Maßgabe einer prinzipiellen Unzufriedenheit mit und Kritik an einer als defizitär erfahrenen empirischen Realität motivieren, normativ reglementieren und sinnhaft orientieren.[20] Webers universalgeschichtliches Interesse gilt der Rekonstruktion der geschichtlich bedeutsamen Kultur- und Sozialfunktionen religiöser Ideen.[21] Seine Religionssoziologie läßt sich in diesem Zusammenhang als eine historisch gesättigte Funktionstypologie des menschlichen Geistes verstehen, der als »Kultur« in den Erkenntnisbereich der modernen Geisteswissenschaften zurückkehrt und dessen Stellenwert sich unter folgenden Gesichtspunkten erschließen läßt:[22]

1) Kultur besitzt bei Weber *Weichenstellungsfunktionen* für die Entwicklungsrichtung des geschichtlichen Wandels. Zwar hat er immer wieder betont, daß Modernisierungsprozesse, wie sie im Okzident zum Tragen kamen, nur möglich gewesen seien auf dem Boden eines komplexen und wechselseitig begünstigenden Ineinandergreifens externer Bedingungsfaktoren und interner Bewußtseinsstrukturen. Daher konnte für ihn auch der spezifische Anteil von Kultur und Religion allein innerhalb einer Gemengelage unterschiedlicher Bedingungsfaktoren und Interessen (ökonomischer, politischer, sozialer und kultureller Art) bestimmt werden. Obwohl der spezifische Einfluß kultureller Ideen an der Entstehung der Moderne kausalanalytisch nur schwer bestimmt werden kann, war es diese wechselseitige Beeinflussung von Religion und sozialem Wandel, die ihn zeitlebens interessiert hat.[23] Insbesondere galt es für

Weber zu berücksichtigen, daß kulturelle Ideen immer durch soziale Träger-
schichten in die gesellschaftliche Realität ihrer Zeit einwandern und erst
vermittelt über deren Interessenlagen eine gesellschaftliche Relevanz erlangen
können.

Allerdings hat Weber auf der anderen Seite auch immer wieder betont, daß
kulturelle Weltbilder, einmal entstanden, ein relativ zähes Eigenleben entfalten
können und als eigendynamische Systeme von Gesichtspunkten und Zielbe-
stimmungen des Handelns oftmals die Bahnen geprägt haben, auf denen sich
Rationalisierungsprozesse überhaupt nur vollziehen konnten.[24] Entsprechend
erwähnt Weber als leitendes heuristisches Erkenntnismotiv seiner Religionssoziologie »die Ermittlung derjenigen, durch den religiösen Glauben und die Praxis
des religiösen Lebens geschaffenen psychologischen *Antriebe*, welche der Lebensführung die Richtung wiesen und das Individuum in ihr festhielten.«[25]

Darüber hinaus besitzt aber Webers Ansatzpunkt bei den Weichenstellungsfunktionen der Kultur für die Prozesse geschichtlichen Wandels noch einen
weiteren Aspekt. Weber hebt die universalgeschichtlich rekonstruierbare Vielfalt und Heterogenität der Rationalismen hervor, deren jeweilige Struktur
abhängig ist von den ihnen zugrundeliegenden kulturellen Ideen, welche die
spezifische Rationalität in der Stellung des Menschen zu den Irrationalitäten
des Lebens kennzeichnen und bestimmen. Weber nennt die Religionssoziologie
deshalb auch einen »Beitrag zur Typologie und Soziologie des Rationalismus«,[26] in dessen Konsequenz die Zerstörung eines jeden, auf einem einheitlichen Vernunftbegriff gegründeten Konzepts von Rationalität steht: »Wenn zu
irgend etwas, so möchte dieser Aufsatz dazu beitragen, den nur scheinbar
eindeutigen Begriff des ›Rationalen‹ in seiner Vielseitigkeit aufzudecken.«[27]

Webers Religionssoziologie zerstört die vom Historismus noch als selbstverständlich unterstellte Einheit und den normativen Primat des okzidentalen
Vernunftkonzepts zugunsten der Einsicht in eine universalgeschichtliche Vielfalt letztlich nicht mehr ›vernünftig‹ zu begreifender und begründender
Entscheidungen des Menschen zu verschiedenen Rationalitätstypen und Reali-
sierungsformen der Kultur. Die Kraft der Vernunft endet vor der Legitimierung
der jeweiligen ›letzten Gesichtspunkte‹ der menschlichen Selbstrealisation, die
nicht mehr begründet, sondern nur noch gewählt werden können: »Man kann
... unter höchst verschiedenen letzten Gesichtspunkten und Zielrichtungen
›rationalisieren‹, und was von einem aus ›rational‹ ist, kann vom andern aus
betrachtet ›irrational‹ sein. Rationalisierungen hat es daher auf den verschiedenen Lebensgebieten in höchst verschiedener Art in allen Kulturkreisen
gegeben.«[28]

2) Kultur besitzt für Weber ferner die bereits angesprochenen *Motivations-
oder Utopiefunktionen* im Sinne ihrer Fähigkeit zur Generierung gegenwartstranszendierender Vorstellungen und Handlungsperspektiven. Kultur gewinnt
gerade in ihrer Orientierung an außeralltäglichen, ja ›unmöglichen‹ Prinzipien
der Lebensführung den Charakter eines Praxisverstärkers, der Zukunft in den
Horizont gegenwärtiger Handlungsbereitschaften hineinholt: »Alle geschicht-

liche Erfahrung bestätigt es, daß man das Mögliche nicht erreicht, wenn nicht immer wieder in der Welt nach dem Unmöglichen gegriffen worden wäre.«[29]

Dieses Greifen nach dem Unmöglichen als dem die jeweilige Gegenwart kulturell Transzendierenden sieht Weber gebunden an die Existenz überzeugungsstarker Handlungsmotivationen, die sich aus utopischen Perspektiven speisen und die einen Lohn für die asketische Übernahme gegenwärtiger Versagungen in Aussicht stellen. Geschichtlich pflegte diese Funktion von Kultur an die Existenz außerweltlicher Heilsgesichtspunkte gebunden zu sein, und die Geschichte der Weltreligionen bestätigte Webers vor allem von Mommsen herausgearbeitete heuristische Vermutung, »daß es nur dort zu großen gesellschaftlichen Schöpfungen von weltgeschichtlicher Bedeutung kam, wie etwa der Bildung des modernen rationalen Staates oder des rationalen Kapitalismus, wo ›jenseitige Ideale‹ von großer Intensität eine Revolutionierung auch des ›innerweltlichen‹ Handelns bewirkten und dem Menschen Ziele setzten, die prinzipiell über das Nächstliegende und im Rahmen des Herkömmlichen Liegende hinausreichten. ... Am Anfang neuer Entwicklungsreihen ... steht immer der Griff nach dem Utopischen. Nur eine geistige Haltung, die konsequent an bestimmten ›außeralltäglichen‹ Werten orientiert ist, ... vermag das Maß von Energien aufzubringen, welches notwendig ist, um das Gehäuse der alltäglichen Welt aufzusprengen und ihrem trägen Dahinfließen eine neue Richtung zu geben.«[30]

3) Mit dem Verweis auf die geschichtlich folgenreichen *Verstetigungsfunktionen* der Kultur spielt Weber auf einen prinzipiellen Mangel menschlicher Interessenorientierungen hin, denen historisch gesehen in der Regel keine hinreichende Durchschlagskraft beschieden war, weil Interessen als nur kurzfristig erfolgs- und befriedigungsorientierte Handlungsantriebe einen relativ frühen Sättigungszeitpunkt besitzen und deshalb auch nicht – zumindest nicht allein – Modernisierungsprozesse langer Dauer intentional anzuleiten und abzustützen vermögen. Anläßlich seiner mentalitätsgeschichtlichen Untersuchungen zur protestantischen Ethik macht Weber darauf aufmerksam, daß ein rein diesseitig orientierter Utilitarismus zur Anstiftung derjenigen Wandlungsprozesse langer Dauer kaum in der Lage gewesen wäre, welche die europäischen Gesellschaften seit der Frühen Neuzeit allmählich zu revolutionieren begannen. Der hierzu notwendige ›lange Atem‹ quoll einzig aus der Existenz von Ideen und kulturellen Weltbildern als beharrlichen Antrieben, die menschliches Handeln mit der notwendigen Modernisierungsmacht versehen.[31]

4) Damit in engem Zusammenhang stehen für Weber die sozialen *Disziplinierungsfunktionen* der Kultur, deren großer Einfluß auf den Prozeß der gesellschaftlichen Modernisierung Europas sich ihm vor allem am Beispiel der asketischen Berufsethik des Protestantismus geschichtlich gezeigt hatte. Deren spezifische Kulturbedeutung sah er in einer geschichtlich beispiellosen methodischen Reglementierung der Lebensführung gesellschaftlicher Gruppen unter der Autorität religiös definierter Glaubensüberzeugungen begründet.[32] Ein kulturanthropologisches Interesse konnten derartige Phänomene einer kultu-

rellen, rational-methodischen Disziplinierung der Lebensführung für Weber vor allem deshalb beanspruchen, weil erst in ihrem Gefolge der zu weitergehenden gesellschaftlichen Rationalisierungsleistungen geeignete und befähigte »Typus Mensch« entstanden und heransozialisiert worden ist, dem der weltliche Beruf zum notwendigen Dauerhabitus und elementaren Identitätsmerkmal geworden ist. Webers historisches Interesse zielt in diesem Zusammenhang auf jenen »Antrieb zur konstanten Selbstkontrolle und damit überhaupt zur *planmäßigen Reglementierung des eigenen Lebens*«,[33] der in religiösen Überzeugungen begründet war.

5) Damit ist bereits ein weiterer Aspekt der Sozialrelevanz von Kultur angesprochen: Sie besitzt für Weber soziale *Rekrutierungsfunktionen.* Damit spielt Weber auf die historische Erfahrung an, daß der geschichtliche Auf- bzw. Abstieg gesellschaftlich relevanter Bevölkerungsgruppen nicht unerheblich vom Internalisierungsgrad derjenigen Ideen und Handlungsmotivationen abhängt, welche über den Erfolg menschlichen Handelns insofern mitentscheiden, als sie der Erfolgspragmatik von Wirtschaft, Gesellschaft oder Politik mehr oder weniger gut entsprechen können. Bezogen auf seine Gegenwart brachte Weber diesen Umstand auf die lapidare Formel: »Wer sich in seiner Lebensführung den Bedingungen kapitalistischen Erfolges nicht anpaßt, geht unter oder kommt nicht hoch.«[34]

Webers Religionssoziologie fragt nach den kulturellen Grundlagen und Voraussetzungen dieser ökonomisch relevanten Anpassungsleistungen des modernen Menschen; sie arbeitet im einzelnen den historischen Zusammenhang heraus, den Weber zwischen der kulturellen Internalisierung von Handlungsmotiven und dem Prozeß der sozialen Stratifikation moderner Gesellschaften vermutet hat: »Ausnahmslos jede, wie immer geartete Ordnung der gesellschaftlichen Beziehungen ist ... letztlich auch daraufhin zu prüfen, *welchem menschlichen Typus* sie, im Wege äußerer oder innerer (Motiv-) Auslese, die optimalen Chancen gibt, zum herrschenden zu werden.«[35]

Zu diesem Zweck rekonstruiert Weber den historisch signifikanten Zusammenhang zwischen Kultur und sozialer Schichtung anhand der frühkapitalistischen Klassen- und Elitenbildung, welche ohne eine vorherige, vor allem durch die Berufsethik des Protestantismus geleistete kulturelle Umorientierung und Enttraditionalisierung des Handelns gar nicht möglich gewesen wäre.[36]

6) Weiterhin thematisiert Weber noch die kulturgeschichtlich bedeutsamen *Legitimationsfunktionen* der Kultur.[37] Kultur stützt menschliches Handeln ab, indem sie es ethisch begründet oder politisch legitimiert. Weber erwähnt in diesem Zusammenhang als ein wesentliches Erklärungsmotiv seiner religionssoziologischen Studien, er wolle verstehen, wie, warum und mit welchen Folgen im Zuge der Entstehung des modernen Kapitalismus »ethische Qualitäten spezifisch anderer *Art* als die dem Traditionalismus der Vergangenheit adäquaten« entstehen konnten.[38]

Auf welche Weise konnten sich Einstellungen und Verhaltensweisen, welche vorher als politisch oder moralisch bedenklich galten, zum »Inhalt einer sittlich löblichen, ja gebotenen Lebensführung« wandeln?[39] Weber geht angesichts dieser Frage von einer zweifachen Bedeutung kultureller Ideen aus: Einerseits räumen sie traditionalistisch verankerte Handlungshemmnisse und normative Fesseln aus dem Weg; sie entlasten menschliches Handeln von den mentalen Skrupeln der Überlieferung, die es mit Einwänden konfrontieren und mit Sanktionen bedrohen.[40] Andererseits können sie es mit eigenen politisch oder ethisch gefärbten Legitimationskriterien versehen und motivational aufladen, um die sich dann neue gesellschaftliche Identitätsmuster, Hierarchien und Solidaritätsbeziehungen – auch in Gegnerschaft zu einer sanktionierenden Umwelt – gruppieren und stabilisieren können.[41]

Derartige Kulturprozesse einer über Ideen gesteuerten sittlichen Qualifizierung menschlicher Handlungszusammenhänge zu legitimen Ordnungen, innerhalb derer sich dann die konfligierenden Interessenlagen der vergesellschafteten Subjekte zu kulturell integrierten Verständigungsverhältnissen transformieren und entschärfen lassen, sind wesentliche Voraussetzungen für den geschichtlichen Erfolg bestimmter Lebensformen im Wettbewerb der Ideen und der vielfältigen Realisationsmöglichkeiten der Kultur.

7) Ferner führt Weber noch die lebensweltlichen *Intersubjektivierungs- und Integrationsfunktionen* der Kultur an. Es handelt sich dabei um die Phänomene einer durch Normen, Gefühle, Solidaritätsbeziehungen und soziale Zugehörigkeiten geleisteten kommunikativen Vernetzung der gesellschaftlichen Handlungssubjekte. Sowohl das »pianissimo« der kleinsten Lebenskreise,[42] im wesentlichen die Geschlechter-, Familien- und Generationsverhältnisse im Bereich des Privaten, als auch die inneren Organisationsformen gesellschaftlicher Gruppen und Klassen müssen an Überzeugungen wechselseitig befriedigender Intersubjektivität gekoppelt sein, um die kulturelle Aufgabe einer über lebensweltliche Normen regulierten Verständigung und Sozialisation der Individuen erfolgreich absolvieren zu können.

8) Schließlich dokumentiert sich der geschichtliche Stellenwert und die Sozialrelevanz der Kultur für Weber noch in ihren *Sinnfunktionen*, ja in der Fähigkeit kultureller Weltbilder zu einer Produktion von »Sinn« vermutete er ihre eigentliche und ursprüngliche Bedeutung. Kultur ist somit »eine Stellungnahme zu etwas, was an der realen Welt als spezifisch ›sinnlos‹ empfunden wurde und also die Forderung: daß das Weltgefüge in seiner Gesamtheit ein irgendwie sinnvoller ›Kosmos‹ sei oder: werden könne und solle.«[43] Sie stellt eine Reaktion des Menschen auf geschichtliche Sinnlosigkeitserfahrungen dar und artikuliert Protest gegenüber einer »irrationale[n] Welt des unverdienten Leidens, des ungestraften Unrechts und der unverbesserlichen Dummheit«.[44] In der überlieferten Form von Theodizeen entwickeln sie kultur- und geschichtstheoretisch relevante Vorstellungen, die den Zumutungen schicksalhafter Kontingenz gegenüber noch Sinn behaupten und verständlich machen wollen. In diesem Zusammenhang erwähnt Weber etwa das kulturanthropologisch verankerte Bedürfnis des Menschen nach einer rationalen Deutung der Sinnlosigkeit

des Todes als der schärfsten Herausforderung an Kultur als Instrument einer Sinngebung des Lebens.[45]

Im Hinblick auf die innere Struktur, die Kultur zwecks Einlösung der von ihr beanspruchten Sinnfunktionen besitzen muß, arbeitet Weber die Grenzlinien heraus, jenseits derer die Existenzbedingungen von Kultur verlorengehen und sie selbst ihre Kompetenz zur Produktion von Sinnvorstellungen zwangsläufig aufgeben muß. Die Grenzen der Kultur sah Weber einerseits durch den Prädestinationsglauben des Calvinismus abgesteckt, andererseits durch die »Sinnlosigkeit der rein innerweltlichen Selbstvervollkommnung zum Kulturmenschen« auf dem Boden einer konsequent verwissenschaftlichten Zivilisation.[46]

Der Prädestinationsglaube, also die religiöse Überzeugung einer unabwendbaren, göttlich-ungnädigen Vorausbestimmtheit des menschlichen Lebens impliziert notwendig das Ende aller kulturellen Fragen nach Sinn, weil er in der Unterstellung der deprimierenden Übermacht einer göttlich verordneten und sanktionierten Objektivität von Welt und Leben das Verschwinden menschlicher Subjektivität als einer notwendigen Triebkraft zur Bildung von Sinnvorstellungen endgültig besiegelt: »Die anerkannte Unmöglichkeit, Gottes Ratschlüsse mit menschlichen Maßstäben messen zu können, bedeutete in liebloser Klarheit den Verzicht auf die Zugänglichkeit eines Sinnes der Welt für menschliches Verstehen, welcher damit auch aller Problematik dieser Art ein Ende machte.«[47]

Andererseits erzwingt für Weber auch der universalgeschichtliche Aufstieg der »gottfremden« Entzauberungsmacht Wissenschaft den Abschied des Menschen von kulturellen Sinnpostulaten, weil dieser geschichtliche Aufstieg der Wissenschaft durch eine Universalisierung der Verfügungsinteressen des Menschen begleitet wird, welche die Wahrheitsfrage nach dem ›objektiven‹ Sinn der Welt selbst sinnlos macht. Ihr Sinn besteht dann nurmehr darin, einem zweckrationalen Herrschaftsinteresse des Menschen als objektive Verfügungsmasse zu dienen, während der ehemals im Rahmen kultureller Ideen notwendigerweise mitunterstellte Weltsinn einer bereits sinnhaft vorstrukturierten und geordneten Realität verlorengeht.

Die Prozesse der kulturellen Sinnbildung scheren für Weber daher unter den Bedingungen einer an das Medium »Wissenschaft« gebundenen Variante der gesellschaftlichen Rationalisierung aus dem Reich des »Rationalen« aus – und das ist derjenige Prozeß des Verschwindens kultureller Sinnvorstellungen, den die Religionssoziologie rekonstruiert: »Wo immer aber rational empirisches Erkennen die Entzauberung der Welt und deren Verwandlung in einen kausalen Mechanismus konsequent vollzogen hat, tritt die Spannung gegen die Ansprüche des ethischen Postulates: daß die Welt ein gottgeordneter, also irgendwie ethisch *sinnvoll* orientierter Kosmos sei, endgültig hervor. Denn die empirische und vollends die mathematisch orientierte Weltbetrachtung entwickelt prinzipiell die Ablehnung jeder Betrachtungsweise, welche überhaupt nach einem ›Sinn‹ des innerweltlichen Geschehens fragt. Mit jeder Zunahme des Rationalismus der empirischen Wissenschaft wird dadurch die Religion zunehmend aus dem Reich des Rationalen ins Irrationale verdrängt und nun erst: *die* irrationale oder antirationale überpersönliche Macht schlechthin.«[48]

Wendet man diese negativen Abgrenzungen Webers ins Positive, läßt sich vermuten, daß er »Sinn« allein auf der Basis der Vermittlung von Subjektivität und Objektivität und damit jenseits aller Verabsolutierungen beider für realisierbar gehalten hat. Jenseits der subjektiven Handlungsvollzüge der vergesellschafteten Individuen muß für Weber ein über diese und ihre Absichten selbst hinausweisender Sinnprozeß von Welt und menschlicher Lebenspraxis vorausgesetzt und begründet werden können, soll Kultur als eine Summe menschlicher Sinnvorstellungen weiterbestehen.

Weber hat die Dauer von Kultur im Sinne eines Systems handlungsmotivierender, -reglementierender und -orientierender Sinnvorstellungen gebunden gesehen an die Existenz einer gegenüber der Unmittelbarkeit von Realität geistig überschießenden menschlichen Lebenspraxis. Kultur repräsentiert die soziale Realität kultureller Realitätstranszendierung und damit die spezifische Kompetenz des Menschen, sich in die spezifisch geschichtliche Spannung zwischen Welterfahrung, Normen und Sinn hineinzubegeben, sein empirisches Handeln mit übergeordneten Handlungskriterien und -zielen konfrontieren zu können und aus dieser normativen Spiegelung der Wirklichkeit vor der Folie ihrer Kultur realitätstranszendierende Sinnvorstellungen zu generieren.

2. Die in Webers Religionssoziologie enthaltene Modernisierungstheorie arbeitet den lebensweltlichen Stellenwert von Kultur am Beispiel der religiösen Überlieferung im einzelnen heraus. Sie rekonstruiert eine Geschichte kulturellen Wissens, deren Fortsetzung er in seiner bürgerlich geprägten Gegenwart infragegestellt sah – um den Preis einer Sinnkrise der menschlichen Lebensführung, welche das Epochenbewußtsein der Zeitgenossen zunehmend bestimmte. Weber deutet seine Gegenwart als einen Erschöpfungszustand des Geistes, als eine fundamentale Krise der modernen Kultur, die ihn am Leitfaden der Religionsentwicklung in die kulturelle Vergangenheit der eigenen Gegenwart zurückfragen läßt. Der funktionale Stellenwert der tradierten Kultur für die Motivierung, Reglementierung und Orientierung der menschlichen Lebensführung, ohne deren »alles überragende Macht damals *keinerlei*, die Leben*praxis* ernstlich beeinflussende sittliche Erneuerung ins Werk gesetzt worden ist«,[49] war bedroht und einer geistigen Leere der Zeit gewichen, in der sich die alten Fragen des Menschen nach Sinn und nach den Möglichkeiten einer kulturellen Fundierung des Handelns kaum noch stellen ließen.

Wie hat Weber nun alternativ zur ›alteuropäischen‹ Kulturtradition die anthropologischen Identitätsmerkmale des spezifisch modernen Subjekts begriffen? Welcher Mensch gelangte im Zuge neuzeitlicher Modernisierungsprozesse zur Herrschaft und welche Folgen hatte dies für die Kultur als einem System motivationaler Handlungsantriebe, normativer Regulative und geistiger Orientierungen der menschlichen Lebensführung?

Weber sah das im Zeichen der protestantischen Ethik entstandene Identitätsmuster vor allem dadurch gekennzeichnet, daß hier zweckrationales Handeln im Zuge einer Ethisierung der Berufsarbeit wertrational legitimiert und damit kulturell abgestützt worden ist. Sein universalgeschichtliches Interesse konzentrierte sich entsprechend auf die »schicksalsvollste Macht« des modernen Lebens, auf den modernen Kapitalismus und seine mentale Voraussetzung: den kapitalistischen Geist. Die eigentliche Disposition zur Moderne lokalisierte Weber in der Berufsethik des asketischen Protestantismus, weil sich hier eine geschichtlich einmalige, aus religiösen Quellen gespeiste sittliche Qualifizierung wirtschaftlichen Erfolges und beruflicher Bewährung zum Symbol einer Erwähltheit des Gläubigen vollzogen hatte. Innerweltliche Askese unter außerweltlichen Heilsgesichtspunkten entstand hier als eine rationale und methodisch zum System gesteigerte Form der menschlichen Lebensführung, der seither im universalgeschichtlichen Maßstab eine prinzipielle Überlegenheit über alle anderen Ausprägungen der menschlichen Kultur gesichert war: Es entstand das »occidentale Ideal der aktiv handelnden, dabei auf ein, sei es jenseitig religiöses, sei es innerweltliches Zentrum bezogenen ›Persönlichkeit‹.«[50]

Die religiös gestiftete Überzeugung, daß sich in erfolgreicher Weltbeherrschung durch Arbeit der individuelle Gnadenstand und die Erwähltheit des um Erlösung bemühten Gläubigen vor Gott offenbare, schuf erst ein kulturelles Verpflichtungsgefühl gegenüber dem weltlichen Beruf sowie eine ökonomisch relevante Disziplinierung der Erwerbsklassen, die für Weber in einem »Verhältnis ›adäquater‹ Beziehung« zum entstehenden Kapitalismus stand.[51] Ihre unmittelbare Relevanz für die Entstehung des Kapitalismus gewann die Berufsethik des Protestantismus für Weber vor allem dadurch, daß sie überhaupt erst Kapitalbildung durch religiös motivierten, asketischen Sparzwang und durch eine konsequente Konsumtionsverweigerung möglich machte.[52] Vermittelt durch diese kulturelle Grundlage – den innerhalb des asketischen Protestantismus geborenen Gedanken der rational temperierten Berufspflicht – konnte der Kapitalismus zum Gehäuse der im universalgeschichtlichen Vergleich erfolgreichsten und durchsetzungsfähigsten Realisierung der Kultur werden.

Es ist interessant zu verfolgen, wie Webers Ansatzpunkt beim »kapitalistischen Geist« als Konstituens von Modernität eine ganz bestimmte Perspektive auf den Prozeß der gesellschaftlichen Rationalisierung eröffnete. Die Disziplinierungsleistung der protestantischen Ethik erzwang von den ihr unterworfenen Individuen eine strenge und mit aller Konsequenz betriebene, ja terrorartige Selbstkontrolle und Methodisierung der Lebensführung unter dem Diktat der Askese, die Weber ohne die Existenz außerweltlicher, auf ein Jenseits gehender Heilsgesichtspunkte nicht nur als unerträglich, sondern auch als prinzipiell irrational beurteilt hat. Diese ursprünglich seligkeitsspendende »puritanische Tyrannei«[53] mündet für Weber, der an dieser Stelle einen Einwand Brentanos aufgreift, in eine »Rationalisierung zu einer irrationalen Lebensführung«,[54] und genau diese irrationalen Konsequenzen der im Geiste des Kapitalismus

betriebenen, asketischen und durch berufliche Arbeit rationalisierten Lebensführung sind es, die sein Interesse auf sich ziehen: »Der ›Rationalismus‹ ist ein
historischer Begriff, der eine Welt von Gegensätzen in sich schließt, und wir
werden gerade zu untersuchen haben, wes Geistes Kind diejenige konkrete
Form ›rationalen‹ Denkens und Lebens war, aus welcher jener ›Berufs‹-
Gedanke und jenes – wie wir sahen, vom Standpunkt der rein eudämonisti-
schen Eigeninteressen aus so irrationale – Sichhingeben an die Berufs*arbeit*
erwachsen ist, welches einer der charakteristischsten Bestandteile unserer
kapitalistischen Kultur war und noch immer ist. Uns interessiert hier gerade die
Herkunft jenes *irrationalen* Elements, welches in diesem wie in jedem ›Berufs‹-
Begriff liegt.«[55]

Weber fragt nach den irrationalen Konsequenzen der abendländischen
Rationalisierung, die sich im Zuge des entstehenden Kapitalismus als depra-
vierende Auswirkungen auf die Identität des ihm ausgesetzten Menschen bemerk-
bar machen. Er geht davon aus, daß die Entwicklung hin zum modernen
Rationalismus ursprünglich freigesetzt worden ist durch den Vorgang einer
innerreligiösen Rationalisierung, welche in der Wirtschafts- und Berufsethik
des asketischen Protestantismus gipfelte und dort sowohl ihren konsequentesten
Ausdruck, als auch ihr Ende gefunden hat. Mit ihm war die Welt endgültig
entzaubert und zur praktischen Beherrschung durch gesellschaftlich orga-
nisierte Arbeit freigegeben.[56]

Die Rationalität des in diesen geschichtlichen Vorgängen geborenen kulturellen Weltbildes war zunächst noch an eine religiöse Überzeugungsdimension
gebunden und sie begann ihren Rationalitätscharakter für Weber genau in dem
Moment zu verlieren, als ihre religiösen Wurzeln abstarben und durch neuartige, nichtreligiöse letzte Gesichtspunkte der menschlichen Lebensorientie-
rung ersetzt wurden. Seither besteht die Tragödie der modernen Kultur darin,
an ein historisches Muster und Vorbild von Rationalität gefesselt zu sein,
welches als »rational« allein unter kulturellen und mentalen Voraussetzungen
gelten kann, die Weber in seiner Gegenwart weitestgehend nicht mehr als
gegeben ansah.

Daher kommt es zu einem folgenschweren Bruch innerhalb des spezifisch
modernen Identitätsmusters, der darin besteht, daß kulturelle Ideen und
praktische Lebensführung nicht mehr miteinander konvergieren, Kultur also
ihre handlungsmotivierende, -normierende und -orientierende Kraft nicht
mehr entfalten kann. Die Sinnkrise seiner Gegenwart sieht Weber entsprechend im Verlust einer geistigen Unterfütterung des praktischen Handelns
angelegt. Er konstatiert eine fehlende Vermittlung der zum Selbstzweck gewordenen, letztlich ›grundlosen‹ Lebensführung mit kulturellen Gesichtspunkten
oder mit Ideen als Rationalitätskriterien des Handelns mit der unausweichli-
chen Folge einer Irrationalisierung der menschlichen Lebenspraxis. Der Verzicht des Menschen auf Kultur als Komplex von Sinnzuschreibungen seines
Handelns bringt für Weber das »*Irrationale* dieser Lebensführung, bei welcher
der Mensch für sein Geschäft da ist, nicht umgekehrt, zum Ausdruck.«[57]

Webers Werk ist auf doppelte Weise motiviert durch die Frage nach den gesellschaftlichen Folgen des Verlusts wertrationaler Grundlagen des zweckrationalen Handelns im Transformationsprozeß der modernen Kultur: Zum einen sieht er seine Gegenwart durch die Zunahme kultureller Sinnlosigkeitserfahrungen der Individuen konfrontiert, zum anderen thematisiert er sie als einen Freiheitsverlust des Menschen infolge einer Autonomisierung objektiver Systemprozesse der modernen Gesellschaft.[58] Sein analytisches Interesse gilt dabei insbesondere dem Zusammenhang dieser beiden beherrschenden Phänomene der modernen Gesellschaft: dem Wechselverhältnis zwischen Sinn- und Freiheitsverlust.

Sinnverlust versteht Weber als Ausdruck eines Mangels an überzeugungsstarken Handlungsmotiven, -normen und -orientierungen. Das geschichtliche Phänomen, welches er in der Religionssoziologie als einen fortschreitenden Sinnverlust des menschlichen Lebens im Auge hat, ist der Transformationsprozeß praktisch-ökonomischer Handlungsantriebe und, bezogen auf die unmittelbare Vorgeschichte der eigenen Gegenwart: die allmähliche Veralltäglichung der protestantischen Virtuosenreligiosität zugunsten utilitarischer Handlungsmuster, also das Problem, daß »der Krampf des Suchens nach dem Gottesreich sich allmählich in nüchterne Berufstugend aufzulösen begann, die religiöse Wurzel langsam abstarb und utilitarischer Diesseitigkeit Platz machte.«[59]

Während die ehemals im Rückgriff auf kulturell definierte Überzeugungen geleistete asketische Methodisierung der menschlichen Lebensführung für Weber durchaus noch mit einem hohen Maß an Sinnrationalität versehen war, und zwar weil »Beruf und innerster ethischer Kern der Persönlichkeit – das ist das entscheidende – ... hier eine ungebrochene Einheit« darstellten,[60] schien der zunehmend durch utilitarisch verdiesseitigte Handlungsmotive geprägte Lebensstil des modernen Wirtschaftsmenschen aufgrund der strukturellen Nicht-Identität zwischen Wirklichkeit und Deutung beinahe zwangsläufig dem Schicksal von Sinnlosigkeit und Irrationalität anheimzufallen. Im ökonomischen Rationalismus der modernen Lebensführung vollzieht sich für Weber kein Sinn mehr jenseits seiner selbst, kein Zweck, zu dem er selbst nur Mittel ist; der Sinn des Handelns erschöpft sich in demjenigen, den es in seiner zweckrationalen Zielorientierung realisiert – und dies ist genug. Die Alltagspraxis bleibt so die Antwort auf die Frage nach dem ›Warum‹ ihrer selbst letztlich schuldig, es fehlt das Moment einer überschießenden Sinnzuschreibung und kulturellen Selbsttranszendierung der Lebensführung.

Die These eines zunehmenden Freiheitsverlustes des Menschen im Zuge der gesellschaftlichen Rationalisierung war der zweite Aspekt der Weberschen Diagnose von Modernität. Aus der von ihm unterstellten Dialektik zwischen Freiheit und Rationalisierung läßt sich, wie Löwith gezeigt hat, eine tragfähige Perspektive zur Interpretation seines Gesamtwerks entnehmen: »Die rigorosen Unterscheidungen, welche Weber in der Wissenschaftstheorie und im praktischen Verhalten vollzog: die Trennung von Sache und Person, von objektiver

Erkenntnis und subjektiver Wertung, von Beamtentum und Führertum, von Verantwortungsethik und Gesinnungsethik – sie alle entsprechen dem einen und fundamentalen Widerspruch von Freiheit und Rationalisierung.«[61]

Als »Rationalisierung« begreift Weber im Zusammenhang seiner These vom Freiheitsverlust die Tendenz einer Autonomisierung der modernen, durch Kapitalismus und bürokratischen Anstaltsstaat geprägten Lebensordnungen von den kulturellen Motiven, Normen und Deutungen der von ihnen betroffenen Subjekte. Sie repräsentiert einen fundamentalen Wandlungsprozeß in den Mechanismen der gesellschaftlichen Integration, in ihr entsteht der »Kosmos, in den der Einzelne hineingeboren wird und der für ihn, wenigstens als Einzelnen, als faktisch unabänderliches Gehäuse gegeben ist, in dem er zu leben hat.«[62] In Anspielung auf den ihnen anhaftenden Zwangscharakter nennt Weber Kapitalismus und moderne Bürokratie »geronnenen Geist«.[63] Darin deutet sich an, wie er sich die Ursachen und den Mechanismus des schicksalhaften Umschlagens einer kulturell gedeuteten Lebensführung in die Erfahrung mechanischer Zwanghaftigkeit vorgestellt hat: als die Verselbständigung ehemals subjektivitätsregulierten Handelns von menschlichen Intentionen, Normen und Sinnzuschreibungen. Modernisierung durch Rationalisierung impliziert für Weber unmittelbar eine Stillstellung des menschlichen Geistes, eine Kapitulation kultureller Ideen vor der Herrschaft zweckrational autonomisierter Teilsysteme der gesellschaftlichen Realität, die nun nicht mehr im kulturellen Horizont der menschlichen Lebensführung verankert sind, sondern durch die Erfordernisse rationaler Funktionalität gesteuert werden: Aus ihnen »ließ das Verhängnis ein stahlhartes Gehäuse werden. Indem die Askese die Welt umzubauen und in der Welt sich auszuwirken unternahm, gewannen die äußeren Güter dieser Welt zunehmende und schließlich unentrinnbare Macht über den Menschen, wie niemals zuvor in der Geschichte. Heute ist ihr Geist – ob endgültig, wer weiß es? – aus diesem Gehäuse gewichen. Der siegreiche Kapitalismus jedenfalls bedarf, seit er auf mechanischer Grundlage ruht, dieser Stütze nicht mehr.«[64]

Fraglich ist, in welcher Weise Webers These vom Freiheitsverlust des Menschen mit der vom Sinnverlust der Gegenwartskultur zusammenhängt. Zweifellos war es der Sinnverlust seiner Gegenwart, also der Ausfall der Kultur als Quelle von Handlungsmotiven, Normen und Orientierungen, der den Freiheitsverlust des Menschen in den Zwängen von Kapitalismus und Bürokratie erst möglich gemacht hat. Erst das Versagen des menschlichen Geistes, der Subjektivitätsverzicht des Menschen bzw. der Rückzug der kulturellen Ideen aus den entscheidenden Schaltstellen der geschichtlichen Entwicklung haben für Weber die Zeiterscheinung vorbereitet und möglich gemacht, daß ›objektive‹ Zwangsmechanismen den freigewordenen Platz der Kultur beerben und das Leben des Menschen weitgehend nach Maßgabe von Kriterien zweckrationaler Provenienz bestimmen konnten. Löwith hat auch diese kulturgeschichtlich relevanten Vorgänge überaus treffend auf den Nenner einer Umkehrung der gesellschaftlichen Zweck-Mittel-Relation gebracht und als

eine Verselbständigung ehemals technischer Mittel der menschlichen Lebensführung zu deren eigentlichem Zweck und Inhalt begriffen: »Indem das,
was ursprünglich ein bloßes Mittel war – zu einem anderweitig wertvollen
Zweck –, selbst zum Zweck oder Selbstzweck wird, verselbständigt sich das
Mittelbare zum Zweckhaften und verliert damit seinen ursprünglichen ›Sinn‹
oder Zweck, d.i. seine ursprüngliche am Menschen und seinen Bedürfnissen
orientierte Zweckrationalität. Diese Verkehrung kennzeichnet die gesamte
moderne Kultur, deren Einrichtungen, Institutionen und Betriebe so ›rationalisiert‹ sind, daß sie es nun sind, welche den Menschen, der sich darin eingerich-
tet hat, nun ihrerseits wie ein ›starres Gehäuse‹ umschließen und bestimmen.
Das menschliche Verhalten, aus dem diese Einrichtungen ursprünglich entspringen, muß sich nun seinerseits nach dem richten und verhalten, was ihm
selbst im wörtlichen Sinne ent-sprungen ist.«[65]

Daß eine derartige Interpretation der Position Max Webers nahekommt,
geht daraus hervor, daß er eine ideengesteuerte Rückbindung der gesellschaftlichen Prozesse an menschliche Subjektivität oder eine Weiterexistenz mecha-
nisierter Versteinerung als prinzipiell mögliche Alternativen zukünftiger Entwicklungsprozesse in Aussicht stellt: »Niemand weiß noch, wer künftig in
jenem Gehäuse wohnen wird und ob am Ende dieser ungeheuren Entwicklung ganz neue Prophetien oder eine mächtige Wiedergeburt alter Gedanken
und Ideale stehen werden, *oder* aber – wenn keins von beiden – mechanisierte
Versteinerung, mit einer Art von krampfhaftem Sich-wichtig-nehmen ver-
brämt. Dann allerdings könnte für die ›letzten Menschen‹ dieser Kulturentwicklung das Wort zur Wahrheit werden: ›Fachmenschen ohne Geist, Genuß-
menschen ohne Herz: dies Nichts bildet sich ein, eine nie vorher erreichte
Stufe des Menschentums erstiegen zu haben.‹«[66]

Vorläufig sah Weber in der Tat die Kultur und die Ideenorientierung des
Menschen im modernen Utilitarismus instrumenteller Handlungsmotive auf
unabsehbare Zeit erstickt: Als schwächlich-kränkliches Abbild ehemaliger
kultureller Orientierungsmächte der menschlichen Lebensführung stellten für
ihn die kulturellen Handlungsantriebe seiner Zeit nur noch ein »Gespenst
ehemals religiöser Glaubensinhalte« dar.[67]

b) Die kulturanthropologische Qualifizierung des »Fachmenschentums«

In der neueren Forschungsliteratur zu Max Weber sind vielerorts die kulturkritischen Aspekte seiner historischen Anthropologie aufgezeigt worden, meist
in Form einer Analyse seines Verhältnisses zu Friedrich Nietzsche.[68] Weber
greift Nietzsches Erfahrung des europäischen Nihilismus in Form einer pessi-
mistischen Beurteilung und kulturtheoretischen Kritik der modernen, verwissenschaftlichten Zivilisation wieder auf. Seine Theorie des okzidentalen

Rationalismus konstatiert einen in der Logik von Modernisierung strukturell eingebauten Sinnverlust der menschlichen Lebensführung infolge einer fehlenden Vermittlung von Interessen und Ideen, von zweckrationalem Handeln und kulturellen Weltbildern. In diesem Zusammenhang spricht er von der »Sinnlosigkeit der rein innerweltlichen Selbstvervollkommnung zum Kulturmenschen«.[69]

Richtig daran ist zweifellos, daß überzeugende und handlungsleitende Sinnvorstellungen in der kulturellen Überlieferung mit metaphysischen Vorstellungen einherzugehen pflegten, welche menschliches Leben auf vielfältige Weise noch in umfassendere Ordnungs- und Einheitsvorstellungen des Weltganzen zu integrieren pflegten. Das galt auch noch für den Historismus des 19. Jahrhunderts. Mit der für die historische Hermeneutik Droysens noch geltenden Voraussetzung, daß sich in der Vielfalt des menschlichen Handelns die Einheit der Vernunft im Sinne einer Kontinuität von Freiheit und Sinn vollziehe, bricht Weber zugunsten eines eher epigonalen Epochenbewußtseins, welches die Gegenwartspraxis nicht mehr mit einem derart überschießenden Bedeutungsgehalt auszustatten vermag: »Es war eine der herbsten Mitgiften unserer Generation, daß für uns an der Eintrittspforte des Lebensweges die Resignation steht. ... Wir sind Epigonen einer großen Zeit und es ist uns nicht möglich, auf dem Wege der altklugen Reflexion den ungestümen Drang des Idealismus wieder zu erwecken, der Illusionen bedarf, die durch klarere Erkenntnis der nüchternen Gesetze des sozialen Lebens in uns zerstört sind.«[70]

In den Prozessen gesellschaftlicher Arbeit wie in der Rationalisierung durch Wissenschaft geht es nicht mehr um Realisierung und Erkenntnis eines objektiven Weltsinns, sondern um eine erfolgsorientierte Befriedigung subjektiver Interessen durch eine zweckrationale Anwendung technischer Mittel und eben deshalb gilt für Weber: »Wenn irgend etwas, so sind sie [die Wissenschaften] geeignet, den Glauben daran: daß es so etwas wie einen ›Sinn‹ der Welt gebe, in der Wurzel absterben zu lassen.«[71]

Für Weber konnten zweckrationale Handlungstypen des Menschen von dem geschichtlichen Moment an als dominierende Lebensführungsmächte in Erscheinung treten, seitdem der asketische Protestantismus den modernen Menschen mit aller Konsequenz um Beruf und gesellschaftliche Arbeit als Heilswege zentriert hatte. Erst auf der Basis dieser kulturellen Umorientierungsprozesse von außerordentlicher geschichtlicher Bedeutung konnte sich allmählich diejenige »Parzellierung der Seele« vollziehen, welche später in der Herrschaft der ethisch nicht mehr ausgedeuteten und reglementierten Mechanismen des modernen Kapitalismus und bürokratischen Anstaltsstaates ihren Ausdruck fand. Mit ihnen hatte sich für Weber der Rationalitätscharakter der Moderne nachdrücklich und einseitig verengt zugunsten der Herrschaft technisch-instrumenteller Prinzipien der Lebensführung, die den institutionellen Nährboden für die Entstehung einer Lebensführung bildete, die sich unter Abwendung von der »faustischen Allseitigkeit«[72] des Kulturmenschen zum bewußtlosen Vollstreckungsorgan des Kapitalismus und technischen Fortschritts zurückbildete. Modernisierung erforderte deshalb auch für Weber (wie für Goethe, auf den er sich hier bezieht) »einen entsagenden Abschied von einer Zeit vollen und schönen Menschentums«.[73]

Diesen modernen und vollständig entzauberten Menschen, der sich nicht allein durch seine Disposition zur rationalen Weltbeherrschung mithilfe technisch-strategischer Mittel auszeichnet, sondern sich darüberhinaus der Eigenart dieser »letzten Stellungnahme« zur Welt auch voll bewußt ist und sich ihrer verantwortlich gewachsen zeigt, hat Weber mit seiner These von der gesellschaftlichen Dominanz des »Fachmenschentums« im Blick. Webers kulturtheoretische und -historische Forschungsinteressen zielen auf die kulturanthropologischen Grundqualifikationen dieses Vollzugssubjekts von Modernität, das Weber zugleich als den eigentlichen Gegenspieler des Kulturmenschen der geschichtlichen Überlieferung identifizierte. Die besonders geartete »Rationalität« seiner Lebensführung war es, an deren Klärung Weber in besonderem Maße gelegen war: »Unser europäisch-amerikanisches Gesellschafts- und Wirtschaftsleben ist in einer spezifischen Art und in einem spezifischen Sinn ›rationalisiert‹. Diese Rationalisierung zu erklären und die ihr entsprechenden Begriffe zu bilden, ist daher eine der Hauptaufgaben unserer Disziplinen.«[74]

Webers Werk thematisiert als historische Anthropologie die Konsequenzen dieser spezifisch »fachmenschlichen« Rationalität für den Prozeß der menschlichen Freiheit. Eins der am schwierigsten zu bestimmenden Elemente der Position Webers besteht darin, daß er »Rationalität« gleichzeitig als Bedingung und als Ort der Zerstörung der menschlichen Freiheit begriffen hat. Einerseits hat er in der Kristallisierung menschlicher Identität um zweckrationale Handlungsmuster den geschichtlichen Durchbruch des Menschen zur Freiheit im Sinne einer individuellen Autonomie des Willens entdeckt: »Mit dem höchsten Grad empirischen ›Freiheitsgefühls‹ ... begleiten wir ... gerade diejenigen Handlungen, welche wir *rational*, d.h. unter Abwesenheit physischen und psychischen ›Zwanges‹, leidenschaftlicher ›Affekte‹ und ›zufälliger‹ Trübungen der Klarheit des Urteils vollzogen zu haben uns bewußt sind, in denen wir einen klar bewußten ›Zweck‹ durch seine, nach Maßgabe unserer Kenntnis, d.h. nach Erfahrungs*regeln*, adäquatesten ›Mittel‹ verfolgen.«[75] Gleichzeitig resultierte jedoch aus der Universalisierung zweckrationaler Handlungsmuster ein schicksalhaftes Umschlagen menschlicher Freiheit in Unfreiheit. Um diese unfreiheitlichen Konsequenzen der modernen Rationalität geht es in den folgenden Überlegungen zu Webers Analyse des Fachmenschentums, welche zu zeigen versuchen, daß Weber den Freiheitsverlust des Menschen unter den Bedingungen der Moderne interpretiert hat als einen Reflex seines Verzichts auf Kultur.

Weber hat die Analyse der spezifischen Rationalität des modernen Fachmenschentums unter einer vierfachen Fragestellung vorgenommen: Seine Forschungsinteressen zielen auf die kognitiven Mittel der menschlichen Weltorientierung und -aneignung, auf den internen Aufbau zeitgeschichtlicher Persönlichkeitsstrukturen, auf die normativen Regulative intersubjektiver Beziehungen, schließlich auf die Organisations- und Legitimationsformen der politischen Herrschaft.[76] Der Nihilismusverdacht seiner Kulturkritik gründet dabei in der Überzeugung, daß angesichts der faktischen Herrschaft des modernen Fachmenschentums sich in keiner dieser Dimensionen der menschlichen Lebenspraxis eine kulturelle Instanz und Triebkraft mehr namhaft machen läßt, welche stark genug wäre, menschliche Lebensführung erneut mit Sinn zu versorgen und die strukturelle Sinngrenze einer instrumentellen Handlungsrationalität aufzusprengen zugunsten einer erneuten Rückkehr des Kulturmenschen, der sich für Weber durch die Fähigkeit auszeichnet, strategische Interessenverfolgung in umfassendere Handlungs- und Sinnperspektiven einzurücken.[77]

1. Die Frage nach der kognitiven Struktur des modernen Rationalismus stellt Weber als Frage nach dem »*Beruf der Wissenschaft* innerhalb des Gesamtlebens der Menschheit«, denn diese war die Triebkraft und der eigentliche Motor der Rationalisierung durch Intellektualisierung: »Der wissenschaftliche Fortschritt ist ein Bruchteil, und zwar der wichtigste Bruchteil, jenes Intellektualisierungsprozesses, dem wir seit Jahrtausenden unterliegen.«[78] Welche Eigenschaften und Umstände hatten ihr zu dieser Bedeutung verholfen, und welche Funktionen hatte sie innerhalb des universalgeschichtlichen Prozesses von Rationalisierung auf eine nicht-substituierbare Weise übernommen?

In der Vorbemerkung zu seiner »Religionssoziologie« hat Weber das Problem ebenfalls angedeutet: Hier identifiziert er die Wissenschaft an der Schwelle der Neuzeit als eine Besonderheit und als ein zentrales Konstituens der okzidentalen Modernisierungsvariante: »Rationalen und systematischen Fachbetrieb der Wissenschaft: das eingeschulte *Fachmenschentum*, gab es in irgendeinem an seine heutige kulturbeherrschende Bedeutung heranreichenden Sinn nur im Okzident.«[79] Diese universalgeschichtliche Bedeutung der modernen Wissenschaft haftet aber für Weber gerade an ihrer prinzipiellen Sinnfremdheit, d.h. an ihrer bereitwillig eingestandenen Inkompetenz zur Beantwortung von Sinn- und Wertfragen. Sie schöpft ihre gesellschaftliche Relevanz gerade aus ihrer Selbstbeschränkung zum »selbstgenugsamen Intellekt«.[80] Nicht trotz, sondern wegen dieses Kulturverzichts der verwissenschaftlichten Vernunft kann sie für Weber zur wichtigen Triebkraft der gesellschaftlichen Entwicklung werden, denn sie ermöglicht erst die Etablierung und Ausdifferenzierung eines Systems wertfreier, rein technisch und zweckrational ambitionierter Weltorientierung und Weltbeherrschung.

Modernisierung bedeutet für Weber eine radikale Verlagerung im Bereich der rationalen Triebkräfte des geschichtlichen Fortschritts, denn mit ihrem Beginn endet gleichzeitig der universalgeschichtliche Prozeß der religiösen Rationalisierung. Stattdessen setzt ein – aus kulturanthropologischer Sicht eminent bedeutsamer – Abwanderungsprozeß der wertrationalen Elemente der menschlichen Lebensführung ins Irrationale ein. Sie geraten mit einem von wertfreier Technik und Wissenschaft usurpierten Rationalitätsmonopol in einen für sie aussichtslosen Verdrängungswettbewerb. Letztere treten seither »im

Namen der ›intellektuellen Rechtschaffenheit‹ mit dem Anspruch auf: die einzig mögliche Form der denkenden Weltbetrachtung zu sein.«[81]

Unter den Bedingungen der spezifisch modernen kulturellen Hegemonie von Wissenschaft und Technik hat Rationalität ihren traditionell engen Bezug zu »Sinnpostulaten« und »Werten« abgelegt. Demgegenüber ist die an der Wissenschaft orientierte Form menschlicher Rationalität identisch mit dem Interesse an »Kenntnisse[n] über die Technik, wie man das Leben, die äußeren Dinge sowohl wie das Handeln der Menschen, durch Berechnung beherrscht.«[82] »Fachmenschentum« nennt Weber diejenige Variante der menschlichen Lebensführung, die deren durch Technik und Wissenschaft betriebene kognitive Versachlichung des Handelns nicht nur abstützt, sondern systematisch steigert: zum einen durch eine Anwendung rationaler Methoden des Denkens, die in verfeinerte Mittel rationaler Weltbeherrschung umgesetzt werden können; zum anderen, indem Handeln gebunden wird an eine spezifische Form menschlicher Selbstreflexivität, welche garantieren soll, daß der Prozeß dieser rationalen Weltbeherrschung ungestört durch den Einbruch wert- und irrationaler Elemente ablaufen kann.

Weber hat diese spezifisch fachmenschliche Selbstreflexivität »Klarheit« und »intellektuelle Redlichkeit« genannt und sie gleichzeitig – in offensichtlicher Anspielung auf Nietzsche – des öfteren als »unsere letzten Tugenden« charakterisiert. Es handelt sich um die modernen Zerfallsprodukte und rudimentären Reste einer ehemals wertrationalen Verankerung des Handelns, deren eigentümliche Leistung darin besteht, einen ständigen Transfer zwischen den praktischen Handlungsvollzügen und den dazu passenden letzten »Wertstellungnahmen« zu ermöglichen und sie gegebenenfalls in Übereinstimmung zu bringen. Sie bewerkstelligen damit eine Konsistenz der Persönlichkeit, die unter den empirischen Bedingungen der Modernität für Weber allein darin bestehen kann, daß man sich die Partikularisierung der menschlichen Identität durch die Verabsolutierung zweckrationaler Interessenorientierungen als »Schicksal unserer Kultur« und »unentrinnbare Gegebenheit unserer historischen Situation, aus der wir, wenn wir uns selbst treu bleiben, nicht herauskommen können«, rücksichtslos eingesteht.[83]

Eine erste innergesellschaftliche Ausprägung des modernen Nihilismus bestand für Weber in der Existenz eines wissenschaftlichen Positivismus, der sich konsequent jeglicher Antwort auf Sinn-, Zweck- und Wertfragen enthält und damit als ein kulturelles Orientierungsmittel der Lebenspraxis letztlich abgedankt hatte zugunsten eines technischen Mittels rationaler Weltbeherrschung.

2. Der Nihilismus der modernen Lebensführung strahlt für Weber bis in die inneren Subjektstrukturen der Persönlichkeiten aus. Worauf seine Kulturkritik in diesem Zusammenhang den Blick lenkt, ist die strukturelle Vereinsamung des modernen Individuums. Weber sieht den Enstehungsprozeß der bürgerlichen Subjektivität gekoppelt an die »Tendenz zur innerlichen Lösung des Individuums aus den engsten Banden, mit denen es die Welt umfangen hält.«[84]

Weber hat diesen engen Zusammenhang zwischen Modernität und subjektivistischer Vereinsamung der Persönlichkeiten bereits unmittelbar in der inneren Logik des asketischen Protestantismus angelegt gesehen. Die seither im kapitalistischen Geist betriebene Modernisierung läßt das bürgerliche Individuum, den sozialen Träger dieser Ethik, als eine konsequent verinnerlichte Persönlichkeit geistig und sozial isoliert zurück, weil dieses in seinem gläubigen Bemühen um Seelenheil und Versicherung seines Gnadenstandes unter Ausschaltung aller intermediären Instanzen allein auf das sich im Vollzug seiner Arbeit realisierende Zwiegespräch mit Gott verwiesen ist: »In ihrer pathetischen Unmenschlichkeit mußte diese Lehre nun für die Stimmung einer Generation, die sich ihrer grandiosen Konsequenz ergab, vor allem eine Folge haben: das Gefühl einer unerhörten inneren *Vereinsamung des einzelnen Individuums*. In der für die Menschen der Reformationszeit entscheidendsten Angelegenheit des Lebens: der ewigen Seligkeit, war der Mensch darauf verwiesen, seine Straße einsam zu ziehen, einem von Ewigkeit her feststehenden Schicksal entgegen.«[85]

Der Säkularisationsprozeß, dem die protestantische Ethik im Verlauf der gesellschaftlichen Modernisierung tendenziell unterlag, verschärfte das Problem dieser strukturellen Vereinsamung der modernen Subjekte in den Augen Webers nur auf eine dramatische Weise: Die interessante Frage besteht seither nicht mehr darin, wie Modernisierung als Prozeß wertrational ausgedeutet und intersubjektiv gesteuert werden kann, sondern wie er subjektiv überhaupt noch zu ertragen ist. Bekannt ist in diesem Zusammenhang Webers Habitus der kontrollierten Verzweiflung, sein Heroismus des Aushaltens der absoluten Entzauberung, der ihm befiehlt, subjektivistische Vereinsamung als unabänderliches Faktum eines Menschentums anzunehmen und zu ertragen, welches »in einer gottfremden, prophetenlosen Zeit zu leben das Schicksal hat«.[86]

Die Ethik, die diesen Gestus der kulturellen Verlassenheit des modernen Menschen repräsentiert, ist die Ethik der Verantwortung; denn diese ist die »geschulte Rücksichtslosigkeit des Blickes in die Realitäten des Lebens, und die Fähigkeit, sie zu ertragen und ihnen innerlich gewachsen zu sein.«[87]

Das hier auftauchende Problem besteht freilich in der Nicht-Existenz eines objektiven, wertrational definierten Wertgesichtspunkts, für den überhaupt noch Verantwortung aufgebracht werden soll. »Verantwortung« als die zeitgemäße ethische Maxime des Handelns ist deshalb für Weber auch nur die prinzipielle Selbstverpflichtung des modernen Subjekts zur Wahrung seiner bewußt organisierten Lebensführung und der inneren Konsistenz und Widerspruchslosigkeit des Handlungstyps, dem es sich verpflichtet fühlt: der rationalen Weltbeherrschung. Verantwortung besitzt die Persönlichkeit einzig noch im Sinne einer Eigenverantwortung vor und für sich selbst.[88]

Warum endete nun aber für Weber die Entstehung der spezifisch modernen Persönlichkeitsstrukturen im Problem des Nihilismus?

Die Tragik des modernen Menschen besteht doch darin, daß dieser sich gerade aufgrund seiner verantwortungsethischen Verpflichtung zur konsisten-

ten und widerspruchsfreien, intellektuell »redlichen« Persönlichkeit zu einer
Lebensführung zwingt, welche die Ausbildung von Subjektivität als einzig
noch existierender Ursprungsquelle wertrationaler Stellungnahmen zunehmend unmöglich macht. Die Intellektualisierung und Verwissenschaftlichung
der modernen Lebenspraxis nötigen schon allein aufgrund des ihnen zugrundeliegenden Rationalitätstyps zu einem mehr oder weniger willig erbrachten
Subjektivitätsverzicht der Persönlichkeiten; sie erschweren eine kulturelle
Deutung und normative Zwecksetzung als störende Faktoren einer systemge-
steuerten und selbstregulativen Vergesellschaftung zugunsten einer konsequenten
»Versachlichung« und »Verunpersönlichung« der Lebensführung. Die Tendenz
einer zunehmenden ethischen Unausdeutbarkeit impliziert den Verzicht auf
»Persönlichkeit« zugunsten der Herrschaft objektiver Imperative einer rationalisierten Gegenwart. Erzwungen wird die Anpassung des Menschen an die
inneren gesetzmäßigen Bedingungen erfolgsrationalen Handelns: »Die Versachlichung der Wirtschaft auf der Basis der Marktvergesellschaftung folgt
durchweg ihren eigenen sachlichen Gesetzlichkeiten, deren Nichtbeachtung
die Folge des ökonomischen Mißerfolgs, auf die Dauer des ökonomischen
Untergangs nach sich zieht.«[89]

3. Die Entstehung des Kapitalismus aus dem Geist der protestantischen
Ethik hat Weber auf dem Feld der sozialen Integration begleitet gesehen durch
eine zunehmende »Weltherrschaft der Unbrüderlichkeit«,[90] die seiner Ansicht
nach aus der neuzeitlichen Dominanz zweckrationaler Handlungsmuster zwangsläufig folgte. Eine traditionellerweise durch lebensweltlich verankerte Normen
und wertrationale Prinzipien erfolgende Koordinierung menschlichen Handelns wird dabei – auf dem Boden einer »Philosophie des Geizes« – der Logik
egoistischer Partialinteressen unterstellt. Historisch betrachtet ist es der im
»Geist des Kapitalismus« verwurzelte »Gedanke der *Verpflichtung des Einzelnen*
gegenüber dem als Selbstzweck vorausgesetzten Interesse an der Vergrößerung
seines Kapitals«,[91] der den prinzipiell »unbrüderlichen« Charakter von Modernität heraufbeschwört und als ethische Maxime der Lebensführung fest-
schreibt.[92]

Es waren Webers zeitgeschichtliche Erfahrungen eines von den Handlungsmotiven, Normen und Deutungen der Individuen unabhängigen Kapitalismus, die ihn zur Unterstellung einer ethischen Regulationsunfähigkeit
gesellschaftlicher Beziehungen verleiteten und ihn stattdessen den »Kampf«
zum Paradigma allen Soziallebens und zum universellen Muster menschlicher
Vergesellschaftung erheben ließen: »Denn nicht auszuscheiden ist aus allem
Kulturleben der *Kampf*. Man kann seine Mittel, seinen Gegenstand, sogar seine
Grundrichtung und seine Träger ändern, aber nicht ihn selbst beseitigen. Er
kann statt ein[es] äußeren Ringens von feindlichen Menschen um äußere
Dinge ein inneres Ringen sich liebender Menschen um innere Güter und
damit statt äußeren Zwangs eine innere Vergewaltigung ... sein oder endlich ein
inneres Ringen innerhalb der Seele des Einzelnen selbst mit sich selbst bedeuten, – stets ist er da, und oft um so folgenreicher, je weniger er bemerkt wird,

... ›Friede‹ bedeutet Verschiebung der Kampfformen oder der Kampfgegner oder der Kampfgegenstände oder endlich der Auslesechancen und nichts anderes.«[93]

Das historische Faktum, daß die wertrationale Substanz, um die der Kampf als Instrument der sozialen Auseinandersetzung geschichtlich geführt zu werden pflegte, in der Moderne weggespült wird zugunsten eines immer flacher werdenden Utilitarismus sowie einer zunehmenden Verunpersönlichung der Mechanismen sozialer Integration, linderte für Weber die depravierenden Folgen des gesellschaftlichen Kampfes der konkurrierenden Interessen nicht, sondern setzte sie nur um so mehr einem sich erhärtenden Sinnlosigkeitsverdacht aus. Daß die »Ideen« und kulturellen Weltbilder als ethische Regulative der Lebensführung und ebenso als Triebkräfte und Ursachen einer Unbrüderlichkeit des menschlichen Lebens verschwinden, nachdem sich doch bisher die Interessenkollisionen und Handlungskonflikte an ihnen entzündet hatten, erhöhte für Weber keineswegs die Befriedungschancen der Lebenspraxis. Stattdessen sah er mit ihnen auch noch die letzten Sinnkriterien verlorengehen, unter denen bisher der Kampf als geschichtliche Triebkraft stand – zugunsten einer nun vollends instrumentell rationalisierten Unbrüderlichkeit der gesellschaftlichen Beziehungen.

Es wirft ein mildes Licht auf die ethische Illusionslosigkeit Webers, daß er angesichts der brüderlichkeitsfremden Implikationen seiner Gegenwart in der »Brüderlichkeit unmittelbarer Beziehungen der Einzelnen zueinander« residuale Verkörperungen einer praktischen Vernunft erblickt hat, die noch einen schwachen Abglanz brüderlichkeitsethischer Lebensreglementierungen vermitteln: »Daß heute nur innerhalb der kleinsten Gemeinschaftskreise, von Mensch zu Mensch, im pianissimo, jenes Etwas pulsiert, das dem entspricht, was früher als prophetisches Pneuma in stürmischem Feuer durch die großen Gemeinden ging und sie zusammenschweißte«,[94] signalisiert dabei weniger eine heimliche Sozialromantik vormoderner Vergemeinschaftungsformen, als vielmehr eine historische Theorie der Transformation von Prinzipien der sozialen Integration. Weber interpretiert diesen Transformationsprozeß als eine fortschreitende Entsubjektivierung gesellschaftlicher Beziehungsstrukturen und als einen tendenziellen Verlust subjektgebundener Integrations- und Zusammengehörigkeitsideen zugunsten objektiver Integrationsleistungen der Interessenkalküle. In »Wirtschaft und Gesellschaft« taucht diese historische Theorie der sozialen Integration in Form einer systematischen Differenzierung zwischen »Vergemeinschaftung« und »Vergesellschaftung« als zwei unterschiedlichen Prinzipien der Organisation gesellschaftlicher Beziehungen wieder auf: »› Vergemeinschaftung‹ soll eine soziale Beziehung heißen, wenn und soweit die Einstellung des sozialen Handelns ... auf subjektiv *gefühlter* (affektueller oder traditionaler) *Zusammengehörigkeit* der Beteiligten beruht. ›Vergesellschaftung‹ soll eine soziale Beziehung heißen, wenn und soweit die Einstellung des sozialen Handelns auf rational (wert- oder zweckrational) motiviertem Interessen*ausgleich* oder auf ebenso motivierter Interessen*verbindung* beruht.«[95]

4. Schließlich fragt Weber nach den politischen Konsequenzen der »fach-menschlichen«, unter der Dominanz zweckrationaler Handlungstypen stehen-den Lebensführung und bringt sie auf den Nenner »der *universellen Bürokratisie-rung*«.[96] Nirgendwo sonst in seinem Werk wird Webers Vorstellung vom Widerspruch zwischen Rationalität und Freiheit derart deutlich wie am Beispiel seiner Bürokratisierungsthese.

Webers Herrschaftssoziologie orientiert sich bekanntlich außer an den jeweiligen Verwaltungsstäben an den verschiedenen Geltungsgründen oder Legitimitätsansprüchen von Herrschaftstypen als ihren entscheidenden Diffe-renzierungsmerkmalen.[97] Gegenüber den traditionalen und charismatischen Formen der legitimen Herrschaft beruht der rationale Charakter des legalen Typs »auf dem Glauben an die Legalität gesatzter Ordnungen und des An-weisungsrechts der durch sie zur Ausübung der Herrschaft Berufenen.«[98] Weber hat ihre Rationalität und ihre auf dieser Rationalität beruhende ge-schichtliche Durchsetzungsfähigkeit in folgenden Leistungsfunktionen der bürokratischen Herrschaft begründet gesehen:

Wie den Aufstieg der rationalen Wissenschaft erklärt Weber den geschicht-lichen Erfolg der Bürokratie als der »formal *rationalste*[n] Form der Herr-schaftsausübung«[99] mit der konsequenten Verdrängung aller wertrationalen Elemente aus ihrem Amts- und Geltungsbereich. Die vollständige Entlastung der politischen Herrschaft von allen normativen Wahrheits- und Entschei-dungsproblemen zugunsten eines rein technischen Fach- und Verwaltungswis-sens kommt zum einen den Gesetzen der »modernen Technik und Oekonomik der Güterbeschaffung« besonders gut entgegen,[100] zum anderen erlaubt sie der modernen Bürokratie eine Rationalisierungsdynamik, die ihr als der eigentli-chen »Keimzelle des modernen okzidentalen Staats«[101] eine große technische Überlegenheit über jede andere Form der Organisation politischer Herrschaft verschafft.[102]

Die notwendige Voraussetzung des universalgeschichtlichen Siegeszugs der rationalen Bürokratie sah Weber daher auch in derjenigen Berechenbarkeit ihrer Entscheidungen begründet, die aus ihrem streng versachlichten und formalisierten Umgang mit den ihrer Herrschaft Unterworfenen resultierte: »Die Eigenart der modernen Kultur, speziell ihres technisch-ökonomischen Unterbaues aber, verlangt gerade diese ›Berechenbarkeit‹ ... Die Bürokratie in ihrer Vollentwicklung steht in einem spezifischen Sinn auch unter dem Prinzip des ›sine ira et studio‹. Ihre spezifische, dem Kapitalismus willkommene, Eigenart entwickelt sie um so vollkommener, je mehr sie sich ›entmensch-licht‹, je vollkommener, heißt das hier, ihr die spezifische Eigenschaft, welche ihr als Tugend nachgerühmt wird: die Ausschaltung von Liebe, Haß und allen rein persönlichen, überhaupt allen irrationalen, dem Kalkül sich entziehenden, Empfindungselementen aus der Erledigung der Amtsgeschäfte, gelingt. ... Die moderne Kultur [verlangt] ... den menschlich unbeteiligten, daher streng ›sachlichen‹ *Fachmann*. Alles dies aber bietet die bürokratische Struktur in günstiger Verbindung.«[103]

Die bürokratische Herrschaft ist – und darin erkennt Weber ihre wesentlichste Eigenschaft – gegenüber ihren traditionalen und charismatischen Alternativen durch eine ausgeprägte rationale Versachlichung der Herrschaftsbeziehungen, ihrer Grundlagen und Mittel gekennzeichnet. Ihr rationaler Charakter resultiert aus dem strikten Subjektivitätsverzicht ihrer sozialen Träger: Nicht mehr subjektive Bewährung, sondern fachliches Wissen mit sozialtechnischem Anwendungszweck qualifiziert zur politischen Machtausübung und verschafft gleichzeitig deren Legitimitätsgründe. Komplettiert wird die bürokratische Versachlichung der politischen Herrschaft unter den geschichtlichen Bedingungen einer Gesellschaft, die den Schritt von der materialen zur formalen Rationalität konsequent vollzogen hat,[104] erst, wenn auch die soziale Rekrutierung der politischen Eliten durch den Auslesemechanismus der rein fachlichen Qualifizierung erfolgt und die Bürokratie damit die Bedingungen ihrer Fortexistenz für die Zukunft sicherstellt: »Die bürokratische Herrschaft bedeutet sozial im allgemeinen: ... die Tendenz zur *Nivellierung* im Interesse der universellen Rekrutierbarkeit aus den *fachlich* Qualifiziertesten.«[105] Aufgrund dieser Eigenschaften interpretiert Weber den Prozeß von Bürokratisierung als eine Entkopplung praktischer Fragen von der Subjektivität aller von ihr Betroffenen – sowohl der Herrschenden wie der Beherrschten. Das Politische verwandelt sich im Zuge von Bürokratisierung zur Angelegenheit rationaler Verwaltung und Sozialtechnik. Genau deshalb nennt Weber sie auch »*das* spezifische Mittel, (einverständliches) ›Gemeinschaftshandeln‹ in rational geordnetes ›Gesellschaftshandeln‹ zu überführen.«[106]

Im Denken Webers verbindet sich die These einer unaufhaltsamen Bürokratisierung des politischen Lebens mit der Diagnose einer Universalisierung menschlicher Unfreiheit infolge des Ausblendens aller ethischen, an notwendigerweise kulturell definierten »Werten« und eben nicht an technischen »Zwecken« orientierter Subjektivität aus dem Zusammenhang des politischen Räsonnements.[107] Und zwar geht Unfreiheit mit dem Kulturverzicht des modernen Fachmenschentums einher, weil sich erst im Gefolge dieser Selbstbeschränkung des Menschen ein System rationaler Verwaltung zu etablieren vermag, welches mächtig genug ist, um das Insgesamt der menschlichen Lebensführung auf seine Dienstleistungsfunktionen hin zuzuschneiden: »Eine leblose Maschine ist *geronnener Geist*. Nur daß sie dies ist, gibt ihr die Macht, die Menschen in ihren Dienst zu zwingen. ... *Geronnener Geist* ist auch jene *lebende Maschine*, welche die bürokratische Organisation mit ihrer Spezialisierung der geschulten Facharbeit, ihrer Abgrenzung der Kompetenzen, ihres Reglements und hierarchisch abgestuften Gehorsamsverhältnisses darstellt. Im Verein mit der toten Maschine ist sie an der Arbeit, das Gehäuse jener Hörigkeit der Zukunft herzustellen, in welche vielleicht dereinst die Menschen sich, wie die Fellachen im altägyptischen Staat, ohnmächtig zu fügen gezwungen sein werden, *wenn ihnen eine rein technisch-gute und das heißt: eine rationale Beamtenverwaltung und -versorgung der letzte und einzige Wert ist, der über die Art der Leitung ihrer Angelegenheiten entscheiden soll.* Denn das leistet die

Bürokratie ganz unvergleichlich viel besser als jegliche andere Struktur der Herrschaft.«[108]

Damit sind die wesentlichen kulturanthropologischen Merkmale des modernen Fachmenschentums angesprochen, welche Weber dazu veranlaßt haben, die Vorstellung des Historismus von der Geschichte als einem sittlichen Freiheitsgeschehen in Form einer kulturkritischen Wendung des Gegenwartsbewußtseins aufzugeben. Die sittliche, d.h. auf den Willen und die Fähigkeit der Subjekte zur Freiheit gegründete Welt, von deren Existenz noch die Geschichtstheorie Droysens ausgegangen war, hat sich für Weber zu einem Kosmos zweckrational strukturierter und versachlichter Zusammenhänge autonomisiert, welcher bereits damit begonnen hatte, menschliche Freiheit zu unterlaufen.

c) Chaos und Kultur: Die Anthropologie der Kulturwissenschaften

Das Geschichtsbewußtsein ist eine kulturanthropologisch bedeutsame Tatsache, weil in ihm ein spezifisch menschliches Vermögen des Menschen zur Orientierung und Rationalisierung seines Handelns zum Ausdruck kommt.[109] Droysen hatte in ihm das Medium erkannt, welches menschliche Identität am zugleich empirischen und normativen Leitbild der geschichtlichen Kontinuität der Freiheit orientiert und damit die Freiheit des Menschen als Telos und Realisationskern seiner Lebensführung einsichtig macht. In der ›objektiven‹ Erfahrung von Geschichte als sittlicher Macht vergewissert sich der Mensch seiner ihm eigenen und eigentümlichen Freiheitsnatur, gelangen Subjekt und Objekt der historischen Erfahrung im Begriff der Freiheit zur Deckung.

Bei Weber ist dieses historistische Muster menschlicher Selbst- und Welterfahrung zerbrochen, weil nicht mehr Freiheit und Sinn, sondern Unfreiheit und Sinnlosigkeit den eigentlichen Kern der historischen Erfahrung zu bilden schienen. Dieser Erfahrungswandel machte eine Transformation des historistischen Fortschrittskonzepts erforderlich, welches bisher die Kategorisierung der Geschichte zur werdenden Freiheit erlaubt hatte. Dieses Fortschrittskonzept ist es, welches Weber infragestellt; die von ihm vollzogene kulturkritische Transformation der Wissenschaftstheorie setzt den Verzicht auf den Begriff des Fortschritts voraus.

Weber hat die wissenschaftstheoretische Bedeutung des Fortschrittsbegriffs darin gesehen, daß er angesichts der zeitgeschichtlichen Krise der Religion die kulturell heimatlos gewordenen Sinnbedürfnisse der Individuen aufgegriffen und befriedigt hatte: »Der ›Fortschritts‹-Gedanke stellt sich eben erst dann als notwendig ein, wenn das Bedürfnis entsteht, dem religiös entleerten Ablauf des Menschheitsschicksals einen diesseitigen und dennoch objektiven ›Sinn‹ zu verleihen.«[110] Die diversen Fortschrittskategorien des historischen Denkens schließen für Weber eine Lücke im geistigen Orientierungshaushalt des Menschen, eine Lücke, die der universalgeschichtliche Prozeß der Rationalisierung in Form einer Erosion kultureller Sinnvorstellungen hinterlassen hatte.

Das systematische Argument, mit dem Weber dem Fortschrittsdenken abschwört, lautet: Es steht im Widerspruch mit der entzauberten Stellung des Menschen zur Wirklichkeit; es verrät eine heimliche Inkonsequenz gegenüber dem Faktum einer prinzipiell gewordenen Diesseitigkeit des Menschen und verklärt den nüchternen Blick in die Realitäten eines konsequent entzauberten Alltags. Jegliche Verwendung des Fortschrittsbegriffs hält Weber daher auch »für sehr *inopportun*«.[111] Die Absage an die Tradition des neuzeitlichen Fortschrittsdenkens war die objektiv notwendig gewordene und von Weber gewissenhaft gezogene Konsequenz aus der Existenz moderner Rationalität, weil diese beinhaltet, daß die Vorstellung einer objektiven Sinnhaftigkeit der Welt im Zuge und zugunsten einer Universalisierung subjektiver Verfügungsinteressen des Menschen unwiderruflich abgebaut wird. Angesichts der hoffnungsfrohen Stimmung des entzauberten Rationalismus, »daß man ... alle Dinge – im Prinzip – durch *Berechnung beherrschen* könne«,[112] wird die Frage nach einem wie auch immer gearteten ›objektiven‹ Sinn der Welt nicht nur überflüssig, sondern völlig sinnlos; sie weicht, wie Löwith bemerkt hat, einer rationalen »Unbefangenheit des Nichtbefangenseins in transzendenten Idealen«.[113]

Weber variiert in seiner Kritik des Fortschrittsdenkens die seit Nietzsche zum Kern der bürgerlichen Kulturkritik gehörende Überzeugung von einer unvermeidlichen negativen Dialektik der menschlichen Sinnsuche. Sie besagt, daß der aus den strukturellen Sinnproblemen des Lebens gespeiste Prozeß kultureller Sinndeutungen sich zunächst auf dem geschichtlichen Boden religiöser Denktraditionen in der Form einer Rationalisierung der Theodizee vollzieht, dann aber unter Entkopplung von seinen religiösen Fundierungen eine Wendung nimmt, in der die Frage nach einem Sinn der Welt selbst sinnlos wird, weil es ihn als einen objektiv bestimmbaren gar nicht mehr gibt.[114] Die Welt steht seither der Subjektivität zum Zweck der Bestimmung ihres Sinns uneingeschränkt zur Verfügung; darauf spielt die berühmte Sentenz Webers an: »Das Schicksal einer Kulturepoche, die vom Baum der Erkenntnis gegessen hat, ist es, wissen zu müssen, daß wir den *Sinn* des Weltgeschehens nicht aus dem noch so sehr vervollkommneten Ergebnis seiner Durchforschung ablesen können, sondern ihn selbst zu schaffen imstande sein müssen.«[115]

Die Transformation der Geschichtstheorie in Richtung eines wissenschaftstheoretischen Subjektivismus und Konstruktivismus sieht Weber also als Ergebnis und Konsequenz eines objektiven historischen Prozesses an: des universalgeschichtlichen Prozesses der Entzauberung und Rationalisierung. Webers Geschichtstheorie gründet, trotz ihres Anspruchs, sich aller metaphysischen Wurzeln entledigt zu haben, in einer ganz bestimmten, inhaltlich objektivierten Vorstellung der geschichtlichen Wirklichkeit: gewissermaßen in einer Ontologie des Chaos. Am Endpunkt des universalgeschichtlichen Prozesses rationaler Entzauberung, innerhalb dessen sich der Mensch als Subjekt der

Geschichte unter Absage an jeden objektiven Eigensinn der Welt zur alleinigen Sinnquelle emporgearbeitet hat, stehen Welt und Geschichte als amorphe Gebilde ohne strukturbildendes Zentrum: »Nun bietet uns das Leben, sobald wir uns auf die Art, in der es uns unmittelbar entgegentritt, zu besinnen suchen, eine schlechthin unendliche Mannigfaltigkeit von nach- und nebeneinander auftauchenden und vergehenden Vorgängen, ›in‹ uns und ›außer‹ uns.«[116]

Der Versuch, Webers Wissenschaftslehre als einen konsequenten Konstruktivismus, als eine »absolute Entwurfslogik« zu interpretieren,[117] übersieht, daß sie sehr wohl auch einen materialen Vorbegriff der Wirklichkeit enthält;[118] denn »Chaos« ist die objektive, wenn auch strukturlose geschichtliche Realität des modernen Menschen innerhalb einer entzauberten Welt, der sich sowohl zur Pluralität seiner Werte und Sinnzuschreibungen, wie zur Anarchie seiner Interessen autonomisiert und individualisiert hat. In Anspielung auf diesen Chaotisierungseffekt des Rationalisierungsprozesses nennt Weber die Geschichte auch den »unendlichen Strom des Individuellen«,[119] der sich in Form des Chaos durch die Zeit dahinwälzt. Das Chaos der Wirklichkeit ist für Weber die notwendige ontologische Kehrseite der Freiheit des modernen Menschen, denn dieser hat sich von der ethischen Determinationskraft einheitsstiftender kultureller Weltbilder emanzipiert zugunsten einer mit der Freiheit notwendigerweise einhergehenden Pluralität der Werte und Variabilität der Erfahrungen.[120] Die Freiheit der modernen Lebensführung ist gebunden an den Autonomisierungsprozeß der Persönlichkeiten, die allein der inneren Stimme ihrer Werte folgen, von ihnen her denken, handeln und entscheiden.

In diese Welt, deren Sinn in die Werte und die Innerlichkeit autonomisierter Persönlichkeiten vertrieben ist, paßt »Fortschritt« als ein letztlich immer ontologischer Begriff für Weber nicht mehr hinein. Dennoch ist nicht zu übersehen, daß Weber den Prozeß einer radikalen Subjektivierung kultureller Sinnvorstellungen gleichwohl auch als objektive Freiheitschance begriffen hat und daß sich seine Wissenschaftslehre als eine systematisch angelegte Explikation dieser Chance erweist, indem sie die Strukturmerkmale desjenigen Mediums klärt, welches die Sinnbildungsprozesse des modernen Menschen intellektuell organisiert und vollzieht.

Dieses Medium nennt Weber: »Kulturwissenschaft«. Sie stellt eine Variante menschlicher Sinnbildung dar, die sowohl den Bedingungen der rationalen Entzauberung wie der Subjektivierung des Menschen Rechnung trägt. Webers Wissenschaftslehre klärt die Frage nach den anthropologischen Voraussetzungen ihrer Möglichkeit, nach den spezifischen Funktionsweisen kulturwissenschaftlicher Erkenntnis und schließlich die Frage, was die Kulturwissenschaft als Produktionsstätte kulturellen Wissens für eine Orientierung der Lebensführung leistet – und was nicht.

1. Weber bedient sich bei der Begründung der Möglichkeit kulturwissenschaftlicher Erkenntnis eines anthropologischen Arguments: Die Existenz der Kulturwissenschaft läßt sich aus tiefsitzenden mentalen Grundstrukturen des

Menschen im Sinne eines Kulturwesens herleiten; sie antwortet elementaren Bestimmungen der »kulturmenschlichen« Bedürfnisnatur und bietet die Chancen kultureller Sinnbildung, die eine aller objektiven Sinnhaftigkeit entkleidete Welt allein noch gewährt: »Transzendentale Voraussetzung jeder *Kulturwissenschaft* ist … daß wir Kultur*menschen* sind, begabt mit der Fähigkeit und dem Willen, bewußt zur Welt *Stellung* zu nehmen und ihr einen *Sinn* zu verleihen.«[121] Der Begriff des »Kulturmenschen« läßt sich in diesem Zusammenhang als Oppositionsbegriff zu demjenigen des »Fachmenschen« verstehen, er bezieht sich auf den Geist und die Subjektnatur eines Menschen, der noch nach Maßgabe einer prinzipienorientierten Intentionalität zu handeln vermag, einer ethischen Reglementierung seiner Lebensführung mächtig ist und sie in eine Einheit kultureller Sinnvorstellungen einzubetten vermag.[122]

»Kulturmenschentum« ist daher für Weber eine wertrationale Transzendierung einer zweckrationalisierten Lebensführung und die Kulturwissenschaften verdanken ihre Existenz einer lebensweltlichen Aktualisierung dieser wertrationalen Kompetenz der modernen Persönlichkeiten und stellen gleichzeitig den Versuch dar, die Befähigung des Menschen zu einer Lebensführung nach Maßgabe wertrationaler Gesichtspunkte zu erhalten.[123]

2. Den Prozeß der kulturwissenschaftlichen Erkenntnis versteht Weber als eine Transformation von Geschichte aus dem Zustand des »Chaos« in denjenigen der »Kultur«, wobei sich innerhalb dieses Transformationsvorgangs der spezifische Gegenstand der Kulturwissenschaften überhaupt erst konstituiert. Diesen Konstitutionsprozeß nennt Weber, in enger Anlehnung an die neukantianische Erkenntnistheorie Rickerts: »Wertbeziehung«.[124] Im Sinne einer geistigen Subjektleistung transformiert sie das Chaos der unendlichen und mannigfaltigen Wirklichkeit in den sinnhaft strukturierten Aggregatzustand der Kultur: »In dieses Chaos bringt *nur* der Umstand Ordnung, daß in jedem Fall nur ein *Teil* der individuellen Wirklichkeit für uns Interesse und *Bedeutung* hat, weil nur er in Beziehung steht zu den *Kulturwertideen*, mit welchen wir an die Wirklichkeit herantreten.«[125]

Kultur ist die durch Aktivierung der menschlichen Subjektivität möglich werdende Umstrukturierung des Chaos zu Sinn. Wertbeziehungen implizieren, daß sich die motivierenden Ausgangsimpulse des kulturwissenschaftlichen Erkenntnisprozesses – die Werte und die Bedürfnisse der Persönlichkeiten nach kultureller Orientierung – in der Konfrontation mit dem Gegenstand der kulturwissenschaftlichen Erkenntnis zu notwendigerweise individuellen und subjektiven Erkenntnisinteressen ausprägen, welche dann erst das Chaos der Wirklichkeitserfahrungen im Sinne bedeutungsverleihender Gesichtspunkte selegieren und perspektivisch ordnen lassen: »Der Begriff der Kultur ist ein *Wertbegriff*. Die empirische Wirklichkeit ist für uns ›Kultur‹, weil und sofern wir sie mit Wertideen in Beziehung setzen, sie umfaßt diejenigen Bestandteile der Wirklichkeit, welche durch jene Beziehung für uns *bedeutsam* werden, und *nur* diese. Ein winziger Teil der jeweils betrachteten individuellen Wirklichkeit wird von unserm durch jene Wertideen bedingten Interesse gefärbt, er allein hat Bedeutung für uns; er hat sie, weil er Beziehungen aufweist, die für uns infolge ihrer Verknüpfung mit Wertideen *wichtig* sind.«[126]

Durch diesen kognitiven und selbst nicht wertenden Vorgang der Wertbeziehung wird Wirklichkeit erst kulturell aufgeladen und kann erst auf der Basis einer so erfolgten Sinn- und Bedeutungsverleihung zum Erkenntnisgegenstand der Kulturwissenschaften werden. »Kultur« ist daher für Weber auch »ein vom Standpunkt des *Menschen* aus mit Sinn und Bedeutung bedachter endlicher Ausschnitt aus der sinnlosen Unendlichkeit des Weltgeschehens.«[127]

Webers Konzept der Kulturwissenschaft deklariert Sinn allein zur Subjektleistung, und diese konstruktivistischen Konnotationen des Kulturbegriffs waren es auch, die ihn in der »Wissenschaftslehre« den zu sehr mit materialen und objektivistischen Bedeutungsinhalten belasteten Begriff der Geschichte vermeiden ließen. Webers Konzept der »Kulturwissenschaft« impliziert daher einen um seine sachlichen, prozessualen Bezüge restringierten Begriff der Geschichte.[128]

3. Schließlich: Was leistet in den Augen Webers die Kulturwissenschaft als Adressat menschlicher Sinn- und Orientierungsbedürfnisse? Es ist erstaunlich, in welchem Ausmaß die Antwort auf diese Frage davon abhängt, ob man sie an »Wissenschaft als Beruf« oder aber an den »Objektivitäts«-Aufsatz adressiert.

Allein letzterer diskutiert die Wissenschaft unter dem Gesichtspunkt ihrer Kulturbedeutung; in ihm entwickelt Weber sein wissenschaftstheoretisches Konzept der Kulturwissenschaft und hier findet sich auch eine qualitativ anspruchsvollere Bestimmung ihrer Sinnfunktionen.[129] Rein äußerlich wird dieses bereits in Webers Verwendung des Terminus »Kultur«-Wissenschaft deutlich; die Kategorie der Kultur stellt Weber heuristisch, methodisch und wissenschaftstheoretisch in eine systematische Nähe zu der Tradition der hermeneutischen Geisteswissenschaften.

Zwar ist bereits hier die für Webers Position insgesamt charakteristische Trennung zwischen der Fachlichkeit der Wissenschaft und der Kulturqualität der Werte als zwei grundsätzlich heterogenen Sphären – derjenigen des Seins und des Sollens – konstitutiv, dennoch läßt sich aus dem »Objektivitäts«-Aufsatz noch ein ungleich breiteres kulturelles Leistungsspektrum der Wissenschaft für die Lebenspraxis herausarbeiten als später aus »Wissenschaft als Beruf«. Der Wissenschaft spricht Weber hier angesichts der universalgeschichtlichen Tendenz einer Subjektivierung kultureller Ideen zu Werten der Persönlichkeiten noch eine wesentliche funktionale Bedeutung für die Generierung menschlicher Sinnvorstellungen zu:

1) Zum einen stellt die Wissenschaft als Kulturwissenschaft einen wesentlichen Beitrag zur Dynamisierung und Flexibilisierung der Prozesse menschlicher Identitätsbildung dar; sie ist für Weber unmittelbar gekennzeichnet durch eine ausgeprägt zwanglose Anpassungskapazität an »die unausgesetzte Wandelbarkeit der konkreten Gesichtspunkte, unter denen die empirische Wirklich-

keit Bedeutung erhält ... Das Leben in seiner irrationalen Wirklichkeit und sein Gehalt an *möglichen* Bedeutungen sind unausschöpfbar, die *konkrete* Gestaltung der Wertbeziehung bleibt daher fließend, dem Wandel unterworfen in die dunkle Zukunft der menschlichen Kultur hinein.«[130]

Die geschichtliche Variabilität menschlicher Wertideen und Gesichtspunkte der Weltorientierung ist im Modus des wissenschaftlichen Denkens zum Prinzip erhoben und immer schon in Rechnung gestellt, und dieser Umstand verschafft der Wissenschaft eine ungeheure und unübertroffene Elastizität im Umgang mit den Orientierungsproblemen der jeweiligen Gegenwart. »Ewige Jugendlichkeit« ist daher für Weber nur der verdiente Lohn des wertfrei-undogmatischen Anknüpfens der Wissenschaft an die wechselnden Problemlagen ihrer Zeit: »Irgendwann wechselt die Farbe: die Bedeutung der ... verwerteten Gesichtspunkte wird unsicher, der Weg verliert sich in der Dämmerung. Das Licht der großen Kulturprobleme ist weiter gezogen. Dann rüstet sich auch die Wissenschaft, ihren Standort und ihren Begriffsapparat zu wechseln und aus der Höhe des Gedankens auf den Strom des Geschehens zu blicken. Sie zieht jenen Gestirnen nach, welche allein ihrer Arbeit Sinn und Richtung zu weisen vermögen.«[131]

2) Darüber hinaus vermag die Kulturwissenschaft vor einer unreflektierten Universalisierung der Erkenntnisideale der Naturwissenschaften und der Methoden eines positivistischen Objektivismus zu bewahren, was für Weber eine »Götterdämmerung aller Wertgesichtspunkte in allen Wissenschaften«[132] bedeuten und im Verlust von Kultur als einer wertrationalen Stellung zum Leben enden würde. Demgegenüber kann Webers Konzept der Kulturwissenschaft wissenschaftstheoretische Argumente dafür namhaft machen, daß die menschliche Subjektivität in Form einer Artikulation von Wertgesichtspunkten und der Kompetenz zur Herstellung von Wertbeziehungen konstitutive Voraussetzung aller Formen des Denkens und damit auch der Wissenschaft ist und bleibt.

3) Die Kulturwissenschaft stellt angesichts der sich wandelnden Problemlagen der Gegenwart eine Herausforderung und Möglichkeit zur Entwicklung immer neuer und immer leistungsfähigerer theoretischer Gesichtspunkte ihrer kulturellen Deutung dar. Sie nötigt zu einer ständigen Korrektur und Weiterentwicklung der Weltdeutung und Selbstinterpretation nach Maßgabe der jeweils wissenschaftlich erschlossenen und gedeuteten Erfahrung. Die wissenschaftliche Erkenntnis stellt einen auf Fortschritt angelegten Orientierungspunkt und nicht stillzustellenden Unruheherd für die ständige Suche des Menschen nach neuen theoretischen Gesichtspunkten seiner kulturellen Orientierung dar, indem sie die Grenzen tradierter Überzeugungen und Gesichtspunkte deutlich macht: »Große begriffliche Konstruktionsversuche haben auf dem Gebiet unserer Wissenschaft ihren Wert regelmäßig gerade darin gehabt, daß sie die *Schranken* der Bedeutung desjenigen Gesichtspunktes, der ihnen zugrunde lag, enthüllten. Die weittragendsten Fortschritte auf dem Gebiet der Sozialwissenschaften knüpfen sich *sachlich* an die Verschiebung der praktischen Kultur-

probleme und kleiden sich in die *Form* einer Kritik der Begriffsbildung.«[133] Theoretische Selbstkritik und Selbstreflexivität sind die innerdisziplinären Mechanismen der Wissenschaft, die ihren flexiblen Umgang mit den wechselnden Problemlagen der Gegenwart und mit den Aufgaben kultureller Sinnbildung und Orientierung sicherstellen.

4) Die Kulturwissenschaft ermöglicht gerade aufgrund ihrer Fähigkeit zur theoretischen und methodischen Versachlichung praktischer Orientierungsfragen eine kognitive Distanz zu den Wertproblemen ihrer Zeit. Sie bringt sich auf intellektuellen Abstand und in eine kognitive Reflexivität zu den Wertproblemen ihres geschichtlichen Umfelds und diesen Abstand nennt Weber »Objektivität«. Der Objektivitätsanspruch der Wissenschaft – auch der der Kulturwissenschaft – bleibt in der Zeit einer zunehmenden Subjektivierung des Kulturmenschen ein notwendiger Bestandteil des Denkens: »Das Merkmal wissenschaftlicher Erkenntnis [muß] in der ›objektiven‹ Geltung ihrer Ergebnisse als *Wahrheit* gefunden werden.«[134] Mit der methodisch gewonnenen Objektivität ihrer Ergebnisse bringt die Kulturwissenschaft in die Vielfalt und Partikularität konkurrierender Wertideen ein universalistisches Moment ein: Sie muß »soweit sie *Wissenschaft* treibt, ein Ort sein, wo Wahrheit gesucht wird, die ... auch für den Chinesen die Geltung einer denkenden Ordnung der empirischen Wirklichkeit beansprucht.«[135] Dieser methodisch legitimierte universalistische Wahrheitsanspruch der Wissenschaft resultiert aus ihrer Fähigkeit zur Anwendung intersubjektiv verbindlicher Verfahren der Erkenntnisgewinnung.

5) Die Kulturwissenschaft ist ein rational versachlichter und selber versachlichender Umgang mit Werten und kulturellen Weltbildern. Sie ist gekennzeichnet durch den kognitiven und nicht selbst wertenden Vorgang der Wertbeziehung, durch den bestimmte Aspekte der unendlich mannigfaltigen und ›an sich‹ sinn- und bedeutungslosen Wirklichkeit Bedeutung erhalten und sich zu Kultur und Geschichte wandeln. Das bedeutet, daß sich Wissenschaft durchaus auch im Sinne einer Rationalisierung der Wertwahl auswirken kann – über den Umweg einer Analyse der Mittel, der Realisationsmöglichkeiten und der erwartbaren Folgen artikulierter Zwecke, gewählter Werte und getroffener Entscheidungen: »Der wissenschaftlichen Betrachtung zugänglich ist ... unbedingt die Frage der Geeignetheit der Mittel bei gegebenem Zwecke. Da wir (innerhalb der jeweiligen Grenzen unseres Wissens) gültig festzustellen vermögen, *welche* Mittel zu einem vorgestellten Zwecke zu führen geeignet oder ungeeignet sind, so können wir auf diesem Wege die Chancen, mit bestimmten zur Verfügung stehenden Mitteln einen bestimmten Zweck überhaupt zu erreichen, abwägen und mithin indirekt die Zwecksetzung selbst, auf Grund der jeweiligen historischen Situation, als praktisch sinnvoll oder aber als nach Lage der gegebenen Verhältnisse sinnlos kritisieren.«[136]

6) Die Kulturwissenschaften leisten ferner noch eine Folgen- und Nebenfolgenkalkulation des an Wertideen orientierten menschlichen Handelns, und stehen auch unter diesem Aspekt der wertenden und unter Entscheidungszwängen stehenden Persönlichkeit als unverzichtbare Rationalisierungsinstanz

zur Verfügung. Sie dienen einer verantwortungsethischen Perspektivierung der Lebensführung, indem sie die Wertideen und kulturellen Weltbilder einer Zeit mit dem Wissen um ihre möglichen, bzw. mit wissenschaftlichen Mitteln vorhersehbaren Konsequenzen konfrontieren. Wenn man berücksichtigt, daß für Weber eine verantwortungsethische Reglementierung der Lebensführung das der Gegenwart angemessene Prinzip der Handlungsnormierung ist, daß sich also Handeln primär an rationalen Kosten-Nutzen-Kalkulationen orientieren ›soll‹, bedeutet das, daß Wissenschaft im Sinne eines Regulativs der unter Werten und Sinnkriterien stehenden Lebenspraxis für die Wertwahl und für die Entscheidungen der Individuen ein normativer Bezugspunkt von zentraler Bedeutung ist.[137]

Die kulturwissenschaftliche Erkenntnis stellt darum in Form einer rationalen Kostenabwägung des Handelns eine wesentliche Instanz zur Beurteilung gewählter Werte dar: »Wir bieten ... dem Handelnden die Möglichkeit der Abwägung dieser ungewollten gegen die gewollten Folgen seines Handelns und damit die Antwort auf die Frage: was ›kostet‹ die Erreichung des gewollten Zweckes in Gestalt der voraussichtlich eintretenden Verletzung *anderer* Werte? Da in der großen Überzahl aller Fälle jeder erstrebte Zweck in diesem Sinne etwas ›kostet‹ oder doch kosten kann, so kann an der Abwägung von Zweck und Folgen des Handelns gegeneinander keine Selbstbesinnung verantwortlich handelnder Menschen vorbeigehen.«[138]

7) Schließlich ermöglicht die Kulturwissenschaft einer an Wertartikulationen gebundenen und sich um kulturelle Ideen und Handlungsmotive kristallisierenden Lebenspraxis die »*Kenntnis* der *Bedeutung* des Gewollten selbst«.[139] Sie verschafft einer Zeit das Bewußtsein ihrer selbst durch Einordnung der virulenten kulturellen Orientierungen in eine geschichtliche Kontinuität der Ideen. Weber verweist auf den Umstand, daß die »sozialphilosophische« Aufgabe und Funktion der Wissenschaft gerade in dieser historischen Selbstaufklärung einer an Wertideen orientierten Lebenspraxis besteht. Sie vollzieht sich in der Form einer historischen Rekonstruktion der geschichtlichen Kontinuität von Weltbildern und Ideen als wesentlichen Triebkräften der Kulturentwicklung: »Denn es ist selbstverständlich eine der wesentlichsten Aufgaben einer jeden Wissenschaft vom menschlichen Kulturleben, diese ›Ideen‹, für welche teils wirklich, teils vermeintlich gekämpft worden ist und gekämpft wird, dem geistigen Verständnis zu erschließen. Das überschreitet nicht die Grenzen einer Wissenschaft, welche ›denkende Ordnung der empirischen Wirklichkeit‹ erstrebt, ... es handelt sich um Aufgaben der *Sozialphilosophie*. Allein die historische Macht der Ideen ist für die Entwicklung des Soziallebens eine so gewaltige gewesen und ist es noch, daß unsere Zeitschrift [gemeint ist das »Archiv für Sozialwissenschaft und Sozialpolitik«] sich dieser Aufgabe niemals entziehen, deren Pflege vielmehr in den Kreis ihrer wichtigsten Pflichten einbeziehen wird.«[140]

Damit sind die von Weber hervorgehobenen hermeneutischen Erkenntnis- und Orientierungsleistungen der Kulturwissenschaften umrissen, mit deren

Betonung Weber auf das eingangs erwähnte kulturanthropologische Motiv seiner Wissenschaftslehre reagiert hat. Seine Wissenschaftslehre im Sinne einer Theorie und Methodologie der Kulturwissenschaften läßt sich wie diejenige Droysens als wichtiger Bestandteil einer historischen Anthropologie verstehen, deren Aufgabe darin besteht, die geistigen Wurzeln und kulturellen Bedingungen der menschlichen Freiheit zu benennen.

2. Ethische Lebensführung und moderne Kultur

a) Das Ende der sittlichen Mächte: Geschichtliche Erfahrungsgrundlagen der Weberschen Ethik

Am Beispiel der Geschichtskonzeption Droysens ist bereits die geistesgeschichtliche Herkunft und die theoriestrategische Bedeutung der historistischen Systematik sittlicher Mächte angedeutet worden. Sie kennzeichnete eine intersubjektiv geteilte, historisch gewachsene und zugleich zur Zukunft hin geöffnete Normativität der bürgerlichen Gesellschaft, deren Verpflichtungscharakter im wesentlichen darauf beruhte, daß diese sittlichen Lebenssphären in Staat und Gesellschaft als eine geschichtliche und institutionelle Manifestation der werdenden Freiheit des Menschen gedeutet werden konnten und im Horizont der Zeit auch so gedeutet worden sind.

Beim Blick auf die praxisphilosophischen und normentheoretischen Konsequenzen der Modernisierungstheorie Max Webers fällt auf, daß für sie diese historistische Theorie sittlicher Mächte keine nennenswerte Bedeutung mehr besitzt. Weber begreift seine Gegenwart als das Ende der Sittlichkeit im Sinn einer gesellschaftlich oder politisch institutionalisierten Freiheit des Menschen, ein Ende, welches das kulturelle Vakuum einer unter den spezifischen Bedingungen moderner Rationalität ethisch nicht mehr im Sinne der werdenden Freiheit auszudeutenden Lebensführung hinterläßt. Modernität impliziert stattdessen das Ausscheren der wertrationalen Grundlagen der Kultur und der sozialen Prozesse intersubjektiver Verständigung aus dem Bereich des Rationalen ins Irrationale, und zwar aufgrund ihrer Unfähigkeit zu strukturbildenden Effekten im Kontext sittlicher Mächte, d.h. gesellschaftlicher und politischer Institutionen, die der Sicherung von Standards der praktischen Vernunft und der Freiheit dienen.

Weber hat diesen historischen Schwundprozeß ethischer und kultureller Lebensführungsmächte im Gefolge der gesellschaftlichen Modernisierung durch Rationalisierung am Beispiel des Schicksals von Religion empirisch rekonstruiert. In seiner Religionssoziologie taucht dieser Gedanke in der Vorstellung einer wechselseitigen Negation von Intellektualisierung und Religion wieder auf: »Die moderne Form der zugleich theoretischen und praktischen intellektuellen und zweckhaften Durchrationalisierung des Weltbildes und der Lebensführung hat die allgemeine Folge gehabt: daß die Religion, je weiter diese besondere Art von Rationalisierung fortschritt, desto mehr ihrerseits in das – vom Standpunkt einer intellektuellen Formung des Weltbildes aus gesehen: – Irrationale geschoben wurde.«[141]

Während Modernisierung für Weber auf der einen Seite eine überaus erfolgreiche Institutionalisierung der Disposition zu zweckrationalen Handlungstypen in Form des modernen Kapitalismus und des bürokratischen Staates bedeutet, kennzeichnet sie eine demgegenüber nur verschwindend gering ausgeprägte Fähigkeit der menschlichen Wertrationalität zu erfolgreichen Strukturbildungen und »sittlichen« Institutionalisierungen ihrer selbst. Aufgrund dessen verkümmert das ethische Erbe der Weltreligionen als der geschichtlichen Vorbilder, an denen Weber die Bedeutung und Funktionsweise einer pragmatischen Handlungsmotivierung, ethischen Reglementierung und kulturellen Sinndeutung der Lebensführung empirisch rekonstruiert hat: »Zu den wichtigsten formenden Elementen der Lebensführung nun gehörten in der Vergangenheit überall die magischen und religiösen Mächte und die am Glauben an sie verankerten ethischen Pflichtvorstellungen.«[142]

Die Modernisierungstheorie in der Gestalt, in der sie innerhalb der Religionssoziologie als Theorie einer geschichtlichen Dialektik von religiöser Kultur und gesellschaftlicher Rationalisierung existiert, impliziert die Vorstellung, daß jedwede ›postreligiöse‹ Ethik die normative Überzeugungsstärke und Evidenz religiös gebundener Glaubensgewißheiten nicht einmal mehr annäherungsweise zu realisieren vermag, denn »nur positive Religionen – präziser ausgedrückt: dogmatisch gebundene *Sekten* – vermögen dem Inhalt von *Kulturwerten* die Dignität unbedingt gültiger *ethischer* Gebote zu verleihen.«[143]

Vielleicht läßt sich ein Zugang zu den argumentativen Grundlagen dieser hier zunächst nur kurz angerissenen wertskeptischen Position Webers über seine Theorie des sozialen Handelns her gewinnen, in der er die möglichen Maximen unterschiedlicher Handlungstypen ausdifferenziert. Weber unterscheidet dort bekanntlich vier Varianten praktischer Handlungsantriebe:[144]

1. Dem *wertrationalen Handeln*, welches sich, wenn man es nicht mehr unter handlungstheoretischen, sondern unter normentheoretischen Gesichtspunkten betrachtet, zum »gesinnungsethischen« Handeln transformiert,[145] liegt eine »bewußte Herausarbeitung der letzten Richtpunkte des Handelns und ... [eine] *konsequente* planvolle Orientierung daran« zugrunde.[146] Erst in der Orientierung des Lebens an einem – wie auch immer gearteten – »letzten« Glauben und Wertgesichtspunkt als Prinzip der Handlungsmotivierung, -reglementierung und -orientierung entgeht der Mensch dem »Fluch kreatürlicher Nichtigkeit«,[147] der ihn bei dem Verzicht auf eine an wertrationale Überzeugungen und Prinzipien gebundene ethische Ausdeutung und Methodisierung seiner Lebensführung zwangsläufig treffen müßte, weil diese in einem solche Falle erneut die Qualität eines reinen Naturprozesses gewinnen würde.

2. Das *zweckrationale Handeln*, welches sich – normentheoretisch gewendet

– zum »verantwortungsethischen« wandelt, wird demgegenüber nicht durch kulturell definierte Ideen und wertrationale Überzeugungen, sondern durch Interessen, Erfolgskalküle und durch das Prinzip verantwortungsethischer und -bewußter Folgenabwägung reguliert, was sich in einer praktischen Rationalisierung der Mittelwahl niederschlägt.

3. Dem *affektuellen oder emotionalen Handeln*, welches Weber unter normentheoretischen Gesichtspunkten als einen prärationalen Sondertyp des wertrationalen Handelns begreift, liegen als bestimmende Handlungsmaximen akute Gefühlszustände und -reaktionen zugrunde. Der Antrieb zum Handeln besteht hier in einem schier übermächtigen Drang zur unmittelbaren Triebabfuhr und zur Befriedigung einer Begierde.[148]

4. Dem *traditionalen Handeln* schließlich, das sich, wenn man es ebenfalls als einen normenregulierten Handlungstyp interpretiert, zum Handeln aus dem Sinn der kulturellen Überlieferung, aber auch zum sturen, regelbefolgenden Konventionalismus wandelt, liegen »Sitten« im Sinne gedanken- und bewußtlos reproduzierter Handlungsmaximen zugrunde.[149]

Es ist unschwer zu sehen, daß in dieser Typologie des sozialen Handelns, welches für Weber über Werte, Zwecke, Gefühle und Traditionen normativ koordiniert werden kann, exakt diejenigen Elemente wieder auftauchen, die der im Geist von Hegels Kant-Kritik entstandene Sittlichkeitsbegriff des Historismus noch in sich vereinigt und zusammengedacht, also »synthetisiert« hatte. Als sittlich galt für Droysen eine Form der menschlichen Lebensführung dann und nur dann, wenn sie:

1. über ein wertrationales Fundament verfügt, in dem der mit der Entstehung des Christentums geborene und seit dem Naturrecht der Aufklärung[150] für jede Form menschlicher Lebensführung verpflichtend gewordene Gedanke der universellen Freiheit des Menschen eingegangen und »aufgehoben« ist.

2. Ein zweites Merkmal sittlicher Lebensformen bestand für Droysen darin, daß sich ihre Sittlichkeit innerhalb der am Zielkriterium wirtschaftlichen Erfolges oder legitimer politischer Macht orientierten Arbeit des Menschen ausprägt und manifestiert. Die Verfolgung der persönlichen, entweder ökonomisch, politisch oder sozial definierten Interessen egoistisch handelnder Individuen und die materielle Reproduktion der Gattung durch die Aneignung der äußeren Natur insgesamt muß auf der Basis einer am Kriterium der Freiheit orientierten Wirtschaftsethik und Legitimitätsgrundlage von Herrschaft erfolgen. In der zweckrationalen Befriedigung der menschlichen Bedürfnisnatur muß eine wertrational als möglich unterstellte Freiheit des Menschen wirklich werden, um einen bestimmten Typ der menschlichen Lebensführung zu einem sittlichen zu qualifizieren.

3. Zur Sittlichkeit eines Gemeinwesens gehörte für Droysen ferner, daß es nicht nur den kulturellen Ideen und den legitimen Interessen seiner Mitglieder Rechnung trägt, sondern auch, daß sie in ihren »Herzen« affektuell verankert werden kann. Gegenüber dem universalistischen, aber abstrakt und realitätsfern bleibenden Formalismus und strengen Sollenscharakter einer kantianischen

Moralität bringt der Sittlichkeitsgedanke unübersehbar ein hedonistisches Element in den ethischen Diskurs der Moderne ein: Auf dem Boden sittlicher Lebensformen sind normative Gebote und lustorientierte Gefühle zur Einheit einer zugleich ethischen und sinnlichen Lebensführung verknüpft.

4. Schließlich zeichnen sich sittliche Lebensformen noch dadurch aus, daß in ihnen der ethische Wissensvorrat der Überlieferung gespeichert ist – aber nicht im Sinn einer traditionalistischen Last überlebter Konventionen, sondern im Sinn einer zur Zukunft der werdenden Freiheit hin geöffneten kulturellen Kontinuität praktischer Reglementierungen der Lebenswelt, an welche die mit jeweils akuten Handlungszwängen konfrontierten und damit in ihrem Möglichkeitsspielraum prinzipiell restringierten normativen Orientierungsversuche der Gegenwart anknüpfen können zum Zwecke einer historischen Bereicherung des Werthorizonts.

Die historistische Vorstellung einer sittlichen Lebensführung stellt also eine normentheoretische Syntheseleistung dar, in der die Werte, die Interessen, die Gefühle und die Traditionen der gesellschaftlichen Individuen zur Einheit einer sozial und kulturell integrierten Lebensform verschmolzen sind, und in diesem anspruchsvollen Sinne steht sie noch in der Tradition der Weltreligionen im Sinne überlieferter Systeme einer ethischen Handlungsmotivierung, Praxisreglementierung und Sinnorientierung des menschlichen Lebens.

Weber bricht unter zwei Gesichtspunkten mit diesem historistischen Erbe: Erstens blendet er die mit der Kategorie der »Sittlichkeit« noch zum Ausdruck gebrachte Überzeugung ab, daß die Begründung und Geltung von Handlungsnormen immer auch ein in sich geschichtlicher Prozeß intersubjektiver Verständigung zwischen individuellen oder kollektiven Handlungsakteuren ist. An die Stelle der sittlichen Prozesse einer gesellschaftlichen Kommunikation treten die inneren Wertentscheidungen subjektivistisch vereinsamter Individuen, die sich autonom zu den Normen bekennen, denen ihre Lebensführung gehorchen soll.

Ferner bringt Webers Werttheorie ein Normen- und Gegenwartsbewußtsein zum Ausdruck, in dem sich die ehemals kulturell integrierten Wertsphären voneinander entzweit haben, miteinander konkurrieren und deshalb eine entfremdete, weil ethisch nicht mehr zu integrierende Lebenswelt repräsentieren: »Es handelt sich nämlich zwischen den Werten letztlich überall und immer wieder nicht nur um Alternativen, sondern um unüberbrückbar tödlichen Kampf, so wie zwischen ›Gott‹ und ›Teufel‹. Zwischen diesen gibt es keine Relativierungen und Kompromisse. Wohlgemerkt: dem *Sinn* nach nicht. Denn es gibt sie, wie jedermann im Leben erfährt, der Tatsache und folglich dem äußeren Schein nach, und zwar auf Schritt und Tritt. In fast jeder einzelnen wichtigen Stellungnahme realer Menschen kreuzen und verschlingen sich ja die Wertsphären. Das Verflachende des ›Alltags‹ in diesem eigentlichsten Sinne des Wortes besteht ja gerade darin: daß der in ihm dahinlebende Mensch sich dieser teils psychologisch, teils pragmatisch bedingten Vermengung todfeindlicher Werte nicht bewußt wird und vor allem: auch gar nicht bewußt werden *will*, daß er sich vielmehr der Wahl zwischen ›Gott‹ und ›Teufel‹ und der eigenen letzten Entscheidung darüber: welcher der kollidierenden Werte von dem Einen und welcher von dem Andern regiert werde, entzieht.«[151]

Modernisierung bedeutet für Weber im Sinn einer Ausdifferenzierung eigenständiger und eigensinniger Wert- und Kultursphären unausweichlich die Transformation einer Lebensführung unter der Autorität »des Einen, das not tut« zu einer solchen, deren Konstituens gerade darin besteht, daß »die Ethik nicht das Einzige ist, was auf der Welt ›gilt‹, sondern daß neben ihr andere Wertsphären bestehen, deren Werte unter Umständen nur der realisieren kann, welcher ethische ›Schuld‹ auf sich nimmt.«[152] Das Werk Webers stellt sich der Erfahrung einer Aufspaltung ethisch integrierter und kulturell zusammengehaltener Lebenswelten in die Polyphonie derjenigen Rationalität, Eigengesetzlichkeit und Handlungslogik der verschiedenen Lebensordnungen, die in den Divergenzen der gesellschaftlichen Realität und in der Existenz miteinander kämpfender Orientierungsmächte ihren Ausdruck finden. Die ethische Synthetisierung etwa von Berufspflicht und Erotik, von Politik und Kunst, von Intellekt und Gefühl, von Fortschritt und Tradition, von Leben und Tod unter dem versöhnenden Dach der ›Einen‹ sittlichen Vernunft ist seither das strukturell unlösbare Dauerproblem des modernen Kulturmenschen.

Weber hat diese unversöhnten und für ihn unter den Bedingungen moderner Rationalität auch unversöhnbaren Gegensätze bekanntlich als eine schicksalhafte Rückkehr des Polytheismus in Gestalt von elementar miteinander ringenden Werten begriffen: »Heute aber ist es religiöser ›Alltag‹. Die alten vielen Götter, entzaubert und daher in Gestalt unpersönlicher Mächte, entsteigen ihren Gräbern, streben nach Gewalt über unser Leben und beginnen untereinander wieder ihren ewigen Kampf. Das aber, was gerade dem modernen Menschen so schwer wird, und der jungen Generation am schwersten, ist: einem solchen *Alltag* gewachsen zu sein. Alles Jagen nach dem ›Erlebnis‹ stammt aus dieser Schwäche. Denn Schwäche ist es: dem Schicksal der Zeit nicht in sein ernstes Antlitz blicken zu können. Schicksal unserer Kultur aber ist es, daß wir uns dessen wieder deutlicher bewußt werden, nachdem durch ein Jahrtausend die angeblich oder vermeintlich ausschließliche Orientierung an dem großartigen Pathos der christlichen Ethik die Augen dafür geblendet hatte.«[153]

In diesen Worten wird deutlich, welche Bedeutung Weber der von ihm konstatierten und im Verlust normativer Einheit und Evidenz endenden ethischen Entzauberung des modernen Menschen beigemessen hat: Es handelt sich um einen befreienden Ausgang des Menschen aus einer, vom Glauben an ein übergeordnetes Prinzip (sei es an Gott, an einen naturrechtlichen Vernunftbegriff oder an ein sittliches Gutes) gespeisten Verblendung, im Besitz eines integrationsfähigen ethischen Fundaments der menschlichen Lebensführung zu sein, das die ihm angesonnenen Funktionen einer kulturellen Synthese des individuellen Handelns und der sozialen Integration konkurrierender Standpunkte leisten könne.

Unter drei Gesichtspunkten modifiziert, ja sprengt Webers Theorie einer prinzipiellen Pluralität normativer Überzeugungen das Sittlichkeitskonzept der historistischen Tradition:

1. Sie bestimmt – ganz im Sinne einer »Wertkollisionslehre« – den Normenkonflikt und nicht die sittliche Integration zum inneren Strukturmerkmal und Normalzustand ethisch regulierungsbedürftiger Lebenswelten. Dem entspricht die von Weber ganz im Sinne des Neukantianismus betriebene Autonomisierung der Subjekte des gesellschaftlichen Normenbewußtseins unter Vernachlässigung ihrer sittlich-kommunikativen Bezüge und ihrer historischen Kontextualität zu den heroisch vereinsamten Entscheidungsträgern normativer Grundfragen. Werte und Normen sind für Weber grundsätzlich nicht mehr Resultate einer kommunikativen Verständigung der Individuen über die sittlichen Grundlagen ihrer sozialen Beziehungen, sondern Entscheidungen autonomisierter und innerlich mit sich selber ringender Subjeke (b).

2. Daher ist es nur konsequent, wenn Weber den Begriff der »Persönlichkeit« (und nicht den der »Sittlichkeit«) zur Fundamentalkategorie seiner Ethik erhebt und die rechtlichen wie die politischen Integrationsformen der modernen Gesellschaft mit den Subjektstrukturen der in ihr vergemeinschafteten Individuen korreliert (c).

3. Aus diesen entscheidungs- und persönlichkeitstheoretischen Überzeugungen Webers ergeben sich wesentliche Konsequenzen für den Wahrheits- und Geltungsaspekt von Normen. Seine Position ist dadurch gekennzeichnet, daß Weber – darin gänzlich unkantianisch – die argumentative Begründungsfähigkeit gesellschaftlicher Normen leugnet zugunsten der These einer prinzipiellen Unaustragbarkeit von Normen- und Geltungsproblemen auf dem Felde der praktischen Vernunft (d): »Es gibt keinerlei (rationales oder empirisches) wissenschaftliches Verfahren irgendwelcher Art, welches hier eine Entscheidung geben könnte.«[154]

b) Der Kampf der Werte und der Zwang zur Entscheidung

Es ist bereits ausgeführt worden, daß Weber im Bereich des Politischen und des Sozialen den »Kampf« als das beherrschende Prinzip des Kulturlebens verstanden hat. Überall dort, wo Menschen in Beziehung zueinander treten – politisch, ökonomisch oder sozial – geht es für Weber auch, ja speziell auf dem Boden der modernen Gesellschaft »unbrüderlich« zu.[155] Dieser Kampf ist jedoch nicht allein Wesensmerkmal aller gesellschaftlichen Lebensprozesse im weitesten Sinne, sondern bestimmt auch das Innenleben der gesellschaftlichen Subjekte. In diesem Kampf der verinnerlichten Subjektivität mit sich selbst geht es nicht mehr um materielle Güter wie Macht, Geld oder Status, sondern vielmehr um motivierende Handlungsantriebe, normative Orientierung und kulturellen Sinn. »Werte« – so lautet der von Weber dafür verwendete

Terminus – sind Ausdruck des verzweifelten Kampfes des Menschen mit sich selbst und der Modus, in dem dieser Dauerkonflikt der in sich entzweiten und unversöhnten Individuen auftritt, ist die strukturelle Nötigung des Menschen zum Akt der Entscheidung angesichts der Existenz antagonistischer Werte, Orientierungen und Interessen: »Die aller menschlichen Bequemlichkeit unwillkommene, aber unvermeidliche Frucht vom Baum der Erkenntnis ist gar keine andere als eben die: um jene Gegensätze wissen und also sehen zu müssen, daß jede einzelne wichtige Handlung und daß vollends das Leben als Ganzes, wenn es nicht wie ein Naturereignis dahingleiten, sondern bewußt geführt werden soll, eine Kette letzter Entscheidungen bedeutet, durch welche die Seele, wie bei Platon, ihr eigenes Schicksal: – den Sinn ihres Tuns und Seins heißt das – *wählt*.«[156]

Der von Weber unterstellte Antagonismus normativer Handlungsorientierungen kann nur entschieden werden durch den Kampf der Werte im Innern der menschlichen Seele. Ein wichtiges Merkmal derartiger innerlicher Entscheidungen besteht darin, daß sie im Verzicht auf weitergehende Begründungen ihrer selbst letztlich vor der Konfliktträchtigkeit des Lebens kapitulieren. Entscheidungen sind Formen einer normativen Klärung von Praxisproblemen, die weder willens noch in der Lage sind, sich selber zu explizieren und argumentativ zu begründen. Sie lösen daher die Konflikte des Alltags nicht im Sinne und unter der leitenden Perspektive einer sozialen Verständigung oder einer ethischen Versöhnung ihres Widerspruchscharakters, sondern klären sie allein im Interesse an der Fortsetzung einer letztlich normativ unbegründeten und unbegründbaren Praxis.

Eine Entscheidung beläßt Wertkonflikte prinzipiell im Status ihrer unterstellten Unversöhnlichkeit, ja setzt sie voraus und bejaht sie sogar. Entscheidungen können und wollen auf dem Feld von Handlungsnormen und Werten den existierenden Zwiespalt und die Zerrissenheit im Innern der menschlichen »Seele« nicht überwinden und aus diesem Grunde läßt sich Webers Entscheidungsethik auch als Ausdruck einer Selbstbejahung des selbstentfremdeten Menschen begreifen.[157] Es handelt sich insofern um Simplifizierungen der ethischen Strukturproblematik des menschlichen Lebens, die auf eine normative Letztbegründung von Handeln und Werten verzichten; sie induzieren vielmehr den Abbruch der innergesellschaftlichen Kommunikation über die notwendigen und hinreichenden Voraussetzungen intersubjektiven Einverständnisses und über die tragfähigen Normen wechselseitiger Verständigung.

Die normative Desintegration der modernen Gesellschaft und die Selbstentfremdung der in ihr lebenden und handelnden Persönlichkeiten resultieren aus dem Umstand, »daß das Leben, solange es in sich selbst beruht und aus sich selbst verstanden wird, nur den ewigen Kampf jener Götter miteinander kennt, – unbildlich gesprochen: die Unvereinbarkeit und also die Unaustragbarkeit des Kampfes der letzten überhaupt *möglichen* Standpunkte zum Leben, die Notwendigkeit also: zwischen ihnen sich zu *entscheiden*.«[158]

Weber hat sich selbst deutlich und klar dazu bekannt, ein »Vertreter der

Wertkollision« zu sein.[159] Für ihn entsteht und balanciert die Identität der modernen Subjekte wie ein schwankendes Gleichgewicht in der Aufeinanderfolge konfliktreicher Entscheidungssituationen zwischen prinzipiell unversöhnlichen Werten, zwischen »Gott und Teufel«. Was die Lebensführung der Persönlichkeiten noch normativ zusammenhält, ist nicht mehr – wie noch für den Historismus – das sittliche Band einer ökonomisch vergesellschafteten, politisch legitimierten, sozial vergemeinschafteten und kulturell integrierten Lebenswelt, sondern ein von Weber zum unumgänglichen Schicksal des modernen Menschen stilisierter und in die Alltagspraxis strukturell eingelassener Entscheidungskonflikt »durch alle Ordnungen des Lebens hindurch.«[160]

Diejenigen kulturellen Integrationsleistungen, die Droysen noch im Kontext sittlicher Mächte durch die historisch entstandenen und erfolgsgewöhnten sittlich-kommunikativen Systeme der menschlichen Praxisregulierung erbracht sah, müssen für Weber unter den empirischen Bedingungen der modernen Gesellschaft auf dem riskanten Wege innerlicher Entscheidungsprozesse der Individuen immer wieder neu hergestellt werden. Hierdurch entsichert sich die kulturelle Reproduktion der Gesellschaft in erheblicher Weise, weil in diesem risikoreichen Wechsel praxisregulierender Instanzen das Bewußtsein genau derjenigen Systeme der Sittlichkeit verlorengeht, die vom Historismus noch als die institutionellen Speicher und Garanten einer geschichtlichen Kontinuität der menschlichen Freiheit verstanden werden konnten.

Wie hat sich Weber die innere Struktur derjenigen Persönlichkeit vorgestellt, an die er seine Aufforderung adressiert hat, in ihren Entscheidungen zwischen konkurrierenden Kulturwerten die verlorene Einheit der sittlichen Welt und der praktischen Vernunft wertend immer wieder neu und von Fall zu Fall herzustellen? Was ist – mit anderen Worten – Webers Begriff des modernen Subjekts und wie qualifiziert sich von diesem Begriff her die ethische Grundproblematik der modernen Gesellschaft?

c) Der kulturelle Stellenwert der »Persönlichkeit«

Den Persönlichkeitsbegriff Webers im Zusammenhang mit seiner Ethik und Wertlehre zu diskutieren, findet seine Berechtigung darin, daß Weber die Fähigkeit des Kulturmenschen, Werte zu artikulieren, zu behaupten und im Zuge seines Lebensprozesses zu realisieren, geradezu als eine Eigenschaft von persönlichkeitskonstituierender Bedeutung begriffen hat. »Persönlichkeit« ist für Weber das Resultat einer Befähigung des Menschen zu Werten und zu einer ethischen Lebensführung: »Richtig ist noch etwas weiteres: gerade jene innersten Elemente der ›Persönlichkeit‹, die höchsten und letzten Werturteile, die unser Handeln bestimmen und unserem Leben Sinn und Bedeutung geben, werden von uns als etwas ›objektiv‹ Wertvolles empfunden. ... Und sicherlich liegt die Würde der ›Persönlichkeit‹ darin beschlossen, daß es für sie Werte gibt, auf die sie ihr eigenes Leben bezieht, – und lägen diese Werte auch im einzelnen Falle ausschließlich *innerhalb* der Sphäre der eigenen Individualität: dann gilt ihr eben das ›Sichausleben‹ in *denjenigen* ihrer Interessen, für welche sie die *Geltung als Werte* beansprucht, als die Idee, auf welche sie sich bezieht.«[161]

Der Hintergrund für Webers dezisionistische Ethik ist eine bestimmte Interpretation der Stellung des Menschen in der entzauberten Wirklichkeit und zu ihr: Nach dem rationalisierenden Abbau aller sittlichen Evidenzen ist die individuelle Persönlichkeit in ihrer Kompetenz zur Wertstiftung die letzte Bastion gegenüber einer sich ausbreitenden Sinnlosigkeit der menschlichen Lebensführung. Werte bzw. die Entscheidung zu ihnen sind für Weber Akte einer heroischen und unmittelbar sinnstiftenden Subjektivitätsbehauptung der auf sich selbst gestellten, radikal autonomisierten Persönlichkeit, Refugien einer kulturellen und wertrationalen Deutung und Fundierung des menschlichen Handelns. »Persönlichkeiten« zeichnen sich für Weber durch die Fähigkeit zu einer ethischen Methodisierung ihres Lebensstiles aus, bei der ihre Existenz als Ganze im Zuge einer Konfrontation mit übergeordneten, ›letzten‹ Prinzipien und Sinnkriterien werthaft aufgeladen und ihre zweckrational beschränkte Motivstruktur transzendiert wird. Die Werte der Persönlichkeit überwölben den Interessenbezug des Handelns mit dem Himmel eines kulturellen Ideenbezuges, durch den die ›Sache‹, der das eigene Handeln dient, einen Wertakzent erlangt, der über die Alltäglichkeit empirischer Handlungsvollzüge selbst qualitativ hinausweist.

Eine Persönlichkeit ist für Weber ein Mensch, der seinem Tun sowie der Sache, der es dient, einen sie kulturell transzendierenden Sinn verleiht. In der geschichtlichen Arbeit von Persönlichkeiten vollzieht sich ein Sinn, der ausgeprägte handlungsleitende und -motivierende Eigenschaften besitzt. Insofern gehört für Weber ein matter Abglanz der Gnadengabe des Charisma, die Fähigkeit zur Transzendierung eines profanisierten Alltags, zur mentalen Grundausstattung einer jeden »Persönlichkeit«: »Bei jeder *beruflichen* Aufgabe verlangt die *Sache* als solche ihr Recht und will nach ihren eigenen Gesetzen erledigt sein. ... Und es ist *nicht wahr*, daß eine starke Persönlichkeit sich darin dokumentiere, daß sie bei jeder Gelegenheit zuerst nach einer nur ihr eigenen ganz ›persönlichen Note‹ fragt. Sondern es ist zu wünschen, daß gerade die jetzt heranwachsende Generation sich vor allen Dingen wieder an den Gedanken gewöhne: daß ›eine Persönlichkeit zu sein‹ etwas ist, was man nicht absichtlich wollen kann, und daß es nur einen einzigen Weg gibt, um es (vielleicht!) zu werden: die rückhaltlose Hingabe an eine ›Sache‹, möge dies und die von ihr ausgehende ›Forderung des Tages‹ nun im Einzelfall aussehen, wie sie wolle.«[162] Diese von Weber hier eingeklagte »rückhaltlose Hingabe« des Menschen an die »Sache«, der sein Handeln dient, ist Reflex ihrer wertrationalen Ausdeutung und damit eine Konsequenz des Wissens um den in ihr liegenden ›überschießenden‹ Sinn- und Bedeutungsgehalt.

Der Begriff der Persönlichkeit steht im Zentrum der Ethik Webers: Er ist die Chiffre für die ethische Strukturproblematik der modernen menschlichen Lebensführung.[163] Weber hatte die Paradoxie der Modernisierung durch Rationalisierung darin erkannt, daß sich die ursprünglich gegebene Einheit von Wert- und Zweckrationalität infolge einer Verselbständigung instrumentellen Handelns von seinen kulturellen Motiven und Deutungen auflöst. Menschliche Lebensführung ist seither in ihrer Ganzheit nicht mehr wertrational abgestützt, ihr fehlt die ethische Methodisierung zur bewußten Lebens»führung«. Hinter der Aufforderung Webers, sich zur Persönlichkeit auszubilden, verbirgt sich das Bemühen, sich dieser verlorenen Einheit wieder neu zu vergewissern, den »Sinn« des Lebens also in der erneuten Authentizität der Lebensführung mit ihren kulturellen Grundlagen zurückzugewinnen – und darin »frei« zu werden. Denn Freiheit, diese Fundamentalkategorie einer jeden Ethik, die ihren Namen verdient, ist für Weber das Privileg der Persönlichkeit als eines Menschen, dem im Innern seiner Seele die Synthese der konkurrierenden Lebensführungsmächte und ihrer Anforderungen in die Einheit der praktischen Vernunft erneut gelingt und damit die kulturelle Rückkopplung des Lebens an Motive, Normen und Sinn. Die Entstehung einer Persönlichkeit wird damit zur Folge der kulturellen Virtuosenleistung, die eigene Identität im Rekurs auf übergeordnete Prinzipien und Werte zu einem in sich geschlossenen, rationalen Kosmos von Denken und Handeln ethisch zu disziplinieren: »Je ›freier‹ in dem hier in Rede stehenden Sinn das ›Handeln‹ ist, d.h. je *weniger* es den Charakter des ›naturhaften Geschehens‹ an sich trägt, desto mehr tritt damit endlich auch derjenige Begriff der ›Persönlichkeit‹ in Kraft, welcher ihr ›Wesen‹ in der Konstanz ihres inneren Verhältnisses zu bestimmten letzten ›Werten‹ und Lebens-›Bedeutungen‹ findet, die sich in ihrem Tun zu Zwecken ausmünzen und so in teleologisch-rationales Handeln umsetzen.«[164]

Die Freiheit des modernen Menschen ist für Weber unmittelbar gebunden an die Existenz einer ganz bestimmten Subjektstruktur: einer solchen, in der beide Vernunftqualifikationen der Individuen, die ja gleichzeitig »der Erfassung und Befolgung von ›Zweckmaximen‹ und des Besitzes von ›Normvorstellungen‹ fähige Wesen sind«,[165] zur Einheit einer in sich konsistenten, widerspruchsfreien und deshalb vernünftigen Persönlichkeit verschmolzen sind, welche ihr Handeln aus der Entscheidung zu übergeordneten Werten motiviert, an Prinzipien orientiert, mit erfolgversprechenden zweckrationalen Mitteln in die Wege leitet und sich darüberhinaus der Folgen wie ihrer Verantwortung für diese Folgen bewußt ist. Die Ethik, die dieser Freiheits- und Vernunftnatur der modernen Persönlichkeit allein entspricht, ist für Weber die Ethik der Verantwortung auf der Grundlage eines gesinnungsethischen Gesichtspunktes: »Gesinnungsethik und Verantwortungsethik [sind] nicht absolute Gegensätze, sondern Ergänzungen, die zusammen erst den echten Menschen ausmachen.«[166]

Der ethische Lebensstil, der einer derartigen Vermittlung von Gesinnungs- und Verantwortungsethik unter den spezifischen Bedingungen moderner Rationalität allein noch angemessen ist, ist für Weber derjenige der »bewußten Weltbeherrschung«.[167]

Das Problem, vor dem Webers Ethik allerdings hilflos steht, besteht darin, für diesen modernen Lebensstil der rationalen Weltbeherrschung letztlich kein überzeugendes ethisches Kriterium und keinerlei wertrationale Grundlage mehr benennen zu können. Der Preis, der etwa für die Legitimationskrise derjenigen wirtschaftsethischen Gesichtspunkte gezahlt werden muß, die der materiellen Selbstreproduktion der modernen Kultur zugrundeliegen, ist für Weber die strukturelle Sinnlosigkeit einer menschlichen Lebensführung, in der »die ›Berufserfüllung‹ nicht direkt zu den höchsten geistigen Kulturwerten in Beziehung gesetzt werden kann.«[168] Webers Ethik der Verantwortung ist aus diesem Grunde auch eine Verzweiflungslösung, da ihr das wertrationale Kriterium fehlt, für das überhaupt Verantwortung aufgebracht werden soll, es sei denn für den ›Wert‹ der Selbsterhaltung einer immer sinnloser werdenden Zivilisation, die das ethische Zutrauen zu sich selbst bereits verloren hat.

Eine wichtige modernisierungstheoretische Aussage der Persönlichkeitsethik Webers besteht darin, daß sie die modernen Lebens-, Arbeits-, Herrschafts- und Rechtsverhältnisse in eine entscheidende Verminderung der Chancen zur Ausbildung freier Subjektivität münden sieht. Modernisierung impliziert für Weber das beinahe zwangsläufige Abebben der charismatischen Qualifikationen der Persönlichkeit im Zuge ökonomischer, politischer und wissenschaftlicher Rationalisierung. Das genuine Thema seiner Herrschaftssoziologie ist deshalb auch »der durch das unaufhaltsame Umsichgreifen der Bürokratisierung aller öffentlichen und privaten Herrschaftsbeziehungen ... bedingte, in alle intimsten Kulturfragen eingehende Kampf des ›Fachmenschen‹-Typus gegen das alte ›Kulturmenschentum‹.«[169]

Das theoretische Äquivalent, mit dem Weber auf derartige Modernisierungs- und Gegenwartserfahrungen reagiert, ist auf dem Felde seiner Herrschafts- und Rechtssoziologie interessanterweise die Hilfskonstruktion des legalen Herrschaftstyps. Legale Herrschaft ist für Weber genau diejenige politische und rechtliche Formation, die sowohl der ethischen Problemlage der zeitgenössischen Gesellschaft, als auch dem Subjektivitäts- und Freiheitsverlust der in ihr lebenden Individuen entspricht, denn sie ist »die Herrschaft der formalistischen *Unpersönlichkeit*«.[170] Webers Entschärfung der Legitimitätsproblematik zur Legalitätsfrage stellt auf der Ebene der politischen Regulierung gesellschaftlicher Praxis die Entsprechung zu seiner Modifikation ethischer Begründungsprobleme zu subjektiven Entscheidungsproblemen der Individuen dar. Denn die legale Herrschaft und die Entscheidungen der Persönlichkeit im Sinne reflexiv nicht hintergehbarer, letztinstanzlich unbegründeter und unbegründbarer Handlungsmaximen haben zumindest soviel gemeinsam, daß sie bewußt auf eine normative Begründung verzichten, durch die Handlungspraxis im Rückgriff auf übergeordnete Kriterien der praktischen Vernunft legitimiert werden könnte. Sie leugnen gleichermaßen die Möglichkeit eines ethischen und prinzipienorientierten Handelns.

Die Legitimität legaler Herrschaft sieht Weber in einer klassisch gewordenen Formulierung »auf dem Glauben an die Legalität gesatzter Ordnungen und
des Anweisungsrechts der durch sie zur Ausübung der Herrschaft Berufenen«
ruhen.[171] Er unterstellt, daß eine menschliche Lebensführung ohne die kulturelle Rückendeckung wertrationaler Überzeugungen nicht nur logisch – also
»idealtypisch« – denkbar, sondern auch, wie die Zeichen der Zeit ihm zu
zeigen schienen, realiter überlebensfähig und sogar geschichtlich überaus
erfolgreich sein könne.

Dabei übersieht er jedoch, daß sich auch die Legitimität der modernen
Herrschafts- und Rechtsverhältnisse keineswegs auf ihre Legalität zurück-
schrauben läßt, sondern auf einer in die modernen Verfassungen seit der
Entstehung des aufklärerischen Natur- bzw. Vernunftrechts eingegangenen
wertrationalen Überzeugungsdimension aufruht. Die politische und verfas-
sungsrechtliche Realität der modernen Demokratien gehorcht keineswegs der
Logik »legaler« Herrschaft. Selbst die Bürokratie als reinster Typus einer legalen
Herrschaftsform, von der Weber meint, daß in ihrem Amts- und Herrschaftsbe-
reich »durch formal korrekt gewillkürte Satzung beliebiges Recht geschaffen
und (bestehendes beliebig) abgeändert werden könne«,[172] lebt letztlich davon,
daß sie gegebenfalls zur Begründung ihrer Legalität Legitimitätsgründe bei-
bringen kann, die auf einer wertrationalen Grundlage basieren und in allgemeinen, tendenziell universalistischen Prinzipien, oder um mit Weber zu sprechen:
in »höchsten geistigen Kulturwerten« verankert sind.

Dieser Umstand schließt zwar durchaus nicht aus, daß die wertrationale
Legitimationsbasis der Institutionen legaler Herrschaft konventionalistisch unter Alltagsroutinen verschüttet sein kann – nicht jeder Beamte einer kommuna-
len bürokratischen Institution kann und muß bei seiner Alltagsarbeit von Kants
»Chiliasmus der Vernunft« beseelt sein und sie tagein tagaus in dem Bewußtsein
vollziehen, in ihr ein Akteur des Weltgeistes der Freiheit zu sein; die wertrationale Grundlage legaler Herrschaft muß sich jedoch unter den Bedingungen
einer beliebigen Ausnahmesituation jederzeit erneut aktivieren lassen, um
legitim zu bleiben.[173]

Letztlich zeugt auch die Aufnahme des legalen Typus in seine Theorie
möglicher Legitimitätsgründe der politischen Herrschaft und die damit betriebene Zurückschneidung der »Legitimität der Herrschaft zur Legalität der
generellen, zweckvoll erdachten, formell korrekt gesatzten und verkündeten
Regel«[174] von Webers heroischer und zugleich verzweifelter Selbstbejahung des
selbstentfremdeten Menschen unter den Bedingungen spezifisch moderner
Rationalität. Sie dient dem Ziel, die im Zuge der Monopolisierung des
Rationalitätsprädikats durch instrumentelles Handeln zur Herrschaft gelangten
bürokratisierten Herrschafts-, Verwaltungs- und Rechtsverhältnisse mit Legitimitätsgründen zu versehen und damit den dort greifbaren Verlust der
Freiheit in der Verunpersönlichung des Menschen als unabänderliches Schicksal
des modernen Fachmenschentums soziologisch zu verifizieren.[175]

d) Die Wahrheitsunfähigkeit praktischer Fragen

Anläßlich der Diskussion kantianischer Grundlagen der historischen Normentheorie Droysens ist angedeutet worden, wie der moralische Universalismus der Ethik seit Kant begründet war im Gedanken der freien und autonomen Subjektivität des Menschen.[176] Droysen hatte kein Problem darin gesehen, die Universalität der normativen Regulative praktischen Handelns und die Partikularität seiner historischen Kontextualität im Rahmen der Theorie sittlicher Mächte zusammenzubringen. »Moral« im Sinne eines Normensystems mit universalistischem Geltungsanspruch und die historische Individualität ihrer sittlichen Bezugsrealität konnten noch miteinander vermittelt werden, indem sie jeweils als das transzendental notwendige Andere ihrer selbst gedacht wurden. Der Universalitätscharakter moralischer Prinzipien beruhte hier noch unmittelbar auf dem Individualitätscharakter ihrer autonomen Subjekte, und die Individualität der Subjekte stellte sich erst in der universellen Anerkennung ihrer unteilbaren Freiheit her; beide bedingten sich wechselseitig und waren verstehbar als zwei Seiten desselben geschichtlichen Prozesses: der werdenden Freiheit des Menschen.

Im Schritt zu Max Weber geht zusammen mit dieser Vorstellung vom geschichtlichen Freiheitscharakter der Gegenwartspraxis zugleich auch die Möglichkeit einer Vermittlung des gleichzeitigen Universalitäts- und Individualitätsbezuges der menschlichen Subjektivität verloren. Die Begründungsfähigkeit von Normen im Rekurs auf das Prinzip der universellen Freiheit des Menschen, die prinzipiell Allen zugestanden werden muß, geht für Weber verloren, indem die empirischen Prozesse menschlicher Subjektivierung nicht mehr ihre Entsprechung in der politischen und gesellschaftlichen Institutionalisierung von Freiheitsspielräumen finden, die dann als sittliche Mächte die objektiven Garanten der werdenden Freiheit darstellen könnten.[177] Die Subjektivierung der Einzelnen mündet aufgrund des Fehlens sittlicher Objektivierungen und institutioneller Garanten der persönlichen Freiheit nicht mehr in der Möglichkeit einer Befreiung Aller, sondern allein noch in der Freiheit einer Entscheidung autonomer Subjekte zu partikularen Werten, die denjenigen der Anderen antagonistisch und zudem in einer ›tödlichen‹ Konfrontationssituation gegenüberstehen.

Der Befreiung der Persönlichkeit zu sich selbst korrespondiert für Weber keine empirische Lebensform mehr, in der die Lebensführung Aller unter der sittlichen Autorität der praktischen Vernunft integriert und damit Freiheit nicht nur individuell möglich, sondern allgemein wirklich würde. Es fehlen die institutionellen Bezirke und die intersubjektiven Verständigungsprozesse, in denen der moralisch-universalistische Gehalt des Autonomieprinzips realisiert, gesichert und somit ›aufgehoben‹ wäre. Das Ende der Sittlichkeit in der Gegenwart vernichtet den Universalitätsbezug der freien Subjektivität und entläßt stattdessen den Menschen als autonomisierte Persönlichkeit in die jeweilige Partikularität seiner irrationalen Entscheidungen.

Wahrheitsfähig sind praktische Fragen, die sich auf dem Boden geschichtlich partikularer und intersubjektiv geteilter Lebensformen stellen, wenn sie jenseits der ›sittlichen‹ Partikularität des Kontextes, in dem sie sich stellen, im Rückgriff auf verallgemeinerbare, d.h. ›moralische‹ Prinzipien ausgetragen werden. Geht diese, die Freiheit des Menschen erst verbürgende Einheit der sittlichen und der moralischen Vernunft verloren, fallen empirisches Sein und normatives Sollen also in zwei prinzipiell heterogene Sphären auseinander, verlieren praktische Fragen das Merkmal ihrer Wahrheitsfähigkeit, welche gebunden ist an beides zugleich: an die sittliche Partikularität und an die moralische Universalität ihrer Subjekte.

Die neukantianische, die Heterogenität von Sein und Sollen ins Extrem steigernde Wertphilosophie Webers abstrahiert weitgehend von den eindeutigen normativen Implikationen des modernen Verfassungsstaates, der bürgerlichen Öffentlichkeit und der kulturellen Moderne. Sie entledigt sich damit aller geschichtlichen Kriterien der praktischen Vernunft, die in die Prozesse einer sittlichen Regulation und Institutionalisierung freier Subjektivität und Intersubjektivität eingelassen sind. Die Wahrheit praktischer Fragen beschränkt sich bei Weber auf das Kriterium der Authentizität der wertschöpferischen Persönlichkeit mit sich selbst; sie wird wirklich, »wenn jeder den Dämon findet und ihm gehorcht, der *seines* Lebens Fäden hält.«[178]

Webers bekannte These, daß die Frage nach der Wahrheit von Normen »eine gänzlich von praktischen Wertungen abhängige und eben deshalb unaustragbare Frage« sei,[179] resultiert letztlich aus der konsequenten Leugnung desjenigen Wahrheitspotentials, welches in der praktischen Vernunft sittlicher, d.h. am Kriterium der werdenden Freiheit orientierter Formen der menschlichen Lebensführung und intersubjektiven Verständigungsprozesse der modernen Gesellschaft angelegt und dort historisch greifbar ist.

In letzter Konsequenz bedeutet die Wertphilosophie Webers den Verlust des gleichzeitigen Universalitäts- und Individualitätscharakters der menschlichen Subjektivität, eine Einheit, die Kant noch in der kategorischen Aufforderung zum Ausdruck gebracht hatte, den Zweck der Realisation freier und individueller Subjektivität in Form einer Orientierung der Lebensführung an verallgemeinerungsfähigen Normen und Handlungsprinzipien zu erreichen.

Wenn es aber richtig ist, daß sich diese skeptische Ethik Webers eine argumentative Begründung von Prinzipien nicht mehr zutraut, welche praktische Fragen jenseits der individuellen Vielfalt und des »tödlichen Kampfes« der Werte und Normen im Innern der Persönlichkeit unter dem Rückgriff auf verallgemeinerungsfähige Kriterien der praktischen Vernunft zu schlichten vermögen, überrascht es einigermaßen, daß Weber sich so vehement gegen eine Verwechslung seiner Ethik der Wertkollision mit einem schlichten Relativismus gewehrt hat: »Wohl das gröblichste Mißverständnis, welches den Absichten der Vertreter der Wertkollision gelegentlich immer wieder zuteil gewor-

den ist, enthält daher die Deutung dieses Standpunkts als ›Relativismus‹, – als
einer Lebensanschauung also, die gerade auf der radikal entgegengesetzten
Ansicht vom Verhältnis der Wertsphären zueinander beruht und (in konsequenter Form) nur auf dem Boden einer sehr besonders gearteten (›organischen‹) Metaphysik sinnvoll durchführbar ist.«[180] Gewiß läßt sich die heroische
Verzweiflung Webers angesichts der tragischen Verstrickung des modernen
Menschen in den erneuten und schicksalsvollen Kampf der Götter in Gestalt
widerstreitender Werte nicht in einen Topf werfen mit dem schlichten ethischen Defätismus eines späthistoristischen Relativismus, allerdings darf darüber
nicht übersehen werden, daß Webers Ethik keinerlei Maximen mehr kennt
(und die Möglichkeit ihrer Existenz auch bewußt leugnet), die diesen irrationalen Konflikt dämonischer Mächte im Innern der menschlichen Seele zu
einer wahrheitsfähigen oder auch nur rational austragbaren Frage machen
könnten. In der Leugnung der argumentativen Letztbegründungsfähigkeit von
Werten setzt sich in der Ethik Webers unübersehbar ein relativistisches Element
durch, welches letztlich zurückgeht auf eine gegenüber der Position Droysens
eindeutig feststellbare und folgenschwere Enthistorisierung des Normenbewußtseins, in der »die Geschichte« der Freiheit als Klärungsinstanz praktischer
Fragen ausgeblendet wird zugunsten der Unterstellung einer geschichtslosen
Entscheidungsautonomie der gesellschaftlichen Subjekte der praktischen Vernunft.[181]

3. Die »Kulturwissenschaft« als Paradigma
der historischen Forschung

Im weiteren Verlauf dieser Untersuchung geht es um die bereits angedeutete
Frage, ob es einen Problemkern des Weberschen Theoriegebäudes gibt, in
dem sich die Intentionen von Wirtschaft und Gesellschaft, der Wissenschaftslehre, der Religionssoziologie, schließlich der politischen und wertphilosophi-
schen Schriften als verschiedene Aspekte eines einzigen Forschungskonzeptes
treffen und zu einer Einheit zusammenschließen. In diesem Zusammenhang
stellt sich die Frage, inwieweit das Werk Webers durch ein kulturtheoretisches
und -historisches Interesse gekennzeichnet ist und – in Webers eigenen
Worten: in welchem Sinne der »in alle intimsten Kulturfragen eingehende
Kampf des ›Fachmenschen‹-Typus gegen das alte ›Kulturmenschentum‹«[182]
seiner empirischen und theoretischen Forschungsarbeit die Richtung gewiesen
habe. Es geht – mit anderen Worten – um die analytische Leistungsfähigkeit
der Kulturtheorie und Kulturgeschichte Max Webers.
»Kultur« ist der von Weber systematisch bestimmte Ort, an dem die
relevanten Antworten auf die von den Orientierungsproblemen der menschlichen Lebenspraxis provozierten Fragen nach Sinn und Bedeutung gegeben
werden müssen. Die erfahrene Irrationalität der Welt ist die treibende Kraft der

menschlichen Kulturentwicklung, und Kultur ist dementsprechend die Kompetenz, »bewußt zur Welt Stellung zu nehmen und ihr einen Sinn zu verleihen«. Webers Werk läßt sich aus der Perspektive der gegenwärtigen Geschichtswissenschaft als eine umfassend angelegte Theorie der Kultur deuten, die geleitet ist von der Frage nach den unter Bedingungen des modernen Rationalismus noch zur Verfügung stehenden Möglichkeiten kultureller Sinnbildung.[183]

Die kulturellen Sinnfunktionen, die Weber dem Modernisierungsfaktor »Wissenschaft« im Rahmen seiner historischen Anthropologie zugestanden hat, sind bereits erwähnt worden.[184] Im folgenden geht es daher weniger um den allgemeinen kulturtheoretischen Stellenwert der Wissenschaft innerhalb des universalgeschichtlichen Prozesses von Rationalisierung, als vielmehr um die methodologischen Argumente im engeren Sinne, mit denen Weber das Orientierungspotential der Wissenschaft begründet und legitimiert.[185]

Methodologisch betrachtet rechtfertigt Weber die Wissenschaft als einen kulturellen Orientierungsfaktor der Gegenwartspraxis auf dreifache Weise: im Rahmen seiner Theorie der idealtypischen Begriffsbildung (b), mit dem Verweis auf die Werturteilsfreiheit der Wissenschaft (c) und schließlich durch das Beharren auf dem »Objektivitäts«-Anspruch der wissenschaftlichen Erkenntnis (d).

Wenn jedoch die These stimmt, daß der Begriff der Kultur einen prominenten Stellenwert in Webers Systemkonzeption besitzt, müßte sich zeigen lassen, daß die spezifischen Kulturleistungen der Wissenschaft, welche die Wissenschaftslehre expliziert und begründet – idealtypische Begriffsbildung, Werturteilsfreiheit und Objektivität – in einem engen systematischen und genetischen Zusammenhang mit denjenigen Kulturleistungen stehen, die er im Rahmen seiner Religionssoziologie am Beispiel der überlieferten Formen des erlösungsreligiösen Bewußtseins kulturtheoretisch entfaltet hat. Religion und Wissenschaft müssen als zwei Stufen innerhalb einer Kontinuität der menschlichen Arbeit an der »Kultur« begreifbar sein. Eine Vorstellung dieses kulturhistorischen Zusammenhangs zwischen Religion und Wissenschaft hat Weber in der »Zwischenbetrachtung« des ersten Bandes seiner religionssoziologischen Schriften entwickelt.[186] Von hier ausgehend läßt sich ein Zugang zur Wissenschaftslehre Webers gewinnen, der den Aufstieg der Wissenschaft zum »wichtigsten Bruchteil jenes Intellektualisierungsprozesses«, der zur modernen Welt geführt hat, in seiner »Kulturbedeutung« klären könnte (a).

a) Der geschichtliche Zusammenhang zwischen
Religion und Kultur

Als interpretationsbedürftig erkennt Weber vor allem das kulturgeschichtliche Phänomen, daß dem Aufstieg der Wissenschaft im Zuge der gesellschaftlichen Modernisierung ein Abstieg der Religion als Orientierungsmacht der menschlichen Lebensführung korrespondiert. Dieser Prozeß deutet auf einen offen-

sichtlichen Umstellungsprozeß in den Mechanismen der kulturellen Reproduktion hin. Dabei ist jedoch auffällig, daß sich in dieser Transformation der
religiösen zur weltlichen Kultur auch eine Kontinuität der menschlichen
Sinnbildungsarbeit fortsetzt, weil die Wissenschaft wie vormals die Religion
bezogen bleibt auf identische Herausforderungen ihrer kulturellen Kompetenz
durch die Lebenspraxis: Diese Herausforderungen sind im einzelnen die
Sinn-, die Wert- und die Wahrheitsprobleme der menschlichen Lebensführung.[187]
      Es empfiehlt sich, die auf eine derartige lebensweltliche Herausforderung
antwortende Funktionsweise und das Leistungsspektrum der Kultur zunächst
am Beispiel der Religion zu rekonstruieren, um im Anschluß daran die
wissenschaftliche Arbeit an diesen großen Kulturfragen des menschlichen
Lebens in ihrer Spezifik herausarbeiten zu können:
      1. Religion ist für Weber zunächst und vor allem eine Antwort auf die
Sinnprobleme des menschlichen Lebens. Sie resultiert aus einer kulturellen
Dauerproblematik anthropologischen Zuschnitts: aus den Kontingenzerfahrungen des Sterbens, des ungerechtfertigten Leidens und der ungleichen
Verteilung der Glücksgüter unter den Menschen. Weber interpretiert die
Erfahrung von Irrationalität als die treibende Kraft der Religionsentwicklung,
kurz: Religion ist die Antwort des Menschen auf die in seine Lebenspraxis
strukturell eingelassenen Sinnlosigkeitserfahrungen.
      Die in Form der Weltreligionen überlieferten und einer inneren Rationali-
sierungsdynamik unterliegenden Antworten des Menschen auf diese Sinnprobleme sind die diversen Theodizeen des Leidens und der Erlösung im Sinne
rationaler »Stellungnahme[n] zu etwas was an der realen Welt als spezifisch
›sinnlos‹ empfunden wurde und also die Forderung: daß das Weltgefüge in
seiner Gesamtheit ein irgendwie sinnvoller ›Kosmos‹ sei oder: werden könne
und solle.«[188] Sinnprobleme sind für Weber die geschichtlichen Herausforderungen, die das Leben zur Kultur treiben, ja geradezu nötigen. Sie repräsentieren damit zugleich die eigentlichen Triebkräfte des universalgeschichtlichen
Prozesses gesellschaftlicher Rationalisierung, der zur Ausbildung immer kom-
plexerer religiöser Deutungssysteme führt. »Sinn«, dieses »Kernprodukt des
eigentlich *religiösen Rationalismus*«,[189] ist für Weber die Kulturleistung, auf die
alle Weltreligionen zugeschnitten sind.
      Die Religionssoziologie Webers zeichnet sich dadurch aus, daß sie sich
dieser kulturellen Sinnbildungsarbeit der Religion, die geschichtlich betrachtet
zu immer sublimeren und rationaleren Gottesvorstellungen und Entwürfen
von Erlösungswegen und Heilszuständen geführt hat, unter einem ganz bestimmten Gesichtspunkt zuwendet: Webers Interesse an Religion zielt auf die
Bedeutung der Weltreligionen »für die Gestaltung der *praktischen* Lebensführung in ihren Unterschieden«[190] und entzündet sich an dem kulturgeschichtlich
überaus bedeutsamen Phänomen, daß die Rationalisierungsprozesse auf dem
Gebiet religiöser Sinnvorstellungen erhebliche Auswirkungen auf die weltliche
Alltagspraxis der Gläubigen besitzen konnten und auch empirisch besaßen:

»Die Richtung der ganzen Lebensführung, wo immer sie planmäßig rationalisiert wurde, [war] auf das tiefgreifendste bestimmt durch die letzten Werte, an denen sich diese Rationalisierung orientierte. Dies waren, gewiß nicht immer und noch weit weniger ausschließlich, aber allerdings, soweit eine *ethische* Rationalisierung eintrat und soweit ihr Einfluß reichte, in aller Regel *auch*, und oft ganz entscheidend, *religiös* bedingte Wertungen und Stellungnahmen.«[191]

2. Dieser Bezug der Religion auf die Werte, praktischen Handlungsantriebe und ethischen Regulative der menschlichen Lebensführung im weitesten Sinne ist der zweite Aspekt, unter dem Weber die Weltreligionen als Kulturphänomene von zentraler geschichtlicher Bedeutung untersucht. Über ihre Fähigkeit zur kulturellen Sinnbildung hinausgehend leistet Religion noch eine wertrationale »Orientierung der Lebensführung an dem Streben nach einem Heilsgut«,[192] und genau diese religiöse, durch eine Orientierung an außeralltäglichen Werten und Verheißungen gekennzeichnete ethische Struktur und Bestimmung der menschlichen Lebensführung ist es, die Weber herausgearbeitet. Diese, den Wertbezug praktischen Handelns betonende Fragestellung seiner Religionssoziologie erklärt auch, warum die protestantische Ethik im Rahmen der diversen Wirtschaftsethiken der Weltreligionen für Weber eine unübersehbare Sonderstellung beanspruchen durfte: Den Weltbezug der aktiven Askese hat er als das konsequenteste wertrationale Endprodukt des universalgeschichtlichen Prozesses einer innerreligiösen Rationalisierung begriffen.[193]

Der vom Protestantismus eingeforderte und eingeübte Habitus, im praktischen Handeln, genauer: im Modus methodisch-rationaler Weltbearbeitung und Weltbeherrschung das Werkzeug Gottes zu sein, hatte eine Optimierung gesellschaftlicher Arbeit zur Folge, die zur Modernisierung trieb. In seiner wertrationalen Aufladung disziplinierter Berufsarbeit zum Erlösungsmittel vom Leiden dokumentierte der Protestantismus für Weber die spezifische ethische Ausgangskonstellation der okzidentalen Variante gesellschaftlicher Rationalisierung. Er besitzt deshalb innerhalb der Religionssoziologie den Stellenwert eines geschichtlichen Vorbildes für die Funktionsweisen kultureller Reglementierungen des Alltagshandelns im Rekurs auf Wertgesichtspunkte.

3. Außer ihrer Kompetenz zur Produktion von Sinnvorstellungen und zur Artikulation von Wertgesichtspunkten besitzt Kultur für Weber schließlich noch ein drittes konstitutives Merkmal: das Moment ihrer Wahrheitsfähigkeit. Kultur unterscheidet sich kategorial von aller ›Nicht-Kultur‹ darin, daß sie Geltungsgründe ihrer selbst besitzt, daß sie sich dieser selbstreflexiv vergewissern kann und sie auch sprachlich und symbolisch zu artikulieren vermag. Im Gegensatz zur Natur und zu allen objektiven Determinanten der menschlichen Existenz kann Kultur nicht nur wirklich, sondern auch wahr (und deshalb auch unwahr) sein. Ihr Anspruch auf Wahrheit kann sowohl begründet und respektiert, als auch bezweifelt und abgelehnt werden. Merkmal aller Kultur ist daher eine unbedingt in sie eingelassene diskursive und argumentative Dimension.

Webers Religionssoziologie zielt entsprechend auf die spezifischen Geltungsgründe der religiösen Erfahrung, auf die Wahrheit und Vernunft der

Offenbarung. Sie fragt nach den möglichen Argumenten, die Religion ›wahr‹ machen können und gemacht haben. Weber nennt als ein notwendiges Wahrheitskriterium des religiösen Rationalismus bekanntlich: das Opfer des Intellekts, die erzwungene Haltung des »credo non quod, sed quia absurdum«. Die Wahrheit der Religion fußt auf der Voraussetzung einer »Inkommunikabilität des mystischen Erlebnisses«,[194] welches allein das Resultat einer charismatischen Erleuchtung des Menschen durch das Göttliche und als solches auf intellektuellem Wege prinzipiell nicht demonstrabel sein kann: »Die Erlösungsreligion wehrt sich gegen den Angriff des selbstgenugsamen Intellektes am prinzipiellsten natürlich durch den Anspruch: daß ihr eigenes Erkennen in einer anderen Sphäre sich vollziehe und nach Art und Sinn gänzlich heterogen und disparat sei gegenüber dem, was der Intellekt leiste. Nicht ein letztes intellektuelles Wissen über das Seiende oder normativ Geltende, sondern eine letzte Stellungnahme zur Welt kraft unmittelbaren Erfassens ihres ›Sinnes‹ sei das, was sie darbiete. Und sie erschließe ihn nicht mit den Mitteln des Verstandes, sondern kraft des Charisma einer Erleuchtung, welche nur dem zuteil werde, der sich durch die dafür an die Hand gegebene Technik von den irreleitenden Scheinsurrogaten, welche der verworrene Eindruck der sinnlichen Welt und die in Wahrheit für das Heil gleichgültigen und leeren Abstraktionen des Verstandes als Erkenntnis liefern, befreie und so in sich für die Aufnahme der praktisch allein wichtigen Erfassung des Sinnes der Welt und des eigenen Daseins die Stätte zu bereiten wisse.«[195]

Das Hauptziel der eingangs erwähnten »Zwischenbetrachtung« Webers ist die Herausarbeitung der »Typen von Konflikten der ›Lebensordnungen‹«,[196] insbesondere jedoch eine Typisierung des spezifisch modernen Spannungsverhältnisses zwischen Welt und Religion, zwischen der an innerweltlichen und an außerweltlichen Heilsgesichtspunkten orientierten Kultur. Was Weber im einzelnen interessiert, ist die allmähliche Verinnerweltlichung des Gedankens der Ausgleichskausalität und die Genese des Polytheismus der modernen Kultur, und das heißt vor allem: die Entstehung der aufgrund einer widerspruchsvollen Konkurrenz von divergierenden Mächten der Lebensführung in sich zerrissenen und selbstentfremdeten Existenz des modernen Menschen.[197]

Das beherrschende Thema seiner Kulturtheorie ist der Prozeß der Auseinanderrationalisierung der Lebenswelt, der sich in der Entstehung innerer rationaler Eigengesetzlichkeiten der verweltlichten Kultursphären äußert und in dem die einheitsspendende Kraft des religiösen Rationalismus erlischt. Die Paradoxie, die in dieser Tendenz zur Monopolisierung des Rationalitätsprädikats durch die innerweltlich gewordene Kultur steckt, ist freilich, daß diese Dynamik zuallererst entsprungen ist aus einer religiös motivierten Verachtung der ›Welt‹ als einer Welt der offenbaren Sinnlosigkeit und des Verderbens, deren Irrationalität einzig in der Form ihrer methodischen Aneignung und rationalen Beherrschung zu neutralisieren sei. Genau dies hatte jedoch für Weber zur unmittelbaren Folge, »daß die Religion, je weiter diese besondere Art von Rationalisierung fortschritt, desto mehr ihrerseits in das – vom Standpunkt einer intellektuellen Formung des Weltbildes aus gesehen: – Irrationale geschoben wurde.«[198] Die Paradoxie der innerreligiösen Rationalisierung – und dabei insbesondere desjenigen Rationalisierungsstrangs, der in der rational-methodischen Askese mündete – bestand für Weber darin, daß die Religion, die die Welt nicht nur ablehnte und verneinte, sondern zutiefst verachtete, selbst den geschichtlichen Aufstieg der Welt zur allesbeherrschenden Kulturmacht der Gegenwart verursacht hat; das Ende der Religion ist daher das Ergebnis ihrer Selbstabschaffung, Ausdruck einer »Paradoxie der Wirkung gegenüber dem Wollen«.[199]

Das zentrale Problem, vor dem die innerweltliche und gerade darin »moderne« Rationalitätskultur steht, besteht darin, für die Befriedigung der kulturanthropologisch verwurzelten Sinn-, Wert- und Wahrheitsbedürfnisse des Menschen, die mit dem modernen Verlust der überlieferten Kulturfunktionen von Religion im Sinne einer rationalen Lebensführungsmacht keinesfalls mitverschwunden sind, angemessene Ersatzlösungen bereitstellen zu müssen. Indem sich die kulturelle Moderne mit der Irrationalisierung der überlieferten religiösen Sinntraditionen nicht gleichzeitig ihres Erbes zu entledigen vermag, wenn Religion – mit anderen Worten – nicht absolut, sondern allein dialektisch zu negieren ist, harren die kulturell heimatlos gewordenen Sinn-, Wert- und Wahrheitsfunktionen des religiösen Bewußtseins ihrer geistigen Erneuerung, soll die menschliche Lebensführung nicht »als Stätte der Unvollkommenheit, der Ungerechtigkeit, des Leidens, der Sünde, der Vergänglichkeit, der notwendig schuldbelasteten, notwendig mit immer weiterer Entfaltung und Differenzierung immer sinnloser werdenden Kultur ... dem religiösen Postulat eines göttlichen ›Sinnes‹ ihrer Existenz gleich brüchig und entwertet erscheinen.«[200]

Ein wesentlicher, wenn nicht sogar der alles beherrschende Konflikttyp innerhalb dieser modernen Konkurrenz eigensinniger Wertsphären ist derjenige zwischen Religion und Wissenschaft als den zwei tendenziell einander ablösenden Hegemonialmächten der menschlichen Kultur, die auf die Sinn-, Wert- und Wahrheitsfragen des Lebens prinzipiell divergierende Antworten geben. Die spezifische Antwort, welche die Wissenschaft auf diese universellen Kulturprobleme der menschlichen Lebensführung zu geben vermag, die »Kulturbedeutung« des modernen Intellektualismus also, ist das Thema der Weberschen Wissenschaftslehre. Sie behandelt die Frage: »Welches ist der *Beruf der Wissenschaft* innerhalb des Gesamtlebens der Menschheit? und welches ihr Wert?«[201]

b) Der Idealtypus als hermeneutisches Prinzip der kulturwissenschaftlichen Sinnbildung

Webers Reflexionen zur idealtypischen Begriffsbildung sind das Resultat einer methodologischen Besinnung auf das Problem der kulturellen Sinnbildung unter den spezifischen Bedingungen des modernen Intellektualismus. Ideal-

typen sind methodische Mittel der spezifisch wissenschaftlichen, also »entzauberten« Sinnkonstitution.

In der Lehre vom Idealtypus spiegelt sich Webers Wissen um eine folgenschwere Revolutionierung des Verhältnisses zwischen Mensch und Welt im
Entstehungszusammenhang einer Kulturepoche, die vom Baum der Erkenntnis gegessen hat. Sie ist, wie Löwith zu Recht bemerkt hat, »ein folgerichti-
ger Ausdruck einer ganz bestimmten Stellung des Menschen zur Wirklichkeit. Die idealtypische ›Konstruktion‹ hat zum Fundament einen spezifisch
›illusionslosen‹ Menschen, der von einer objektiv sinnlos und nüchtern und
insofern betont ›realistisch‹ gewordenen Welt auf sich selbst zurückgeworfen
und nun genötigt ist, den gegenständlichen Sinn und Sinnzusammenhang,
überhaupt das Verhältnis zur Wirklichkeit als das ›seine‹ allererst herzustellen
und den Sinn ›zu schaffen‹, praktisch und theoretisch.«[202] Weber hat »Sinn«
bekanntlich nicht als Ausdruck einer objektiven Geschehensvernunft, sondern
allein als Leistung einer subjektiven Konstruktionsvernunft begriffen, er kennzeichnet keinen sachlichen Zusammenhang der Dinge, sondern einen gedanklichen Zusammenhang von Problemlösungen, und der Idealtypus im Sinne
einer »›Idee‹, die *wir* schaffen«,[203] stellt das theoretische und methodische
Instrument dar, das den konstruktivistischen Sinnbildungsprozeß der Wissenschaft rational regelt.

Die wissenschaftshistorische und -theoretische Krisenkonstellation des
›Fachs‹, in der Webers Vorstellung vom Idealtypus entstanden ist, ist bekannt.[204]
Sie war ein Vermittlungsversuch im Streit zwischen der jüngeren Historischen
und der Theoretischen Schule der Nationalökonomie und sollte eine Position
jenseits dieser sich gegenüberstehenden Theoriekonzeptionen ermöglichen.
Biographisch und werkgeschichtlich gesehen stellt der »Objektivitäts«-Aufsatz
den Durchbruch zu einer eigenständigen Position Webers dar. Gegenüber der
Historischen Schule verweist er hier auf die Notwendigkeit theoretischer
Begriffsbildung, gegenüber der theoretischen Schule beharrt er auf dem nicht-
ontologischen Status der wissenschaftlichen Konstruktionsleistung des Idealtypus, auf der notwendigen Nicht-Identität zwischen Begriff und Wirklichkeit:
»Nichts … ist … gefährlicher als die, naturalistischen Vorurteilen entstammende,
Vermischung von Theorie und Geschichte, sei es in der Form, daß man glaubt,
in jenen theoretischen Begriffsbildern den ›eigentlichen‹ Gehalt, das ›Wesen‹
der geschichtlichen Wirklichkeit fixiert zu haben, oder daß man sie als ein
Prokrustesbett benutzt, in welches die Geschichte hineingezwängt werden soll,
oder daß man gar die ›Ideen‹ als einen hinter der Flucht der Erscheinungen
stehende ›eigentliche‹ Wirklichkeit, als reale ›Kräfte‹ hypostasiert, die sich in
der Geschichte auswirkten.«[205]

Die Idealtypen Max Webers sind im Unterschied zu den »Gesetzen« des
naturalistischen und evolutionistischen Positivismus seiner Zeit, aber auch im
Unterschied zu den »Ideen« der historistisch-idealistischen Tradition keine
Bestandteile der Wirklichkeit selbst, sondern methodische und theoretische
»*Mittel* zum Zweck der Erkenntnis der unter individuellen Gesichtspunkten

bedeutsamen Zusammenhänge.«[206] Im geschichtlichen Wandel idealtypischer Begriffsbildungen dokumentiert sich deshalb für Weber auch keineswegs wie etwa für Droysen eine »Mimesis des Werdens«, sondern allenfalls eine Mimesis der sich wandelnden Kulturbedeutungen, also der jeweiligen Sinnzuschreibungen dieses Werdens.

Webers Lehre der Idealtypen ist das eigentliche Herzstück seines wissenschaftstheoretischen Versuchs einer Neubegründung der Kulturwissenschaften; sie ist der hermeneutische Kontrapunkt gegenüber den Theorieambitionen des zeitgenössischen Positivismus, im Rekurs auf objektive, gesetzesförmige Faktoren des geschichtlichen Wandels eine »Chemie des Soziallebens« zu begründen, zu deren unmittelbarer Konsequenz für Weber zwangsläufig eine »Götterdämmerung aller Wertgesichtspunkte«, also der Verlust der konstitutiven Bedeutung schöpferischer menschlicher Subjektivität innerhalb der wissenschaftlichen Erkenntnisprozesse und für diese gehören würde.

Das Bemühen Webers um eine Renaissance der Kulturwissenschaften auf dem Wege ihrer idealtypischen Theoretisierung läßt sich daher nicht etwa als eine Überwindung der Hermeneutik im Sinn eines wissenschaftlichen Theorie- und Methodenkonzepts, sondern geradezu im Gegenteil als Versuch einer erneuten Rechtfertigung der verstehenden Soziologie angesichts der naturalistischen und evolutionistischen Herausforderung des zeitgeschichtlichen Positivismus verstehen. Theoretisierung der Kulturwissenschaften ist für Weber der Königsweg zur Hermeneutik im Sinn einer wissenschaftstheoretischen und methodologischen Position, die das originäre Arbeitsfeld und den Erkenntnisgegenstand der Wissenschaft – die »Kultur« – in den Austausch- und Vermittlungsprozessen zwischen objektiver Wirklichkeit und bedeutungsverleihender Subjektivität erst entstehen läßt: »Die kulturwissenschaftliche Erkenntnis in unserem Sinn ist also insofern an ›subjektive‹ Voraussetzungen *gebunden*, als sie sich nur um diejenigen Bestandteile der Wirklichkeit kümmert, welche irgend eine – noch so indirekte – Beziehung zu Vorgängen haben, denen wir Kultur*bedeutung* beilegen.«[207]

Webers Lehre des Idealtypus legitimiert die Rückkehr der menschlichen Subjektivität in die antihermeneutische Wissenschaftspraxis seiner Zeit, sie kehrt die Prädominanz der Wirklichkeit gegenüber der menschlichen Sinnbildungskultur in der Wissenschaft um.[208] Angesichts einer zum strukturlosen Chaos herabgesunkenen Wirklichkeit sind Idealtypen die eigentümlichen Versuche der Wissenschaft, der geschichtlichen Realität auf dem Wege einer Aktivierung der hermeneutischen Kompetenz des Menschen zur Artikulation erkenntniserschließender Wertgesichtspunkte Struktur und Kulturbedeutung zu verleihen. Idealtypen sind für Weber insofern methodische Mittel, um »Ordnung in das Chaos derjenigen Tatsachen zu bringen, welche wir in den Kreis unseres *Interesses* jeweils einbezogen haben.«[209]

Mit dieser Ordungsleistung ist bereits der funktionale Stellenwert angesprochen, den die hermeneutische Subjektivierungsleistung der idealtypischen Begriffsbildung im Rahmen der Kulturwissenschaften besitzt, ist diese doch für

Weber eine »Synthese, die *wir* zu bestimmten Erkenntniszwecken vorneh-
men.«[210] Welches sind im einzelnen diese Zwecke?

Die Aufforderung Webers zu einer idealtypischen Theoretisierung der
Kulturwissenschaften zielt letztlich darauf, in ihr diejenigen Möglichkeiten
kultureller Sinnbildung zu behaupten, welche die Wissenschaft noch bietet und
diese Chancen weiterzutreiben. Theorien sind die von der Wissenschaft bereit-
gestellten methodischen Mittel, um sich auch und gerade unter dem Kontin-
genzdruck der jeweils andrängenden Kulturprobleme und angesichts der
Erosion religiös gestifteter Sinnvorstellungen dem Sinn und der individuellen
Bedeutung der eigenen Lebenspraxis bewußt zu bleiben. Sie bilden die
notwendige Voraussetzung dafür, angesichts einer prinzipiellen Infragestellung
der Kultur die hermeneutische Kompetenz zu einer sinnhaften Orientierung
des Handelns nicht zu verlieren, sondern zu sichern und zu steigern: »In diesem
Kampf vollzieht sich der Fortschritt der kulturwissenschaftlichen Arbeit. Ihr
Ergebnis ist ein steter Umbildungsprozeß jener Begriffe, in denen wir die
Wirklichkeit zu erfassen suchen. Die Geschichte der Wissenschaften vom
sozialen Leben ist und bleibt daher ein steter Wechsel zwischen dem Versuch,
durch Begriffsbildung Tatsachen gedanklich zu ordnen, – der Auflösung der so
gewonnenen Gedankenbilder durch Erweiterung und Verschiebung des wissenschaftlichen Horizontes, – und der Neubildung von Begriffen auf der so
veränderten Grundlage. ... [Darin kommt] *der* Umstand ... zum Ausdruck, daß
in den Wissenschaften von der menschlichen Kultur die Bildung der Begriffe
von der Stellung der Probleme abhängt, und daß diese letztere wandelbar ist
mit dem Inhalt der Kultur selbst. Das Verhältnis von Begriff und Begriffenem in
den Kulturwissenschaften bringt die Vergänglichkeit jeder solchen Synthese mit
sich. ... Die weittragendsten Fortschritte auf dem Gebiet der Sozialwissenschaften knüpfen sich *sachlich* an die Verschiebung der praktischen Kulturprobleme und kleiden sich in die Form einer Kritik der Begriffsbildung.«[211]

Damit ist bereits die konkrete Beschaffenheit jenes Sinnes angesprochen,
den die wissenschaftsspezifischen Prozesse idealtypischer Begriffsbildung und
Theoretisierung ermöglichen. Weber erwähnt bekanntlich als wesentlichstes
Merkmal all derjenigen Wissenschaftsdisziplinen, denen die Konstituierung
kultureller Sinnvorstellungen obliegt, ihre »ewige Jugendlichkeit«. Es handelt
sich dabei um »alle *historischen* Disziplinen, ... denen der ewig fortschreitende
Fluß der Kultur stets neue Problemstellungen zuführt. Bei ihnen liegt die
Vergänglichkeit *aller, aber* zugleich die Unvermeidlichkeit immer *neuer* idealty-
pischer Konstruktionen im Wesen der Aufgabe.«[212]

Im Medium der Theorie erlangt die Wissenschaft für Weber eine erhöhte
Anpassungskapazität an die durch den beschleunigten Wandel gesellschaftlicher
Problemlagen gesteigerten Orientierungsbedürfnisse und -erfordernisse der
menschlichen Lebensführung. Das Kriterium, welches für Weber über die
Sinnkapazität der Wissenschaft verbindlich entscheidet, ist letztlich das Maß
ihrer Fähigkeit zur Orientierung des menschlichen Handelns im Medium des
theoretischen Denkens. In der hermeneutischen Anbindung der Wissenschaft

an die Subjektivität und an die Erfahrungen der Betroffenen sichert die Theorie
deren Zeitgemäßheit und Orientierungskunst, und zwar auch und gerade
dann, wenn das Licht der großen Kulturprobleme weiterzieht: denn in diesem
Falle »rüstet sich auch die Wissenschaft, ihren Standort und ihren Begriffsapparat zu wechseln und aus der Höhe des Gedankens auf den Strom des
Geschehens zu blicken. Sie zieht jenen Gestirnen nach, welche allein ihrer
Arbeit Sinn und Richtung zu weisen vermögen.«[213] Diese Flexibilität der
Kulturwissenschaften im Umgang mit den Orientierungsproblemen der menschlichen Lebensführung sieht Weber im hermeneutischen Charakter der idealtypi-
schen Begriffsbildung angelegt.

Betont man in dieser Weise den hermeneutischen Charakter der Kulturwissenschaft, gerät Weber theoriegeschichtlich gesehen in eine größere Nähe zur
historistischen Tradition des historischen Denkens, als bisher angenommen
worden ist. Das gilt auch für die von Humboldt über Droysen bis zu Dilthey
letztlich transzendentalphilosophisch begründete Möglichkeit des Verstehens:
Es handelt sich um die Einheit einer kulturell definierten Gattungssubjektivität
des Menschen, seiner Geistnatur, die Humboldt in der Macht der Ideen
wirksam sah und Dilthey als die Identität von Handlungs- und Verstehenssub-
jektivität rekonstruiert hat. Dieses geschichtliche und notwendig vorauszuset-
zende Kontinuum des Geistes ist die fundamentalste Bedingung der Möglichkeit
historischen Verstehens und damit jeder hermeneutisch verfahrenden Kulturwissenschaft.[214]

c) Die Werturteilsfreiheit der Wissenschaft und die
Wertsphären der Lebenswelt

Den Bezug der Wissenschaft auf die Wertprobleme des menschlichen Lebens
reflektiert Weber bekanntlich im Zusammenhang seiner Lehre von der Wertfreiheit der Wissenschaft. Diese für ihn unabdingbare Voraussetzung jeder
Wissenschaft resultiert aus deren Unfähigkeit, innerhalb des lebensweltlichen
Konflikts konkurrierender Werte verbindliche oder auch nur begründete
Entscheidungshilfen zu geben: »Es gibt keinerlei (rationales oder empirisches)
wissenschaftliches Verfahren irgendwelcher Art, welches hier eine Entscheidung geben könnte.«[215] Webers Überzeugung von dieser Grenze der Wissenschaft speist sich aus dem neukantianischen Glauben an die Kluft zwischen
den Sphären des (empirischen) Seins und des (normativen) Sollens,[216] wobei
grundsätzlich zwei Motive für Webers Betonung der Heterogenität dieser
Sphären denkbar sind: zum einen der Wille, den Wahrheits- und Objektivitätsanspruch der empirisch-wissenschaftlichen Erkenntnis nicht durch den
störenden Einfluß der Werte relativieren bzw. zurücknehmen zu müssen; zum
anderen das Bestreben, das Eigenrecht wertrationaler Grundlagen der menschlichen Lebensführung nicht durch den rationalen ›Output‹ der Wissenschaft
neutralisieren zu lassen. Beide Motive sind aus der wissenschaftstheoretischen

Argumentation Webers herauszuarbeiten und lassen sich gewissermaßen »ableiten sowohl aus einer höchst überschwenglichen wie gerade umgekehrt auch aus einer durchaus bescheidenen Einschätzung der Bedeutung der ›Fach‹-bildung«,[217] die sich in der Wissenschaft herstellt.

Hier zunächst zum zweiten der beiden möglichen Motive für Webers Postulat der Werturteilsfreiheit der Fachwissenschaft: Die Wissenschaftslehre predigt eine intelligente Selbstbeschränkung des wissenschaftsspezifischen Fachmenschentums und eine Befreiung der Persönlichkeit von der Bevormundung durch die Wissenschaft.[218] Ihre Intention ist unter diesem Gesichtspunkt geradezu die Wahrung der fragilen Integrität der Lebenswelt vor den rationalen Konsequenzen des Intellektualismus. Webers Beharren auf der Wertfreiheit der Wissenschaft dokumentiert, daß er »die letzten höchst persönlichen Lebensentscheidungen, die ein Mensch aus sich heraus zu treffen hat, *nicht* mit Fachschulung – wie hoch deren Bedeutung für die allgemeine Denkschulung nicht nur, sondern indirekt auch für die Selbstdisziplin und sittliche Einstellung des jungen Menschen gewertet werden möge – in denselben Topf geworfen und ihre Lösung aus eigenem Gewissen heraus dem Hörer *nicht* durch eine Kathedersuggestion abgenommen zu sehen wünscht.«[219] Die Wertfreiheit der Wissenschaft ist für Weber ein Versuch zur Rettung der Werte als einer lebensweltlichen Sphäre eigenen Rechts vor dem rationalisierenden Zugriff der Fachbildung, gewissermaßen eine Zurücknahme des Fachmenschen zugunsten des Kulturmenschen, der gebunden ist an die Entscheidung zu Werten und die Generierung von Sinnzusammenhängen.

Wie in seiner Ethik, seiner Herrschaftssoziologie und seiner Kulturtheorie dominiert auch in der Wissenschaftslehre Webers der Kampf des – alten – Kulturmenschentypus mit dem – modernen – Fachmenschentypus. Weber entwirft geradezu seine Theorie der Kulturwissenschaft im Angesicht dieser beherrschenden Problemstellung seines Denkens. Die Kulturwissenschaft als eine gleichzeitig durch die Nötigung zur Wertfreiheit, aber auch zur Produktion von Wertbeziehungen konstituierte Weise des Denkens über Sinn und Bedeutung menschlichen Lebens im Wandel der Zeit ist für Weber der Versuch, die erzwungene Gratwanderung des modernen Menschen zwischen Fachbildung und Kultur, zwischen der Rationalität der Wissenschaft und der Irrationalität der Werte, zwischen Subjektivitätsverzicht und Subjektivitätsbehauptung, zwischen Objektivität und Sinn auszubalancieren, ja sie überhaupt erst zu ermöglichen.[220] Wertfreiheit und Wertbeziehung dokumentieren gemeinsam in sich die Schwierigkeit, die beiden wesentlichsten Bausteine einer spezifisch modernen Identität des Menschen – Rationalität und Werte – zusammenzuführen und miteinander zu versöhnen.

Die Kulturwissenschaft versteht Weber als eine Integrationsleistung, welche die Qualifikationen des Fachmenschen – des »denkenden Forschers« – und des Kulturmenschen – des »wollenden Menschen« – vereint, indem sie beide zwingt, sich partiell zurückzunehmen und zu beschränken. So wie sich im Mechanismus der Wertbeziehung die tradierten Kulturleistungen des Menschen, Wertsetzung und Sinnbildung, modifizieren zu einem in spezifischer Weise rationalen und reflektierten Umgang mit Werten und Sinn, genauso scheut die Wissenschaft mit ihrem Prinzip der Wertfreiheit und der darin geleisteten Anerkennung der Werte als einer Sphäre eigenen Rechts vor dem Anspruch zurück, den »ganzen Menschen« ausmachen und repräsentieren zu wollen.

Wertbeziehung und Wertfreiheit setzen sowohl die Werte wie die Wissenschaft in ihr jeweiliges, freilich beschränktes, Recht und ermöglichen als Grundelemente des kulturwissenschaftlichen Denkens einen neuen Zugang zu den kulturellen Grundlagen der menschlichen Lebensführung: Im Medium der Kulturwissenschaft werden Werte und Sinn nicht gestiftet, sondern verstehbar; sie soll »den Einzelnen nötigen, oder wenigstens ihm dabei helfen, sich selbst *Rechenschaft zu geben über den letzten Sinn seines eigenen Tuns.*«[221] Bei der Kulturwissenschaft handelt es sich um eine Hermeneutik von Werten, Leidenschaften und Sinnvorstellungen, denn »durch empirisch-psychologische und historische Untersuchung eines bestimmten Wertungsstandpunktes auf seine individuelle, soziale, historische Bedingtheit hin gelangt man nun und nimmer je zu irgend etwas anderem, als dazu: ihn *verstehend zu erklären.*«[222]

Die für Weber transzendentale Fähigkeit des Menschen zur kulturellen Sinnbildung wandelt sich unter den Auspizien der Kulturwissenschaft zur Kompetenz, die Resultate dieser Sinnbildung in ihrer Kulturbedeutung zu reflektieren und im Rahmen von »Wertungsdiskussionen«[223] zu rationalisieren. Die auf den beiden Prinzipien von Wertfreiheit und Wertbeziehung zugleich ruhende Kulturwissenschaft ermöglicht für Weber eine gesteigerte wertrationale Selbstreflexivität des Menschen, einen Rationalisierungsschub mit eindeutigen Lernchancen und Humanisierungspotentialen, indem sie in einem Akt hermeneutischer Aufklärung die Augen öffnet für die prinzipiell plurale Struktur der Werte und damit dem »Kampf« dieser Werte im Leben seine »tödliche« Spitze nimmt: »Denn dies ist der eigentliche Sinn einer *Wert*diskussion: das, was der Gegner (oder auch: man selbst) wirklich meint, d.h. den Wert, auf den es jedem der beiden Teile wirklich und nicht nur scheinbar ankommt, zu erfassen und so zu diesem Wert eine Stellungnahme überhaupt erst zu ermöglichen. Weit entfernt (davon) also, daß vom Standpunkt der Forderung der ›Wertfreiheit‹ empirischer Erörterungen aus Diskussionen von Wertungen steril oder gar sinnlos wären, ist gerade die Erkenntnis dieses ihres Sinnes Voraussetzung aller nützlichen Erörterungen dieser Art. Sie setzen einfach das Verständnis für die Möglichkeit prinzipiell und unüberbrückbar *abweichender* letzter Wertungen voraus. Denn weder bedeutet ›alles verstehen‹ auch ›alles verzeihen‹, noch führt überhaupt vom bloßen Verstehen des fremden Standpunktes an sich ein Weg zu dessen Billigung. Sondern mindestens ebenso leicht, oft mit weit höherer Wahrscheinlichkeit, zu der Erkenntnis: daß, warum und worüber, man sich *nicht* einigen könne. Gerade diese Erkenntnis *ist* aber eine Wahrheitserkenntnis und gerade *ihr* dienen ›Wertungsdiskussionen‹.«[224]

Innerhalb einer kulturwissenschaftlichen Selbstverständigung des Men-

schen werden Sinn, Leidenschaften und Werte als die wesentlichen lebensweltlichen Bausteine und Merkmale seiner »Kultur«menschlichkeit nicht neu
gestiftet, sondern sie werden als immer schon gestiftete einem Akt rationaler
Reflexion unterworfen, in der gerade das spezifisch kulturelle an ihnen herausgearbeitet und betont wird.

Ungeklärt ist bisher aber die Frage, welche spezifischen Phänomene der
menschlichen Lebensführung Weber überhaupt zum Reich der Kulturwerte
oder der wertrationalen Orientierungen gezählt hat und warum er diese
kulturellen Wertsphären mithilfe des Postulats der Wertfreiheit fachlich betrie-
bener Wissenschaft zu schutzwürdigen Reservaten des Kulturmenschentums
erklärte. Und weiter bleibt die Frage akut, welche spezifischen Kulturleistungen und -funktionen Weber durch die wertrationale Deutung und Reglementierung der Lebenspraxis erbracht sah, vor denen der wertneutralisierende
Prozeß einer Intellektualisierung der menschlichen Lebensführung durch
Wissenschaft zum Stillstand kommen sollte.

Zunächst zur Frage einer Phänomenologie und Typologie der Wertsphären
bei Weber. Das Attribut des »Wertes« erstreckt sich im wesentlichen auf vier
spezifische Kulturleistungen der menschlichen Lebenspraxis:

1. Kulturelle Werte, auf die menschliche Identität lebensweltlich gegründet
ist, existieren für Weber zum einen in der Form praktischer Handlungsantriebe,
die sich im Sinn einer ethisch-methodischen Rationalisierung ökonomischen
und politischen Handelns unter der Autorität ›letzter‹, d.h. mit unbedingtem
Geltungsanspruch auftretender und gesinnungsethisch geglaubter Überzeugungen auswirken. In idealtypischer Übersteigerung betrachtet, weisen Werte
unter diesem Gesichtspunkt den zweckrationalen Handlungsvollzügen der
Lebenspraxis ihre Richtung und Bedeutung zu und reglementieren sie aus dem
Geist eines die übrigen Bedingungsfaktoren des Handelns tendenziell relativieren-
den werthaft ausgedeuteten Heils- oder Verpflichtungsgesichtspunktes. Als
Systeme wertrationaler Fundierungen der Lebenspraxis untersucht Weber im
Rahmen seiner Religionssoziologie die »Wirtschaftsethik der Weltreligionen«.
Auf dem politischem Sektor hat Weber das moderne Naturrecht, aus dem der
Menschenrechtskatalog der neuzeitlichen Verfassungen hervorgegangen ist, als
eine wertrationale Überzeugungsdimension mit weitgehenden Konsequenzen
für die Prozesse einer kulturellen Reglementierung der menschlichen Le-
bensführung begriffen.

2. »Werte« nennt Weber ferner die metaphysischen (religiösen oder philosophischen) Sinnbestimmungen des menschlichen Lebens (und Sterbens). Die
Wertrationalität des Menschen realisiert sich hier in seiner Befähigung zu einer
spekulativen »Betrachtung und Deutung des Lebens und der Welt auf ihren
Sinn hin.«[225] Wie auf der Ebene wertrationaler Handlungsantriebe und -nor-
mierungen, durch welche die in sich widersprüchliche Anforderungsstruktur
des Alltags zur Einheit einer methodischen, weil prinzipienorientierten Lebensführung rationalisiert wird und in dieser Einheit die entzweite Totalität

der Lebenswelt wiederentsteht, artikuliert sich die spezifische Werthaftigkeit metaphysischer Sinnbedürfnisse und Glaubensüberzeugungen für Weber
in der ›theoretischen‹ Kompetenz des Menschen, die Vielfalt seines Lebens
auf die Einheit eines diese Vielfalt überwölbenden, gemeinsamen Logos zurückzuführen und aus der Kluft, der unüberbrückbaren Spannung und den
Konflikten zwischen den Lebensordnungen eine sie alle gleichermaßen umgreifende Vernunft herauszukristallisieren. Werte in dieser Bedeutung allgemeiner metaphysischer Sinnvorstellungen begreift Weber als Aktualisierungen
eines erlösungsreligiösen Urbedürfnisses des Menschen an einer systematischen
»Rationalisierung der Realitäten des Lebens. Anders ausgedrückt: des Anspruchs, – der auf dieser Stufe zur spezifischen Voraussetzung aller Religion
wird –, daß der Weltverlauf, wenigstens soweit er die Interessen der Menschen
berührt, ein irgendwie *sinnvoller* Vorgang sei.«[226]

3. Als eine weitere Wertsphäre interpretiert Weber die Kunst; die ihr
eigenen ästhetischen Produktions- und Transzendierungskräfte verleihen ihr
den Akzent eines Wertes. Weber korreliert den Aufstieg und die Ausdifferenzierung der Kunst zur Wertsphäre mit dem Prozeß ihrer Autonomisierung
zu einem eigenständigen, nicht mehr fremden Indienstnahmen und Funktio-
nalisierungen instrumentell unterworfenen Faktor der innerweltlichen Kultur.
Ihre Werthaftigkeit entspringt für ihn ihrer Fähigkeit zu einer ästhetischen
Transzendierung der unmittelbaren Paradoxien eines zweckrationalisierten
Alltags: »Die Kunst konstituiert sich nun als ein Kosmos immer bewußter
erfaßter selbständiger Eigenwerte. Sie übernimmt die Funktion einer, gleich-
viel wie gedeuteten, innerweltlichen *Erlösung*: vom Alltag und, vor allem,
auch von dem zunehmenden Druck des theoretischen und praktischen Rationalismus.«[227] Die Kunst erlangt ihren Wertcharakter für Weber durch ihren
realitätstranszendierenden Sprung in die ›eigentliche‹ Welt des Scheins, in
die Gegenwelt des Utopischen. Sie bringt sich so zu den rationalen Ordnungen
ihrer Zeit auf Abstand und damit in eine Perspektive hinein, aus der die
Paradoxien des Lebens schärfer in den Blick treten. Die Kunst wird zum Wert,
indem das Element eines kulturellen Realitätsüberschusses in sie eingeht,
indem sie ästhetisch auf ein Sein verweist, das in der Empirie nicht aufgeht.
Und die Kunst behält diese wertrationale Kraft einer utopischen Versöhnung
des Widerspruchscharakters und der Entfremdungsstruktur des gesellschaftlichen Alltagslebens allein in der Wahrung ihrer prinzipiellen Kontrafaktizität, ihres konsequent beibehaltenen Scheincharakters. Nur dann bleibt sie
eine legitime Stellungnahme zu der Wertfrage, »wie die Welt beschaffen sein
soll« – und enthält sich der Antwort auf die empirische Frage, »wie sie
beschaffen ist«.

4. In der Zwischenbetrachtung diskutiert Weber schließlich noch die Liebe,
genauer: das Reich der geschlechtlichen und »erotischen« Liebe, »der größten
irrationalen Lebensmacht«,[228] in ihrer Eigenschaft einer kulturellen Wertsphäre.
Wie die übrigen Wertsphären praktischer Handlungsantriebe, metaphysischer
Sinndeutungen und ästhetischer Distanzierungsleistungen wird auch die Erotik

durch eine ihr eigentümliche innere Kraft der menschlichen Selbsttranszendierung zum Wert und zu einem Phänomen der Kultur. Auch sie besitzt die Funktion einer Relativierung zweckrationalisierter Alltagsroutinen, aus der erst die »gewaltige Wertbetontheit dieser spezifischen Sensation einer innerweltlichen Erlösung vom Rationalen« resultiert.[229]

Weber begreift die erotische Liebe als einen Wert im Sinn einer wertrationalen Sublimierungsleistung des Menschen, in der sich der unbefangene Naturalismus des Geschlechtlichen zu einer mit ausgeprägten Sinnansprüchen konfrontierten Kulturleistung transformiert. Sie ist das Heraustreten des Menschen aus dem Alltag seiner naturhaften und leiblich gebundenen Geschlechtlichkeit in die Außeralltäglichkeit des »bewußten Genießens«. Allerdings besteht der spezifische Sinn, welcher sich in der kulturellen Praxis der erotischen, d.h. wertrational ausgedeuteten und kulturell gesteigerten Liebe vollzieht, gerade darin, daß sich hier eine bewußte Wiederaneignung der bereits an die rationalen Lebensordnungen des Alltags verlorene innere – leibliche – Natur des Menschen realisiert. Heimkehr des Menschen zu sich selbst ist sie, weil sie das ihr eigentümliche Sinnpotential erst entfaltet, indem »sie gerade das Naturhafte der Geschlechtssphäre wieder, aber: bewußt, als leibgewordene Schöpfermacht, bejaht.«[230]

Als das letzte Band, welches den Menschen noch mit der Naturquelle und dem irrationalen Kern seiner leiblichen Existenz verknüpft, wird die erotische Liebe zum Wert, und ihren Wertakzent sieht Weber – wie bei den übrigen kulturellen Wertsphären der menschlichen Lebensführung auch – gebunden an ihre elementare Kraft zur Kontrafaktizität. Sie ist der utopische Vorschein und das Paradigma eines Verständigungsverhältnisses, das auf eine Aufhebung des Entzweiungscharakters der menschlichen Lebensführung, auf die Möglichkeit einer vollständigen Versöhnung des Menschen mit dem Anderen als dem existentiell notwendigen Anderen seiner selbst verweist. Als eine kulturelle Chiffre für die Versöhnungsfähigkeit der Realität durch die Aufhebung von Entzweiung transzendiert die Liebe die instrumentelle Besonderung des Individuums im Sinn eines monadischen und egoistischen Einzelwesens und verweist stattdessen auf eine Form von Intersubjektivität, in der die Existenz des Anderen zur unbedingten Bedingung der Möglichkeit der Existenz meiner selbst geworden ist, weshalb Weber auch vom »Todesernst dieser Erotik des Intellektualismus« spricht.[231]

In der erotischen Liebe vollzieht sich für Weber eine Aufhebung von Entfremdung im Sinn einer Entgrenzung des autonomisierten Subjekts in den Anderen hinein; hier schließt sich die Kluft einer Interpersonalität zugunsten der Totalität eines Lebensverhältnisses, in dem sich die Subjektivierung der Person allein in der gelingenden Intersubjektivierungs- und Verständigungsleistung der Liebe, im »direkten Durchbruch der Seelen von Mensch zu Mensch« zu realisieren vermag: »Allem Sachlichen, Rationalen, Allgemeinen so radikal wie möglich entgegengesetzt, gilt die Grenzenlosigkeit der Hingabe hier dem einzigartigen Sinn, welchen dies Einzelwesen in seiner Irrationalität für dieses und nur dieses andere Einzelwesen hat. Dieser Sinn und damit der Wertgehalt der Beziehung selbst aber liegt, von der Erotik aus gesehen, in der Möglichkeit einer Gemeinschaft, welche als volle Einswerdung, als ein Schwinden des ›Du‹ gefühlt wird und so überwältigend ist, daß sie ›symbolisch‹: – *sakramental* – gedeutet wird. Gerade darin: in der Unbegründbarkeit und Unausschöpfbarkeit des eigenen, durch kein Mittel kommunikablen, *darin* dem mystischen ›Haben‹ gleichartigen Erlebnisses, und nicht nur vermöge der Intensität seines Erlebens, sondern der unmittelbar besessenen Realität nach, weiß sich der Liebende in den jedem rationalen Bemühen ewig unzugänglichen Kern des wahrhaft Lebendigen eingepflanzt, den kalten Skeletthänden rationaler Ordnungen ebenso völlig entronnen wie der Stumpfheit des Alltages.«[232]

Das gemeinsame Merkmal und die übereinstimmende Funktion der lebensweltlichen Werte, vor denen die Rationalisierungsaufgabe der »wertfreien« Wissenschaft endet und denen gegenüber ihr Orientierungsanspruch notwendig scheitert, läßt sich jetzt genauer bestimmen: Weber versteht die Gesamtheit der Werte als das kulturelle Geflecht von Stellungnahmen des Menschen zu den dominierenden Problemen seiner Existenz und darüberhinaus zu der Frage, wie Welt und Leben ›eigentlich‹ beschaffen sein sollten. In seiner Theorie der Wertsphären wird das Konzept einer Vernunft greifbar, die als eine zugleich praktische, theoretische, ästhetische und affektive Vernunft die Monopolisierung und Universalisierung des Rationalitätsprädikats durch zweckrationale Handlungs- und Rationalitätstypen aufsprengt – oder positiv gewendet: die angesichts der Entzweiungsstruktur des menschlichen Lebens den utopischen Schattenriß eines ungeschmälerten Vernunftkonzepts abzeichnet.

Werte sind normative oder utopische Gegenwelten zu derjenigen Realität des Lebens, in die hinein die Wissenschaft den Menschen verstrickt, ihn aber in dieser Verstrickung zugleich erfolgreich orientiert. Als Modus einer Transzendierung des unmittelbar Seienden bestimmt Weber daher auch die Werte – am Beispiel des gesinnungsethischen Handelns – als ein Reich »nicht von dieser Welt«.[233] Stattdessen begreift er die kulturellen Wertsphären insgesamt als die selber lebensweltlichen Brechungen und Überschreitungen der Lebenswelt im Sinn eines routinisierten Daseinsvollzuges, als Ausgang des Menschen »aus dem Angeschmiedetsein an das leblose Gestein des Alltagsdaseins«,[234] der erst in der Orientierung der Lebensführung an wertrationalen, d.h. kulturell gesteigerten Gesichtspunkten möglich wird.

In der Sensibilisierung für ein Sein-Sollendes führen Werte zu einer unstillbaren Unzufriedenheit des Menschen mit seiner Gegenwartspraxis, und dieses Mangelbewußtsein der Kultur ist der lebensweltliche Ursprung der menschlichen Geschichtlichkeit, insofern sie die Arbeit des Menschen an der Aufhebung von Kontingenz repräsentiert. Werte generieren die Defiziterfahrung eines ›Noch-Nicht‹ und ermöglichen damit erst die Kulturleistung der Kritik im Sinn einer Konfrontation der Wirklichkeit mit der utopisch erschlossenen Nicht-Wirklichkeit ihrer Kultur und lassen zugleich erst die Bereitschaft entstehen, auch die notwendigen Folgen dieser Kritik zu ertragen: nämlich gegebenenfalls auch in der Unzeitgemäßheit zu leben und »gegen den Strom zu schwimmen«.[235]

Das gemeinsame Element und die spezifische Leistung aller Wertsphären besteht für Weber darin, daß sie die zweckrationalen Lebensordnungen eines routinisierten Alltags kulturell transzendieren. Diese Eigenschaft stiftet eine geschichtliche Kontinuität des Kulturmenschentums, die sich bis zum erlösungsreligiösen Erbe der Weltreligionen zurückverfolgen läßt und die es für Weber auch angesichts der universalgeschichtlichen Prozesse von Intellektualisierung zu bewahren gilt. Weber sah es als die spezifische Kulturleistung aller Formen von Religiosität an, die innerweltliche Lebensführung des Menschen unter der Autorität außerweltlicher Sinnkriterien und Heilsgesichtspunkte methodisch zu rationalisieren. Religion situiert Menschsein in der strukturellen Spannung zwischen empirischer und transzendierender Realität. In den Werten wird für Weber genau diese kulturkonstitutive Divergenz zwischen Sein und Sollen gerettet, die kulturelle Spannung zwischen Alltag und Utopie, Existenz und Erlösung, Hoffnung und Leiden erhalten.

Webers wissenschaftstheoretischer Entwurf der »Kulturwissenschaft« enthält entsprechend die Aufforderung, sich in die Dialektik von Welt und Gegenwelt, Realität und Utopie, Wissenschaft und Werten produktiv hineinzubegeben und den in dieser Spannung auftretenden Widerspruch zwischen Kultur und Wissenschaft auszutragen und vor allem: »auszuhalten«. Dazu gehörte für Weber einerseits, sich auch angesichts des unaufhaltsamen Aufstiegs der empirischen Wissenschaft zur dominierenden Orientierungsmacht der Lebensführung offenzuhalten für eine utopische Triebkraft der Werte, aufgrund derer sich der Mensch gegenüber den Realitäten des Lebens in kritischer Distanz zu halten und einen freien Kopf zu bewahren vermag. Daß diese Schicht in der Argumentation Max Webers existiert, davon zeugt sein Bestehen auf der Wertfreiheit der Wissenschaft – und dies sollten diese Ausführungen zur Phänomenologie der Wertsphären deutlich machen.

Dazu gehörte für Weber andererseits aber auch, sich der Frage nach der Reichweite und dem Orientierungsnutzen der Wissenschaft für das Leben zu stellen, und damit der Frage, ob die Wissenschaft es ›wert‹ sei, die vielleicht bedeutendste Lebensführungsmacht der Gegenwartspraxis zu sein: »Ich persönlich bejahe schon durch meine eigene Arbeit die Frage. Und zwar auch und gerade für den Standpunkt, der den Intellektualismus, wie es heute die Jugend tut oder – und meist – zu tun nur sich einbildet, als den schlimmsten Teufel haßt. Denn dann gilt für sie das Wort: ›Bedenkt, der Teufel, der ist alt, so werdet alt ihn zu verstehen.‹ Das ist nicht im Sinne der Geburtsurkunde gemeint, sondern in dem Sinn: daß man auch vor diesem Teufel, wenn man mit ihm fertig werden will, nicht – die Flucht ergreifen darf, wie es heute so gern geschieht, sondern daß man seine Wege erst einmal zu Ende überschauen muß, um seine Macht und seine Schranken zu sehen.«[236]

d) Objektivität und Wahrheit in den
Kulturwissenschaften

Damit ist das zweite der beiden möglichen Motive für Webers These der
Werturteilsfreiheit der Wissenschaft umrissen: Die Wertfreiheit soll die Objektivität der wissenschaftlichen Erkenntnis ermöglichen und sicherstellen.[237] Der
›Wert‹ wissenschaftlicher Fachschulung und Fachbildung, um dessentwillen es
sich ›lohnt‹, sie zu betreiben und sich das von der Wissenschaft produzierte
Wissen als eine wesentliche orientierende Instanz der menschlichen Lebensführung anzueignen, besteht für Weber darin, daß »das Merkmal wissenschaftlicher Erkenntnis in der ›objektiven‹ Geltung ihrer Ergebnisse als *Wahrheit*
gefunden werden muß.«[238] Die Wissenschaft ist ein objektiver Wert für all
diejenigen, die Wahrheit wollen und »wem diese Wahrheit nicht wertvoll ist –
und der Glaube an den Wert wissenschaftlicher Wahrheit ist Produkt bestimmter Kulturen und nichts Naturgegebenes –, dem haben wir mit den
Mitteln unserer Wissenschaft nichts zu bieten.«[239]

Der Wissenschaft geht für Weber mit ihrer Entscheidung zur Wahrheit
unübersehbar die Subjektivität einer Wertsetzung voraus, sie gründet in dem
Willen des Menschen, »Fachmensch« zu sein, seine Lebensführung und seine
Stellung in der Welt und zu ihr also an denjenigen Gründen und Kriterien zu
orientieren, die ihm die fachlich betriebene Wissenschaft aufgrund ihres
empirischen Erfahrungswissens von den objektiven, wirklichen Bedingungen
seines Handelns nahelegt und bereitstellt. Die »Religionssoziologie« expliziert
diese Entscheidung des Menschen zur wissenschaftlichen Fachbildung als eine
ganz wesentliche historische Entstehungsvoraussetzung des okzidentalen Rationalitätstyps, die innerhalb eines Geflechts verschiedenartiger Bedingungsfaktoren von entscheidender Bedeutung war, indem sie dem Paradigma rationaler
Weltorientierung und -beherrschung überhaupt erst seine Konturen verliehen
hat.[240]

In der Wissenschaftslehre fungiert diese Entscheidung des modernen Subjekts zu seiner Fachmenschlichkeit üblicherweise[241] als eine von im ganzen drei
Grundvoraussetzungen und Garanten des Objektivitätsanspruchs der Wissenschaft. Sie stiftet überhaupt erst die Disposition des Menschen zur Objektivität
seines Denkens, sie ist die Tugend intellektueller Redlichkeit und fordert als
solche dazu auf, das Leben und Handeln realistisch und verantwortlich, d.h. aus
dem klaren Bewußtsein seiner objektiven Voraussetzungen und Bedingungen,
seiner erfolgversprechenden Mittel, seiner wirklichen bzw. erwartbaren Konsequenzen und seiner möglichen, nur begrenzt kalkulierbaren Nebenfolgen zu
führen.

Der zweite Garant wissenschaftlicher Objektivität ist der strenge Formalismus der wissenschaftsspezifischen Methode. Der universelle Wahrheitsanspruch
wissenschaftlicher Erkenntnis gründet auf dem rein formalen Charakter aller
angewandten methodischen Verfahren, auf ihrer prinzipiellen Inhaltsleere,

Kontextunabhängigkeit, Wertfreiheit und intersubjektiven Kontrollfähigkeit.
Die methodische Objektivität des wissenschaftlichen Denkens bewährt sich
darin, daß ihm niemand, der sich überhaupt auf das Terrain der fachlich und
methodisch betriebenen Wissenschaft begiebt, mit guten Gründen widerspre-
chen kann, »denn es ist und bleibt wahr, daß eine methodisch korrekte
wissenschaftliche Beweisführung auf dem Gebiete der Sozialwissenschaften,
wenn sie ihren Zweck erreicht haben will, auch von einem Chinesen als richtig
anerkannt werden muß.«[242]

Funktionsanalytisch betrachtet besitzt der Verweis auf den methodischen
Universalismus bei Weber die Aufgabe einer innerwissenschaftlichen Schadens-
begrenzung; begrenzt werden soll der Objektivitätsschaden, der aus Webers
konsequenter Subjektivierung der Kulturwissenschaften resultiert. Mit der
Verwandlung der Wirklichkeit zum Resultat einer wertbeziehenden Konstruktionsleistung des Erkenntnissubjekts ist für Weber die Objektseite des historischen Geschehensprozesses als Kontrollinstanz für die Wahrheit des Wissens
verlorengegangen. Gleichzeitig erteilt Weber aber auch allen Versuchen eine
deutliche Absage, bestimmte Standpunkte von Konstruktionen zu hierarchisieren
und diejenigen auszusondern, von denen aus objektive Deutungen der
Wirklichkeit möglich sein sollen. Seine gemeinsame Gegnerschaft gegenüber
allen in diese Richtung gehenden Versuchen, etwa gegenüber dem Ideen-
begriff des Historismus und Idealismus, dem Gesetzeswissen des Positivismus
und Dialektischen Materialismus, aber auch gegenüber Rickerts wertphiloso-
phischer Objektivierung möglicher Wertbeziehungen[243] speiste sich aus dieser
Absage. Was bleibt, ist die streng erkenntnistheoretische und methodologische
Begründung der Objektivität wissenschaftlicher bzw. kulturwissenschaftlicher
Erkenntnis.[244] Im Anschluß an die durch Wertbeziehungen geleistete Konstitution des historischen Individuums und Erkenntnisgegenstandes sieht Weber
mithilfe der wissenschaftlichen Methode völlig objektive Kausalanalysen möglich werden.[245]

Weber kennt schließlich ein drittes Objektivitätskriterium der Wissenschaft: Ihr Wahrheitsanspruch bemißt sich noch daran, inwieweit sie »Kenntnisse über die Technik, wie man das Leben, die äußeren Dinge sowohl wie das
Handeln der Menschen, durch Berechnung beherrscht« ermöglicht.[246] In
»Wissenschaft als Beruf« sieht Weber die Objektivierungsleistungen der modernen Wissenschaft unmittelbar gebunden an das Kriterium einer erfolgreichen
Aneignung und zweckrationalen Bearbeitung der objektivierten Gegenstände
materieller Interessen – und vergibt in dieser trüben Vermengung und Identifikation von Wissenschaft und Technik, von Naturwissenschaft und Kulturwissenschaft die Chance zu einer klaren Differenzierung zwischen konkurrierenden
Wissenschaftstypen, Erkenntnisinteressen und Orientierungsleistungen.[247]

Weber nennt die spezifische Leistung, die auf dem Boden aller drei genannten Objektivitätskriterien der Wissenschaft möglich wird: »die Entzauberung
der Welt« und reduziert gleichzeitig die Triebkraft, welche dieser Entzauberung
der Welt und der menschlichen Lebensführung durch Wissenschaft zugrunde-

liegt, auf das Bedürfnis, sie durch Berechnung beherrschen zu wollen.[248] Auf die im Zentrum der Wissenschaftslehre stehende Frage: Hat »dieser in der okzidentalen Kultur durch Jahrtausende fortgesetzte Entzauberungsprozeß und überhaupt: dieser ›Fortschritt‹, dem die Wissenschaft als Glied und Triebkraft mit angehört, irgendeinen über dies rein Praktische und Technische hinausgehenden Sinn?«[249] gibt »Wissenschaft als Beruf« eindeutig eine negative Antwort. Hier gibt es für Weber keine über diese instrumentelle Bedeutung hinausgehende Wahrheitsleistung und Objektivierungsfunktion der Wissenschaft.

Die Konfusion, welche die Wissenschaftslehre im Hinblick auf diese Frage hinterläßt, ist ablesbar an den verschwimmenden Konturen der spezifisch kulturwissenschaftlichen, im wesentlichen historisch-hermeneutischen Variante von Entzauberung. »Wissenschaft als Beruf« enthält keine wirklich anspruchsvolle Bestimmung der Pragmatik und der Objektivität kulturwissenschaftlichen Erkenntnisstrebens mehr und auch keine prinzipielle Differenzierung zwischen dem technischen Erkenntnisinteresse der Naturwissenschaften und dem hermeneutisch-praktischen der Kulturwissenschaften. Dieser Umstand läßt Weber hinter den Erkenntnisstand des »Objektivitäts«-Aufsatzes zurückfallen, denn dort ging es ihm gerade um die Bestimmung des – später dann dementierten – Eigensinns und der Objektivität der Kulturwissenschaften.[250]

Der »Objektivitäts«-Aufsatz bestimmt dagegen die *»Wirklichkeitswissenschaft«* als einen Beitrag zur Erkenntnis der Kulturbedeutung konkret-individueller Zusammenhänge: »Wir wollen die uns umgebende Wirklichkeit des Lebens, in welches wir hineingestellt sind, *in ihrer Eigenart* verstehen – den Zusammenhang und die Kultur*bedeutung* ihrer einzelnen Erscheinungen in ihrer heutigen Gestaltung einerseits, die Gründe ihres geschichtlichen So-und-nicht-anders-Gewordenseins andererseits.«[251]

Die kulturwissenschaftliche Objektivierung der Wirklichkeit dient hier noch ersichtlich einer Orientierung des Menschen in der Welt, die sich nicht umstandslos unter den Zweck einer instrumentellen Perfektionierung seines Handelns, einer Steigerung seiner »Fachmenschlichkeit« bringen läßt. Stattdessen dient sie offenbar der Realisierung eines dezidierten Kulturinteresses. Wie sich Weber die Einlösung des Wahrheitsanspruchs kulturwissenschaftlichen Denkens im Sinne einer Orientierung der Lebensführung in der Erkenntnis individueller Kulturbedeutungen praktisch vorgestellt hat, erfährt man jedoch nicht aus dem, was er wissenschaftstheoretisch expliziert hat (hierin liegt die Grenze der Wissenschaftslehre), sondern ist einzig daran ablesbar, wie er kulturhistorisch verfahren ist (hierin liegt die Bedeutung der Religionssoziologie).

Die Architektonik seiner innerhalb der Religionssoziologie praktizierten Variante von Kulturgeschichte ist ein möglicher Zugang zum Verständnis seines Werks und präsentiert eine Antwort auf die Frage nach den spezifischen Kulturleistungen und -grenzen des modernen, an die fachlich betriebene Wissenschaft gebundenen Intellektualismus.

Worin besteht aber diejenige »Objektivität« kulturwissenschaftlicher Erkenntnis, die mit den drei genannten Objektivitätskriterien der Wissenschaft überhaupt noch nicht benannt ist und die überhaupt das Objektivitätsideal einer positivistisch verstandenen Wissenschaft überschreitet?

Das zentrale Problem der modernen intellektualistischen Weltorientierung besteht für Weber darin, daß die methodische »Objektivität« der fachlich betriebenen Wissenschaft und der kulturelle »Sinn« der menschlichen Lebensführung sich wechselseitig negatorisch zueinander verhalten, zumindest jedoch in einem strukturellen Spannungs- und Konkurrenzverhältnis zueinander stehen. Die an Verfahren methodischer Objektivierung, Positivierung und Rationalisierung gebundene Fachlichkeit der empirischen Wissenschaft droht die an Verfahren und Operationen lebensweltlicher Wertsetzung gebundenen Sinnbedürfnisse des Kulturmenschen zu neutralisieren. Sinnverlust ist daher für Weber der Preis, den der Mensch für die Intellektualisierung seiner Lebensführung sowie für die Objektivierung der Welt durch Wissenschaft unweigerlich zu zahlen hat: »Wo immer aber rational empirisches Erkennen die Entzauberung der Welt und deren Verwandlung in einen kausalen Mechanismus konsequent vollzogen hat, tritt die Spannung gegen die Ansprüche des ethischen Postulates: daß die Welt ein gottgeordneter, also irgendwie ethisch sinnvoll orientierter Kosmos sei, endgültig hervor. Denn die empirische und vollends die mathematisch orientierte Weltbetrachtung entwickelt prinzipiell die Ablehnung jeder Betrachtungsweise, welche überhaupt nach einem ›Sinn‹ des innerweltlichen Geschehens fragt.«[252] Zweifellos hat Weber jedoch angesichts dieser Problemlage des modernen Intellektualismus davor zurückgescheut, aus ihr ›nietzscheanische‹ Konsequenzen zu ziehen und die Sinnbedürfnisse des Menschen allein zur Angelegenheit der Werte zu erklären und umstandslos in das außeralltägliche Reich des Dionysischen hinein auszulagern, wo sich dann der Sinn des Lebens und der Welt unbeschadet von den Restriktionen des Intellektualismus und der Objektivität der Wissenschaft offenbaren und ausleben könnte.

Diese Weigerung Webers, aus der erkannten Spannung zwischen Wissenschaft und Werten, bzw. zwischen Objektivität und Sinn irrationalistische Konsequenzen zu ziehen, läßt jedoch die Frage akut werden, ob es denn eine über den Objektivitätsgewinn der Entzauberung hinausgehende Bedeutung des wissenschaftlichen Intellektualismus geben könne, welche die Neutralisierung lebensweltlicher Sinnvorstellungen vermeidet und diese nicht in dem Kosmos objektiven Wissens zergehen läßt. Die Religionssoziologie deutet umrißartig das Paradigma eines derartigen Wissens an: in der Gestalt einer Sinngeschichte des Kulturmenschentums. Weber betreibt hier Kulturgeschichte in der Form einer hermeneutischen Rekonstruktion tradierter Sinnvorstellungen der menschlichen Lebensführung.

4. Webers Konzept von Kulturgeschichte

Weber versteht »Sinn« als kulturellen Lohn für die Anstrengung und die Fähigkeit des Menschen zu einer wertrationalen Motivierung, Orientierung und Reglementierung seiner Lebensführung, er ist die Antwort auf die »für uns wichtige Frage: ›Was sollen wir tun? Wie sollen wir leben?‹«[253] Speziell auf derartige Wertfragen kann die Wissenschaft keine – zumindest keine direkte – Antwort geben, was das Postulat ihrer Wertfreiheit zum Ausdruck bringen will. Gleichwohl spricht Weber von einem unmittelbar handlungsorientierenden »Sinn«, den speziell die historisch-kulturwissenschaftlichen Objektivierungen der Wirklichkeit ermöglichen und zur kulturellen Selbstverständigung des Menschen bereitstellen. Diesen durch die Wissenschaft möglich werdenden Sinn expliziert die Religionssoziologie im Zusammenhang ihrer historischen Erinnerung an die Geschichte der Kultur und der kulturell tradierten Sinnvorstellungen.

Die Religionssoziologie intendiert eine »Universalgeschichte der Kultur«;[254] sie reflektiert am Beispiel der Religion als dem integrierenden Kulturelement der Vergangenheit auf die Kontinuität menschlicher Sinnvorstellungen und auf die Geschichte werthafter Reglementierungen der Lebensführung. Die Bedeutung der »Zwischenbetrachtung« besteht darin, daß sie die Systematik der leitenden kulturgeschichtlichen Fragestellungen entwickelt und damit den heuristischen und theoretischen Rahmen dieser universalhistorischen Hermeneutik der menschlichen Kulturentwicklung absteckt. Die ›Sinnvergessenheit‹ des modernen Intellektualismus und die Vorherrschaft eines an dem objektiven Wissen der positivistischen Wissenschaften sich orientierenden »Fachmenschen-Typus« bildete dabei den zeitgeschichtlichen Nährboden, in dem das Interesse Webers wurzelte, die kulturellen Grundlagen der menschlichen Lebensführung in ihrer jeweiligen Eigenart und in ihrem genetischen Zusammenhang am Vorbild der Weltreligionen historisch zu sondieren. Diesem Sinnverzicht des modernen fachwissenschaftlichen Intellektualismus gegenüber versteht sich die in der Religionssoziologie praktizierte hermeneutische Aneignung vergangenen Sinns als Versuch einer Bewahrung und Erneuerung der tradierten Voraussetzungen von Kultur – und zwar mit den objektivierenden Mitteln des Intellektualismus selbst. Ihr leitendes Ursprungsmotiv ist es, die »Objektivität« des intellektuellen Wissens und den »Sinn« der kulturellen Lebensführung in ein Verhältnis zueinander zu bringen, in dem sie sich nicht mehr wechselseitig negieren, sondern fordern und innerlich aufeinander verweisen. Wissenschaft und Lebenswelt sollen auf dem Boden der Kulturwissenschaft aus ihrem destruktiven Spannungsverhältnis in ein produktives Austauschverhältnis zueinander geraten, indem die Kulturwissenschaft über die Sinnchancen der Gegenwart historisch orientiert und sie im Wissen um ihr Gewordensein kulturell steigert.

Das wird überhaupt erst denkbar, weil Weber den Entstehungsprozeß des modernen objektivierenden Intellektualismus nicht als die Geburtsstunde eines Lebensstils versteht, innerhalb dessen die Stimme menschlicher Sinnbedürfnisse und -vorstellungen verstummt, sondern indem er zeigt, daß Rationalisierungs- und Intellektualisierungsprozesse sowie eine sie kennzeichnende Spannung zwischen Wissenschaft und Kultur, zwischen Objektivität und Sinn geschichtlich betrachtet nicht Sinnverlust, sondern einen erheblichen Gewinn von Sinn, gewissermaßen eine neue Kulturchance des Menschen dargestellt haben und auch weiterhin darstellen. Den Prozeß der gesellschaftlichen Modernisierung versteht Weber unter diesem Gesichtspunkt zugleich als einen kulturellen Lernprozeß. Der Intellektualismus der modernen Welt- und Selbstorientierung des Menschen und der damit einhergehende Zerfall einheitsstiftender religiöser Weltbilder hat erst die Ausdifferenzierung der verschiedenen lebensweltlichen Wertsphären ermöglicht und damit auch erst die Chance zur Herausarbeitung und Bestimmung ihres jeweils spezifischen kulturellen Potentials eröffnet.[255] Der Zerfall und die Selbstauflösung der Religion bedeutet für Weber den Aufstieg der Welt zum Realisationsort von Sinn im Zuge der Genese autonomer Wert- und Kultursphären als konstitutiven Elementen der modernen Lebensführung.

Den Prozeß der gesellschaftlichen Modernisierung versteht Weber einerseits zwar aufgrund der unübersehbaren religiösen »Unmusikalität« der Gegenwart als Vorgang einer kulturellen Entsicherung und als Infragestellung tradierter Sinnhorizonte der Lebenswelt. »Sinn« wird zum aufgegebenen Gegenstand permanenter Subjektleistungen und aufgrund dieser geschichtlichen Entwicklung ein gefährdetes und knappes Gut – und Weber täuscht sich nicht »über den gewaltigen Ernst dieser Sachlage«.[256]

Auf der anderen Seite begreift er Modernisierung jedoch auch als die Ermöglichung einer Lebensführung, die auf dem Boden der von religiösen Sinnzuschreibungen unabhängig gewordenen Kulturdiskurse auf eine differenzierte und autonomisierte Weise mit »Sinn« versorgt werden muß – und versorgt werden kann. Erst auf dem Boden dieser Ausdifferenzierung moderner Wert- und Kultursphären können Arbeit, Herrschaft, Liebe, Kunst, Wissenschaft, ja selbst der Tod zu eigengesetzlichen und eigensinnigen Elementen der menschlichen Lebensführung ausdifferenziert werden und auf die Eigenart ihrer jeweiligen Kulturbedeutung hin reflektiert werden.

Diese Ausdifferenzierung und Rationalisierung der menschlichen Lebenswelt zu einer Vielzahl eigenständiger Kulturdiskurse und Wertsphären läßt sie für Weber in eine strukturelle Spannung zur einheitsstiftenden Kraft des überlieferten religiösen Weltbildes treten, mit dem sie nun in ihrem Anspruch auf die Einlösung von Sinnpostulaten konkurrieren: »Und zwar wurde die Spannung von ihrer Seite her [von der Seite der Religion] um so stärker, je weiter auf der anderen Seite die Rationalisierung und Sublimierung des äußerlichen und innerlichen Besitzes der (im weitesten Sinne) ›weltlichen‹ Güter auch ihrerseits fortschritt. Denn die Rationalisierung und bewußte Sublimierung der Beziehungen des Menschen zu den verschiedenen Sphären äußeren und inneren, religiösen und weltlichen, Güterbesitzes drängte dann dazu: *innere Eigengesetzlichkeiten* der einzelnen Sphären in ihren Konsequenzen *bewußt* werden und dadurch in jene Spannungen zueinander geraten zu lassen, welche der urwüchsigen Unbefangenheit der Beziehung zur Außenwelt verborgen blieben. Es ist dies eine ganz allgemeine, für die Religionsgeschichte sehr wichtige Folge der Entwicklung des (inner- und außerweltlichen) Güterbesitzes zum Rationalen und bewußt Erstrebten, durch *Wissen* Sublimierten.«[257]

Die Einheit der menschlichen Lebensführung ist für Weber allein noch in den lebensweltlichen Bruchstücken einer entzweiten Totalität erfahrbar, und sie erneut, d.h. jetzt: im Medium einer innerweltlich gewordenen Kultur zusammenzubringen wird zur unbedingten Aufgabe der Kulturgeschichte als der zur Zukunft der spezifisch modernen Lebensführung hin geöffneten historischen Erinnerung an den Sinn- und Wissensvorrat der kulturellen Überlieferung. Indem die Kulturgeschichte den in den Prozessen von Modernisierung fragmentierten Sinn ausdifferenzierter Wertsphären und Orientierungsmächte mit der universalgeschichtlichen Kontinuität kultureller Stellungnahmen des Menschen konfrontiert, will Webers Religionssoziologie auf dem Wege einer hermeneutischen Aneignung tradierter Bedeutungsgehalte von Kultur in der Gegenwart die geistigen Voraussetzungen der menschlichen Sinnbildung sichern – und die methodische Objektivität dieser kulturgeschichtlichen Erkenntnis soll die Möglichkeit dazu nicht verschütten, sondern garantieren. Damit löst sie für Weber den in hermeneutisches Wissen eingelassenen Wahrheits- und Objektivitätsanspruch ein: Sie leistet dann einen wesentlichen praktischen Beitrag dazu, die Fähigkeit und den Willen zur Generierung kultureller Sinnvorstellungen zu sichern und zu steigern.

Aus der Religionssoziologie lassen sich umrißartig die Kulturgeschichte und ihr möglicher Beitrag zur Sinnbildung des Menschen über die Probleme seiner Lebensführung herausarbeiten. Sie ist eine Rekonstruktion von Kultur angesichts der Zeiterfahrung einer sich durchsetzenden bürgerlichen Moderne. Freilich hat Weber in seinem empirischen Werk diesen Theorieentwurf der Kulturgeschichte nur fragmentarisch realisiert. Die »Religionssoziologie«, »Wirtschaft und Gesellschaft« und schließlich die »Wissenschaftslehre« beleuchten jeweils diejenigen Entwicklungprozesse der Kultur, die sich in den Orientierungen zweckrationalen Handelns historisch und institutionell erfolgreich niedergeschlagen haben, in ihrer Summe also den okzidentalen Rationalismus der Weltbeherrschung abstecken. Diese Perspektive seiner Fragestellung deutet Weber eingangs der »Vorbemerkung« zur Religionssoziologie an: Was ihn eigentlich interessiere, sei das Zusammenspiel derjenigen Faktoren, welche die Dominanz des okzidentalen Rationalitätstyps historisch herbeigeführt hätten. Unter diesem eingeschränkten Gesichtspunkt untersucht er die besonderen empirischen Entstehungsmilieus des modernen Kapitalismus, des bürokratisch organisierten Anstaltsstaates und der empirischen Wissenschaft.

1. Die Religionssoziologie arbeitet in einer universalgeschichtlichen Per-

spektive die geistigen und ethischen Ursprünge desjenigen ökonomischen Rationalismus heraus, der sich auf dem Boden des modernen Kapitalismus geschichtlich ausgeprägt hat. Eine »Kulturgeschichte« stellt sie dar, insoweit sie angesichts der »Entstehung ... der Fähigkeit und Disposition des Menschen zu bestimmten Arten praktisch-rationaler *Lebensführung*«[258] im geschichtlichen Kontext der Weltreligionen auf Entwicklungsprozesse des menschlichen Geistes rekurriert (wie etwa auf den »Geist des Kapitalismus«), vor allem auf die in religiösen Glaubensüberzeugungen fundierten Wirtschaftsgesinnungen, ethischen Pflichtvorstellungen und praktischen Handlungsantriebe.

Weber arbeitet die geschichtliche Vielfalt der wertrationalen Grundlagen und Sinnkriterien gesellschaftlicher Arbeit heraus und fragt angesichts dieser Vorläufer und Alternativen der spezifisch modernen Wirtschaftsgesinnung und Berufskultur nach den Bedingungen, Möglichkeiten und Grenzen einer zeitgemäßen und notwendigerweise rein innerweltlichen Sinngebung menschlicher Arbeit.

Webers Interesse zielt letztlich darauf ab, diejenige Gegenwart über sich selbst und über die in ihr liegenden kulturellen Möglichkeiten und Besonderheiten aufzuklären, von der er sagt, daß auf ihrem Boden »die ›Berufserfüllung‹ nicht direkt zu den höchsten geistigen Kulturwerten in Beziehung gesetzt werden kann.«[259] Das Fehlen überzeugender Motive gesellschaftlicher Arbeit und wertrationaler Stützen der materiellen Selbstreproduktion des Menschen wird zum Stachel seines kulturhistorischen Fragens und treibt Weber zur geschichtlichen Erinnerung an die überlieferte Kulturbedeutung menschlicher Arbeit genauso wie zur Rekonstruktion des Abstiegs der bürgerlichen Wirtschaftsethik und Berufsgesinnung zu einem agonalen, »seines religiös-ethischen Sinnes entkleidete[n] Erwerbsstreben.«[260]

Webers Fähigkeit zur Kritik an der modernen Vorherrschaft eines Berufsmenschentums ohne »Beruf« und damit an einer Zeit, in der die im Medium gesellschaftlicher Arbeit geleistete Befriedigung der materiellen Bedürfnisnatur des Menschen durch rationale Weltbeherrschung keine unter Sinnansprüche gestellte und mit Legitimitätskriterien konfrontierte Praxis mehr ist, speist sich letztlich aus dem kulturhistorisch gewonnenen Wissen um die historische Kontinuität einer kulturellen Reglementierung dieser menschlichen Arbeit, deren Fortsetzungsfähigkeit infragegestellt ist und in der Gegenwart auf dem Spiel steht.

2. An einer zentralen Stelle seiner Religionssoziologie, nämlich in der Einleitung zur »Wirtschaftsethik der Weltreligionen«, findet sich ein zunächst überraschender Exkurs Webers zu den begrifflichen Grundlagen seiner Herrschaftssoziologie. Dieser hier auf den ersten Blick relativ zusammenhanglos hergestellte Bezug weist auf eine weitere kulturhistorische Fragestellung hin. Die Religionssoziologie thematisiert die Geschichte der Legitimitätskriterien politischer Herrschaft: »Die religiösen Vergesellschaftungen und Gemeinschaften gehören bei voller Entwicklung zum Typus der *Herrschafts*verbände: sie stellen ›hierokratische‹ Verbände, d.h. solche dar, bei welchen die Herrschafts-

gewalt durch das Monopol der Spendung oder Versagung von Heilsgütern gestützt wird. Alle Herrschaftsgewalten, profane wie religiöse, politische wie unpolitische, lassen sich als Abwandlungen von oder Annäherungen an einige reine Typen ansehen, welche gebildet werden durch die Frage: welche *Legitimitäts*grundlage die Herrschaft für sich in Anspruch nimmt.«[261]

Die Kategorie der »Legitimität« charakterisiert die hier von Weber angesprochene Forschungsperspektive als eine eminent kulturgeschichtliche: Er untersucht die Geschichte des Politischen unter dem Gesichtspunkt der in sie eingegangenen Sinnzuschreibungen der Betroffenen und klassifiziert sie nach den jeweils artikulierten Motiven entweder der Fügsamkeit oder des Herrschenwollens. »Wirtschaft und Gesellschaft« ist der Ort innerhalb seines Werks, an dem Weber diese Perspektive seiner Herrschaftssoziologie ausführlicher expliziert hat. Indem Weber hier Legitimität definiert als die kulturelle Bedingung der Chance, »für spezifische (oder: für alle) Befehle bei einer angebbaren Gruppe von Menschen Gehorsam zu finden«,[262] spricht er genau diese Sinndimension politischer Herrschaft an, denn die Notwendigkeit ihrer Legitimität zeigt an, daß der Erfolg bei der Erhebung und Durchsetzung von Machtansprüchen nicht nur unter anderem, sondern ganz elementar von einem Minimum des Gehorchen- und Befehlenwollens auf seiten der Betroffenen abhängig ist. Webers Herrschaftssoziologie ist in ihrer Orientierung an der Leitkategorie »Legitimität« grundsätzlich eine Frage nach – politischer – Kultur.[263]

Bei der Frage nach den problemerzeugenden Gegenwartserfahrungen, die seiner, auf die Legitimität des Politischen zugeschnittenen, Kulturgeschichte zugrundeliegen, ist zu berücksichtigen, daß er die tendenzielle Verunpersönlichung der Herrschaftsbeziehungen im Zusammenhang mit dem Aufstieg der modernen Bürokratie nicht allein als Entstehung eines eigensinnigen Legitimitätstypus, sondern auch als das mögliche Ende legitimer Herrschaft im Sinn einer an Sinnzuschreibungen gekoppelten Kulturpraxis gesehen hat.[264] Wenn im Zuge politischer Modernisierungsprozesse die Legitimitätsgründe und damit die kulturellen Fundamente von Herrschaft zugunsten einer Weltherrschaft der formalistischen Unpersönlichkeit untergraben und damit überflüssig zu werden drohen, und wenn »die Legitimität der Herrschaft zur Legalität der generellen, zweckvoll erdachten, formell korrekt gesatzten und verkündeten *Regel* wird«,[265] gewinnt die Kulturgeschichte die durch nichts zu ersetzende Aufgabe einer Erinnerung daran, daß die Legitimität politischer Herrschaft in der geschichtlichen Überlieferung in einer kulturellen Anerkennungsleistung der Beherrschten begründet zu sein pflegte, und daß es aus der erkannten Kontinuität von Legitimitätsvorstellungen heraus Sache der Gegenwart sein muß, die Kulturleistung einer Konfrontation politischer Herrschaft mit denjenigen Sinnkriterien zu erbringen, die aus der, wie immer auch fragilen und gebrochenen politischen Freiheits- und Emanzipationsgeschichte des Menschen gewonnen werden können: »Angesichts der Grundtatsache des unaufhaltsamen Vormarsches der Bürokratisierung kann die Frage nach den künftigen politischen Organisationsformen überhaupt nur so gestellt werden: ...Wie ist es angesichts dieser Übermacht der Tendenz zur Bürokratisierung *überhaupt noch möglich, irgendwelche* Reste einer in *irgend*einem Sinne ›individualistischen‹ Bewegungsfreiheit zu retten? Denn schließlich ist es eine gröbliche Selbsttäuschung, zu glauben, ohne diese Errungenschaften aus der Zeit der ›Menschenrechte‹ vermöchten wir heute (auch der konservativste unter uns) überhaupt zu leben.«[266]

3. Schließlich thematisiert die Wissenschaftslehre in ihrer Frage nach der Kulturbedeutung der Wissenschaft als einer rational-methodischen Objektivierung und technischen Instrumentalisierung der Welt den dritten Pfeiler des modernen okzidentalen Rationalismus der Weltbeherrschung. Wie bereits angedeutet, beschränkt sich die Wissenschaftslehre keineswegs auf eine Methodologie und Theorie der wissenschaftlichen Erkenntnisgewinnung, sondern sie zielt ebenso auf eine Kulturgeschichte der verwissenschaftlichten Zivilisation; sie fragt danach, mit welchem Sinn die Wissenschaft die Lebenswelt versorgt und welchen Sinn sie ihr andererseits auf dem Wege einer Intellektualisierung der Lebensführung entzieht. Webers Problem ist unter diesem Gesichtspunkt die Transformation der menschlichen Sinnbildung im Zuge der kulturellen Weltbildrationalisierung: »Je mehr der Intellektualismus den Glauben an die Magie zurückdrängt, und so die Vorgänge der Welt ›entzaubert‹ werden, ihren magischen Sinngehalt verlieren, nur noch ›sind‹ und ›geschehen‹, aber nichts mehr ›bedeuten‹, desto dringlicher erwächst die Forderung an die Welt und ›Lebensführung‹ je als Ganzes, daß sie bedeutungshaft und ›sinnvoll‹ geordnet seien.«[267]

Es geht Weber gerade um den geschichtlichen Zusammenhang von theoretischer und praktischer Vernunft und die Wissenschaftslehre ist unter diesem Gesichtspunkt auch eine Geschichte menschlicher Sinnzuschreibungen an die Adresse der Wissenschaft[268] und stellt gleichzeitig den Versuch dar, diesen Sinnbezug der Wissenschaft zu bewahren: in Form einer Theorie der kulturwissenschaftlichen Erkenntnis.

Damit ist der Umkreis derjenigen kulturgeschichtlichen Fragestellungen abgesteckt, die hauptsächlich Eingang in das Werk Max Webers Eingang gefunden haben. Er interessiert sich im wesentlichen für diejenigen Aspekte der menschlichen Kultur, denen der moderne Universalismus der zweckrationalen Vernunft entsprungen ist, die sich ökonomisch und gesellschaftlich in der Durchsetzung des modernen Kapitalismus, politisch in der Entstehung des bürokratisch organisierten Staates und intellektuell im Rationalismus der empirischen Wissenschaften ausgeprägt haben. Damit lenkt Weber den Blick unübersehbar auf einen drohenden Verlust von Kultur im Zuge der Entstehung der modernen Gesellschaft – ein Verlust, der sich im einzelnen in der Utilitarisierung ökonomischer Handlungsmotive, in der Legalisierung und Bürokratisierung politischer Herrschaft und schließlich in der Verwissenschaftlichung der Lebenswelt und der Intellektualisierung des menschlichen Welt- und Selbstverhältnisses äußert. Sein Werk ist in der Gestalt von Religionssoziologie, Wirtschaft und Gesellschaft und der Wissenschaftslehre eine Geschichte des

Verlusts der kulturellen Grundlagen und Sinnhorizonte der modernen Gesellschaft im Zusammenhang mit der Entstehung des »Rationalismus der Weltbeherrschung«.

Die Bedeutung der »Zwischenbetrachtung« liegt demgegenüber darin
begründet, daß Weber hier einerseits eine komplexere Bestimmung von Rationalisierung vornimmt und andererseits in knappen Zügen ein breiter angeleg-
tes Konzept von Kulturgeschichte sichtbar werden läßt.[269] Hier wird das
Konzept einer Kulturgeschichte greifbar, die sich nicht auf eine Geschichte der
kulturellen Grundlagen des Rationalismus der Weltbeherrschung beschränkt,
sondern die den Rationalismus der Welttranszendierung mit umgreift und in
Form einer idealtypischen Rekonstruktion von Sinnkriterien der Kunst, der
(erotischen) Liebe und des menschlichen Sterbens, also genau derjenigen
Aspekte der menschlichen Lebensführung, denen »Irrationalität« eingeschrieben ist, insofern sie sich den Vernunftmaßstäben einer zweckrationalisierten
Lebensführung gegenüber sperrig verhalten, in groben Zügen entwickelt.

Was Weber an dieser zentralen Stelle seines Spätwerks andeutet, ist die
Notwendigkeit einer Gegengeschichte der Zweckrationalisierung, einer Kulturgeschichte also im Sinn einer Geschichte des Utopischen und derjenigen
kulturellen Praktiken, in denen der Mensch der Realität seiner Gesellschaft
und den Zwängen seines zweckrationalisierten Alltags die Gegenrechnung
unbefriedigt gebliebener Sinnbedürfnisse nach einer Erlösung vom Leiden an
den Paradoxien seines Lebens aufmacht und aufgemacht hat.[270]

1. Die erste dieser kulturellen Gegenrechnungen ist die Kunst.[271] Die
Kulturgeschichte, deren Umriß Webers Religionssoziologie andeutet, zeigt
sich wie diejenige Burckhardts durch die Frage nach der geschichtlichen
Kulturbedeutung der Kunst für die Befriedigung menschlicher Utopie- und
Transzendierungsbedürfnisse inspiriert. Sie fragt, wie es die Kunst im Verlauf
der Geschichte jeweils vermocht hat, menschliche Lebensführung in den
Projektionsleistungen einer ästhetischen Kontrafaktizität mit Sinn zu versorgen
und damit kulturell zu orientieren. Wie hat sich der Mensch in der Kunst über
die Restriktionen, den Leidenscharakter und die Zwänge seiner Lebenswelt
hinweggeträumt und welcher unmittelbar lebenspraktisch relevante Kultursinn
gebiert sich in den utopisch erträumten Gegenwelten der Kunst als einer
autonomen und eigensinnigen Instanz zur Orientierung der Lebensführung?

Eine im Sinne der religionssoziologischen Zwischenbetrachtung betriebene
Kulturgeschichte ist insofern eine Geschichte der aus den Quellen des utopischen Bewußtseins gespeisten ästhetischen Verfremdungsleistungen der Kunst
gegenüber der Wirklichkeit, sie ist eine Geschichte der dort artikulierten
Bedürfnisse nach kulturellem Sinn. Die Kunst ist die innerweltliche Aktualisierung eines erlösungsreligiösen Erbes, indem sie, anknüpfend an die Kontingenzerfahrungen des Lebens, das Versprechen auf eine mögliche Erlösung
vom Leiden erneuert. Indem die Kunst auf diesem Wege die prinzipielle Kluft
zwischen Sein und Sollen offenhält, ist sie notwendigerweise eine Ermöglichung von Kritik auf dem Wege einer ästhetischen Mimesis des Versagten und

Unterdrückten – noch Adornos Ästhetik nennt sie genau in diesem Sinne Webers das »Gedächtnis des akkumulierten Leidens«.[272]

Es ist dieses ästhetisch erst möglich werdende Leidensbewußtsein der Kunst gegenüber der Wirklichkeit, welches die Kulturgeschichte Webers nicht unterschlagen, sondern historisch in Erinnerung bringen will. Daraus bezieht sie auch ihren genuin kritischen Impuls, ist doch Kritik nichts anderes als die kulturelle Konfrontation des Seienden mit den Sinnkriterien einer seinstranszendierenden Normativität.

2. Weber versteht Kulturgeschichte – daran läßt die religionssoziologische Zwischenbetrachtung keinen Zweifel – auch als eine Geschichte der Liebe, und da es ihm vor allem um den Akzent ihrer Außeralltäglichkeit geht: als eine Geschichte der »Erotik«. Die geschichtliche Kulturbedeutung der erotischen Liebe sieht er in ihrem Aufstieg zu einem Regulativ menschlicher Verständigungsverhältnisse angelegt, das wie die Kunst zum Rationalismus der Welttranszendierung gehört.

Weber begreift die erotische Liebe als Kultur, indem sie einer ursprünglich naturwüchsigen leiblichen Form intersubjektiven Verhaltens einen Wert- oder Sinncharakter verleiht, welcher sie, als Sphäre des nun Besonderen und Außeralltäglichen, in ein strukturelles Spannungsverhältnis zum Rationalismus des Alltags setzt und gerade in dieser Spannung »irrationale« Tiefenschichten des Menschseins aufscheinen läßt, vor deren Hintergrund sich, ebenfalls wie bei der Kunst, die fragilen Konturen eines ungeschmälerten Vernunftkonzepts, einer nicht auf die Dominanz wechselseitiger Instrumentalisierung beschränkten Rationalität des menschlichen Lebens abzeichnen: »Die Außeralltäglichkeit lag eben in dieser Hinwegentwicklung vom unbefangenen Naturalismus des Geschlechtlichen. ...Das Heraustreten der Gesamtdaseinsinhalte des Menschen aus dem organischen Kreislauf des bäuerlichen Daseins, die zunehmende Anreicherung des Lebens mit, sei es intellektuellen, sei es sonstigen als überindividuell gewerteten Kulturinhalten wirkte durch die Entfernung der Lebensinhalte von dem nur naturhaft Gegebenen zugleich in der Richtung einer Steigerung der Sonderstellung der Erotik. Sie wurde in die Sphäre des bewußt (im sublimsten Sinne:) Genossenen erhoben. Sie erschien dennoch und eben dadurch als eine Pforte zum irrationalsten und dabei realsten Lebenskern gegenüber den Mechanismen der Rationalisierung.«[273]

Das kulturgeschichtliche Interesse Webers an der Liebe, und zwar sowohl an dem ekstatisch-leidenschaftlichen Rationalismus der erotischen, wie an der grenzenlosen Hingabebereitschaft an den jeweils Anderen bei der verantwortungsethisch sublimierten entzündet sich an ihrer spezifisch »irrationalen« Qualität. Sie präsentiert angesichts der gesellschaftlichen Realität einer zweckrational entzauberten menschlichen Intersubjektivität den Zaubergarten einer Verständigungsform und zugleich die Kulturchance einer zwischenmenschlichen Kommunikation, denen als konstitutives Element das Versprechen »einer innerweltlichen Erlösung vom Rationalen«[274] utopisch eingeschrieben ist. Die Kulturbedeutung der Liebe realisiert sich für Weber darin, daß sie sich in eine kontrafaktische Stellung zu den realen Ordnungen des zweckrationalisierten Alltags bringt und darin das utopische Paradigma einer intersubjektiven Verständigung vorscheinen läßt, welches nicht mehr der Logik wechselseitiger Instrumentalisierung gehorcht. Die Subjektivierung der Persönlichkeiten ermöglicht für Weber auf dem Boden der Liebe den »direkten Durchbruch der Seelen von Mensch zu Mensch«, sie ist die Freiheit des Menschen im Sinn einer diskursiven Praxis universeller Anerkennung.

3. Ein drittes Erkenntnismotiv der Kulturgeschichte Webers taucht schließlich noch in seiner Frage nach der Geschichte derjenigen kulturellen Regulative der Lebensführung auf, welche die spezifische »Leistung einer Einstellung des Todes in die Reihe der sinnvollen und geweihten Geschehnisse« des Lebens erbringen.[275] Das Problem, dem sich Webers Kulturgeschichte stellt, besteht darin, inwieweit unter den empirischen Bedingungen der modernen, d.h. an innerweltlichen Heilsgütern orientierten, in autonome Wertsphären ausdifferenzierten und damit religiös entsicherten Gesellschaft der kulturelle Vorgang einer Sinnbildung des Menschen gegenüber der Unausweichlichkeit seines Sterbens überhaupt noch möglich ist. Wie kann also der moderne »Kulturmensch« noch vernünftig sterben und der Erfahrung des Todes überhaupt nur standhalten? Vom Standpunkt der tradierten, religiös geprägten Theodizeen des Sterbens aus hat Weber das Problem als ein elementares Sinnproblem der innerweltlichen Kultur präzise benannt: »Die Sinnlosigkeit der rein innerweltlichen Selbstvervollkommnung zum Kulturmenschen, des letzten Wertes also, auf welchen die ›Kultur‹ reduzierbar schien, folgte für das religiöse Denken ja schon aus der – von eben jenem innerweltlichen Standpunkt aus gesehen – offenbaren Sinnlosigkeit des Todes, welcher, gerade unter den Bedingungen der ›Kultur‹, der Sinnlosigkeit des Lebens erst den endgültigen Akzent aufzuprägen schien.«[276]

Damit ist der Umkreis der nicht allein möglichen, sondern: unabwendbar sich stellenden Kultur- und Sinnprobleme des Menschen angesprochen, vor deren bedrohlichem Hintergrund Weber das Programm seiner Kulturgeschichte formuliert hat – einer Kulturgeschichte, deren Angelegenheit und Aufgabe es sein sollte, Antworten auf die ethisch-praktischen Lebensführungsprobleme der spezifisch modernen Kultur zu geben. Der Zweck der Kulturgeschichte ist für Weber die Wahrung der transzendentalen Voraussetzungen des Humanen unter den geschichtlichen Voraussetzungen der modernen Gesellschaft.

Webers Konzept von Kulturgeschichte als einer Hermeneutik tradierter Sinnvorstellungen konfrontiert die Gegenwart im dezidierten Interesse an der geschichtlichen Kontinuität einer kulturellen Lebensweltreglementierung mit dem kulturellen Sinnangebot, welches das geschichtliche Erbe der Religion und die Entstehung und Ausdifferenzierung der spezifisch modernen Kultursphären als historische Erfahrung bereitstellte. Die Kulturgeschichte ist für Weber die hermeneutische Rettung des Menschen durch die historische Erinnerung der Kultur; sie gewährt der Gegenwart die Chance, »durch dies Verfahren teilzuhaben an der Gemeinschaft der ›Kulturmenschen‹.«[277]

V. Schlußbemerkung

Diese Untersuchung versteht sich als ein theoriegeschichtlicher Beitrag zu der gegenwärtigen Diskussion um die Kulturgeschichte. Im Zusammenhang dieser Diskussion fällt auf, daß der offensichtlich existierende Trend zur Kulturgeschichte oft mit dem Plädoyer für einen Wechsel des innerdisziplinären Bezugsrahmens der historischen Forschung einhergeht. Mithilfe heuristischer, methodischer und theoretischer Anleihen aus der Kulturanthropologie sollen die kulturgeschichtlichen Engpässe der Geschichtswissenschaft überwunden, sie selber »zur Explosion gebracht« werden.[1] Im Gegensatz dazu ist hier der Versuch unternommen worden, Kulturgeschichte »von innen«, also aus der Wissenschaftsgeschichte des historischen Denkens selber herzuleiten und zu begründen.

Die Kulturgeschichte steht gegenwärtig vor drei bisher noch nicht hinreichend eingelösten Herausforderungen ihrer Theoretisierungsfähigkeit: Sie muß sich in Form einer historischen Modernisierungstheorie über die Authentizität und die geschichtliche Eigenart ihrer Gegenwartserfahrungen verständigen. Sie muß ferner die normativen Implikationen ihres Kulturbegriffs deutlich machen. Und schließlich muß sie sich zu den bisherigen Traditionen der kulturhistorischen Forschung, aber auch zur gegenwärtigen Sozialgeschichte in Beziehung setzen.[2] Diesen internen Zusammenhang zwischen geschichtlichem Erfahrungswandel, normativen Grundlagen von Zeit- und Gegenwartskritik und theoriegeleiteter historischer Sinnbildung innerhalb der kulturhistorischen Tradition thematisiert die vorliegende Arbeit, indem sie anhand der geschichts- und kulturtheoretischen Positionen Droysens, Burckhardts und Webers wichtige Etappen ihrer Entstehung rekonstruiert.

Abschließend soll noch einmal kurz auf die in der Einleitung aufgeworfene Frage nach dem Theoriewandel vom Historismus zur Kulturgeschichte eingegangen werden, der hier am Beispiel dieser drei Autoren verfolgt worden ist: Gibt es in dieser geistesgeschichtlichen Entwicklung einen Lernprozeß des kulturgeschichtlichen Denkens, der dazu geführt hat, das theoretische Erbe des Historismus im institutionellen Kontext der historischen Forschung besser zur Geltung bringen zu können, als es der Historismus selber vermochte? Bei diesem vom Historismus selber »Geist« genannten Erbe handelte es sich, wie die Auseinandersetzung mit Droysen gezeigt hatte, um eine spezifisch historische Antwort auf die im Zuge der Entstehung moderner bürgerlicher Lebensformen von der Gesellschaft an die Wissenschaft adressierte Aufforderung, die

Freiheit des Menschen so zu denken, daß dieser sich als bewußt handelnder Akteur und eigenverantwortliches Subjekt der ihn zu seiner Freiheit disponierenden Lebensumstände erfahren könne. Die geschichtliche Selbsterfahrung seiner Freiheit sollte die kulturellen Voraussetzungen für deren Zukunft sicherstellen; Geschichte wurde als Geschichte des menschlichen Geistes im Historismus zur Bedingung der Möglichkeit einer gesellschaftlichen Lebensform, deren Freiheitsnatur in ihrer Einheit von Intentionalität, Normativität und Sinn begründet lag und so als ein in sich geschlossener und konsistenter Kulturzusammenhang denkbar wurde.

Burckhardt ist der erste gewesen, der dieses vom Historismus verkörperte bürgerliche Theorie-Idyll infragegestellt und die historistisch antizipierte Identität von menschlicher Freiheit, bürgerlicher Gesellschaft und historischer Erkenntnis kulturkritisch aufgesprengt hat. Der Geist der Freiheit verstrickt den Menschen im Modus seiner geistig erst ermöglichten Geschichtlichkeit in einen sich totalisierenden Zusammenhang des Leidens, den die Geschichte der europäischen Kultur dokumentiert und die Kulturgeschichte der Nachwelt mahnend überliefert. Burckhardt verarbeitet das Brüchigwerden spezifisch bürgerlicher Evidenzen, der Nationalstaatsidee genauso wie der liberalen Utopien der bürgerlichen Gesellschaft und des modernen Kapitalismus, im Sinne einer kulturtheoretischen Umdefinition der Freiheit zum innergeschichtlichen Ort eines eskalierenden Unglücks. Die weltgeschichtliche Entscheidung des Menschen zur Freiheit im Kontext der griechischen Kultur setzt die Dynamik einer geschichtlichen Selbstentfremdung dieses zum Handlungssubjekt aufgestiegenen Menschen von den Grundlagen seiner ihm eigenen Natur in Gang, die ihn letztlich aufgrund einer mit seiner kulturellen Freiheitsnatur universell gewordenen Handlungsbereitschaft und Handlungsverantwortlichkeit überfordern.

Dieser Zustand einer kulturellen Selbstüberforderung freier Subjektivität kann für Burckhardt nur in einer periodischen Rückkehr des Menschen zu denjenigen objektiven Überzeugungsgrundlagen seines Daseins behoben werden, deren Evidenz ihm von Natur aus – anthropologisch – unmittelbar einsichtig sind: zu Herrschaft, Religion und Kunst. Diese ewig potenten Mächte der menschlichen Lebensführung sind es, die das Leiden des Menschen an seiner kulturellen Freiheit beenden und überwinden können, indem sie über die Trostlosigkeit nicht ausbleibender Schicksals- und Kontingenzerfahrungen den versöhnenden Schimmer eines Objektiven breiten und so dem menschlichen Leben einen neuen Sinn zu implantieren vermögen.[3]

Burckhardts Kulturgeschichte ist Kulturkritik im Lichte der spezifisch historischen Gegenwartserfahrung, daß die Pathologien der Moderne nicht aus einem drohenden Verlust der Kultur, sondern aus ihrer universell gewordenen Herrschaft resultieren. Dem Freiheitsgewinn der Kultur korrespondiert für Burckhardt der Sinnverlust der Gegenwart durch den kulturell betriebenen Abbau des Unbedingten und Objektiven. Die Kultur ist als eine rationale Orientierungsmacht der Lebensführung für Burckhardt geradezu definiert durch ihre Antithetik zum Glück. Sie symbolisiert die Entzweiung des Menschen von der Natur als einer Chiffre der Versöhnung und wird so zum innerweltlichen Ort eines unbegriffenen Leidens, das allein durch »ein überweltliches Wollen«,[4] d.h. auf dem Wege einer erneuten religiösen, politischen oder ästhetischen Selbstüberwindung der Kultur behoben werden kann.

Die von Burckhardt sowohl kulturtheoretisch wie kulturgeschichtlich mit großer Konsequenz durchgeführte Kritik geschichtstheoretischer Grundpositionen des Historismus hat intellektuell das Feld für Webers Theoretisierungs- und Historisierungsversuch der Kultur bereitet. Daß Weber in seinem Werk die Frage nach dem Stellenwert der Kultur für die Lebensführung des Menschen hauptsächlich unter religionsgeschichtlichen und -soziologischen Vorzeichen stellt, macht die normativen Implikationen seiner Kulturtheorie deutlich und verweist zudem auf eine Gemeinsamkeit mit den geschichtstheoretischen Voraussetzungen innerhalb der Kulturgeschichte Burckhardts: Die lebensweltliche Orientierungsfähigkeit der modernen Kultur muß sich für Weber in der Konfrontation mit den religiösen Sinntraditionen der kulturgeschichtlichen Überlieferung erweisen.

Daher rührt die überragende Bedeutung der Religionssoziologie innerhalb seines Gesamtwerks: Die Religion ist dasjenige geschichtliche Konstituens von Kulturmenschlichkeit, in das hinein die Sinnkrise der zeitgenössischen Kultur historisch verfremdet werden muß, wenn die Zukunft der Gegenwart eine über die Vergangenheit hinausgehende Fortschrittskontinuität der menschlichen Lebensführung bleiben soll.[5]

Insgesamt entfaltet Weber die Kategorie der Kultur als einen Grundbegriff seines Denkens im Zug einer historisch-anthropologischen, einer universalgeschichtlichen und einer wissenschaftstheoretischen Argumentation:

1. Weber argumentiert historisch-anthropologisch, insofern er Kultur zu einer transzendentalen Voraussetzung des Menschseins überhaupt deklariert: Kultur als der Wille und die Fähigkeit zu Intentionalität, Normativität und Sinnbildung zeichnet den Menschen noch vor aller geschichtlichen Konkretion seiner Lebensführung anthropologisch und existentiell, d.h. in seiner ihm eigentümlichen Seinsverfassung aus. »Kultur« definiert also die allgemeinsten Bedingungen des Menschseins, man könnte von einem stählernen Gehäuse – nicht der »Hörigkeit«, wohl aber der unbedingten Zugehörigkeit zu einer geschichtlichen Tradition von Kulturmenschlichkeit sprechen. Diese geschichtliche Erfahrung einer kulturanthropologischen Fixierung des Menschseins spricht aus den drastischen Schlußpassagen des Protestantismus-Aufsatzes, in denen Weber die Unmöglichkeit, zumindest aber die immensen existentiellen Kosten eines voluntaristischen Sprungs der Gegenwart aus den geschichtlichen Kulturtraditionen des Menschseins in die Kultur- und Sinnlosigkeit der Posthistoire skizziert.

2. Webers Werk läßt sich darüberhinaus auch als Versuch einer universalgeschichtlichen Phänomenologie der Kultur verstehen, indem seine Religionssoziologie und Wissenschaftslehre (aber auch »Wirtschaft und Gesellschaft«)

eine historisch gesättigte Funktionstypologie der Kultur enthalten. Der anthropologische Zwang zur Kultur besitzt für Weber seinen innergeschichtlichen
Ort in den überlieferten Sinntraditionen der Weltreligionen und den innerweltlich gewordenen Wertsphären der modernen Lebensführung, deren jeweili-
lige Eigenart und Bedeutung er am Leitfaden des Kulturbegriffs historisch
herausarbeitet.

3. Kultur im Sinne einer anthropologischen Grundlage und eines universalgeschichtlichen Phänomens der menschlichen Lebensführung stellt schließlich
für Weber die »transzendentale Voraussetzung jeder *Kulturwissenschaft*« dar.[6]
Webers Wissenschaftslehre ist seit dem Durchbruch des Objektivitätsaufsatzes
eine Theorie der Kulturwissenschaften, deren wesentlichste Aufgabe die Selbstaufklärung der Wissenschaft über ihre spezifische Bedeutung innerhalb des
universalgeschichtlichen Prozesses der menschlichen Kultur ist.

Auf diesen drei von Weber pointiert herausgearbeiteten Bedeutungsebenen
behält der Begriff der Kultur seinen erheblichen Stellenwert im Gefüge der
modernen Geschichtswissenschaft, wenn das von Weber selber erreichte Reflexionsniveau der Kulturgeschichte nicht unterboten werden soll: Die Kategorie
der Kultur bleibt das wichtigste strukturierende Theorieelement der historischen Anthropologie und einer kognitiven Organisation der Gegenwartserfahrung, von ihr her lassen sich komplexe heuristische Leitfäden universalgeschichtlicher Rekonstruktionen generieren und schließlich behält der Begriff
der Kultur eine große geschichtstheoretische und methodologische Bedeutung im Kontext der gegenwärtigen Historik.

Am Ende dieser Untersuchung bietet sich ein zwiespältiges Bild. Zwar ist es
innerhalb der hier rekonstruierten Theorieentwicklung von Droysen über
Burckhardt zu Weber zu einem eindeutigen – sowohl universalgeschichtlichen als auch funktionsanalytischen – Reflexionsgewinn des Kulturbegriffs
gekommen, der die Kategorisierung der historischen Erfahrung in einer
komplexen Weise ermöglicht hat. Gleichwohl besitzt die zu Weber hinfüh-
rende Entwicklung der Kulturgeschichte eindeutig bestimmbare Grenzen in
ihrer Interpretationsfähigkeit von Kultur. Aufgrund der inneren Struktur des
zugrundeliegenden und subjektivistisch verengten Kulturbegriffs kann es ihr
nicht gelingen, den geschichtlichen Prozeß der sozialen Konstitution von
Kultur, ihre Entstehung in den diskursiven Vollzügen einer innergesellschaftlichen Kommunikation über angemessene Handlungsmotive, begründungsfä-
hige Normen und überzeugende Sinnvorstellungen der menschlichen Lebensführung in einer geschichtstheoretisch befriedigenden Weise zu berücksichtigen.

Der theoriegeschichtliche Prozeß hin zu Weber impliziert eine folgenschwere
Uminterpretation der Kultur zur geistigen Produktionsleistung einer wil-
lens-, wert- und sinnschöpferisch verinnerlichten Subjektivität, deren soziale
und geschichtliche Konnotationen konsequent ausgeblendet werden. Dies
könnte zu der vielleicht etwas paradoxen Stellungnahme Anlaß geben, daß
Droysens am Leitbegriff der »Sittlichkeit« orientierte Kategorie des Geistes

nicht nur der geschichtlichen Qualität, sondern auch der dezidiert »sozialen«
Dimension der Kultur aufgrund ihrer ganzen theoretischen Anlage und inneren Struktur einen weit größeren Stellenwert einzuräumen vermag als der an
der neukantianischen Werttheorie orientierte Kulturbegriff Webers.

Diese historistische Tradition der »Sittlichkeit«, im Sinne der Einheit von
intersubjektiver Konstitution, gesellschaftlichem Vollzug und innerer Historizität der Kultur als dem geschichtlichen Prozeß der menschlichen Freiheit muß
auf eine völlig neue Weise gegenüber einem Weberianischen Konzept von
Kultur und Kulturgeschichte zur Geltung gebracht werden. Zu diesem Zweck
bietet sich eine kommunikationstheoretisch gewendete Kulturtheorie an, welche die subjektivistische Erblast des Weberianischen Modells zu überwinden
vermag, die spezifisch »soziale« Konstitution von Kultur berücksichtigt und sie
in der menschlichen Lebensführung als einer prinzipiell diskursiven Praxis
verankert. Gegenwärtig ist noch nicht hinreichend absehbar, wie diese Variante
kulturtheoretischen Denkens im Interesse an einer Kategorisierung der Kultur
unter dem Gesichtspunkt ihrer dezidiert »historischen« Dimension und Bedeutung für die kulturgeschichtliche Forschungspraxis der Gegenwart fruchtbar
gemacht werden könnte.

VI. Anmerkungen

I. Einleitung: Fragestellung, Methode
und Forschungsstand

1 Die gegenwärtige Kontroverse zwischen Kultur- und Gesellschaftsgeschichte stellt selbst kein Untersuchungsfeld dieser Arbeit dar und wird daher auch nicht eigens angesprochen. Gleichwohl kennzeichnet sie die theoretische Problemsituation der historischen Forschung, vor deren Hintergrund dieser Rekonstruktionsversuch der Kulturgeschichte entstanden ist. Einen guten Überblick über die zahlreichen Aspekte, Ebenen und Positionen in dieser Auseinandersetzung verschaffen *Schieder u. Sellin*, Sozialgeschichte in Deutschland.

2 Aus der äußerst umfangreichen Forschungsliteratur zum Historismus im allgemeineren Sinne eines Wissenschaftsparadigmas siehe *Blanke*, Historismus als Wissenschaftsparadigma; *Rüsen*, Historismus; *Jaeger u. Rüsen*, Geschichte des Historismus; *Rüsen*, Konfigurationen. Mit dem Blick auf die Philosophie: *Steenblock*, Wiederkehr des Historismus. Zum Thema »Geisteswissenschaften« siehe neuerdings: *Frühwald u.a.*, Geisteswissenschaften heute; *Scholtz*, Grundlage und Wandel der Geisteswissenschaften; *Prinz u. Weingart*, Geisteswissenschaften: Innenansichten; *Weingart u.a.*, Geisteswissenschaften: Außenansichten.

3 *Weber*, Die protestantische Ethik I, S. 76.

4 Zu diesem Zusammenhang vergleiche das sich ausdifferenzierende Forschungsprogramm der »Geschichtskultur«: *Rüsen*, Lebendige Geschichte, S. 109 ff.; *ders.*, Geschichtskultur als Forschungsproblem.

5 *Rüsen*, Politisches Denken und Geschichtswissenschaft, S. 175.

Die Auswirkungen der Revolutionserfahrung auf Droysens Kategorisierung des geschichtlichen Wandels erörtert *Gaedecke*, Geschichte und Revolution. Auch ihre Arbeit zeigt am Beispiel von Droysens althistorischen Schriften, daß er einerseits dem historischen Denken die praktische Aufgabe einer Krisenbewältigung der Gegenwart zuerkannte und daß andererseits seine althistorischen Forschungsinteressen durch die politischen Erfahrungen seiner Gegenwart gefiltert und kanalisiert worden sind (ebd., S. 94, 101 ff., 114 ff.).

Siehe in diesem Zusammenhang auch die Studie von *Wagner*, Die Entwicklung Droysens, in der es der Autorin allerdings kaum gelingt, die Frage nach dem wechselseitigen Zusammenhang zwischen Althistorie und Gegenwartsinteresse bei Droysen entscheidend weiterzubringen.

6 *Rüsen*, Begriffene Geschichte, S. 61 ff., 89 ff.

7 *Kohlstrunk*, Logik und Historie, S. 4.

8 Ebd., S. 77 ff. Kohlstrunk verweist auf die in Droysens Systematik der sittlichen Mächte existierende Tendenz, der Gegenwart die Tatsache ihres geschichtlichen Gewordenseins und die Notwendigkeit weiteren Werdens vorzuenthalten und sie in fetischisierter Form zu einem fixen Kanon sittlicher Mächte und zum konstanten Bezugsrahmen der geschichtlichen Entwicklung zu arrangieren. Am Horizont der Droysenschen Geschichtstheorie stehe daher schon die »Liquidation von Geschichte im ›bürgerlichen‹ Denken, die weder der Historismus noch der geschichtliche Relativismus verdecken konnten. Die Geschichtlichkeit dient hier paradoxerweise dazu, die Kategorie der Zeit zu eliminieren und in der Festschreibung und Legitimierung des aktuell Bestehenden sich zu verlieren.« (Ebd., S. 112 f.). Letzlich komme in dieser inneren Widersprüchlichkeit der Historik Droysens, auf die Kohlstrunk mit Recht aufmerksam macht (ebd., S. 170 ff.), eine von ihm nur unvollständig durchgeführte historische Selbstreflexion seiner Zeitgenossenschaft zum Ausdruck, die ihn aufgrund einer nur partiell vollzogenen Historisierung der eigenen Gegenwart daran hindere, die historiographischen Früchte seiner geschichtstheoretischen Arbeit zu ernten.

9 *White*, Droysens Historik. Auch White sieht – wie Kohlstrunk – in Droysens »Systematik« eine hochsublimierte Form ideologischer Selbstrechtfertigung des bürgerlichen Status quo am Werk: »Sie fördert ein Gefühl der Zufriedenheit mit den herrschenden Zuständen einer spezifischen ›Gegenwart‹, indem sie zeigt, daß, wie die Dinge auch immer liegen, es notwendige Gründe dafür gibt.« (Ebd., S. 125).

10 Ebd., S. 112. Whites Ideologiebegriff, mit dem er hier die pragmatische Funktion von Historiographie kennzeichnet, ist wertfrei im Sinne Althussers. Es handelt sich um eine Darstellungspraxis, die durch eine Projektion des gesetzestreuen Bürgers die Hervorbringung eines Lesersubjekts intendiert, das sich in dem sozialen System seiner geschichtlichen Gegenwart erfolgreich zu orientieren und die zu seiner Fortexistenz erforderlichen kulturellen Identifikations- und Subjektivierungsprozesse zu erbringen vermag. Daher handelt es sich auch bei den verschiedenen Formen von Historiographie im Sinne eines literarischen Mediums bürgerlicher Ideologieproduktion nicht etwa um unmittelbar normierende Vorgaben einer spezifisch bürgerlichen Identität, sondern eher um kategoriale Konzeptualisierungen von Wirklichkeit – um Weltentwürfe – die nicht mentalen Zwang ausüben, sondern Deutungsleistungen erbringen, Handlungsofferten präsentieren und Sinnangebote an die Rezipienten adressieren, die (aus welchen Gründen auch immer) akzeptiert werden (ebd., S. 112 f.).

11 *Birtsch*, Die Nation als sittliche Idee. Wichtig sind vor allem Birtschs Ausführungen zum »Verhältnis von Historik und Ethik« und zur geschichtstheoretischen Bedeutung der Begriffe Staat und Volk bei Droysen (ebd., S. 14 ff.), aber auch zu der Frage, inwieweit der Nationalstaatsgedanke Droysens Historiographie im ganzen strukturiert (ebd., S. 227 ff.), da an diesen Stellen der interne Zusammenhang zwischen historischer Theorie und politischer Praxis hergestellt wird. Die detaillierten Untersuchungen Birtschs zu Droysens Stellung in den politischen Tagesereignissen jener Zeit (ebd., S. 113 ff.) ergänzen die Ergebnisse der Studie von Hock, der die führende Rolle Droysens im politischen und kulturellen Milieu des deutschen Liberalismus der Jahrhundertmitte herausgearbeitet hat: *Hock*, Liberales Denken.

Der Forschungsstand älterer Arbeiten wie *Rother*, Geschichte und Politik; *Gilbert*, Droysen und die Preussisch-Deutsche Frage, ist damit überwunden. Die Arbeit von *Lewark*, Das politische Denken Droysens, wird dem komplexen Verhältnis zwischen Geschichtstheorie, Historiographie und normativer Begründung politischer Praxis bei Droysen nicht gerecht. Die Autorin beschränkt sich im wesentlichen darauf, Droysens Beurteilung der politischen Ereignisse seit dem Beginn des Revolutionszeitalters zu rekonstruieren.

12 Siehe hierzu auch *Gaedecke*, Geschichte und Revolution, S. 101 ff.

13 *Rüsen*, Begriffene Geschichte, S. 155 ff.: »Seine durch die Rezeption Hegels vollendete Kritik an Hegel treibt so in die Zukunft der Geschichte der Geschichte, in der ihr gegenwärtiges Erbe der Vergangenheit für die geschichtliche Praxis aufbewahrt und gerettet ist. Der Theorie der Geschichte ist damit von Droysen der Weg gewiesen, die abstrakte Negation der Hegelschen Geschichtsphilosophie im Selbstverständnis der Geschichtswissenschaft durch die Aufnahme ihres Anspruchs auf die Vernunft der Geschichte zu überwinden und zugleich in der Stärke ihres Begriffs die Arbeit der Vernunft in und an der geschehenden Geschichte fortzusetzen.« (Ebd., S. 160).

14 *Kohlstrunk*, Logik und Historie, S. 132 f.

15 Ebd., S. 170 ff. Kohlstrunks zu schematische Gegenüberstellung von geschichtstheoretisch weiterführender »Methodik« und geschichtsphilosophisch fragwürdiger »Systematik« wird allerdings der Bedeutung letzterer nicht gerecht.

Zwar scheint ihr Urteil zunächst berechtigt, wenn man Droysens Systematik der sittlichen Mächte als Ursache für die Dogmatik seiner späteren Geschichte der preußischen Politik ansieht, letztlich wird man aber damit der ganzen Komplexität der »Systematik« nicht gerecht (etwa dem für die Historik insgesamt zentralen Unterkapitel »Der Mensch und die Menschheit«, wo Droysen doch gerade seine Theorie von »der« Geschichte der menschlichen Freiheit als ein prinzipiell zukunftsoffenes Deutungsmodell der geschichtlichen Wirklichkeit entwickelt und begründet).

Das bedeutet jedoch nicht, die handfesten Widersprüche zwischen Droysens zukunftsgerichteter theoretischen Grundlegung der Geschichtswissenschaft und der für die »kleindeutsche« Schule des deutschen Historismus insgesamt typischen Verengung der politischen Zukunftsdimension der Gegenwart leugnen zu wollen. Nur läßt er sich nicht auf den Gegensatz innovative

»Methodik« versus apologetische »Systematik« reduzieren. Siehe zu dem offensichtlichen Mißverhältnis zwischen Droysens ursprünglich geschichtstheoretisch legitimierter Zukunftsperspektive der menschlichen Freiheit und seiner späteren Apologie der politischen Realität des Deutschen Reiches auch *Rüsen*, Johann Gustav Droysen, S. 11 ff. sowie *Iggers*, Deutsche Geschichtswissenschaft, S. 137 ff., wo diese kritische Akzentuierung eindeutig dominiert.

16 *Spieler*, Untersuchungen zu Droysens »Historik«.

17 Ebd., S. 114 ff.

18 Ebd., S. 122 ff.

19 Ebd., S. 130.

20 *Gil*, Das Handlungskonzept in der »Historik«.

21 Ebd., S. 3.

22 Während Spieler die Hermeneutik Droysens weitgehend auf ihre Eigenschaft einer Methodenlehre der historischen Forschung beschränkt, konzipiert Gil die Historik als eine »wissenschaftstheoretische Grundlegung der Geschichtswissenschaft« (ebd., S. 58 ff.), als eine »geschichtswissenschaftliche Methodologie« (ebd., S. 132 ff.) und schließlich als eine »materiale Geschichtsphilosophie« (ebd., S. 168 ff.).

23 *Baumgartner*, Kontinuität und Geschichte, S. 75.

24 Ebd., S. 65. Ein »unentschiedenes Schwanken zwischen einem streng transzendentalphilosophischen und einem geschichtsontologischen Ansatz in der Historik« bemerkt auch *Schnädelbach*, Geschichtsphilosophie nach Hegel, S. 95.

25 *Baumgartner*, Kontinuität und Geschichte, S. 86.

26 Baumgartner führt dagegen die Innovationsträchtigkeit von Droysens Historik allein auf den Bedeutungsgewinn transzendentaler Argumente zurück: »So inauguriert sie durch die in ihr angelegte kritische und restriktive Tendenz, deren erstes Produkt sie selbst darstellt, recht eigentlich die Geschichte der kritischen Geschichtstheorie, deren Aufgabenstellung grundsätzlich dadurch bestimmt ist, daß sie als Reflexion auf die Bedingungen der Möglichkeit historischen Wissens weder spekulativ noch positivistisch verfahren kann.« (*Baumgartner*, Kontinuität und Geschichte, S. 79).

Im deutlichen Gegensatz dazu resultiert für Rüsen die geschichtstheoretische Bedeutung der Droysenschen Historik gerade aus ihrer produktiven Verbindung transzendentalphilosophischer, hermeneutischer und geschichtsphilosophischer Motive. Droysens historische Hermeneutik kulminiert in einer Theorie der geschichtlichen Vernunft als der werdenden Freiheit des Menschen, die Kantianische Motive aufnimmt und sie mit der Hegelschen Geschichtsphilosophie und Humboldts Konzept einer transzendentalen Hermeneutik in einer geschichtstheoretisch weiterführenden Weise vermittelt. Die Möglichkeit einer Konvergenz kritischer und ontologischer Argumente gründet dabei in einer Entwicklungstheorie der menschlichen Freiheit, die den ursprünglich vom Christentum in die geschichtliche Welt eingebrachten Gedanken einer innergeschichtlichen Versöhnungsfähigkeit des Menschen aufgreift und zur Vorstellung einer notwendigen Einheit freier menschlicher Subjektivität und einer geschichtlich manifestierten Wirklichkeit des Sittlichen transformiert.

Zu diesem komplexen Spannungs- und Ergänzungsverhältnis zwischen den verschiedenen Polen in Droysens Geschichtstheorie siehe *Rüsen*, Begriffene Geschichte, S. 117 ff.

27 *Schiffer*, Theorien der Geschichtsschreibung.

28 Siehe zu Schiffers Interpretation der darstellungstheoretischen Typologisierung von Historiographie bei Droysen und zu ihrer erzähltheoretischen und literaturwissenschaftlichen Relevanz: ebd., S. 96-112.

29 *Rüsen*, Bemerkungen, S. 200. Zu Rüsens Theorie historiographischer Darstellungs- und Sinnbildungstypen siehe *Rüsen*, Die vier Typen; *ders.*, Lebendige Geschichte, S. 15-75.

30 Die Forschungsliteratur, in der der religiöse bzw. theologische Kontext von Droysens Historik im einzelnen herausgearbeitet worden ist, kann hier unberücksichtigt bleiben, da die Frage nach der (zweifellos gegebenen) religiösen Motivierung von Droysens historischem Denken hier nicht eigens thematisiert wird. Siehe zu dieser Frage jedoch *Astholz*, Das Problem »Geschichte«, S. 148 ff.; *Hünermann*, Der Durchbruch geschichtlichen Denkens. Hünermann untersucht die wichtige Bedeutung Droysens für den Versuch einer Erneuerung der ehrwürdigen Tradition der

Heilsgeschichte und für ein Verständnis von Geschichte als einer Offenbarung des Heiligen. Siehe zu dieser Frage auch die knappen Skizzen von *Rüsen*, Begriffene Geschichte, S. 53 ff. und *Birtsch*, Die Nation als sittliche Idee, S. 24; schließlich *Hardtwig*, Geschichtsreligion.

31 Siehe hierzu Kapitel II,1.

32 Siehe hierzu auch die Begründung einer historischen Anthropologie durch *Rüsen*, Rekonstruktion der Vergangenheit, S. 47-65.

33 Siehe hierzu Kapitel II,2.

34 Siehe hierzu Kapitel II,3.

35 Da Hardtwig in der Einleitung seiner Burckhardt-Monographie bereits die ältere Rezeptionsgeschichte Burckhardts in ihren wesentlichen Zügen dargestellt hat, kann hier das Schwergewicht vornehmlich auf die neueren Forschungstrends gelegt werden: *Hardtwig*, Geschichtsschreibung zwischen Alteuropa und moderner Welt, S. 15 ff.

36 *Meinecke*, Ranke und Burckhardt; siehe dort die folgende Stelle:»Was wir erlebt haben in den letzten 14 Jahren, zwingt uns ganz neue Aspekte und Probleme für unsere eigene geschichtliche Vergangenheit auf. Wir müssen vielfach umlernen und uns doch dabei hüten, der bloßen Konjunktur und den emotionalen Eindrücken des neu Erlebten zu erliegen. Aber mit aller Behutsamkeit darf man doch sagen: Burckhardt hat tiefer und schärfer in das geschichtliche Wesen der eignen Zeit hineingesehen, hat infolgedessen auch das Kommende bestimmter und sicherer voraussehen können als Ranke.« (S. 94).

In diesen Kontext gehört auch noch *Heimpel*, Zwei Historiker. Als neue Versuche zum selben Thema siehe *Angermeier*, Ranke und Burckhardt, der die geistige Nähe Burckhardts zur Lebensphilosophie Schopenhauers in den Mittelpunkt stellt und darin auch die Sonderstellung Burckhardts in der Geschichte des Historismus begründet sieht. Zuletzt siehe *Gilbert*, History: Politics or Culture? Gilbert arbeitet »Burckhardt's Concept of Cultural History« in Form einer Untersuchung seiner drei großen kulturgeschichtlichen Werke heraus (ebd., S. 46-80) und stellt ihn in den geistesgeschichtlichen Kontext der »Cultural History of His Time« (ebd., S. 81-92). Dieses Vorgehen verbindet ihn mit *Röthlin*, Burckhardts Stellung, der die kulturgeschichtliche Originalität Burckhardts im wesentlichen auf einen großen Einfluß französischer Historiographietraditionen zurückführt.

37 *Kaegi*, Jacob Burckhardt. Eine Biographie. Dieses Werk ersetzt die unvollendet gebliebene Biographie Burckhardts von *Markwart*, Jacob Burckhardt. Persönlichkeit und Leben. Siehe auch *Kaegi*, Europäische Horizonte.

38 *Schieder*, Die historischen Krisen.

39 Die anspruchsvollste Untersuchung dieser schwierigen und schillernden Beziehung zwischen Burckhardt und Nietzsche stammt von *Löwith*, Jacob Burckhardt. Löwiths Interpretation ihres Verhältnisses, das zweifellos auch ein wichtiges Licht auf Burckhardts kulturkritische Zeitdiagnosen zu werfen vermag, ist bis heute im wesentlichen unerreicht geblieben. Dieses Urteil gilt sowohl mit Blick auf *Salin*, Jacob Burckhardt und Nietzsche; *Martin*, Burckhardt und Nietzsche; als auch für die bisher letzte Studie zu diesem Thema von *Ruhstaller*, Burckhardt und Nietzsche.

40 *Hardtwig*, Geschichtsschreibung zwischen Alteuropa und moderner Welt.

41 *Hardtwig*, Jacob Burckhardt und Max Weber, ein aus modernisierungstheoretischer Perspektive unternommener Vergleich von Burckhardts »Kultur der Renaissance in Italien« mit Webers Religionssoziologie. Angedeutet hatte sich sein Interesse an dem theoriegeschichtlich rekonstruierbaren Verhältnis zwischen Burckhardt und Weber bereits in *Hardtwig*, Jacob Burckhardt. Trieb und Geist, S. 98: »Es zeigt sich hingegen eine erstaunliche Ähnlichkeit mit Max Weber gerade in der Vorstellung von ›Kultur‹, die Weber allerdings noch weniger theoretisch expliziert als Burckhardt. Diese Feststellung mag zunächst befremden, weil Burckhardt und Max Weber bisher weitgehend als Antipoden galten – methodologisch, aber auch gesinnungsmäßig, insbesondere in ihrer Einstellung zur modernen Welt. ... Die weitgehende Übereinstimmung Burckhardts und Webers in der Konzeption der Kultur tritt vor allem in einer gemeinsamen Fragerichtung zu Tage, die zu ganz ähnlichen Ergebnissen bei der Strukturanalyse der modernen Welt führt, um die es beiden zu tun war.«

42 *Rüsen*, Jacob Burckhardt: Political Standpoint And Historical Insight. Siehe zu Burckhardts

»Sonderstellung in der deutschen Geschichtswissenschaft des 19. Jahrhunderts« auch *Rüsen*, Jacob Burckhardt, S. 7 f. Rüsen sieht Burckhardts Sonderstellung innerhalb des Historismus an drei Merkmale seines historischen Denkens gebunden:

1. Gegenüber der historistischen Zeitvorstellung einer Gegenwart und Vergangenheit bruchlos zusammenschließenden okzidentalen Kulturkontinuität begreift Burckhardt die Gegenwart geradezu als Bruch und Negation aller tradierten Kultur.

2. Gegenüber der quellenkritischen Methodizität des Historismus verschob Burckhardt das Schwergewicht der historischen Methode auf typisierende Forschungsverfahren und erweiterte die historische Forschung um strukturgeschichtliche Verfahren der Quelleninterpretation. (Siehe hierzu auch Schieders Versuch, Burckhardts Geschichtstheorie für eine strukturgeschichtliche Wendung der Geschichtswissenschaft fruchtbar zu machen: *Schieder*, Der Typus in der Geschichtswissenschaft.)

3. Gegenüber der zutiefst hermeneutischen Überzeugung des Historismus, in der historischen Rekonstruktion der geschichtlichen Triebkraft des menschlichen Geistes zugleich seiner virulenten Gegenwärtigkeit in den aktuellen Daseinsvollzügen der menschlichen Lebenspraxis angesichtig zu werden und damit seine unverbrauchte Kraft historisch erweisen zu können, begreift Burckhardt die hermeneutische Konstruktionsleistung geschichtlicher Kontinuität des Geistes als einen Akt unzeitgemäßer Theoriebildung, der den Kulturbruch der Gegenwart nur noch intellektuell sanktioniert.

43 Siehe neben *Löwith*, Jacob Burckhardt, auch: *Löwith*, Burckhardts Stellung zu Hegels Geschichtsphilosophie. Auf den sachlichen Gehalt der Beiträge Löwiths für diese Arbeit kann hier nur allgemein hingewiesen werden. Wichtig sind insbesondere seine Ausführungen zu Burckhardts kulturgeschichtlicher Methodenkonzeption (*Löwith*, Jacob Burckhardt, S. 197 ff.) sowie die systematisch angelegte und in ihrer problemanalytischen Durchdringung vorbildliche Interpretation der großen Linen und Fragestellungen seines geschichtstheoretischen und kulturgeschichtlichen Gesamtwerks (ebd., S. 215–311).

44 *Rüsen*, Jacob Burckhardt, S. 12. Die geschichtstheoretische Bedeutung von Burckhardts anthropologischer Fundierung der Kulturkategorie, aber auch die von der Kulturgeschichte als einer Vergangenheit, Gegenwart und Zukunft umgreifenden Totalitätskonzeption von Geschichte ungelösten Probleme werden diskutiert in *Rüsen*, Die Uhr, der die Stunde schlägt, insbes. S. 207 ff. Einen allgemeinen Überblick über Burckhardts Verwendung des Kulturbegriffs bietet die insgesamt nicht sonderlich tiefschürfende Arbeit von *Papathanassiou*, Kulturwissenschaftliche Ansätze.

45 *Ritzenhofen*, Kontinuität und Krise. Auch Schnädelbach hat – allerdings unter Beschränkung auf die »Weltgeschichtlichen Betrachtungen« – aus philosophischer Sicht eine informative Interpretation von Burckhardts Theorie der Kulturgeschichte vorgelegt: *Schnädelbach*, Geschichtsphilosophie nach Hegel, S. 48–76.

46 Siehe außer der Arbeit Ritzenhofens auch *Flaig*, Ästhetischer Historismus?; *Hardtwig*, Geschichtsschreibung zwischen Alteuropa und moderner Welt, S. 148 ff., 182 ff.; *Oettinger*, Poesie und Geschichte.

47 *Rüsen*, Jacob Burckhardt, S. 7 ff.

48 *Flaig*, Angeschaute Geschichte. Gleich eingangs verweist Flaig darauf, die Gegenwartsbezüge der »Griechischen Kulturgeschichte« herausarbeiten zu wollen: »An Alterswerken scheint oft der Zeitbezug getilgt. Doch in diesem ist die Gegenwart in schockierender Weise anwesend.« (Ebd., S. 2). Die Fruchtbarkeit von Flaigs detaillierter Interpretation der historiographischen Texte für die Kritik einzelner problematischer Aspekte in Burckhardts Geschichtstheorie erweist sich etwa in dem Kapitel zur »Topologie der materiellen Wünsche« (S. 125 ff.), das eine Fundamentalkritik an Burckhardts kulturanthropologischem Grundschema enthält. Siehe zu Burckhardts »Griechischer Kulturgeschichte« auch *Janssen*, Jacob Burckhardt und die Griechen, der Versuch einer Gesamtinterpretation mit einer nützlichen Einleitung zur Rezeptions- und Wirkungsgeschichte der »Griechischen Kulturgeschichte« (ebd., S. 1 ff.). Siehe auch: *Janssen*, Jacob Burckhardt und die Renaissance.

49 »Wenn es Sackgassen des Geistes gibt, in welchen mit einem abersinnigen Aufwand von Energie der Geist wahnhaft um ein selbsterzeugtes Simulaker kreist, dann ist die Suche nach einer

historischen Fundierung gegenwärtiger Identität als solche Sackgasse zu begreifen. ... Die herausfordernden Konsequenzen der Sicherung von Identität und Stiftung von Sinn, vor die Burckhardt die Historie gestellt hat, harren einer Wahl der Waffen seitens der Theorie. Diese kann sich nur angelegen sein lassen, das Wissen von aufgehalster Fron zu entlasten. Zum ersten ist nicht nur die Suche nach Fundierung der Identität in der Vergangenheit abzubrechen; denn damit gibt sich das Wissen dafür her, massenmedialen Mythen zuzuarbeiten. Sondern der Begriff der kulturellen Identität selber ist dranzugeben, wenn das Wissen methodisch geregelte Hervorbringung mit axiomatischer Durchsichtigkeit und logischer Strenge anstrebt. ... Folglich gälte die Suche und die Auseinandersetzung nicht mehr einem ›Wir‹, sondern den ›anderen‹.« (*Flaig*, Angeschaute Geschichte, S. 286 f.).

  50 Ebd., S. 289.

  51 Ebd., S. 290.

  52 Siehe hierzu Kapitel III,1.

  53 Siehe hierzu Kapitel III,1,b.

  54 Siehe hierzu Kapitel III,5,a–c.

  55 Siehe hierzu Kapitel III,2–4.

  56 *Tenbruck*, Das Werk Max Webers, S. 663. Tenbrucks energischem Plädoyer, in Webers »Gesammelten Aufsätzen zur Religionssoziologie« und dort insbesondere in der »Wirtschaftsethik der Weltreligionen« – und eben nicht mehr in »Wirtschaft und Gesellschaft« – den eigentlichen Kern seines Werks zu sehen (ebd., S. 676 ff.), schließt sich diese Untersuchung insoweit an, als sie die Grundzüge des Kulturbegriffs Webers schwerpunktmäßig aus seiner Religionssoziologie zu erschließen versucht, ohne jedoch zugleich Tenbrucks einseitiger Hierarchisierung der beiden Textkonvolute zu folgen. Diese nicht unproblematische Hierarchisierung der zentralen Weber-Texte durch Tenbruck ist von Küenzlen fortgesetzt und erneuert worden: »Daß hier in der Religionssoziologie geradezu das ›Herz‹ der Weberschen Soziologie überhaupt schlägt, ist eine der Grundüberzeugungen, von denen die vorliegende Arbeit ausgeht.« (*Küenzlen*, Die Religionssoziologie Max Webers, S. 4).

    Die Plausibilität derartiger Schwerpunktverlagerungen ist durch Schluchter nachdrücklich relativiert worden (*Schluchter*, Religion und Lebensführung II, S. 557 ff., insbes. 561 f., 588). Er redet dort einer prinzipiellen »Komplementarität der beiden Großprojekte« das Wort und betont ihr wechselseitiges Ergänzungs- und Interpretationsverhältnis zueinander: »Weder besteht zwischen den beiden Textkonvoluten eine zeitliche Folge, noch läßt sich die Priorität des einen gegenüber dem anderen begründen. Die Unterschiede zwischen ihnen haben auch nichts mit der üblichen Unterscheidung von Soziologie und Geschichte zu tun. Sie sind vielmehr auf unterschiedliche Zwecksetzungen im Rahmen des soziologischen und eines kulturwissenschaftlichen Ansatzes zurückzuführen: Wirtschaft und Gesellschaft soll in erster Linie der soziologischen Begriffsbildung und Begriffskasuistik dienen, ›Die Wirtschaftsethik der Weltreligionen‹ in erster Linie der Darstellung wichtiger Kulturkreise unter Anwendung der soziologischen Begriffe und unter der Fragestellung, worin die Eigenart des Okzidents besteht und worauf sie beruht.«

    Eine insgesamt sehr abgewogene Einordnung von Webers »Religionssoziologie als Paradigma«, dem eine Schlüsselbedeutung innerhalb des Gesamtwerks zukomme, findet sich bei *Weiß*, Webers Grundlegung der Soziologie, S. 103 ff. Weiß rekonstruiert bisher immer noch am besten die sachlichen Gründe und lebensgeschichtlichen Motive, die Weber dazu veranlaßt haben, sich der geschichtlichen Erfahrung okzidentaler Rationalisierung auf dem empirischen Pfad seiner Religionssoziologie zu nähern und das Verhältnis von Religion und Rationalität als das beherrschende Problem des modernen Kulturmenschentums zu entfalten (ebd., S. 125–157).

  57 Mit welcher Notwendigkeit sich diese Aufgabe heute stellt, verrät der Tenor der Ausführungen Käslers zum Stand der biographischen Weber-Literatur: »Seit 60 Jahren nichts Neues.« (*Käsler*, Der retuschierte Klassiker).

  58 *Schluchter*, Religion und Lebensführung I, S. 16.

  59 Zur Rezeptionsforschung siehe die zahlreichen Beiträge in *Weiß*, Max Weber heute.

  60 *Hennis*, Max Webers Fragestellung, S. 9.

  61 *Mommsen u. Schwentker*, Weber und Zeitgenossen. Zur Forschungsperspektive des gesamten

Bandes siehe die Einleitung Mommsens (S. 11-40). An dieser Stelle kann natürlich nicht auf die in der Regel ertragreichen Einzelstudien eingegangen werden.

62 Siehe hierzu insbes. die Abteilungen II und IV des genannten Bandes.

63 Diese Konzentration auf Webers Kulturbegriff ist ein methodisches Prinzip der Interpretation. Sie praktiziert eine »gedankliche Steigerung bestimmter Elemente« seines Werks und kann sich bei der Frage nach der Legitimität dieses methodischen Verfahrens auf Weber selber berufen. Ganz im Geiste des Objektivitätsaufsatzes läßt sich nämlich diese kulturlastige Deutung und zugespitzte Lesart als eine »idealtypische« und theoriegeleitete Konstruktion wissenschaftstheoretisch begründen und rechtfertigen, denn sie »wird gewonnen durch einseitige Steigerung eines oder einiger Gesichtspunkte und durch Zusammenschluß einer Fülle von diffus und diskret, hier mehr, dort weniger, stellenweise gar nicht, vorhandenen Einzelerscheinungen, die sich jenen einseitig herausgehobenen Gesichtspunkten fügen, zu einem in sich einheitlichen Gedankenbilde.« (*Weber*, Wissenschaftslehre, S. 191). Webers Theorie und Methode der idealtypischen Begriffsbildung soll also im folgenden auf sein eigenes Werk hin angewendet werden, und der spezifische Gesichtspunkt, unter dem es dabei zu einem einheitlichen Gedankenbilde »gesteigert« werden soll, ist Webers Theoriekonzept von Kultur, welches sich – so die hier zugrundegelegte Arbeitshypothese – wie ein roter Faden durch sein Gesamtwerk hindurch verfolgen läßt.

64 Diese Forschungstrends können hier aus naheliegenden Gründen nicht alle ausgiebig diskutiert und gewürdigt werden. Die zu ihnen im einzelnen gehörenden Forschungsleistungen werden hier nur bibliographisch erfaßt, in ihrem interpretierenden Zugriff grob eingeordnet und in ihrer allgemeinen Bedeutung für die eigene Untersuchung kommentiert; eine gründlichere Auseinandersetzung erfolgt im Fortgang der Argumentation am einzelnen Fall.

65 *Mommsen*, Gesellschaft, Politik und Geschichte, S. 12. Die historische Qualität der Forschungsperspektive Webers betont auch Schluchter: »Die Verbindung von konkretester historischer Forschung mit systematischem Denken, wer hätte Max Weber darin überboten? In dem einen und dem anderen gewiß, aber in der Verbindung auch?« (*Schluchter*, Religion und Lebensführung I, S. 15). Whimster und Lash sind sich, was die modernisierungstheoretische Bedeutung Webers angeht, noch sicherer: »Max Weber is our foremost social theorist of the condition of modernity.« (*Whimster u. Lash*, Rationality and Modernity, S. 1). Eine kurze und überaus nützliche Zusammenfassung der verschiedenen Beiträge und ihrer jeweiligen Bedeutung für eine modernisierungstheoretische und -historische Interpretation Webers findet sich in der Einleitung der Herausgeber, S. 1-31.

66 *Mommsen*, Gesellschaft, Politik und Geschichte, S. 108 ff. Erneut wird das Verhältnis zwischen Nietzsche und Weber diskutiert durch *Eden*, Political Leadership; *Hennis*, Max Webers Fragestellung, S. 167 ff.; *Peukert*, Diagnose der Moderne.

67 *Scaff*, Fleeing the Iron Cage, S. 5. Scaffs Anspruch, einen »anderen« Weber als den bisher bekannten sichtbar werden zu lassen, wird von ihm weitgehend eingelöst: »My interest, then, is in that ›other‹ Weber, the man we have not known, the thinker we have missed in the rush to establish the conceptual boundaries and methodological foundations of the social sciences. I have tried to read him afresh, unburdened by the old controversies or interpretations, and with a mind open to the possibilities of his thought.« (Ebd., S. X). Das alles ist Scaff auf eine äußerst innovative Weise unter anderem deshalb gelungen, weil er Webers Theorie der modernen Kultur, im Sinne eines synthetisierenden Zentrums des Gesamtwerks, aus dem geistigen Kontext seiner Zeit und seiner Zeitgenossen (insbesondere Simmels, Sombarts und Lukacs') herausarbeitet und von dorther neu zu beleuchten vermag. Wichtig zur Stellung Webers innerhalb des kulturhistorischen Milieus des frühen 20. Jahrhunderts auch *Hübinger*, Max Weber und die Historischen Kulturwissenschaften.

68 *Habermas*, Theorie des kommunikativen Handelns II, S. 449.

69 *Peukert*, Diagnose der Moderne, S. 55 ff. Obwohl Peukert die modernisierungstheoretische Ambivalenz Webers berücksichtigt und ausgewogen argumentiert, legt er sichtlich Wert auf die kulturkritisch gemünzte Feststellung, »daß sich Weber selbst in einer modernisierungstheoretischen Apologie der modernen westlichen Gesellschaft wohl kaum zu Hause gefühlt hätte« (ebd., S. 5), sondern daß im Gegenteil »seine Anatomie des okzidentalen Rationalisierungsprozesses ... die Pathogenese der Moderne« entwerfe (ebd., S. 29).

Den schärfsten Gegensatz zu allen kulturkritischen Obsessionen im Anschluß an Weber markiert Haferkamp, der entschieden die empirische Tragfähigkeit der modernisierungskritischen Theorieelemente im Werk Webers bestreitet und mit dem Verweis auf die im Zuge gesellschaftlicher Modernisierungsprozesse gestiegenen Individuierungschancen der Subjekte jede möglicherweise aufkeimende kulturpessimistische Euphorie der Weber-Forschung als einen erneuten bildungsaristokratischen Versuch der Intellektuellen, »die Moderne zu denunzieren«, dämpft. (*Haferkamp*, »Individualismus«, S. 487 f.).

70 *Schluchter*, Entwicklung. Eine knappe Zusammenfassung seiner evolutionstheoretischen Weber-Deutung findet sich auf S. 12 f. Breuer erneuert Schluchters Gedanken eines »evolutionstheoretischen Minimalprogramms«, von dem her sich die Stoßrichtung von Webers Modernisierungstheorie erschließen lasse: »Nur aus diesem spezifischen Verständnis von Evolution, das mit der Annahme von Zyklen, Katastrophen und Sprüngen operiert, erscheint mir erklärbar, weshalb Weber die Moderne mit all ihren – von ihm keineswegs unkritisch bejahten – ›Errungenschaften‹ als hochgradig gefährdet ansah und mit aller Kraft gegen die zu erwartenden Schließungs- und Erstarrungstendenzen einerseits, ›Re-Materialisierungs‹-bestrebungen andererseits opponierte.« (*Breuer*, Herrschaftssoziologie, S. 30 f.).

71 *Schluchter*, Entwicklung, S. 6 ff. bzw. S. 258 ff. Die späteren Arbeiten Schluchters setzen diese ursprüngliche evolutionstheoretische und entwicklungsgeschichtliche Intention in einer modifizierten Weise fort. (Siehe zu dieser Kontinuität: *Schluchter*, Religion und Lebensführung I, S. 109 f.).

Kritisch zu Schluchters evolutionstheoretischem Zugriff auf das Werk Webers und der damit zugleich unterstellten Unilinearität von Rationalisierungsprozessen *Mommsen*, Webers Begriff der Universalgeschichte, S. 52 f., 64 f. Mommsens These lautet, daß Weber in den fortgeschrittenen Partien seiner Religionssoziologie alle sein Denken anfangs noch prägenden evolutionstheoretischen Aspekte als »Eierschalen eines ... evolutionistischen Konzepts der Universalgeschichte, das einen irreführenden Eindruck von Unilinearität und teleologischer Gerichtetheit hervorrufen mußte, ziemlich konsequent abgeschüttelt« habe (ebd., S. 65). An deren Stelle sei eine modernisierungstheoretische Perspektive getreten, die gerade die gesellschaftsgeschichtliche Pluralität von Rationalisierungs- und sozialen Wandlungsprozessen betont und sie zugleich in die universelle Antinomie zwischen wertrationalen (materialen) und zweckrationalen (formalen, technischen) Organisationsprinzipien der menschlichen Lebensführung eingebettet habe (ebd., S. 57 ff., 64): »Damit war der Weg frei für die Entwicklung einer neuen, vergleichsweise sublimeren Konzeption von Universalgeschichte, nämlich Geschichte als Inbegriff einer Pluralität von konkurrierenden Rationalisierungsprozessen, die ihre Energie aus außeralltäglichen Werthaltungen von jeweils subjektiv absoluter Verbindlichkeit herleiten, welche miteinander in beständigem Ringen stehen.« (Ebd., S. 68).

72 Ihre Ergebnisse haben sich in sechs umfangreichen, von Schluchter herausgegebenen Bänden niedergeschlagen, die hier nicht alle aufgeführt werden sollen. Die darin enthaltenen Beiträge Schluchters liegen jetzt gesammelt im zweiten Band von »Religion und Lebensführung« vor.

73 Im Kontext dieser Arbeit besonders wichtig: *Schluchter*, Webers Sicht des okzidentalen Christentums.

74 Etwa: *Albrow*, Weber's Construction of Social Theory; *Alexander*, Theoretical Logic; *Brubaker*, Limits of Rationality.

75 *Arnason*, Praxis und Interpretation, S. 183. Wichtig ist hier insbesondere das Kapitel »Kultur und Rationalität. Defizite und Desiderate der neueren Weber-Rezeption« (ebd., S. 55-186). Arnason diskutiert dort das Verhältnis zwischen gesellschaftlicher Praxis und ihrer kulturellen Interpretation einerseits aus einer systematischen Perspektive als eine Dialektik von Ideen und Interessen und andererseits aus einer modernisierungstheoretischen Perspektive als ein Zusammenspiel von Kultur und Rationalisierung mit der Absicht, »die Kultur als Grundlage, Gegenpol und mitgestaltende Triebkraft der Rationalisierung teilweise im Anschluß an Weber, teilweise im Gegensatz zu seinem eindimensionalen Modell [zu] thematisieren.« (Ebd., S. 152).

76 *Kalberg*, Max Webers Typen der Rationalität, S. 10. Kalberg läßt den Prozeß der modernen Rationalisierung aus einer bestimmten Konstellation praktischer, theoretischer und formaler

Rationalisierungsvorgänge hervorgehen, durch die der universalgeschichtliche Prozeß der materialen Rationalisierung, d.h. der Orientierung der menschlichen Lebensführung an wertrationalen Prinzipien und Handlungsmaximen ins Hintertreffen gerät und damit – so ließe sich aus der Perspektive dieser Arbeit ergänzen – der Prozeß der Kultur an sein Ende gelangt. (Ebd., S. 31).

77 *Löwith*, Weber und Marx, S. 2 f. (erstmals 1932). Siehe auch aus dem Jahr 1929: *Landshut*, Webers geistesgeschichtliche Bedeutung. Einen nützlichen Überblick über Webers anthropologisches Denken bietet jetzt: *Park*, Ordnung und Handeln.

78 *Tenbruck*, Das Werk Max Webers, S. 685 f.; dort auch die folgende Stelle: »Eine für das Verständnis Webers dringliche Aufgabe wäre es, ... seine Anthropologie darzustellen, welche allen seinen Arbeiten erst ihre Tiefe und Breite gibt.« (S. 701). Auch Mommsen hat die enorme Bedeutung der Weberschen Anthropologie für eine angemessene Deutung seines Werks betont: »Wir haben es in letzter Instanz mit einem anthropologischen Ansatzpunkt von ganz bestimmter Art zu tun, von dem her sich Webers äußerlich disparates Werk zu einem Ganzen zusammenschließt.« (*Mommsen*, Gesellschaft, Politik und Geschichte, S. 111).

79 *Tenbruck*, Das Werk Max Webers, S. 686.

80 *Schluchter*, Religion und Lebensführung II, S. 560. Dort findet sich außer derartigen rhetorischen Seitenhieben eine insgesamt einleuchtende Kritik an Hennis' Strategie einer Vereinseitigung Webers zu einem reinen Lebensführungsanthropologen.

81 *Hennis*, Max Webers Fragestellung, S. 21. Auf Hennis ist ausführlich einzugehen, da sich die hier vorliegende Arbeit in vielerlei Hinsicht mit der seinigen berührt. Das macht es erforderlich, die gleichwohl existierenden Unterschiede und Differenzen genau zu benennen.

82 *Mommsen*, Gesellschaft, Politik und Geschichte, S. 108. In dem bereits erwähnten Aufsatz »Das Werk Max Webers« hat Tenbruck die Frage: »Was heißt Rationalität?« als diejenige ausgemacht, die Webers Gesamtwerk durchziehe. Sie impliziert bereits die ethisch relevante Frage nach dem Schicksal der menschlichen Lebensführung unter den geschichtlichen Vorzeichen rationaler Modernisierung. Der Reiz, der von Tenbrucks Position ausgeht, besteht darin, daß er den modernisierungstheoretischen und den anthropologischen Aspekt von Webers Werk unter dem Leitbegriff der Rationalität zusammenzubringen versucht: »Warum war der Mensch nur an einer Stelle seiner Geschichte zu dem gekommen, was er nun als seine Rationalität verstand? Das war ineins die Frage nach der Rationalität menschlichen Handelns und nach der Einheit menschlicher Geschichte. Als zweiter Stachel steckte in dem Faktum die Frage: was bedeutet es, daß die Rationalität nun global zur beherrschenden Lebensform wird?« Und diese untrennbare Einheit universalgeschichtlicher und anthropologischer Erkenntnismotive sieht Tenbruck schließlich in dem eigentlichen »Lebensthema« Webers münden: in dem Problem der »Kulturbedeutung‹ der rationalen Ordnung«, womit auch der heuristische Ausgangspunkt der hier vorliegenden Weber-Interpretation präzise benannt wäre. (Ebd., S. 691).

83 Hennis bestreitet die Applikationsfähigkeit der Schriften Webers für eine »historische«, d.h. die Allgegenwärtigkeit von Modernität mitberechnende Rekonstruktion gesellschaftlicher und kultureller Rationalisierungsprozesse: »Webers Werk ist eine durch ständige ›Dennochs‹ unterbrochene Abschiedssymphonie an ›Die Welt von Gestern‹– zur Modernität fällt ihm außer Begriffsdefinitionen (wie ›rationaler Anstaltsstaat‹) buchstäblich nichts ein. ... Nur über die Grenzen der ›verstehenden Soziologie‹ wird ihre analytische Wucht verständlich.« (*Hennis*, Max Webers Fragestellung, S. 80). Damit ist die wichtigste Differenz zur vorliegenden Untersuchung benannt, die gerade die kulturtheoretische Intention des Weberschen Werks als eine erkenntnispragmatisch vollständig auf die Gegenwart hin zugeschnittene Deutung politischer, gesellschaftlicher und kultureller Modernisierungsprozesse zu rekonstruieren versucht.

84 *Hennis*, Max Webers Fragestellung, S. 31. Auch auf S. 95 betont Hennis dieses alle anderen Erkenntnismotive überragendes Interesse Webers an »Lebensführung« und ihren ethischen Grundlagen.

Die sachliche Nähe der Begriffe »Lebensführung« und »Kultur« zueinander, die in der vorliegenden Untersuchung vor allem herausgearbeitet werden soll, erwähnt auch Peukert: »Mit den Weberschen Konzepten der ›Lebensführung‹, des Berufsschicksals und des ›Menschentums‹ in der rationalisierten Welt sind heuristisch fruchtbare Einstiege in eine ›Sozialgeschichte in der Erweiterung‹ um die soziokulturelle Dimension markiert.« (*Peukert*, Die Rezeption Max Webers, S. 273).

85 *Hennis*, Max Webers Fragestellung, S. 16 f.

86 Ebd., S. 32.

87 Allein in seinem Beitrag »Max Webers Thema: ›Die Persönlichkeit und die Lebensordnungen‹« (ebd., S. 59 ff.) nähert er sich einer dezidiert historischen Perspektive, indem er Webers These der Verunpersönlichung und zunehmenden Nichtethisierbarkeit der rational versachlichten Lebensführung des Menschen im Zeichen der modernen Gesellschaft analysiert. Aber auch hier diskutiert er Webers aus einem modernisierungs- und kulturtheoretischen Blickwinkel äußerst aussagekräftige Thesen als eine Einsicht in die ethische Strukturproblematik der menschlichen Lebensführung unter systematischer Abstraktion von ihren geschichtlichen Bedingungen und Implikationen im Kontext gesellschaftlicher Modernisierungsprozesse. Nicht eine geschichtlich konkretisierbare, sondern eine das ›Menschentum‹ betreffende »ethische Unausdeutbarkeit der Welt, in die wir ›hineingestellt‹ sind, ist das ›Schicksal‹, mit dem Webers Werk ringt.« (Ebd., S. 112). Hennis gesteht seine Distanz zu einer Rekonstruktion der historisch relevanten Bezüge im Werk Webers auch selber ein und hält dies scheinbar für eine notwendige Voraussetzung, um sich den wahren und scheinbar zeitlosen »Kulturproblemen im Sinne Webers« nähern zu können (ebd., S. 111 f.). Damit bleibt jedoch genau dasjenige Element an Webers Theorieangebot unausgeschöpft, das es in einer beinahe einzigartigen Weise enthält, indem es die systematischen Kulturprobleme der (unserer!) modernen Lebensführung in eine historische und entwicklungsgenetische Perspektive rückt und von hier aus beleuchtet.

88 Ebd., S. 97.

89 Hennis erwähnt zwar ebenfalls den kulturwissenschaftlichen Charakter des Weberschen Werks, das »immer Kulturwissenschaft blieb« (ebd., S. 109; siehe auch S. 67), konzipiert dann allerdings das Verhältnis zwischen den Fundamentalkategorien »Kultur«, »Menschentum« und »Lebensführung« in der Weise, daß die erstere nicht selber den Forschungsgegenstand Webers bezeichnet, sondern allein die Konstellation derjenigen geschichtlichen Erfahrungen anzeigt, in der sich sein eigentliches Thema und Forschungsmotiv als zeitlose, anthropologisch-charakterologische Frage nach dem Schicksal des Menschentums entfaltet: »Es ist letztlich die Kulturproblematik der Zeit, vor der wir nach Webers ›Thema‹ suchen müssen.« (Ebd., S. 68). Webers Anthropologie – sein ›Thema‹ also – resultiert für Hennis zwar aus gegenwartsspezifischen Zeiterfahrungen, die als geschichtliche Konkretion von Modernität das Forschungsmotiv Webers zwar generieren, von denen Hennis allerdings im weiteren abstrahieren zu können glaubt, indem er bei Weber ein allein »anthropologisch« ausgerichtetes Erkenntnisstreben sieht. Daß aber die zweifellos aus den geschichtlichen Erfahrungen von Modernität entbundene Anthropologie Webers selber durch und durch »geschichtlich« bleibt und d.h.: ein wichtiges theoretisches Mittel zum eigentlichen Zweck einer spezifisch »historischen« Erkenntnis der Gegenwart darstellt und in dieser Bedeutung auch zurückwirkt, kann Hennis in seiner Überzeugung, daß Weber zur Modernität »buchstäblich nichts einfalle«, nicht realisieren.

Hier soll demgegenüber gezeigt werden, daß Weber sich in einer wahrhaft existentiellen Not zu anthropologischem Denken gerade dort gezwungen sah, wo die Orientierungsprobleme der Gegenwart aufgrund eines drohenden Verlusts von Kultur im Zuge gesellschaftlicher Modernisierungsprozesse am größten waren. Seine Rede vom »Kulturmenschentum« führt nicht von der geschichtlichen Aktualität drängender Zeiterfahrungen in die kompensatorische Fluchtburg zeitlos-anthropologischer Erkenntnis, sondern zielt direkt ins Herz seiner eigenen Gegenwart. Seine eben deshalb »historische« Anthropologie erweist sich am notwendigsten an der beklemmenden Aktualität des Gegenwartsgeschehens; analytisch führt sie nicht von der Moderne ab, sondern über eine Rekonstruktion ihrer Genese direkt in ihre Brennpunkte hinein. Daher stellt Webers Religionssoziologie auch keine »Abschiedssymphonie an ›Die Welt von Gestern‹« dar, vielmehr intoniert sie über eine kulturhistorische Rekonstruktion wesentlicher Entstehungsbedingungen der modernen Welt bereits die Zukunftsmusik der bürgerlichen Kultur und ihres geschichtlichen Abstiegs.

90 *Weber*, Wissenschaftslehre, S. 175 ff. Daß Hennis in seiner Vernachlässigung der erkenntnistheoretischen Grundproblematik der Wissenschaftslehre zugleich die Grundintention von Webers Konzeption der »Kulturwissenschaft« verfehle, ist der Haupteinwand Tenbrucks gegen ihn (*Tenbruck*, Abschied, S. 109 f.).

91 Gleichwohl müßte auch die durch Hennis neu entfachte Diskussion über Webers Anthropologie weiterverfolgt werden, indem man etwa seine auf das Problem der »Lebensführung« zugeschnittene Forschungskonzeption der Kulturwissenschaft in Beziehung setzt zur Lebensphilosophie oder zu dem etwas später erfolgenden Aufstieg der Existenzphilosophie. Hennis' Verneigung vor Jaspers deutet bereits in diese Richtung (*Hennis*, Max Webers Fragestellung, S. III).

Das damit umrissene Problemfeld stellt freilich in der bisherigen Weber-Forschung ein weithin unbekanntes Terrain dar: Der wechselseitige Einfluß zwischen Weber und den zu seiner Zeit allmählich entstehenden existenzphilosophischen, phänomenologischen und hermeneutischen Strömungen ist unbekannt. Mommsen erwähnt dieses bisher nicht hinreichend geklärte Verhältnis Webers zur hermeneutischen und alltagssoziologischen Lebensweltphänomenologie in der Tradition Husserls (*Mommsen u. Schwentker*, Weber und Zeitgenossen, S. 34. Zum Verhältnis Weber-Jaspers siehe dort *Henrich*, S. 722 ff.). Allerdings findet sich in diesem Band kein Beitrag zum Verhältnis zwischen Webers am Leitbegriff der Lebensführung orientierten Konzept von Kulturwissenschaft und Heideggers in »Sein und Zeit« entwickelten hermeneutischen Fundamentalontologie des Daseins. Dort hätte möglicherweise untersucht werden können, worin der eigentliche Wert Webers für die historische Analyse moderner Lebensführung besteht und worin sein heuristischer, methodischer und theoretischer Vorzug gegenüber Heideggers Existenzialismus zu suchen ist, der gerade aus einem historischen Interesse heraus – zumindest von Historikern – noch kaum goutiert worden ist (oder: werden kann?).

Auch Arnason deutet in seiner Interpretation von Webers Konzept der Kulturwissenschaft deren »Affinität ... mit zentralen Themen der späteren hermeneutischen Philosophie« nur an, ohne sie im einzelnen zu entfalten. (*Arnason*, Praxis und Interpretation, S. 119).

92 Siehe hierzu etwa *Bader*, Webers Begriff der Legitimität; *Breuer*, Herrschaftssoziologie, (wichtig vor allem sein Kapitel über »Rationale Herrschaft« mit dem »Exkurs über Disziplin und Charisma«, S. 192-230); *Speer*, Herrschaft und Legitimität; *Stallberg*, Herrschaft und Legitimität; *Zängle*, Webers Staatstheorie, insbes. S. 56 ff. Der amerikanische Forschungsstand, auf den hier nicht ausführlicher eingegangen werden kann, ist gut dokumentiert bei *Glassman u. Murvar*, Weber's Political Sociology.

93 *Lübbe*, Legitimität kraft Legalität.

94 Ebd., S. 4. Die forschungsgeschichtliche Dimension dieses Problems von Legitimität versus Legalität entfaltet Lübbe auf den Seiten 9 ff.

Lübbe grenzt die rechtstheoretische Position Webers von denjenigen Kelsens, Habermas' oder Luhmanns folgendermaßen ab: »Es soll gezeigt werden, daß Max Webers Konzept der Legitimität kraft Legalität erstens kein rechtspositivistisches Konzept ist, also keine Stellungnahme in der rechtsphilosophischen Alternative von Rechtspositivismus und Naturrecht voraussetzt; daß es zweitens keine ›wertrationale‹ Legitimitätsgrundlage im Sinne eines Rekurses auf ›materiale Gerechtigkeit‹ hat und der analytische Sinn dieses Legitimitätstypus verloren geht, wenn man eine solche Grundlage hineininterpretiert; und daß es drittens nicht von der Frage nach Geltungsgründen oder nach deren Rationalität abstrahiert, sondern im Zusammenhang mit anderen Kategorien der verstehenden Soziologie genau dazu Aussagen ermöglicht.« (Ebd., S. 2 f.).

95 Die den Leser insgesamt etwas ratlos zurücklassende »Schlußbemerkung« der Autorin deutet allerdings an, daß sie den Vorteil der bekanntlich beim »Legitimitätsglauben« ansetzenden Herrschaftstypologie Webers darin gegeben sieht, Legalität mit allen nur denkbaren – formalen wie materialen – Legitimitätsgründen gedanklich verknüpfen zu können und mithilfe dieser Orientierung an Glaubens- und nicht an Geltungsgrundlagen normative in empirische Fragen transformieren zu können: »Gründe für die empirische Geltung der Ordnung sind dann Gründe, die die Handelnden haben, sich an der Ordnung zu orientieren. Dabei spielen natürlich auch Vorstellungen von ›rechtfertigenden Gründen‹ eine Rolle und darunter auch die Vorstellung, ein solcher rechtfertigender Grund für die Geltung der Ordnung sei ihre ordnungsgemäße positive Satzung. Die Philosophie, soweit sie das Tatsächliche nach Vernünftigem und Unvernünftigem sortiert, kann sowohl nach der Vernunft der tatsächlichen Satzungen als auch nach der Vernunft der tatsächlichen Vorstellungen von ihrer legitimen Geltung fragen. Aber das sind zwei verschiedene Fragen, und die Antwort auf die zweite Frage kann auch dann positiv ausfallen, wenn die Antwort

auf die erste negativ ausfällt. Voraussetzung dafür ist ein Begriff von Legitimität, der Verbindlichkeitsansprüche nicht mit Vernünftigkeitsansprüchen gleichsetzt. Auf der Einsicht in die Vernunft dieser Unterscheidung beruht die Legitimität der Legalität.« (Ebd., S. 175). Doch auch mit dieser zweifellos angebrachten Differenzierung Lübbes ist das Problem nicht vom Tisch, daß sich bei Weber normative Wahrheitsfragen der politischen Herrschaft in Fragen ihrer rein empirischen Geltung verwandeln. Die vom Rechtspositivismus unterstellte Positivität des Rechts kehrt wieder in Form einer Positivität des Legalitätsglaubens.

96 *Mommsen*, Weber und die deutsche Politik, S. 45. Dazu paßt Webers deutlich spürbare Verachtung aller reinen Realpolitik: »Kulturaufgaben? Der moderne deutsche sogenannte ›Realpolitiker‹ zuckt darüber die Achseln.« (Ebd., S. 45).

97 Zu Webers »Liberalismus« siehe zuletzt *Hennis*, Max Webers Fragestellung, insbes. S. 196 ff. Hennis gelangt nach einem Vergleich der Position Webers mit den politischen Werten und Kriterien des klassischen Liberalismus und nach der Feststellung erheblicher Differenzen zwischen ihnen zu der von Mommsen in ähnlicher Weise gezogenen Konsequenz: »Sollte Weber ein Liberaler sein, so wäre sein Liberalismus schon ein ›seltsamer‹ Liberalismus, ein Liberalismus von sehr eigener Art.« (Ebd., S. 222).

98 *Mommsen*, Weber und die deutsche Politik, S. 71; siehe auch S. 356 ff.

99 *Tenbruck*, Methodologie und Sozialwissenschaften, S. 15. Trotz aller auch von Tenbruck selber eingestandenen Mängel ist sein alter Aufsatz aus dem Jahre 1959 immer noch wichtig: *Tenbruck*, Genesis. Kritisch zu Tenbruck: *Wagner u. Zipprian*, Tenbruck, Weber und die Wirklichkeit.

100 *Tenbruck*, Methodologie und Sozialwissenschaften, S. 21 ff., 30. Es handele sich bei ihr – so Tenbruck – um »Reflexionen über den Sinn der wissenschaftlichen Arbeit, wobei es um deren Kulturbedeutung geht.« (Ebd., S. 27). Damit ist zugleich das Interesse dieser Arbeit an Webers Wissenschaftslehre benannt: Es geht um die Kulturbedeutung des wissenschaftlichen Rationalismus.

101 *Hübinger*, Max Weber und die Historischen Kulturwissenschaften; *Kocka*, Zwischen Elfenbeinturm und Praxisbezug. Ergiebig und informativ, wenn auch nicht dezidiert aus ›kultur‹wissenschaftlicher Perspektive auch: *Rossi*, Vom Historismus zur historischen Sozialwissenschaft. Siehe auch: *Nusser*, Kausale Prozesse.

102 *Kocka*, Max Weber, der Historiker. Siehe insbesondere die Beiträge von Kocka, Rossi, Mommsen, Wehler und Peukert.

103 Siehe hierzu: *Merz*, Weber und Rickert, sowie – trotz eines insgesamt etwas dunkel bleibenden und Weber selbst nur am Rande (nämlich erst im »Epilog« auf S. 155 ff.) berührenden Argumentationsweges: *Wagner*, Geltung und normativer Zwang – insbesondere wegen seiner berechtigten Frage, ob das kantianische Adelsprädikat der neukantianischen Wertphilosophie nicht ein erschlichenes sei und eher einen tiefsitzenden metaphysischen Antikantianismus verschleiere (ebd., S. 11 ff. und – im direkten Bezug auf Rickert bzw. Windelband – S. 136 ff., 149 ff.). Zum amerikanischen Forschungsstand siehe *Segady*, Values.

104 Siehe hierzu Kapitel IV,1,a.

105 Siehe hierzu Kapitel IV,1,b.

106 Siehe hierzu Kapitel IV,1,c.

107 Siehe hierzu Kapitel IV,2,a–c.

108 Siehe hierzu Kapitel IV,2,d.

109 Siehe hierzu Kapitel IV,3,a–d.

110 Siehe hierzu Kapitel IV,4.

II. Zur theoriegeschichtlichen Ausgangslage der Kulturgeschichte: Geistbegriff und Historismus bei Johann Gustav Droysen

1 Diese historistische Vorstellung eines engen Zusammenhangs zwischen Freiheit und Geschichte wird in einer berühmten Formulierung Leopold von Rankes besonders deutlich: »Gestehen wir ein, daß die Geschichte nie die Einheit eines philosophischen Systems haben kann; aber ohne inneren Zusammenhang ist sie nicht. Vor uns sehen wir eine Reihe von aufeinander folgenden, einander bedingenden Ereignissen. Wenn ich sage: bedingen, so heißt das freilich nicht durch absolute Notwendigkeit. Das Große ist vielmehr, daß die menschliche Freiheit überall in Anspruch genommen wird: die Historie verfolgt die Szenen der Freiheit; das macht ihren größten Reiz aus.« (*Ranke*, Aus Werk und Nachlaß, S. 296.) Aus der Forschungsliteratur zu Droysen siehe hierzu insbesondere: *Birtsch*, Die Nation als sittliche Idee; *Kohlstrunk*, Logik und Historie; *Rüsen*, Begriffene Geschichte.

2 *Weber*, Religionssoziologie III, S. 221.

3 *Droysen*, Historik (Hübner) S. 10. Da die von Leyh herausgegebene kritische Textausgabe der Historik Droysens bis heute unvollständig geblieben ist – bisher ist einzig der erste Band erschienen, der die vollständige Fassung der Vorlesungen von 1857 und die »Grundrisse« von 1857/58 und 1882 enthält – werden hier die Ausgaben Leyhs und Hübners parallel benutzt.

4 Damit ist die Systematik eines historischen Freiheits- und Fortschrittsbegriffs umrissen, der das »Gerüste der Spezialgeschichten« abzugeben vermag: *Droysen* (Hübner), S. 264. Freilich überbietet diese Systematik der anthropologischen Voraussetzungen der menschlichen Geschichtlichkeit noch die Theorieebene, die Droysen selber als »Systematik« in dem so betitelten Kapitel der Historik angesprochen hat. Er meinte damit das Geflecht freiheitsverbürgender sittlicher Mächte. Die hier angesprochene Systematik läßt sich demgegenüber allein aus dem Argumentationszusammenhang der gesamten Historik herausarbeiten. Droysen hat den Fortschritt der menschlichen Freiheit, der für ihn das eigentliche Wesen aller Geschichtsprozesse ausmachte, gelegentlich »die Geschichte der Geschichte« bzw. »die Geschichte über den Geschichten« genannt. Greift man diese Terminologie auf, könnte man die hier angesprochenen, von Droysen selbst nicht mehr besonders explizierten und systematisch entfalteten anthropologischen Voraussetzungen der Möglichkeit menschlicher Freiheit, die dann im Kontext sittlicher Mächte wirklich wird, die »Geschichte der Geschichte der Geschichte« nennen.

5 *Droysen*, Vorlesungen I, S. 6.

6 Ebd., S. 107. Auf die zentrale Bedeutung dieses Arguments für Droysens Geschichtstheorie und für das in ihr vorliegende Verständnis von Theorie und Praxis weist hin *Rüsen*, Begriffene Geschichte, S. 158: »In solchen pragmatisch zu verstehenden, auf Handeln drängenden ›Gedanken‹, die die geschichtliche Wirklichkeit begreifen und sie zugleich auf ihre Veränderung nach den Maximen geschichtlichen Denkens, des ihm zugrunde liegenden Impulses der Freiheit, hin transzendieren, liegt nach Droysen das Pathos der Geschichte, die Leidenschaft ihres Fortschritts.«

7 *Riedel*, Verstehen oder Erklären?, S. 204.

8 *Droysen*, Vorlesungen I, S. 170 f.

9 Die von Hegel geleistete »Hauptsache war, dies festzustellen, daß der Inhalt der Geschichte Gedanken seien«, *Droysen*, Historik (Leyh), S. 256.

10 *Rüsen*, Begriffene Geschichte, S. 16 ff.

11 *Droysen*, Historik (Leyh), S. 388.

12 *Droysen*, Historik (Hübner), S. 268.

13 Ebd., S. 12 f.

14 *Droysen*, Historik (Leyh), S. 385 ff.

15 Ebd., S. 27.

16 Ebd., S. 210.

17 Ebd., S. 175.

18 Ebd., S. 187.

19 *Droysen*, Historik (Hübner), S. 249.

20 Das übersieht Kohlstrunk, wenn sie Droysen einen idealistischen Arbeitsbegriff unterstellt, der apriori einer falschen Identifikation der gesellschaftsökonomischen Realität mit der Durchsetzung menschlicher Freiheit und Vernunft erliege: *Kohlstrunk*, Logik und Historie, S. 90 f.

21 *Droysen*, Historik (Leyh), S. 24.

22 Ebd., S. 337.

23 Ebd., S. 342. Die idealistische Geschichtsphilosophie hat niemals die geschichtliche Sprengkraft materieller Interessenorientierungen geleugnet, sondern ganz im Gegenteil die Existenz dieser menschlichen Handlungsantriebe zur unbedingt notwendigen Bedingung des geschichtlichen Fortschritts deklariert:»Denn tätig ist der Mensch nur, insofern er etwas nicht erreicht hat und sich in Beziehung darauf produzieren und geltend machen will. Wenn dies vollbracht ist, verschwindet die Tätigkeit und Lebendigkeit, und die Interesselosigkeit, die alsdann eintritt, ist geistiger oder physischer Tod.« (*Hegel*, Grundlinien der Philosophie des Rechts, S. 302).

Bei Droysen wird Eigentum zu einem solchen dynamisierenden Element der geschichtlichen Freiheitsentwicklung, das der bürgerlichen Gesellschaft erst ihre sittlichen Attribute verleiht. Der Fortschritt der menschlichen Naturaneignung durch Arbeit ist ein Fortschritt der Freiheit in Form einer Akkumulation von Eigentum, durch den die bürgerliche Gesellschaft ihre geschichtliche Transzendierungsqualität erlangt und sich darin kulturell legitimiert.

24 *Droysen*, Historik (Leyh), S. 350.

25 *Droysen*, Historik (Hübner), S. 248 f.

26 *Hegel*, Grundlinien der Philosophie des Rechts, S. 106. Die philosophische Begründung Hegels für dieses unumstrittene Axiom der bürgerlichen Sozialtheorie, die auch die Position Droysens markiert, lautete:»Alle Dinge können Eigentum des Menschen werden, weil dieser freier Wille und als solcher an und für sich ist, das Entgegenstehende aber diese Eigenschaft nicht hat. Jeder hat also das Recht, seinen Willen zur Sache zu machen oder die Sache zu seinem Willen, das heißt mit anderen Worten, die Sache aufzuheben und zu der seinigen umzuschaffen ... Sich zueignen heißt im Grunde somit nur die Hoheit meines Willens gegen die Sache manifestieren und aufweisen, daß diese nicht an und für sich, nicht Selbstzweck ist. Diese Manifestation geschieht dadurch, daß ich in die Sache einen anderen Zweck lege, als sie unmittelbar hatte; ich gebe dem Lebendigen als meinem Eigentum eine andere Seele, als es hatte; ich gebe ihm meine Seele.« (Ebd., S. 106 f.).

27 *Droysen*, Historik (Leyh), S. 343.

28 Diese These steht im offensichtlichen Widerspruch zu der tiefen Krisenerfahrung der bürgerlichen Gesellschaft, von der Droysens Geschichtstheorie ursprünglich ihren Ausgang genommen hatte und zu der sie sich wie die Therapie zur Diagnose verhielt. Siehe zu Droysens Pathologie der Gegenwart *Rüsen*, Begriffene Geschichte:»Die ›Historik‹ als Theorie des historischen Verstehens ist eine therapeutische Theorie jener Geschichte, die im ungeschichtlichen Selbstbewußtsein der emanzipativen Gesellschaft wesenlos wird; diese Geschichte bedarf der Theorie, um in Theorie und Praxis Geschichte der Freiheit sein zu können.« (Ebd., S. 92 f.; siehe auch S. 51 ff.).

Angesichts dieses manifesten Widerspruchs innerhalb der »Historik« ließe sich behaupten, daß sie in ihrem therapeutischen Eifer über das Ziel hinausgeschossen ist und letztlich die Krisenphänomene zum Verschwinden gebracht hat, an denen sie sich ursprünglich entzündet hatte. Die diagnostizierte Krise der bürgerlichen Gesellschaft hebt sich angesichts des durchschlagenden Therapieerfolges der Geschichtstheorie in das Wohlgefallen einer endgültig geheilten bürgerlichen Gesellschaft auf.

29 *Droysen*, Historik (Hübner), S. 376.

30 Ebd., S. 247.

31 *Kohlstrunk*, Logik und Historie, S. 112 ff., 132 ff. Die unterstellte Korrespondenz zwischen Arbeit und Freiheit in Droysens Systematik der sittlichen Mächte, die einen der beiden Hauptteile der »Historik« bildet, impliziert eine falsche Versöhnung der Widersprüche der bürgerlichen Gesellschaft und verhindert damit eine Wahrnehmung einer durch sie ständig betriebenen Negation der menschlichen Freiheit:»Die psychische Depravierung der zum Appendix der Maschinerie degenerierten menschlichen Arbeiter wird von Droysen nicht auf ihren gesellschafts-ökonomischen Begriff gebracht, weil die geschichtstheoretische Aufbereitung des Arbeitsbegriffs in einseitiger

Selektion nur die positiven Momente der steigenden Natur- und Weltbeherrschung durch Arbeit betont.« (Ebd., S. 90 f.).

32 *Droysen*, Historik (Leyh), S. 358. Kohlstrunk interpretiert die fehlende Kritikfähigkeit Droysens gegenüber den Konstitutionsprinzipien der bürgerlichen Gesellschaft und des nationalen Machtstaates seiner Zeit als notwendiges Resultat einer heimlichen Ahistorizität seiner Systematik der sittlichen Mächte. Indem der Arbeitsbegriff zu einer geschichtsphilosophischen Zentralkategorie der Historik aufsteigt, abstrahiert er zugleich von den geschichtlichen Bedingungen seiner bürgerlichen Konkretion und wird dadurch zu einem Mittel ihrer Legitimierung. Der Begriff der Arbeit, der Droysen ursprünglich dazu diente, die geschichtliche Fortschrittsdynamik und Transzendierungskraft seiner Gegenwart zu erklären, wird schließlich zu einem Mittel, einer weitergehenden Historisierung der bürgerlichen Gesellschaft einen Riegel vorzuschieben. (*Kohlstrunk*, Logik und Historie, S. 87 ff.).

33 Siehe hierzu *Schnädelbach*, Geschichtsphilosophie nach Hegel, S. 92 ff.; *Baumgartner*, Kontinuität und Geschichte, S. 55 ff.; *Schiffer*, Theorien der Geschichtsschreibung, S. 135 ff.

34 *Droysen*, Historik (Hübner), S. 11.

35 Ebd., S. 12.

36 Ebd., S. 394.

37 *Droysen*, Historik (Leyh), S. 10. Der innere Aufbau der Historik, der durch die beiden Hauptkapitel »Methodik« und »Systematik« gekennzeichnet ist, dokumentiert die Mehrfachbedeutung von Droysens Begriff der Geschichte. Daß sie zugleich eine Daseinsweise des Menschen und deren kulturelle Deutung darstellt, erfordert sowohl den methodologischen Ausgriff der Historik auf die Forschungs-, Darstellungs- und Verstehensprozesse der Wissenschaft, als auch den systematischen Ausgriff auf die geschichtlichen Grundlagen der menschlichen Existenz.

38 *Droysen*, Historik (Hübner), S. 16. In Droysens Bildungsbegriff taucht die erwähnte Doppelnatur der Geschichte wieder auf: Der objektive Bildungsprozeß verleiht dem menschlichen Leben seine geschichtliche Signatur, der einzig das historische Denken kulturell gerecht zu werden vermag.

39 Ebd., S. 395.

40 *Droysen*, Historik (Leyh), S. 45.

41 Ebd., S. 23 f.

42 *Droysen*, Historik (Hübner), S. 300.

43 *Droysen*, Historik (Leyh), S. 371.

44 Ebd., S. 368. Auch Rüsen betont, daß der Historik Droysens das Interesse an einer theoretischen Vermittlung von Geschichte und Gegenwart innewohnt und daß sich in dieser theoretischen Vermittlung die auf ihren Begriff der Freiheit gebrachte Gegenwart zu sich selber und zur zukünftigen Möglichkeit dieser Freiheit befreit: »Die Theorie, die diesen Begriff entfaltet, klärt die Gegenwart vor aller Postulatorik ihrer möglichen Veränderung allererst über ihren geschichtlichen Standort auf. Theorie ist dann zur leitenden Sinnbestimmung praktischer Veränderung geworden und die Gegenwart aus der Pathologie einander ausschließender Prinzipien, aus der ›schlechten Dialektik‹, in der die Geschichte der Freiheit zur Geschichte der Unfreiheit pervertiert, hinausführt zur Verwirklichung der Freiheit als einzig sinnvoller Zukunft der Geschichte.« (*Rüsen*, Begriffene Geschichte, S. 93).

45 *Droysen*, Historik (Leyh), S. 365.

46 Ebd., S. 375.

47 *Heussi*, Die Krisis des Historismus, S. 6. Daraus, daß der Forschungspositivismus des späten 19. Jahrhunderts das lebenspraktische Orientierungspotential des Historismus im umfassenden Sinne eines kulturellen Deutungsmusters weitgehend unausgeschöpft lasse, resultierten auch die zu Beginn des 20. Jahrhunderts vorgenommenen Rekonstruktionsversuche des Historismus durch Mannheim und Troeltsch: *Mannheim*, Historismus; *Troeltsch*, Der Historismus und seine Probleme.

48 *Droysen*, Historik (Hübner), S. 383.

49 Zur aristotelischen Tradition der Normenbegründung siehe *Schnädelbach*, Was ist Neoaristotelismus?

50 *Droysen*, Vorlesungen I, S. 171.

51 *Kant*, Grundlegung zur Metaphysik der Sitten, S. 69.

52 Ebd., S. 81.

53 Ebd., S. 67.

54 Ebd., S. 60 f.

55 *Droysen*, Vorlesungen I, S. 128.

56 Ebd., S. 127.

57 Philosophiegeschichtlich betrachtet ist Hegel der erste gewesen, der diese Einwände gegenüber Kant erhoben hat; sie werden diskutiert von *Habermas*, Moralität und Sittlichkeit, S. 16 f., 25 ff.

58 *Kant*, Grundlegung zur Metaphysik der Sitten, S. 16.

59 Ebd., S. 76.

60 Ebd., S. 37.

61 Ebd., S. 40. Weniger unschuldig ist diese Vorstellung Kants vom Verhältnis zwischen Moralität und Sittlichkeit, weil hier der Verdacht eines »Terrors der Vernunft« aufblitzt. Dieser Einwand eines potentiellen Terrors reiner moralischer Gesinnung ist von Hegel im Einklang mit der weitverbreiteten Revolutionskritik des frühen 19. Jahrhunderts gegenüber der Aufklärungsphilosophie artikuliert worden. Mit Blick auf die jakobinische Phase der Französischen Revolution verwies er auf die Gefahren, die dann auftreten, wenn reine praktische Vernunft wirklich wird, ohne auf die vormoralische Sittlichkeit der Lebenswelt Rücksicht zu nehmen: »Wer nicht nach dem objektiven Rechte handelt, sondern nach dem, wie er es weiß, der macht sein eigenes Wissen und Wollen zum höchsten Entscheidungsgrund in Ansehung der Handlung. Er sagt somit, daß er aus sich gegen die ganze Welt hat wissen wollen, was Recht und Pflicht ist. Das Irren ist also hier das Allerunverzeihlichste. – Wir stehen hier am höchsten Punkte der Innerlichkeit, am Gewissen. Man sagt, daß dieses ein Heiliges sei, aber ebenso kann es auch das Böse sein.« (*Hegel*, Philosophie des Rechts. Die Vorlesung von 1819/20, S. 111).

62 *Kant*, Grundlegung zur Metaphysik der Sitten, S. 63.

63 Ebd., S. 88.

64 Ebd., S. 58. Auch Kohlstrunk bemerkt in ihrer Rekonstruktion der gedanklichen Zusammenhänge der »Historik«, daß Kant Geschichte nicht als einen auf Fortschritt angelegten Prozeß der Umbildung von Realität nach Maßgabe der menschlichen Vernunft darzulegen vermag, sondern gezwungen ist, geschichtliche Prozesse auf eine enthistorisierte Sphäre menschlicher Anlagenpotentiale – auf »Natur« – zurückzuführen (*Kohlstrunk*, Logik und Historie, S. 34).

65 *Kant*, Grundlegung zur Metaphysik der Sitten, S. 98.

66 Ebd., S. 99.

67 Auf diesen fehlenden Wirklichkeitsbezug der Moralphilosophie Kants, die deshalb ein »reines Beschließen und Entschließen« bleibe, spielte ebenfalls bereits Hegel an: »Es bleibt bei einem bloßen Sehnen, weil die Wirklichkeit fehlt.« (*Hegel*, Philosophie des Rechts. Die Vorlesung von 1819/20, S. 102).

68 *Kant*, Grundlegung zur Metaphysik der Sitten, S. 100.

69 *Habermas*, Die Einheit der Vernunft in der Vielheit ihrer Stimmen.

70 Zu diesen potentiellen Funktion des Utopischen: *Apel*, Ist die Ethik der idealen Kommunikationsgemeinschaft eine Utopie?; *Rüsen*, Geschichte und Utopie.

71 *Droysen*, Historik (Hübner), S. 381.

72 *Mannheim*, Das konservative Denken.

73 *Savigny*, Über den Zweck dieser Zeitschrift (Einleitungsaufsatz des 1815 erschienenen ersten Bandes der von Savigny mitgegründeten und -herausgegebenen »Zeitschrift für geschichtliche Rechtswissenschaft«), S. 17.

74 *Droysen*, Politische Schriften, S. 105.

75 *Droysen*, Historik (Hübner), S. 382.

76 *Hegel*, Grundlinien der Philosophie des Rechts, S. 292. Zur Hegelrezeption Droysens *Rüsen*, Begriffene Geschichte, S. 16 ff., 151 ff.; *Gil*, Das Handlungskonzept in der »Historik«; zu Hegel auch *Habermas*, Der philosophische Diskurs der Moderne, S. 26 ff., 34 ff.

77 *Hegel*, Grundlinien der Philosophie des Rechts, S. 20.

78 Ebd., S. 15 f. Inwieweit Droysen die hier anklingenden christlich-theologischen Implikatio-

nen der von Hegel als sittliche Macht konzipierten Geschichte übernimmt, diskutiert *Rüsen*, Begriffene Geschichte, S. 56 f., 133 f.

79 Siehe dazu im einzelnen das Kapitel: »Der sich entfremdete Geist« in: *Hegel*, Phänomenologie des Geistes, S. 359 ff.

80 *Habermas*, Der philosophische Diskurs der Moderne, S. 26 ff.; *Bubner*, Rationalität, Lebensform und Geschichte.

81 *Hegel*, Philosophie des Rechts. Die Vorlesung von 1819/20, S. 93.

82 *Kant*, Die Metaphysik der Sitten, S. 508.

83 *Hegel*, Grundlinien der Philosophie des Rechts, S. 341.

84 *Hegel*, Philosophie des Rechts. Die Vorlesung von 1819/20, S. 122.

85 Ebd., S. 125.

86 *Henrich*, Einleitung zu *Hegel*, Philosophie des Rechts. Die Vorlesung von 1819/20, S. 31.

87 *Droysen*, Historik (Leyh), S. 358.

88 *Habermas*, Der philosophische Diskurs der Moderne, S. 55.

89 *Apel*, Kant, Hegel und das aktuelle Problem der normativen Grundlagen von Moral und Recht, S. 612 f.

90 *Droysen*, Historik (Leyh), S. 38. Diese von Droysen gegenüber Hegels Ontologisierung der Gegenwart zu einer Dauer des Falschen geltendgemachte Zukunftsdimension der Geschichte und des historischen Denkens betonen *Kohlstrunk*, Logik und Historie, S. 63 ff.; *Rüsen*, Begriffene Geschichte, S. 155 ff., während White sie in seiner diskurstheoretischen Analyse der »Historik« ausblendet. Für ihn erschöpft sich die praktische Bedeutung von Historiographie auf ihre »ideologische« Funktion, die Lesersubjekte immer wieder neu auf die symbolischen Regeln ihrer Lebensform reproduktiv zu verpflichten: »Im Vergleich mit seinem Lehrer Hegel bestand Droysens Originalität in bezug auf die Geschichtsschreibung darin, die konstruktivistische und im wesentlichen praktische Funktion der historischen Reflexion in einem Zeitalter erkannt zu haben, das der Philosophie gegenüber ebenso mißtrauisch war wie gegenüber der Theologie als möglicher Königin der Wissenschaften. Originalität kann auch Droysens Erkenntnis beanspruchen, daß die Geschichte eher ein Diskurs als ein objektiver Prozeß oder eine empirisch beobachtbare Struktur von Beziehungen ist – ein Diskurs, dem es gelingt, seine Leser in den Kreis der Moralbegriffe, die ihren praktischen sozialen Horizont definieren, zu integrieren; sie anzuleiten, diesen Kreis als ihr eigenes Gewissen und als Garant der Integrität ihres Selbst zu identifizieren; und schließlich sie zu zwingen, diesen Kreis von Moralbegriffen als die Wirklichkeit zu bestätigen, gegen die sie nur mit dem Risiko des Verlustes ihrer ›Menschlichkeit‹ verstoßen konnten.« (*White*, Droysens Historik, S. 131). Whites diskurstheoretische Deutung von Droysens Historik läßt sich nur dann aufrechterhalten, wenn man die kulturelle Dynamik der Freiheit konsequent ausblendet, zu der sie selbst einen spezifisch geschichtstheoretischen Beitrag leisten will.

91 Siehe hierzu Kapitel II,1,a.

92 *Droysen*, Historik (Hübner), S. 21.

93 Ebd., S. 22.

94 Ebd., S. 265. Überaus treffend hat Schieder das Verstehen eine »Steigerung des Grundaktes historischen Denkens zu einem Grundelement der menschlichen Existenz« genannt. Mit ihm sei »weit mehr als ein Erkennen bezeichnet; es wird eher eine Grundformel des sittlichen Menschseins gefunden«. (*Schieder*, Geschichte als Wissenschaft, S. 37). Auch Kohlstrunk macht auf diesen Aspekt der Hermeneutik aufmerksam: »Droysens hermeneutische Theorie, die sich als Beitrag verstanden wissen will, den Bruch von Vergangenheit und Zukunft durch Hebung ins menschliche Bewußtsein, zwar nicht ad hoc zu beseitigen, ihn aber der theoretischen und praktischen Handhabe der geschichtlichen Subjekte unterstellen zu können, ist ein Schritt auf dem Weg der bewußten Selbstkonstitution der Gattung auf der Basis ›diskursiver Willensbildung‹.« (*Kohlstrunk*, Logik und Historie, S. 170).

95 *Droysen*, Historik (Leyh), S. 29.

96 *Droysen*, Historik (Hübner), S. 422.

97 Ebd., S. 230.

98 Ebd., S. 26.

99 Rüsen hat im einzelnen herausgearbeitet, inwieweit Droysens historische Hermeneutik an Humboldts transzendentalphilosophischer Überwindung der Subjekt-Objekt-Spaltung zugunsten einer hermeneutisch begründeten Einheit beider anknüpft und sie zugleich in Anlehnung an Hegels Konzeption von Geschichte als sittlicher Macht weiterentwickelt. (*Rüsen*, Begriffene Geschichte, S. 117 ff., insbes. S. 122).

100 *Droysen*, Historik (Hübner), S. 303.

101 *Droysen*, Historik (Leyh), S. 27.

102 *Droysen*, Historik (Hübner), S. 14.

103 *Droysen*, Historik (Leyh), S. 283.

104 Ebd.

105 Diese Frage lag dem Streit um die Hermeneutik Gadamers zugrunde (*Apel u.a.*, Hermeneutik und Ideologiekritik, dort insbesondere die Beiträge von Gadamer und Habermas). Schiffer macht angesichts dieses Traditionalismusproblems des hermeneutischen Denkens auf eine Stärke der historischen Hermeneutik Droysens aufmerksam: »Die Aporie einer Traditionshörigkeit – wie sie etwa für Gadamers Hermeneutik bezeichnend ist – scheint Droysen ... vermeiden zu können. Denn: wenn auch die Gegenwart nach Droysen der Tradition unterworfen ist, soweit sie eben als jeweiliger Endpunkt ein Teil derselben ist, in ihr geworden und so von ihr bestimmt, so besteht andererseits freilich die Möglichkeit, ja die Pflicht, diese Tradition und ihr Ergebnis ... kritisch zu befragen ob, und inwieweit sie die Entwicklung der sittlichen Mächte fördert oder gar hemmt.« (*Schiffer*, Theorien der Geschichtsschreibung, S. 138).

106 *Droysen*, Historik (Hübner), S. 27.

107 Ebd., S. 33.

108 *Droysen*, Historik (Leyh), S. 28.

109 *Droysen*, Historik (Hübner), S. 30.

110 *Droysen*, Historik (Leyh), S. 57.

111 Ebd., S. 23.

112 Ebd., S. 5.

113 Ebd., S. 283.

114 *Kohlstrunk*, Logik und Historie, S. 132.

115 *Droysen*, Historik (Hübner), S. 258.

116 *Droysen*, Historik (Leyh), S. 44.

117 *Droysen*, Historik (Hübner), S. 422 f.

118 *Droysen*, Historik (Leyh), S. 44.

119 Ebd., S. 6.

120 *Droysen*, Historik (Hübner), S. 424.

121 Ebd., S. 31.

122 Ebd., S. 32.

123 *Droysen*, Historik (Leyh), S. 163.

124 Ebd., S. 10.

125 *Droysen*, Vorlesungen I, S. 5.

126 *Droysen*, Historik (Hübner), S. 316.

127 Ebd., S. 19.

128 Ebd., S. 27.

129 *Droysen*, Historik (Leyh), S. 385.

130 Das betont *Rüsen*, Bemerkungen, S. 194, 196.

131 *Droysen*, Historik (Leyh), S. 222.

132 Ebd., S. 246.

133 Ebd., S. 219 ff. White hat diese Funktion von Droysens »Topik« – allerdings in Überschätzung der historiographischen »Herstellbarkeit« historischer Rezeptionshaltungen durch die Darstellungspraxis des Historikers – präzise benannt: »Bei genauerer Betrachtung wird offensichtlich, daß das, was er [Droysen] vorschlägt, weniger eine Theorie der historiographischen Komposition ist, als vielmehr eine Art von Phänomenologie der historischen Lektüre. Er lehrt die Historiker, wie unterschiedliche Lesarten der Geschichte hergestellt werden können, um dadurch bei den Lesern verschiedene moralische Perspektiven zu erzeugen und um sie gleichsam in jedem Einzelfall

auf das herrschende soziale System und seine doxa einzustimmen.« (*White*, Droysens Historik, S. 114).

134 *Droysen*, Historik (Leyh), S. 281. Siehe in diesem Zusammenhang auch S. 221: »Man wird nicht sagen, diese oder jene [Darstellungsform] ist die beste, sondern je nach der Aufgabe wird sich die eine oder andere als geeigneter, ja als die gebotene zeigen.«

135 Siehe hierzu auch die Interpretationen der »Topik« durch *Schiffer*, Theorien der Geschichtsschreibung, sowie *Rüsen*, Bemerkungen, dort S. 196: »Die Forschungsregeln legen ... nicht schon hinreichend die Darstellungsformen der Geschichtsschreibung fest. Diese Formen bestimmen sich vielmehr ›aus Motiven der Forschung oder des Forschers‹.« (Das Droysen-Zitat findet sich auf S. 405 der Leyh-Ausgabe.).

White bringt diese Motive der Forschung auf den Nenner einer »Kultivierung eines ›spezifisch‹ historischen Bewußtseins im Leser« (*White*, Droysens Historik, S. 122). Er gibt auch einen wichtigen Hinweis darauf, welche historiographische Absicht die verschiedenen Formen der historischen Darstellung im ganzen prägt und ihre pragmatische Einheit konstituiert: das Interesse der Gesellschaft, das Spektrum möglicher Wirklichkeitserfahrung zu definieren: »Das historisch Reale ist nie durch die nackte ›Erfahrung‹ gegeben; es ist immer schon bearbeitet und geformt durch eine spezifische Organisation der Erfahrung, der Praxis der Gesellschaft, aus der heraus das Bild der Wirklichkeit entworfen wird. Zweifellos liegt hierin der Grund dafür, daß er [Droysen] die Möglichkeit, alternative, aber ebenso gültige Bilder historischer Wirklichkeit zu entwerfen, so sehr betonte und eine Klassifizierung und Typeneinteilung dieser Bilder anstrebte. Solche Bilder wären dann ebenso vielfältig wie die durch die Praxis einer jeweiligen Epoche zugelassenen Formen sozial organisierter Erfahrung.« (Ebd., S. 126).

136 *Droysen*, Historik (Leyh), S. 220.

137 Siehe auch die Analyse der leserorientierten Appellstruktur der untersuchenden Darstellung durch *Schiffer*, der ebenfalls die positivistische Rigidität ihres geradlinig durchgesetzten und nicht weiter zur Diskussion gestellten Überzeugungsziels herausarbeitet: Zwar »gilt für alle Formen von Droysens Typologie, daß ein vorgegebener appellativer Zweck die zu verwendenden Formprinzipien bestimmt. Dieser funktionelle Primat des vorgegebenen Appells kann, wie etwa bei der ›untersuchenden‹ Darstellung, zu einer äußerst rigiden Formbestimmung der Darstellung führen, die jedes Textelement direkt funktional zur Erreichung des ... Überzeugungsziels einzusetzen sucht.« (*Schiffer*, Theorien der Geschichtsschreibung, S. 106).

138 *Droysen*, Historik (Leyh), S. 223.

139 Ebd., S. 220.

140 Ebd., S. 232.

141 Ebd., S. 231.

142 Ebd., S. 232.

143 Ebd., S. 235.

144 Ebd., S. 236.

145 Obwohl Schiffer mit Droysen betont, daß sich die vier Darstellungsformen nicht hierarchisieren lassen, sieht er doch eine strukturelle Überlegenheit des »didaktischen« Darstellungsmodus über die anderen als gegeben an (*Schiffer*, Theorien der Geschichtsschreibung, S. 97 ff.). Im Gegensatz dazu versucht White eine Rangfolge der vier Typen aufzustellen, in der der »diskussiven« Darstellungsweise ein gewisser Vorrang zukommt (*White*, Droysens Historik, S. 117).

Diese offensichtlichen Schwierigkeiten bei der Hierarchisierung der vier historiographischen Modi machen darauf aufmerksam, daß jeder einen durch keinen anderen vollständig substituierbaren Aspekt der historischen Sinnbildung verkörpert. Erst in ihrer Summe realisieren die vier Typen der Darstellung das ganze kulturelle Potential des historischen Verstehens und die in diesem Verstehen möglich werdende Transzendierung der Gegenwart im Hinblick auf die in die Zukunft hinein weiterzutreibende geschichtliche Kontinuität der menschlichen Freiheit.

146 *Droysen*, Historik (Leyh), S. 250.

147 Ebd., S. 221.

148 Ebd., S. 263.

149 Ebd., S. 252.

150 Ebd., S. 263.

151 Ebd., S. 254.
152 Ebd.
153 Ebd., S. 251 f.
154 Ebd., S. 256.
155 Ausführlich zur Bedeutung der Nationsidee bei Droysen siehe *Birtsch*, Die Nation als sittliche Idee; *Rüsen*, Politisches Denken und Geschichtswissenschaft.
156 *Droysen*, Historik (Leyh), S. 221.
157 Ebd., S. 278.
158 Ebd., S. 267.
159 Ebd., S. 270.
160 Ebd., S. 269.
161 Als ein gelungenes Beispiel dieser diskussiven Darstellungsform untersucht Schiffer eingehend Droysens »Vorlesungen über die Freiheitskriege« (*Schiffer*, Theorien der Geschichtsschreibung, S. 145 ff.).
162 Eine weitere Zusammenfassung von Droysens Theorie historiographischer Darstellungsformen gibt Rüsen, der die folgenden vier Funktionen anführt: »Das Rückschließen aus den Quellen auf das, was tatsächlich der Fall war; die zeitliche Verknüpfung quellenkritisch ermittelter Tatsachen zu Verläufen; die Deutung zeitlicher Verläufe mit Annahmen über allgemeine Sinnzusammenhänge der geschichtlichen Entwicklung; den aktualisierenden Bezug von gedeuteten Verläufen auf Probleme aktueller Praxis. Je nach dem Gewicht, das der Forscher einem dieser vier Momente in ihrem Verhältnis zu den anderen beimißt, kleidet er seine Forschungsergebnisse in die Form einer untersuchenden, einer erzählenden, einer didaktischen oder einer erörternden bzw. diskussiven Darstellung.« (*Rüsen*, Bemerkungen, S. 199). Siehe auch die Zusammenfassung durch White, dem allerdings das Mißverständnis unterläuft, der »didaktische« Darstellungsmodus sei ein »moralischer«, was zu kurz gegriffen ist. (*White*, Droysens Historik, S. 121 f.).

III. Die Bedeutung Jacob Burckhardts für die Transformation des Historismus zur Kulturgeschichte

1 Die Zitatnachweise aus der Jacob Burckhardt Gesamtausgabe (GA) erfolgen durch Angabe des betreffenden Bandes in römischen Ziffern und der Seitenzahl. Die vollständigen bibliographischen Angaben der einzelnen Bände finden sich im Literaturverzeichnis.
Zur grundsätzlichen geschichtstheoretischen Bedeutung von Burckhardts Kulturbegriff für seine Konzeption von Kulturgeschichte siehe *Flaig*, Angeschaute Geschichte; *Hardtwig*, Geschichtsschreibung zwischen Alteuropa und moderner Welt; *Löwith*, Jacob Burckhardt; *Ritzenhofen*, Kontinuität und Krise; *Rüsen*, Die Uhr, der die Stunde schlägt; *ders.*, Jacob Burckhardt; *Schieder*, Die historischen Krisen; *Schnädelbach*, Geschichtsphilosophie nach Hegel.
2 GA VII, S. 5.
3 Ebd., S. 4.
4 Ebd., S. 130.
5 Ebd., S. 20.
6 Ebd., S. 74. Hardtwig spaltet diese dialektische Einheit der Kultur in einen »doppelten Kulturbegriff« Burckhardts auf, der zum einen die »Totalität der menschlichen Lebenswelt« betrifft und zum anderen einen Realitätsbereich meint, der sich »durch die Freiheit von der Bindung an einen materiellen Zweck« auszeichnet (*Hardtwig*, Geschichtsschreibung zwischen Alteuropa und moderner Welt, S. 168). Damit fällt jedoch auseinander, was zusammengehört und von Burckhardt auch als eine untrennbare Einheit konzipiert worden ist. Es gibt keinen doppelten, sondern nur einen einzigen Begriff der Kultur, der die innere Einheit und die Dialektik geistiger und materieller Bedingungsfaktoren der Geschichte und der Triebkräfte der menschlichen Lebensführung zum Ausdruck bringt. Die Originalität von Burckhardts Begriff der Kultur besteht gerade darin, daß er den Gegensatz von geistiger Selbstbestimmung und materiellem Zwang nicht etwa leugnet – dies wäre schlechter Spiritualismus –, sondern als eine Herausforderung der Kultur

kennzeichnet, bei der es um die Freiheit des Menschen geht. Geschichte ist für Burckhardt grundsätzlich durch ein Vermittlungsverhältnis zwischen Ideen und Interessen gekennzeichnet, das sich innerhalb der Kultur als der Einheit beider austrägt: »Dies ist eine scheinbare Vermengung, indem die einen dieser Dinge ihren Ursprung im materiellen, die anderen im geistigen Bedürfnis haben. Allein der Zusammenhang ist in der Tat ein sehr enger und die Dinge nicht zu sondern. Bei allem mit selbständigem Eifer, nicht rein knechtisch betriebenen materiellen Tun, entbindet sich ein, wenn auch oft nur geringer, geistiger Überschuß. Dasselbe Vermögen funktioniert also rasch nacheinander in zweierlei Dienst.« (GA VII, S. 44).

7 Ebd., S. 6.

8 Ebd., S. 45.

9 Ebd., S. 20.

10 GA XI, S. 181 f.

11 GA VII, S. 470.

12 An diesem Punkt läßt sich begründen, warum Burckhardts Anthropologie der Kultur gegenüber einer an den materiellen Bedingungsfaktoren des menschlichen Lebens ansetzenden Geschichtskonzeption noch eine Ebene fundamentaler ansetzt. Marx und Engels haben bekanntlich in der »Deutschen Ideologie« die anthropologischen Fundamente des Historischen Materialismus entwickelt, indem sie auf den unbedingten Primat der materiellen Produktions- und Reproduktionsfaktoren der menschlichen Lebensführung hinwiesen: »Wir müssen ... damit anfangen, daß die Menschen imstande sein müssen zu leben, um ›Geschichte machen‹ zu können. Zum Leben aber gehört vor allem Essen und Trinken, Wohnung, Kleidung und noch einiges andere. Die erste geschichtliche Tat ist also die Erzeugung der Mittel zur Befriedigung dieser Bedürfnisse, die Produktion des materiellen Lebens selbst, und zwar ist dies eine geschichtliche Tat, eine Grundbedingung aller Geschichte.« (*Marx u. Engels*, Werke III, S. 28). Mit Burckhardt ließe sich dagegen einwenden, daß immer dann, wenn anthropologische Grundbedürfnisse des Menschen so befriedigt werden, daß ihnen eine geschichtliche Signatur und innere Überschußqualität zu eigen wird und das heißt: wenn sie ihren repetetiven Naturalismus zugunsten einer gerichteten und sich steigernden Entwicklung von Produktivkräften ablegen, notwendigerweise ein anthropologischer Primat der Kultur gegeben sein muß. Der Erzeugung der Mittel zur Befriedigung von Bedürfnissen geht – im Sinn einer ersten »geschichtlichen« Tat – das kulturelle Bedürfnis noch voraus, diesen Prozeß der materiellen Bedürfnisbefriedigung zu dynamisieren und auf immer höherem Niveau zu vollziehen.

13 GA VII, S. 43. Dieser gesellschaftsgeschichtliche Aspekt von Burckhardts Kulturgeschichte ist bereits erwähnt worden von *Dürr*, Freiheit und Macht bei Jacob Burckhardt, S. 181.

14 Rüsen bringt dieses Kulturverhältnis des Menschen zur gesellschaftlichen Wirklichkeit auf die treffende Formel: »Für Burckhardt ist Kultur nichts anderes als eine Veränderung von Gesellschaft durch deren Selbstreflexion.« (*Rüsen*, Die Uhr, der die Stunde schlägt, S. 202). Die antireduktionistische Stoßrichtung dieser Konzeption von Kultur betont *Schnädelbach*, Geschichtsphilosophie nach Hegel, S. 67: »Die Aktualität der Potenzlehre Burckhardts scheint mir darin zu bestehen, daß sie diesseits des idealistischen und materialistischen Reduktionismus des Geschichtlichen auf *eine* Basis operiert und eine Fülle historischer Einzeleinsichten als Einwände gegen monokausale Erklärungen in der Geschichtswissenschaft mobilisiert.«

15 GA VII, S. 28.

16 Diese strukturelle Priorität naturhafter Bestimmungsfaktoren der menschlichen Lebensführung erläutert Burckhardt im Bezug auf den Staat etwa als die Ursprünglichkeit des Bösen: »Die Gewalt ist wohl immer das Prius. Um ihren Ursprung sind wir nie verlegen, weil sie durch die Ungleichheit der menschlichen Anlagen von selbst entsteht. Oft mag der Staat nichts weiter gewesen sein als ihre Systematisierung.« (Ebd., S. 22).

17 Ebd., S. 432. Auch in der »Griechischen Kulturgeschichte« taucht diese Vorstellung einer strukturellen Divergenz zwischen Freiheit bzw. Kultur auf der einen Seite und Glück bzw. Sinn auf der anderen auf: »Und ferner müßte man, wenn man mit einer solchen Bevorzugung der wissenschaftlichen, respektive materiellen Kultur vor der Kunst recht behalten wollte, allermindestens beweisen, daß diese Kultur die Völker nicht bloß vorwärts bringe, sondern glücklich mache. Aber von aller Aussicht, diesen Beweis führen zu können, ist man weit entfernt.« (GA X, S. 3).

18 GA VII, S. 293.

19 Briefe V, S. 97.

20 Briefe IV, S. 129.

21 GA VII, S. 42 f.

22 Burckhardts Kulturkategorie trifft sich hier mit Max Webers Begriff der Rationalität. Die Herrschaft der Kultur bedeutet wie die Herrschaft des Rationalismus, »daß es ... prinzipiell keine geheimnisvollen unberechenbaren Mächte gebe, ... , daß man vielmehr alle Dinge – im Prinzip – durch *Berechnung beherrschen* könne. Das aber bedeutet: die Entzauberung der Welt.« (*Weber*, Wissenschaftslehre, S. 594).

23 GA VII, S. 202. Burckhardt erwähnt diese Herrschaft geistloser Objektivität und unvermittelter Triebhaftigkeit auch im Hinblick auf den Naturzustand der europäischen Kultur, die mythische Vorzeit der Griechen, als Konstituens aller späteren rationalisierenden Kulturentwicklung: »Die Zeit ist eine jugendlich wilde; unversehens greift das Schwert zum Mann und reißt ihn nach sich« (GA VIII, S. 277 f.).

24 GA VII, S. 27.

25 Ebd., S. 117 f.

26 An dieser Stelle unterscheidet sich der hier unterstellte Kulturbegriff Burckhardts von den in der Forschung herausgearbeiteten. Die eindeutig pathogenen Symptome der Gegenwart interpretiert Burckhardt weniger als eine »Negation der Kultur« (*Rüsen*, Jacob Burckhardt, S. 7) und auch nicht als das »Ende des Sozialen« (*Flaig*, Angeschaute Geschichte, S. 125), sondern eher als Folgen ihrer totalgewordenen Herrschaft, die dann selbstdestruktive Effekte zeitigt. Der kulturelle Zerfall der Moderne resultiert für Burckhardt nicht aus einem Zuwenig an Kultur, sondern aus einer inneren Selbstzerstörungsdynamik der Kultur selber. Insofern handelt es sich bei ihr um eine Potenz, ›die‹ und ›der‹ zugleich »die Stunde schlägt«. Denn ihr Verlust ist ein Selbstverlust: Sie schafft sich in ihrem geschichtlichen Aufstieg zur dominierenden Ordnungsmacht der menschlichen Lebensführung selber ab.

27 GA VII, S. 422. Direkt zu Burckhardts Vorstellung einer Dominanz der modernen Kultur über den Staat siehe auch dort S. 91 und 147: »Für den besonderen Charakter der Krisen unserer Zeit weisen wir besonders auf unsere frühere Erörterung ... zurück, wo wir nachzuweisen suchten, wie die Kultur heute dem Staat das Programm schreibt.«

28 In seiner »Griechischen Kulturgeschichte« hat Burckhardt diesen Vorgang am Beispiel der Spätphase der griechischen Kulturentwicklung historisch durchgespielt. Hier sieht er den glanzvollen Aufstieg der griechischen Kultur einhergehen mit einem Intellektualisierungsprozeß der menschlichen Lebensführung, für den die Herrschaft der »Theorie« unmittelbar kennzeichnend ist: »In dieser Zeit schleicht überall den Dingen die Theorie bald nach.« In dieser Theoretisierung der Kultur sieht er zugleich die eigentlichen Grundlagen und Ursprünge des menschlichen Lebens in ihrem Kern bedroht: Die Kultur vernichtet die geistigen Kontexte und anthropologischen Ursprünge, aus denen sie selbst erwächst, indem sie sich reflexiv und »theoretisch« zu ihnen verhält (GA XI, S. 387 ff.).
In Burckhardts historischer Anthropologie gibt es einen unübersehbaren antikulturellen Affekt. Seine These vom Verfall des schöpferischen Menschen im geschichtlichen Aufstieg einer sekundären Reflexions- und Rationalitätskultur durchzieht etwa die »Griechische Kulturgeschichte« insgesamt wie ein roter Faden. Besonders deutlich wird diese Vorstellung etwa an folgender Stelle: »Wie aber statt des gestorbenen Staates eine Politik als Wissenschaft ersteht, so erhält man mit der Abwendung von der Praxis der Poesie in der damaligen Zeit doch wenigstens die Theorie: Aristoteles schafft seine Poetik.« (Ebd., S. 383).

29 GA VII, S. 98.

30 In seiner »Griechischen Kulturgeschichte« erwähnt Burckhardt das prinzipielle Unvermögen des Rationalismus, sich einer derartigen fundamentalen und spekulativen Sinndimension der menschlichen Lebensführung, in der »Sinn« als eine vorgängige Einheit von Subjektivität und Objektivität beschlossen liegt, reflexiv zu vergewissern. Die Deutungskunst des rationalen Verstehens endet vor der unmittelbaren Evidenz des Mythus im Sinne einer rational nicht hintergehbaren Grundlage des Daseins, unter deren geistiger Autorität das menschliche Leben geführt wird: »Es ist schon etwas gewonnen, wenn wir uns Rechenschaft geben über die natürlichen Schranken,

welche unserer Mythendeutung gezogen sind. Daß wir es nicht mit einem herrenlosen Hin- und Herwogen zufälliger Phantasien zu tun haben, daß der alte Mythus etwas *sagen* will, hat von jeher eingeleuchtet; unsere Unfähigkeit beginnt an dem Punkte, da wir uns das gleichzeitige Entstehen und Zusammenleben von Sache und Bild, das uralte Ineinander von beiden vorstellen sollen. Alle unsere Ausdrücke wie: Sinn, Bedeutung usw. versagen dabei den Dienst wie abgenützte Werkzeuge. Und je präziser wir verfahren wollen, desto gewisser gehen wir in die Irre.« (GA IX, S. 59).

31 GA VII, S. 135. In damit identischer Weise hat Weber den Typ des rationalen Handelns definiert: »Streng rationales Handeln ... wäre glatte und restlose ›Anpassung‹ an die gegebene ›Situation‹. ... Die Geschichte wäre in der Tat nichts weiter als eine Pragmatik der ›Anpassung‹.« (*Weber*, Wissenschaftslehre, S. 227).

An dieser Stelle bietet sich – der weiteren Argumentation vorgreifend – die Gelegenheit, auf eine trotz der scheinbaren Identität der Positionen Burckhardts und Webers prinzipielle Differenz zwischen ihren Begriffen der Kultur hinzuweisen: Während Burckhardt eine rationale Anpassung der menschlichen Lebensführung an die Erfolgsbedingungen der Wirklichkeit als eine zwangsläufige Folge der Kultur identifiziert, stellt die Kultur für Weber einen Komplex wertrationaler Stellungnahmen des Menschen dar, der zu den erfolgs- und zweckrationalen Prinzipien der Lebensführung in diametralem Gegensatz steht. Während die Kultur für Burckhardt selber die Triebkraft gesellschaftlicher Rationalisierungsprozesse darstellt, ist sie für Weber deren Korrektiv.

32 Als eine untrügliche gesellschaftliche Manifestation dieser Herrschaft der Kultur im Sinne zweckrationalen, am Erfolgspragma orientierten Handelns hat Burckhardt den Aufstieg des »Erwerbssinns« zur »Hauptkraft der jetzigen Kultur« verstanden (GA VII, S. 103). Burckhardts Überzeugung von einer Zersetzung der Kultur durch die zweckrationalen Konsequenzen ihrer selbst wird auch in seiner Interpretation der späten griechischen Kulturentwicklung deutlich, die er im Kontrast zu ihrer blühenden Frühzeit durch die Dominanz weltimmanenter Orientierungen geprägt sieht: »Die großen, starren alten Motive sind ersetzt durch Moral oder wenigstens durch zweckmäßiges, auch selbstsüchtiges Handeln.« (GA IX, S. 61).

33 GA VII, S. 77. Hier existiert eine weitere Differenz gegenüber Flaig, der Burckhardts Begriff der Kultur interpretiert, als stelle diese den weltgeschichtlichen Gegenspieler triebstrukturell determinierter materieller Interessen dar. Flaig versteht Kultur als einen Ort reiner Geistigkeit. Er unterstellt, daß für Burckhardt »der Mensch ›eigentlich‹ eine Triebstruktur besitzt, die seine Handlungszwecke auf Naturhaftigkeit fixieren würde, wenn er sich nicht durch eine kulturisierende Anstrengung darüber erhöbe. Ohne diese kulturell vermittelte Mühe sänke er wiederum auf ein Niveau zurück, wo seine Zwecke naturhaft gebunden, d.h. seine Wünsche materieller Art sind.« (*Flaig*, Angeschaute Geschichte, S. 127). Eine solche Interpretation wird jedoch Burckhardts Begriff der Kultur nicht gerecht, denn diese ist – wie gesehen – beides zugleich: die geschichtliche Arbeit des menschlichen Geistes und eine Materialisierung der menschlichen Bedürfnisnatur. Diese kulturinterne Dialektik von Idealität und Materialität der menschlichen Natur, deren Spannung und Widersprüche die Kultur in sich selber austrägt, setzt für Burckhardt überhaupt erst den Prozeß der Geschichte in Gang. Flaigs Urteil über Burckhardts Anthropologie, sie sei »total falsch« (ebd., S. 130), scheint daher revisionsbedürftig zu sein.

34 GA XIII, S. 26.

35 GA VII, S. 168. Siehe zur Bedeutung der Kunst bei Burckhardt auch *Ritzenhofen*, Kontinuität und Krise; zur Frage nach der »Bedeutung der Kunst für Burckhardts Ontologie der Geschichte« siehe auch *Hardtwig*, Geschichtsschreibung zwischen Alteuropa und moderner Welt, S. 244 ff.

36 GA XIII, S. 25.

37 GA IX, S. 357.

38 GA VII, S. 52.

39 Ebd., S. 45 f. Bereits der junge Burckhardt sah die eigentliche Kulturbedeutung der Kunst in der Übergeschichtlichkeit und damit zugleich in der Unzeitgemäßheit ihrer ästhetischen Selbstrealisation begründet. Es handelt sich bei der Kunst um kulturelle Symbole desjenigen Menschlichen, das dem Wandel und dem Lärm der Zeiten enthoben ist, politischen und sozialen Verfall überdauert und gerade in dieser Distanz zu allem Zeitlichen einen Hort des Glücks und der Versöhnung mit einer entzweiten Welt gewährt. In seinen frühen »Bildern aus Italien« repräsentiert

etwa der Dom von Mailand eine derartige Fluchtburg des Schönen und faszinierend Beständigen vor der Zudringlichkeit alles Zeitlichen, »da schwebt man über der brausenden Stadt und unterhält sich über die Hinfälligkeit der menschlichen Dinge und die Schönheit Italiens.« (GA I, S. 8).

40 GA VII, S. 80.

41 GA XIV, S. 165. Die der Kunst von Burckhardt zugesprochene »Ageschichtlichkeit« betont Ritzenhofen. Er sieht darin einen Versuch Burckhardts, im Rekurs auf die zeitlose Normativität und Wahrheit der klassischen Kunst den Fallstricken des späthistoristischen Werterelativismus zu entkommen. (*Ritzenhofen*, Kontinuität und Krise, S. 55 ff.).

42 GA X, S.10.

43 GA VII, S. 60.

44 Ebd., S. 53.

45 Ebd., S. 77. Die Bedeutung der Kunst liegt dann darin, daß in ihren ästhetischen Erinnerungsleistungen das Wissen um diese religiöse Ausgangskonstellation des geschichtlichen Wandels überlebt: »Ferner lernen wir die Künstler und Dichter von jeher in feierlichen und großen Beziehungen zu Religion und Kultur kennen; das mächtigste Wollen und Empfinden der vergangenen Zeiten redet durch sie, hat sie zu seinen Dolmetschern erkoren.«(GA VII, S. 167).

46 Ebd., S. 60. Zum Verhältnis zwischen Kunst und Religion siehe auch *Ritzenhofen*, Kontinuität und Krise, S. 48 ff.

47 GA X, S. 68.

48 Ebd., S. 58.

49 GA VII, S. 119 f.

50 GA XIV, S. 273.

51 GA XIII, S. 27.

52 GA XIV, S. 275.

53 GA XI, S. 55.

54 GA X, S. 284 ff.

55 GA IX, S.32. Zu dieser Identität von Glück und einem Leben aus der Kraft des Mythus bei Burckhardt siehe auch GA XIV, S. 166: »Homer wußte noch eine Welt relativen Glückes zu schildern. Vergangene Zeiten waren auch zu etwas gut.«

56 »Wir müßten überhaupt suchen, den Ausdruck ›Glück‹ aus dem Völkerleben loszuwerden und durch einen anderen zu ersetzen, während wir ... den Ausdruck ›Unglück‹ beizubehalten haben.« Dieser Satz findet sich in dem bezeichnenden Kapitel »Über Glück und Unglück in der Weltgeschichte« in den »Weltgeschichtlichen Betrachtungen«, GA VII, S. 199.

57 Diese Bedeutung der Kunst als einem zeitüberdauernden Monument menschlichen Leidens betont Burckhardt in der »Griechischen Kulturgeschichte«: »Vor allem aber war Delphi ... das große monumentale Museum des Hasses von Griechen gegen Griechen, mit höchster künstlerischer Verewigung des gegenseitig angetanen Herzeleids. Und dies Museum war noch fast vollständig, während das Land selbst voller Ruinen und Einöden lag, an welchen nicht Mazedonier und Römer, sondern die Griechen selbst die Schuld trugen.« (GA VIII, S. 293).

58 GA VII, S. 170.

59 Briefe III, S. 222. Die Entstehungsgeschichte seiner »Kultur der Renaissance in Italien« ist dafür symptomatisch. Deren Genese wird ausführlich geschildert durch *Kaegi*, Jacob Burckhardt. Eine Biographie III, S. 687 ff.; siehe auch *Ganz*, Jacob Burckhardts »Kultur der Renaissance in Italien«. Ganz stellt die in diesem Zusammenhang relevanten Fragen: »Ist Burckhardts Kulturgeschichte wirklich nur der Torso einer umfassenderen Monographie, in der Kultur und Kunst nebeneinander behandelt werden sollten? Oder ist die Trennung der beiden das Ergebnis methodologischer Überlegungen? Steht dahinter eine persönliche Krise, oder hat Burckhardt hier eine bewußte Entscheidung getroffen und die verschiedenen Disziplinen klar voneinander getrennt?« (Ebd., S. 193). Ganz datiert nach Auswertung der Burckhardt-Briefe dessen Entscheidung, die Kunst- und Kulturgeschichte der Renaissance zu trennen, auf den Sommer 1858 (S. 195) und veranschlagt sie als die Einsicht, daß die Kunst zwar durch Kultur mitbedingt sei, sich aber gleichwohl nach einer eigenen und autonomen Gesetzlichkeit entfalte (S. 197 u. 202). Burckhardts ursprüngliche Absicht war es gewesen, am Beispiel der Renaissance die Einheit von Kultur- und Kunstgeschichte zu bestätigen: »Die Renaissance sollte dargestellt werden in

soweit sie Mutter und Heimat des modernen Menschen geworden ist, im Denken und Empfinden sowohl als im Formenbilden. Es erschien als möglich, diese beiden großen Richtungen in einer würdigen Parallele zu behandeln, Kunst- und Kulturgeschichte zu verschmelzen.« (Briefe IV, S. 23). Diese Absicht erwies sich jedoch letztlich als undurchführbar, was darin zum Ausdruck kommt, daß Burckhardt sich gezwungen sah, die Kunstgeschichte der Renaissance in Italien separat zu behandeln (GA VI): Das Glück der Kunst und das Unglück der Kultur waren nicht mehr miteinander zur Einheit eines identischen Lebenszusammenhangs zu versöhnen. Die ganze Tragik des modernen Menschen, so wie Burckhardt sie herausgearbeitet hat, wird darin deutlich: Die Versöhnung des Menschen mit Welt und Leben ist nicht mehr im zeitlichen Zusammenhang der kulturell geprägten Gegenwart, sondern allein noch in Abspaltung von ihr denkbar. Die Rationalität der modernen, am Freiheitsprinzip orientierten Kultur und die Erlösungsfähigkeit eines am Sinnprinzip orientierten Menschen sind nicht mehr zusammenzubringen; Freiheit und Sinn klaffen unversöhnbar auseinander.

60 GA VII, S. 52 ff.

61 Burckhardt begreift die Kunst als eine Selbstüberwindung der Kultur, die die Fesseln ihrer Weltimmanenz transzendiert. Dies impliziert eine Akzentverlagerung gegenüber Rüsen, der die Kunst eher als »höchste Manifestation« denn als immanentes Widerlager der Kultur interpretiert (*Rüsen*, Jacob Burckhardt, S. 22). Der geschichtliche Rationalisierungsprozeß der Kultur bedarf jedoch – so ließe sich aus der hier eingenommenen Perspektive sagen – der erneuernden Kraft der Kunst als Korrektiv, um sich der drohenden Erschöpfung seiner kulturellen Energien entziehen zu können. Kultur und Kunst befinden sich dann in größerer Distanz zueinander. Siehe zur lebensweltlichen Innovationsfunktion der Kunst bei Burckhardt jedoch auch *Rüsen*, Jacob Burckhardt, S. 14: »Kultur als lebensweltliche Realität des menschlichen Geistes stellt sich rein und ungebrochen durch überlebte Lebensformen als Kunst dar.«

62 Briefe IX, S. 23. Allerdings wird die Existenz dieser »andern« Quelle oder Potenz der menschlichen Lebensführung in Burckhardts historischer Anthropologie allein vorausgesetzt, aber weder geschichtstheoretisch begründet noch kulturgeschichtlich entfaltet. Dieser Mangel seines theoretischen Interpretationsrahmens hat schwerwiegende Konsequenzen, da das normative Vernunft- und Wahrheitskriterium, das der Zeit- und Kulturkritik Burckhardts implizit zugrundeliegt, dunkel bleibt. Die »andere«, versöhnende Vernunft des menschlichen Lebens bleibt undeutlich und ist einzig im ästhetischen Raunen der Kunst dunkel vernehmbar; Irrationalität droht somit zur Voraussetzung ihrer Realisierung zu werden. Indem dieser anderen und wahrhaft vernünftigen Vernunft der Kunst keine explizierbare Bedeutung und kein eigenständiges Gewicht im Konzert der anthropologischen Triebkräfte des geschichtlichen Wandels zugesprochen wird, lebt sie geradezu durch ihre mythische Unbestimmtheit. Ihre Vernunft besteht darin, daß sie sich ihrer »vernünftigen« Explikation und Zurechnung gegenüber sperrt; sie ist und bleibt ein (auch durch Burckhardts Geschichtstheorie ungelüftetes) Geheimnis und behält gerade darin ihren Wahrheitswert und Versöhnungsanspruch gegenüber dem Entzweiungscharakter kultureller Freiheitsprozesse.

63 Das ist von Flaig in seiner ganzen Aporetik deutlich erkannt und als das eigentliche Motiv von Burckhardts Programm einer Ästhetisierung des historischen Denkens herausgearbeitet worden: »So gewinnt der hochwichtige Begriff des Trostes, auf den Nullpunkt providentieller Sinnhaltigkeit gesetzt, einen radikal neuen Gehalt; er ist bis zum Bersten selbstbezüglich aufgeladen und suggeriert einen ganz andersartigen Sinn: daß nämlich im Bild des Leides – d.h. in der Ästhetisierung des Leides – das Leid aufgewogen wird. Aufgewogen, keineswegs gerechtfertigt. Das ist Ästhetisierung der Geschichte.« (*Flaig*, Ästhetischer Historismus?, S. 94).

64 Briefe I, S. 91.

65 Briefe II, S. 61. Hinter dieser lapidaren Feststellung Burckhardts verbirgt sich ein mentalitätsprägender Bruch mit den geschichtstheoretischen Grundlagen des historischen Denkens, dessen ungeheure Tragweite erst deutlich wird, wenn man sich die enorme geschichtsphilosophische Bedeutung klarmacht, die das Christentum mit seinem Verweis auf das innergeschichtliche Offenbarungsereignis einer versöhnenden Erlösung des Menschen für den Historismus ursprünglich besessen hatte. Am Beispiel Droysens und Hegels ist diese Bedeutung christlicher Denktraditionen herausgearbeitet worden von *Rüsen*, Begriffene Geschichte, S. 133 ff.

66 Siehe hierzu etwa die folgende Briefstelle: »Ich darf einstweilen den Trümmern meiner bisherigen Überzeugungen gar nicht ins Auge sehen.« (Briefe I, S. 85).

67 Ebd., S. 97.

68 Briefe V, S. 77.

69 GA VIII, S. 11.

70 Ebd., S. 10. Diese Vorstellung von der griechischen Kultur als weltgeschichtlichem Ursprung der menschlichen Freiheit findet sich in identischer Form bei Droysen. Siehe dazu *Rüsen*, Begriffene Geschichte, S. 128 ff.

71 GA VII, S. 97.

72 GA VIII, S. 2.

73 Ebd., S. 4.

74 Im Jahre 1864 beginnt Burckhardt mit ersten Überlegungen zur Griechischen Kulturgeschichte: »Ich bin doch einigermaßen infiziert von jener Idee, welche einst beim Bier in der Wirtschaft gegenüber vom badischen Bahnhof zur Sprache kam: einmal auf meine curiose und wildgewachsene Manier das Hellenentum zu durchstreifen und zu sehen was da herauskommt, freilich gewiß nicht für ein Buch, sondern nur für einen akademischen Kurs ›vom Geist der Griechen‹.« (Briefe IV, S. 155). Sie ist, wie ihr Herausgeber Stähelin bemerkt hat, die empirische Probe auf das theoretische Exempel der zwischen 1868 und 1873 gehaltenen Vorlesungen »Über das Studium der Geschichte« (GA VIII, S. XVII).

75 Ebd., S. 5.

76 Diesen engen Zusammenhang zwischen Mythus und Sinn betonen auch *Flaig*, Angeschaute Geschichte, S. 53 ff., 276 (dort auch die bisher gründlichste Interpretation von Burckhardts Verständnis des griechischen Mythus, S. 219-235), und *Löwith*, Jacob Burckhardt, S. 265 ff.

77 GA VIII, S. 17.

78 Ebd., S. 30.

79 Denn »der Mythus ... war der große allgemeine Lebensgrund der Nation, und an ihm keinen Teil zu haben galt, wie es scheint, als ein Unglück.« (GA VIII, S. 27).

80 In dieser Funktion übertrifft für Burckhardt der Mythus die Kulturbedeutung der griechischen Religion, d.h. der kultischen Praxis der Götterverehrung: »Die griechische Religion konnte ihrer inneren Natur nach unmöglich das eigentliche Band der Nation sein; in ihrer Hauptstärke, nämlich als Religion der einzelnen Polis, ihrer Tempel und Gräber, steigerte sie eher das Vermögen des Hasses gegen andere Städte; ihre Götter sind im Streit unter sich und spiegeln das hadernde hellenische Menschenleben wider; ... Viel eher als die Religion verknüpfte der Heldenmythus durch sein großes Organ, die epische Poesie, das ganze Volk, indem er den Charakter eines gemeinsamen Besitzes hatte. Wie viele Blüten von allen Seiten her zusammengeweht sein mochten, bis dieser Wunderwald von Sagen erwuchs, kam nicht in Betracht, sobald sich der epische Mythus zum großen Abbild der Nation und ihres gesamten Fühlens, Sinnens und Strebens gestaltete.« (Ebd., S. 295 f.).

81 GA IX, S. 20.

82 Ebd., S. 31.

83 Ebd., S. 29.

84 Diese ästhetische Qualität des Mythus betont Flaig: »Errungen ist die ästhetische Glättung: In der Anthropomorphisierung wird der Naturzwang seiner grundsätzlichen Fremdheit beraubt. In der bildnerischen Erschaffung von Kommensurabilität wird das Grauen vor übermächtiger Naturkraft abgemildert zum Schauder vor dem Übermenschlichen, das jedoch menschliche Gestalt besitzt; daher verträgt sich dieser Schauder mit der Bewunderung der schönen Gestalt. In dieser Glättung begegnen sich die Angst des Volkes und der Kunstwille des Sängers.« (*Flaig*, Angeschaute Geschichte, S. 233).

85 GA X, S. 351.

86 Ebd., S. 59. Aus der Einheit des Mythus entstand für Burckhardt erst die integrative Kraft der griechischen Kultur, die über die politische Realität wechselseitiger Vernichtung das Bewußtsein einer Zugehörigkeit zu einer höheren, letzlich durch »Bildung« gekennzeichneten Einheit breitete: »War nun schon mit der Einheit des Mythus ein hoher Grad von Einheit der Bildung gegeben, so verstärkte sich dieselbe allmählich durch eine ganze Kultur, welche den

Griechen als solche kenntlich machte, durch eine Fülle gemeinsamer Lebensformen aller Art, ohne welche zu existieren für ein Unglück gegolten haben muß, und welche den Griechen trotz allem Haß immer wieder mit dem Griechen zusammenführten.« (GA VIII, S. 297). Die geistige Macht, welche die Geschichte Europas trotz aller politischen und sozialen Dissoziation letztlich zu einer einzigen Kulturkontinuität zusammenschweißte, wurzelte für Burckhardt letztlich in der unter dem Symbol der Freiheit stehenden, sozial vergemeinschaftenden Kraft des griechischen Ursprungsmythus und bezog von hier aus ihre geschichtliche Macht.

87 GA VIII, S. 39. Burckhardt konzipiert das Verhältnis zwischen Mythus und Geschichte als das einer wechselseitigen Negation: »Es hat also eine Nation gegeben, welche ihren Mythus als ideale Grundlage ihres ganzen Daseins mit höchster Anstrengung verteidigt und um jeden Preis mit den sachlichen Verhältnissen in Verbindung gesetzt hat. Nicht nur die Geschichte hatte es schwer, dagegen aufzukommen, dieselbe Nation hat auch kein historisches Drama auf ihrer Szene dulden mögen und das historische Epos, d.h. die epische Behandlung einer relativ nahen Vergangenheit nur wenig gepflegt.« (Ebd., S. 369). Das Aufkommen eines Geschichtsbewußtseins wird somit zum Indiz eines kulturellen Alterungs- und Verfallsprozesses, zum Akt einer melancholischen Erinnerung an die vergangenen, sinnschöpferischen Leistungen der eigenen vorgeschichtlichen und daher mythischen Jugend.

88 GA X, S. 91.

89 GA XI, S. 55.

90 Am Beispiel von Droysens Hellenismus-Studien arbeitet Rüsen denselben Befund heraus: »In der entzweiten Welt als Bedingung der Freiheit erfuhr der Mensch das Resultat seines Geschichtlichwerdens an sich selbst: ... Die Endlichkeit ist der Schatten der geschichtlich gewordenen Freiheit.« (*Rüsen*, Begriffene Geschichte, S. 45).

91 GA IX, S. 20 f.

92 *Rüsen*, Begriffene Geschichte, S. 28 ff.

93 Ebd., S. 46 f.

94 Ausführlich hierzu: *Flaig*, Ästhetischer Historismus?

95 GA X, S. 13.

96 GA VII, S. 186: »Und doch entwickeln sich die wichtigsten materiellen und geistigen Besitztümer der Nationen nur an einem durch Macht gesicherten Dasein.«

97 GA VIII, S. 95.

98 Ebd., S. 277.

99 GA XI, S. 217.

100 GA VIII, S. 275 f.

101 GA IX, S. 356. Zu der Frage, inwieweit an ihrem griechischen Ursprungsort Haß und Vernichtungswille zur elementaren Triebkraft der Kulturentwicklung wurden, siehe GA VIII, S. 275 ff.: »Die Ausschließlichkeit, der Widerwille gegen alle anderen Poleis, besonders die benachbarten, ist hier nicht nur ein vorherrschendes Gefühl, sondern beinahe ein Teil der Bürgertugend.« (S. 279).

102 GA VIII, S. 287 f.

103 Ebd., S. 283.

104 Ebd., S. 218.

105 Dieser von der griechischen Kultur erstmals hergestellte Zusammenhang von Freiheit und Leiden machte sie für Burckhardt auch im Angesicht seiner Gegenwart in besonderer Weise rezipierbar: »Gerade weil die griechische Kultur an das ›bitterste, empfundenste Leid‹ derjenigen geknüpft ist, die die Zwänge ihrer natürlichen Lebensverhältnisse in die freie Geistigkeit mythischer und poetischer Weltanschauung transzendieren, vermag sie in einer Zeit gesteigerten Leidensbewußtseins zur Geltung gebracht zu werden.« (*Rüsen*, Jacob Burckhardt, S. 18).

106 GA VIII, S. 276.

107 GA XI, S. 154; siehe auch GA X, S. 351, wo Burckhardt die Philosophie zum Paradigma dieser freien Kulturmenschen erhebt, durch die das Böse des Politischen im Rekurs auf die Geistnatur des Menschen kulturell gebrochen wird: »Das Entscheidende und Merkwürdige ... ist die Erhebung einer freien, unabhängigen Menschenklasse mitten in der despotischen Polis. Die Philosophen werden nicht deren Angestellte und Beamte; sie entziehen sich ihr ... gerne durch

Armut und Entbehrung, und gegenüber von Polis und Geschäft und Gerede rettet die freie Persönlichkeit die Kraft und Möglichkeit zur Kontemplation.«

108 GA XI, S. 136.

109 Ebd., S. 62. Zur weltgeschichtlichen Bedeutung des Agonalen an der Wiege der europäischen Kultur siehe *Flaig*, Angeschaute Geschichte, S. 42 ff.

110 GA VIII, S. 303.

111 »Und nun das Agonale. Während die Polis einerseits das Individuum mit Gewalt emportreibt und entwickelt, kommt es als eine zweite Triebkraft, die kein anderes Volk kennt, ebenso mächtig hinzu, und der Agon ist das allgemeine Gärungselement, welches jegliches Wollen und Können, sobald die nötige Freiheit da ist, in Fermentation bringt. In dieser Beziehung stehen die Griechen einzig da.« (GA XI, S. 87).

112 Ebd., S. 183. Burckhardt entnimmt das »Motto für das ganze spätere Griechentum« der Ilias, es lautet: »Immer der Erste zu sein und vorzustreben den Andern.« (Ebd., S. 32). Was für Burckhardt den Kulturmenschen zu der ihm eigenen Geschichtlichkeit qualifiziert, ist die darin angelegte agonale Struktur seines Gesamtdaseins.

Auch Flaig betont den historiographischen Innovationswert dieses Theorems: »Burckhardts Erörterung des Agonalen repräsentiert einen neuartigen Explikationstypus, ein anthropologisch rückversichertes Schema rivalitärer Interaktion zur Ausdeutung kultureller Prozesse.« (*Flaig*, Angeschaute Geschichte, S. 47).

113 GA VIII, S. 260. Daß diese Interpretation der griechischen Kulturentwicklung als Kulturverfall eindeutig rekonstruierbare Gegenwartsbezüge enthält, ist überzeugend von Flaig herausgearbeitet worden: »Burckhardt inszeniert die Selbstzerstörung der hellenischen Poleis paradigmatisch. Der Warnwert dieses modellhaften Prozesses ist auf die Gegenwart berechnet; das Ende des Sozialen wird vorgeführt.« (*Flaig*, Angeschaute Geschichte, S. 125; siehe zu seiner Interpretation von Burckhardts griechischem Demokratiemodell S. 98 ff., 125 ff.).

Auch Rüsen akzentuiert die lebenspraktische Orientierungsfunktion der »Griechischen Kulturgeschichte« für die eigene Gegenwart als die Chance, Kulturprozesse in ihrer paradigmatischen Qualität verständlich zu machen und damit zugleich die Bedingung ihrer Fortsetzung einzulösen: »Soll nun das Ende der Neuzeit ... nicht das Verenden europäischer Kultur in der Barbarei bedeuten, die Burckhardt im Traditionsverlust der Industriegesellschaft sieht, dann bedarf es einer erneuten Reproduktion ihres Anfangs aus der Barbarei. Und soll die historische Erinnerung des Anfangs nicht eine ohnmächtige Flucht vor dem Ende sein, dann muß sie die geschichtliche Qualität des Erinnerten als seine lebensweltliche Gegenwart darlegen können, d.h. sie muß am Erinnerten und zugleich durch den Modus der Erinnerung Geschichte generell als einen die Gegenwart umgreifenden Kulturwandel begreiflich machen, in dem das Ende einer Kulturepoche Anfang einer neuen ist und im Wandel identischer Geist als Konstituens von Kultur sich durchhält und dauert. Beides versucht die ›Griechische Kulturgeschichte‹ zu leisten.« (*Rüsen*, Jacob Burckhardt, S. 16).

114 GA XI, S. 209.

115 Ebd., S. 272. Am deutlichsten pflegte Burckhardt in seinen Briefen zu politischen Fragen Stellung zu nehmen, so auch zu den Folgen der griechischen Demokratie: »Ich werde mit dem Alter immer ›einseitiger‹ in gewissen Überzeugungen, unter anderen darin, daß mit der Demokratie in Griechenland der Tag des Unterganges heraufgestiegen sei; ein paar Jahrzehnte lebte noch die große aufgesparte Kraft fort, genug um die Illusion zu erzeugen als wäre sie das Werk der Demokratie gewesen; hernach hatte es geschellt, und nur die Kunst hat die spätere schauderhafte Weiterentwicklung des griechischen Lebens überdauert; am Schatter der Mißachtung der Künstler ist sie bei Kräften geblieben.« (Briefe VIII, S. 170).

116 GA XI, S. 403. Der von Burckhardt hier angesprochene Rationalisierungs- und Profanisierungsprozeß der Kultur zeitigt freilich nicht nur politische Folgen, sondern erstreckt sich auch auf den griechischen Mythus in seiner Eigenschaft einer sinnhaften Grundlage der griechischen Lebensführung. In der Zerstörung des Mythus wird kulturelle Rationalisierung zu kollektivem Sinnverlust: »Aber auch der Mythus war erschöpfbar, ... Und dabei war ein Übelstand im Wachsen, der den Untergang herbeiführen mußte: ... Die Psychologie dieses ein für allemal gegebenen Substrats entsprach der profan, geschäftlich, politisch gewordenen Denkweise und dem

sorgenvollern Dasein nicht mehr, und darum war gewiß nicht nur bei den Gebildeten, sondern auch beim Volke eine Abwendung von demselben eingetreten.« (GA X, S. 234).

117 GA XI, S. 201.

118 GA VII, S. 191.

119 *Rüsen*, Jacob Burckhardt, S. 24 ff.

120 GA XI, S. 23 f. Auch hier wird der Gegensatz zu Flaigs Interpretation der Kulturkonzeption deutlich. Flaig meint, die Eskalation materieller Interessen stelle bei Burckhardt den erneuten Durchbruch einer naturhaften Triebstruktur dar, die dann einer erneuten Erlösung durch die Kultur bedürfe: »Am Schluß stehen sich die dekulturisierten Menschen mit ihren nackten materiellen Interessen gegenüber. Das Ende des Sozialen ist infolgedessen gleichbedeutend mit der Regression in den Naturzustand, in welchem alle einander bekriegen, um ihre Selbsterhaltung zu gewährleisten.« (*Flaig*, Angeschaute Geschichte, S. 127). Nach der hier vorgenommenen Interpretation verhält es sich jedoch genau umgekehrt: Die Kultur zerstört sich selbst im Zuge ihres Aufstiegs zur dominanten Lebensführungsmacht und muß dann durch die »rohen« Kräfte der Natur aus dem Zustand ihrer kulturellen Kristallisation – im Gehlenschen Sinne – wiederbelebt werden.

121 GA XI, S. 217 f. Burckhardt zitiert hier eine Stelle aus Platons »Gorgias«.

122 GA XIV, S. 274. Aus ihrer unmittelbareren Naturnähe hat Burckhardt auch die Größe der Rubensschen Kunst abgeleitet: »Was die Natur zu ihm redete, oft gewiß nur leise Worte, das setzte sich in seinem Innern zu eigenen ergreifenden Visionen um, und so schenkte er es der Welt wieder.« (GA XIII, S. 513).

123 GA VII, S. 51.

124 GA XI, S. 277. Nach dem Verfall von Mythus und Polis und dem gleichzeitigen Aufstieg der Kultur hat der griechische Hellenismus für Burckhardt »die neue große Bestimmung gewonnen, ein Bildungselement für die ganze Welt zu sein« (Ebd., S. 517). Droysen hatte diese weltgeschichtliche Qualität des – von ihm auch erstmals so genannten – Hellenismus entdeckt. (*Rüsen*, Begriffene Geschichte, S. 131 f.).

125 GA VIII, S. 51.

126 GA XI, S. 425.

127 GA X, S. 425.

128 GA XI, S. 551.

129 GA X, S. 385: »Das Wissen der Orientalen [hat] innerliche Grenzen, das der Griechen nicht. Diesen war eine allgemeine Teilnahme für alles Geistige erlaubt; indem sie das Wissen und den geistig freien Gebrauch des Wissens vereinigten, forschten sie in einer Zeit weiter, da der Priesterstand in Ägypten und Babylonien vielleicht schon längst stationär war und mit seinen Forschungen abgeschlossen hatte, und so sind schließlich doch sie es gewesen, die den spätern Zeiten die Köpfe aufgetan haben.«

130 GA XI, S. 12.

131 GA X, S. 395. In dieser Eigenschaft ist der griechische Logos auch der wichtigste Entstehungsort jedes historischen Denkens als einer Wissensform, für die Erfahrungen einer universellen Vielfalt des Menschlichen konstitutiv und zum Stachel objektiven Erkenntnisstrebens geworden sind: »Ganz sicher aber haben nun die Griechen ein Auge, womit sie die Welt um sich herum als ein Panorama schauen, und objektiven Geist, und das nicht nur für ihr Volkstum, sondern sie führen die Feder für alle Völker. Sie erst können etwas sehen und sich dafür interessieren, ohne es zu besitzen oder auch nur zu begehren; und da sie in lauter einzelne Poleis und diese wieder in Parteien zerfallen, kennen und schildern sie auch einander. Die unparteiische Beschauung fremder Völker und vergangener Zeiten bildet aber einen ewigen Ruhmestitel für sie; denn seit ihnen und durch sie sind alle Kulturvölker genötigt, von allen Völkern und Zeiten Notiz zu nehmen; dieses Allinteresse verdanken wir nur ihnen; wir können uns nicht denken, wie es gekommen wäre, wenn sie nicht mit ihrer Denkart die Römer angesteckt hätten.« (Ebd., S. 397).

132 GA X, S. 385.

133 GA XI, S. 11 f.

134 Siehe hierzu die bezeichnende Stelle aus einem Brief an Preen vom 3. Oktober 1872: »Auch kann ich jetzt ruhig sterben was ich nicht gekonnt hätte wenn ich nicht wenigstens einmal ›griechische Kulturgeschichte‹ gelesen haben würde.« (Briefe V, S. 174).

135 Siehe hierzu die Einleitung des Herausgebers F. Stähelin in GA II, S. IX ff.

136 GA VII, S. 284.

137 Auch Flaig sieht bereits in Burckhardts »Constantin« dessen Potenzenschema historiographisch realisiert (*Flaig*, Der Begriff der »Alterung«, S. 213).

138 GA II, S. 115 f.: »Suchen wir nun in kurzem die wahre Stärke der christlichen Gemeinde beim Beginn der letzten Verfolgung uns zu vergegenwärtigen, so lag dieselbe also weder in der Zahl, noch in einer durchgängig höhern Moralität der Mitglieder, noch in einer besonders vollkommenen innern Verfassung, sondern in dem festen Glauben an eine selige Unsterblichkeit, welcher vielleicht jeden einzelnen Christen durchdrang. Wir werden zeigen, daß die ganze Bemühung des spätern Heidentumes demselben Ziele zuging, nur auf düstern, labyrinthischen Nebenwegen und ohne jene siegreiche Überzeugung; es konnte auf die Länge die Konkurrenz des Christentums nicht aushalten, weil dieses die ganze Frage so unendlich vereinfachte.«

139 GA II, S. 154.

140 *Löwith*, Jacob Burckhardt, S. 279 ff.

141 GA VII, S. 290. Die große Bedeutung, die Burckhardt der Renaissance in der Abfolge der großen »Kausalitäten« der Weltgeschichte beigemessen hat, betont auch *Löwith*, Jacob Burckhardt, S. 297 ff. Zu Burckhardts Begriff der Kultur in der »Kultur der Renaissance in Italien« siehe *Hardtwig*, Jacob Burckhardt. Trieb und Geist.

142 GA VII, S. 285. Dieses eindeutige Bekenntnis Burckhardts zu der enormen lebenspraktischen Bedeutung einer »historischen« Erinnerung der Renaissance für die eigene Gegenwart macht es problematisch, daß Flaig anläßlich der Frage nach dem Beitrag des historischen Denkens zur kulturellen Identitätsbildung der Gegenwart im Rekurs auf geschichtliche Ursprünge zu dem Schluß kommt: »Entweder ist der Ursprung mythisch oder aktual oder aber er ist beides zugleich; unmöglich kann er jedoch historisch sein. Er ist demgemäß historiographisch auch nicht habhaft zu machen, außer an einer einzigen Stelle, am griechischen Mythos nämlich. Das bedeutet: Burckhardt erledigt die wissenschaftliche Historie als Medium, in welchem die Gegenwart sich des Ursprungs versichern und also ihre Identität sichern könnte.« (*Flaig*, Angeschaute Geschichte, S. 261). Siehe zur funktionalen Bedeutung des Geschichtsbewußtseins für die Gegenwart im einzelnen Kapitel III,3,c.

Burckhardt konzipiert die Frühe Neuzeit als eine Epoche, die ihre spezifisch geschichtliche Qualität aus dem Umstand herzuleiten vermag, daß in ihr die geistigen und materiellen Bedingungen jeder weiteren Fortschrittsbewegung der modernen europäischen Kultur entstanden sind. Sie stellt insofern die eigentlich maßgebliche Weichenstellung innerhalb der europäischen Kulturentwicklung dar, deren Erkenntnis zugleich die Selbsterkenntnis seiner Gegenwart zu strukturieren vermochte: »Das 16. Jahrhundert schafft wesentlich diejenigen großen Positionen in der materiellen und geistigen Welt, welche die folgenden Zeiten beherrscht haben; es ist eine Zeit der gewaltigen Neuerung. Es besitzt den besonderen Vorteil: Wenn irgendwann, so ist es hier möglich, die Geschichte als Geschichte des Geistes zu fassen und den Schutt der äußeren Tatsachen zu bändigen.« (Ebd., S. 287).

143 GA V, S. 125.

144 GA VII, S. 288 f.

145 Ebd., S. 282.

146 GA V, S. 2. Siehe hierzu auch: GA VII, S. 289 f.

147 GA VII, S. 287.

148 GA V, S. 125.

149 GA VII, S. 293.

150 GA VII, S. 321.

151 Ebd., S. 313 f.

152 GA V, S. 65.

153 GA VII, S. 282.

154 GA V, S. 95.

155 Ebd., S. 65.

156 Ebd., S. 63. Am Beispiel Macchiavellis, des berühmtesten Vertreters dieser neuen politischen Ethik rationalen Machtgebrauchs, angesichts dessen politischer Theorie »man glaubt in ein

Uhrwerk hineinzusehen« (ebd., S. 62), erläutert Burckhardt, inwieweit auch hier, an der Schwelle
zur modernen Welt, ähnlich wie im Zusammenhang der griechischen Kultur Erfahrungen
äußersten menschlichen Bedrohtseins durch die Erosion und Außerkraftsetzung tradierter Überle-
bensbedingungen zur Voraussetzung und Herausforderung neuer kultureller Rationalisierungs-
schübe werden: »Seine politische Objektivität ist allerdings bisweilen entsetzlich in ihrer
Aufrichtigkeit, aber sie ist entstanden in einer Zeit der äußersten Not und Gefahr, da die Menschen
ohnehin nicht mehr leicht an das Recht glauben noch die Billigkeit voraussetzen konnten.«(Ebd.,
S. 62).

157 Ebd., S. 2.

158 Ebd., S. 14. Burckhardt pflegt die politische Gesetzlosigkeit und das »Böse« dieser Zeit
methodisch am Beispiel von Charakterstudien führender politischer Handlungsakteure zu erläu-
tern, deren ausgiebig geschilderte Verbrechen er als Ausdruck und Konsequenz ihrer »rationalen«,
von wertkonventionellen Erwägungen unbeeindruckten Orientierung an Machtkalkülen ansieht
und zu Handlungsmustern verdichtet. Die Personen werden so unversehens zu Strukturtypen, zu
Repräsentanten einer in ihnen zwar empirisch konkretisierten, grundsätzlich aber kollektiven
politischen Mentalität der damaligen Epoche. Die auf der Oberfläche des Geschehens handelnden
Akteure werden zu austauschbaren und verallgemeinerbaren Trägern und Vertretern einer in
ihnen zum Vorschein kommenden politischen Wirklichkeits- und Handlungsstruktur, deren
spezifisch modernen Rationalitätscharakter Burckhardt eigentlich erkennen will und auf den sie als
eine empirische Bestätigung allein noch ›verweisen‹. Zwei Beispiele unter vielen anderen: »Der
Moro ist aber die vollendetste fürstliche Charakterfigur dieser Zeit und erscheint damit wieder wie
ein Naturprodukt, dem man nicht ganz böse sein kann. Bei der tiefsten Immoralität seiner Mittel
erscheint er in deren Anwendung völlig naiv; er würde wahrscheinlich sich sehr verwundert
haben, wenn ihm jemand hätte begreiflich machen wollen, daß nicht nur für die Zwecke, sondern
auch für die Mittel eine sittliche Verantwortung existiert.« (Ebd., S. 29). Und weiter: »Die höchste
und meistbewunderte Form der Illegitimität ist aber im 15. Jahrhundert der Condottiere, der sich
– welches auch seine Abkunft sei – ein Fürstentum erwirbt.« (Ebd., S. 15) Letztlich sind die
auftretenden Personen ihres Handlungscharakters beraubt. Durch die Empirie ihres Handelns
vollzieht sich vielmehr ein geschichtlicher Prozeß, der gegenüber den geschichtlichen Ereignissen
eine höhere, gewissermaßen wirklichere Wirklichkeit darstellt: der Abbau von Legitimität durch
eine Form der politischen Rationalisierung, die zur normativen Macht politischer Faktizität führt.

159 Ebd., S. 61.

160 Ebd., S. 11. Dieser »Fluch« der Illegitimität, mit dem die politische Wirklichkeit jener Zeit
beladen ist, interpretiert Burchkardt als eine Konsequenz der Tatsache, daß die Entwicklung des
modernen Subjekts auf dem entsittlichten Boden einer bloß usurpierten Gewaltherrschaft erfolgt.
Freie Individualität wird für Burckhardt somit zur notwendigen Begleiterscheinung einer universell gewordenen und unter Legitimitätsgesichtspunkten auf die normative Macht bloßer Faktizität
reduzierten Herrschaft. Sie füllt gewissermaßen die Lücke aus, welche die verlorene Legitimität
einer kulturell enttraditionalisierten und auf die »Bahn des rein Tatsächlichen« geratenen Gegenwart hinterläßt (ebd., S. 10). Die Dynamik neuzeitlicher Individuierungsprozesse resultiert
letztlich aus einer im Kontext der Renaissance geschichtlich freigesetzten Logik des Willens zur
Macht und strahlt von hier auf die Gesamtgesellschaft aus: »Zunächst entwickelt die Gewaltherrschaft, wie wir sahen, im höchsten Grade die Individualität des Tyrannen, des Condottiere
selbst, sodann diejenige des von ihm protegierten aber auch rücksichtslos ausgenützten Talentes,
des Geheimschreibers, Beamten, Dichters, Gesellschafters. Der Geist dieser Leute lernt notgedrun-
gen alle seine innern Hilfsquellen kennen, die dauernden wie die des Augenblickes; auch ihr
Lebensgenuß wird ein durch geistige Mittel erhöhter und konzentrierter, um einer vielleicht nur
kurzen Zeit der Macht und des Einflusses einen größtmöglichen Wert zu verleihen.« (Ebd., S. 96).

161 Ebd., S. 97.

162 Ebd., S. 241.

163 Ebd., S. 102.

164 Ebd., S. 256. Burckhardt nennt diese Worte aus der Rede Pico della Mirandolas' »eines der
edelsten Vermächtnisse jener Kulturepoche« (S. 255).

165 Ebd., S. 202.

166 Ebd., S. 211. Diese Fähigkeit des freien Individuums zu einer Ästhetisierung des Realen erstreckte sich auch auf das äußerliche Erscheinungsbild des Menschen selbst. Auch die Entstehung eines auf den Menschen als Gegenstand ästhetischer Erfahrung und Interessen bezogenen Schönheitsideals ist eine kulturelle Abstraktionsleistung des menschlichen Selbstverhältnisses, »ein Zusammensuchen von einzelnen schönsten Teilen zu einer höchsten Schönheit« (ebd., S. 248), in der sich die Modernität der Renaissancekultur dokumentiert. Der Aufstieg der »Mode« zu einem integralen Bestandteil des modernen Lebens ist für Burckhardt nur ein gesellschaftlicher Reflex dieser ästhetischen Seite der modernen Kultur: »In keinem Lande Europas seit dem Untergange des römischen Reiches hat man wohl der Gestalt, der Hautfarbe, dem Haarwuchs von so vielen Seiten zugesetzt wie damals in Italien.« (Ebd., S. 265).

167 Bezeichnenderweise heißt das betreffende Kapitel seiner Kulturgeschichte der Renaissance »Die Entdeckung der Welt und des Menschen« (ebd., S. 202 ff.). Siehe auch folgende Belegstelle: »Zu der Entdeckung der Welt fügt die Kultur der Renaissance eine noch größere Leistung, indem sie zuerst den ganzen, vollen Gehalt des Menschen entdeckt und zu Tage fördert.« (Ebd., S. 219).

168 Ebd., S. 237.

169 Ebd., S. 288.

170 Ebd., S. 264.

171 Ebd., S. 287.

172 Ebd., S. 308.

173 Ebd., S. 127.

174 Ebd., S. 316. Burckhardt stellt hier einen systematischen Zusammenhang zwischen der Dominanz einer instrumentellen Handlungsrationalität und einem durch das Prinzip freier Individualität geprägten moralischen Bewußtsein her: »Wenn daneben scheinbar viel mehr kalte Berechnung zutage tritt in Fällen, da der Nordländer mehr dem Gemüte folgt, so hängt dies wohl davon ab, daß der Italiener häufiger sowohl als früher und stärker individuell entwickelt ist. Wo dies außerhalb Italiens ebenfalls stattfindet, da ergeben sich auch ähnliche Resultate.«

175 Ebd., S. 310.

176 Ebd., S. 320. Burckhardt interpretiert die Renaissance unter moralischen Gesichtspunkten als Entstehung eines Bösen, das den Individuen als »völlig emanzipierten Frevlern« auf eine geschichtlich neuartige Weise zugerechnet werden muß: »Hier dagegen handelt es sich um eine Ausartung der Kraft. Bisweilen knüpft sich daran eine Entwicklung ins Kolossale; das Verbrechen gewinnt eine eigene, persönliche Konsistenz.« (Ebd., S. 321).

177 Ebd., S. 328 f.

178 Ebd., S. 357.

179 Ebd., S. 358.

180 Ebd., S. 359.

181 »Daß das Christentum seine großartigsten Stadien hinter sich hat, ist mir so evident, als daß zwei mal zwei vier ist; wie sich sein ewiger Gehalt in neue Formen retten soll, das wird die Geschichte zu seiner Zeit schon lehren.« (Briefe II, S. 30 f.).

182 Dieser Gedanke einer notwendigen geistig-religiösen Vermittlung der biologischen Endlichkeit des menschlichen Lebens ist es, der Burckhardt auch davor bewahrt, aus der Vorstellung, daß der Tod die Bedingung des Lebens, des Fortschritts und der kulturellen Erneuerung sei, diejenigen vitalistischen Kurzschlüsse zu ziehen, wie sie in dem damals entstehenden lebensphilosophischen Milieu gewöhnlich auftraten. Zwischen Burckhardt und Nietzsche bzw. seinen lebensphilosophischen Nachfolgern vom Schlage Spenglers u.a. existiert in dieser Beziehung eine qualitative Differenz.

183 GA V, S. 400.

184 Ebd., S. 403 f.

185 Ebd., S. 406. Unter Berücksichtigung dieser Hochschätzung des Deismus läßt sich auch die bei Burckhardt des öfteren zu findende eschatologische Aufladung der Natur erklären, der er unmittelbar religiöse Heilsqualitäten zuspricht: »Aber zum Untergang ist die Menschheit noch nicht bestimmt, und die Natur schafft so gütig wie jemals.« (GA VII, S. 426).

186 GA V, S. 195. Burckhardt bezieht sich bei diesen Ausführungen »Über das Unglück der Gelehrten« auf die zeitgenössische Schrift des Pierio Valeriano: »De infelicitate literatorum« (ebd., S. 196).

187 Ebd., S. 197.
188 Ebd., S. 53. Allerdings hat Burckhardt auch nicht die inneren Grenzen der humanistischen Geschichtsschreibung übersehen, die noch weitgehend dem Topos der »historia magistra vitae« verfangen war und somit der Funktionsweise der exemplarischen Sinnbildung gehorchte (hierzu *Koselleck*, Historia magistra vitae; *Rüsen*, Lebendige Geschichte, S. 45 ff.). Obwohl die in der Renaissance exemplarisch geleistete geschichtliche Verfremdung der eigenen Gegenwart überhaupt erst den modernen Diskurs über Geschichte möglich gemacht hat, konnte die spezifisch historische Beziehung zwischen Vergangenheit, Gegenwart und Zukunft für Burckhardt auf dem Boden dieser humanistischen Anschauungsweise noch nicht deutlich genug herausgearbeitet werden, was bezeichnende Schwierigkeiten und Brüche im Prozeß der historischen Identitätsbildung hervorrief: »Gerade weil sie das Altertum dogmatisch, d.h. als Vorbild alles Denkens und Handelns auffaßten, mußten sie hier in Nachteil geraten. Daß es aber ein Jahrhundert gab, welches mit voller Einseitigkeit die alte Welt und deren Hervorbringungen vergötterte, das war nicht mehr Schuld Einzelner, sondern höhere geschichtliche Fügung. Alle Bildung der seitherigen und künftigen Zeiten beruht darauf, daß dies geschehen ist, und daß es damals so ganz einseitig und mit Zurücksetzung aller anderen Lebenszwecke geschehen ist.« (GA V, S. 194).
189 Ebd., S. 143.
190 Ebd.
191 Ebd., S. 171.
192 Ebd., S. 174.
193 Ebd., S. 181.
194 Ebd., S. 124.
195 GA VII, S. 283. Die Renaissance steht damit noch auf dem Boden des durch die griechische Kultur erstmalig in die Welt gesetzten Prinzips, freie Individualität einzig und allein in der historischen Erkenntnis und der grundsätzlichen Anerkennung der geschichtlichen Vielfalt des Humanen realisieren zu können. Siehe hierzu Kapitel III,2,d.
196 Ebd. Kennzeichnend für die Ambivalenz Burckhardts gegenüber der Renaissance als dem kulturellen Entstehungsort des modernen Menschen ist, daß er seine Kulturgeschichte der Renaissance »am Ende doch ein Schmerzenskind« nannte, das »aus innerer Notwendigkeit geschrieben werden mußte.« (Briefe IV, S. 61, 76).
197 GA VII, S. 426.
198 *Ziegler*, Jacob Burckhardts Vorlesung.
199 Der Begriff der Unzeitgemäßheit ist erstmalig von Rüsen in die Burckhardt-Forschung eingebracht worden: *Rüsen*, Unzeitgemäßer Gegenwartsbezug, und *ders.*, Jacob Burckhardt: Political Standpoint and Historical Insight.
200 *Ziegler*, Jacob Burckhardts Vorlesung, S. 14.
201 Briefe V, S. 118 f.
202 GA VII, S. 475.
203 Ebd., S. 432.
204 Briefe I, S. 208.
205 Briefe X, S. 117.
206 Briefe V, S. 130. Siehe auch zu der von Burckhardt unterstellten Identität von Demokratie und bloßer, illegitimer Macht GA VII, S. 158: »Machtsinn und demokratischer Sinn sind meist ungeschieden.«
207 GA VII, S. 454 f.
208 Ebd., S. 147.
209 Ebd., S. 438.
210 Briefe IX, S. 268.
211 GA VII, S. 452 f.
212 *Ziegler*, Jacob Burckhardts Vorlesung, S. 195.
213 GA VII, S. 152.
214 *Ziegler*, Jacob Burckhardts Vorlesung, S. 45.
215 Briefe III, S. 105.
216 In einem fiktiven Streit zwischen Weber und Nietzsche um die Frage, ob der Lohn der

historischen Bildung die »ewige Jugendlichkeit« (Weber) oder aber eine »Art angeborener Grauhaarigkeit« (Nietzsche) sei, hätte Burckhardt eindeutig auf der Seite Webers gestanden. Die zitierten Stellen: *Weber*, Wissenschaftslehre, S. 206; *Nietzsche*, Vom Nutzen und Nachteil der Historie, S. 299.

217 Siehe hierzu die detaillierte Aufschlüsselung der Vorlesungstätigkeit Burckhardts bei *Ziegler*, Jacob Burckhardts Vorlesung, S. 563-68.

218 Ebd., S. 235.

219 GA VII, S. 427.

220 Ebd., S. 420 ff.; *Ziegler*, Jacob Burckhardts Vorlesung, S. 15 ff. Ein weiterer Versuch Burckhardts zu einer Systematisierung seiner Gesamtperspektive auf den geschichtlichen Komplex der Moderne findet sich an einer später von ihm gestrichenen Stelle seiner Vorlesung zum Revolutionszeitalter: »Der Kampf der beiden Weltalter seit Ende des 18. Jahrhunderts ist so kolossal in seinen Umrissen, daß eine weite Distanz genommen werden muß, um ihn zu überblicken. In diesem Kampf der Zeiten stehen einander gegenüber und charakterisieren sich gegenseitig: Unbeweglichkeit – Allgemeine Beweglichkeit, Zerstückelung der Macht – Konzentration der Macht, Altes göttliches Recht – Allgemeine Bestreitbarkeit der Macht, Alles außer Frage – Lauter Diskussion.« (GA VII, S. 475).

221 Ebd., S. 102.

222 *Ziegler*, Jacob Burckhardts Vorlesung, S. 16.

223 GA VII, S. 103. Dieses prekäre Verhältnis zwischen politischer Legitimität und Freiheit, das den potentiellen Aufstieg einzelner Individuen zu Vertretern illegitimer Macht begünstigt, erläutert Burckhardt an der Gestalt Napoleons: »Allem Legitimen machte er den Garaus; nichts mehr als die Kraft galt. ... Das Bild, das er uns hinterläßt, ist die riesigste individuelle Kraft in allem, was zur Ausübung der Macht gehört – da ist Napoleon einzig.« (*Ziegler*, Jacob Burckhardts Vorlesung, S. 420).

224 Er hat beispielsweise nicht wie Dahlmann, Treitschke, Gervinus oder andere bedeutende Vertreter des Historismus eine »Politik« verfaßt, sondern politiktheoretische Schlüsse eher aus der verfremdenden Perspektive historischer Rekonstruktionen gewonnen.

225 GA VII, S. 422.

226 Ebd., S. 438. Das Handeln beider sieht Burckhardt geleitet durch eine naturwüchsige »Gier nach Macht« (*Ziegler*, Jacob Burckhardts Vorlesung, S. 22, 391), durch die »der sittliche Maß-Stab abhanden gekommen [sei] über dem Maß-Stab der Macht« (ebd., S. 328).

227 Briefe I, S. 201.

228 *Ziegler*, Jacob Burckhardts Vorlesung, S. 403.

229 GA VII, S. 139.

230 Briefe III, S. 106.

231 Briefe II, S. 158.

232 *Ziegler*, Jacob Burckhardts Vorlesung, S. 178.

233 GA VII, S. 449.

234 *Ziegler*, Jacob Burckhardts Vorlesung, S. 198.

235 Ebd., S. 263.

236 Dieser Aspekt ist erstmals umfassend herausgearbeitet worden durch *Schieder*, Die historischen Krisen.

237 GA VII, S. 145.

238 Ebd., S. 126.

239 Ebd., S. 122.

240 Ebd., S. 128.

241 Ebd., S. 132.

242 Ebd., S. 134.

243 Ebd., S. 145.

244 Ebd., S. 146. Burckhardt nimmt in diesem Zusammenhang bereits die ideologische Struktur der Weltkriegsepoche vorweg, indem er seine Vorstellung von der schöpferischen Kraft der geschichtlichen Krisen am Vorbild und Paradigma des Krieges orientiert, den er nicht nur »als notwendiges Moment höherer Entwicklung«, sondern überhaupt als den eigentlichen Vater aller

geschichtlichen Fortschrittsbewegung begreift: »Der lange Friede ... läßt das Entstehen einer Menge jämmerlicher, angstvoller Notexistenzen zu, welche ohne ihn nicht entständen und sich dann doch mit lautem Geschrei um ›Recht‹ irgendwie an das Dasein klammern, den wahren Kräften den Platz vorwegnehmen und die Luft verdicken, im ganzen auch das Geblüt der Nation verunedeln. Der Krieg bringt wieder die wahren Kräfte zu Ehren. Jene Notexistenzen bringt er wenigstens vielleicht zum Schweigen. Sodann hat der Krieg, welcher so viel als Unterordnung alles Lebens und Besitzes unter einen momentanen Zweck ist, eine enorme sittliche Superiorität über den bloßen gewaltsamen Egoismus des Einzelnen; ... ja er allein gewährt den Menschen den großartigen Anblick der allgemeinen Unterordnung unter ein Allgemeines.« (Ebd., S. 125).

245 Ebd., S. 147. Zu Burckhardts Vorstellung menschlicher Größe siehe auch S. 160 ff.

246 Ebd., S. 164.

247 Ebd., S. 191.

248 Ebd., S. 190.

249 In den »Weltgeschichtlichen Betrachtungen« ist es ganz offensichtlich, daß Burckhardt »Größe« vor allem als eine ästhetische Kategorie begreift. Es handelt sich um eine Kompetenz des Menschen, die sich in ihrer reinsten Form in den Transzendierungsleistungen der Künste äußert, denn diese »sind ja imstande, fast sein ganzes Dasein, insofern es über das Alltägliche hinausgeht, in ihre Kreise zu ziehen, sein Empfinden in einem viel höheren Sinn, als er selbst könnte, auszudrücken, ihm ein Bild der Welt zu gewähren, welches, frei von dem Schutte des Zufälligen, nur das Große, Bedeutungsvolle und Schöne zu einer verklärten Erscheinung sammelt; selbst das Tragische ist dann tröstlich. Die Künste sind ein Können, eine Macht und Schöpfung. Ihre wichtigste zentrale Triebkraft, die Phantasie, hat zu jeder Zeit als etwas Göttliches gegolten. Inneres äußerlich machen, darstellen zu können, so daß es als ein dargestelltes Inneres, als eine Offenbarung wirkt, ist eine seltenste Eigenschaft. Bloß Äußeres noch einmal äußerlich zu geben, vermögen Viele, – jenes dagegen erweckt im Beschauer oder Hörer die Überzeugung, daß nur der Eine es gekonnt, der es geschaffen, daß er also unersetzlich gewesen.« (Ebd., S. 167).

Siehe auch *Flaig*, Angeschaute Geschichte, S. 33: »Der Urteilshorizont für die Personen in der Geschichte ist ästhetisch.«

250 GA VII, S. 160.

251 Siehe hierzu *Wenzel*, Jacob Burckhardt in der Krise seiner Zeit.

252 Briefe VII, S. 204.

253 Ebd., S. 309.

254 Burckhardt pflegte seine politischen Überzeugungen in der Regel in Briefform zu artikulieren. Zu dem hier angedeuteten Punkt ist ein Brief an Preen (seinen wichtigsten Briefpartner seit den späten 60er Jahren) aus dem Jahre 1881 aufschlußreich, in dem Burckhardt die für ihn unvermeidlichen Konsequenzen politischer Demokratisierung andeutet: »Dann eröffnen sich jene Zeiten, da alle Stadien des Durcheinanders müssen durchlaufen werden bis endlich irgendwo sich nach bloßer maßloser Gewalttätigkeit eine wirkliche neue Gewalt bildet, welche mit Stimmrecht, Volkssouveränität, materiellem Wohlergehen, Industrie usw. verzweifelt wenige Umstände macht. Denn dies ist das unvermeidliche Ende des Rechtsstaates, wenn er der Kopfzahl und ihren Konsequenzen verfallen ist.« (Briefe VII, S. 240). Letztlich steht auch hinter diesem Antiliberalismus Burckhardts die kultur- bzw. geschichtstheoretisch formulierte Überzeugung von der prinzipiellen Unmöglichkeit einer Integration der untereinander kollidierenden Interessen politisch freier und kulturell autonomisierter Subjekte.

255 Briefe VIII, S. 31 f. Unter dem unmittelbaren Eindruck des deutsch-französischen Krieges von 1870/71 stehend schrieb Burckhardt an Preen, daß mit diesem Krieg »das Militärische das Vorbild alles Öffentlichen geworden ist.« (Briefe V, S. 150).

256 *Schnädelbach*, Über historistische Aufklärung.

257 Eine geharnischte Kritik an Burckhardts aus kulturkritischer »Erfahrungslosigkeit« geborener Verkennung der Moderne und an seinen Fehlprognosen ihrer Entwicklung liefert *Flaig*, Angeschaute Geschichte, S. 131–160: »Wenn es sich als völlige Verkennung des Geschichtsprozesses herausgestellt hat, die Selbstzerstörung der europäischen Gesellschaften in Klassenkämpfen zu diagnostizieren, dann kann nicht mit generösem Schweigen die Fehlleistung übergangen werden, um naiv die Matrize, von der solche Fehlprognosen zu Hauf abgezogen wurden, als gültig und

anderweitig verwendbar zu betrachten. Die Nachwelt würde lediglich die paranoiden Gehalte reproduzieren, die jenen Schemata und Matrizen die grammatischen Regeln diktieren.« (Ebd., S. 153).

258 Briefe VII, S. 229. Die Stelle findet sich in einem Brief an Preen vom 19. Februar 1881: »In politicis sprechen Sie klar aus was mir etwa dunkel vorschwebt. Ob die ›starke, ernste Herrschaft‹ noch möglich werden wird? jedenfalls würde der ganz rand- und bodenlose Mutwille, welchen das laisser aller in unsern zumal städtischen Volksmassen groß gezogen hat, sich zum Staunen der Welt größtenteils in alle Mauslöcher verkriechen, wenn einmal serios dreingefahren würde.«

259 GA VII, S. 123. Nur nebenbei sei noch vermerkt, daß Burckhardt bereits so gut wie alle politisch relevanten Attribute des dazu notwendigen »barbarischen« Charakters in sich vereinigt. In diesen Zusammenhang gehört sowohl seine Klage über die zunehmende »Verjudung« Wiens (Briefe VIII, S. 228), als auch die Tatsache, daß er es mit der universellen Zuerkennung der Menschheitsqualität nicht mehr so genau nehmen zu müssen glaubte, wie sein böses Wort von den »4,5 Millionen sogenannten Seelen« im verelendeten London des 19. Jahrhunderts zeigt (Briefe VII, S. 37).

260 Zur geschichtstheoretischen Bedeutung des Begriffes »Alterität« siehe *Rüsen*, Lebendige Geschichte, S. 121 ff.

261 Siehe hierzu außer *Rüsen*, Unzeitgemäßer Gegenwartsbezug, auch *Gass*, Die Dichtung, S. 11: »Jacob Burckhardt lebt im modernen Bewußtsein als einer der großen Unzeitgemäßen des 19. Jahrhunderts weiter. ... In späteren Jahren hat er dann unter den vielen möglichen Formen der Zeitgenossenschaft immer mehr diejenige gewählt, die ihr inneres Pathos aus dem Gegensatz zur eigenen Zeit bezieht.«

262 Löwiths These von »Burckhardts Entschluß zur Apolitie« wird der eminent politischen Qualität von Burckhardts Zeitkritik nicht gerecht (*Löwith*, Jacob Burckhardt, S. 173 ff.); es sei denn, man kennzeichnet als apolitisch eine hochsublimierte Aversion der Gebildeten gegenüber der modernen Gesellschaft, die ihre Wurzeln in einer ästhetisch motivierten Distanz gegenüber dem ›Gewöhnlichen‹ des Alltags besitzt, aber gerade aufgrund dieser Distanz eminent politische Wirkungen zeitigt. Das vielleicht bekannteste Manifest dieses intellektuellen Habitus' sind Thomas Manns »Betrachtungen eines Unpolitischen«, die in klassisch gewordener Weise einer durch Unzeitgemäßheit sensibilisierten Wahrnehmungs- und Erkenntnisfähigkeit der Gebildeten das Wort reden: »Auf jeden Fall hat es seinen Reiz und Nutzen, in Protest und in Ironie gegen seine Umgebung zu leben: das erhöht das Lebensgefühl, man lebt eigentümlicher und selbstbewußter unter diesen Umständen.« (S. 133).

263 Dieser Antiliberalismus taucht bereits in einem Brief aus dem Jahre 1841 auf: »Ich hatte den Mut, konservativ zu sein und nicht nachzugeben. (Liberal zu sein ist die leichteste Sache.)« (Briefe I, S. 164).

264 Briefe II, S. 198.

265 Briefe II, S. 210.

266 Briefe III, S. 109. Dieses Motiv war es auch, das Burckhardts Auseinandersetzung mit seinen liberalen Jugendfreunden beherrschte und schließlich auch zum Bruch mit ihnen führte. In unübertroffener Deutlichkeit hat Burckhardt sich in einem Brief an Hermann Schauenburg aus dem Jahre 1846 zum Verhältnis zwischen Politik, Kunst und Geschichte geäußert: »Ihr Wetterkerle wettet Euch immer tiefer in diese heillose Zeit hinein – ich dagegen bin ganz im Stillen, aber komplett mit ihr überworfen und entweiche in den schönen faulen Süden, der der Geschichte abgestorben ist und als stilles, wunderbares Grabmonument mich Modernitätsmüden mit seinem altertümlichen Schauer erfrischen soll. ... Jenseits der Berge muß ich mit Leben und Poesie neue Beziehungen knüpfen, wenn aus mir fürderhin etwas werden soll; denn mit dem jetzigen Zustand aller Dinge bin ich innerlich brouilliert. ... Freiheit und Staat haben an mir nicht viel verloren. Mit Menschen wie ich einer bin, baut man überhaupt keinen Staat. ... Mit der Gesellschaft im Großen kann ich nichts mehr anfangen; ich verhalte mich gegen sie unwillkürlich ironisch.« (Briefe II, S. 208 f.)

267 Hierzu am besten und ausführlichsten *Kaegi*, Jacob Burckhardt. Eine Biographie. Siehe auch *Hardtwig*, Geschichtsschreibung zwischen Alteuropa und moderner Welt, S. 310 ff. In diesem Zusammenhang gehört auch das ausgeprägte Amtsethos, das Burckhardt mit der Universität Basel

als dem Inbegriff von Bildung in der Bildungslosigkeit der Gegenwart verband. Die Existenz der Universität wird so zur absolut notwendigen Voraussetzung für die Kontinuität der Kultur: »Freilich fahre ich fort zu hoffen; mitten in meiner sonst sehr zweifelhaft gewordenen Taxation des Erdenglückes statuiere ich nämlich eine große Lücke und Ausnahme, indem ich das Dasein der Universität Basel nicht nur für irdisch wünschbar, sondern für metaphysisch notwendig erkläre.« (Briefe VI, S. 68).

268 Briefe III, S. 59.

269 Als Gelehrter artikuliert Burckhardt seine bewußte Distanz gegenüber den dominierenden Zeiterscheinungen seiner Gegenwart zuweilen mit dem überlegenen Gestus des befreiend lachenden Philosophen: »Ich habe bisweilen mitten im Gewühl der Industriewelt, zumal in der riesigen Maschinenhalle, laut für mich lachen müssen, aus philosophischen Gründen, die ich Ihnen einmal mündlich entwickeln will.« (Briefe IV, S. 264).

270 Briefe III, S. 54. Ganz bewußt antwortet Burckhardt etwa auf die zeitgeschichtliche Erfahrung der Revolution von 1848 mit einem vollständigen Rückzug von der Gegenwart: »Es wird allgemach verflucht einsam um mich herum. Was wollen diese Schemen von mir, mit denen ich täglich lebe? ... ich verspinne mich in mir selber. Es ist eine ganz kuriose Empfindung, wenn man mit dieser Welt abgerechnet hat und gar nichts mehr verlangt als ein Plätzchen an der Sonne, um Dinge auszuhecken, wonach am Ende kein Mensch mehr fragt.« (Briefe III, S. 104).

271 Briefe IX, S. 280. Im »Constantin« hat Burckhardt am geschichtlichen Idealtypus des Anachoretentums im 4. Jahrhundert diese aus dem Geist der innerweltlichen Askese resultierende Potential einer geschichtlichen Kulturerneuerung historiographisch expliziert und gewürdigt. In der weltüberwindenden Askese dieser »Riesennaturen« haben diejenigen geistigen Mächte der menschlichen Lebensführung den Verfall der frühen christlichen Kultur überdauert, aus denen dann später neue kulturelle Blüten treiben konnten. Innerweltliche Askese interpretiert Burckhardt hier als eine notwendige Statthalterin der menschlichen Kulturpotenz in der Zeit ihrer Krise. (GA II, S. 318 ff.).

272 *Ziegler*, Jacob Burckhardts Vorlesung, S. 19.

273 Briefe III, S. 249.

274 Briefe II, S. 210 f.

275 Briefe V, S. 131.

276 Burckhardts Koketterie mit innerdisziplinärer Außenseiterschaft gehört ebenso in diesen Kontext wie seine (bewußt gepflegte) Teilnahmslosigkeit an den Prozessen des wissenschaftlichen Erkenntnisfortschritts, die aus einem Brief an Preen aus dem Jahre 1880 spricht: »Was liest man denn für neue Bücher, verehrter Herr und Freund? mich orientiert hier Niemand mehr.« (Briefe VII, S. 204).

Flaig hat dieses Persönlichkeitsmerkmal am Beispiel der von Burckhardt zeitlebens nicht zur Publikation freigegebenen »Griechischen Kulturgeschichte« eindringlich herausgearbeitet: »Die unvollendeten Abschnitte der GK verweisen auf jene Stelle, wo der Diskurs Burckhardts ins Schweigen einmündet. Ohnehin hat er sich vom offiziellen Diskurs soweit entfernt, daß seine Gebärden nur noch als Schrullen genommen werden. Und im Schweigen rettet der Kulturdenker seine aus dem Diskurs ausgescherte Rede – als unveröffentlichte Schrift. Denn in der posthumen Veröffentlichung verhilft die Schrift einer aufgesparten Rede dazu, das Wort zu nehmen, ohne das Schweigen zu verletzen. In der Rede seines gedruckten Werkes, das nur noch spricht, ohne eine Gegenrede zur Kenntnis zu nehmen, wiederholt sich die Einsamkeit Burckhardts.« (*Flaig*, Angeschaute Geschichte, S. 282).

Burckhardts intellektuelles Gebaren dokumentiert den im wahrsten Sinne des Wortes paradoxen Versuch, noch in der historischen Reklamation der Kultur die diskursiven Folgen ihrer gesellschaftlichen Realisierung abzufangen. Sein kulturhistorisches Werk enthält in dieser Hinsicht einen einzigartigen performativen Selbstwiderspruch.

277 Siehe hierzu vorn das Kapitel zu Droysen.

278 Briefe IV, S. 131.

279 Briefe I, S. 217.

280 Briefe III, S. 63. Siehe zu dem historischen Verfremdungsmotiv Burckhardts auch den Hymnus auf die geschichtliche Alterität der Antike: »Vorwärts nach dem ewigen, unparteiischen,

unmodernen, tendenzlosen, großartig abgetanen Rom.« (Briefe II, S. 212). Seine in den Briefen umfassend dokumentierte Reiseaktivität gewinnt hier den ihr gebührenden geschichtstheoretischen Hintergrund: Das Reisen stellte in Form einer lebensweltlichen Generierung kultureller Fremdheitserfahrungen für Burckhardt ein vorzügliches heuristisches Prinzip des historischen Denkens dar, indem es die Binnenperspektive der eigenen Identität in der Wahrnehmung ›des Anderen‹ transzendiert.

281 GA VII, S. 434.

282 Das ist auch von Flaig gesehen worden: In Burckhardts Kulturgeschichte »schlägt sich ein Interesse für den nicht-intentionalen Bereich menschlichen Handelns und Leidens nieder, das gegenstands-konstitutiv für die Kulturhistorie ist. Gerade die Bedingungsfaktoren interessieren mehr als die Taten und Ereignisse.« (*Flaig*, Angeschaute Geschichte, S. 39).

283 Das wird von Rüsen bestritten: »Die Frage aber, wie die von Burckhardt konzipierte ästhetische Reproduktion okzidentaler Kultur auf dem ›hohen und fernen Standpunkt‹ historischer Kontemplation, die *von* der unmittelbaren Verstrickung in die politischen, gesellschaftlichen und wirtschaftlichen Zwänge gegenwärtig sich ereignender Geschichte befreien soll, zugleich so *zu* dieser Geschichte befreit, daß die Potenz freier Geistigkeit in ihr sich verwirklicht, blieb unbeantwortet.« (*Rüsen*, Jacob Burckhardt, S. 27).

284 GA VII, S. 11.

285 Am Beispiel Droysens ist dieses Hegelsche Erbe des Historismus herausgearbeitet worden durch *Rüsen*, Begriffene Geschichte, S. 133 ff., sowie *Baumgartner*, Kontinuität und Geschichte, S. 60 ff.

286 GA VII, S. 226.

287 Ebd., S. 194.

288 Burckhardt unterscheidet sich von der »kleindeutschen« Hauptströmung des Historismus in der zweiten Hälfte des 19. Jahrhunderts gerade dadurch, daß er der Strukturierung der historischen Erkenntnis durch die Gesichtspunkte und Interessen der Gegenwart keinen wahrheitsverbürgenden Stellenwert mehr zuerkennt, sondern geradezu als eine Verhinderung von Erkenntnis versteht: »Außerdem aber können wir uns von den Absichten unserer eigenen Zeit und Persönlichkeit nie ganz losmachen, und dies ist vielleicht der schlimmere Feind der Erkenntnis.« (GA VII, S. 7). Der jeweilige Wahrheits- und Orientierungswert der historischen Erkenntnis bemißt sich für Burckhardt nicht mehr nach dem Kriterium der Nähe, sondern nach dem Ausmaß der Distanz und Fremdheit des Erinnerten zu den Grundstrukturen der Gegenwart. Denn gerade in dieser Eigenschaft ihrer Fremdheit repräsentiert die Geschichte »die sehr wenigen trockenen Felsen, zu welchen die Flut der Zeitlichkeit nicht steigen darf, weil sie der Erkenntnis als solcher zur Zuflucht dienen.« (Briefe V, S. 75). Historische Erkenntnis bringt eine Zeit also zu sich selbst, indem sie sie zu sich auf Abstand bringt. Erkenntnis ist überhaupt erst dieser Abstand: Sie bemißt sich am Grad selbstreflexiver Distanz zu sich selbst.

289 GA VII, S. 293.

290 Ebd., S. 204.

291 In diesem Zusammenhang spricht Burckhardt gleich zu Beginn seiner »Weltgeschichtlichen Betrachtungen« davon, sein Ziel seien »Querdurchschnitte durch die Geschichte, und zwar in möglichst vielen Richtungen« und er fährt fort: »wir geben vor allem keine Geschichtsphilosophie«. Denn diese gibt im Gegensatz zu Burckhardts eigener Absicht »Längsdurchschnitte«, die als Geschichte einen sich in der Gegenwart erfüllenden chronologischen Prozeß der Durchsetzung weltgeschichtlicher Ideen präsentieren. (GA VII, S. 1 f.) Burckhardts Geschichtstheorie läßt sich unter diesem Gesichtspunkt als eine »depotenzierte Chronologie« verstehen (*Rüsen*, Die Uhr, der die Stunde schlägt, S. 203).

292 GA VII, S. 8. Diese geschichtstheoretische Überzeugung Burckhardts von der Verpflichtung des historischen Denkens zur Identitätsalterierung ist lebensgeschichtlich herangewachsen. Bereits der 19jährige, geschichtstheoretisch noch nicht sonderlich reflektierte Burckhardt bekennt sich in einem Brief an Heinrich Schreiber aus dem Jahre 1838 zu diesem Verfremdungsmotiv als zu einem Grundzug seines Wesens: »Mich selber interessiert es, mich einmal außer mir zu betrachten.« (Briefe I, S. 68).

An dieser Stelle bietet sich ein Exkurs in die Gefilde der gegenwärtigen Geschichtstheorie an, wo das von Burckhardt formulierte Verfremdungsinteresse des historischen Denkens aufgegriffen und in seiner geschichtstheoretischen Bedeutung kontrovers diskutiert wird:

Aus einem dezidiert geschichtstheoretischen Blickwinkel hat sich White am Beispiel von Droysens Historik den pragmatischen Motiven und lebensweltlichen Wurzeln dieser Verfremdungs- und Transzendierungskraft des historischen Denkens angenommen: »In der Auseinandersetzung mit der historischen Vergangenheit wird dem Lesersubjekt ein Schauspiel präsentiert, das ihm ein Ausagieren seiner Freiheitsphantasien unter dem Aspekt des erzwungenen Friedens gestattet. Mit anderen Worten, die historische Darstellung erlaubt dem Leser, dem Imaginären die Zügel schießen zu lassen, während er selbst fest in die Zwänge eines Symbolsystems gebunden bleibt; dies geschieht auf eine Weise, daß sich in ihm ein Gefühl von ›Realität‹ bildet, das ›verständlicher‹ ist als sein gegenwärtiges soziales Dasein.« (White, Droysens Historik, S. 115).

Allerdings hat White in seiner Betonung des Imaginären der historischen Erinnerung deren eigentliche Rationalität verfehlt: Das imaginierte »Gefühl von Realität«, welches in seiner kulturellen Weite verständlicher sein soll als die kulturell eingeengte Horizontierung der eigenen Lebensführung, ist kein Ergebnis frei flottierender Phantasiekräfte, sondern das geistige Produkt einer empirisch gesteigerten Wahrnehmungsfähigkeit und durch den Rekurs auf ›Tatsachen‹ disziplinierten Erfahrungsoffenheit gegenüber einer wirklichen Vielfalt des Menschlichen.

Die geschichtstheoretische Gegenposition zu White bezieht Rüsen, der den Tatsachenbezug der historischen Imagination des Fremden und damit den Schritt der Historie von der erfahrungsenthobenen Utopie zur erfahrungsgesättigten Alterität betont (Rüsen, Lebendige Geschichte, S. 128).

293 In welchem Ausmaß die konzeptionelle Plausibilität von Burckhardts Kulturgeschichte davon abhängt, ob und wie ihr die Verhältnisbestimmung von Eigenem und Fremdem gelingt, betont Flaig: »Dem jungen Burckhardt kommt es vor, als fehle ihm etwas zur vollendeten persönlichen Abrundung, solange er das Andere nicht aufgenommen hat in sein Wesen. ... Aber was ist das Andere? Ist es das Fremde? Oder ist es das verspiegelbildlichte Selbst? Davon hängt ab, ob die Kommunikation eine wirkliche ist oder eine simulierte, daran entscheidet sich, wie die Vielfalt der Welt erfahren wird; und es hängt daran Burckhardts Geschichtsschreibung.« (Flaig, Angeschaute Geschichte, S. 7).

294 GA VII, S. 3. Die Frage, wie es zu dem von Burckhardt an dieser Stelle betonten »pathologischen« Charakter der Kulturgeschichte kommt, sei hier für einen Moment zurückgestellt. Sie wird später noch einmal aufgegriffen.

295 Ebd., S. 62. Weber hat diese geschichtstheoretische Wendung Burckhardts mit der für die Tradition der Hermeneutik relevanten Kategorie des »Kulturmenschentums« aufgegriffen und fortgesetzt. (Siehe hierzu Kapitel IV,3,b).

296 Die geschichtstheoretische Bedeutung des Kontinuitätsbegriffs erwähnen auch Baumgartner, Kontinuität und Geschichte, S. 80 ff.; Flaig, Angeschaute Geschichte, S. 191 ff. und Rüsen, Jacob Burckhardt, S. 21, dort: »Die Konstanz geistigen Vermögens muß im zeitlichen Ablauf menschlicher Weltveränderung als dessen geschichtliche Qualität hervorgehoben und diese Qualität als ›innere Zusammengehörigkeit‹ aller vergangenen und gegenwärtigen und zukünftigen Ereignisse zur ›dauernden Gestaltung‹ menschlichen Geistes erwiesen werden.«

297 GA VII, S. 12 f.

298 Ebd., S. 238.

299 Ebd., S. 196.

300 Ebd., S. 226 f.

301 Ebd., S. 225.

302 Ebd., S. 383.

303 GA VIII, S. 11.

304 GA VII, S. 6.

305 Burckhardts These ist in der Tat die jedem Historiker schmeichelnde, daß der Beginn des historischen Denkens gleichzeitig den definitiven Beginn aller Kultur anzeigt, weil nur vom Boden des Geschichtsbewußtseins das Aufsprengen naturhaft gegebener Wesensmerkmale und damit kulturelle Lernprozesse möglich werden, in denen die ursprüngliche Identität des Menschen zu ständig neuen Formen transzendiert wird. Das historische Denken ist daher »das wirkliche Distinguens, welches Barbarei und Kultur wesentlich scheidet ... Wo hört das bloße Leben in der

Gegenwart auf, wie es auch der Wilde führt, und wo beginnt das Leben in Vergangenheit und Gegenwart, das heißt das unterscheidende Vergleichen? Wann hört die bloße geschichtslose Gegenwart auf?« (GA VII, S. 228). Kultur steht für Burckhardt immer in einem untrennbaren Zusammenhang mit dem Akt der historischen Erinnerung, sie ist gebunden an die Fähigkeit und an die Bereitschaft, die Selbstzuschreibungen und Identitätsprojektionen des Menschen in Beziehung zu einer historisch angeeigneten Tradition von Kulturmenschlichkeit zu setzen, um von dort die Kriterien ihrer möglichen Weiterentwicklung generieren zu können. Für Burckhardt ist eine gelungene kulturelle Selbstidentität des Menschen in einer geschichtlichen Situation generellen Wandels allein als eine historische denkbar.

306 Ebd., S. 7.

307 Ebd., S. 18.

308 Ebd., S. 6 f.

309 Ebd., S. 9.

310 Siehe hierzu *Hardtwig*, Geschichtsreligion.

311 *Droysen*, Vorlesungen, S. 5. Daß diese Überzeugung von der Geschichte als einer Rechtfertigung Gottes einen elementaren Bestandteil der historistischen Geschichtstheorie insgesamt darstellte, verrät Droysens Abhandlung mit dem bezeichnenden Titel »Theologie der Geschichte«: »Die Geschichte hält fest an dem Glauben an eine weise und gütige Weltordnung Gottes, die nicht bloß einige Gläubige, noch ein auserwähltes Volk, sondern das ganze Menschengeschlecht, alles Erschaffene umfaßt; und darin, daß sie diesem Glauben ... nachringt mit dem Erkennen, daß sie den unendlichen Inhalt dieses Glaubens in endlich menschlicher Weise, in den Kategorien des Denkens und Begreifens immer von neuem, in immer engerer Umzirkelung auszusprechen versucht, darin und nur darin weiß sie sich als Wissenschaft.« (*Droysen*, Historik (Hübner), S. 373).

312 GA VII, S. 3.

313 *Löwith*, Weltgeschichte und Heilsgeschehen, insbes. S. 30 ff.

314 Daß für Droysen die geschichtliche Entwicklung in der Permanenz ihrer kulturellen Transzendierungsleistungen auf das Moment einer Erlösungsfähigkeit des menschlichen Lebens allein verweist und (im Unterschied zu Burckhardt) nicht bereits in sich enthält, wird in der folgenden Formulierung deutlich: »Aber zwischen Gott und uns ist die Welt. Es gilt die Welt zu überwinden. Es gilt – ein endloses Werk – forschend und gestaltend, nützend und begreifend alle Weiten und Tiefen zu umspannen, alle Massen und Fernen zu durchdringen, dies Ich, den Keim Göttlichkeit in uns, nach seiner unendlichen Kraftmöglichkeit zu entwickeln. ... Welch ein Anblick, diese Wunderkraft ... des Menschengeistes arbeiten zu sehen. ... ›Wo aber der menschliche Geist sich selbst oder der Wirklichkeit voraneilt, da regt sich in ihm die Idee Gottes‹.« (*Droysen*, Historik (Hübner), S. 376 f.). Ausführlich hierzu: *Astholz*, Das Problem »Geschichte«, S. 152 ff.

315 Ein geschichtliches Beispiel dafür, wie sich Burckhardt diesen Aufstieg der Kultur zu einer autonomen, von religiösen Sinnzuschreibungen unabhängigen Sinninstanz des menschlichen Lebens denkt, findet sich in der »Griechischen Kulturgeschichte«: »Eine weitere Neuerung im Gesichtskreis der damaligen Griechen ist das Aufkommen des landschaftlichen Naturgefühls. Daß freilich auch schon das alte Griechenland für die Herrlichkeit der Landschaft Sinn hatte, wissen wir aus Homer. Indes tritt nun etwas Neues ein: indem nämlich der Polytheismus vor der Reflexion sinkt und damit die Natur entgöttert wird, ... beginnt die Natur ohne das frühere persönliche Medium ›unmittelbar auf den Geist‹ zu wirken und zu ihm zu sprechen.« (GA XI, S. 585).

316 Briefe I, S. 67. Ritzenhofen hat im einzelnen herausgearbeitet, inwieweit dem Aufstieg der Kunst zur entscheidenden Instanz einer menschlicherseits erreichbaren Versöhnung mit Leben und Leiden bei Burckhardt eine gegenüber Hegel deutliche Umwertung des jeweiligen Wahrheits- und Tröstungswerts von Philosophie und Kunst entspricht. Während für Hegel die Kunst als das sinnliche Scheinen der absoluten Idee »nicht mehr als die höchste Weise [gilt], in welcher die Wahrheit sich Existenz verschafft« (*Hegel*, Ästhetik I, S. 13) und daher zum kulturellen Vorhof des wahren Wissens der Philosophie, in dem der Geist erst mit sich selber eins und versöhnt ist, herabsinkt, wird für Burckhardt gerade die »bloße Reflexion« des begrifflichen Denkens zum »Feind der schönen und überreichen Bildlichkeit« der Kunst (*Burckhardt*, GA VII, S. 48). Einzig noch die Kunst vermag über die Brutalität und Ausweglosigkeit des Leidens den Schimmer der Hoffnung auf Versöhnung zu breiten. (*Ritzenhofen*, Kontinuität und Krise, S. 39-58). Im Gegensatz

zu Burckhardts eigener Absicht, jede Form von Ästhetik aus seiner kunst- und kulturhistorischen Arbeit »ganz besonders sorgfältig auszuschließen« (*Burckhardt*, GA XIII, S. 23), hat Ritzenhofen dort auch gezeigt, daß dem Werk Burckhardts durchaus eine implizite Ästhetik zugrundeliegt.

317 Diese Wendung Burckhardts von der Kunst zur Geschichte scheint aus dem Jahre 1840 zu datieren, wie er in einem Brief an Schreiber erwähnt: »Als ich die ersten Stunden bei Ranke, Droysen und Böckh gehört hatte, machte ich große Augen. ... Ich hatte meine Wissenschaft auf Hörensagen hin geliebt, und nun trat sie plötzlich in gigantischer Größe vor mich, und ich mußte die Augen niederschlagen. Jetzt erst bin ich fest entschlossen, ihr mein Leben zu widmen.« (Briefe I, S. 131). Zu Burckhardts frühen Versuchen mit der Poesie siehe: *Gass*, Die Dichtung; *Hoffmann*, Jacob Burckhardt als Dichter; *Rehm*, Jacob Burckhardt und Eichendorff.

318 Siehe hierzu auch *Oettinger*, Poesie und Geschichte; *Rüsen*, Jacob Burckhardt, S. 22 f.

319 Briefe I, S. 208.

320 Das notwendige Scheitern dieses geschichtstheoretischen Programms einer ästhetischen Versöhnung des Leidens und der Widersprüche des menschlichen Lebens ist am deutlichsten von Flaig – unter der Kapitelüberschrift »Die verfehlte Apokatastasis« – herausgearbeitet worden: »Daß die Ästhetisierung nicht zur Gänze gelingt, ist selbstverständlich ein Manko des Gegenstandes: Leid, das nicht nur von Schmerz geprägt, sondern vom Elend entstellt wird, ist nun mal nicht ästhetisierbar. ... Im Hader zwischen der Heimholung vergangenen Leidens und der Schönheit der Bilder kann der Trostbedürftige sich nur für letztere entscheiden, eben weil nur sie ihm gewähren wonach ihn verlangt. Solcherweise wird am verkümmerten und niedergestampften Leben von der Historie wiederholt, was das Geschehene selber an ihm verübt. In dieser Wiederholung, im tautologischen Nachvollzug bekennt der Historiker, daß er dem großen Gewinner dient: der Macht, den Siegern in der Geschichte. Und wie das Kulturgut ›nicht frei ist von Barbarei, so ist es auch der Prozeß der Überlieferung nicht, in der es von dem einen an den anderen gefallen ist.‹ Teilnahme an der Barbarei, sich an den Opfern abermals zu vergreifen, den stummgemachten Jammer vollends zu knebeln – als bestünde die Angst, aus seinem Munde könne der Sinn der Kultur widerrufen werden. Ein hartes Urteil über Burckhardts Historiographie, das selber den Instanzenweg zu bestehen hat.« (*Flaig*, Angeschaute Geschichte, S. 268 f.). Damit lassen sich für Flaig auch die inneren Mechanismen erklären, mit denen sich Burckhardts ästhetische Geschichtskonzeption gegenüber aller Erfahrung der Grenzen der Kunst abzuschotten versuchte und zugleich abschotten mußte, um ihren Zerfall zu vermeiden. Burckhardts Abneigung gegenüber der Rembrandtschen Kunst ist dafür ein gutes Beispiel: »Da passiert die traumatische Entdeckung des Wüsten. In dieser Kategorie bekennt das ästhetische Subjekt ein, daß die Kunst nicht in der Lage ist, das Leben vollständig und allseitig zu verklären: Die Allversöhnerin versöhnt nicht alles. ... Und das kann er nicht zugeben, weil dann alles zusammenstürzt: Kunstauffassung, Kulturbegriff, Geschichtsdenken. Hier ist das Zentrum seines Denkens, hier der Sinn, der allen anderen Bereichen ihre Bedeutung verleiht. Die Geschichte ohne Hervorbringung schöner Bilder ist – ein sinnloses Geschehen.« (Ebd., S. 244 u. 246).

Jedoch handelt es sich hier nicht nur um ein »hartes Urteil«, sondern im wesentlichen um ein »zu hartes« Urteil, zumal sich Burckhardts Kulturgeschichte im Sinne eines geschärften Bewußtseins zur Diagnostik von Negativität doch gerade der deutlich zur Schau gestellten Abscheu gegenüber allen Siegern zu verdanken glaubte, auf deren Seite sie Flaig selber wähnt. Und wo verfällt Burckhardt dem Aberwitz, die Kunst könne geschehenes Leiden »versöhnen«, aufheben oder gar rechtfertigen? Wenn überhaupt, pflegte er in Anspielung auf ihre wesentlichste Kulturfunktion die Kunst einen »Trost« zu nennen, und Trost ist nur notwendig angesichts einer ausbleibenden, prinzipiell nicht vollziehbaren Versöhnung. Es verhält sich gerade umgekehrt: Die Gegenwelt der Kunst versöhnt nicht, sondern schärft das Leidensbewußtsein in der Konfrontation der Realität des Faktischen mit der Realität menschlicher Transzendierungskräfte und mobilisiert in dieser Kulturleistung neue Antriebskräfte des geschichtlichen Werdens der menschlichen Freiheit; daher schätzt Burckhardt sie auch »als geschichtliches Phänomen ersten Ranges und als hohe aktive Macht im Leben«. Was also hindert daran, sie im besten historistischen Sinne eine gesellschaftliche Praxis der Freiheit – eine »sittliche Macht« neben anderen – zu nennen, die durch ihre ästhetische Transzendierung der Zeit im sinnlichen Scheinen erfüllten Seins eine kulturelle Spannkraft erzeugt, in der Geschichte wirklich wird und möglich bleibt?

Es bleibt die Berechtigung des Einwands, daß eine Ästhetisierung der geschichtlichen Erfahrung den überlieferten Anspruch der Heilsgeschichte weder tragen noch einlösen kann. Sie verletzt in falscher Versöhnung die Integrität der Leidenden, deren Leiden nicht ästhetisch versöhnt werden kann und nicht versöhnt werden darf.

Burckhardts Problem, wie menschliches Leiden historisch zu erinnern sei, ist – wie die Kontroverse um die Historisierbarkeit des Nationalsozialismus zeigt – auch heute noch ein weitgehend ungelöstes Problem. Kaum zeichnet sich die Sprache ab, in der eine Antwort gegeben und ein ›historischer‹ Diskurs über diese Grenzerfahrung des Verstehens geführt werden könnte.

321 Briefe I, S. 209.

322 Vgl. zu Burckhardts nicht nur geschichtstheoretisch, sondern auch lebensgeschichtlich wirksam gewordener Vorstellung einer direkten Konkurrenz zwischen Geschichte und Religion folgende Briefstelle, wo er die Überlegenheit des historischen Denkens beim Verstehen der menschlichen Existenz über das kulturelle Deutungspotential der Theologie reklamiert: »Wer möchte doch jetzt noch Professor der Theologie sein? Als Historiker hängt man mit den Dingen dieser Welt am reichlichsten und am ergötzlichsten zusammen.« (Briefe IV, S. 235). Andererseits beharrt Burckhardt aber auch auf der prinzipiellen Differenz zwischen einem dezidiert »historischen« und einem »weltlichen« Verständnis der spezifischen Realität der menschlichen Lebensführung: »Allein es sind zugleich noch andere Dämonen zu überwinden, besonders, um es mit einem Wort zu sagen, eine völlige Verweltlichung in der Anschauungsweise wie in der Behandlungsweise aller Dinge. Ein Heilmittel hiegegen ist mir in meinem Hauptfach, der Geschichte, aufgegangen, und sie war auch der erste Anstoß gewesen, der meinen Fatalismus und meine darauf gegründete Lebensanschauung aus dem Sattel hob.« (Briefe I, S. 129 f.). Der grundlegende Begriff der Kultur ist es, der die Differenz des historischen Denkens zu den Alternativen einer religiösen und einer materialistischen Weltsicht herstellt und zugleich zwischen ihnen vermittelt.

323 GA VII, S. 206.

324 GA II, S. 320.

325 GA VII, S. 426: »Wenn aber beim Elend noch ein Glück sein soll, so kann es nur ein geistiges sein, rückwärts gewandt zur Rettung der Bildung früherer Zeit, vorwärts gewandt zur heitern und unverdrossenen Vertretung des Geistes in einer Zeit, die sonst gänzlich dem Stoff anheimfallen könnte.«

326 *Rüsen*, Die Uhr, der die Stunde schlägt, S. 209 ff.

327 Siehe hierzu Kap. III,2,a.

328 Siehe hierzu *Metz*, Die Resurrektion der Geschichte.

329 Briefe X, S. 121. Burckhardt hat sein Plädoyer für die Remythisierung der menschlichen Wirklichkeitswahrnehmung auch als Prozeß ihrer kulturellen Revitalisierung begriffen: »Ich ... muß bei diesem Anlaß bekennen, daß mich das Mythische mehr und mehr anzieht und vom Historischen abwegig macht. ... Ich bekomme allmählich die rechten mythischen Augen, vielleicht sind es die des wiederum dem Kind sich nähernden Alten?« (Briefe IX, S. 202).

330 GA VII, S. 226.

331 Wenn auch die Tatsache, daß er seine historische Professur an der Basler Universität um einige Jahre eher niederlegte als seine kunsthistorische, darauf hindeuten mag, daß er die größere Nähe der Kunst zum Mythus im Alter durchaus zu schätzen wußte.

Hier muß auf die entgegengesetzte Argumentation Flaigs hingewiesen werden (*Flaig*, Angeschaute Geschichte, S. 283).

332 GA VII, S. 433.

333 Briefe X, S. 304. Zu den methodologischen Implikationen der Kulturgeschichte siehe bereits *Hardtwig*, Geschichtsschreibung zwischen Alteuropa und moderner Welt, S. 165; *Ritzenhofen*, Kontinuität und Krise, S. 94 ff.; *Rüsen*, Jacob Burckhardt, S. 19 f. Wenig ergiebig dagegen *Röthlin*, Burckhardts Stellung.

334 GA VII, S. 373.

335 GA VIII, S. 3.

336 GA II, S. 237. Burckhardt war sich dessen bewußt, daß diese kulturgeschichtliche Interpretation der Quellen eine Neuerung gegenüber der historischen Methode des Historismus darstellte; sie war sein »eigener Weg den Bächen entlang bis zu den Quellen« (Briefe VIII, S. 169).

Siehe auch Flaig, der Burckhardts methodische Originalität in dem von ihm entwickelten Verfahren sieht, »die Quellen gegen den Strich zu lesen« (*Flaig*, Angeschaute Geschichte, S. 38).

337 Briefe V, S. 120.

338 GA VII, S. 251.

339 GA V, S. 1.

340 Briefe I, S. 206 f.

341 Briefe I, S. 104.

342 GA VII, S. 18.

343 Ebd., S. 369.

344 Ebd., S. 225.

345 GA I, S. 336.

346 GA VII, S. 225.

347 Ebd., S. 226.

348 Nicht zufällig rechnet Burckhardt gleich eingangs seiner »Weltgeschichtlichen Betrachtungen« radikal mit einem historischen Denken ab, das nationalstaatlichen Gesichtspunkten einen erheblichen Stellenwert in der Organisation der historischen Erfahrung einräumt: »Der Patriotismus ... ist oft nur ein Hochmut gegenüber von anderen Völkern und schon deshalb außerhalb des Pfades der Wahrheit, oft aber gar nur eine Art der Parteisucht innerhalb des eigenen vaterländischen Kreises, ja er besteht oft nur im Wehetun gegen andere. Die Geschichte dieser Art ist Publizistik.« (Ebd., S. 8). Flaig leitet aus Burckhardts Distanz zur Idee der Nation seine bleibende Attraktivität ab: »Er bietet den Rezeptionswellen, die ihm beschieden, einen ungemeinen Vorteil deswegen, weil das Kollektiv, welches dem Subjekt Sinn und Identität verleiht, nicht die Nation ist; darum mag sein Oeuvre noch goutierbar bleiben, wenn die Historiker des Historismus der Unlesbarkeit anheimgefallen sind.« (*Flaig*, Angeschaute Geschichte, S. 259 f.).

349 Der hohe persönliche Stellenwert, den Burckhardt seiner »Griechischen Kulturgeschichte« beigemessen hat, wird unter anderem darin deutlich, daß er ihr gerade in den 70er Jahren, also während der Zeit seiner engagiertesten Zeitgenossenschaft und gleichzeitig größten Verzweiflung über die Tendenzen der Gegenwart geradezu den Rang einer existentiellen Notwendigkeit zuerkannt hat: »Auch kann ich jetzt ruhig sterben was ich nicht gekonnt hätte wenn ich nicht wenigstens einmal ›griechische Kulturgeschichte‹ gelesen haben würde.« (Briefe V, S. 174).

350 GA XIV, S. 255.

351 GA X, S. 397.

352 GA VII, S. 369.

353 GA XI, S. 11 f.

354 Zur Bedeutung der Kategorien »Kultur« und »Politik« als Unterscheidungskriterien verschiedener Positionen innerhalb des Historismus siehe jetzt *Gilbert*, Politics or Culture?

355 *Rüsen*, Die Uhr, der die Stunde schlägt, S. 211. Siehe auch S. 213: »Natur ist der Prozeß, der die einzelnen Kulturentwicklungsprozesse zur Weltgeschichte verbindet. Der Gesamtprozeß der geschichtlichen Entwicklung, die ›Kontinuität der Weltentwicklung‹ ist ein reiner Naturprozeß.« Auch Schnädelbach spricht in diesem Zusammenhang von Burckhardts »Tendenz zur Irrationalisierung des geschichtlichen Objektbereichs« und von einer Nähe seiner Geschichtstheorie zu »vitalistischen Auffassungen« (*Schnädelbach*, Geschichtsphilosophie nach Hegel, S. 72 f.) Letztlich stellt er jedoch das Verhältnis von Natur und Geist auf den Kopf – und zwar im wahrsten Sinne des Wortes – indem er bei Burckhardt den geschichtlichen Primat der Kultur gewahrt sieht: »Burckhardt ist kein Lebensphilosoph, weil in seiner Geschichtssicht die Kontinuität der Geschichte die des Geistes, nicht die des Lebens ist.« (Ebd., S. 74).

Unter philosophiegeschichtlichen Gesichtspunkten diskutiert Angermeier den heimlichen Naturalismus von Burckhardts Kulturgeschichte als Folge seiner großen geistigen Nähe zu Schopenhauer (*Angermeier*, Ranke und Burckhardt, S. 415 ff.).

356 Daß diese hier unterstellte Antithetik zwischen Natur und Kultur in Burckhardts Potenzenlehre existiert, wird von Flaig bestritten: »Nicht hie ›Natur‹, dort ›Geist‹ ist die Aussage, sondern der Gegensatz Natur/Geist geht sozusagen waagrecht durch alle drei Potenzen hindurch.« (*Flaig*, Angeschaute Geschichte, S. 124). Die Textbefunde sprechen allerdings eine andere Sprache. Überall dort, wo Burckhardt Staat und Religion geistbestimmt sieht, sieht er gerade die Kultur am

Werke und den anderen beiden Potenzen »das Programm schreiben« (GA VII, S. 147); entweder mit der Folge einer politischen Legitimierung der staatlichen Herrschaft zum »Kulturstaat« (GA VII, S. 27), oder einer Verinnerweltlichung der Religion zur Moral (GA VII, S. 117 f.).

357 Das geschichtstheoretische Problem, das sich bei einer derartig konzipierten Kultur-Natur-Dialektik stellt, hat Flaig auf die treffende Frage gebracht: »Was geschieht, wenn alle barbarischen Ethnien des Erdballs dem kulturellen Moloch zum Verbrauch zugeführt sein werden?« (*Flaig*, Der Begriff der »Alterung«, S. 208). Burckhardts Antwort auf diese Frage könnte nur lauten: Nichts! Denn der Jungbrunnen der geschichtlichen Entwicklung ist in diesem Falle versiegt, die Menschheit alt geworden und es können keine anthropologischen Energien der kulturellen Erneuerung mehr mobilisiert werden.

358 Dieser Aspekt des Potenzenschemas ist angedeutet worden von *Ernst*, Geschichtsbegriff und Geschichtskritik bei Jacob Burckhardt.

359 Dieser Befund läßt sich – wie Flaig gezeigt hat – am Beispiel der »Griechischen Kulturgeschichte« bestätigen, wo Burckhardt das Kapitel über den Mythus von dem Kapitel zur Religion abspaltet und an den Anfang der gesamten Untersuchung setzt: »Wenn er den Mythos abschneidet von Religion und Kultus, um ihn an die vorderste Stelle zu schieben, dann bringt er die drei Potenzen in eine Rangordnung, die über die griechische Kultur hinaus für das ganze Abendland Wirksamkeit behält: zuerst die Kultur, dann der Staat und die Religion. Am Anfang der GK und am Ursprung des abendländischen Kontinuums steht diejenige der drei Potenzen, die keine Zwangsgeltung erhebt. Europa beginnt sein kulturelles Dasein im Medium der freien, spontanen Potenz.« (*Flaig*, Angeschaute Geschichte, S. 220). Siehe auch die folgenden Seiten, auf denen Flaig die Differenz der »Griechischen Kulturgeschichte« zu Bachofens These herausarbeitet, es gebe »nur einen einzigen mächtigen Hebel aller Zivilisation, die Religion«.

360 In diesem Zusammenhang siehe auch Flaigs Interpretation von Burckhardts historischer Anthropologie: »Unser anthropologisches Wissen verbietet uns, auch nur für die Dauer eines Gedankenspiels anzunehmen, der Mensch sei ›unmittelbar Naturwesen‹ – überall ist er im Kulturzustand, nirgendwo Naturwesen, woher niemand zu sagen vermag, was seine natürlich vorgegebenen Bedürfnisse sind. Freilich ist dieses Wissen um den hohen Preis erkauft, jegliche Anthropologie, die vom Einzelwesen ausgeht, als Donquichotterie hinter uns zu lassen.« (*Flaig*, Angeschaute Geschichte, S. 128).

361 *Wenzel*, Jacob Burckhardt in der Krise seiner Zeit. In diesem Zusammenhang trifft auch der von Lukács gegenüber der bürgerlichen Kulturkritik erhobene Vorwurf einer ›indirekten Apologetik‹ der bürgerlichen Gesellschaft und des modernen Kapitalismus (*Lukács*, Die Zerstörung der Vernunft, S. 181).

362 *Plessner*, Die verspätete Nation, S. 103–118; zu Nietzsche immer noch: *Heidegger*, Nietzsche.

363 Hardtwig hat bereits die Frage nach ihrem Verhältnis zueinander aufgegriffen und »sehr weitgehende Übereinstimmungen im Geschichtsdenken Jacob Burckhardts und Max Webers, insbesondere in der Konzeption von ›Kultur‹ und in den Annahmen über die Entstehung ›kulturbedeutsamer Phänomene‹« konstatiert (*Hardtwig*, Jacob Burckhardt und Max Weber, S. 189). Die hier angestellten Überlegungen berühren sich mit Hardtwigs Untersuchung in vielfacher Weise. Allerdings akzentuieren sie im Unterschied zu der von Hardtwig aus dem Kulturbegriff dieser beiden herausgelesenen »Fortschrittsfreude« (ebd., S. 223) mehr die gegenwarts- und kulturkritischen Implikationen ihres Werks.

364 *Weber*, Wissenschaftslehre, S. 180.

IV. Max Weber und die Entwicklung
der Kulturgeschichte

1 In der Forschungsliteratur zu Weber werden die kulturtheoretischen Aspekte seines Werks zunehmend betont. Zu diesem »cultural turn« der Weber-Forschung soll diese Untersuchung einen Beitrag leisten, indem sie die Bedeutung Webers für die Entstehung der Kulturgeschichte herauszuarbeiten versucht. Erwähnt seien im Zusammenhang dieser neueren, kulturtheoretischen Lesart des Weberschen Werks nur *Habermas*, Theorie des kommunikativen Handelns I, S. 205 ff.; *Hennis*, Max Webers Fragestellung; *Mommsen u. Schwentker*, Weber und Zeitgenossen; *Peukert*, Diagnose der Moderne; *Scaff*, Fleeing the Iron Cage; *Schluchter*, Religion und Lebensführung. Rezeptionsgeschichtlich bemerkenswert ist in diesem Zusammenhang, daß Weber zunehmend als Diagnostiker der spezifisch modernen Kultur-, Wahrheits-, Wert- und Sinnprobleme der menschlichen Lebensführung in den Mittelpunkt des Interesses rückt. In den Schriften Löwiths hatte eine derartige Weber-Deutung bereits einmal dominiert (*Löwith*, Max Weber und Karl Marx). Am Beispiel Löwiths, der wichtige Forschungsbeiträge sowohl zu Burckhardt als auch zu Weber geliefert hat, ließen sich auch sehr gut die übereinstimmenden Fragestellungen dieser beiden bedeutenden Vertreter der bürgerlichen Kulturtheorie und -kritik herausarbeiten. Vergleiche dieser beiden Denker stammen von *Bendix u. Roth*, Scholarship and Partisanship, S. 266-281; *Hardtwig*, Jacob Burckhardt und Max Weber. Auch Hennis erkennt in Burckhardts Kulturgeschichte »eine der tiefsten Quellen für Webers ›universalgeschichtlichen‹ Blick auf die Geschichte des okzidentalen Menschen« (*Hennis*, Max Webers Fragestellung, S. 189).

2 Deren Bedeutung für die Erschließung des Gesamtwerks hat insbesondere Tenbruck hervorgehoben: »Wer in den Kern von Webers Gedanken, wer in das lebendige Zentrum seiner Soziologie eindringen will, der muß zu den GARS greifen.« (*Tenbruck*, Das Werk Max Webers, S. 693).

Wenn hier Webers Begriff der Kultur in den Mittelpunkt der Untersuchung rückt, so ist damit der hermeneutische Ausgangspunkt gekennzeichnet, von dem her die Auseinandersetzung mit Weber aufgenommen wird: Es geht um Webers Antwort auf die Frage der gegenwärtigen Geschichtswissenschaft nach der Heuristik, Methode und Theorie der Kulturgeschichte.

3 Hierzu *Löwith*, Max Weber und Karl Marx, S. 19 ff.

4 *Weber*, Religionssoziologie I, S. 571.

5 *Weber*, Die protestantische Ethik II, S. 303. Dieser Aspekt ist von Hennis herausgearbeitet, aber auch zum alleinigen Zentrum des Gesamtwerks vereinseitigt worden (*Hennis*, Max Webers Fragestellung, S. 21 f.).

6 *Löwith*, Max Weber und Karl Marx, S. 2 f. Daß sich von diesem anthropologischen Forschungsmotiv her das Gesamtwerk Webers erschließen läßt, betont auch *Mommsen*, Gesellschaft, Politik und Geschichte, S. 111.

7 Vgl. hierzu auch: *Tenbruck*, Das Werk Max Webers, S. 685 f.; *Hennis*, Max Webers Fragestellung, S. 3-58.

8 *Tenbruck*, Das Werk Max Webers, S. 689.

9 In Hegels Geschichtsphilosophie fungiert der geschichtliche Prozeß der Versittlichung gesellschaftlicher Arbeit im Zusammenhang der reformatorischen Erneuerung – wie für Weber zunächst auch – als ein wesentliches Entstehungsprinzip der modernen Welt: »Die Industrie, die Gewerbe sind nunmehr sittlich geworden.« (*Hegel*, Vorlesungen über die Philosophie der Geschichte, S. 503).

10 *Weber*, Religionssoziologie I, S. 1. Zur geschichtlichen Kulturbedeutung des okzidentalen Rationalismus bei Weber siehe vor allem: *Schluchter*, Religion und Lebensführung II, S. 382-505; *Habermas*, Theorie des kommunikativen Handelns I, S. 205-366.

11 *Habermas*, Theorie des kommunikativen Handelns I, S. 253 f.; *Schluchter*, Entwicklung, S. 34 f.

12 *Weber*, Religionssoziologie I, S. 1 ff.

13 Hierzu am besten *Schluchter*, Religion und Lebensführung II, S. 425 ff., wo im einzelnen die Sondererscheinungen referiert werden, »die den modernen okzidentalen Kapitalismus nach Art,

Form und Richtung von anderen Arten, Formen und Richtungen des Kapitalismus unterscheiden, was also seine definierenden Merkmale sind, um deren Erklärung es [Weber] geht.« (Ebd., S. 425). Schluchter sieht den Sonderstatus des okzidentalen Kapitalismus auf drei Ebenen angelegt: auf der Ebene der Erwerbsbetriebs- und Unternehmensorganisation, auf der Ebene der Wirtschaftsordnung und auf der Ebene des kapitalistischen Geistes (ebd., S. 426).

14 Am prägnantesten hat Weber den engen Zusammenhang zwischen Gesellschaft und religiöser Kultur in seinem von Schluchter jetzt erstmalig veröffentlichten »Plan von 1919« formuliert, der den von Weber damals beabsichtigten Aufbau der »Gesammelten Aufsätze zur Religionssoziologie« vorentwirft: »Gegenstand ist überall die Behandlung der Frage: Worauf die ökonomische und soziale Eigenart des Okzidents beruht, wie sie entstanden ist und insbesondere in welchem Zusammenhang sie mit der Entwicklung der religiösen Ethik steht.« (*Schluchter*, Religion und Lebensführung II, S. 594).

15 *Weber*, Die protestantische Ethik I, S. 76.

16 Ebd.

17 Daß Webers Religionssoziologie eine »differentielle Kulturtheorie« enthält, betont auch *Schluchter*, Rationalismus der Weltbeherrschung, S. 14.

18 *Weber*, Die protestantische Ethik I, S. 65.

19 *Weber*, Religionssoziologie I, S. 12.

20 Es ist der vielleicht folgenreichste Fehler der marxistischen Ideologiekritik, Kultur zu einer Reihe menschlicher »Nebelbildungen im Gehirn« und zu einem ideologischen Mittel reduziert zu haben, einer unversöhnten und selbstentfremdeten Realität fröhliche Züge anzudichten und damit diesen eminent kritischen, prinzipiell gegenwartstranszendierenden Stachel aller Kultur begrifflich nicht erfaßt zu haben. Die Kritik gesellschaftlicher und politischer Zustände ist demgegenüber die Kulturleistung einer Konfrontation von Realität mit dem von ihr Versagten, also mit Kultur im Sinne der transzendierenden Vorstellung eines notwendigerweise Nicht-Realen, eines Normativen, das die Zukunft aufschließt und in den Horizont der Gegenwart hineinholt. Dieses Vermittlungsverhältnis zwischen Realität und Kultur hatte Droysen in den Worten zum Ausdruck gebracht, es sei »eine schwere, aber unendlich wichtige Einsicht, daß ... das Ideale nur in dem Realsein, die Realität nur in dem ideellen Inhalt sich rechtfertigt« (*Droysen*, Historik (Hübner), S. 243) und Ranke dazu veranlaßt, »Realgeistiges« im Sinn einer geistigen Tiefendimension der Wirklichkeit zum vornehmsten Gegenstand der Historie zu erheben.

Es handelt sich bei der Kultur um eine Verfremdung der Wirklichkeit, welche sie vor dem Spiegel ihrer Möglichkeiten betrachtet, eines Sein-Sollenden, welches in der Empirie des gesellschaftlichen Seins unbefriedigt zurückgelassen wird. Zur Artikulation von Kritik an den Strukturen der ihn umgebenden gesellschaftlichen Verhältnisse steht dem Menschen kein anderes Medium zur Verfügung als das der Kultur, denn »ihre Gedanken sind die Kritik dessen, was ist und nicht ist, wie es sein sollte« (Droysen). In dieser eminent kritischen Bedeutung einer geschichtlichen Triebkraft, einer selbst lebensweltlichen Selbsttranszendierung der Lebenswelt interessiert sie Max Weber. Mit seinem Interesse an »Lebensführung« unterstreicht er nur die Einsicht Droysens, daß die Ethik das wahre »Gesetz der Geschichte« sei.

21 Welche geschichtliche Kulturbedeutung Max Weber dabei insbesondere dem Christentum beigemessen hat, geht aus einem Jugendbrief an seinen jüngeren Bruder Alfred hervor. Die historische Erfahrung lehre, schreibt er hier, daß »alles, was wir unter dem Namen ›unserer Kultur‹ zusammenfassen, in erster Linie auf dem Christentum beruht, daß heute in den Einrichtungen und Ordnungen der ganzen menschlichen Gesellschaft, in ihren Denk- und Handlungsweisen, alles mit ihm zusammen und von ihm abhängt, so sehr sogar, daß wir selbst es gar nicht immer merken und gar nicht mehr bewußt sind, daß wir bei allem, was wir tun und denken, unter dem Einfluß der christlichen Religion stehen.« (*Weber*, Jugendbriefe, S. 106 f.). Zu Webers persönlichem Verhältnis zur Religion siehe *Weiß*, Max Webers Grundlegung der Soziologie, S. 106 ff.

22 Zum folgenden Versuch einer Funktionstypologie siehe auch die andersgearteten Versuche von *Schluchter*, Entwicklung, S. 43 ff.; *Malinowski*, Theorie der Kultur, der die These von vier »Kulturimperativen« entwickelt.

23 *Weber*, Religionssoziologie I, S. 241 und – in unmißverständlicher, spiritualistische Fehldeutungen ausschließender Klarheit – S. 238 f. Aus der Forschung siehe *Arnason*, Praxis und

Interpretation, S. 87-111; *Lepsius*, Interessen und Ideen; *Riesebrodt*, Ideen, Interessen; *Winckelmann*, Die Herkunft von Max Webers »Entzauberungs«-Konzeption, der das von Weber durchgehend beachtete »methodische Prinzip der Faktoreninterdependenz« (ebd., S. 42) deutlich herausarbeitet.

24 Dies kommt in der berühmten und mittlerweile klassisch gewordenen Formulierung bei *Weber*, Religionssoziologie I, S. 252 deutlich zum Ausdruck. Tenbruck hat das dort problematisierte Verhältnis zwischen Ideen und Interessen auf die treffende Formel gebracht: »Die Weichenstellung der Ideen ist ... nur die Kehrseite der Blindheit der Interessen.« (*Tenbruck*, Das Werk Max Webers, S. 689).

25 *Weber*, Die protestantische Ethik I, S. 117.

26 *Weber*, Religionssoziologie I, S. 537. Zu Webers »Theorie der Rationalität« siehe auch *Rossi*, Vom Historismus zur historischen Sozialwissenschaft, S. 63-92.

27 *Weber*, Die protestantische Ethik I, S. 85.

28 *Weber*, Religionssoziologie I, S. 11 f.

29 *Weber*, Politische Schriften, S. 548.

30 *Mommsen*, Gesellschaft, Politik und Geschichte, S. 119.

31 *Weber*, Die protestantische Ethik I, S. 141 f. Aus der Forschungsliteratur siehe *Lepsius*, Interessen und Ideen, S. 20 ff.; *Tenbruck*, Das Werk Max Webers, S. 689.

32 *Weber*, Die protestantische Ethik I, S. 134 f., 184 ff.

33 Ebd., S. 142.

34 Ebd., S. 61.

35 *Weber*, Wissenschaftslehre, S. 517.

36 *Weber*, Die protestantische Ethik I, S. 29 ff., 46 ff.

37 Ebd., S. 184.

38 Ebd., S. 58.

39 Ebd., S. 63.

40 Ebd., S. 179.

41 *Lepsius*, Interessen und Ideen, S. 26.

42 *Weber*, Wissenschaftslehre, S. 612.

43 *Weber*, Religionssoziologie I, S. 253.

44 *Weber*, Politische Schriften, S. 542.

45 *Weber*, Religionssoziologie I, S. 549.

46 Ebd., S. 569.

47 Ebd., S. 572 f.

48 Ebd., S. 564.

49 *Weber*, Die protestantische Ethik I, S. 117.

50 *Weber*, Religionssoziologie II, S. 373. Eine stärkere und Webers Intentionen teilweise überzeichnende Fassung dieses Arguments findet sich bei *Arnason*, Praxis und Interpretation, S. 134: »Die Stellungnahme, die ursprünglich als ein Definitionsmerkmal des Kulturmenschentums galt, wird im Endeffekt nur in einer einzigen Kultur adäquat realisiert. Nur die okzidentale Entwicklungslinie, die in der innerweltlichen Askese und dem Rationalismus der Weltbeherrschung gipfelt, führt zu einer authentischen Konfrontation zwischen Mensch und Welt. Im Vergleich zu dieser ›gewaltigen und pathetischen Spannung‹ erscheinen die nicht-europäischen Zivilisationskomplexe als minderwertige Spielarten, zum Teil sogar als selbstverleugnende Irrwege der Kultur.«

51 *Weber*, Die protestantische Ethik I, S. 54; siehe auch ebd., S. 39 ff., 115 ff. Eine gute Skizze dieser Problematik findet sich bei *Schluchter*, Rationalismus der Weltbeherrschung, S. 25 ff.; *ders.*, Religion und Lebensführung II, S. 476 ff. Siehe auch *Lehmann*, Asketischer Protestantismus und ökonomischer Rationalismus.

52 *Weber*, Die protestantische Ethik I, S. 180.

53 Ebd., S. 31.

54 Ebd., S. 84.

55 Ebd., S. 65 f. Daß Weber dem Gedanken der asketischen Durchdringung der menschlichen Lebensführung persönlich einen äußerst hohen Stellenwert beimaß, geht aus einem Brief an Adolf

von Harnack vom 5. Februar 1906 hervor: »Daß unsere Nation die Schule des harten Asketismus, niemals, in keiner Form, durchgemacht hat, ist ... der Quell alles Desjenigen, was ich an ihr (wie an mir selbst) hassenswert finde.« (Zitiert in *Mommsen u. Schwentker*, Weber und Zeitgenossen, S. 24).

56 *Tenbruck*, Das Werk Max Webers, S. 690; *Schluchter*, Rationalismus der Weltbeherrschung, S. 30 ff.; *Weiß*, Max Webers Grundlegung der Soziologie, S. 133 ff.

57 *Weber*, Die protestantische Ethik I, S. 59.

58 *Habermas*, Theorie des kommunikativen Handelns I, S. 332 ff.

59 *Weber*, Die protestantische Ethik I, S. 183.

60 *Weber*, Die protestantische Ethik II, S. 319.

61 *Löwith*, Max Weber und Karl Marx, S. 26 f.

62 *Weber*, Die protestantische Ethik I, S. 45.

63 *Weber*, Politische Schriften, S. 320.

64 *Weber*, Die protestantische Ethik I, S. 188.

65 *Löwith*, Max Weber und Karl Marx, S. 25.

66 *Weber*, Die protestantische Ethik I, S. 189.

67 Ebd., S. 188. Diese Deutung der Gegenwart als einer geschichtlichen Situation »religiösen Alltags«, als einer Abwesenheit einheits- und integrationsfähiger kultureller Weltbilder war es, die Webers Position von derjenigen Ernst Troeltschs prinzipiell trennte. Vgl. zur Beziehung zwischen beiden *Graf*, Fachmenschenfreundschaft.

68 *Eden*, Political Leadership; *Habermas*, Theorie des kommunikativen Handelns I, S. 223, 336 ff., II, S. 487 f.; *Hennis*, Max Webers Fragestellung, S. 167-191; *Mommsen*, Gesellschaft, Politik und Geschichte, S. 97 ff.

69 *Weber*, Religionssoziologie I, S. 569.

70 *Weber*, Zur Rechtfertigung Göhres.

71 *Weber*, Wissenschaftslehre, S. 597 f.

72 *Weber*, Die protestantische Ethik I, S. 187.

73 Ebd.

74 *Weber*, Wissenschaftslehre, S. 525. Zum Gegensatz zwischen Fachmenschen- und Kulturmenschentum siehe auch *Mommsen*, Gesellschaft, Politik und Geschichte, S. 110.

75 *Weber*, Wissenschaftslehre, S. 226 f.

76 Die hier vorgenommene Analyse von Webers Kulturskeptizismus der Gegenwart berührt sich an einzelnen Punkten mit Peukerts Interpretation der »Paradoxien der Rationalisierung«: *Peukert*, Diagnose der Moderne, S. 35.

77 *Habermas*, Theorie des kommunikativen Handelns I, S. 264 ff.

78 *Weber*, Wissenschaftslehre, S. 595 und 593.

79 *Weber*, Religionssoziologie I, S. 3.

80 Ebd., S. 566.

81 Ebd., S. 569.

82 *Weber*, Wissenschaftslehre, S. 607.

83 Ebd., S. 605 und 609.

84 *Weber*, Die protestantische Ethik I, S. 125.

85 Ebd., S. 122.

86 *Weber*, Wissenschaftslehre, S. 610.

87 *Weber*, Politische Schriften, S. 546.

88 Darauf hat vor allem Löwith aufmerksam gemacht: »Das Positive dieses mangelnden Glaubens an etwas, was das Schicksal der Zeit und die Forderung des Tages überschritte – an objektiv vorhandene Werte, Sinne, Gültigkeiten –, ist aber die Subjektivität der rationalen Verantwortung als einer reinen Eigenverantwortung des Individuums vor sich selbst. ... Die Grundhaltung, welche Weber in dieser rationalisierten Welt einnimmt ... ist also die einer objektiv haltlosen Gehaltenheit des eigenverantwortlichen Individuums durch sich selbst. Hineingestellt in diese Welt von Hörigkeit gehört das Individuum als ›Mensch‹ sich selbst und steht es auf sich selbst.« (*Löwith*, Max Weber und Karl Marx, S. 33 f.).

89 *Weber*, Wirtschaft und Gesellschaft, S. 353. Siehe zur Notwendigkeit des Verzichts auf

Kultur als Voraussetzung der modernen Lebensführung auch *Hennis*, Max Webers Fragestellung, S. 105.

90 *Weber*, Religionssoziologie I, S. 571. Das betont auch *Schluchter*, Entwicklung, S. 255.

91 *Weber*, Die protestantische Ethik I, S. 42.

92 Habermas nennt das treffend den *»gnadenpartikularistische*[n] *Rückfall* einer egozentrisch verkürzten, in die Brüderlichkeitsfeindschaft der kapitalistischen Wirtschaft sich einfügenden asketischen Berufsethik unter das in der kommunikativ entfalteten Brüderlichkeitsethik bereits erreichte Niveau.« (*Habermas*, Theorie des kommunikativen Handelns I, S. 313 f.).

93 *Weber*, Wissenschaftslehre, S. 517.

94 Ebd., S. 612.

95 *Weber*, Wirtschaft und Gesellschaft, S. 21. Weber diagnostiziert eine Entethisierung der Lebenswelt durch eine Versachlichung der interpersonalen Beziehungen:»Weder ethische noch antiethische, sondern einfach anethische, jeder Ethik gegenüber disparate Erwägungen bestimmen das Verhalten in den entscheidenden Punkten und schieben zwischen die beteiligten Menschen unpersönliche Instanzen.« (*Weber*, Wirtschaft u. Gesellschaft, S. 709).

96 *Weber*, Politische Schriften, S. 318.

97 *Weber*, Wirtschaft u. Gesellschaft, S. 19 f., 122 ff. Siehe hierzu *Breuer*, Herrschaftssoziologie; *Mommsen*, Gesellschaft, Politik und Geschichte, S. 205.

98 *Weber*, Wirtschaft u. Gesellschaft, S. 124.

99 Ebd., S. 128.

100 Ebd.

101 Ebd.

102 Vgl. zu den einzelnen Rationalitätsmerkmalen der bürokratischen Herrschaft: Ebd., S. 125 ff., 561 f.

103 Ebd., S. 563.

104 Zu dieser Differenzierung siehe *Kalberg*, Max Webers Typen der Rationalität, S. 31.

105 *Weber*, Wirtschaft u. Gesellschaft, S. 129.

106 Ebd., S. 569 f.

107 Daß der Begriff des »Charismas« zum Zentralbegriff von Webers politischer Theorie avancieren konnte, liegt daran, daß er für Weber die Kulturlosigkeit legalisierter Herrschaftsgefüge aufs schärfste kontrastiert und zugleich transzendiert. Das an die große Führerpersönlichkeit gebundene Charisma ist unter diesem Gesichtspunkt eine Rückkehr der Kultur in die Rationalität der Herrschaft, welche die erstarrten Formen des Politischen aufbricht und so erst geschichtliche Weiterentwicklungen möglich macht. (*Mommsen*, Gesellschaft, Politik und Geschichte, S. 97 ff.).

108 *Weber*, Politische Schriften, S. 320.

109 Den »anthropologischen Einschlag« in Webers Wissenschaftslehre erwähnt *Tenbruck*, Methodologie und Sozialwissenschaften, S. 30.

110 *Weber*, Wissenschaftslehre, S. 33. Webers Kritik galt in diesem Zusammenhang nicht allein der historistischen, sondern jeglicher Form des Fortschrittsdenkens, insbesondere des aufklärerischen bzw. des evolutionistischen des zeitgenössischen Positivismus; vgl. hierzu auch: *Habermas*, Theorie des kommunikativen Handelns I, S. 207–224.

111 *Weber*, Wissenschaftslehre, S. 530.

112 Ebd., S. 594.

113 *Löwith*, Max Weber und Karl Marx, S. 15.

114 *Weiß*, Die Entzauberung der Welt, S. 13 ff.

115 *Weber*, Wissenschaftslehre, S. 154.

116 Ebd., S. 171.

117 *Dux*, Gegenstand und Methode, S. 206 f.

118 Das betonen: *Henrich*, Die Einheit der Wissenschaftslehre, S. 19, 72 ff.; *Kocka*, Sozialgeschichte, S. 37.

119 *Weber*, Wissenschaftslehre, S. 184.

120 Ebd., S. 150 ff.

121 Ebd., S. 180. Diesen anthropologischen Aspekt in Webers Begründung der Kulturwissenschaften betont auch *Arnason*, Praxis und Interpretation, S. 111 ff.: »Der Durchbruch zum

Kulturmenschentum käme demnach einer anthropologischen Transformation gleich, auf dieser Basis entfalten sich die Kulturwissenschaften.« (Ebd., S. 112).

122 Mommsen hat diese Antinomie zwischen Fach- und Kulturmenschentum, die zugleich zwei Konzeptionen der gesellschaftlichen Rationalisierung kennzeichnet (rationale Anpassung an die Realität und ihre Zweckmäßigkeitsbedingungen, Routinisierung und Veralltäglichung von erfolgsorientierten Handlungsprinzipien auf der Seite des »Fachmenschentums«; ethische Reglementierung der Lebensführung aus dem Horizont letzter wertrationaler Überzeugungen, »charismatische« Revolutionierung und Außerkraftsetzung tradierter Lebensverhältnisse auf der Seite des »Kulturmenschentums«), als die wesentlichste Grundlage von Webers universalgeschichtlichem Denken interpretiert (*Mommsen*, Gesellschaft, Politik und Geschichte, S. 51 ff.). Für ihn lassen sich diese beiden Typen der menschlichen Lebensführung zugleich auf »zwei Grundformen sozialen Wandels« applizieren: gesellschaftliche Versteinerung infolge der Erschöpfung kultureller Energien versus Öffnung des geschichtlichen Horizonts durch die Prämierung einer ethischen Lebensführung (ebd., S. 57 ff.).

123 Tenbruck hat Webers Wissenschaftslehre insgesamt als eine Reaktion auf die angesichts der zeitgenössischen Konjunktur des evolutionistischen und positivistischen Denkens drohende Entkulturalisierung der Wissenschaft interpretiert. In ihr dokumentiere sich Webers transzendentalphilosophisch begründeter Wille zur Rettung der Kulturwissenschaft als einer hermeneutischen, an Wertgesichtspunkte gebundenen Wissensform. Im Denken Webers verbinde sich die Erfahrung des unaufhaltsamen Siegeszuges des Positivismus mit der Erfahrung einer existentiellen Bedrohung der an Wertrationalität gebundenen Kultur; hier »versank die Welt der Geschichte und der in ihr webende Mensch. Ein Äon schien zu Ende zu gehen. Max Weber hat diesen Moment auf seine Weise festgehalten.« (*Tenbruck*, Genesis, S. 595). Webers Wissenschaftslehre steht in Opposition zu einer objektivistischen und positivistischen Wendung der Kulturwissenschaften; sie ist ein Versuch zur Rettung ihres hermeneutischen Charakters.

124 Weber hat sich unter erkenntnistheoretischen Gesichtspunkten selbst in die Traditionslinie des Neukantianismus gestellt (Wissenschaftslehre, S. 146). Auch in der Literatur sind die neukantianischen Wurzeln seiner Theorie der kulturwissenschaftlichen Begriffsbildung bereits oftmals herausgearbeitet worden: *Henrich*, Die Einheit der Wissenschaftslehre; *Tenbruck*, Genesis, S. 629. Aus der neueren Forschung siehe: *Köhnke*, Entstehung und Aufstieg des Neukantianismus (ohne direkten Bezug zu Weber); *Merz*, Weber und Rickert; *Oaks*, Die Grenzen der kulturwissenschaftlichen Begriffsbildung; *Rossi*, Vom Historismus zur historischen Sozialwissenschaft; *Wagner*, Geltung und normativer Zwang.

125 *Weber*, Wissenschaftslehre, S. 177 f.

126 Ebd., S. 175.

127 Ebd., S. 180.

128 *Mommsen*, Gesellschaft, Politik und Geschichte, S. 105. Hier wird deutlich, warum Webers methodologischer und erkenntnistheoretischer Neukantianismus einen Rückschritt gegenüber der historischen Hermeneutik Droysens darstellt. (Siehe hierzu im einzelnen die Kapitel II,1,c und II,3,a–c.) Droysen hatte die geschichtliche Einheit von Subjekt und Objekt der historischen Erfahrung betont. Sein Wissen darum, daß »Geschichte« sowohl ein Prozeß als auch eine Bewußtseinsleistung darstellt, führte bei ihm nicht zu einer Irrationalisierung des historischen Objektbereichs, da die Hermeneutik um die Fundierung der Erkenntnis im Objekt selber weiß. Die Hermeneutik läßt die wissenschaftstheoretischen Extreme von Subjektivismus und Objektivismus vermeiden, indem sie das Vermittlungsgeschehen zwischen Gegenwart und Geschichte ins Zentrum der historischen Erkenntnis rückt. Geschichte existiert zugleich ›an sich‹ und ›für uns‹, und das »Verstehen« ist die historische Vermittlung beider Pole zur Einheit einer lebenspraktisch wirksamen Erkenntnis. (Mit Blick auf Droysen betonen das *Kohlstrunk*, Logik und Historie, S. 142 ff.; *Rüsen*, Begriffene Geschichte, S. 122 ff.).

Diese theoriegeschichtliche Konstellation macht auch verständlich, warum der hermeneutische Neubeginn Heideggers in den zwanziger Jahren für Furore sorgen konnte und allgemein als eine philosophische Befreiung aus der wissenschaftstheoretischen Misere des Neukantianismus erfahren worden ist. Heideggers hermeneutische Wende der Philosophie dokumentiert jetzt seine erst vor kurzem wiederentdeckte Frühschrift: Phänomenologische Interpretationen zu Aristoteles.

129 »Wissenschaft als Beruf« bleibt, was die allein hermeneutisch explizierbare »Kultur«-Bedeutung der Wissenschaft angeht, ausgesprochen wortkarg. Hier dominiert eindeutig eine Orientierung am eher technischen Erkenntnisinteresse und Methodenideal der Naturwissenschaften. Die Wissenschaft erscheint weitgehend auf ihren instrumentellen Nutzen beschränkt, der sich in ihren vielfältig differenzierten Antworten auf die Frage manifestiert, »wie man das Leben, die äußeren Dinge sowohl wie das Handeln der Menschen, durch Berechnung beherrscht«. (*Weber*, Wissenschaftslehre, S. 607). Zu Webers Programm der »Kulturwissenschaften« siehe auch *Scaff*, Fleeing the Iron Cage, S. 83 ff. und *Hübinger*, Max Weber und die Historischen Kulturwissenschaften, der die lebensgeschichtlichen und biographischen Bezüge von Webers Konzeption der Kulturwissenschaft herausarbeitet, ihre Realisierung in den historisch-empirischen Schriften Webers verfolgt und sie in Beziehung zu anderen kulturhistorischen Ansätzen des frühen 20. Jahrhunderts stellt.

130 *Weber*, Wissenschaftslehre, S. 213.

131 Ebd., S. 214.

132 Ebd., S.186. Diesen Aspekt betont auch *Tenbruck*, Genesis, S. 578 ff.

133 *Weber*, Wissenschaftslehre, S. 207 f.

134 Ebd., S. 147.

135 Ebd., S. 156.

136 Ebd., S. 149.

137 Diesen Aspekt betont *Kocka*, Max Webers Bedeutung, S. 15 f.

138 *Weber*, Wissenschaftslehre, S. 150.

139 Ebd.

140 Ebd., S. 150 f.

141 *Weber*, Religionssoziologie I, S. 253.

142 Ebd., S. 12.

143 *Weber*, Wissenschaftslehre, S. 154.

144 *Weber*, Wirtschaft und Gesellschaft, S. 12 ff. Aus der Forschungsliteratur zum Zusammenhang zwischen Webers Handlungs- und Rationalitätstheorie siehe vor allem *Döbert*, Max Webers Handlungstheorie; *Habermas*, Theorie des kommunikativen Handelns I, S. 225 ff.; *Kalberg*, Max Webers Typen der Rationalität.

145 *Weber*, Politische Schriften, S. 539 ff. Zur Genese von Webers Begrifflichkeit siehe *Schluchter*, Religion und Lebensführung I, S. 165 ff.

146 *Weber*, Wirtschaft und Gesellschaft, S. 12.

147 *Weber*, Politische Schriften, S. 536.

148 *Gerhards*, Affektuelles Handeln.

149 *Weber*, Wirtschaft und Gesellschaft, S. 15.

150 Das Naturrecht stellte auch für Weber den »reinste[n] Typus der wertrationalen Geltung« dar: Wirtschaft und Gesellschaft, S. 19.

151 *Weber*, Wissenschaftslehre, S. 507.

152 Ebd., S. 504.

153 Ebd., S. 605. Siehe zum »Struggle of the Gods« auch *Scaff*, Fleeing the Iron Cage, S. 93 ff. *Küenzlen*, Die Religionssoziologie, S. 128 erwähnt darüber hinaus den systematischen Zusammenhang zwischen dieser These und den Studien zur »Wirtschaftsethik der Weltreligionen«.

154 *Weber*, Wissenschaftslehre, S. 508.

155 Dieser »kämpferische« Akzent in Webers Denken ist mit Bezug auf die politische Sphäre von Mommsen als eine zu autoritären Lösungen politischer Probleme neigende Ausprägung des Liberalismus herausgearbeitet worden (*Mommsen*, Weber und die deutsche Politik, insbes. S. 42 ff., 407 ff., 435 f.). Hennis bringt diese kämpferischen Elemente in Webers politischem Denken auf die griffige Formel des »voluntaristischen Liberalismus« (*Hennis*, Max Webers Fragestellung, S. 195 ff.).

156 *Weber*, Wissenschaftslehre, S. 507 f.

157 *Löwith*, Max Weber und Karl Marx, S. 35.

158 *Weber*, Wissenschaftslehre, S. 608. Kocka hat versucht, diese extrem dezisionistische Stoßrichtung von Webers praxistheoretischer Argumentation abzuschwächen, indem er auf die normenregulierenden Funktionen und Konsequenzen der Wissenschaftslehre hinwies (*Kocka*, Max

Webers Bedeutung). Allerdings sieht er sich bei diesem Versuch selber sperrigen und widerspre-
chenden Textbefunden ausgesetzt (ebd., S. 26, Anm. 9 und 13), die sich nicht ohne weiteres mit
seiner Argumentation vereinbaren lassen. Auch hier zeigt sich, daß die grundsätzlich »antinomische« Struktur von Webers Denken (*Mommsen*, Die antinomische Struktur) ein- und geradlinige
Interpretationen ausschließt.

159 *Weber*, Wissenschaftslehre, S. 508. Die hier nicht eigens thematisierten »staatstheoreti-
sche[n] Implikationen der Lehre von der Kollision letzter Werte« diskutiert *Zängle*, Webers
Staatstheorie, S. 136 ff.

160 *Weber*, Wissenschaftslehre, S. 604.

161 Ebd., S. 152.

162 Ebd., S. 494. Hier findet sich eine spürbare Nähe zu Burckhardts Definition individueller
»Größe«: »Womit beginnt Größe? Mit Hingebung an eine Sache, welche es auch sei, mit
gänzlichem Absterben der persönlichen Eitelkeit.« (Siehe hierzu Kap. III,4,c.) Daß Webers Begriff
des »Charisma« nur eine Steigerungsform der persönlichkeitskonstitutiven Fähigkeit des Kulturmenschen zur »Stellungnahme« und »Sinngebung« kennzeichne, erwähnt auch *Amason*, Praxis und
Interpretation, S. 116.

163 Dies betonen *Henrich*, Die Einheit der Wissenschaftslehre, S. 44 ff., 105 ff.; *Weiß*, Die
Entzauberung der Welt, S. 18 ff. Zuletzt siehe *Hennis*, Max Webers Fragestellung, der den
Gegensatz von Rationalisierung und Persönlichkeit und damit das Problem der zunehmenden
»Nichtethisierbarkeit« der Lebensführung in den Mittelpunkt seiner Untersuchung rückt (ebd., S.
103). Auch Webers Interesse an der »Protestantischen Ethik« führt Hennis darauf zurück, daß den
Individuen auf ihrer kulturellen Grundlage eine konsequente ethische Ausdeutung ihres Alltags
gelang und so erst die »geschlossene Einheit der ethischen Selbstrechtfertigung« des Menschen
entstanden ist, die zur geistigen Grundlage weitergehender Modernisierungsprozesse geworden ist.

164 *Weber*, Wissenschaftslehre, S. 132. Henrich hat in überzeugender Weise den eigentümlichen Freiheitsbegriff Webers charakterisiert, der nicht etwa politischen Definitionskriterien folgt,
sondern sich erst in der existentiellen Spannung der menschlichen Lebensführung zwischen
rationaler Anpassung an die Realität und realitätstranszendierenden kulturellen Werten entfaltet.
Indem sich Weber dieser, die moderne Welt insgesamt kennzeichnenden Spannung zwischen
rationaler Hörigkeit und persönlicher Autonomie rückhaltlos stellt, gelangt er zu »einem Freiheitspa-
thos, das ... zwar erst innerhalb moderner Lebensverhältnisse aufkommen konnte, das aber einen
humanen Gehalt hat, der nicht relativ ist auf eben diese Verhältnisse. ... Webers Freiheit ist die der
individuellen Selbstbestimmung in einem Handeln, das seine Orientierung nicht aus faktischen
Verhältnissen, sondern aus Werten und Lebensdeutungen gewinnt, das sich allerdings zusammen
mit dem unbefangenen Blick auf die Wirklichkeit und kraft eigener Einsicht in sachliche
Zusammenhänge, Tendenzen und Chancen ausbilden muß.« (*Henrich*, in: *Gneuss u. Kocka*, Max
Weber. Ein Symposion, S. 169 f.)

165 *Weber*, Wissenschaftslehre, S. 355.

166 *Weber*, Politische Schriften, S. 547.

167 Siehe hierzu *Schluchter*, Rationalismus der Weltbeherrschung, S. 36.

168 *Weber*, Die protestantische Ethik I, S. 188.

169 *Weber*, Wirtschaft und Gesellschaft, S. 578. Zu dem Zusammenhang zwischen dem Verlust
charismatischer Elemente der Persönlichkeit infolge gesellschaftlicher Rationalisierungsprozesse
und den zunehmenden Schwierigkeiten einer Behauptung von Subjektivität vergleiche auch die
folgende Stelle: »Das Schicksal des Charisma ist es, durchweg mit dem Einströmen in die
Dauergebilde des Gemeinschaftshandelns zurückzuebben zugunsten der Mächte entweder der
Tradition oder der rationalen Vergesellschaftung. Sein Schwinden bedeutet, im ganzen betrachtet,
eine Zurückdrängung der Tragweite individuellen Handelns. Von allen jenen Gewalten aber,
welche das individuelle Handeln zurückdrängen, ist die unwiderstehlichste ... die rationale
Disziplin. Sie ist inhaltlich nichts anderes als die konsequent rationalisierte, d.h. planvoll einge-
schulte, präzise, alle eigene Kritik bedingungslos zurückstellende, Ausführung des empfangenen
Befehls, und die unablässige innere Eingestelltheit ausschließlich auf diesen Zweck.« (Ebd., S. 681).
In der »Wissenschaftslehre« taucht derselbe Gedanke als eine Theorie der geschichtlichen Transformation von Einverständnishandeln zu rationaler Vergesellschaftung wieder auf: »Im ganzen ist, im

Verlauf der für uns übersehbaren geschichtlichen Entwicklung, zwar nicht eindeutig ein ›Ersatz‹ von Einverständnishandeln durch Vergesellschaftung, wohl aber eine immer weitergreifende zweckrationale Ordnung des Einverständnishandelns durch Satzung und insbesondere eine immer weitere Umwandlung von Verbänden in zweckrational geordnete Anstalten zu konstatieren.« (*Weber*, Wissenschaftslehre, S. 470 f.)

Mommsen sieht in diesem Gegensatz zwischen rationaler Disziplinierung und persönlichem Charisma das Zentrum, um das Webers universalgeschichtliches Denken insgesamt kreist (*Mommsen*, Gesellschaft, Politik und Geschichte, S. 97 ff.).

170 *Weber*, Wirtschaft und Gesellschaft, S. 129.

171 Ebd., S. 124. Aus der Forschungsliteratur siehe die auf das Verhältnis zwischen Legitimität und Legalität bei Weber konzentrierte Arbeit von *W.Lübbe*, Legitimität kraft Legalität. In dieselbe Richtung gehend: *H.Lübbe*, Sind Normen methodisch begründbar?.

172 *Weber*, Wissenschaftslehre, S. 475.

173 Habermas hat in seiner Interpretation der Weberschen Rechtssoziologie auf eben diesen Fehler innerhalb der Architektonik der Herrschaftstypologie Webers mit dem Hinweis auf die strukturelle Nötigung formal legalisierter Verfahren zu einer normativen Selbstbegründung aufmerksam gemacht:»Wie man es auch dreht und wendet, die auf positiver Satzung allein beruhende Legalität kann eine zugrunde liegende Legitimität *anzeigen*, aber nicht *ersetzen*. Der Glaube an die Legalität ist kein unabhängiger Legitimitätstypus.« (*Habermas*, Theorie des kommunikativen Handelns I, S. 361). Ähnlich argumentiert *Schluchter*, Entwicklung, S. 125 f.; siehe auch *Bader*, Max Webers Begriff der Legitimität. Zu den politiktheoretischen Konsequenzen des legalen Herrschaftstheorie siehe auch *Mommsen*, Politik und politische Theorie, S. 529 ff.

Diese berechtigten Einwände gegenüber dem legalen Herrschaftstyp nähren prinzipielle Zweifel an der Funktionstauglichkeit der Rechtssoziologie und Herrschaftstypologie Webers, soweit es ihre Analyse- und Interpretationsfähigkeit der spezifisch modernen Verfassungsrealität betrifft. Webers spärliche Hinweise zur Demokratie im Sinn einer »herrschaftsfremde[n] Umdeutung des Charisma«, mit denen er die Formalisierungs- und Depersonalisierungsprozesse der politischen Herrschaft seit der Inthronisierung des Naturrechts als »Charisma der Vernunft« deutet, sind als politische Problematik der modernen Gesellschaft wohl kaum noch angemessen. Das betont *Mommsen*, Weber und die deutsche Politik, S. 422 ff.; erstaunlich unkritisch demgegenüber *Roth*, Politische Herrschaft und persönliche Freiheit, der Webers Theorieangebot für eine Analyse gegenwärtiger politischer Tendenzen fruchtbar zu machen versucht.

174 *Weber*, Religionssoziologie I, S. 273.

175 Das funktionale Korrektiv gegenüber dieser geschichtlichen Tendenz politischer Rationalisierung stellt Webers Modell der plebiszitären Führerherrschaft dar. (Siehe hierzu am besten: *Mommsen*, Weber und die deutsche Politik).

176 Siehe Kapitel II,2,a.

177 Den prinzipiellen Unterschied zwischen Webers Staatstheorie und derjenigen des Historismus arbeitet Rossi am Beispiel Hegels heraus. Auch bei ihm ist der in diesem Unterschied zum Ausdruck kommende Transformationsprozeß des politischen Denkens ein Schritt von der Substantialität der geschichtlichen Vernunft zur Formalität der technischen Rationalisierung:»Man kann summarisch sagen, daß Hegels Theorie des Staates und seine Definition des rationalen Staats sich auf die immanente Rationalität der Weltgeschichte als Geschichte der Freiheit und der Subjektivität gründen, während bei Weber die Rationalität des modernen Staates ihre Grundlage im Rationalisierungsprozeß (im formalen Sinne) findet, der dem Okzident eigen ist. Daraus entstehen zwei Bilder des modernen Staates, die – trotz der beiden gemeinsamen These seiner Rationalität – untereinander heterogen und letztlich unvereinbar sind.« (*Rossi*, Vom Historismus zur historischen Sozialwissenschaft, S. 184 f.). Für Weber ist die technische Vernunft des modernen Staates nicht mehr wie noch für den Historismus als ein geschichtlicher Fortschritt im Bewußtsein der menschlichen Freiheit konzipierbar. An ihrem Ende steht nicht mehr das geschichtliche Telos der Freiheit, sondern das Ende der Freiheit in seiner formal-rationalsten Form.

178 *Weber*, Wissenschaftslehre, S. 613.

179 Ebd., S. 489.

180 Ebd., S. 508.

181 Mommsen zeigt, daß Webers politischer Voluntarismus, der die Möglichkeit geschichtlicher Vernunft auf dem Gebiet des Politischen bewußt leugnet, oftmals zur Tugend und zu einer Quelle neuer politischer Einsicht erhoben wird: »Max Weber findet erneut große Aufmerksamkeit als ein Denker, der politische Theorie und politisches Handeln auf grundlegende Werthaltungen aufzubauen bestrebt war, die auf ein bestimmtes Menschenbild bezogen sind. Der einzelne, der in einer zunehmend von anonymen Mächten beherrschten Welt seinen eigenen Weg finden muß, ist zurückgeworfen auf sich selbst und seine persönlichen Werthaltungen, angesichts des Fehlens verbindlicher objektiver Normen steht er vor immer neuen Entscheidungen, für die in der politischen Wirklichkeit keine vorgebahnten Pfade zu finden sind.« (*Mommsen*, Politik und politische Theorie, S. 540).

Demgegenüber ist zu betonen, daß ein Liberalismus nicht um so faszinierender und zukunftsfähiger ist, je voluntaristischer und kämpferischer er sich geriert. Überhaupt ist durch Hennis' These des »voluntaristischen Liberalismus« ein eigentümlicher Zungenschlag in die Diskussion gekommen, der erneut die Aufmerksamkeit auf die ganze Problematik in Webers politischem Denken lenkt: Hennis führt das politische Versagen Deutschlands im Zwanzigsten Jahrhundert als Ursache dafür an, »daß es im kulturellen Neokolonialismus unserer Zeit [der für Hennis offensichtlich vom Liberalismus westlicher Prägung ausgeübt wird] nicht einmal über eine eigene ›Sprache‹ verfügt, in der es ein Wörtchen mitreden könnte.« (*Hennis*, Max Webers Fragestellung, S. 233). Hennis läßt sich zwar über dieses heute verstummte deutsche »Wörtchen« nicht weiter aus, aber es liegt die Vermutung nahe, daß ausgerechnet Webers zu autoritären und technizistischen Umdeutungen des Liberalismus neigende bzw. einladende politische Theorie bei der Reaktivierung eines deutschen politischen Sonderbewußtseins genutzt werden soll.

Die möglichen politischen Implikationen und Konsequenzen der Ethik Webers sollen hier nicht mehr eigens thematisiert werden. Am ausgiebigsten sind sie bisher diskutiert worden von *Mommsen*, Weber und die deutsche Politik, S. 407 ff., 425, 435 f.

182 *Weber*, Wirtschaft und Gesellschaft, S. 578.

183 Diese Interpretation seiner Schriften im Sinn einer historisch-systematischen Theorie der Kultur legt es auch nahe, die immer noch einflußreiche These Tenbrucks und Hennis' für falsch zu halten, Webers Wissenschaftslehre besitze im wesentlichen den Charakter einer mehr oder weniger sporadischen Gelegenheitsreflexion methodologischer und wissenschaftstheoretischer Fragen und sei daher nur von sekundärer Bedeutung, verglichen mit den übrigen Bestandteilen des Gesamtwerks. Tenbruck selbst hat diese These, daß am Ende des Objektivitätsaufsatzes der Forscher stehe, »der den Methodenstreit hinter sich läßt und in die Lichtung der sachlichen Arbeit getreten ist« (*Tenbruck*, Genesis, S.619; ähnlich *Hennis*, Max Webers Fragestellung, S. 184) mittlerweile zurückgenommen (*Tenbruck*, Abschied, S. 90 ff., insbes. S. 93. Siehe auch *Tenbruck*, Das Werk Max Webers, S. 701 f.; sowie *Tenbruck*, Methodologie und Sozialwissenschaften, S. 21 ff.). Die Bedeutung der Wissenschaftslehre wird verkannt, wenn man sie auf ein methodologisches Präludium der im wesentlichen durch die Religionssoziologie und durch »Wirtschaft und Gesellschaft« geleisteten sachlichen Arbeit Webers reduziert. Stattdessen läßt sich zeigen, daß ihr selbst auch ein »sachliches« Interesse zugrundeliegt: das an der Erkenntnis der Kulturbedeutung von Wissenschaft im Konzert der modernen Orientierungsmächte der Lebensführung. Überhaupt kann eine Relativierung der Bedeutung wissenschaftstheoretischer und methodologischer Reflexionen durch Weber selbst leicht in die Irre führen, wenn es darum geht, die Pragmatik seiner Wissenschaftslehre insgesamt in den Blick zu nehmen. Die bekannte Stelle, auf die hier angespielt wird, findet sich in Webers Auseinandersetzung mit Eduard Meyer: »Nur durch Aufzeigung und Lösung *sachlicher* Probleme wurden Wissenschaften begründet und wird ihre Methode fortentwickelt, noch niemals dagegen sind daran rein erkenntnistheoretische oder methodologische Erwägungen entscheidend beteiligt gewesen. Wichtig für den Betrieb der Wissenschaft selbst pflegen solche Erörterungen nur dann zu werden, wenn infolge starker Verschiebungen der ›Gesichtspunkte‹, unter denen ein Stoff Objekt der Darstellung wird, die Vorstellung auftaucht, daß die neuen ›Gesichtspunkte‹ auch eine Revision der logischen Formen bedingen, in denen sich der überkommene ›Betrieb‹ bewegt hat, und dadurch Unsicherheit über das ›Wesen‹ der eigenen Arbeit entsteht.« (*Weber*, Wissenschaftslehre, S. 217 f.). In die Irre führt diese Aussage dann, wenn man die Wissenschaftslehre Webers auf den Status einer methodologischen Reflexionsleistung

zurückschraubt und ihr dann unter Berufung auf diese zitierte Stelle nur eine subsidiäre Bedeutung zuweist. Damit wäre übersehen, daß die Wissenschaftslehre über ihre zwar allein schon enorme methodologische und wissenschaftstheoretische Bedeutung hinaus selbst einen wichtigen Beitrag zur »Aufzeigung und Lösung sachlicher Probleme« darstellt: Sie ist eine selbst sachliche Aufklärungsarbeit über die kulturellen Konsequenzen der Entstehung und Genese des modernen, an die fachlich betriebenen Wissenschaften gebundenen Intellektualismus.

184 Siehe Kapitel IV,1,c.

185 Zu den methodologischen Implikationen der Kulturwissenschaft siehe: *Rossi*, Vom Historismus zur historischen Sozialwissenschaft, S. 20–62; *Hübinger*, Max Weber und die Historischen Kulturwissenschaften, S. 278 ff.

186 *Weber*, Religionssoziologie I, S. 536-573. Ihr Untertitel lautet: »Theorie der Stufen und Richtungen religiöser Weltablehnung«.

187 Peukert versteht daher Webers Untersuchung zu diesem Transformationsprozeß der kulturellen Reproduktion zutreffend als Einladung zu einer »Religionssoziologie der entzauberten Welt« (*Peukert*, Die Rezeption Max Webers, S. 271).

188 *Weber*, Religionssoziologie I, S. 253.

189 Ebd.

190 Ebd., S. 267.

191 Ebd., S. 259.

192 Ebd., S. 540.

193 Diese universalgeschichtliche Sonderstellung des asketischen Protestantismus und seine überragende kausale Bedeutung für die Entstehung der modernen Gesellschaft im Werk Webers ist herausgearbeitet worden durch *Schluchter*, Entwicklung, S. 204-255, insbes. 249 ff.; *Habermas*, Theorie des kommunikativen Handelns I, S. 299-331.

194 *Weber*, Religionssoziologie I, S. 566.

195 Ebd.

196 Ebd., S. 537.

197 Zur Entwicklungsgeschichte der menschlichen Erlösungsideen zwischen Mythos, Theodizee und Anthropodizee siehe *Schluchter*, Entwicklung, S. 73 ff.

198 *Weber*, Religionssoziologie I, S. 253. Eine plausible Interpretation der Spannung, aber auch des Zusammenhangs zwischen Religion und Rationalität findet sich bei *Weiß*, Max Webers Grundlegung der Soziologie, S. 133 ff.: »Die Webersche Religionssoziologie zieht ihre Motive und Leithinsichten gerade aus der Erfahrung, ... daß zwischen Religion und Rationalität eine eigentümliche Verflechtung besteht, die ihrem in anderer Hinsicht antagonistischen Verhältnis nicht widerstreitet: Bestimmte Formen innerreligiöser Rationalisierung können die Kräfte des Rationalismus in der Welt entbinden (und haben dies geschichtlich getan), wie andererseits – was natürlicher scheint – innerweltlich wachsende Rationalität Rationalisierungsprozesse im Felde der Religion nach sich zieht.« (Ebd., S. 135). Der Ort der prinzipiell spannungsvollen Vermittlung zwischen Religion und Rationalismus ist die praktische Lebensführung des Menschen, zumal der christliche Gott ein Gott der aktiven Weltveränderung, ein Gott der Geschichte ist und kein Gott der ewigen Ordnung, was für Weber keinesfalls bedeutete, daß das Christentum in der ethischen Botschaft der Bergpredigt aufgehen dürfe: Eine Religion ohne jenseitsorientierte Heilssoteriologie hat aufgehört, eine Religion zu sein.

199 *Weber*, Religionssoziologie I, S. 524. Eine komprimierte Interpretation dieses Phänomens bietet *Schluchter*, Rationalismus der Weltbeherrschung, S. 30. Die praktische Stellungnahme des Calvinismus zur Welt lautete: »Im Namen Gottes Selbstbeherrschung und Beherrschung der ›Welt‹ im Beruf. Doch wirkt diese religiöse Parole – verwirklicht – gleichsam selbstdefätistisch. Denn die religiös entwertete ›Welt‹ zwingt im Versuch ihrer Beherrschung zur Anerkennung ihrer eigenen ›Gesetze‹. Und je konsequenter dies geschieht, desto stärker versachlicht sie sich. Dadurch muß sie aber dem religiösen Postulat nicht nur weiterhin ›wertlos‹ bleiben, sie beginnt auch diesem gegenüber sinnimmun zu werden. Hatte zunächst das religiöse Postulat die ›Welt‹ entwertet, so entwertet diese nun das religiöse Postulat. Wo beide gemäß ihrer eigenen ›Gesetze‹ konsequent rationalisieren, wird ihre wechselseitige Fremdheit offenkundig.«

200 *Weber*, Religionssoziologie I, S. 571.

201 *Weber*, Wissenschaftslehre, S. 595. Schluchter hat die Dreidimensionalität des Weberschen Rationalitätsbegriffs und seine gleichzeitige Stoßrichtung auf die Wahrheits-, Wert- und Sinnfragen der menschlichen Lebensführung in ähnlicher Weise bereits herausgearbeitet: »Rationalismus bedeutet zum einen die Fähigkeit, Dinge durch Berechnung zu beherrschen. Er ist Folge von empirischem Wissen und Können, ist also wissenschaftlich-technischer Rationalismus im weitesten Sinn. Rationalismus bedeutet zum anderen Systematisierung von Sinnzusammenhängen, intellektuelle Durcharbeitung und wissentliche Sublimierung von ›Sinnzielen‹. Er ist Folge einer ›inneren Nötigung‹ des Kulturmenschen, die Welt als einen sinnvollen Kosmos nicht nur zu erfassen, sondern auch zu ihr Stellung zu nehmen, ist also metaphysisch-ethischer Rationalismus im weitesten Sinn. Rationalismus bedeutet aber schließlich auch Ausbildung einer methodischen Lebensführung. Er ist Folge der Institutionalisierung von Sinn- und Interessenzusammenhängen, ist also praktischer Rationalismus im weitesten Sinn.« (*Schluchter*, Rationalismus der Weltbeherrschung, S. 10).

202 *Löwith*, Max Weber und Karl Marx, S. 17. Zum Begriff des Idealtypus siehe auch: *Schluchter*, Religion und Lebensführung I, S. 52 ff.; *Mommsen*, Gesellschaft, Politik und Geschichte, S. 182 ff., 208 ff.; *ders.*, Idealtypen und reiner Typus; *Nusser*, Kausale Prozesse, S. 229 ff.; zuletzt *Merz*, Weber und Rickert, S. 374 ff.

203 *Weber*, Wissenschaftslehre, S. 198.

204 *Mommsen*, Gesellschaft, Politik und Geschichte, S. 211 ff.; *Schluchter*, Religion und Lebensführung I, S. 25 ff.; *Tenbruck*, Genesis, S. 584 ff.

205 *Weber*, Wissenschaftslehre, S. 195.

206 Ebd., S. 208 f. In welchem Sinn auch kausales bzw. nomologisches Wissen aus der Sicht Webers für die historischen Kultur- und Sozialwissenschaften Bedeutung besitzt, erörtert *Rossi*, Weber und die Methodologie, S. 28 ff.

207 *Weber*, Wissenschaftslehre, S. 182.

208 Siehe hierzu *Merz*, Weber und Rickert, S. 443. Für ihn entspricht »die Leistung des Idealtypus unmittelbar der zentralen Konstitutionsbedingung der menschlichen Kultur: denn daß die kulturelle Wirklichkeit nichts anderes ist als die in sinnhaftes Handeln gefaßte Verkörperung von Wertideen, gelangt gerade im Idealtypus in reinster Form zur Darstellung.«

209 *Weber*, Wissenschaftslehre, S. 207.

210 Ebd., S. 200 f.

211 Ebd., S. 207 f. Offensichtlich ungeklärt ist in der Weber-Forschung der Widerspruch zwischen der hier deutlich werdenden pragmatischen Dimension der Idealtypen, zwischen ihrem unübersehbaren Bezug auf die hermeneutische Ausgangs- und Problemkonstellation der interpretierenden Gegenwart einerseits und andererseits dem Beharren Webers auf der »begrifflichen Reinheit« und dem »utopischen« Status dieser Gedankenbilder, die angeblich »mit irgend einer anderen als einer rein logischen ›Vollkommenheit‹ nichts zu tun« haben sollen (ebd., S. 191 bzw. 200). Webers Begriff des Idealtypus scheint im Hinblick auf seinen gleichzeitig rein logischen und pragmatischen Charakter keineswegs eindeutig zu sein.

212 Ebd., S. 206.

213 Ebd., S. 214.

214 Das geistesgeschichtliche Gründungsdokument dieser Tradition einer transzendentalen Hermeneutik ist Humboldts Aufsatz »Über die Aufgabe des Geschichtsschreibers« (der Droysen unter anderem dazu veranlaßt haben dürfte, Humboldt den »Bacon für die Geschichtswissenschaften« zu nennen; *Droysen*, Historik (Leyh), S. 419): »Jedes Begreifen einer Sache setzt, als Bedingung seiner Möglichkeit, in dem Begreifenden schon ein Analogon des nachher wirklich Begriffenen voraus, eine vorhergängige, ursprüngliche Übereinstimmung zwischen dem Subject und Object ... Wo zwei Wesen durch gänzliche Kluft getrennt sind, führt keine Brücke der Verständigung von einem zum andren, und um sich zu verstehen, muß man sich in einem andren Sinn schon verstanden haben. Bei der Geschichte ist diese vorgängige Grundlage des Begreifens sehr klar, da Alles, was in der Weltgeschichte wirksam ist, sich auch in dem Innern des Menschen bewegt.« (*Humboldt*, Über die Aufgabe, S. 596 f.).

Dilthey, ein Zeitgenosse Webers, hat diese historistische Begründung der Geisteswissenschaften auf der Höhe der damaligen hermeneutischen Wissenschaftstheorie erneuert und die Möglichkeit des historischen Verstehens ebenfalls in der geschichtlich umgreifenden Einheit menschlicher Kulturleistungen transzendental verankert: »Die erste Bedingung für die Möglichkeit der Geschichtswissenschaft liegt darin, daß ich selbst ein geschichtliches Wesen bin, daß der, welcher die Geschichte erforscht, derselbe ist, der die Geschichte macht.« (*Dilthey*, Der Aufbau der geschichtlichen Welt, S. 278).

In diese Tradition einer hermeneutischen Selbstbegründung der Kulturwissenschaften gehört Weber, indem er eine kulturanthropologisch entfaltete Gattungssubjektivität – das geschichtliche Faktum, »daß wir Kultur*menschen* sind, begabt mit der Fähigkeit und dem Willen, bewußt zur Welt *Stellung* zu nehmen und ihr einen *Sinn* zu verleihen« – als die »transzendentale Voraussetzung jeder Kulturwissenschaft« rekonstruiert (*Weber*, Wissenschaftslehre, S. 180) und damit die Bedingung der Möglichkeit historischen Verstehens definiert durch das »Streben einer Idee, Daseyn in der Wirklichkeit zu gewinnen« (*Humboldt*, Über die Aufgabe, S. 505). Denn Webers Hermeneutik gründet in der, Subjekt und Objekt der historischen Erfahrung umgreifenden, »Idee« eines Kulturwesens, dessen geschichtliche Daseinsbedingungen – wie für Burckhardt – gebunden sind an eine universalgeschichtliche Kontinuität geistiger, d.h. innerweltlich welttranszendierender Schöpfungen und »Stellungnahmen«.

215 *Weber*, Wissenschaftslehre, S. 508. Siehe direkt zu Webers Wertfreiheitspostulat *Wagner u. Zipprian*, Wertfreiheit.

216 *Weber*, Wissenschaftslehre, S. 501: »Worauf allein es ... ankommt, ist: daß einerseits die Geltung eines praktischen Imperativs als Norm und andererseits die Wahrheitsgeltung einer empirischen Tatsachenfeststellung in absolut heterogenen Ebenen der Problematik liegen und daß der spezifischen Dignität *jede*r von beiden Abbruch getan wird, wenn man dies verkennt und beide Sphären zusammenzuzwingen sucht.« Aus der äußerst umfangreichen Literatur zu Webers Verhältnis zum Neukantianismus siehe nur zwei der letzten Studien: *Oaks*, Weber und Rickert; *Merz*, Weber und Rickert.

217 *Weber*, Wissenschaftslehre, S. 491.

218 *Hennis*, Max Webers Fragestellung, S. 45.

219 *Weber*, Wissenschaftslehre, S. 491.

220 Das betont auch Arnason: Weber »möchte ... ›die Intellektualisierung als solche‹ in ihre Schranken weisen. Und das heißt vor allem, ihr das Recht auf umfassende Sinngebung und Stellungnahme streitig zu machen. Wo aber die in der Wissenschaft inkarnierte technische Vernunft zur Alleinherrschaft gelangt, ist das Resultat eine Selbstauflösung des Kulturmenschentums. ... Die schrittweise Ausschaltung des Kulturbegriffs fällt offensichtlich mit der Profilierung des Rationalisierungskonzeptes zusammen.« (*Arnason*, Praxis und Interpretation, S. 136).

221 *Weber*, Wissenschaftslehre, S. 608.

222 Ebd., S. 503.

223 Ebd.

224 Ebd.

225 Ebd., S. 152. Arnason erwähnt in diesem Zusammenhang mit Recht Webers relativ geringes »Interesse an kognitiven Aspekten der Weltbildentwicklung, die Weber ... nicht im Detail verfolgt hat. Durch die Hintansetzung des interpretativen Moments erklärt sich auch ... der marginale Status der Philosophie, die für Weber keine eigenständige Rolle im Rationalisierungsprozeß spielt und höchstens als Vorläuferin der Wissenschaft zur Kenntnis genommen wird.« (*Arnason*, Praxis und Interpretation, S. 125).

226 *Weber*, Religionssoziologie I, S. 567. Das Schicksal dieser ersten beiden Wertsphären und die damit einhergehende Verengung des Rationalitätsbegriffs unter den geschichtlichen Bedingungen der okzidentalen Modernisierung hat Schluchter treffend geschildert: »Es gehört zu Webers Gegenwartsdiagnose, daß in der ›auf eigenen Füßen‹ stehenden modernen okzidentalen Kultur der wissenschaftliche den metaphysischen und der technische den ethischen Rationalismus gleichsam von sich abstößt, daß also ein umfassender Begriff von theoretischem und praktischem Rationalismus, wie ihn beispielsweise noch die Philosophie der Aufklärung formuliert hat, immer unplausibler wird.« (*Schluchter*, Religion und Lebensführung II, S. 40).

227 *Weber*, Religionssoziologie I, S. 555. Zur Kulturbedeutung der Kunst bei Weber siehe auch

Scaff, Fleeing the Iron Cage, S. 102 ff. Zur theorieinternen Bedeutung der Zwischenbetrachtung insgesamt siehe *Küenzlen*, Die Religionssoziologie Max Webers, S. 95 f.

228 *Weber*, Religionssoziologie I, S. 556.

229 Ebd., S. 560. Siehe hierzu ebenfalls bereits *Scaff*, Fleeing the Iron Cage, S. 108 ff. und *Küenzlen*, Die Religionssoziologie Max Webers, S. 96 f.

230 *Weber*, Religionssoziologie I, S. 561.

231 Ebd.

232 Ebd., S. 560 f.

233 *Weber*, Wissenschaftslehre, S. 514.

234 Ebd., S. 506.

235 Ebd., S. 540. Diese strukturelle Spannung zwischen Kultur und Realität arbeitet auch Schluchter heraus: »Gefordert ist ein dualistischer Anthropozentrismus, für den Selbst- und Weltbeherrschung in ihrer sittlichen Problematik erkennbar und als sittliche Aufgabe faßbar werden. Nicht die Auflösung der dualistischen Spannung nach der einen oder der anderen Seite, sondern das Leben in der Spannung gilt es zu begründen: In der Spannung zwischen Sollen und Sein, Gesinnung und Erfolg, Weltablehnung und Anerkennung des ›Eigenrechts‹ der entzauberten Welt.« (*Schluchter*, Rationalismus der Weltbeherrschung, S. 36).

236 *Weber*, Wissenschaftslehre, S. 609.

237 Die These Tenbrucks, daß das »freudige Opfer« der Objektivität wissenschaftlicher Erkenntnis durch Weber die eigentliche wissenschaftstheoretische Leistung und der Angelpunkt des »Objektivitäts«-Aufsatzes sei und die Befreiung der Kulturwissenschaften zur Subjektivität der ihr zugrundeliegenden Wertgesichtspunkte bedeute (*Tenbruck*, Genesis, S. 617), stellt nicht hinreichend in Rechnung, daß die damit zweifellos erfolgte Subjektivierung der Wissenschaft aus der Sicht Webers keineswegs das Objektivitätsproblem aus der Welt schafft, sondern nur neu stellt. Weber gibt den Anspruch der Wissenschaft auf die Generierung objektiver Erkenntnis nicht preis, sondern sieht sich nur zu seiner Neudefinition und -begründung veranlaßt.

238 *Weber*, Wissenschaftslehre, S. 147.

239 Ebd., S. 213.

240 *Weber*, Religionssoziologie I, S. 10.

241 *Weber*, Wissenschaftslehre, S. 607.

242 Ebd., S. 155.

243 *Rickert*, Kulturwissenschaft und Naturwissenschaft, S. 144: »Ein prinzipieller Fortschritt in den Kulturwissenschaften mit Rücksicht auf ihre Objektivität, ihre Universalität und ihren systematischen Zusammenhang ist wirklich von dem Fortschritt in der Herausbildung eines objektiv und systematisch gegliederten Begriffes der Kultur, und das heißt von der Annäherung an ein System gültiger Werte abhängig. Kurz, die Einheit und Objektivität der Kulturwissenschaften ist bedingt von der Einheit und Objektivität unseres Kulturbegriffs und diese wiederum von der Einheit und Objektivität der Werte, die wir werten.« Auf die handfesten politischen Implikationen dieser »scholastischen Wertmetaphysik« Rickerts, die den klassischen Idealismus in lebensphilosophisch verzerrter Form wiederholt, verweisen *Wagner u. Zipprian*, Wertfreiheit, S. 10 f. Worauf sich aber ihre Vermutung stützt, daß Weber, »trotz seiner Ablehnung von dessen [Rickerts] System der Werte, zur Annahme der absoluten Wertgeltung und den damit verbundenen metaphysischen Konnotationen gezwungen« war (ebd., S. 12), bleibt unklar. An anderer Stelle akzentuiert Wagner denn auch die Differenz Webers gegenüber Rickert, indem er betont, daß »›Wissenschaft als Beruf‹ gerade auch als eine Abrechnung mit der als ›Wertwissenschaft‹ auftretenden objektiv-idealistischen Weltanschauungsphilosophie des Südwestdeutschen Neukantianismus« gelesen werden müsse (*Wagner*, Geltung und normativer Zwang, S. 159).

244 Zu dieser Interpretation der Methodologie Webers: *Kocka*, Sozialgeschichte, S. 19.

245 *Henrich*, Die Einheit der Wissenschaftslehre, S. 20 ff. Natürlich existieren auch für Weber Kriterien, die über die Angemessenheit der jeweils gewählten Standpunkte und Wertbeziehungen entscheiden. Diese sind nicht etwa gleich-gültig, denn ihre mögliche Relevanz und Orientierungsstärke hängt davon ab, welche und wieviele Faktoren der menschlichen Lebensrealität in der Gegenwart sie berücksichtigen und intellektuell erschließen.

246 *Weber*, Wissenschaftslehre, S. 607.

247 Siehe hierzu vor allem *Habermas*, Erkenntnis und Interesse.

248 Klassisch: »Die zunehmende Intellektualisierung und Rationalisierung bedeutet also *nicht* eine zunehmende allgemeine Kenntnis der Lebensbedingungen, unter denen man steht. Sondern sie bedeutet etwas anderes: das Wissen davon oder den Glauben daran: daß man, wenn man *nur wollte*, es jederzeit erfahren *könnte*, daß es also prinzipiell keine geheimnisvollen unberechenbaren Mächte gebe, die da hineinspielen, daß man vielmehr alle Dinge – im Prinzip – durch *Berechnung beherrschen* könne. Das aber bedeutet: die Entzauberung der Welt.« (*Weber*, Wissenschaftslehre, S. 594).

249 Ebd.

250 Siehe zum prinzipiellen Unterschied zwischen diesen beiden zentralen Partien der Wissenschaftslehre im Hinblick auf die Frage nach der Kulturbedeutung der Wissenschaft auch *Tenbruck*, Das Werk Max Webers, S. 693.

251 *Weber*, Wissenschaftslehre, S. 170 f.

252 *Weber*, Religionssoziologie I, S. 564. Die Wissenschaftslehre Webers ergibt den gleichen Befund einer prinzipiellen Spannung zwischen wissenschaftlicher Objektivität und kulturellem Sinn: »Wenn irgend etwas, so sind sie [die Wissenschaften] geeignet, den Glauben daran: *daß* es so etwas wie einen ›Sinn‹ der Welt gebe, in der Wurzel absterben zu lassen!« (*Weber*, Wissenschaftslehre, S. 597 f.)

253 *Weber*, Wissenschaftslehre, S. 598.

254 *Weber*, Religionssoziologie I, S. 10. Das betont ebenfalls *Hübinger*, Max Weber und die Historischen Kulturwissenschaften, S. 280. Hübinger arbeitet an dieser Stelle die Eigenart des kulturhistorischen und -theoretischen Werks Webers im Vergleich mit den zeitgenössischen Alternativen kulturhistorischen Denkens heraus.

255 Dies ist bereits die modernisierungstheoretische Perspektive gewesen, die Burckhardts Kulturgeschichte der Renaissance weitgehend geprägt hat (siehe hierzu näher Kapitel III,3).

256 *Weber*, Wissenschaftslehre, S. 154.

257 *Weber*, Religionssoziologie I, S. 541 f. Auf welchen Denkwegen die Erfahrung dieses Prozesses der Ausdifferenzierung und »Entzweiung« lebensweltlicher Wertsphären sowie der Versuch ihrer erneuten Integration und »Versöhnung« zum Problem der modernen Philosophie geworden ist, diskutiert *Habermas*, Der philosophische Diskurs der Moderne.

258 *Weber*, Religionssoziologie I, S. 12.

259 *Weber*, Die protestantische Ethik I, S. 188.

260 Ebd.

261 *Weber*, Religionssoziologie I, S. 267. Jedoch soll das zweite wichtige Bauprinzip seiner Herrschaftssoziologie nicht unterschlagen werden: die Typologie der Herrschaftsformen und Verwaltungsapparate. Allerdings ordnet Weber die Legitimitätsgründe der Herrschaft den Herrschaftsmitteln soziologisch vor: »An ›Legitimitätsgründen‹ der Herrschaft gibt es, in ganz reiner Form, nur drei, von denen – im reinen Typus – jeder mit einer grundverschiedenen soziologischen Struktur des Verwaltungsstabs und der Verwaltungsmittel verknüpft ist.« (*Weber*, Wissenschaftslehre, S. 475).

Die Legitimitätsgrundlage der Herrschaft bedingt – ganz im Sinn eines Primats der politischen Kultur – ihre politischen Vollzugsformen und bürokratischen Verwaltungsmittel und wird dann – etwa im Zuge einer politischen Entcharismatisierung – zunehmend durch diese modifiziert.

Diese theorieinterne Sachlage, daß Webers Herrschaftssoziologie um die Typologie der Legitimitätsgründe herum komponiert ist, denen dann bestimmte Herrschaftsformen und Verwaltungsmittel zugeordnet werden können, veranlaßt Breuer zu der kritischen Stellungnahme, Webers Herrschaftssoziologie, die ursprünglich den offensichtlichen »Spiritualismus« seiner Religionssoziologie im Rekurs auf den großen Einfluß politischer Rahmenbedingungen auf die Geschichte der religiösen Ethik habe korrigieren wollen, verstärke noch die Gefahr einer spiritualistischen Fehldeutung (*Breuer*, Herrschaftssoziologie, S. 14 f.). Indem die Differenzierung von Herrschaftstypen nach Geltungsgründen und Legitimitätsvorstellungen zum Konstruktionsprinzip der Herrschaftssoziologie wird, scheitere Webers Versuch einer antispiritualistischen Kurskorrektur der Religionssoziologie, ja er dehne deren Spiritualismus »noch aus, indem er die ideelle Ebene nunmehr auch als Bestandsgrund der Herrschaftsinstitutionen faßt. Herrschaft wird spiritualistisch gedeutet.« (Ebd., S. 20).

Breuer bedauert aus dieser Perspektive Webers Herrschaftssoziologie als soziologische Kümmerform einer anspruchsvollen Kausalanalyse geschichtlicher Kulturentwicklungen, bei der sich eine kulturelle Konstruktion der Gesellschaft und eine gesellschaftliche Konstruktion der Kultur wechselseitig ergänzen würden (ebd., S. 31 f.), jedoch kann der eindeutige Primat der politischen Kultur auch als eine große Stärke der Herrschaftssoziologie begriffen werden: Sie verweist darauf, daß politische Fragen unter Abstraktion von den kulturellen Bedingungen potentieller und wirklicher Zustimmungsfähigkeit von Herrschaft weder sinnvoll gestellt noch behandelt werden können.

Für Hennis taucht – ganz in diesem Sinn – in der kulturlastigen Konstruktion der Herrschaftssoziologie die alteuropäische Frage nach dem »richtigen Leben« wieder auf, von der rechtssoziologisch gar nicht abgesehen werden könne (*Hennis*, Max Webers Fragestellung, S. 98).

262 *Weber*, Wirtschaft und Gesellschaft, S. 122.

263 Siehe hierzu auch *Arnason*, Praxis und Interpretation, S. 181: »Die Geltungsgründe der Herrschaft lassen sich auch als kulturelle Definitionen der Macht verstehen.« Zu Webers Begriff der Legitimität des modernen Staates siehe auch *Zängle*, Webers Staatstheorie, S. 56 ff.

264 Das betont auch *Rossi*, Vom Historismus zur historischen Sozialwissenschaft, S. 144: »Nicht das Fortschreiten der Rationalität und auch nicht die Rückkehr von der formalen zur materialen Rationalität, sondern vielmehr die Irreversibilität des Bürokratisierungsprozesses kennzeichnet den Horizont der zeitgenössischen Politik. Bezogen auf diesen Prozess tritt auch der Unterschied zwischen den verschiedenen Herrschaftstypen in den Hintergrund, der der Leitfaden der Analyse der geschichtlich aufeinanderfolgenden politischen Gebilde gewesen war; denn die ›leblose Maschine‹ herrscht über die ›Legitimitätsgründe‹ und den Glauben an sie.«

265 *Weber*, Religionssoziologie I, S. 273. Zu Webers Konzeption der »rationalen Herrschaft« siehe jetzt auch *Breuer*, Herrschaftssoziologie, S. 191-230, insbes. S. 215 ff.

266 *Weber*, Politische Schriften, S. 321.

267 *Weber*, Wirtschaft und Gesellschaft, S. 308.

268 Diese Intention Webers wird an einer bezeichnenden Stelle von »Wissenschaft als Beruf« (S. 597 f.) schlaglichtartig deutlich: »Was bedeutete nun die Wissenschaft diesen Menschen an der Schwelle der Neuzeit? ... Wenn Sie sich an den Ausspruch Swammerdams erinnern: ›Ich bringe Ihnen hier den Nachweis der Vorsehung Gottes in der Anatomie einer Laus‹, so sehen Sie, was die (indirekt) protestantisch und puritanisch beeinflußte wissenschaftliche Arbeit damals sich als ihre eigene Aufgabe dachte: den Weg zu Gott. Den fand man damals nicht mehr bei den Philosophen und ihren Begriffen und Deduktionen ... In den exakten Naturwissenschaften aber, wo man seine Werke physisch greifen konnte, da hoffte man, seinen Absichten mit der Welt auf die Spur zu kommen. Und heute? Wer ... glaubt heute noch, daß Erkenntnisse der Astronomie oder der Biologie oder der Physik oder Chemie uns etwas über den *Sinn* der Welt, ja auch nur etwas darüber lehren könnten: auf welchem Weg man einem solchen ›Sinn‹ – wenn es ihn gibt – auf die Spur kommen könnte? Wenn irgend etwas, so sind sie geeignet, den Glauben daran: *daß* es so etwas wie einen ›Sinn‹ der Welt gebe, in der Wurzel absterben zu lassen! Und vollends: die Wissenschaft als Weg ›zu Gott‹? Sie, die spezifisch gottfremde Macht? Daß sie das ist, darüber wird – mag er es sich zugestehen oder nicht – in seinem letzten Innern heute niemand im Zweifel sein. Erlösung von dem Rationalismus und Intellektualismus der Wissenschaft ist die Grundvoraussetzung des Lebens in der Gemeinschaft mit dem Göttlichen: dies oder etwas dem Sinn nach Gleiches ist eine der Grundparolen, die man aus allem Empfinden unserer religiös gestimmten oder nach religiösem Erlebnis strebenden Jugend heraushört.«

269 Ihre enorme Bedeutung in Webers Gesamtwerk und insbesonders für seine Theorie der Rationalisierung hat *Tenbruck*, Das Werk Max Webers, S. 679, betont. Erst in der »Zwischenbetrachtung«, der »Einleitung« in die »Wirtschaftsethik der Weltreligionen« und in der »Vorbemerkung« seiner »Gesammelten Aufsätze zur Religionssoziologie« sei Weber die universalgeschichtliche Konzeption und die theoretische Bedeutung seiner eigenen Arbeiten selbst hinlänglich klar geworden.

Künzlen hat mit Recht darauf hingewiesen, daß die »Zwischenbetrachtung« trotz ihrer großen

Bedeutung für die Religionssoziologie insgesamt noch nicht in ihrem systematischen Gehalt und in ihrer inhaltlichen Aussage rekonstruiert worden ist (*Küenzlen*, Die Religionssoziologie Max Webers, S. 5, sein eigener Versuch: S. 88 ff.).

Zum werkgeschichtlichen Zusammenhang der »Zwischenbetrachtung« siehe jetzt jedoch *Schluchter*, Religion und Lebensführung II, S. 62 ff., 557 ff. Auch die wichtige Arbeit von *Scaff*, Fleeing the Iron Cage, zeigt sich nachhaltig durch die »Zwischenbetrachtung« beeinflußt.

Das geistige Umfeld Webers, aus dem die »Zwischenbetrachtung« hervorgegangen ist, ist noch nicht hinreichend erforscht. Erste Versuch bilden jedoch *Küenzlen*, Unbekannte Quellen, S. 217 ff.; *Graf*, Weber und die protestantische Theologie, S. 145 f., die beide auf die große Bedeutung des »Eranos«-Gesprächskreises und der von Troeltsch geprägten »Religionsgeschichtlichen Schule« verweisen.

270 Dabei wird deutlich, daß sich die Heuristik dieser Kulturgeschichte an der bereits angesprochenen Typologie lebensweltlicher Wertsphären orientiert (Kapitel IV,3,c).

Mit Breuer ließe sich in Anspielung auf die Intention der »Zwischenbetrachtung« auch von einer Geschichte der »Intermundien der rationalen Welt« sprechen (*Breuer*, Herrschaftssoziologie, S. 218).

271 *Weber*, Religionssoziologie I, S. 555.

272 *Adorno*, Ästhetische Theorie, S. 387.

273 *Weber*, Religionssoziologie I, S. 558.

274 Ebd., S. 560.

275 Ebd., S. 549. Im Zusammenhang dieser Stelle diskutiert Weber das Pathos des Sterbens, welches in der Konkurrenz zu den erlösungsreligiösen Sinnstiftungen des Todes aus der säkularisierten Hingabebereitschaft des Menschen an politische Gewaltsamkeitsverbände als ein Phänomen der innerweltlichen Kultur entstanden ist. Weber spricht diese Sinndimension der Kultur – darin zweifellos Kind seiner Zeit, des weltkriegseuphorischen frühen 20. Jahrhunderts – in unzulässiger Beschränkung allein am Beispiel des Kriegstodes an: »Der *Krieg* als die realisierte Gewaltandrohung schafft, gerade in den modernen politischen Gemeinschaften, ein Pathos und ein Gemeinschaftsgefühl und löst dabei eine Hingabe und bedingungslose Opferbereitschaft der Kämpfenden ... aus, welcher die Religionen im allgemeinen nur in Heroengemeinschaften der Brüderlichkeitsethik ähnliches zur Seite zu stellen haben. Und darüber hinaus leistet der Krieg dem Krieger selbst etwas, seiner konkreten Sinnhaftigkeit nach, Einzigartiges: in der Empfindung eines Sinnes und einer Weihe des Todes, die nur ihm eigen ist. Die Gemeinschaft des im Felde stehenden Heeres fühlt sich heute, wie in den Zeiten der Gefolgschaft, als eine Gemeinschaft bis zum Tode: die größte ihrer Art.« (Ebd., S. 548).

276 Ebd., S. 569.

277 *Weber*, Wissenschaftslehre, S. 600.

V. Schlußbemerkung

1 *Medick*, »Missionare im Ruderboot«?, S. 299. In dieselbe Richtung gehend: *Berdahl u.a.*, Klassen und Kultur.

2 *Kocka*, Sozialgeschichte zwischen Strukturgeschichte und Erfahrungsgeschichte; *Wehler*, Sozialgeschichte und Gesellschaftsgeschichte.

3 Burckhardts Vorstellung einer möglichen Erneuerung der Kultur aus dem Willen zur Macht war natürlich ein äußerst wohlklingendes geschichtstheoretisches Räsonnement für Machtbesessene jedweder Coleur, welche die Sinnkrise der spätbürgerlichen Gesellschaft durch die objektive Evidenz einer bereits von Burckhardt beschworenen »neuen Barbarei« zu beheben trachteten. Die Kulturgeschichte des 19. und 20. Jahrhunderts bietet genug Stoff für eine geistesgeschichtliche Analyse dieses Denkens (*Faulenbach*, Ideologie des deutschen Weges).

Aber auch für Religionsphilosophen besaß diese Überzeugung Burckhardts von einer inneren Dialektik zwischen Religion und Kultur eine besonders inspirierende Attraktivität. Tillich etwa hat sie zu einem geschichtsphilosophischen Verlaufsschema der Kulturentwicklung ausgearbeitet, das mit der Vorstellung einer universalhistorischen Dialektik zwischen religiöser Sinnkonstitution und rationalen Autonomisierungsprozessen der Kultur operiert: »Die Theonomie ist die Antwort auf die Frage der Autonomie nach der religiösen Substanz und dem letzten Sinn des Lebens und der Kultur. Die Autonomie kann solange existieren, wie sie aus der religiösen Tradition der Vergangenheit und aus den Resten einer verlorenen Theonomie Kräfte beziehen kann. Diese geistige Grundlage geht aber immer mehr verloren. Die Autonomie wird immer leerer, immer formaler, immer mehr aufs Tatsächliche gerichtet und wird in Skeptizismus und Zynismus, Sinnverlust und Ziellosigkeit getrieben. Die Geschichte autonomer Kulturen ist die Geschichte einer fortlaufenden Verschwendung geistiger Substanz. Am Ende dieses Prozesses sehnt sich die Autonomie in ihrer Ohnmacht zu der verlorenen Theonomie zurück oder blickt auf eine zukünftige neue Theonomie in einer Haltung schöpferischen Wartens, bis der Kairos erscheint.« (*Tillich*, Der Widerstreit von Raum und Zeit, S. 23 f.).

4 Briefe V, S. 97.

5 Dieses historische Verfremdungsmotiv, das der Religionssoziologie Webers zugrundeliegt, ist bereits von Burckhardt als ein konstitutives Prinzip der Kulturgeschichte geschichtstheoretisch entwickelt und begründet worden (Kapitel III,5,a).

6 *Weber*, Wissenschaftslehre, S. 180.

VII. Literaturverzeichnis

Adorno, Th.W., Ästhetische Theorie, Frankfurt a.M. 1989[9].

–, Negative Dialektik, Frankfurt a.M. 1988[5].

Albrow, M., Max Webers Construction of Social Theory, Houndmills 1990.

Alexander, J.C., Theoretical Logic in Sociology, Bd. 3: The Classical Attempt at Theoretical Synthesis: Max Weber, London 1983.

Angermeier, H., Ranke und Burckhardt, in: Archiv für Kulturgeschichte, Jg. 69, 1987, S. 407-452.

Apel, K.-O. u.a., Hermeneutik und Ideologiekritik, Frankfurt a.M. 1971.

–, Ist die Ethik der idealen Kommunikationsgemeinschaft eine Utopie? Zum Verhältnis von Ethik, Utopie und Utopiekritik, in: Voßkamp, W. (Hg.), Utopieforschung. Interdisziplinäre Studien zur neuzeitlichen Utopie, Bd. I, Stuttgart 1982, S. 325-355.

–, Kant, Hegel und das aktuelle Problem der normativen Grundlagen von Moral und Recht, in: Henrich, D. (Hg.), Kant oder Hegel? Über Formen der Begründung in der Philosophie, Stuttgart 1983, S. 597-624.

Arnason, J.P., Praxis und Interpretation. Sozialphilosophische Studien, Frankfurt a.M. 1988.

Astholz, H., Das Problem »Geschichte« untersucht bei Johann Gustav Droysen, Berlin 1933 (Neudruck 1965).

Bader, V.M., Max Webers Begriff der Legitimität. Versuch einer systematisch-kritischen Rekonstruktion, in: Weiß, J. (Hg.), Max Weber heute. Erträge und Probleme der Forschung, Frankfurt a.M. 1989, S. 296-334.

Baumgartner, H.M., Kontinuität und Geschichte. Zur Kritik und Metakritik der historischen Vernunft, Frankfurt a.M. 1972.

Bendix, R. u. Roth, G., Scholarship and Partisanship. Essays on Max Weber, Berkeley 1971.

Berdahl, R.M. u.a., Klassen und Kultur. Sozialanthropologische Perspektiven in der Geschichtsschreibung, Frankfurt a.M. 1982.

Birtsch, G., Die Nation als sittliche Idee. Der Nationalstaatsbegriff in Geschichtsschreibung und politischer Gedankenwelt Johann Gustav Droysens, Köln 1964.

Blanke, H.W., Historiographiegeschichte als Historik, Stuttgart 1991.

–, Historismus als Wissenschaftsparadigma. Einheit und Mannigfaltigkeit, in: Fohrmann, J. u. Voßkamp, W. (Hg.), Wissenschaft und Nation. Studien zur Entstehungsgeschichte der deutschen Literaturwissenschaft, München 1991, S. 217-231.

Breuer, St., Die Evolution der Disziplin. Zum Verhältnis von Rationalität und Herrschaft in Max Webers Theorie der vorrationalen Welt, in: Kölner Zeitschrift für Soziologie und Sozialpsychologie, Jg. 30, 1978, S. 409-437.

–, Max Webers Herrschaftssoziologie, Frankfurt a.M. 1991.

Brubaker, R., The Limits of Rationality. An Essay of the Social and Moral Thought of Max Weber, London 1984.

Bubner, R., Geschichtsprozesse und Handlungsnormen. Untersuchungen zur praktischen Philosophie, Frankfurt a.M. 1984.

–, Rationalität, Lebensform und Geschichte, in: Schnädelbach, H. (Hg.), Rationalität. Philosophische Beiträge, Frankfurt a.M. 1984, S. 202-217.

Burckhardt, J., Frühe Schriften, hg. von Trog, H. u. Dürr, E. (Jacob Burckhardt-Gesamtausgabe Bd. I), Berlin 1930.

–, Die Zeit Constantins des Großen, hg. von Stähelin, F. (Jacob Burckhardt-Gesamtausgabe Bd. II), Berlin 1929.

–, Der Cicerone. Eine Anleitung zum Genuß der Kunstwerke Italiens, 2 Bde., hg. von Wölfflin, H. (Jacob Burckhardt-Gesamtausgabe Bd. III u. IV), Berlin 1933.

–, Die Kultur der Renaissance in Italien. Ein Versuch, hg. von Kaegi, W. (Jacob Burckhardt-Gesamtausgabe Bd. V), Berlin 1930.

–, Die Kunst der Renaissance in Italien, hg. von Wölfflin, H. (Jacob Burckhardt-Gesamtausgabe Bd. VI), Berlin 1932.

–, Weltgeschichtliche Betrachtungen. Historische Fragmente aus dem Nachlaß, hg. von Oeri, A. u. Dürr, E. (Jacob Burckhardt-Gesamtausgabe Bd. VII), Berlin 1929.

–, Griechische Kulturgeschichte. Erster Band, hg. von Stähelin, F. (Jacob Burckhardt-Gesamtausgabe Bd. VIII), Berlin 1930.

–, Griechische Kulturgeschichte. Zweiter Band, hg. von Stähelin, F. (Jacob Burckhardt-Gesamtausgabe Bd. IX), Berlin 1930.

–, Griechische Kulturgeschichte. Dritter Band, hg. von Stähelin, F. u. Merian, S. (Jacob Burckhardt-Gesamtausgabe Bd. X), Berlin 1931.

–, Griechische Kulturgeschichte. Vierter Band, hg. von Stähelin, F. u. Merian, S. (Jacob Burckhardt-Gesamtausgabe Bd. XI), Berlin 1931.

–, Beiträge zur Kunstgeschichte von Italien, hg. von Wölfflin, H. (Jacob Burckhardt-Gesamtausgabe Bd. XII), Berlin 1930.

–, Antike Kunst. Skulptur der Renaissance. Erinnerungen aus Rubens, hg. von Stähelin, F. u. Wölfflin, H. (Jacob Burckhardt-Gesamtausgabe Bd. XIII), Berlin 1934.

–, Vorträge, hg. von Dürr, E. (Jacob Burckhardt-Gesamtausgabe Bd. XIV), Berlin 1933.

–, Briefe. Vollständige und kritisch bearbeitete Ausgabe, hg. von Burckhardt, M., 10 Bde., Basel 1949 ff.

–, Über das Studium der Geschichte, hg. von Ganz, P., München 1982.

Christ, K., Von Gibbon zu Rostovtzeff. Leben und Werk führender Althistoriker der Neuzeit, Darmstadt 1972.

Dilthey, W., Der Aufbau der geschichtlichen Welt in den Geisteswissenschaften, Gesammelte Schriften Bd. VII, hg. von Groethusen, B., Stuttgart 1961.

Döbert, R., Max Webers Handlungstheorie und die Ebenen des Rationalitätskomplexes, in: Weiß, J. (Hg.), Max Weber heute. Erträge und Probleme der Forschung, Frankfurt a.M. 1989, S. 210-249.

Droysen, J.G., Vorlesungen über die Freiheitskriege, 2 Bde., Kiel 1846.

–, Politische Schriften, hg. von Gilbert, F., München 1933.

–, Historik. Vorlesungen über Enzyklopädie und Methodologie der Geschichte, hg. von Hübner, R., Darmstadt 1960[4].

–, Historik. Textausgabe von Leyh, P., Stuttgart 1977.

Dürr, E., Freiheit und Macht bei Jacob Burckhardt, Basel 1918.

Dux, G., Religion, Geschichte und sozialer Wandel in Max Webers Religionssoziologie, in: Internationales Jahrbuch für Religionssoziologie 1971, S. 60-94.

–, Gegenstand und Methode. Am Beispiel der Wissenschaftslehre Max Webers, in: ders. u. Luckmann, Th. (Hg.), Sachlichkeit. Festschrift zum achtzigsten Geburtstag von Helmuth Plessner, Opladen 1974, S. 187-221.

Eden, R., Political Leadership and Nihilism: A Study of Weber and Nietzsche, Gainesville 1984.

Ernst, J., Geschichtsbegriff und Geschichtskritik bei Jacob Burckhardt. Die Grundlagen der »Weltgeschichtlichen Betrachtungen«, in: Zeitschrift für Religions- und Geistesgeschichte, Jg. 6, 1954, S. 323-341.

Faulenbach, B., Ideologie des deutschen Weges. Die deutsche Geschichte in der Historiographie zwischen Kaiserreich und Nationalsozialismus, München 1980.

Flaig, E., Der Begriff der »Alterung« in Jacob Burckhardts »Zeit Constantins des Großen«, in:

Archiv für Begriffsgeschichte. Bausteine zu einem historischen Wörterbuch der Philosophie, Jg. 28, 1984, S. 201-213.

–, Angeschaute Geschichte. Zu Jacob Burckhardts »Griechische Kulturgeschichte«, Rheinfelden 1987.

–, Ästhetischer Historismus? Zur Ästhetisierung der Historie bei Humboldt und Burckhardt, in: Philosophisches Jahrbuch, Jg. 94, 1987, S. 79-95.

Frühwald, W. u.a., Geisteswissenschaften heute. Eine Denkschrift, Frankfurt a.M. 1991.

Gaedecke, Chr., Geschichte und Revolution bei Niebuhr, Droysen und Mommsen, Berlin 1976.

Ganz, P., Jacob Burckhardts »Kultur der Renaissance in Italien« und die Kunstgeschichte, in: Saeculum, Jg. 40, 1989, S. 193-212.

Gass, A.L., Die Dichtung im Leben und Werk Jacob Burckhardts, Bern 1967.

Gerhards, J., Affektuelles Handeln – Der Stellenwert von Emotionen in der Soziologie Max Webers, in: Weiß, J. (Hg.), Max Weber heute. Erträge und Probleme der Forschung, Frankfurt a.M. 1989, S. 335-357.

Gil, T., Das Handlungskonzept in der »Historik« J.G. Droysens, Münster 1981.

Gilbert, F., Johann Gustav Droysen und die Preussisch-Deutsche Frage, München 1931.

–, History: Politics or Culture? Reflections on Ranke and Burckhardt, Princeton 1990.

Glassman, R.M. u. Murvar, V. (Hg.), Max Weber's Political Sociology. A Pessimistic Vision of a Rationalized World, Westport/Conn. 1984.

Gneuss, Chr. u. Kocka, J. (Hg.), Max Weber. Ein Symposion, Frankfurt a.M. 1988.

Graf, F.W., Max Weber und die protestantische Theologie seiner Zeit, in: Zeitschrift für Religions- und Geistesgeschichte, Jg. 39, 1987, S. 122-147.

–, Fachmenschenfreundschaft. Bemerkungen zu »Max Weber und Ernst Troeltsch«, in: Mommsen, W.J. u. Schwentker, W. (Hg.), Max Weber und seine Zeitgenossen, Göttingen 1988, S. 313-336.

Habermas, J., Zur Rekonstruktion des Historischen Materialismus, Frankfurt a.M. 1976².

–, Erkenntnis und Interesse, Frankfurt a.M. 1979⁵.

–, Theorie des kommunikativen Handelns, 2 Bde., Frankfurt a.M. 1981.

–, Der philosophische Diskurs der Moderne. Zwölf Vorlesungen, Frankfurt a.M. 1985².

–, Moralität und Sittlichkeit. Treffen Hegels Einwände gegen Kant auch auf die Diskursethik zu?, in: Kuhlmann, W. (Hg.), Moralität und Sittlichkeit. Das Problem Hegels und die Diskursethik, Frankfurt a.M. 1986, S. 16-37.

–, Die Einheit der Vernunft in der Vielheit ihrer Stimmen, in: ders., Nachmetaphysisches Denken, Frankfurt a.M. 1988, S. 153-186.

Haferkamp, H., »Individualismus« und »Uniformierung« – Über eine Paradoxie in Max Webers Theorie der gesellschaftlichen Entwicklung, in: Weiß, J. (Hg.), Max Weber heute. Erträge und Probleme der Forschung, Frankfurt a.M. 1989, S. 461-496.

Hardtwig, W., Geschichtsschreibung zwischen Alteuropa und moderner Welt. Jacob Burckhardt in seiner Zeit, Göttingen 1974.

–, Jacob Burckhardt. Trieb und Geist – die neue Konzeption von Kultur, in: Hammerstein, N. (Hg.), Deutsche Geschichtswissenschaft um 1900, Wiesbaden 1988, S. 97-112 (auch in: Hardtwig, W., Geschichtskultur und Wissenschaft).

–, Jacob Burckhardt und Max Weber. Zur Genese und Pathologie der modernen Welt, in: ders., Geschichtskultur und Wissenschaft, München 1990, S. 189-223.

–, Geschichtsreligion – Wissenschaft als Arbeit – Objektivität. Der Historismus in neuer Sicht, in: Historische Zeitschrift, Bd. 252, 1991, S. 1-32.

Heftrich, E., Hegel und Jacob Burckhardt. Zur Krisis des geschichtlichen Bewußtseins, Frankfurt a.M. 1967.

Hegel, G.W.F., Phänomenologie des Geistes, Werke Bd. 3, Frankfurt a.M. 1973.

–, Grundlinien der Philosophie des Rechts oder Naturrecht und Staatswissenschaft im Grundrisse, Werke Bd. 7, Frankfurt a.M. 1986.

–, Vorlesungen über die Philosophie der Geschichte, Werke Bd. 12, Frankfurt a.M. 1986.

–, Vorlesungen über die Ästhetik I, Werke Bd. 13, Frankfurt a.M. 1970.

–, Philosophie des Rechts. Die Vorlesung von 1819/20 in einer Nachschrift, hg. von Henrich, D., Frankfurt a.M. 1983.

Heidegger, M., Nietzsche, 2 Bde., Pfullingen 1961.

–, Phänomenologische Interpretationen zu Aristoteles (Anzeige der hermeneutischen Situation), hg. von Lessing, H.-U., in: Dilthey-Jahrbuch für Philosophie und Geschichte der Geisteswissenschaften, Jg. 6, 1989, S. 235-274.

Heimpel, H., Zwei Historiker. Friedrich Christoph Dahlmann. Jacob Burckhardt, Göttingen 1962.

Hennis, W., Max Webers Fragestellung. Studien zur Biographie des Werks, Tübingen 1987.

Henrich, D., Die Einheit der Wissenschaftslehre Max Webers, Tübingen 1952.

Heussi, K., Die Krisis des Historismus, Tübingen 1932.

Hintze, O., Johann Gustav Droysen, in: Allgemeine Deutsche Biographie, Bd. 48, Leipzig 1903, S. 82-114.

–, Johann Gustav Droysen und der Staatsgedanke im 19. Jahrhundert, in: Zeitschrift für die gesamte Staatswissenschaft, Jg. 88, 1930, S. 1-21.

Hock, W., Liberales Denken im Zeitalter der Paulskirche. Droysen und die Frankfurter Mitte, Münster 1957.

Hoffmann, K.E., Jacob Burckhardt als Dichter, Basel 1918.

Hübinger, G., Max Weber und die Historischen Kulturwissenschaften, in: Hammerstein, N. (Hg.), Deutsche Geschichtswissenschaft, Stuttgart 1988, S. 269-281.

Hünermann, P., Der Durchbruch geschichtlichen Denkens im 19. Jahrhundert. Johann Gustav Droysen, Wilhelm Dilthey, Graf Paul von Wartenburg. Ihr Weg und ihre Weisung für die Theologie, Freiburg i.Br. 1967.

Humboldt, W. von, Über die Aufgabe des Geschichtsschreibers, in: Werke in fünf Bänden, hg. von Flitner A. u. Giel, K., Bd. I: Schriften zur Anthropologie und Geschichte, Berlin 1960, S. 585-606.

Iggers, G.G., Deutsche Geschichtswissenschaft. Eine Kritik der traditionellen Geschichtsauffassung von Herder bis zur Gegenwart, München 1971.

Jaeger, F. u. Rüsen, J., Geschichte des Historismus. Eine Einführung, München 1992.

–, Der Kulturbegriff im Werk Max Webers und seine Bedeutung für eine moderne Kulturgeschichte, in: Geschichte und Gesellschaft, Jg. 18, 1992, S. 371-393.

Janssen, E.M., Jacob Burckhardt und die Renaissance, Assen 1970.

–, Jacob Burckhardt und die Griechen, Assen 1979.

Kaegi, W., Jacob Burckhardt. Eine Biographie, 7 Bde., Basel 1947 ff.

–, Europäische Horizonte im Denken Jacob Burckhardts. Drei Studien, Basel 1962.

Käsler, D. (Hg.), Max Weber. Sein Werk und seine Wirkung, München 1972.

–, Der retuschierte Klassiker. Zum gegenwärtigen Forschungsstand der Biographie Max Webers, in: Weiß, J. (Hg.), Max Weber heute. Erträge und Probleme der Forschung, Frankfurt a.M. 1989, S. 29-54.

Kalberg, St., Max Webers Typen der Rationalität: Grundsteine für die Analyse von Rationalisierungs-Prozessen in der Geschichte, in: Sprondel, W.M. u. Seyfarth, C. (Hg.), Max Weber und die Rationalisierung sozialen Handelns, Stuttgart 1981, S. 9-38.

Kant, I., Grundlegung zur Metaphysik der Sitten, Werkausgabe Bd. 7, hg. von Weischedel, W., Frankfurt a.M. 1974.

–, Die Metaphysik der Sitten, Werkausgabe Bd. 8, hg. von Weischedel, W., Frankfurt a.M. 1974.

Kocka, J., Sozialgeschichte. Begriff – Entwicklung – Probleme, Göttingen 1977, 1986².

–, Sozialgeschichte zwischen Strukturgeschichte und Erfahrungsgeschichte, in: Schieder, W. u. Sellin, V. (Hg.), Sozialgeschichte in Deutschland Bd. 1, Göttingen 1986, S. 67-88.

– (Hg.), Max Weber, der Historiker, Göttingen 1986.

–, Max Webers Bedeutung für die Geschichtswissenschaft, in: ders. (Hg.), Max Weber, der Historiker, Göttingen 1986, S. 13-27.

–, Zwischen Elfenbeinturm und Praxisbezug. Max Weber und die »Objektivität« der Kulturwissenschaften, in: Gneuss, Chr. u. Kocka, J. (Hg.), Max Weber. Ein Symposion, München 1988, S. 184-194.

Köhnke, Chr., Entstehung und Aufstieg des Neukantianismus. Die deutsche Universitätsphilosophie zwischen Idealismus und Positivismus, Frankfurt a.M. 1986.

Kohlstrunk, I., Logik und Historie in Droysens Historik. Eine Analyse von Genese und Konstitutionsprinzipien seiner »Historik«, Wiesbaden 1980.

Koselleck, R., Historia magistra vitae. Über die Auflösung des Topos im Horizont neuzeitlich bewegter Geschichte, in: ders., Vergangene Zukunft. Zur Semantik geschichtlicher Zeiten, Frankfurt a.M. 1979, S. 38-66.

Küenzlen, G., Unbekannte Quellen der Religionssoziologie Max Webers, in: Zeitschrift für Soziologie, Jg. 7, 1978, S. 215-227.

–, Die Religionssoziologie Max Webers. Eine Darstellung ihrer Entwicklung, Berlin 1980.

Kuhlmann, W. (Hg.), Moralität und Sittlichkeit. Das Problem Hegels und die Diskursethik, Frankfurt a.M. 1986.

Landshut, S., Max Webers geistesgeschichtliche Bedeutung, in: ders., Kritik der Soziologie und andere Schriften zur Politik, Neuwied 1969, S. 119-130.

Lehmann, H., Asketischer Protestantismus und ökonomischer Rationalismus: Die Weber-These nach zwei Generationen, in: Schluchter, W. (Hg.), Max Webers Sicht des okzidentalen Christentums. Interpretation und Kritik, Frankfurt a.M. 1988, S. 529-553.

Lepsius, M.R., Interessen und Ideen. Die Zurechnungsproblematik bei Max Weber, in: Neidhardt, F. u.a. (Hg.), Kultur und Gesellschaft, Opladen 1986, S. 20-31 (Sonderheft der Kölner Zeitschrift für Soziologie und Sozialpsychologie).

Lewark, S., Das politische Denken Johann Gustav Droysens, Göttingen 1975.

Löwith, K., Burckhardts Stellung zu Hegels Geschichtsphilosophie, in: Deutsche Vierteljahresschrift für Literaturwissenschaft und Geistesgeschichte, Jg. 6, 1928, S. 702-741.

–, Weltgeschichte und Heilsgeschehen. Die theologischen Voraussetzungen der Geschichtsphilosophie, Sämtliche Schriften Bd. II, Stuttgart 1983.

–, Max Weber und Karl Marx, in: ders., Gesammelte Abhandlungen. Zur Kritik der geschichtlichen Existenz, Stuttgart 1960, S. 1-67.

–, Die Entzauberung der Welt durch Wissenschaft, in: Merkur. Deutsche Zeitschrift für europäisches Denken, Jg. 18, 1964, S. 501-519.

–, Jacob Burckhardt. Der Mensch inmitten der Geschichte (1936), in: ders., Sämtliche Schriften Bd. VII, Stuttgart 1984, S. 39-361.

Lübbe, H., Sind Normen methodisch begründbar? Rekonstruktion der Antwort Max Webers, in: Oelmüller, W. (Hg.), Transzendentalphilosophische Normenbegründungen, Paderborn 1978, S. 38-49 (Materialien zur Normendiskussion, Bd.1).

Lübbe, W., Legitimität kraft Legalität. Sinnverstehen und Institutionenanalyse bei Max Weber und seinen Kritikern, Tübingen 1991.

Lukács, G., Die Zerstörung der Vernunft, Werke Bd. 9, Darmstadt 1974.

Malinowski, B., Eine wissenschaftliche Theorie der Kultur, Frankfurt a.M. 1975.

Mann, Th., Betrachtungen eines Unpolitischen, Frankfurt a.M. 1988.

Mannheim, K., Das konservative Denken. Soziologische Beiträge zum Werden des politisch-historischen Denkens in Deutschland, in: Archiv für Sozialwissenschaft und Sozialpolitik, Jg. 57, 1927, S. 68-142, 470-495.

–, Historismus, in: Wissenssoziologie, eing. und hg. von Wolff, K.H., Neuwied 1970[2], S. 246-307.

Markwart, O., Jacob Burckhardt. Persönlichkeit und Leben, Bd. I: Persönlichkeit und Jugendjahre, Basel 1920.

Martin, A., Burckhardt und Nietzsche. Philosophieren über Geschichte, Krefeld 1948.

Marx, K. u. Engels, F., Werke Bd. 3, Berlin (Ost) 1969.

Medick, H., »Missionare im Ruderboot«? Ethnologische Erkenntnisweisen als Herausforderung an die Sozialgeschichte, in: Geschichte und Gesellschaft, Jg. 10, 1984, S. 295-319.

Meinecke, F., Ranke und Burckhardt (1948), in: ders., Werke Bd. VII, hg. v. Kessel, E., München 1968, S. 93-121.

Merz, P.-U., Max Weber und Heinrich Rickert. Die erkenntniskritischen Grundlagen der verstehenden Soziologie, Würzburg 1990.

Metz, K., Die Resurrektion der Geschichte. Ein Beitrag zum historischen Denken Jules Michelets und zur Entstehung des Nationalismus im 19. Jahrhundert, in: Archiv für Kulturgeschichte, Jg. 65, 1983, S. 451-478.

Mommsen, W.J., Max Weber und die deutsche Politik, Tübingen 1974[2].

–, Max Weber. Gesellschaft, Politik und Geschichte, Frankfurt a.M. 1974.

–, Die antinomische Struktur des politischen Denkens Max Webers, in: Historische Zeitschrift, Bd. 233, 1981, S. 35-64.

–, Max Webers Begriff der Universalgeschichte, in: Kocka, J. (Hg.), Max Weber, der Historiker, Göttingen 1986, S. 51-72.

–, Idealtypen und reiner Typus. Zwei Varianten der idealtypischen Methode Max Webers, in: Küttler, W. (Hg.), Marxistische Typisierung und idealtypische Methode in der Geschichtswissenschaft, Berlin (Ost) 1986, S. 60-76.

– u. Schwentker, W. (Hg.), Max Weber und seine Zeitgenossen, Göttingen 1988.

Nietzsche, F., Vom Nutzen und Nachteil der Historie für das Leben, in: Nietzsche-Werke, hg. von Colli, G. u. Montinari, M., Dritte Abteilung, Erster Band, Berlin 1972, S. 239-330.

Nusser, K.-H., Kausale Prozesse und sinnerfassende Vernunft. Max Webers philosophische Fundierung der Soziologie und der Kulturwissenschaften, Freiburg i.Br. 1986.

Oaks, G., Max Weber und Heinrich Rickert. Methodologie und Werttheorie, Frankfurt a.M. 1989.

–, Die Grenzen der kulturwissenschaftlichen Begriffsbildung. Methodologie und Werttheorie bei Weber und Rickert. Heidelberger Max Weber-Vorlesungen, Frankfurt a.M. 1989.

Oettinger, K., Poesie und Geschichte. Bemerkungen zur Geschichtsschreibung Jacob Burckhardts, in: Archiv für Kulturgeschichte, Jg. 51, 1969, S. 160-175.

Papathanassiou, V., Kulturwissenschaftliche Ansätze in den Werken von Jacob Burckhardt, Saarbrücken 1982.

Park, S., Ordnung und Handeln. Die kultursoziologische und anthropologische Fragestellung in Max Webers Religionssoziologie, Frankfurt a.M. 1990.

Peukert, D., Die Rezeption Max Webers in der Geschichtswissenschaft der Bundesrepublik Deutschland, in: Kocka, J. (Hg.), Max Weber, der Historiker, Göttingen 1986, S. 264-277.

–, Max Webers Diagnose der Moderne, Göttingen 1989.

Plessner, H., Die verspätete Nation. Über die politische Verführbarkeit bürgerlichen Geistes, Frankfurt a.M. 1974.

Prinz, W. u. Weingart, P. (Hg.), Die sog. Geisteswissenschaften: Innenansichten, Frankfurt a.M. 1990.

Ranke, L. von, Vorlesungseinleitungen, hg. von Dotterweich, V. u. Fuchs, W.P., München 1975 (Aus Werk und Nachlaß, hg. von Fuchs, W.P. u. Schieder, Th., Bd. 4).

Rehm, W., Jacob Burckhardt und Eichendorff, Freiburg i.Br. 1960.

Rickert, H., Kulturwissenschaft und Naturwissenschaft, Tübingen 1910[2].

Riedel, M. Verstehen oder Erklären? Zur Theorie und Geschichte der hermeneutischen Wissenschaften, Stuttgart 1978.

Riesebrodt, M., Ideen, Interessen, Rationalisierung: Kritische Anmerkungen zu F.H. Tenbrucks Interpretation des Werkes Max Webers, in: Kölner Zeitschrift für Soziologie und Sozialpsychologie, Jg. 32, 1980, S. 109-129.

Ritzenhofen, H., Kontinuität und Krise. Jacob Burckhardts ästhetische Geschichtskonzeption, Köln 1979.

Röthlin, N., Burckhardts Stellung in der Kulturgeschichtsschreibung des 19. Jahrhunderts, in: Archiv für Kulturgeschichte, Jg. 69, 1987, S. 389-406.

Rossi, P., Max Weber und die Methodologie der Geschichts- und Sozialwissenschaften, in: Kocka, J. (Hg.), Max Weber, der Historiker, Göttingen 1986, S. 28-50.

–, Vom Historismus zur historischen Sozialwissenschaft. Heidelberger Max Weber-Vorlesungen 1985, Frankfurt a.M. 1987.

Roth, G., Politische Herrschaft und persönliche Freiheit. Heidelberger Max Weber-Vorlesungen 1983, Frankfurt a.M. 1987.

Rother, H., Geschichte und Politik in der Gedankenwelt Johann Gustav Droysens, Berlin 1935 (Neudruck 1965).

Rüsen, J., Politisches Denken und Geschichtswissenschaft bei J.G. Droysen, in: Politische Ideologien und Nationalstaatliche Ordnung. Festschrift für Theodor Schieder, München 1968, S. 171-188.

–, Begriffene Geschichte. Genesis und Begründung der Geschichtstheorie J.G. Droysens, Paderborn 1969.

–, Johann Gustav Droysen, in: Wehler, H.-U. (Hg.), Deutsche Historiker, Bd. II, Göttingen 1971, S. 7-23.

–, Jacob Burckhardt, in: Wehler, H.-U. (Hg.), Deutsche Historiker, Bd. III, Göttingen 1972, S. 3-28.

–, Ästhetik und Geschichte. Geschichtstheoretische Untersuchungen zum Begründungszusammenhang von Kunst, Gesellschaft und Wissenschaft, Stuttgart 1976.

–, Unzeitgemäßer Gegenwartsbezug im Geschichtsdenken Jacob Burckhardts, in: Philosophisches Jahrbuch, Jg. 84, 1977, S. 433-442.

–, Historismus, in: Braun, E. u. Radermacher, H. (Hg.), Wissenschaftstheoretisches Lexikon, Graz 1978, Sp. 244-249.

–, Die Uhr, der die Stunde schlägt. Geschichte als Prozeß der Kultur bei Jacob Burckhardt, in: Faber, K.-G. u. Meier, Chr. (Hg.), Historische Prozesse (Beiträge zur Historik Bd. 2), München 1978, S. 186-220.

–, Geschichte und Utopie, in: Voßkamp, W. (Hg.), Utopieforschung. Interdisziplinäre Studien zur neuzeitlichen Utopie Bd. 1, Stuttgart 1982, S. 356-374.

–, Bemerkungen zu Droysens Typologie der Geschichtsschreibung, in: Koselleck, R. u.a. (Hg.), Formen der Geschichtsschreibung (Beiträge zur Historik Bd. 4), München 1982, S. 192-200.

–, Die vier Typen des historischen Erzählens, in: Koselleck, R. u.a. (Hg.), Formen der Geschichtsschreibung (Beiträge zur Historik Bd. 4), München 1982, S. 514-605.

–, Jacob Burckhardt – Political Standpoint and Historical Insight on the Border of Post-Modernism, in: History and Theory, Jg. 24, 1985, S. 235-246.

–, Rekonstruktion der Vergangenheit. Grundzüge einer Historik II: Die Prinzipien der historischen Forschung, Göttingen 1986.

–, Lebendige Geschichte. Grundzüge einer Historik III: Formen und Funktionen des historischen Wissens, Göttingen 1989.

–, Geschichtskultur als Forschungsproblem, in: Fröhlich, K. u.a. (Hg.), Geschichtskultur. Jahrbuch für Geschichtsdidaktik 3: 1991/92, Pfaffenweiler 1992, S. 39-50.

–, Konfigurationen des Historismus. Studien zur deutschen Wissenschaftskultur, Frankfurt a.M. 1993.

Ruhstaller, P., Burckhardt und Nietzsche. Deutungen einer vieldeutigen Beziehung, Heerbrugg 1988.

Savigny, F.K. von, Über den Zweck dieser Zeitschrift, in: Wolf, E. (Hg.), Deutsches Rechtsdenken, Heft 8: Friedrich Karl von Savigny: Grundgedanken der Historischen Rechtsschule 1814/40, Frankfurt a.M. 1965.

Scaff, L., Fleeing the Iron Cage. Culture, Politics, and Modernity in the Thought of Max Weber, Berkeley 1989.

Schieder, Th., Der Typus in der Geschichtswissenschaft, in: ders., Staat und Gesellschaft im Wandel unserer Zeit. Studien zur Geschichte des 19. und 20. Jahrhunderts, München 1958, S. 172-189.

–, Die historischen Krisen im Geschichtsdenken Jacob Burckhardts, in: ders., Begegnungen mit der Geschichte, Göttingen 1962, S. 129-162.

–, Geschichte als Wissenschaft. Eine Einführung, München 1965.

Schieder, W. u. Sellin, V. (Hg.), Sozialgeschichte in Deutschland, 4 Bde., Göttingen 1986/87.

Schiffer, W., Theorien der Geschichtsschreibung und ihre erzähltheoretische Relevanz (Danto, Habermas, Baumgartner, Droysen), Stuttgart 1980.

Schluchter, W., Wertfreiheit und Verantwortungsethik. Zum Verhältnis von Wissenschaft und Politik bei Max Weber, Tübingen 1971.

–, Die Entwicklung des okzidentalen Rationalismus. Eine Analyse von Max Webers Gesellschaftsgeschichte, Tübingen 1979.

–, Rationalismus der Weltbeherrschung. Studien zu Max Weber, Frankfurt a.M. 1980.

–, Religion und Lebensführung, 2 Bde., Frankfurt a.M. 1988.

– (Hg.), Max Webers Sicht des okzidentalen Christentums. Interpretation und Kritik, Frankfurt a.M. 1988.

Schnädelbach, H., Geschichtsphilosophie nach Hegel. Die Probleme des Historismus, Freiburg 1974.

–, Philosophie in Deutschland 1831-1933, Frankfurt a.M. 1983.

– (Hg.), Rationalität. Philosophische Beiträge, Frankfurt a.M. 1984.

–, Was ist Neoaristotelismus?, in: Kuhlmann, W. (Hg.), Moralität und Sittlichkeit. Das Problem Hegels und die Diskursethik, Frankfurt a.M. 1986, S. 38-63.

Scholtz, G., Zwischen Wissenschaftsanspruch und Orientierungsbedürfnis. Skizzen zu Grundlage und Wandel der Geisteswissenschaften, Frankfurt a.M. 1991.

Schulin, E., Burckhardts Potenzen- und Sturmlehre: Zu seiner Vorlesung über das Studium der Geschichte, in: Sitzungsberichte der Heidelberger Akademie der Wissenschaften. Philosophisch-historische Klasse, Heidelberg 1983.

Segady, Th.W., Values, Neo-Kantianism, and the Development of Weberian Methodology, New York 1987.

Seyfarth, C. u. Sprondel, W.M. (Hg.), Seminar: Religion und gesellschaftliche Entwicklung. Studien zur Protestantismus-Kapitalismus-These Max Webers, Frankfurt a.M. 1973.

Speer, H., Herrschaft und Legitimität. Zeitgebundene Aspekte in Max Webers Herrschaftssoziologie, Berlin 1978.

Spieler, K.-H., Untersuchungen zu Johann Gustav Droysens »Historik«, Berlin 1970.

Stallberg, F.W., Herrschaft und Legitimität. Untersuchungen zu Anwendung und Anwendbarkeit zentraler Kategorien Max Webers, Meisenheim 1975.

Steenblock, V., Zur Wiederkehr des Historismus in der Gegenwartsphilosophie, in: Zeitschrift für philosophische Forschung, Jg. 45, 1991, S. 209-223.

Tenbruck, F.H., Die Genesis der Methodologie Max Webers, in: Kölner Zeitschrift für Soziologie und Sozialpsychologie, Jg. 11, 1959, S. 573-630.

–, Das Werk Max Webers, in: Kölner Zeitschrift für Soziologie und Sozialpsychologie, Jg. 27, 1975, S. 663-702.

–, Abschied von Wirtschaft und Gesellschaft, in: Zeitschrift für die gesamte Staatswissenschaft, Jg. 133, 1977, S. 703-736.

–, Das Werk Max Webers: Methodologie und Sozialwissenschaften, in: Kölner Zeitschrift für Soziologie und Sozialpsychologie, Jg. 38, 1986, S. 13-31.

–, Abschied von der »Wissenschaftslehre«?, in: Weiß, J. (Hg.), Max Weber heute. Erträge und Probleme der Forschung, Frankfurt a.M. 1989, S. 90-115.

Tillich, P., Der Widerstreit von Raum und Zeit. Schriften Zur Geschichtsphilosophie, Gesammelte Werke Bd. VI, Stuttgart 1963.

–, Die religiöse Substanz der Kultur. Schriften zur Theologie der Kultur (1922), Gesammelte Werke Bd. IX, Stuttgart 1967.

Troeltsch, E., Der Historismus und seine Probleme. Erstes Buch: Das logische Problem der Geschichtsphilosophie, Tübingen 1922 (Neudruck Aalen 1961).

Wagner, Chr., Die Entwicklung Johann Gustav Droysens als Althistoriker, Bonn 1991.

Wagner, G., Geltung und normativer Zwang. Eine Untersuchung der neukantianischen Grundlagen der Wissenschaftslehre Max Webers, Freiburg 1987.

– u. Zipprian, H., Tenbruck, Weber und die Wirklichkeit. Ein Diskussionsbeitrag, in: Kölner Zeitschrift für Soziologie und Sozialpsychologie, Jg. 39, 1987, S. 132-149.

– u. Zipprian, H., Wertfreiheit. Eine Studie zu Max Webers kulturwissenschaftlichem Formalismus, in: Zeitschrift für Soziologie, Jg. 18, 1989, S. 4-15.

Weber, M., Gesammelte Aufsätze zur Wissenschaftslehre, hg. von J. Winckelmann, Tübingen 1985[6].

–, Gesammelte Aufsätze zur Religionssoziologie, 3 Bde., hg. von J. Winckelmann, Tübingen 1963[5], (I), 1963[3] (II), 1963[3] (III).

–, Gesammelte politische Schriften, hg. von J. Winckelmann, Tübingen 1958[2].

–, Die protestantische Ethik I. Eine Aufsatzsammlung, hg. von J. Winckelmann, Gütersloh 1981[6].

–, Die protestantische Ethik II. Kritiken und Antikritiken, hg. von J. Winckelmann, Gütersloh 1978[3].

–, Wirtschaft und Gesellschaft. Grundriß der verstehenden Soziologie, hg. von J. Winckelmann, Tübingen 1976[5].

–, Zur Rechtfertigung Göhres, in: Die christliche Welt, Nr. 48, 1892, Sp. 1104-1109.

Wehler, H.-U., Sozialgeschichte und Gesellschaftsgeschichte, in: Schieder, W. u. Sellin, V. (Hg.), Sozialgeschichte in Deutschland Bd. 1, Göttingen 1986, S. 33-52.

–, Aus der Geschichte lernen?, München 1988.

Weingart, P. u.a., Die sog. Geisteswissenschaften: Außenansichten, Frankfurt a.M. 1991.

Weiß, J., Max Webers Grundlegung der Soziologie. Eine Einführung, München 1975.

–, Max Weber: Die Entzauberung der Welt, in: Speck, J. (Hg.), Grundprobleme der großen Philosophen. Philosophie der Gegenwart Bd. IV, Göttingen 1981, S. 9-47.

– (Hg.), Max Weber heute. Erträge und Probleme der Forschung, Frankfurt a.M. 1989.

Wenzel, J., Jacob Burckhardt in der Krise seiner Zeit, Berlin (Ost) 1967.

Whimster, S. u. Lash, S. (Hg.), Max Weber, Rationality and Modernity, Boston 1987.

White, H., Droysens Historik: Geschichtsschreibung als bürgerliche Wissenschaft, in: Ders., Die Bedeutung der Form. Erzählstrukturen in der Geschichtsschreibung, Frankfurt a.M. 1990, S. 108-131.

Winckelmann, J., Die Herkunft von Max Webers »Entzauberungs«-Konzeption, in: Kölner Zeitschrift für Soziologie und Sozialpsychologie, Jg. 32, 1980, S. 12-53.

Zängle, M., Max Webers Staatstheorie im Kontext seines Werkes, Berlin 1988.

Zeeden, E.W., Die Auseinandersetzung des jungen Burckhardt mit Glaube und Christentum, in: Historische Zeitschrift, Bd. 178, 1954, S. 493-514.

Ziegler, E. (Hg.), Jacob Burckhardts Vorlesung über die Geschichte des Revolutionszeitalters. In den Nachschriften seiner Zuhörer. Rekonstruktion des gesprochenen Wortlautes, Stuttgart 1974.

Register

1. Personenregister

In bestimmten Fällen werden auch in den Anmerkungen genannte Autoren von Forschungsliteratur berücksichtigt. Das Register erfaßt die Stellen, die über einen bloßen bibliographischen Nachweis hinausgehen.

2. Sachregister

Versöhnung 97, 99f., 101, 164f., 288, 305
Verstehen 67, 282, 284, 315
– forschendes 23, 66, 68, 73–75

Wahrheit 42, 60, 65, 67–77, 80, 83–85, 155, 215, 229–231, 234f., 242, 248
Weltbilder, kulturelle 200
Weltgeschichtliche Betrachtungen (Burckhardts) 25, 27, 86–96, 101, 103, 148, 163, 270, 300, 303, 308
Weltreligion 187, 218, 220, 233, 247
Werte, Wertideen 212–215, 220, 222–225, 234, 238, 240–247, 321–323
– Wertbeziehung 212–214, 241
– Wertdiskussion, Wertungsdiskussion 242
– Wertfreiheit, Werturteilsfreiheit 232, 240–248, 322
– Wertkollision 221–223, 230, 317
– Wertrationalität 203, 219, 226, 243, 276
– Wertsphären 186, 220f., 243–247, 253, 322

Wille 41–44, 54, 65f., 90
Wirtschaft und Gesellschaft 36, 206, 231, 254, 256, 263, 271, 314, 317, 319
Wirtschaftsethik 219, 255
– der Weltreligionen 32, 187, 243, 255
Wissenschaft 70–79, 82, 85, 164, 186, 193, 200, 202f., 213f., 231f., 236, 240f., 248f., 252, 257, 316, 319f., 325
– Wissenschaft als Beruf 213, 249, 316, 323
– Wissenschaftslehre (Webers) 36, 38, 86, 183, 211, 213, 216f., 231, 248, 250, 254, 257, 263, 271, 275, 315–320, 324

Zeit Constantins des Großen 102, 115f., 295, 302
Zukunft 19, 22, 41–44, 53, 60, 64, 76, 81, 84f., 88, 119, 133–137, 140f., 149, 161, 189f.
Zweckrationalität 46, 92, 95, 99, 102, 112, 200, 219, 226, 257, 288, 318
Zwischenbetrachtung (Webers) 232, 235, 244, 252, 258, 320, 323, 325f.

Bürgertum

Beiträge zur europäischen Gesellschaftsgeschichte

V&R *Vandenhoeck & Ruprecht · Göttingen*